MONDE PRIMITIF,

ANALYSÉ ET COMPARÉ

AVEC LE MONDE MODERNE,

CONSIDÉRÉ

DANS L'HISTOIRE NATURELLE

DE LA PAROLE;

OU

ORIGINE DU LANGAGE

ET DE L'ECRITURE.

..... Si quid novisti rectius his,
Candidus imperti : si non, his utere mecum.

» Si vous connoissez quelque chose de mieux, daignez nous en
» faire part : sinon consentez de faire usage de ceci avec nous.

HORAT. Epist. VI.

MERCURE CONDUIT PAR L'AMOUR

Ou Invention du Langage et de l'Ecriture.

Frontispice de l'Orig. du Lang. &c.

C. P. Marillier inv. A. Romanet sculp.

Son art, cher aux Humains, orne, enrichit, la Terre.

Les Fêtes de l'Himen et de l'Amour.

MONDE PRIMITIF,

ANALYSÉ ET COMPARÉ

AVEC LE MONDE MODERNE,

CONSIDÉRÉ

DANS L'HISTOIRE NATURELLE

DE LA PAROLE;

OU

ORIGINE DU LANGAGE

ET DE L'ÉCRITURE;

AVEC UNE REPONSE A UNE CRITIQUE ANONYME,

ET DES FIGURES EN TAILLE-DOUCE.

PAR M. COURT DE GEBELIN,

De la Société Economique de Berne, & de l'Acad. Royale de la Rochelle.

A PARIS,

Chez
L'Auteur, rue Poupée, maison de M. Boucher, Secrétaire du Roi.
BOUDET, Imprimeur-Libraire, rue Saint Jacques.
VALLEYRE l'aîné, Imprimeur-Libraire, rue de la vieille Boucleric.
Veuve DUCHESNE, Libraire, rue Saint Jacques.
SAUGRAIN, Libraire, quai des Augustins.
RUAULT, Libraire, rue de la Harpe.

M. DCC. LXXV.

AVEC APPROBATION ET PRIVILÉGE DU ROI.

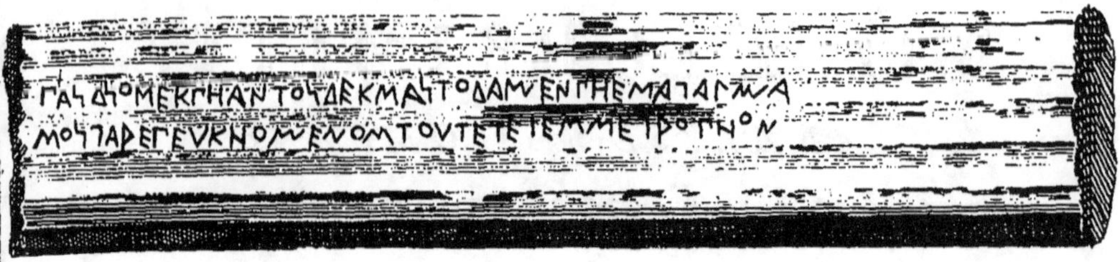

DISCOURS

PRÉLIMINAIRE.

PLUS un objet a de vaſtes influences, plus l'uſage en eſt commun, & plus on doit deſirer d'en connoître l'origine & les progrès; mais à cet égard, il en eſt peu qui puiſſent entrer en comparaiſon avec le Langage & avec l'Ecriture. La parole eſt répandue dans l'Univers, & il n'eſt aucune Région policée où l'on ne faſſe uſage de l'Ecriture: il eſt donc d'un intérêt général de ſavoir comment on parvint à connoître que par la parole on pourroit manifeſter ſes penſées, & qu'on pourroit peindre cette même parole aux yeux par l'Ecriture, après l'avoir peinte à l'oreille: comment on peut ainſi donner à la penſée la ſtabilité du marbre, & la répandre dans l'Univers.

Tels ſont les problêmes que nous entreprenons de réſoudre dans ce nouveau Volume du Monde Primitif: nos Lecteurs y verront ce que peut l'induſtrie humaine, ce que la Nature a fait pour les hommes; & que les avantages précieux dont ils jouiſſent, ſont toujours l'effet des facultés admirables dont les doua la Divinité, & des reſſources infinies qu'elle leur ménagea pour l'exercice de ces facultés. Auſſi peut-on dire de l'homme, qu'il eſt le favori de la Nature; & s'il exiſte des Peuples qui ne jouiſſent pas de ces avantages, qui ſont toujours dans l'enfance, on ne peut attribuer cet état de foibleſſe & d'ignorance, qu'à des circonſtances particulieres, plus propres à confirmer ce qui regarde l'origine du Langage & de l'Ecriture, qu'à l'obſcurcir.

L'origine du Langage & de l'Ecriture ſe lie néceſſairement avec les Langues & avec les Monumens de l'Antiquité; & l'on ne peut éclaircir un de ces objets ſans le ſecours des autres. Les queſtions que nous diſcutons dans ce Volume, font donc une partie fondamentale des recherches qui conſtituent le Monde Primitif. On ne ſauroit tracer les cauſes, l'origine & les progrès de ces objets, ſans crayonner les premiers Elémens de la Langue Primitive, ſans les ſuivre dans les Langues qui en ſont deſcendues, ſans démontrer que toutes celles-ci eurent une ſource commune: & dès qu'on aſſemble ces premiers Elémens du Langage, on voit auſſi-tôt quelle en fut néceſſairement l'origine.

Ici, comme dans nos premiers Volumes, nous ſommes partis d'un ſeul principe, l'IMITATION; & ce principe eſt le même qui nous a mis en état de remplir notre but. L'homme a eu un modèle pour parler, *la Nature & les Idées;* il en eût un pour écrire, les *objets* même de ſes idées & de ſes diſcours.

Ainſi nous avançons dans notre carrière avec le même flambeau, le principe de l'Imitation. Ce principe nous fit débrouiller les allégories anciennes & les Elémens de la Grammaire; il nous dévoile aujourd'hui l'Origine de la parole & celle de l'Ecriture, qui ſembloient enſevelies pour jamais dans la nuit des tems.

C'eſt au moyen de cette unité de principes & de l'accord qui en réſulte dans toutes les parties de nos recherches, que nous avons pû déranger dans l'Impreſſion, l'ordre de notre marche; faire paroître avant ce Volume, des Ouvrages qui, d'après notre Plan général, auroient dû ſuivre celui-ci. On peut même dire que ce dérangement, dont nous avons déja exposé les causes, n'en est pas un dans le fait, puisque ces Volumes n'étant pas numérotés, ils sont susceptibles de tel ordre qu'on voudra leur donner. Ajoutons que le succès des premiers & des plus indépendans, nous préparoient plus de secours & de facilités pour ceux qui étoient plus dispendieux & qui tiennent plus étroitement, comme celui-ci, aux grandes masses de notre Plan.

A cet égard, nous n'avons qu'à nous louer du siécle dans lequel nous avons l'avantage de vivre; les deux premiers Volumes ont été accueillis de la maniere la plus propre à nous encourager: les Savants les plus distingués, pleins d'indulgence pour nous, & plus attentifs à ce que nous pouvons dire d'heureux & d'utile, qu'à des erreurs inévitables, nous animent à persévérer dans notre entreprise; plus de Nations y prennent part.

Un MINISTRE auquel nous desirions pouvoir dédier ce Volume, un Ministre plus connu par ses vertus & par son amour pour les Sciences & pour les Arts que par les Dignités dont il est revêtu, veut bien devenir le Protecteur de cet Ouvrage. Pénétré des avantages que tous les Peuples retireroient de notre Plan s'il étoit bien exécuté, il vient lui-même à notre secours; & par une souscription généreuse & inattendue, il ne tient pas à lui que nous n'avancions avec autant de constance que de succès dans une route que la Providence semble nous avoir tracée ellemême. Ainsi ce que nous n'osions qu'espérer dans le tems que nous publiames notre Plan, M. BERTIN l'exécute.

Liés plus que jamais à notre travail, nous redoublerons nos efforts: nous reclamons en conséquence plus instamment encore les lumieres des Savans, convaincus que nous ne saurions être trop aidés pour conduire à une heureuse fin, une entreprise aussi vaste.

L'empressement avec lequel nous avons profité dans ce Volume des secours que nous avons trouvés dans les Ouvrages & dans les lumieres des Savans du premier ordre, sera pour eux, nous osons du moins nous en flatter, un motif efficace pour les disposer à nous mettre en état de fournir notre carriere avec plus de succès que nous n'avons pû faire jusques à présent : nous verrons avec autant de reconnoissance que de plaisir augmenter le nombre de nos Correspondans ; & ils nous verront toujours accueillir avec de pareilles dispositions, tout ce qu'ils voudront bien nous communiquer. Puissent-ils y être portés avec plus de zèle encore par l'intérêt qu'ils trouveront dans ce nouveau Volume, qui fait une partie aussi considérable que curieuse de l'Histoire Naturelle de la Parole.

Le détail dans lequel nous sommes entrés sur l'utilité de cette Histoire Naturelle, à la tête de la Grammaire Universelle & Comparative, nous dispense d'en parler actuellement : il ne nous reste donc qu'à tracer ici l'esquisse légere de ce que renferme ce Volume, divisé en cinq Livres. Nos Lecteurs pourront juger par cette Analyse des avantages qu'on en peut retirer, des difficultés que nous avions à vaincre, des secours que nous avons eus pour y parvenir.

ANALYSE DE CE VOLUME.

Premier Livre. L'ART ETYMOLOGIQUE est l'objet du premier Livre : cet Art si peu connu, & cependant une des bases fondamentales de nos recherches ; car s'il n'existe point d'Art Etymologique, si les recherches de cette nature sont des chimères, ou si elles ne peuvent être assujetties à des principes certains, tout notre travail à cet égard est absolument inutile : il a donc fallu avant tout, fixer les idées qu'on doit se former de cet Art, afin d'éclairer par ce moyen notre marche, de rassurer ceux qui desirent que nous ayons raison, & de convaincre ceux qui savent le mieux combien il est aisé de s'égarer dans une route où l'on est sans cesse environné d'écueils & de ténèbres.

Nous disons en quoi consiste cet Art; pourquoi on y a si peu de confiance; quelles causes avoient nui à sa perfection; quelles fausses idées on en avoit. Venant ensuite à ce qui le constitue, nous donnons l'Etymologie de son nom; nous indiquons les avantages qui résultent de cet Art; nous en exposons les principes; nous traçons la route qu'on doit tenir dans sa recherche, les régles qu'on doit s'y prescrire; & nous faisons voir la certitude à laquelle on s'éleve par le moyen de ces principes & de ces régles, qui excluent tout arbitraire.

II. *Liv.* A L'Art Etymologique succede l'Analyse de l'INSTRUMENT VOCAL: cet Instrument, organe de la parole & dans lequel elle puise ses Elémens, dont il faut par conséquent avoir des idées nettes & exactes, afin d'en pouvoir suivre les Phénomènes dans leurs causes, dans leurs effets, dans leurs divers raports.

On voit ici que la parole vient d'une origine céleste, quoique les causes en soient physiques ou naturelles; qu'elle naquit avec l'homme; que tous les Elémens en sont contenus dans l'Instrument Vocal.

Afin de parvenir à la connoissance de ces Elémens, on considere le Méchanisme de cet Instrument, le jeu des Poumons, de la Trachée-Artère, du Larynx, de la Glotte, de la Langue, des Lévres: on dit un mot des systêmes inventés pour rendre raison de ce Méchanisme.

Il ne suffisoit pas d'avoir exposé le Physique de la parole; il falloit sur-tout rendre raison des moyens par lesquels l'homme avoit aperçu qu'il pouvoit peindre ses idées par le secours de l'Instrument Vocal; & comment il étoit parvenu à lier toutes ces choses : mais ceci tient à l'intelligence de l'homme, à cette intelligence qui fait qu'il peint des idées, tandis que les animaux ne peuvent exprimer que des sensations. On voit alors qu'il existe dans l'homme trois sortes de vies ; la vie végétale, qui lui est commune avec les plantes ; la vie animale, qui lui est commune avec les animaux ; la vie intelligente, qui lui est propre ; & que l'Art de peindre les idées par la parole, est l'effet nécessaire & immédiat de cette intelligence, de la même maniere que toutes nos sensations sont l'effet nécessaire & immédiat des organes du Corps.

Comme nous n'avions trouvé dans aucun Ouvrage, cette distinction essentielle & fondamentale, sans laquelle on ne peut déterminer la différence précise qui regne entre l'homme & l'animal, nous ajoutâmes qu'on avoit trop négligé ces observations, toutes les fois qu'on avoit voulu déterminer la nature de l'ame ; & chercher en quoi l'homme différoit à cet égard des animaux. Mais depuis lors & par une suite des dépouillemens de Livres en tout genre que nous ne cessons de faire pour perfectionner notre travail, nous avons trouvé les mêmes principes dans un Ouvrage trop peu connu malgré sa célébrité, & que nous aurions cité avec empressement comme une autorité propre à donner un grand poids à ces vues : c'est l'*Economie Animale*, du Docteur QUESNAY, cet excellent homme que la mort vient d'enlever aux connoissances humaines, à la société, à ses Amis ; en qui nous régretterons toujours un Philosophe profond & plein d'aménité, un Ami zelé & digne de toute notre reconnoissance ; avec quel plaisir n'aurions-nous pas apuyé nos vues de celles d'une personne dont les conversations nous ont plus d'une fois affermi dans nos recherches, même sur des objets qui sembloient les moins analogues à ses études ordinaires, tels que les Elémens de l'Instrument Vocal, dont il avoit bien aperçu la Théorie !

Puisque les hommes, outre la vie des sensations, possedent la vie d'intelligence, ils ont donc en eux non-seulement les organes & les secours nécessaires pour peindre leurs sensations, comme les animaux; mais encore les moyens nécessaires pour peindre leurs idées, effets de cette intelligence, sans lesquels cette faculté seroit un don presqu'inutile. La peinture des idées étant ainsi une partie essentielle & nécessaire de l'existence humaine, elle dut se déveloper sans peine & sans effort, comme tout ce qui est naturel à l'homme; ce qui se confirme encore par les ressources qu'il trouve en lui-même pour supléer aux vices physiques qui dérangent quelquefois l'harmonie avec laquelle nos idées doivent se manifester.

Dans la seconde Partie de ce second Livre, on expose les divers Elémens de la voix, divisés en SONS & en INTONATIONS; on en examine la nature, les effets, l'étendue, le méchanisme; objets importans & peu connus.

IIIe. *Liv.* Mais telle est la nature de l'Instrument Vocal, qu'il est susceptible d'efforts dans ses deux extrémités & dans son centre, ensorte que le même mot peut se prononcer différemment chez chaque Peuple, suivant la partie de l'Instrument Vocal sur laquelle ils apuient de préférence : de-là, des variétés dans le Langage qui font croire que chaque Nation parle une Langue différente, tandis qu'elles parlent la même Langue, mais subdivisée par cette raison en divers Dialectes. Comme ces causes agissent sur la masse entiere du Langage, que leurs effets s'étendent à toutes les Nations, & qu'il est impossible de comparer deux Langues sans connoître les altérations qu'éprouvent les mots, nous avons consacré notre troisiéme Livre à l'exposition de ces variations : elles sont distribuées en VI. Tableaux, où l'on voit la maniere dont le même son s'altere chez tous les Peuples, & comment on peut ramener toutes les Langues à une seule Langue dont elles ne sont que des nuances.

Ces Tableaux subdivisés eux-mêmes en un grand nombre de Tableaux particuliers, occupent une partie considérable de ce Volume ; ils offrent sur chaque altération de Son, ou plutôt sur chaque substitution d'un Son à un autre dans un même mot, un grand nombre d'exemples empruntés de diverses Langues, afin qu'on voye qu'il n'en est aucune qui ne subisse les mêmes loix, & qui ne rentre dans la Langue Primitive & commune, objet de nos recherches. Cette multiplicité d'exemples sert également à prouver que ces raports ne sont point l'effet du hazard ; mais les suites nécessaires de la nature du Langage Primitif.

On doit donc regarder ces Tableaux comme la base de notre travail sur les Langues, comme le résultat de nos recherches, & les piéces justificatives des raports que nous établissons. On ne sauroit, sans eux, nous suivre nous-même dans le raprochement des Langues, & dans nos Familles Etymologiques. Nous osons même dire, que ceux qui voudront aprendre les Langues sans avoir formé leur oreille, leurs yeux, leur esprit à ces substitutions des sons entr'eux, auront infiniment plus de peine dans l'étude des Langues, que ceux qui se seront rendus habiles dans cette méthode de les aprendre en les comparant entr'elles : on pourra même, par le seul secours de ce Livre, reconnoître une foule de mots communs à diverses Langues, & s'assurer ainsi de l'excellence de notre Méthode & du raport de ces Langues.

On y trouvera aussi nombre d'exemples frapans de mots, communs à plusieurs Peuples & qui offrent des raports dont on n'avoit aucune idée, lors même qu'on savoit tous ces mots : ces exemples

exemples ouvrent un chemin nouveau pour la comparaiſon des Langues : leur connoiſſance fait tomber le mur qui ſéparoit ces Langues, tire le voile qui en déroboit les raports aux plus habiles : & ſi juſques à préſent on n'avoit pu réuſſir à compoſer de pareils Tableaux, c'eſt qu'on ne connoiſſoit pas aſſez les objets qui devoient y entrer, qu'on ignoroit une multitude de Métamorphoſes que les mots ont eſſuyé dans la plupart des Langues & ſans la connoiſſance deſquelles il étoit impoſſible d'apercevoir leurs raports.

Enfin, pour faciliter à nos Lecteurs l'enſemble des Tableaux dont il s'agit ici, nous les terminons par les conſéquences générales qui en réſultent & qui ſont autant de LOIX que ſuivent néceſſairement les mots dans leurs altérations en paſſant de Langue en Langue, en ſe tranſmettant de Peuple à Peuple, d'une génération à l'autre.

IVe. *Liv.* Mais ſi les mots ne furent pas l'effet du hazard, quelle IDÉE attacha-t-on à chacun des Elémens de la parole, à chaque Son, à chaque Intonation ? & comment fut-on conduit à leur attacher telle & telle idée, plutôt que toute autre ? C'eſt ce qu'il s'agit de déterminer ; & tel eſt le ſujet du quatriéme Livre. On démontre que chaque mot eut ſa raiſon ; que cette raiſon fut puiſée dans la Nature ; que ces raports des mots avec la Nature produiſent l'énergie qu'on admire dans le diſcours ordinaire, dans l'éloquence ſublime, dans la Poëſie pleine d'harmonie & de grace. Mais tout mot exprime des ſenſations ou des idées ; les premieres ſe peignirent donc néceſſairement par les ſons ou voyelles ; & les dernieres, non moins néceſſairement par les Intonations ou Conſonnes.

Examinant alors la valeur phyſique de chaque Voyelle & de chaque Conſonne, on voit que les mots formés de ces Voyelles ou de ces Consonnes dans la Langue Primitive, & répandus dans les Langues, sont parfaitement assortis à cette valeur physique; & qu'il en est de même des mots qui peignent les bruits, & qu'on apelle *Onomatopées*, des mots composés, des mots figurés & des mots négatifs; ensorte que tout confirme cette grande vérité trop peu connue, mais incontestable, que tout mot eut sa raison, & que la Langue Primitive, Mere de toutes les autres, fut puisée dans la Nature même.

Ce Livre est terminé par les preuves qui établissent que la LANGUE CHINOISE, qu'on a toujours regardée comme n'ayant aucun raport avec les nôtres, est parfaitement conforme elle-même aux principes que nous établissons; & qu'elle puisa ses mots dans cette Langue Primitive qui fut la base de toutes les autres

V$_e$. *Liv.* Si le problême de la naissance du Langage qu'on n'avoit pû éclaircir jusques ici, se résout facilement par les principes dont nous venons de tracer l'esquisse; il en est de même d'un autre problême non moins intéressant, & également lié à nos recherches, celui qui a pour objet L'ORIGINE DE L'ÉCRITURE.

Ce problême est si compliqué, qu'on peut dire qu'il réunit un grand nombre de questions différentes; car il ne s'agit pas seulement de déterminer l'Origine de l'Ecriture, mais aussi d'assigner les causes de ses diverses espéces; d'examiner si ces espéces différentes sont indépendantes, ou si elles dériverent les unes des autres; quelle idée on doit se former de l'Ecriture Hiéroglyphique, de la Chinoise, de l'Alphabétique; quelles furent les causes & le modéle de notre Alphabet; si tous les Alphabets viennent d'un seul, ou si les premiers Peuples inventerent chacun le leur; si l'Alphabet Oriental a des Voyelles, ou s'il n'est composé que de Consonnes, &c. Questions sans la solution desquelles on ne peut éclaircir cette haute antiquité & la source commune des Sciences & des Arts.

Un grand préjugé s'oposoit à ce qu'on prononçât d'une maniere positive sur ces objets; & ce préjugé étoit d'autant plus imposant, qu'il consistoit en faits. L'Ecriture n'est & ne fut commune qu'à une partie des Nations qui ont peuplé la Terre; elle ne paroît donc qu'une invention postérieure aux établissemens de ces Nations, & chaque Peuple dut se faire une Ecriture à sa fantaisie; ce qui anéantit toute comparaison & toute cause nécessaire.

Il a donc fallu commencer par dissiper ce préjugé, & faire voir que l'Ecriture, quoiqu'inventée antérieurement à la séparation des Peuples, n'a pu & n'a dû se maintenir que dans les Etats Agricoles, qui seuls ont une propriété & jouissent seuls des Arts & des Sciences, parce qu'eux seuls en ont besoin pour maintenir & perfectionner leurs propriétés, pour en assurer les revenus, pour prospérer par le Commerce, par les Loix, &c. Tandis que l'Ecriture est absolument inutile aux Peuples Chasseurs, aux Peuples Sauvages, &c. dénués de toute propriété.

Cette grande question de l'Origine de l'Ecriture est donc liée à cette question si ordinaire, *à quoi cela sert-il ?* Question qu'on a toujours faite & qu'on fera toujours dès qu'il s'agira de connoissances & sur-tout de connoissances nouvelles. Ceci est si vrai, que dans les Contrées même où l'on cultive les Arts, l'Ecriture est absolument négligée par ceux qui n'en ont pas besoin. Les Serfs, par exemple, n'écrivent nulle part, ni en Amérique, ni en Pologne, ni dans les Montagnes de la Franche-Comté; ils n'écrivoient pas non plus dans les anciennes Républiques de la Grèce & à Rome, si renommées cependant par leur amour pour les Lettres. Il s'écrit peut-être plus de choses en un jour dans un seul Village de la Suisse dont tous les Habitans sont libres & Citoyens, & où tout enfant sait écrire, qu'en un an dans tous les Villages de la Pologne où l'on ne compte que des Serfs. De quoi serviroit l'Ecriture à gens qui n'ont rien, qui ne se possédent pas eux-mêmes, qui peuvent bien moins disposer de leur tems?

Nous ajoutons que, puisque les proprietés territoriale & personnelle amenent à leur suite l'Ecriture, l'Ecriture à son tour prouve qu'il exista par-tout où on en rencontre des traces, une Agriculture, un Etat, une Propriété: elle devient ainsi d'une utilité premiere pour se former de justes idées des Peuples anciens, ou du Monde Primitif.

On pourroit également, par le même moyen, résoudre des questions intéressantes & relatives à notre tems: pourquoi, par exemple, notre ancienne Noblesse dédaigna presque toujours l'Ecriture, tandis que celle de nos jours commence d'en faire le plus excellent usage? Mais nous laissons ces réflexions à la sagacité de nos Lecteurs.

Nous faisons voir ensuite que l'Ecriture ne fut, comme le Langage, qu'une peinture; qu'aucune autorité n'auroit pû établir une Ecriture arbitraire; qu'on représenta dans la Langue écrite les objets désignés par la Langue parlée; qu'ainsi l'Ecriture PRIMITIVE fut nécessairement Hiéroglyphique ou Peinture d'objets; que l'Ecriture CHINOISE n'est elle-même qu'une Ecriture Hiéroglyphique altérée; que l'Ecriture ALPHABÉTIQUE, est également composée de caractères Hiéroglyphiques; qu'elle n'est que l'Ecriture Hiéroglyphique Primitive bornée à un petit nombre de caractères radicaux ou de CLÉS. On montre en même tems quels furent les objets peints par chacune de ces Clés, ou par ſes XVI Caractères dont fut compoſé l'ALPHABET PRIMITIF.

On examine après cela pourquoi cet Alphabet fut borné à XVI Lettres, & pourquoi il fut porté à XXII par les Orientaux, & à XXVIII par les Arabes.

De-là on paſſe aux Voyelles Hébraïques : on fait voir qu'elles répondent aux nôtres dans l'Alphabet Hébreu, & comment il eſt arrivé que preſque toujours on a cru que cet Alphabet en étoit privé.

Enfin, on montre la conformité de tous les Alphabets avec le Primitif, & qu'ils en tirent tous leur Origine.

Ce Vme. Livre, ainſi que le Volume, ſe termine par l'explication de toutes les Planches que contient ce Volume. On peut les conſidérer comme la baſe d'une DIPLOMATIQUE ancienne, & comme les piéces juſtificatives de nos vues ſur l'Origine de l'Ecriture. Elles offrent, outre trois Planches Anatomiques relatives à l'inſtrument vocal, des comparaiſons d'alphabets ; des monumens Grecs & Hébreux qui ont deux ou trois mille ans ; des Monumens Phéniciens & Palmyreniens ; des Inſcriptions Oſques & Romaines, antérieures à l'Ere Chrétienne ; des Monumens Runiques de divers âges. Enfin, une Inſcription trouvée dans une Iſle Grecque, & dont les caractères contiennent plus de raports avec l'ancien alphabet Oriental que l'alphabet Grec ordinaire : c'eſt l'inſcription qui ſert de vignette à ce Diſcours Préliminaire.

Cette Diplomatique primitive auroit pû être beaucoup plus conſidérable, & offrir des Monumens Etruſques, Indiens, Chinois, &c. Et un plus grand nombre de Monumens Phéniciens & Grecs : mais d'un côté, nous nous propoſions ſeulement de donner une idée de ce qu'on pourroit faire à cet égard ; d'un autre côté, nous ne voulions faire entrer ici que des Monumens déja expliqués & dont la valeur des caractères fût constatée, puisque ce n'est que de ceux-là que nous pouvions tirer des conséquences en faveur du raport commun des alphabets.

Telle est l'analyse rapide des objets contenus dans ce Volume. Sans prétendre avoir rempli toute leur étendue, nous osons cependant nous flatter que ceux de nos Lecteurs qui se donneront la peine de comparer cette portion de l'Histoire Naturelle de la Parole avec ce que nous en avons dit dans notre Plan Général & Raisonné, au premier Article intitulé, *Principes du Langage & de l'Ecriture*, (pag. 9-14.) trouveront que nous n'avons rien laissé en arrière de ce que nous avions promis, malgré le nombre des objets qui le composent, & malgré les difficultés dont leur discussion est hérissée.

N'omettons pas que c'est à ce Volume que doit se réunir la REPONSE à la Critique insérée dans le Journal des Savans; & qui n'a été détachée que pour satisfaire aux désirs de nos Souscripteurs.

Observations particulieres.

I. Comme nous sommes continuellement obligés de rendre en caractères Romains des mots de toutes les Langues, & que l'Alphabet Romain est quelquefois insuffisant pour rendre les caractères étrangers, nous serons souvent forcés de recourir à un équivalent. Nous nous sommes déja trouvés dans ce cas à l'égard de deux voyelles aspirées des Hébreux, le ח *Heth* ou *Kheth*, & le ע *Aïn* ou *Gaïn*. De ces deux voyelles, l'une répond à l'Eta des Grecs ou à l'*E* long; & l'autre, à O. Mais pour désigner l'aspiration de ces lettres, quelques Savans écrivent deux *h* de suite, *hh*, pour la premiere, & trois, *hhh*, pour la seconde. D'autres rendent la premiere par un *h* avec une ligne tranſverſale dans ſa portion ſupérieure, & la ſeconde par un *ν*. Quant à nous, afin de ſuivre l'analogie des Langues ſans embarraſſer l'Ecriture de caractères inutiles, nous avons cru devoir noter la premiere de ces aſpirations, ſuivant la maniere des Grecs, par ce ſimple accent ʻ, ʻE ; & la ſeconde par cet eſprit naſal, ʻO. L'orthographe ſe ſimplifie ainſi, & chacun peut apliquer à ces eſprits ou accents la prononciation qui lui eſt la plus familiere.

II. Depuis long-tems on propoſe de faire des changemens à l'orthographe Françoiſe, & ces changemens éprouvent toujours la plus grande difficulté, parce qu'ils ne ſont pas apuyés de motifs ſuffiſans pour les faire embraſſer. Mais s'il exiſte à cet égard quelque principe certain, ou ſi l'on eſt dans le cas d'y aporter quelque changement indiſpenſable, on doit s'en apercevoir dans cet Ouvrage. Il n'eſt pas moins certain que dans ces occaſions, nous pourrions faire les changemens néceſſaires à l'orthographe Françoiſe, ſans qu'on fût fondé à nous traiter de Novateurs. Cependant comme l'uſage doit être reſpecté & qu'on ne ſauroit, ſans offuſquer quelques Lecteurs, écrire un mot d'une maniere différente de celle ſous laquelle on eſt accoutumé à le reconnoître, nous ne ferons jamais de changement à cet égard qu'après l'avoir annoncé & après avoir preſſenti le goût du Public ; & nous n'en propoſerons jamais que lorſque le changement nous paroîtra indiſpenſable.

C'eſt ainſi que dans ce Volume, nous avons propoſé d'écrire par un ſeul caractère notre ſon *ch*, ce qui n'eſt pas même une idée nouvelle, & que nous avons dit qu'on pourroit le rendre par un ſimple C renverſé, de cette maniere Ɔ.

Nous avons propoſé auſſi de ſuprimer toutes les *H* initiales qui ne ſe prononcent pas : elles ne ſont qu'embarraſſer l'écriture, que fatiguer ſans raiſon la mémoire & l'attention, pour diſtinguer les mots où elles ſe prononcent de ceux où elles ne ſe prononcent pas. D'ailleurs notre propre Nation nous en a déja donné l'exemple, puiſque nous avons apris de nos Ancêtres à n'écrire qu'*Avoir* & qu'*Ici*, au lieu de l'ancienne orthographe *havoir* & *hici*, ces mots venant du Latin *habere* & *hic*. Ajoutons que diverſes Nations pratiquent la même choſe dans tous les cas ſemblables.

III. En parlant (*pag.* 277. & ſuiv.) de l'énergie dont la Poéſie & l'Eloquence ſont redevables au raport des mots avec la Nature, nous n'avons pas craint de dire que le Génie qui créa les ouvrages immortels des Grecs, &c. n'eſt pas encore épuiſé : qu'on peut en voir paroître qui ſeront dignes de ceux-là, puiſque le germe n'en eſt pas péri ; qu'on en trouve le modèle dans la Nature, & que par la comparaiſon des Monumens anciens avec ce modèle, on peut ſe mettre en état de les ſurpaſſer. Cette idée nous paroît trop conſolante pour craindre qu'elle ſoit rejettée, quoiqu'une Savante célébre ait avancé que les Nations Européennes ne pourront jamais briller que par *l'imitation des Grecs* ; & quoiqu'elle leur ôte juſqu'à l'eſpérance *d'imaginer, d'inventer d'elles-mêmes & d'arriver à la perfection* (1).

Nous ne doutons pas qu'on ne préfere le ſentiment du Cavalier BERNIN, Sculpteur renommé du dernier ſiécle : il ſoutint que la Nature ſait donner à toutes ſes Parties les beautés qui leur conviennent, & que l'art conſiſte ſimplement à les trouver & à les exprimer : il diſputa aux Grecs leur ſupériorité dans l'imitation de la belle Nature & dans l'emploi des beautés idéales : il ſe vanta même d'avoir détruit le préjugé de cette ſupériorité, dans lequel

(1) Mad. DACIER, Cauſes de la corruption du goût.

la

la beauté de la Venus de Médicis l'avoit retenu pendant long-tems. Il est vrai que WINCKELMANN en conclut (1) que les véritables beautés sont plus aisées à découvrir dans les statues Grecques que dans la Nature ; qu'elles sont plus réunies, plus touchantes dans ces copies que dans l'original même, & que l'étude de la Nature mène par un chemin plus pénible & plus long à la connoissance de la véritable beauté, que l'étude des Antiques.

Nous accorderons volontiers à Winckelmann ses conclusions, parce qu'elles ne détruisent point ce que nous avons avancé & qu'elles ne signifient autre chose si ce n'est qu'il faut profiter de tous les avantages dont on jouit, sentir toute la beauté des ouvrages de l'art par leur comparaison avec les ouvrages de la Nature, & aprendre par l'imitation de ceux-ci à surpasser ceux-là.

IV. Nous croyons faire plaisir à nos Lecteurs en ajoutant que le systême dont nous parlons (pag. 79) sur le fluide des nerfs ou relativement aux esprits animaux, est confirmé par la Dissertation du célébre LE CAT sur le *principe de l'action des Muscles*, qui remporta en 1753. le prix proposé par l'Académie Royale de Berlin.

V. Dans le tems que nous terminions ce Volume, on nous a communiqué un ouvrage Anglois relatif aux objets dont nous traitons ici, composé par M. le Chevalier de Sauseuil & imprimé en 1772. C'est une analyse de l'ortographe Françoise ou les vrais principes de la prononciation Françoise, & dédié à l'Académie Françoise. L'Auteur y traite principalement des *Loix* que suivent les sons, dans les changemens que les mots éprouvent en se répandant sur la Terre & qui font le sujet de notre III. Livre. Il raporte

(1) Pensée sur l'imitation des Grecs dans les Ouvrages de Peinture & de Sculpture, insérées dans la nouv. Bibl. Germ. Tom. XVII. & imprimées dans d'autres Recueils.

tous ces changemens à XXIV. classes qu'il appelle CANONS. Leur discussion est remplie de recherches curieuses & de très-beaux aperçus, l'Auteur ayant très-bien senti que sans ces comparaisons, tout travail sur les Langues est nécessairement défectueux. Il place à la tête, ces principes que les voyelles ne peuvent servir pour comparer les Langues & que l'aspiration se change en presque toutes les consonnes. C'est donc encore ici un de ces chercheurs du vrai avec lesquels nous nous sommes rencontrés, sans avoir eu aucune connoissance de nos travaux respectifs. Nous serions donc suspects dans ce que nous en pourrions dire de bien ; nous préferons d'inviter ceux qui aiment à approfondir ces objets, à lire eux-mêmes cet ouvrage.

Nous finissons par des CORRECTIONS que nous devons en partie à quelques-uns de MM. nos Souscripteurs ; & nous espérons que l'empressement avec lequel nous profitons de leurs observations déterminera sans peine ceux qui s'intéressent à la perfection de notre ouvrage, à nous en faire toujours part.

Allégories Orientales.

La note (1) de la page 41 doit être portée à la page suivante.

La premiere ligne des notes, pag. 57. est la suite de la note qui termine la pag. 56. & qui a été interrompue mal-à-propos.

Relativement au fait avancé pag. 93. qu'un vase de lierre retient le vin & laisse passer l'eau, M. CHEFDHOSTEL de l'Acad. Royale de Rouen nous écrit que ni l'une ni l'autre de ces liqueurs n'ont filtré à travers un vase de lierre fort mince qu'il avoit fait pour constatter cette expérience : nous parlions cependant d'après gens qui disoient l'avoir faite : heureusement en cas que ce soit une erreur, c'est un fait particulier qui ne tire à aucune conséquence, même pour l'article où nous en avons fait usage.

A la pag. 112. lig. 14. & 24. *Il faut lire* le nœud d'Hercule, *au lieu d'* Hercule.

Pag. 88. *du Génie Allégorique*, lig. 7. historique, *lis.* allégorique.

Grammaire Universelle.

Pag. XXIV. lig. 10. & 11. à quel génie, *lis.* à quel point le génie.

— XLV. *au sixième vers Lat.* equo, *lis.* quo.

— 64. *vers Italiens*, cose, *lis.* cosa. Se in, *lis.* s'in. *Le troisième vers ne doit commencer qu'à* in ogni.

— 97. *Dans les vers Languedociens*, *il faut lire* hurouse, desfa, que los ten. *Et à la ligne qui les précéde*, *au lieu de ces mots* une qui commence ainsi, *lis.* une où l'on dit.

Au sujet des diminutifs dont nous parlons ici, un Savant propose de les distinguer en deux classes, dont l'une contiendroit, sous le nom de *pejoratifs* ou tel autre mot semblable, ceux qui emportent avec eux une idée de mépris.

Pag. 144. lig. 15. ceux-ci, *lis.* ceux là.

lig. 16. *effacés*, & de très ; ainsi que les 4 mots de la lig. 19.

— 208. lig 11. l'action, *lis.* l'acte.

— 280. lig. 15. d'un nobil, *lis.* di nobil.

— 325. Plusieurs Personnes ont reclamé contre l'Etymologie que nous donnons ici des adverbes en *ment* : ils préferent celle que nous avons rejettée : l'un d'eux observe même que quoiqu'ALBERTI ait mis dans son Diction. Italien le mot *Ta-manto*, ce mot ne peut cependant pas être regardé comme Italien, & que les Piedmontois l'auront ſans doute emprunté des Provençaux. Nous abandonnons donc cette étymologie malgré l'idée que nous en avions : nous ſoumettrons toujours ſans peine notre avis à des lumieres ſupérieures.

Pag. 348. lig. 7. Mai, *liſ.* Ma.

— 437. — 14. *ſtudendi*, liſ. *diſcendi.*

Planche II. page 572. Le chiffre 50. doit être vis-à-vis le caractère Chinois qui eſt au-deſſous.

Pag. 578. & ſuiv. Au lieu des n°. 56. 57. 58. 59. *liſ.* n°. 55. 56. 57. & 58.

TABLE

Des Objets contenus dans l'Origine du Langage & de l'Écriture.

LIVRE PREMIER.

De l'Art Étymologique.

LIVRE II.

DE L'ORIGINE DU LANGAGE.

PREMIERE PARTIE.

PARTIE SECONDE.

DES MODIFICATIONS DE LA VOIX.

LIVRE III.

LIVRE IV.

LIVRE V.

SECTION I.

SECTION II.

ORIGINE

C. P. Marillier inv.   A. Romanet Sculp.

HISTOIRE NATURELLE DE LA PAROLE, OU ORIGINE DU LANGAGE ET DE L'ÉCRITURE.

LIVRE I.

DE L'ART ÉTYMOLOGIQUE.

CHAPITRE PREMIER.

Excellence de la Parole ; importance de son Histoire.

L'Histoire Naturelle de la Parole commence avec le genre-humain ; elle le prend au berceau, & dans le sein de la premiere Famille ; elle le suit dans ses dispersions, & dans l'accroissement de ses connoissances ; elle n'aura d'autres bornes que les siennes.

Plus importante que la plûpart des objets qui sont renfermés sous le nom général d'Histoire, celle-ci nous apprend comment se dévelopa dans l'homme l'Art de parler; en quoi consiste cet Art; comment, puisé dans la Nature même, il n'a jamais pu se dénaturer, malgré la fléxibilité de ses organes, & l'inconstance des Peuples; à quel point nos Langues modernes nous représentent les Langues anciennes, & comment celles-ci furent la Langue même de nos premiers Peres, de qui nous la tenons comme un héritage inaliénable que nous ferons passer à nos derniers neveux; par quels moyens, étendant comme à l'infini les bornes de cet héritage, l'homme sut représenter la parole, & par des signes matériels la peindre aux yeux même; comment ces signes qui semblent n'avoir aucun raport chez chaque Peuple, viennent cependant tous d'une source commune, & ne forment qu'un Alphabet, qu'une écriture donnée également par la Nature.

Elle fait connoître encore par quelle route aisée & facile, ramenant toutes ces écritures & toutes ces Langues à une mesure commune, les Langues anciennes & modernes n'en formeront qu'une seule, au moyen de laquelle il n'y ait plus de sociétés étrangeres & barbares les unes pour les autres, & l'homme franchisse ce mur énorme qui séparoit tous les Peuples, les isoloit tous; & revienne en quelque sorte à cette unité primitive que la Divinité a établie parmi les hommes, & dont ils se raprochent toujours plus à mesure qu'ils font fuir l'ignorance, la barbarie, & cet amour exclusif, effet de l'ignorance, qui a produit tant de maux.

Si jamais les hommes sentirent avec force la nécessité de poids & de mesures communes, d'un droit commun à tous les Peuples, d'une unité de principes & de cultes, ne sentiroient-ils pas avec la même force l'importance d'une unité de Langage, au moyen de laquelle ils ne parussent tous que les enfans d'une même Famille, ils pussent profiter des connoissances de tous, transmettre leurs idées à tous, atteindre par la réunion de tous les bornes les plus reculées de l'esprit humain, prévenir ainsi les funestes effets de la diversité des Langues?

Combien de Monumens perdus, parce que cette diversité les avoit rendus inintelligibles! Combien de connoissances anéanties, parce qu'elle les avoit empêché de se propager! Combien de Nations sont dans l'enfance & dans l'engourdissement, parce que les instructions dont tant d'autres jouissent, & qui les délivrerent d'un pareil état, sont perdues pour elles!

Cette Histoire est même de premiere nécessité pour les Européens: comme il leur est impossible d'acquérir la moindre connoissance sans celle des Langues dans lesquelles ces connoissances sont déposées, ils sont obligés de commencer leurs études par celle-là : ainsi les Langues entrent dans la base de l'éducation publique & particuliere d'un Européen, quel que soit l'état auquel il veuille se vouer. Celui qui se consacre au service & à la défense de la Religion, est obligé d'étudier les Langues savantes, le Latin, le Grec, l'Hébreu, & ses dialectes.

Celui qui se voue au Commerce, à ce commerce qui le rend en quelque sorte Citoyen de l'Univers, est obligé d'apprendre les Langues qu'on parle dans les lieux où il étend son commerce, les Langues du Midi & du Nord, de l'Orient ou de l'Occident.

Les Militaires eux-mêmes sont obligés d'étudier les Langues dans lesquelles on a écrit des Ouvrages précieux sur leur Art, & celles des Nations avec lesquelles ils sont en guerre, ou au secours desquelles ils sont obligés d'aller.

Les Ministres d'Etat & les Politiques, ne peuvent se dispenser d'étudier les Langues des Peuples avec lesquels ils négocient & qu'ils ont intérêt de ménager.

Il n'est pas jusqu'aux Princesses du rang le plus élevé, qui ne soient dans le cas d'étudier diverses Langues modernes parlées dans toutes les Cours, & par la coutume qu'on a de les marier dans des Cours Etrangeres.

Enfin, ceux même qui, dégagés de toute ambition, ne veulent que se livrer à l'étude des Beaux-Arts, & ne cultiver que l'Eloquence ou la Poésie, ne peuvent se dispenser de connoître les Langues qui leur fournissent les modèles les plus parfaits en tout genre.

Ainsi, personne n'est exempt de cette étude, dès qu'il veut acquérir la plus légère connoissance : mais que de travail, que de peine, que de veilles n'en résulte-t-il pas ? Quoi de plus triste d'ailleurs que d'employer les plus beaux de ses jours à vaincre une hydre toujours renaissante ; à se partager sans cesse entre les morts & les vivans ; à consumer en mots un tems déja trop court pour les sublimes & consolantes vérités qu'on devroit connoître !

L'Histoire Naturelle de la Parole est donc, pour ceux qui veulent s'instruire, des plus intéressantes par son objet & par ses effets.

Par son objet ; la *Parole*. La Parole fait une partie fondamentale de l'essence & de la gloire de l'homme ; elle constitue sa dignité, elle le distingue des Êtres animés avec lesquels il partage les fruits de la Terre, & avec qui lui sont communs tous les phénomènes de la vie animale ; qui naissent, mangent, boivent, dorment comme lui, qui sont également sensibles au plaisir, à la douleur, aux révolutions du tems ; qui veulent aussi comme lui s'entretenir avec leurs ſemblables ; mais qui n'exhalent qu'un cri inarticulé, auſſi borné dans ſes effets que dans ſa nature, qui ne ſert que pour l'inſtant, qui ne contribue en rien à accroître la maſſe de leurs connoiſſances, à rendre utile ce qu'ils voyent, à établir une inſtruction.

Comme les diviſions de la main & des doigts nous donnent les moyens de ſaiſir les objets matériels, d'en appercevoir toutes les formes, de devenir en quelque ſorte eux-mêmes, ainſi les ſons divers entre leſquels ſe partage la parole articulée, nous fourniſſent les moyens de rendre toutes nos idées, d'en peindre toute la profondeur, de les expoſer ſous toutes leurs faces, de les varier à l'infini ; d'en faire la baſe de l'inſtruction la plus utile & la plus vaſte ; d'en augmenter continuellement les richeſſes ; de ne rien laiſſer échapper dans la peinture des penſées les plus déliées & dans celle de la Nature.

Si juſques ici on n'a marché qu'au hazard dans l'étude des Langues, ſi jamais on n'en a tenu le fil ; ſi la connoiſſance des plus anciennes n'a pas été regardée comme un moyen d'acquérir l'intelligence de celles qui exiſtent ; ſi la nuit la plus obſcure dérobe à nos yeux leur origine ; ſi l'étude de l'une n'eſt d'aucun ſecours pour acquérir la connoiſſance d'une autre ; ce n'étoit point la faute des Langues : c'eſt que l'Hiſtoire Naturelle de la Parole manquoit : elle ſeule pouvoit diſſiper cette obſcurité, rétablir cet ordre, lier toutes les Langues, les ramener à une meſure commune, & nous donnant la raiſon de tout, nous faire marcher à grands pas dans l'étude des Langues.

Tels ſont les effets de l'Hiſtoire Naturelle de la Parole ; elle montre de la maniere la plus ſimple & la plus énergique, comment l'homme, profitant des élémens que lui fournit la Divinité à cet égard, eſt venu à bout de former ces Langues harmonieuſes qui nous charment en nous inſtruiſant ; de les aſſujettir à cette marche cadencée qui force nos paroles à ſuivre nos mouvemens ; de peindre avec tout ce que l'expreſſion a de plus ſublime & de plus flatteur, des objets qui ne tomberent même jamais ſous les ſens.

Donnant ainſi la raiſon de tous les mots, elle ſatisfait l'eſprit qu'elle éclaire ; elle le met à ſon aiſe ; il n'erre plus dans le dédale obſcur des Langues où il ne voyoit rien qui fût l'effet de la raiſon, dont il ne pouvoit découvrir l'origine, & dans leſquelles il n'appercevoit aucun de ces admirables caractères qui ſont l'empreinte d'une ſageſſe & d'une intelligence ſupérieure.

Chaque mot portant dès-lors avec lui ſa raiſon, & ſe liant avec une famille entiere priſe dans la Nature dont il dérive, & à laquelle il tient eſſentiellement, n'exige plus d'effort pénible pour le retenir ; il devient auſſi intéreſſant & auſſi énergique, qu'il étoit auparavant froid & inſipide.

Ces immenses Dictionnaires qui effrayent l'homme le plus actif, le plus avide de connoissances, qu'on n'ose considérer que par lambeaux, jamais dans leur ensemble, qui n'offrent qu'un amas confus & indigeste de mots entassés sans ordre, inventés par hazard, étrangers les uns aux autres, sans autre énergie que celle dont les révêtit avec peine le caprice ou une aveugle nécessité, si fort dénués d'une valeur propre qu'on eût pu leur en donner une foule d'autres; ces Dictionnaires, dis-je, changent dès-lors totalement de face; par l'Histoire Naturelle de la Parole, ils n'offrent plus que les mêmes mots qui naquirent avec l'homme, qui eurent dès les premiers instans une valeur déterminée, qui se sont transmis de main en main à tous les Peuples, & qui n'ont éprouvé que des altérations déterminées, dont les Dictionnaires de tous les Peuples ne sont que les dépositaires. Avant de les ouvrir, on sait déja, au moyen de cette Histoire, tout ce qu'on y trouvera: il ne reste, pour les aprendre, qu'à reconnoître la forme sous laquelle chaque mot s'y est déguisé.

Par-là disparoît enfin cette immensité de mots qui forment la masse des Langues: ils se fondent en un petit nombre d'élémens primitifs, déja tous connus. Les Langues les plus riches n'offrent plus que des commencemens si foibles, qu'on est étonné de leur pauvreté & qu'on ne conçoit pas comment on a pu exalter leurs richesses. Nos Langues modernes, sans en excepter la Françoise, n'ont point de mots qui leur apartiennent en propre, aucun qu'on n'ait déja vu dans des Langues plus anciennes, d'où ils leur sont venus en se transmettant d'une génération à l'autre; ensorte qu'on les sait toutes avant de les avoir étudiées. On n'y aperçoit d'autre différence que celle qu'a occasionné la diversité du génie des Peuples; ainsi, la même liqueur prend une teinte & une saveur différente, suivant les vases dans lesquels on la met.

Avec beaucoup moins d'efforts & beaucoup moins de tems, on sauroit infiniment plus; on pourroit se livrer à la connoissance des choses qui ne seroit plus interrompue par l'étude des mots; on jouiroit du fruit de ses travaux.

CHAPITRE II.

Pourquoi cette Histoire n'existoit pas encore.

Ces avantages qui résultent de l'Histoire Naturelle de la Parole, sont si sensibles, qu'il n'est personne qui s'y refuse. Chacun conviendra sans peine combien il est intéressant de ne marcher jamais au hazard dans l'étude des Langues, de voir les raisons de chaque mot, d'en acquérir la connoissance avec autant de facilité que de plaisir, de pouvoir lier toutes les Langues entr'elles, & d'en ramener tous les mots à des Familles communes, ensorte que le cahos informe & rebutant des Langues fasse place à l'harmonie la plus lumineuse.

Plus ces avantages sont grands, & plus on aura lieu d'être surpris que jusques à présent on n'ait point eu d'Histoire Naturelle de la Parole, qu'on ait même cru qu'elle étoit impossible ; & que les Savans qui s'en sont occupés n'ayent pu porter leurs travaux au dégré d'évidence nécessaire pour la conviction de leurs Lecteurs.

Rien de plus aisé cependant à concilier.

L'Histoire de la Parole se perd avec celle des origines du genre-humain & avec celle des révolutions qu'il éprouva : le fil en est rompu en mille endroits ; en vain on cherche à le renouer ; on ne trouve par-tout que des ténébres qu'il paroît impossible de dissiper. Par-tout des sons divers qui semblent faire de chaque Nation, autant de sociétés qui n'eurent jamais rien de commun : ici, des tons agréables & doux forment la masse du Langage : là, des tons rudes & grossiers se choquent avec effort & frapent désagréablement l'oreille ; telle la différence entre le chant délicieux du Rossignol & le cri glapissant du Coq-d'Inde. Aucune Langue qui n'offre une multitude de mots sans raport avec aucune autre ; aucune qu'on n'aprenne avec une difficulté extrême ; qu'on n'oublie avec plus de facilité ; qui offre rien de naturel, rien qui ne soit l'effet d'un art lent & pénible.

Par-tout, les Monumens se dérobent aux recherches ou à l'analyse de ceux qui voudroient remonter à l'origine des Langues.

Les Dictionnaires pourroient supléer à ce défaut ; mais il est un très-grand nombre de Langues dont il n'existe aucun Dictionnaire, dont on ne connoît même que le nom ; & malheureusement ce sont les plus anciennes, les premieres de toutes qui ſont dans ce cas. Enſorte que les Dictionnaires, même les plus anciens, n'offrent qu'un état poſtérieur des Langues, ce qu'elles étoient au moment où l'on fit ces Dictionnaires, & non ce qu'elles avoient été quelques ſiécles auparavant, bien loin de nous apprendre ce qu'elles étoient au moment de leur origine.

Enfin, les Savans qui ont traité de ces objets, & qui ont voulu tracer l'Hiſtoire Naturelle de la Parole, entre leſquels il en eſt qui ſont allés très-loin, & qui avoient bien aperçu la route qu'il falloit tenir, & auxquels nous nous ſommes toujours empreſſés à rendre les juſtes éloges qui leur étoient dus, ont plutôt dit ce qu'elle devoit être, qu'ils n'ont démontré ce qu'elle étoit; ils ont fait de très-belles théories; mais il leur reſtoit à les mettre en pratique dans toute leur étendue.

Il n'eſt donc pas étonnant que l'on ait ſans ceſſe eſſayé de tracer cette Hiſtoire, & qu'elle ait été ſans ceſſe manquée; que tant de Savans s'y ſoient apliqués & qu'elle ſoit encore à faire; qu'on n'ait encore pu éclaircir l'origine du Langage & de l'Écriture, le raport des Langues, la raiſon de chaque mot.

CHAPITRE III.

MOYENS par leſquels nous y ſommes parvenus.

CE qu'il étoit ſi fort à déſirer qu'on fit à l'égard des Langues, ce qu'on avoit ſi ſouvent eſſayé de faire avec plus ou moins de ſuccès, c'eſt ce que nous entreprenons de mettre ici ſous les yeux du Public.

Demandera-t-on par quels moyens nous avons pu parvenir à des découvertes qui ſembloient déſeſpérées, qui avoient réſiſté aux efforts des hommes les plus diſtingués par leurs connoiſſances, & dont une partie des matériaux ont diſparu depuis ſi long-tems?

Ces moyens ſont tels qu'ils nous ont fait avancer à grands pas & qu'ils ne peuvent qu'inſpirer la plus grande confiance pour tout ce que nous avons à propoſer.

C'eſt l'analyſe des Langues & leurs raports avec la Nature: elles ſeules pouvoient nous faire connoître les liaiſons qui regnent entr'elles, & ſi la premiere des Langues ſubſiſte encore en elles, ſi elles en ſont une deſcendance ou non.

Par cette analyſe, nous avons trouvé qu'elles ne different que par des variétés accessoires, & qu'elles sont exactement les mêmes par leur essence; par leurs mots radicaux & primitifs; que les différences même qu'on y aperçoit & qui sont l'effet de l'inconstance perpétuelle des Langues que rien ne peut fixer, se réduisent à un certain nombre de Phénomènes, toujours les mêmes & que rien ne peut altérer, parce qu'ils naissent de la nature de l'instrument vocal, qu'ils ne peuvent s'anéantir, & qu'ils ont lieu dans toute Langue.

Des raports aussi constans, aussi soutenus, étoient nécessairement l'effet de Loix fondamentales, dont devoit résulter la Théorie entiere du Langage : il ne s'agissoit plus que de trouver ces Loix.

Mais où pouvoient résider ces Loix du Langage, obligatoires pour tous les hommes, si ce n'est dans les organes de la voix ou dans l'instrument vocal lui-même & dans ses raports avec la Nature, tels que les hommes ne purent jamais s'en écarter & qu'on put y ramener toutes les Langues & tous leurs Phénomènes; ensorte que le Langage naquit avec l'homme & s'est transmis de génération en génération par un usage dont rien ne pouvoit anéantir les raports avec le fond primitif des Langues ?

Ainsi, en analysant l'instrument vocal, on découvre toute son étendue, toutes ses propriétés, tous les sons qui en résultent, la valeur propre de chacun de ces sons, leurs raports avec les objets qu'on a à peindre.

La réunion de ces sons forme la masse des mots primitifs, tous monosyllabes, tous pris dans l'instrument vocal, tous peignant des objets physiques ; tous, source ou racines de toutes les Langues, & dont aucune n'a pu s'éloigner.

En raprochant de ces mots primitifs, ceux de toutes les Langues, on les en a toujours vu descendre d'une maniere simple ; ils ont toujours été ces mots primitifs légerement diversifiés pour désigner les idées accessoires & les diverses branches d'un même objet.

L'examen des procédés que chaque Peuple suit dans l'emploi de ces mots primitifs, a toujours donné la cause de ces procédés, & de tous ceux qui en étoient la suite, de ceux même qui sembloient le plus se refuser à toute analyse, à toute comparaison.

On a en même tems vu se réduire au plus petit nombre possible les mots des Langues les plus abondantes, en ramenant à ces mots primitifs tous les Verbes, tous les Adjectifs, tous les Adverbes, tous les mots figurés qui forment la masse presqu'entiere des Langues.

Par cette marche simple & constante, on a vu naître les régles de la Science Étymologique, & l'on a pu les tracer d'une maniere qui entraîne avec elle la conviction & ne laisse aucun lieu à l'arbitraire.

CHAP. IV.

CHAPITRE IV.

De l'Art Etymologique, généralement décrié, & pourquoi.

JE n'ignore pas dans quel discrédit est tombé l'Art Étymologique ; qu'on le regarde comme un Art trompeur & illusoire ; & ceux qui s'y livrent comme des personnes que séduit un désir absurde de connoître des choses à la connoissance desquelles il est impossible de parvenir ; qu'on a dit que les Étymologies étoient jeux d'enfans, & qu'on y voit, comme dans les nuages, tout ce qu'on veut.

Je n'ignore pas non plus que l'on n'a malheureusement que trop de raison de tenir un pareil langage, & d'être excessivement prévenu contre les Étymologistes : ils avoient entre les mains une arme à deux tranchans qui a blessé presque tous ceux qui ont voulu s'en servir : rien de plus fastidieux que les trois quarts des Étymologies qui ont paru jusques-ici ; on n'y voit, ni principes, ni critique, ni régles ni procédés constans; on y marche toujours à l'aventure; leurs Auteurs sans cesse balottés par les lueurs trompeuses qu'offre l'Étymologie lorsqu'on ne sait pas s'en servir, nagent dans une mer immense sans boussole, sans gouvernail, sans guide ; ils ne doivent qu'au hazard les vérités qu'ils rencontrent çà & là ; & comme ces vérités ne tiennent chez eux à aucun ensemble, elles leur sont inutiles pour les remettre dans le bon chemin, & elles sont étouffées elles-mêmes par la multitude d'erreurs dont elles sont envelopées.

Aussi, malgré les travaux en ce genre d'un grand nombre de Savans distingués, on n'a que des matériaux épars, dont il ne résulte aucun ensemble ; & le véritable Art Étymologique étoit encore à créer.

CHAPITRE V.

Causes qui jusques-ici avoient empêché que cet Art eût été perfectionné.

IL n'est pas difficile d'indiquer les causes qui ont empêché jusques-ici que nous eussions de bonnes Étymologies : nous ne saurions les passer sous silence ; on en verra mieux comment nous avons pu aller plus loin que personne en ce genre ; que si nous allons relever les méprises d'un grand nombre d'Hommes célébres, ce n'est point pour flétrir leur mémoire ou pour affoiblir leur gloire, elle est au-dessus de ces méprises ; mais afin qu'on distingue la vérité, de ce qui leur est personnel, & qu'on puisse voir en effet ce qu'ils avoient commencé à apercevoir. Leur gloire est d'avoir soupçonné une nouvelle route ; la démontrer, c'est travailler pour cette gloire même : quel mérite auroient-ils, si, en se livrant aux Étymologies, ils s'étoient occupés d'un Art chimérique !

Les causes de leurs méprises sont anciennes : elles remontent aux beaux tems de la Gréce, aux tems de tous ceux qui se sont livrés à la recherche de ces objets ; & elles se sont perpétuées, par l'influence que les opinions anciennes ont eue sur les tems modernes.

Les Grecs, vains de leurs excellens Auteurs & livrés aux spéculations les plus futiles, mépriserent souverainement l'étude des Langues ; devenus Maîtres de l'Orient, ils en laisserent perdre tous les Monumens ; jamais ils ne chercherent à les rassembler ou à les conserver ; encore moins à découvrir, par l'étude des autres Langues, l'origine de la leur propre.

Platon, à la vérité, convint que le Grec étoit rempli de mots barbares ; mais il ne chercha ni les causes de ces raports, ni quelle en pouvoit être l'étendue ; & ses vues n'engagerent aucun Grec à se livrer à ce travail.

Les Stoïciens seuls entre tous les Philosophes s'occuperent d'étymologies : ils soutinrent que tout mot avoit sa cause ; mais on ne crut pas à leur systême ; peut-être même le prouvoient-ils mal, ou ne s'en mirent-ils pas en peine, n'ayant pas les connoissances dont ils auroient eu besoin.

Ce que les Grecs ne firent pas, les Latins auroient pu le faire, lorsqu'ils furent devenus Maîtres de presque tout le Monde connu, & que leur Ville fut le rendez-vous de toutes les Langues. Rien de plus insipide cependant que leurs travaux en ce genre. On en peut juger par ce qui nous reste du plus savant d'entr'eux, VARRON.

Il rechercha l'origine de la Langue Latine ; mais dépourvû de tout principe à cet égard, ses Étymologies font pitié. On souffre pour cet illustre Romain en voyant l'imperfection de son travail, & combien il dut lui couter : il est, en effet, bien plus difficile de marcher dans des routes escarpées & où il faut sans cesse chercher une issue, que de suivre des routes unies. Varron croyoit avoir tout fait lorsqu'il pouvoit lier un mot Latin avec des mots Grecs ; & il ne voyoit pas qu'il n'en étoit pas plus avancé, puisque ces raports ne prouvoient pas l'origine de ces mots, & qu'ils n'étoient qu'un moyen d'y arriver plus aisément. Quelquefois aussi il aperçoit des raports entre le Latin & les anciennes Langues de l'Italie ; mais ce n'est que comme par hazard ; il ne sait tirer aucun parti de ces brillans aperçus ; ils le laissent dans les ténèbres les plus profondes.

Quelle mine immense ne lui offroient cependant pas ces anciennes Langues d'Italie ! l'Osque, le Samnite, l'Étrusque, l'Éolien, le Sicanien ou Sicilien, les Langues Celtiques, celles des Isles de Crète & de Malthe, l'Égyptien, le Syrien, le Phénicien, & toutes les Langues de la Haute-Asie, sur-tout celle de la Perse dont les raports avec le Latin sont si frapans qu'on diroit que les Perses furent freres des Latins : mais ce n'étoit pas dans le tumulte de Rome, au milieu de ses factions, dans la vaste enceinte de ses murs, séjour d'une multitude de Citoyens toujours agités, toujours entraînés par les affaires, ou par les plaisirs, qu'on pouvoit se livrer à ces recherches profondes.

Aucun Savant dans ce tems-là, avec la meilleure volonté & le plus grand génie, n'auroit peut-être pu faire mieux que Platon & que Varron ; il auroit fallu avoir sous les yeux des Monumens, des Dictionnaires, des Grammaires de toutes les Langues ; & l'on n'avoit, ni Dictionnaires, ni Grammaires ; l'on étoit presqu'aussi pauvre en Monumens.

Ce n'étoit pas l'ouvrage d'une seule personne ; un seul homme n'auroit pu rassembler tous ces objets ; il n'eût pu montrer que l'exemple ; & cet exemple auroit été en pure perte, si le corps des gens de Lettres n'y eût attaché quelque mérite, & une utilité pressante.

Lors du renouvellement des Sciences en Europe, on prit les Latins & les Grecs pour modèle ; & l'on crut avec eux que leurs Langues n'avoient aucun raport avec d'autres : l'on alla même plus loin ; on se persuada qu'aucune Langue n'avoit aucun raport à aucune autre.

Cependant, on alloit infiniment plus loin qu'eux, d'abord par amour pour eux ; ensuite par les divers avantages qu'on vit qui en résultoient ; on commença par rassembler tout ce qui pouvoit encore exister de relatif aux Anciens : Traditions, Monumens, Livres, Médailles, Statues, Inscriptions, Édifices,

Tableaux, &c. rien ne fut oublié de tout ce qui pourroit répandre quelque jour sur l'Antiquité. On connut mieux l'Orient, berceau des Hommes & des Sciences.

Mais aux connoissances des Grecs & des Latins, s'en joignirent d'autres devenues absolument nécessaires par une suite de la Religion Chrétienne; ce fut l'étude des Langues Sacrées nécessaires au Théologien & au Philologue : ce fut l'étude de toutes les Langues anciennes dans lesquelles on avoit traduit les Livres Sacrés : ce fut celle de toutes les Langues modernes des Contrées dans lesquelles s'établissoient des Missions.

L'étude des Langues devenue indispensable dans ces derniers tems, occasionna des travaux immenses absolument inconnus à l'Antiquité : on eut des Dictionnaires, des Vocabulaires, des Grammaires, des Glossaires, &c. de toute Langue : bientôt on sentit que toutes ces Langues avoient des raports entr'elles : bientôt on chercha quelle pouvoit être leur origine; de-là les recherches étymologiques auxquelles on s'est livré avec tant d'ardeur dans les derniers siécles.

CHAPITRE VI.

Énumération des principaux Auteurs Étymologiques.

TELLE étoit l'idée avantageuse qu'on se formoit de l'Art Étymologique; tel étoit l'éclat des traits de lumiere qu'il laissoit échaper à travers la nuit dont on étoit envelopé à son égard, que l'on a vu des Savans de tous les Pays & de toutes les Communions Chrétiennes de l'Europe se livrer à cette étude, & comparer les Langues entr'elles; & que les Ouvrages en ce genre se sont multipliés par-tout : rien n'a pu refroidir, à cet égard, l'ardeur des Savans; le peu de succès des uns n'a servi qu'à enflammer les autres; les chûtes n'étoient comptées pour rien; une bonne Étymologie consoloit de cent mauvaises; la plupart ont eu pour Auteurs des Savans du premier mérite. L'on peut même assurer que ceux qui en ont dit le plus de mal, n'étoient animés que par le dépit de ne pouvoir percer à travers le nuage qui envelopoit cet Art; on en a vu de très-distingués ne cesser de dire du mal des Étymologies, & ne cesser d'en proposer : ainsi sur le Théâtre du Monde, on ne blâme souvent des personnes les plus respectables que parce qu'on n'en a pu obtenir les faveurs qu'on en espéroit.

Tous cependant ne sont pas d'une égale force sur les Étymologies ; & tous ne se sont pas proposé la même étendue de recherches : à ce dernier égard, on pour les diviser en plusieurs Classes.

Ceux-ci ont cherché une Langue primitive, origine de toutes les autres : ceux-là l'ont vue dans le Chinois, la plûpart dans l'Hébreu. D'autres n'ont comparé que quelques Langues : plusieurs se sont bornés aux simples raports de leur Langue maternelle avec quelqu'autre.

Quelque jour, nous donnerons l'Histoire de leurs recherches & de leurs opinions : en attendant, nous allons indiquer les principaux.

En France, le Pere *Besnier*, *Bochart*, les deux *Casaubons*, *Caseneuve*, *du Cange*, *Fourmont*, *Falconet*, *Guichard*, *Huet*, *Menage* qui fit tout à la fois tant d'honneur à l'Art Étymologique & le fit tomber dans un si grand discrédit, *Morin*, *Pezron*, *Postel*, *Saumaise*, les deux *Scaligers*, *Thomassin*.

En Angleterre, *Boxhornius*, *Brerewood*, *Davies*, *Hayne*, *Hickes*, *Junius*, *Lhuyd*, *Lye*, *Parsons*, *Ravis*, *Sharp*, *Somner*, *Webb*.

En Allemagne, *Avenarius*, *Besold*, *Cluvier*, *la Crose*, *Cruciger*, *Crinesius*, *Clauberge*, *Eccard*, *Frisch*, *Hornius*, *Jablonsky*, *Kirchmayer*, *Leibnitz*, *Martinius*, *Michaelis*, *Majus*, *Muhlius*, *Pelloutier*, *Pfeiffer*, *Wachter*, *Schævius*, *Schulze*.

Dans les Pays-Bas, *Beckman*, *Drusius*, *le Clerc*, *Harkenroht*, *Masson*, *Millius*, *Plempius*, *Reland*, *Reizius*, *Schindler*, *Schultens*, *Vitringa*, *Scrieckius*, *Tenkate*.

En Suisse, *Bibliander*, *Bullinger*, *Bourguet*, *Gesner*, *Hottinger*, *Loys de Bochat*, *Ottius*, *Tschudy*.

En Italie, *Ferrari*, *Maffei*, *Mazzochi*, *Passari*, *Tanzini*, *Muratori*, *Giambulari*.

En Espagne, *Covarruvias*, *Moralès*, Louis *Vivès*, Don *Alvarès de Tolede*.

En Suede, les deux *Rudbeck*, *Borrichius*.

Si nous ajoutions à cette liste, tous les Savans actuellement vivans qui se sont occupés ou qui s'occupent de ces objets, & qui sont convaincus de l'utilité de l'Art Étymologique, elle seroit plus que doublée, & l'on y verroit des noms illustres de tous les Pays de l'Europe & dans tous les genres, même les moins analogues à l'Art Grammatical.

CHAPITRE VII.

Fausses idées qu'on se formoit de cet Art.

UN concours aussi nombreux de Savans illustres, n'a cependant pas produit tous les heureux effets qu'on eût dû s'en promettre ; & l'Art Etymologique est encore, en quelque sorte, au berceau. On a une multitude d'Ouvrages en ce genre ; mais ils ne forment point un Corps de Doctrine ; on y suit même souvent des principes diamétralement oposés, ou plutôt on n'y suit aucun principe ; & chacun s'y trace une marche à volonté, croyant arriver plus facilement au but qu'il se propose : souvent on y admet des étymologies foibles, douteuses, fausses même : on se livre sur-tout aux étymologies des noms, presque tous composés, par conséquent aussi difficiles à bien expliquer, qu'il est aisé d'y voir tout ce qu'on veut ; & l'on éleve sur ces étymologies des systêmes non moins étonnans ; comme si des étymologies prises à volonté étoient certaines, & qu'on pût prouver une vérité quelconque avec des moyens si frivoles. Aussi, que résulte-t-il de là ? Le Lecteur balotté par des contradictions désespérantes, attiré & repoussé tour-à-tour par la réputation des combattans, fatigué par des recherches pénibles, & dans lesquelles il ne voit aucune route assurée, finit par conclure que l'Art Etymologique n'est que vanité & qu'incertitude.

Que croire, en effet, lorsqu'on jette les yeux sur la plûpart des Ouvrages des Savans que nous venons de nommer ? qu'on voit les uns nier tout raport commun des Langues ; les autres trouver la source de toutes dans la leur propre ; des troisiémes, ne reconnoître pour cette source commune, que la Langue Hébraïque, cette Langue perfectionnée par Moyse & par les Ecrivains Sacrés ; la plûpart, donner l'entorse aux mots, & les comparer entr'eux, sans autre principe, sans autre régle que la convenance des étymologies qu'ils en donnent, avec leurs propres idées ; tous, ne comparer les Langues que par lambeaux ?

La plûpart ont été même dans des idées qui étoient destructives de ces étymologies dont ils s'occupoient. N'ont-ils pas cru que les Peuples Orientaux les plus anciens n'avoient jamais eu de voyelles dans leur Alphabet ? qu'une Langue pouvoit se perdre entierement, sans qu'il en restât aucun vestige ; que tel est le sort qu'ont éprouvé les Langues Egyptienne, Etrusque, Gauloise, &c; qu'on ne peut trouver de racines primitives hors de la Langue Hébraïque; que nos Langues modernes du Midi de l'Europe, le François, l'Italien, l'Espagnol, la Langue d'Oc, &c. ne viennent que du Latin; que les Idiômes ou Patois, ne méritent aucune considération; que les mots en se corrompant ne suivent aucune régle fixe; que la plûpart des Langues ne ressemblent à aucune autre; que la Langue primitive n'est qu'une chimère.

Ils étoient même si peu sûrs de leurs principes, qu'ils étoient toujours étonnés de trouver deux Langues conformes entr'elles, & qu'ils en ont toujours conclu que la Langue qu'ils parloient étoit Mere de celle qu'ils trouvoient lui ressembler si parfaitement; que l'Hébreu étoit né sur les bords de l'Escaut; que les Langues du Midi & de l'Orient étoient sorties des glaces du Nord; que les Langues Celtiques n'étoient qu'une altération du Latin; que l'Indien, ainsi que le Chinois, étoient Grecs selon les uns, & Egyptiens selon d'autres; & qu'au lieu de soutenir que ces Langues semblables étoient donc filles d'une troisiéme beaucoup plus ancienne, on a critiqué amerement ceux qui ont avancé l'existence d'une Langue primitive, & que l'Hébreu lui-même ne pouvoit être cette Langue primitive, étant impossible qu'une Langue aussi cultivée & aussi perfectionnée que l'étoit celle-là, eût resté trois mille ans dans le même état; un pareil événement étant contraire à toute analogie, & ne pouvant exister à moins d'un miracle aussi étonnant qu'aucun de ceux qui sont consacrés dans cette Langue.

Que penser enfin des plus habiles, même dans cet Art, lorsqu'on leur voit soutenir qu'il est impossible de rendre raison des mots primitifs, & que des Langues entières peuvent avoir été l'effet du hazard? lorsqu'on leur entend dire que des Sauvages créent des Langues, & qu'ils inventent avec la plus grande facilité tous les mots dont ils ont besoin; tandis que nos plus beaux génies ont tant de peine à changer l'orthographe d'un seul, & plus encore à lui assigner un sens différent de celui qu'il a?

De pareilles idées démontrent combien peu on avoit réfléchi sur ces objets; puisqu'on ne sentoit pas à quel point on se contredisoit, en cherchant les étymologies des Langues, & en attribuant leur invention au hazard: dira-t-on qu'il n'implique pas contradiction, que des mots inventés par hazard se soient transmis dans quelques Langues? Mais dans ce cas, vaut-il la peine de s'appliquer à des étymologies qui vont aboutir à des mots inventés par hazard, & qui se bornent à quelques Langues?

On a dit, en parlant des Philosophes anciens, qu'il n'y avoit aucune folie qui n'eût passé par leur tête ; ce mot pouvoit s'appliquer presqu'avec autant de raison aux Etymologistes.

Au milieu de tant d'erreurs, de préjugés, de méprises, étoit-il possible de réussir ? On étoit environné de lumiere, on l'appercevoit, on la suivoit quelque tems ; mais on se laissoit fasciner par les ténébres, & la lumiere s'éclipsoit.

CHAPITRE VIII.

Causes de ces erreurs.

Si ces erreurs étoient l'effet nécessaire de l'Art Étymologique, s'il n'étoit qu'un Art trompeur & illusoire, s'il étoit un couteau à deux tranchants qui perçât inévitablement tous ceux qui le manieroient, en vain nous entreprendrions sa défense, en vain nous voudrions parvenir à la vérité par lui ; cette vérité nous échaperoit également, & nous échouerions, comme tant d'autres, victime de notre confiance en un Art frivole.

Mais si cet Art a ses régles constantes, si l'on ne sauroit s'en écarter impunément, ces erreurs ne seront point l'effet de cet Art ; elles proviendront de causes qui lui sont étrangeres ; & en les évitant, on pourra se flatter de réussir.

Les causes qui entraînerent tant de Grands-Hommes dans des béyues qu'on aura peine à croire, lorsqu'une fois l'Art Étymologique sera éclairci, sont en grand nombre.

On peut mettre à la tête le partage qu'on avoit fait de la connoissance des Langues & de la Philosophie : partage funeste, qui a eu de si fâcheuses suites pour l'Art Étymologique. On peut, à la vérité, connoître les Langues sans le secours de la Philosophie ; mais il n'est pas moins sûr qu'on ne sauroit raisonner du Langage & des Langues sans le secours d'une saine Philosophie, qui apprenne à les analyser, à connoître leurs procédés, à remonter aux causes de ces procédés, à comparer entr'eux les procédés de chaque Langue, à voir en quoi ils se ressemblent, en quoi ils different, les causes de ces raports & de ces différences.

On ne sauroit donc séparer ces deux choses ; la connoissance des Langues fournit les faits ; la Philosophie les raproche, & les lie ; par-là elle s'éleve à la théorie entiere des Langues, elle préside à leur origine, elle les suit dans leurs

leurs dérivations, elle voit les causes de leurs différences; & jamais l'altération des mots ne peut lui faire prendre le change.

Une autre faute capitale des Etymologistes, étoit de ne pas remonter aux règles éternelles de l'Ordre & de la Justice qui seules dirigent la Nature, & sans lesquelles il ne peut y avoir de science; car toute science est fondée sur l'ordre & sur la vérité. C'étoit une suite naturelle de la séparation qu'on avoit mise entre les Langues & la Philosophie: mais, dès ce moment, on s'égaroit inévitablement, & l'on n'avoit plus de route certaine. En effet, dès qu'on ne voit que l'arbitraire, dès qu'on prend sa volonté pour règle de sa conduite, on doit voir ses décisions méprisées, & le désordre naître des efforts même qu'on fait pour l'anéantir. Tel est le sort de tous ceux qui ne reconnoissent d'autre ordre que leur volonté, & dont l'autorité est l'unique Loi. Ils finissent toujours par n'en avoir aucune. Qu'est, en effet, une autorité contraire à tout ce qui existe; qui n'harmonise point avec l'état des choses, qui est, par conséquent, en opposition avec elles, & que le tems doit faire disparoître à jamais?

Une autre source de leur peu de progrès, est d'avoir pris constamment un champ trop borné. On ne comparoit que quelques Langues: dès-lors, on ne pouvoit avoir que des comparaisons imparfaites; & les mots primitifs devoient échaper de toutes parts. L'Etymologiste se voyant par-là même environné d'entraves, sans aucun espoir de s'en délivrer, devoit nécessairement en conclure que les Langues étoient donc l'effet du hazard, & qu'il étoit impossible de rendre raison de leurs premiers mots.

A tout cela se joignoit l'altération de toutes les Langues: aucune qui n'ait laissé perdre un grand nombre de mots primitifs, & la plûpart des significations primitives de ses mots; qui n'ait emprunté de toutes mains; qui ne soit un cahos indigeste de mots, dont on ne voit presque jamais les tenans & les aboutissans.

Qu'on en juge par l'arrangement informe des Dictionnaires en toute Langue. Là, les mots sont entassés d'après leur orthographe, & non d'après leur origine: là, les mots qui appartiennent à une même famille, sont semés à de grandes distances les uns des autres; tandis que ceux qui appartiennent à des familles très-éloignées, sont placés l'un à côté de l'autre. Ainsi les mots ne se prêtent aucun secours; ainsi les Langues n'offrent aucun ensemble, on n'y voit qu'un cahos inconcevable.

CHAPITRE IX.

On ne doit pas confondre ces erreurs avec l'Art Etymologique.

PUISQUE nous venons d'indiquer les causes des erreurs dans lesquelles sont tombés les Etymologistes; puisque ces causes sont étrangeres à l'Art Etymologique, & qu'il est aisé de les éviter avec quelque attention, nous n'en devons rien conclure contre l'Art Etymologique; & ne pas rejetter celui-ci à cause des fautes qu'ont commises ceux qui se dévouoient à cet Art. Le rejetter, par cette raison, comme inutile dans ses effets, comme absurde dans sa marche, & impossible dans son exécution, ce seroit pécher contre toutes les règles d'une saine Logique, & de la droite raison.

Où en seroient toutes les sciences, si on les jugeoit d'après de pareils principes? Les fautes & les erreurs ne prouvent que la précipitation ou l'ignorance de celui qui les commet; elles ne peuvent rien contre les vérités dont elles s'écartent, ou qu'elles laissent échaper: & celles-ci en peuvent toujours apeller; il n'y a pas de prescription à leur égard: qui oseroit en tracer les bornes, ou qui seroit en droit de la rejetter parce qu'elle ne se seroit pas manifestée plutôt?

Ainsi, sans nous laisser ébranler par les préjugés dans lesquels on est en général à l'égard des Etymologies, & par le ridicule dont on a voulu les couvrir, & qui retomberoit sur ses propres Auteurs, s'ils avoient prétendu l'étendre à l'Art Etymologique lui-même, reconnoissons son existence: soyons convaincus de son utilité, de sa beauté, de sa certitude; & sans en juger d'après les efforts malheureux de tant de personnes qui y marchoient au hazard, tâchons de nous tracer une route qui nous conduise à cet Art, aussi surement que promptement & agréablement.

De-là résultera une science presqu'entierement nouvelle, la Science Etymologique portée à un dégré de clarté, de simplicité, d'utilité, de certitude dont on ne la croyoit pas susceptible; par elle, toutes les Langues se lieront intimément entr'elles; par elle, diminuera prodigieusement le nombre des mots; par elle, on verra la raison de tous.

Il est aussi difficile d'en juger par son état actuel, qu'il l'étoit de juger des sciences de notre tems, par celles du dixiéme ou du douziéme siécle: jusques ici, rien de plus fastidieux & de plus absurde que la plûpart des Ouvrages de ce genre : nous espérons qu'il n'en sera pas de même à l'avenir ; & que nos résultats confirmant ce qu'ont dit d'excellent, à cet égard, des Hommes célébres de notre tems, ne laisseront aucun doute sur l'excellence de l'Art Etymologique, & le rendront recommandable aux yeux de tous ceux qui respectent la vérité, qui aiment à s'instruire, & à s'instruire avec connoissance de cause.

CHAPITRE X.

Origine & Définition du mot ETYMOLOGIE.

L'HISTOIRE Naturelle de la Parole reposant toute entiere sur les procédés de l'Etymologie, sans lesquels il seroit impossible de remonter à cette Histoire & de la suivre dans tous ses rameaux, on ne sauroit se dispenser de fixer ce qu'on doit entendre par le terme d'*Etymologie*, & de démontrer son rapport avec l'objet dont nous nous occupons actuellement.

Il existe dans les Langues les plus anciennes de l'Orient, un mot écrit en Hébreu תום, qui s'écrit & se prononce indistinctement *Tom*, *Tum*, *Tym* ; c'est un mot radical, qui signifie *perfection*, au sens propre ou physique ; & au sens figuré ou moral, *accomplissement*, *vérité*, *justice*. Chez les Hébreux, les Arabes, &c. il a formé des Adjectifs & des Verbes.

Ce mot, uni chez les Grecs à l'Article E, & se chargeant de leur terminaison *os*, devint l'Adjectif *E-tum-os*, qui signifie *vrai*, *juste* ; tandis qu'ils laisserent perdre tout le reste de sa famille.

Les Grecs unissant ensuite ce mot à celui de *Logia*, qui signifie chez eux *discours*, *connoissance*, ils en firent le mot *E-TUMO-LOGIA*, que nous prononçons *Etymologie*, & qui signifie par conséquent *connoissance parfaite*, *connoissance vraie & juste* : & ils désignerent par-là, la connoissance de l'origine & de la valeur des mots.

La connoissance parfaite d'un mot n'est-elle pas, en effet, la connoissance des causes qui lui firent assigner le sens dont il est revêtu, de la Langue dont il est originaire, de la famille à laquelle il tient, de ses rapports avec l'idée & avec l'objet même qu'il désigne ? Peut-on dire qu'on connoît parfaitement les mots, lorsqu'on ne sait que leur acception actuelle, qu'on ne peut rendre raison ni de cette acception, ni de leur famille, ni des révolutions qu'ils ont essuyées, ni de leur origine; qu'on ne peut les décomposer, encore moins rendre raison de leurs diverses parties?

Nous en sommes si intimément persuadés, nous autres Modernes, que nous cherchons toujours le rapport de nos mots avec la Langue Latine, ou avec la Langue Grecque; & que nous croyons avoir beaucoup appris, que d'avoir vu que tel de nos mots est Latin, tel autre Grec, tel autre Arabe, &c; & qu'il a, dans ces Langues, telle ou telle signification: mais combien n'est pas supérieure à cette connoissance dont nous nous glorifions si fort, celle dont il s'agit ici, par laquelle on connoît la premiere origine des mots, & leur rapport avec la chose même qu'ils expriment; & par laquelle, au lieu de n'avoir qu'une origine humaine & arbitraire, ils ont une origine prise dans la Nature même, indépendante de l'homme, & inaltérable!

C'est donc à juste raison, que les Grecs avoient nommé cette connoissance *Etymologie*, ou *connoissance parfaite*, eux qui étoient si voisins de l'origine des choses, qui firent de leur Langue la premiere des Langues, & dont les Ouvrages seront, dans tous les tems, des Chefs-d'œuvres d'Eloquence & de Poésie.

Nous étions ainsi bien éloignés de la sagesse des Grecs, lorsque nous regardions l'Etymologie comme une connoissance frivole ou puérile; confondant l'abus avec la chose même, & supposant que les Grecs avoient erré en donnant à cet Art un nom si respectable, soit qu'ils l'eussent inventé eux-mêmes, soit, comme il est plus probable, qu'ils le tinssent de l'Orient & des Peuples plus anciens qu'eux,

C'est pour n'avoir pas connu le vrai objet du mot *Etymologie*, qu'on n'a pu redresser les fausses idées qu'on se formoit de cet Art, & que la plûpart de ceux qui en ont mieux parlé, l'ont beaucoup trop restreint.

» L'Art Etymologique, dit un savant Académicien (1), est l'Art de dé-» brouiller ce qui déguise les mots; de les dépouiller de ce qui, pour ainsi » dire, leur est étranger, & par ce moyen de les ramener à la simplicité qu'ils » ont tous dans leur origine. « Aussi bornoit-il singulierement la définition qu'en donna Ciceron, lorsqu'il remarqua que ce mot signifioit en Grec la même chose que *veriloquium* en Latin (2), *discours véritable*; » car, dit-il,

(1) Mém. de l'Acad. des Inscr. & Bel. Let. *Edit. in-12*, Tom. 38. p. 1. *& suiv.*

(2) Topic. §. 8.

» cette *vérité n'a pas pour objet la prétendue conformité des mots avec les* » *choses*; mais *uniquement le rapport des dérivés à leur primitif*; *& de ce même* » *primitif à un plus ancien dans une autre Langue* (1).

Un de ses Confreres a pris, avec plus de raison, exactement le contrepied de ce qu'on avance ici. » La vérité des mots, dit celui-ci (2), ainsi que celle » des idées, consiste dans leur conformité avec les choses: aussi l'Art de déri- » ver les mots a-t'il été nommé *Etymologie*, c'est-à-dire, *discours véritable*.... » Nul doute que les premiers noms ne fussent convenables à la nature des » choses qu'ils expriment; en juger autrement, ce seroit croire les hommes » insensés; car ce seroit dire que leur but, en parlant, n'étoit pas de se faire » entendre. «

CHAPITRE XI.

Sentimens de quelques Savans sur l'utilité de l'Art Etymologique.

MALGRÉ le cahos dans lequel étoit envelopé l'Art Étymologique, des Savans ont très-bien aperçu l'utilité dont il pouvoit être : ils ont très-bien vu qu'elle étoit indépendante des fausses routes qu'on suivoit, & des écarts dans lesquels on tomboit. De ce nombre sont les deux que nous venons de citer.

» Je ne tomberai point d'accord, dit le premier (3), que cette étude n'ait » d'autre avantage que celui de satisfaire simplement la curiosité.

» Je trouve deux utilités bien marquées à recueillir des recherches Étymolo- » giques, faites avec intelligence & accompagnées des connoissances néces- » saires.

» On ne peut disconvenir en premier lieu que le débrouillement de l'origine » des mots, ne soit un secours, quelque foible qu'il puisse être, pour éclaircir » l'origine des Nations, leurs migrations, le commerce qu'elles ont eu en- » tr'elles, & d'autres points également obscurs par leur antiquité.

» En second lieu (ce qui mérite une considération particuliere) la forma-

(1) *Ib.* pag. 12. 13.
(2) Méchan. du Lang. Tom. I. 30.
(3) Mém. des Inscr. Edit. in-12. Tom. 33. p. 2.

» tion des mots qui fait le fondement de l'Art Étymologique, ne sauroit être » aprofondie, si l'on n'en examine les relations avec le caractère de l'esprit des » Peuples & la disposition primitive de leurs organes; en un mot, si l'on n'é- » tudie l'homme de tous les siécles & de tous les climats, pour ainsi dire, en » l'envisageant par tous les côtés. C'est-là peut-être un des objets les plus dignes » de l'esprit philosophique.

» Quelle vaste carrière d'ailleurs les recherches de l'origine des mots n'ou- » vrent-elles pas à la vraie critique, qu'on doit regarder comme l'exercice de » ce même esprit?

» Quelle finesse, quelle sagacité à employer pour ne pas se laisser séduire » par de fausses ressemblances, pour raprocher les choses en aparence les plus » éloignées, pour ramener enfin à son vrai principe, ce que l'addition, le » retranchement & je ne sçais combien d'autres altérations semblent avoir dé- » naturé?....

» L'Art Étymologique ne peut donc être méprisé, ni par raport à son ob- » jet qui se trouve lié avec la connoissance de l'homme, ni par raport aux con- » jectures qui lui sont des moyens communs avec les Arts les plus nécessaires à » la vie; & les minuties grammaticales qui semblent l'avilir, sont ennoblies » (j'oserai le dire) par l'esprit philosophique qui doit y présider ».

Telle est la maniere dont ce Savant envisageoit l'utilité de l'Art Étymologique, dans le tems même où cet Art étoit couvert de ténébres, & où l'on ne pouvoit remonter à la premiere origine des mots: avec quelle force ne se fût-il pas exprimé, s'il avoit vû cet Art porté au point dont il est susceptible? Il en est à peuprès de même des autorités suivantes.

M. le Président de Brosses, aussi respectable par ses connoissances que par son rang, a consacré un Chapitre entier (1) à l'utilité de l'Art Étymologique. » La » plûpart des gens, dit ce Magistrat, sont dans l'habitude de regarder les ob- » servations Étymologiques comme frivoles dans leurs objets, & inutiles dans » leurs conséquences. A l'égard de la frivolité, il est vrai que le détail des re- » marques particulieres qui ne roulent que sur les mots, a toujours un air de » petitesse assez propre à le faire dédaigner des Lecteurs, qui ne vont pas au- » delà d'une premiere aparence des choses. Cependant,.... toutes minucieuses » que pourront paroître la plûpart des petites observations auxquelles il faudra » que je m'arrête ici, elles n'en seront pas plus méprisables. Les grands objets

(1) Méchan. du Lang. Ch. 11. p. 38-100.

» qui excitent notre admiration, ne sont composés que de petites parties qui » n'ont rien d'admirable. Ce n'est qu'en décomposant l'assemblage, & qu'en » observant le détail, qu'on peut parvenir à connoître l'Art de la fabrique & la » structure intérieure des sciences....

» Les Sciences se prêtent un secours mutuel & tiennent toutes l'une à l'autre » par quelqu'endroit.... mais sur-tout elles tiennent toutes à cet Art-ci qui » s'exerce sur les mots, comme étant la peinture naturelle ou métaphysique » des idées ; à cet Art qui recherche dans la dérivation des noms imposés aux » choses, quelles ont été les perceptions primitives de l'homme ; quel germe » celles-ci ont produit dans son esprit ; quel dévelopement ce germe a donné à » ses sentimens & à ses connoissances.

Un de leurs Collegues, non moins respectable par ses lumieres & par ses travaux, s'est exprimé avec la même force. » Ce seroit, dit-il (1), retrancher » un des principaux objets sur lesquels l'esprit philosophique doit s'exercer, que » de négliger l'étude des Langues, & de mépriser la recherche des Étymolo- » gies, qui en fait une partie des plus essentielles....

» L'autorité de Leibnitz ne seroit-elle pas capable de ramener ceux qui pen- » seroient autrement ? Ce grand homme a senti toute l'utilité de cette étude » pour démêler les origines des Nations ; mais nous osons aller plus loin, & nous » ne craindrons pas d'avancer que cette partie de Littérature, considérée phi- » losophiquement, peut être encore bien plus importante. Il n'est point, en » effet, de plus sûr moyen de s'instruire solidement des progrès que l'esprit hu- » main aura faits dans une Nation & des accroissemens successifs de ses connois- » sances, que d'étudier l'origine & les progrès de la Langue qu'elle a parlée ; » & de suivre, pour ainsi dire, le caractère de son esprit en suivant la marche » de ses idées, en observant de quelle maniere s'est formée cette Langue, & » comment se sont introduits les différens changemens qu'elle a éprouvés, soit » dans les mots qui représentent les idées, soit dans la construction grammati- » cale qui assemble & réunit les mêmes mots....

On pensoit de même dans la Société Royale de Berlin.

» L'Histoire Étymologique des Langues, ainsi s'exprime M. Sulzer, (2) » seroit sans contredit la meilleure Histoire des progrès de l'esprit humain. Rien

(1) M. de Sainte-Palaye, Mém. des Inscr. Edit. in-12. Tom. 41. p. 510.

(2) Mém. de Berlin, T. XXIII. Observations sur l'influence réciproque de la Raison sur le Langage, & du Langage sur la Raison.

» ne seroit plus précieux pour un Philosophe : il y verroit chaque pas que » l'homme a fait pour arriver peu à peu à la raison & aux connoissances ; il y » découvriroit les premiers traits de l'esprit & du génie, les germes du juge- » ment, les premieres découvertes de la raison naissante.... Il seroit à sou- » haiter qu'on recueillît tout ce qui nous reste de plus certain sur la généalogie » des mots, &c.

Telle fut également l'opinion de BIBLIANDER (1), de BOURGUET (2), du Pere BESNIER (3) qui y mit même un peu d'humeur par zèle pour son ami Ménage ; tel fut encore le sentiment de LYE (4), de Lambert Bos (5), &c.

Nous pourrions ajouter à cette Liste tous les Savans qui se sont occupés d'étymologies, & la Liste en seroit nombreuse ; en se livrant à cet objet avec une ardeur qui ne connoissoit aucun obstacle, ils démontroient à quel point ils étoient convaincus de son utilité & de son excellence : ils en sont autant de témoins ; citons-en un pour tous, le Pere THOMASSIN.

» Je vois bien, dit-il, que ceux qui ne pensent (6) & ne raisonnent que » fort superficiellement.... diront que la science des origines & des Étymolo- » gies des Langues est plutôt un amusement qu'une science, ou qu'elle est plus » propre à divertir des enfans qu'à instruire des hommes..... Mais rien n'est plus » solide, rien n'est plus digne de la recherche & de l'étude sérieuse des hommes » que d'examiner les termes que nous avons tous les jours dans la bouche & de » découvrir d'où ils nous sont venus....

» Les Étymologies de cette nature qui nous font faire le tour du Monde, » qui nous font remonter jusqu'à la plus haute Antiquité & jusqu'aux siécles les » plus reculés, qui nous naturalisent en quelque façon en tant de divers » Royaumes, & qui font que les Etrangers ne sont plus Etrangers chez nous.... » les Etymologies, dis-je, de cette nature n'ont rien de bas, rien de puéril, » rien de superficiel. C'est au contraire une des plus belles, des plus impor- » tantes & des plus nobles sciences, puisqu'elle embrasse la connoissance des

(1) De ratione communi omnium Linguarum & Litterarum. Zurich, 1548. in-4°. Liv. III.

(2) Biblioth. Italique, T. XVII. p. 80.

(3) Discours sur les Etymolog. Franç. imprimé séparément & à la tête du Dictionn. de Ménage.

(4) A la tête de l'Etymologicon Anglois de Junius.

(5) Etymologia Græca, 1713.

(6) Méthode d'étudier les Langues, in-8°. Paris, 1693. Tom. I. p. 76. & 79.

» choses

» choses sacrées & profanes, des anciennes & des nouvelles, l'Histoire & la » Théologie, & qu'elle nous ramene dans notre divine & céleste origine.

Telle est la maniere dont, jusques à présent, on a attaqué & défendu l'étude des Etymologies; elle ne paroîtra peut-être pas suffisante à nos Lecteurs : ils auroient voulu des dévelopemens qui rendissent plus sensibles & plus intéressans les avantages de l'Art Etymologique. Peut-être étoit-il difficile de faire mieux dans le tems : on n'apercevoit l'utilité de cet Art qu'à travers un nuage; on la sentoit plutôt qu'on ne la contemploit : on ne pouvoit donc l'exposer d'une maniere qui ne laissât rien à desirer. Essayons de faire mieux, & de faire sentir par le fait, quels avantages résultent de cet Art, bien connu & débarrassé de ses entraves.

CHAPITRE XII.

Utilités de l'Art Etymologique.

SI, lorsque nous sommes dans l'obligation d'étudier les Langues, un Homme de Lettres nous disoit: » Je vous enseignerai toutes celles que vous voudrez » étudier; mais n'espérez pas y trouver du raport, & que l'une vous serve » à connoître les autres; que les mots en soient formés de façon qu'ils pei- » gnent les objets qu'ils doivent désigner; que ces mots ayent le moindre ra- » port entr'eux; & que les Langues qui en résultent, puissent servir à vous » faire connoître les raports des Peuples; ensorte que chaque pas que vous fe- » rez dans cette carriere ne sera d'aucune utilité pour l'ensemble; que tout y » sera isolé; que vous marcherez toujours au hazard, sans savoir d'où vous ve- » nez & où vous allez; & sans pouvoir vous rendre raison de rien. » Nous dirions sans doute; il est bien étonnant que les hommes, maîtres de faire une Langue, ayent procédé d'une maniere aussi étrange, & qu'ils n'ayent point consulté la raison & la Nature sur un objet aussi important : ce n'est pas d'ailleurs la seule faute qu'ils ayent faite; mais nous sommes obligés d'étudier ces Langues; tâchons de les aprendre le plus vîte & le moins désagréablement qu'il se pourra; dorons la pilule de notre mieux.

Si, dans le même tems, un autre Homme de Lettres nous disoit: » Pourquoi » errez-vous ainsi au hazard, & vous donnez-vous tant de peine, tandis que » vous pouvez marcher dans un chemin plus aisé? Ne considérez pas les Lan- » gues dans le cahos qu'elles forment; n'isolez pas leurs mots, ne les considé-

» rez jamais seuls à seuls, ne vous imaginez pas vainement qu'ils sont l'effet » du hazard, & qu'ils pourroient désigner toute autre chose que ce qu'ils » désignent : voyez comment ils furent tous formés avec Art ; combien ils » peignent tous leur objet ; comment ils tiennent tous les uns aux autres ; » comment on peut les réduire tous à un certain nombre de classes ; comment, » avec ce petit nombre de mots, on se rend maître de toutes les Langues ; » & qu'avec dix fois moins de tems, vous saurez dix fois plus de mots & de » Langues » ; fermerions-nous absolument l'oreille à ses discours ? ne désirerions-nous pas du moins qu'il fût fondé dans ses promesses ?

Tels sont cependant les avantages de l'Art Etymologique ; ils tiennent exactement ce qu'auroit promis cet Homme de Lettres si différent du premier, & qu'on prendroit volontiers pour un Chevalier errant, ou pour un joueur de gobelets.

Premier avantage.

L'Etymologie donne à chaque mot une énergie étonnante, en ce que par elle chaque mot est une vive peinture de la chose qu'il désigne. Ce n'est que l'ignorance où nous sommes de l'origine de chaque mot, qui fait que nous n'apercevons aucun raport entre la chose & le mot qui la désigne ; que ce mot par conséquent nous paroît froid, indifférent, tel qu'il pourroit disparoître, sans que nous y perdissions rien ; qu'il n'exerce que notre mémoire, & qu'il laisse toutes nos autres facultés dans l'inaction. L'Etymologie, au contraire, produit des effets absolument oposés ; nous conduisant à l'origine de chaque mot, nous remettant ainsi dans l'état primitif, dans l'état où se trouvoient leurs inventeurs, elle nous montre les raports de chaque mot, avec la chose qu'ils désignent ; elle en devient une description vive & exacte ; on voit qu'ils furent faits exprès pour elle ; notre esprit saisit ce raport, notre raison l'aprouve, notre imagination en est flattée, & notre mémoire n'a presque plus rien à faire pour s'en souvenir : elle aprend, en jouant, ces mots qui étoient auparavant pour elle un poids accablant.

Quelles idées réveillent, par exemple, sans l'étymologie, tous ces mots, *recevoir*, *éteindre*, *extirper*, *tranquilliser*, *aider*, *écrire*, & des multitudes d'autres mots pareils ? Quel raport voit-on, sans ce secours, entr'eux & les objets qu'ils désignent ? Ne diroit-on pas qu'on auroit pu choisir tout autre mot pour produire le même effet, ou assigner à ces mots des sens tout différens ? Mais lorsqu'on sait par l'étymologie que *recevoir* s'est formé du primitif *cav*, creux de la main, ensorte que ce mot peint l'action même de tendre la main pour y contenir ce que d'autres veulent nous donner; n'en résulte-t-il pas dans ce mot une énergie très-vive, & qui fait que non-seulement nous retenons mieux ce mot, mais que nous donnons encore notre consentement libre & d'aprobation au choix qu'on en a fait? N'en est-il pas de même lorsque nous voyons qu'*éteindre*, composé de la Préposition *ex*, qui désigne l'action d'ôter, de priver, & du mot *ten* ou *tan*, qui signifie *feu*, peint l'action de faire disparoître le feu? lorsque nous voyons qu'il en est de même d'*extirper*, venant de la même Préposition *ex*, & du mot *stirps*, une souche, qu'il offre l'action même d'arracher les souches d'un champ, de n'y en laisser aucune? que *tranquilliser* vient de la Préposition *trans*, qui signifie par de-là, & du mot primitif *qui*, (force, calme,) ensorte que *tranquilliser* peint l'action qui fait passer le calme & la sérénité dans toute la masse d'un objet; tandis qu'*inquiéter* désigne précisément le contraire, & peint l'action de ne laisser le calme nulle part? qu'*aider* vient du primitif *eid*, la main, qui est en effet le grand instrument, le secours par excellence dans tout ce que nous voulons faire? qu'*écrire* vient de *gra*, un trait, &c. Lors, dis-je, qu'on voit que ces mots, & il en est de même de tous les autres, sont choisis avec une justesse sans égale, qu'ils ne sont jamais l'effet du hazard, mais toujours celui de la réflexion & d'une combinaison aussi sure que sage, parfaitement conforme à la Nature, n'est-on pas réconcilié avec les Langues & avec l'Etymologie? ne désire-t-on pas vivement de voir tous les mots ramenés à cette énergie? ne sent-on pas qu'ils en deviennent infiniment plus intéressans?

L'Etymologiste suit-il d'ailleurs d'autre route que celle des Philosophes, des Théologiens, des Jurisconsultes, &c? De tous ceux, en un mot, qui veulent donner des idées nettes & distinctes de l'objet dont ils vont traiter? Ne commencent-ils pas tous par le définir, & par analyser le nom qu'on lui donne? Si cette méthode est la seule qu'on puisse suivre dans les Sciences, pourquoi s'en écarteroit-on dans l'étude des Langues, où elle est si nécessaire, & où elle devient si utile?

Deuxième Avantage.

Ainsi, un Recueil d'Etymologies seroit déja un abregé de toutes les Sciences, & une grande avance pour en commencer l'étude: il offriroit toutes ces définitions que les Savans mettent à la tête de leurs Ouvrages; & il feroit voir de plus les raisons qui firent choisir ces mots pour exprimer les idées qu'ils présentent. Ainsi, en fait de gouvernement, les mots *gouverner*, *regner*, *supériorité*, *police*, seroient des définitions exactes de ces mots: l'étymologie de *gou-*

verner présenteroit l'idée d'un être plus habile que les autres, & plus instruit, fait par conséquent pour les diriger : celle de *regner* présenteroit l'idée d'un être prévoyant, qui pourvoit à la subsistance & au bien-être de ceux qui lui sont soumis : c'est, mot à mot, le gouvernement d'un Berger relativement à son troupeau. *Supériorité* présente l'idée d'élévation au-dessus de tous. *Police*, celle de l'administration des villes, des hommes rassemblés en société, des Peuples, des Empires. Tous ces mots, en effet, πολις, *polis*, chez les Grecs *ville*; *populus* chez les Latins, *Peuple*, d'où *population*; le *vulgaire*, en Grec *folkos*, en Latin *vulgus*; notre mot Celtique, *foule*, &c. sont tous des dérivés de la racine OL qui signifie tout, réunion de tous les individus, prononcée chez ces divers Peuples, *hol*, *fol*, *vol*, *pol*, *pul*, & avec une répétition *polpul* ou *popul* : ensorte que *police* signifie *administration de la multitude.* L'Etymologie de ce mot lui-même *ol*, tout, multitude, en est une description exacte, étant formé du *cercle* qui désigne totalité, universalité.

En Mathématique, l'Etymologie des mots *angle*, *quarré*, *pentagone*, &c. en est une description très-juste. *Angle* désigne un espace qui se resserre & ne laisse plus d'issue. *Quarré*, venant de quatre, désigne un espace renfermé par quatre lignes, ou qui a quatre côtés; un *pentagone*, un espace renfermé par cinq lignes, ou par cinq côtés, & qui forme par conséquent *cinq angles*; il est formé du grec *pente*, cinq, & *agg* ou *ang*, un angle.

Il en est de même pour la Marine, pour la Géographie, pour l'Astronomie, pour le Droit, pour la Médecine, pour la Botanique, pour la Métallurgie, &c. Toutes ces sciences sont composées de mots dont l'étymologie en est la description la plus parfaite, & sert d'entrée à toutes ces sciences; chacun ayant été formé avec un tel Art, que dès qu'on en sait la valeur, on voit qu'il en est la peinture la plus parfaite.

Troisième Avantage.

L'Etymologie fournit encore une facilité singuliere pour aprendre les Langues, en ce qu'elle réduit les mots au plus petit nombre possible, en les classant par Familles & les raportant au mot principal dont ils sortent; par ce moyen, un très-petit nombre de mots suffisent pour savoir tous ceux dont sont composées les Langues, qui ne sont que des dérivés des premiers, des combinaisons connues d'élémens simples & connus.

Cet avantage est inestimable, à cause de la multitude de mots qu'il faut aprendre lorsqu'on est apellé à étudier les Langues; aussi la mémoire la plus ferme & la plus heureuse, succombe, à la fin, sous ce poids énorme, si l'on ne sait pas la soulager par les moyens les plus efficaces : mais il n'y en a aucun qu'on puisse comparer à cette marche étymologique ; car celle-ci présentant d'un-coup d'œil tous les dérivés & tous les composés d'un même mot dans toutes les Langues, elle fait que nous les saisissons tous à la fois ; que l'attention nécessaire pour en retenir un, nous en fait retenir mille ; que nous les reconnoissons toutes les fois que nous les revoyons ; que ce ménagement de nos forces les multiplie en quelque sorte à l'infini, ensorte que nous faisons en peu de tems & sans peine ce qui exigeoit auparavant des efforts prodigieux.

C'est ainsi qu'avec des machines très-simples, le Physicien meut des masses énormes, & opere, en se jouant, ce que des milliers d'hommes, des Nations entieres ne pouroient exécuter sans des efforts inouis.

Il est vrai que jusques ici, il n'a pas été possible de se former une juste idée de ce que peut opérer, à cet égard, l'Art Etymologique. On ne l'a jamais considéré dans ses grandes masses : il sembloit que des obstacles insurmontables en défendoient les aproches : qu'on ne pouvoit recourir qu'à des moyens foibles & bornés ; que la base en étoit dérobée aux yeux des mortels par une obscurité que rien ne pouvoit dissiper ; & que la perte des téméraires qui oseroient tenter cette périlleuse entreprise, étoit inévitable.

On se confirmoit dans cette idée funeste par la vue des Dictionnaires, faits presque tous d'après ces vues étroites & ténébreuses. Tous, obligés de suivre l'ordre alphabétique, ils ne voyent jamais les mots que dans un état isolé ; aucun ne les classe par grandes masses, par Familles. Aucun n'en fait voir les raports ; & si quelqu'un offre une marche différente, tels que les Dictionnaires Grecs & Hébreux, & quelques Vocabulaires Latins, ils multiplient encore trop leurs classes générales, & aucun ne pénetre jusques à la premiere origine des mots.

Cette maniere séche, décharnée, ingrate, de voir les Langues, en anéantit totalement l'ensemble ; & fait que nous sommes toujours comme dans une immense forêt où l'on ne perça jamais aucune route ; où nous n'aperçevons jamais qu'un cahos énorme, & où nous passons toujours d'un objet à un autre, sans en connoître les raports avec l'ensemble.

Le désordre qui en résulte pour l'arrangement des mots, est si grand, qu'il est tel Dictionnaire dont les mots qu'il réunit sous une même lettre, sont tous étrangers à cette lettre ; tandis que ceux qui lui apartiennent sont dispersés çà & là, sous toutes les autres lettres ; que tous offrent des mots absolument séparés des Familles dont ils sont originaires, & réunis à d'autres avec lesquels ils n'ont aucun raport ; ensorte que notre esprit n'aperçevant jamais que des objets déplacés, ne peut se former une idée d'harmonie & de raports, telle qu'il l'auroit sans ce désordre. Aussi il n'est point étonnant que le projet de rétablir cette harmonie n'ait paru qu'un songe : il est plus étonnant qu'au milieu de ce bouleversement, tant de Savans ayent aperçu qu'il n'étoit pas naturel, & qu'on pouvoit y remédier. Mais c'étoit une entreprise vaine sans le secours de l'Art Etymologique ; & si on l'a toujours manquée, c'est qu'on se livroit à des Etymologies arbitraires, & qu'on ne s'élevoit pas jusques aux procédés de cet Art.

Quelle vive lumiere ne jetteroit pas sur les Langues un Dictionnaire Etymologique, où tous les mots rangés par Familles, se réduiroient à un petit nombre de radicaux ou de Chefs de Familles tous monosyllabes, tous liés étroitement avec nos plus grands intérêts, tous puisés dans la Nature, tous nécessaires, d'où l'on verroit découler tous les autres de la maniere la plus simple, qui feroient toujours sentir la raison de ceux-ci avec la plus grande énergie, & au moyen desquels on ne seroit jamais étranger dans aucune Langue ? On les verroit toutes, au contraire, se former insensiblement de cette premiere Langue, & ne différer que par des nuances qui n'en alterent pas le fond. Avec quel plaisir n'étudieroit-on pas un pareil Dictionnaire ? Avec quel empressement ne le consulteroit-on pas sans cesse ?

Quatrième Avantage.

L'Art Etymologique renferme un autre avantage très-précieux encore, sur-tout pour un Philosophe, pour celui qui se plaît à étudier le rapport des choses, & à suivre la Nature dans sa marche, à la surprendre dans ses secrets.

Les mots ne furent faits que pour les idées : ils ont donc suivi dans leur formation celle des idées : on retrouvera donc nécessairement dans l'arrangement des mots par familles, & dans le raprochement des mots primitifs, la maniere dont les hommes ont procédé dans leurs idées, celles qu'ils ont eues les premieres, celles qui sont nées de celles-ci, celles qu'ils ne durent qu'à la Nature, celles qui furent l'effet de leur capacité & d'une longue réflexion.

Ainsi, l'on aura, pour retenir les mots, deux avantages inestimables ; la liaison des idées qui les firent naître, & la dérivation de ces mots. Par l'un, on voit les mots qui doivent exister ; & par l'autre, on voit qu'ils existent en effet & comment ils furent formés.

En comparant ensuite les Langues à cet égard, on voit celles qui ont tiré le plus de parti de ces premiers élémens, celles où l'on a combiné le plus d'idées, celles où l'on a porté le plus loin l'art de réfléchir, d'inventer ou de perfectionner; celles qui ont peu ou beaucoup ajouté à ce premier fond donné par la Nature.

L'on voit dès-lors les causes de cet esprit philosophique qui brille dans les Langues des Peuples les plus sauvages, qu'ont admiré les Métaphysiciens les plus illustres, & dont les Grammairiens ont toujours cherché la cause avec empressement. Ce phénomène ne surprend plus dès que l'Art Etymologique l'a expliqué, puisque cet esprit philosophique des Langues n'est autre chose que la conformité du Langage avec les objets & les idées que la parole avoit à peindre. Tous les objets étant liés entr'eux, toutes nos idées l'étant aussi, il étoit impossible que les mots les peignissent sans avoir entr'eux les mêmes raports; & il étoit impossible qu'il n'en fût de même chez les Nations les plus barbares, parce qu'aucune ne pouvoit parler sans peindre cet ordre admirable, sans s'y conformer. Et pouvoit-il en être autrement, dès que toutes ces choses venoient également de la Divinité?

Négliger l'Art Etymologique, c'est donc renoncer à la portion la plus belle & la plus satisfaisante du Langage; c'est aimer mieux ramper toujours que de s'élever à des objets sublimes; c'est préférer une route longue, tortueuse, obscure, insipide & pénible, à un chemin uni, lumineux, agréable, rapide & assuré; parce qu'avec un pareil flambeau, il est impossible que l'on s'égare.

Cinquième Avantage.

Il résulte encore d'ici un autre avantage très-précieux; c'est qu'on voit distinctement par-là ce que chaque Peuple a ajouté ou changé à la Langue primitive, & ce qu'ils ont emprunté les uns des autres en fait de mots. Par l'Etymologie, nous voyons le François rempli de mots Latins, Grecs, Theutons, Celtes. Par elle, on voit le Latin rempli de mots Grecs, Theutons, Celtes, Hébreux; l'Hébreu rempli de mots Egyptiens, Chaldéens, Arabes; le Grec rempli de mots Celtes, Egyptiens, Chaldéens, &c. Par elle, le nombre des Langues diminue singulierement, la plûpart n'étant que des Dialectes d'une plus ancienne, commune à un grand nombre de Nations sorties d'une même souche, & qui ont peu à peu altéré cette Langue commune, chacune de leur côté.

Reconnoissant ainsi sans peine tout ce qu'une Langue doit à elle-même ou aux autres, on voit aussi-tôt les liaisons que les Peuples ont eues entr'eux; on remonte à l'origine de tous; on les suit dans leurs diverses émigrations, & dans leurs subdivisions en plusieurs Corps de Nations.

Cette connoiſſance n'eſt pas moins utile pour pénétrer les traditions & les opinions des Peuples, l'origine de leurs dogmes, & ce qu'ils ont encore emprunté les uns des autres à cet égard. En effet, on ne ſauroit connoître les choſes ſans les mots ; mais plus on a une idée préciſe du ſens des mots & de leur origine, & moins on a de peine pour parvenir à l'intelligence des objets & des idées qu'on leur attache, tout comme la connoiſſance de ces idées fixe le ſens de ces mots.

D'ailleurs, par cette connoiſſance des mots, on découvre d'un coup-d'œil toute l'étendue des connoiſſances de chaque Peuple, & on eſt en état de comparer à cet égard tous les Peuples, & de voir ce en quoi chacun s'eſt diſtingué, & ce qu'il a ajouté à la maſſe commune des notions humaines : portion eſſentielle de l'Hiſtoire de l'Homme.

On n'a eu juſques ici que de foibles aperçus ſur toutes ces choſes, malgré les ſoins de divers Savans diſtingués par leur érudition ; mais plus on verra la connoiſſance étymologique ſe perfectionner, & plus cette portion intéreſſante de l'Hiſtoire ſe dévelopera d'une maniere lumineuſe.

On ira même plus loin ; car, par le ſecours de l'Etymologie, on connoîtra les cauſes même de ces différences, & ce que les Peuples ont gagné ou perdu par ces échanges mutuels : le langage & les opinions ayant ſans ceſſe influé l'un ſur l'autre, comme on l'a démontré dans ces derniers tems, de la maniere la plus intéreſſante.

Sixiéme Avantage.

Enfin, l'Etymologie offre encore un avantage ineſtimable, & dont il paroît cependant qu'on ne s'eſt point occupé juſques ici ; elle eſt une pierre de touche, au moyen de laquelle on aperçoit ſi une Langue eſt perfectionnée ou non ; l'on découvre en même tems par quels moyens on pourroit la conduire à un plus grand point de perfection, puiſque l'Etymologie fait connoître comment les Langues les plus parfaites ſont parvenues à ce point.

Une Langue ne ſauroit être parfaite qu'autant qu'elle ſuffira pour exprimer toutes les idées poſſibles, & tous les objets des connoiſſances humaines : à cet égard aucune Langue n'eſt parfaite ; car il s'en faut bien que les hommes ayent déjà parcouru le cercle entier des connoiſſances dont ils ſont capables : il leur reſte encore une immenſité d'objets à connoître ; d'autres à aprofondir, des troiſiémes à rectifier.

D'ailleurs, toutes les Langues ne ſe prêtent pas avec la même facilité à la multiplication des mots : la nôtre, par exemple, eſt, à cet égard, d'une auſtérité & d'une d'une sécheresse sans égale : presque tous ses mots sont empruntés d'ailleurs ; & semblables à des plantes étrangeres qui sont stériles dans leur nouvelle demeure, ces mots restent seuls & ne forment point de nouvelles familles. Si notre Langue s'est enrichie par-là des dépouilles étrangeres, elle en a perdu l'habitude de supléer de son propre fonds à ce qui lui manquoit à cet égard ; & tandis que la plûpart des autres, telles que la Grecque & l'Allemande, dérivent tous les mots qui leur sont nécessaires, d'un très-petit nombre d'autres qui composent leur premier fonds, la Langue Françoise ne tire aucun profit du sien, & préfere des mots étrangers à ceux qu'elle pouroit former.

Ainsi, lorsque le possesseur d'un champ qu'il laisse en friche, préfere à l'avantage de le cultiver, celui de jouir des travaux d'autrui, il finit par n'être plus en état de faire valoir son propre fonds, & est toujours obligé de vivre d'emprunt.

Il n'est pas étonnant que nos ayeux, les Peuples du Nord, qui ne vivoient que de pillage, ayent fait la même chose à l'égard de leur Langue, qu'ils ayent mis à contribution toutes celles de leurs voisins : l'un n'étoit pas plus difficile que l'autre ; mais comme nous souffrons de leurs fausses opinions, sur les moyens par lesquels on peut acquérir de la gloire & être véritablement utile à sa Patrie, nous souffrons également des moyens resserrés par lesquels ils chercherent à donner de l'étendue à leur Langue. Notre Idiome a perdu cette fécondité admirable qui est le caractere propre de la premiere Langue, & dont les Grecs en particulier surent si bien profiter. L'Art Etymologique, en nous ramenant aux Principes du Langage, peut seul rétablir notre Langue dans ses premiers droits, & nous montrer les moyens propres à completter nos Familles de mots & à suppléer tous ceux qui pourroient nous manquer.

CHAPITRE XIII.

Examen de quelques objections.

TELS sont les principaux avantages qui résultent de l'Art Etymologique, & auxquels on en pourroit ajouter plusieurs autres, si ceux-ci n'étoient pas suffisans pour démontrer son utilité. Mais on est en général moins disposé à nier cette utilité, qu'à douter de l'Art lui-même. On est bien convaincu que des Etymologies qui réuniroient tous ces avantages, seroient d'une extrême importance; on rechercheroit même avec empressement les Ouvrages qui les offriroient au Lecteur qui veut s'instruire; mais on craint qu'un Art pareil ne soit qu'un être de raison, & l'on fait contre lui des objections auxquelles on supose une force irrésistible. Mais si ces objections sont sans aucun fondement, si elles n'ont de force que celle que leur prêtent la prévention, le préjugé, l'ignorance; si elles ne concluent rien, parce qu'elles concluroient trop, que deviennent-elles? & que faudroit-il penser de ceux qui y persisteroient malgré tout ce qu'on pourroit leur répondre? Il est vrai que c'est un Art si nouveau, qu'on n'en avoit presqu'aucune idée, & que dès qu'on en a entendu parler, chacun a fait son objection; comme si une objection étoit une preuve; comme si un Corps de Doctrine étoit anéanti par une & par plusieurs objections, même fondées. On diroit que les hommes trouvent plus de mérite à apercevoir le foible d'un objet, qu'à goûter ce qu'il a de bon. Il en fut toujours de même. Ainsi lorsque Colomb invitoit l'Europe à la découverte du Nouveau Monde, on le regarda comme un visionnaire & un enthousiaste: quoi! disoit-on, la terre seroit ronde! des hommes auroient la tête en bas! & c'étoit toute l'Europe qui raisonnoit ainsi. Si Colomb eût été sensible à ces objections, nous les répeterions encore: il les foula aux pieds; & nous en rions. Ce n'est pas qu'il faille admettre sans examen; mais il y a une différence infinie entre examiner un objet & faire une objection contre cet objet; parce qu'on ne fait cette objection que pour ne pas se donner la peine d'examiner, & comme si la question étoit absolument décidée par elle. Ce qui est la plus étrange façon de penser qui se puisse, & cependant la plus commune, même chez ceux qui se piquent le plus d'esprit & de connoissances.

Il n'est rien de plus ordinaire que d'entendre dire au sujet de l'Art Etymologique, que c'est un Art trompeur, où l'on voit tout ce qu'on veut; qu'il est absurde, illusoire, au-dessus des forces humaines, fastidieux; qu'il ne seroit d'ailleurs utile qu'aux Savans : & rien de plus ordinaire encore que de regarder ces raisonnemens comme des raisonnemens sans réplique. Voyons si en effet on ne peut y répondre.

C'est un Art trompeur, dit-on, *& où chacun a toujours vu tout ce qu'il a voulu.*

On n'en sauroit disconvenir, qu'on a toujours vu dans l'Etymologie tout ce qu'on a voulu, & que par conséquent on a été séduit & trompé toutes les fois qu'on y a vu ce qui n'y étoit pas. Mais de ce qu'on a été séduit & trompé par son goût pour les Etymologies, s'ensuit-il que cet Art soit trompeur & illusoire ? De ce qu'on s'égare dans une forêt, & qu'on manque le chemin d'une Ville, s'ensuit-il que ni cette Ville ni ce chemin n'existent point ? De ce qu'on prend pour la vérité ce qui n'est pas elle, cette vérité en est-elle moins ce qu'elle est, & est-on en droit de la rejetter ? Certainement on ne sauroit trop se défier des trois quarts des Etymologies qu'on nous a données jusques à présent ; elles sont presque toutes ridicules, ou fausses, sans principes, sans vues, sans ensemble : mais en conclure qu'on n'en peut donner aucune de vraie, d'exacte, & qui soit fondée sur des principes incontestables, ce seroit tomber soi-même dans l'erreur la plus grossiere. Un Homme de Lettres, célebre, grand ennemi des Etymologies, a dit qu'il falloit être sans raison pour douter que *pain* vînt de *panis* : mais si cette Etymologie n'est point trompeuse, l'Art Etymologique n'est point trompeur, puisque toutes les Etymologies qui le composent & que nous donnerons, seront aussi sûres que celle-là, qu'elles ne consisteront également que dans des comparaisons de mots, où il seroit aussi impossible de voir ce qu'on y voudroit voir, que de ne pas y voir ce qui y est.

Telle est la différence infinie entre cette sorte d'Etymologies dont nous parlons & à laquelle nous nous restraignons, & la plupart de celles qui ont décrédité cet Art, que celles-ci consistent à décomposer les mots à volonté, & par conséquent à voir dans un mot tout ce qu'on a intérêt d'y voir : c'est ainsi que dans des Ouvrages d'ailleurs très-savans, *Minerve* vient, selon les uns, de l'Hébreu מנור, *Minuri*, une *ensuble* (1), & selon d'autres, du Grec *μνάω*, *menô*, *se souvenir* (2), suivant qu'ils ont vu dans l'Histoire de

(1) Histoire du Ciel, T. I. p. 211.

(2) Réflex. crit. sur l'Orig. & l'Hist. des anciens Peuples, T. I. p. 75.

Minerve celle des *Fabriques* de toile de *lin*, ou celle d'*Agar*. Confondre ces sortes d'Etymologies avec celles dont il s'agit dans cet Ouvrage, qui ne consistent qu'en comparaisons des mots usités dans les diverses Langues qui existent; & conclure de l'incertitude des unes à celle des autres, c'est confondre les objets les plus disparates, & se battre contre un fantôme. Croirat'on cependant que des gens très-habiles en fait de Langues, sont tombés dans cette méprise, qu'il leur auroit été cependant si aisé d'éviter, pour peu qu'ils eussent voulu examiner la maniere dont on procéde à cet égard dans cet Ouvrage?

Les mots, objecte-t-on encore, *n'ont été formés que par hazard; il est donc impossible d'en rendre raison.* Mais c'est ici une pétition de principe; c'est supposer prouvé ce qui ne l'est point. Comment sait-on que les mots se sont formés par hazard? Est-ce pour en avoir fait l'examen? Est-ce après avoir fait tous ses efforts pour remonter à l'origine des mots? Non, certainement; ce n'est que parce qu'on en ignore la cause, & qu'on a plutôt fait d'attribuer au hazard tous les effets dont la cause est inconnue, que de rester en suspens sur leur origine. Mais, si ce système favorise l'impatience, il ne détruit point ce que nous avançons ici sur l'Art Etymologique, puisque ce système est dénué de toute preuve; & que lorsqu'il seroit vrai que dans quelques occasions on auroit formé quelques mots par hazard, encore n'en pourroit-on rien conclure contre la masse entiere des Etymologies, puisqu'on ne peut conclure du particulier au général.

Ce système n'est-il pas anéanti d'ailleurs, par l'aveu de tous les Savans, que le François vient presqu'en entier de la Langue Latine? Voilà donc une cause connue de presque tous les mots François; ils ne sont donc pas l'effet du hazard; mais si les mots de notre Langue ne sont pas l'effet du hazard, pourquoi veut-on qu'il n'en soit pas de même des mots des autres Langues? Si le François vient du Latin, n'est-il pas naturel d'en conclure que le Latin lui-même vient de Langues plus anciennes; & celles-ci d'autres, jusques à ce qu'on arrive à une Langue, au-delà de laquelle on n'aperçoive plus rien, & qui soit manifestement la premiere de toutes? Concluons que ce prétendu hazard n'a de force que celle que lui prêtent le préjugé & la précipitation.

Ces recherches, dit-on encore, sont *au-dessus des forces humaines*. Comment le sait-on? Puisque l'Art Etymologique ne consiste qu'à comparer les Langues, & que les Langues sont formées les unes des autres; cet Art n'est point au-dessus des forces humaines, dès qu'il se réduit à des comparaisons. Peut-être, un seul homme n'a-t-il ni le tems, ni les moyens nécessaires pour faire ces comparaisons sur toutes les Langues, du moins pour l'ensemble de leurs mots; mais il suffit qu'elles démontrent une origine commune entre les Langues les plus essentielles, pour qu'on en puisse conclure l'excellence de l'Art Etymologique, & sa certitude; les comparaisons qui restent à faire, ne prouveront rien de plus; car l'on peut ici très-bien conclure du général au particulier. Il seroit bien étonnant que l'on eût rencontré tous les mots qui ont une origine commune, & que l'on eût laissé de côté tous ceux qui sont l'effet du hazard. Les travaux ultérieurs pour completter ceux-là, ne feront que confirmer une vérité déjà incontestable, que tout mot a sa cause & que toutes les Langues viennent d'une primitive.

Une objection non moins ordinaire, est que lors même qu'on parviendroit à la connoissance la plus parfaite des Etymologies, ce travail ne seroit utile qu'à un très-petit nombre de personnes; aux Savans de profession, auxquels seuls il importe d'aprofondir à ce point l'origine & le raport des Langues.

Nous avouons sans peine que cette connoissance doit paroître plus agréable à ceux qui sont versés dans les Langues, & pour lesquels la comparaison entre des mots qu'ils connoissent déjà, n'est qu'un jeu; mais si elle a plus d'attraits pour les uns que pour les autres, il n'en est pas moins certain qu'elle est de la plus grande utilité pour tous, même pour ceux qui ne connoissant que leur Langue, sont bien-aises d'en connoître l'origine & de savoir pourquoi tel mot est chargé de telle signification. Ils en sentent infiniment mieux l'énergie, & ils voyent avec le plus grand plaisir que chaque mot porte avec lui sa raison; qu'ils ne parlent pas une Langue inventée au hazard & qui n'a nul raport à eux; mais une Langue qui a les raports les plus intimes avec eux, & qui peint les choses même qu'elle doit désigner, par les caractères les plus convenables, & tels que la sagesse humaine ne peut rien faire de mieux.

Ajoutons que la facilité que donne cette méthode pour aprendre les mots des Langues, & pour savoir en peu de tems tous ceux d'une Langue quelconque, doit rendre ces recherches infiniment précieuses à ceux qui veulent apprendre les Langues, & sur-tout aux jeunes gens qui se destinent à leur étude, & pour lesquels les voies abrégées sont de la plus grande nécessité.

Concluons qu'une Méthode aussi avantageuse, & contre laquelle on ne peut faire d'objection solide, mérite d'être aprofondie avec le plus grand soin, d'être encouragée & accueillie par tous ceux qui aiment les Lettres, & de devenir la base fondamentale des connoissances humaines: qu'elle est un présent précieux aux Lettres, & que ceux qui la combattroient sans l'avoir examinée, sans en proposer une meilleure, feroient un tort essentiel aux jeunes gens & aux Lettres, & n'en mériteroient aucune reconnoissance.

Il ne nous reste plus, pour rassurer le Public, qu'à lui faire l'exposition des principes que nous nous sommes faits & des régles que nous nous sommes imposées, afin de ne pas nous égarer comme tant d'autres dans la recherche des Etymologies, & de ne pas être éblouis par des raports illusoires, qui trompent nécessairement ceux qui marchant à tâtons dans cette route obscure, ne peuvent être en garde contre ces raports.

CHAPITRE XIV.

Principes sur lesquels repose l'Art Etymologique.

On trouvera peut-être que nous nous sommes trop étendus sur ces préliminaires, & qu'il est moins important de prouver les avantages qu'on peut retirer de l'Art Etymologique, que de démontrer la justesse de notre Méthode; qu'il est plus aisé de bien dire que de bien faire, sur-tout en cette matiere; & qu'on a été si fort trompé dans l'exécution par ceux qui avoient fait les plus belles promesses en fait d'Etymologies, qu'on ne sauroit trop se défier des résultats de leurs recherches.

Afin qu'on ne puisse pas nous faire le même reproche, & que nos Lecteurs voyent du moins le degré de confiance qu'ils peuvent avoir dans nos Etymologies, nous allons exposer les principes sur lesquels elles sont fondées, & les régles que nous nous sommes prescrites à cet égard; principes & régles que nous ne pensons pas qu'on puisse nous contester, & que nous avons tâché de ne jamais perdre de vue dans tout le cours de nos recherches.

PREMIER PRINCIPE.

Les Langues ne sont que des Dialectes d'une seule.

Rien de plus commun que le mot Langues; rien peut-être de plus difficile à déterminer que les caractères d'une Langue, & qui font qu'elle n'est pas une autre; on peut dire que ce mot est du nombre de ceux auxquels on n'attache que des idées vagues, & sur lesquels on ne sauroit asseoir un systême assuré.

L'on parle de Langues, de Langues Meres & de Langues Filles, d'Idiomes, de Patois, de Jargons, de Dialectes; mais a-t-on jamais tracé les raports & les différences qui regnent entre ces diverses dénominations? Ces dénominations sont-elles de nature à pouvoir donner des idées distinctes de tous ces objets? Pourroit-on dire, sans crainte de se tromper, telle Langue est Mere, telle autre est Fille, telle n'est qu'un Jargon? Pourroit-on, d'après cela, classer toutes les Langues de l'Univers?

Les Idiomes ou Patois seront-ils comptés pour Langues Meres ou pour Langues Filles? Et quels seront les caractères auxquels on reconnoîtra toutes les Filles d'une Langue Mere? Et ces Langues Meres, quelles différences doivent-elles avoir ou n'avoir pas entr'elles?

Voilà autant de questions qu'il faudroit résoudre, lorsqu'on prétend que les Langues ne viennent pas d'une source commune; & cependant, personne ne s'est mis en peine de les discuter. Nulle part on ne trouvera même les marques auxquelles on peut dire que deux Peuples ou deux Villes ne parlent pas la même Langue.

La plus frapante, la meilleure sans doute, seroit lorsque ces deux Peuples ne s'entendent pas; mais cette marque, excellente pour faire l'énumération de toutes les Langues qui existent, & qui tend à les multiplier à l'infini, n'est d'aucune utilité pour reconnoître les Dialectes d'une Langue, &, par-là même, pour fixer leur origine, puisque les Peuples qui parlent les Dialectes d'une Langue, ne s'entendent point entr'eux, & sont aussi étrangers que s'ils parloient des Langues qui n'eussent pas la même origine.

Qui est-ce encore qui fixera les Langues Meres, & qui, en les fixant, osera dire qu'elles ne sont pas elles-mêmes des Dialectes d'une Langue antérieure? Qui osera dire, par exemple, que le Latin, dont descendent l'Italien & le François, &c. & la Langue Theutonne, dont descendent le Hollandois, l'Allemand, &c. n'étoient pas des Dialectes d'une Langue antérieure & au Latin & au Theuton? &, si cela est, que peut-on conclure de cette division des Langues?

Mais s'il est absurde de compter autant de Langues que de Contrées, de regarder comme différentes, des Langues qui ne different que par la prononciation, ou de donner lieu à de prétendues divisions de Langues qui n'apprennent rien & qui ne menent à rien, il ne reste qu'à dire que toutes les Langues sortent d'une même origine, qu'elles ne sont qu'une dans l'origine, que celle-ci se subdivisa en Dialectes appellés Langues Meres, qui se subdiviserent elles-mêmes en d'autres Dialectes appellés Langues Filles, qui sont des

Dialectes de Dialectes ; & qu'entre ces Langues Filles, celles qui ont été cultivées par des Auteurs célèbres, & qui ont été adoptées en plusieurs lieux, s'appellent Langues, tandis qu'on donne le nom d'Idiomes aux Dialectes parlés par le Peuple, & dans lesquels on n'a point composé d'Ouvrages qui les rendent recommandables, & qui les distinguent de la masse des Langues.

SECOND PRINCIPE.

Les différences qui regnent entre les Langues, ne peuvent empêcher de reconnoître qu'elles ont la même origine.

Si l'on ne jugeoit de la différence ou du raport des Langues que par l'oreille, la question de la diversité des Langues seroit bien vîte décidée, & elle le seroit entierement contre nous : mais ce n'est point d'après l'oreille qu'il faut se décider à ce sujet ; on ne peut le faire que d'après l'examen attentif de tous les raports & de toutes les différences qu'un même mot peut essuyer dans diverses Langues : car, si ces raports sont tels qu'on reconnoisse que les Langues sont toutes fondées sur une même base, qu'elles ont toutes les mêmes radicaux, ensorte qu'elles sont toutes nées d'une masse commune de mots primitifs, on ne sauroit nier qu'elles ne sont toutes que des Dialectes plus ou moins éloignés, plus ou moins divers d'une même Langue-Mere. Mais telles sont les différences qui regnent entre les mots de toutes les Langues, qu'elles se réduisent aux Classes suivantes :

1. Différence de prononciation.
2. Différence de valeur.
3. Différence de composition.
4. Différence d'arrangement.

Mais entre toutes ces différences, aucune n'est capable de faire disparoître l'origine commune des Langues.

C'est ainsi que nous reconnoissons que tous ces mots Latins & François,

Altus & Haut.	*Pavor* & Peur.
Rubeus & Rouge.	*Soror* & Sœur.
Canis & Chien.	*Hodiernus* & Moderne.
Panis & Pain.	*In* & En.
Mare & Mer.	*Hanc horam* & Encore.
Sapor & Saveur.	*Post* & Puis, &c.

sont les mêmes, quoiqu'ils ne se prononcent pas de la même maniere.

On

On voit également que nos mots *querelle*, *vertu*, *rien*, *fermé*, *chose*, &c. viennent de la même origine que les mots Latins *querela*, plainte; *virtus*, force; *rem*, chose; *firmatus*, affermi; *causa*, sujet, quoique le sens ne soit pas le même; parce que de ces sens différens, l'un est la suite de l'autre; que les *plaintes* donnent lieu aux querelles; que la *vertu* est la force de l'ame; que *rien* est aucune chose; qu'une porte *fermée* est une porte affermie, arrêtée, rendue stable; qu'une *chose* est le sujet dont on parle.

On reconnoit de même que les mots *considérer*, *extirper*, *imprimer*, *produire*, *éteindre*, &c. ne font point de notre Langue Françoise une Langue différente en céla de la premiere Langue, puisque ces mots, quoiqu'inconnus à celle-ci, ne sont que des composés de mots simples dont elle faisoit usage: *considérer*, venant de *sid*, astre; *extirper*, de *stirp*, souche; *imprimer*, de *prem*, presser, marquer en pressant; *produire*, de deux mots qui signifient *mettre en avant*; *éteindre*, de *ex*, hors, & *tan* ou *tein*, feu.

Enfin, que chaque mot pouvant se mettre indistinctement le premier ou le second, les Langues peuvent varier à l'infini, à cet égard, sans cesser d'être les mêmes.

En effet, on ne sauroit dire que les Langues soient différentes dans leur origine, dès qu'elles se réduisent toutes ainsi en derniere analyse à une seule; qu'elles descendent toutes d'une seule, dont les divers membres sont dispersés entr'elles toutes; & qu'on réunit ces divers membres en un seul corps par ce moyen, comme par enchantement.

C'est cependant sur toutes ces différences qu'on se fondoit pour nier l'origine commune des Langues, comme si ces différences pouvoient anéantir cette origine commune, ou comme si elles étoient de nature à empêcher que les Langues fussent comparées & ramenées à des points communs qui rendissent raison de toutes ces différences, en faisant voir qu'elles ne rouloient que sur des accessoires & qu'elles étoient les mêmes quant au fond: ainsi les Peuples, variés à l'infini par la couleur & par les habillemens, sont toujours le même genre-humain.

Ainsi tombe cette diversité de Langues qu'on croyoit inconciliables & qui tendoit à faire de la même Langue vingt Langues différentes, suivant qu'elle étoit prononcée par des Peuples différens. C'est ainsi que la Langue Latine paroît former autant d'Idiomes différens, lorsqu'elle est prononcée par un Espagnol, un François, un Anglois, un Allemand, ou un Chinois: de-là cette réponse d'un Empereur d'Allemagne à des Ambassadeurs François qui venoient de le haranguer, qu'il étoit bien fâché de ne pas entendre le François, croyant qu'ils l'avoient harangué dans leur Langue, quoiqu'ils l'eussent fait en Latin, parce qu'ils l'avoient prononcé à la Françoise.

De même l'Hébreu avec sa prononciation primitive & commune à toutes les Langues, est inintelligible pour ceux qui ne connoissent que la prononciation Massoréthique, qui a fait réellement de l'Hébreu une Langue absolument différente de toute autre.

TROISIEME PRINCIPE.

La premiere Langue n'est composée que de Monosyllabes pris dans la nature, peignant des objets naturels ou physiques, & source de tous les mots.

Lorsque l'on ôte des Langues tous les mots composés & tous les mots dérivés, il reste dans chacune un très petit nombre de mots monosyllabiques & au-delà desquels on ne sauroit aller. C'est ce petit nombre de mots qu'il faut regarder comme les Élémens des Langues, comme la source dans laquelle on a puisé tous les autres mots. Et comme ces Élémens sont les mêmes dans toutes les Langues, on ne peut s'empêcher de les reconnoître pour la Langue primitive, dont l'existence devient ainsi une chose démontrée, un principe incontestable.

Et ces Élémens sont tous donnés par la Nature; l'homme n'en inventa aucun, tout comme il ne peut inventer aucun Élément de quelqu'espéce que ce soit; que dans quelque Science, dans quelqu'Art que ce soit, son industrie se borne à faire usage de ces Élémens & à les diversifier de toutes les manieres possibles. On ne comprendra pas même un jour qu'on ait jamais pu penser autrement à l'égard des Langues, qu'on ait pu croire que l'homme en ait formé lui-même les premiers Élémens; tandis qu'il ne s'est point donné l'instrument vocal qui en est la base, & qu'il ne peut rien changer à ses raports avec la Nature.

Ces Élémens d'ailleurs peignent les objets physiques, puisque sans cela, ils n'auroient aucune énergie; & ils ne peignent les spirituels ou moraux que par leur analogie avec les objets physiques, puisque ces objets spirituels ne peuvent se peindre par eux-mêmes : de même qu'ils ne peignent les objets négatifs que par oposition aux objets physiques & positifs.

C'est pour n'avoir pas connu ces caractères distinctifs des mots radicaux, que les Étymologistes se sont presque toujours égarés; & que plaçant entre les mots radicaux, des mots qui avoient plus d'une syllabe, & des mots qui n'offroient qu'un sens figuré ou qu'un sens négatif, ils se mettoient hors d'état de remonter jusques à la Langue primitive, & aux racines communes à toutes les Langues.

Ainsi l'on ne mettra pas au rang des primitifs, ces mots négatifs,

Hébreu, כסל, *xacal*, fou.

Grec, λυγη, *lughé*, obscurité

λειπω, *leipô*, je laisse.

Latin, *gelidus*, glacé, froid.

Celte, *skim*, ombre.

Anglois, *dumb*, muet; & Hébreu, דום, *dum*, qui garde le silence, muet.

Ils ne sont que l'oposé de ces mots,

Hébreu, שכל, *shacal*, intelligent.

Grec, λύκη, *lukè*, lumiere.

ληϐω, *lébo*, je prens.

Latin, *calidus*, chaud.

Celte, *scim*, lumiere.

Anglois, *ton*, voix.

C'est par la même raison que tant de mots en toute Langue désignent ses contraires : que le même mot, BARACH en Hébreu, signifie *bénir* & *maudire*; AGOS en Grec, *vénération* & *crime*; SANCTUS en Latin, *consacré* & *exécrable*.

C'est ainsi que nous n'avons pas un seul mot pour désigner quelque objet spirituel ou moral, qui ne soit emprunté d'un mot qui peint quelque objet physique : tels que *Dieu*, *ame*, *esprit*, *pensée*, *vertu*, *ambition*, *sincere*, &c.

DIEU tient au primitif *di*, lumiere, conservé encore dans *mi-di*, & dans les noms des jours de la semaine, &c.

ESPRIT, vient du Latin *spiritus*, souffle.

AME, en Latin *anima*, vient du Grec *anemos*, souffle, vent.

De même l'Hébreu NEPHS, ame, en Egyptien *niph*, vient de *naph* qui signifioit *vent*, & qui subsiste dans l'Ethiopien *naphs*.

PENSÉE vient du Latin *pensata*, chose considérée, *pesée*, examinée, tandis qu'*idée* vient du primitif *id*, main, chose qu'on a sous la main & qu'on apperçoit sous toutes ses formes.

VERTU, en Latin *virtus*, vient du mot *vir*, homme; *vertu* est, au sens propre, la *force*, le caractère distinctif de l'homme.

Le mot AMBITION s'est formé des deux mots Latins, *ambi* autour, & *itione* action d'aller : ils offrent un Tableau auquel on ne peut se méprendre. L'ambitieux, celui qui aspire aux dignités, aux honneurs, est obligé d'être sans cesse en mouvement, de faire la cour à ceux dont dépend l'objet de ses vœux, d'aller, de venir jusqu'à ce qu'il ait obtenu ce qu'il désire.

Sincere, mot qui ne peint actuellement qu'un caractère de l'ame & de nos discours, vient de deux mots Latins qui peignoient une qualité physique, la pureté du miel, *sin cera*, sans cire, dégagé de toute matiere propre à le troubler, à altérer sa transparence, sa pureté.

Quatrieme Principe.

La Comparaison du plus grand nombre possible de Langues peut seule conduire à la Langue primitive & à la vraie Étymologie de chaque mot.

Puisque toutes les Langues sont formées d'une seule répandue entr'elles toutes, & que chacune a suivi à son égard des procédés fort differens, il est impossible de comparer ces Langues entr'elles & d'arriver à la Langue premiere, sans embrasser le plus grand nombre de Langues possible. A mesure qu'on en embrasse un plus grand nombre, on voit les mots primitifs se multiplier, & l'on retrouve toutes les gradations par lesquelles ces mots primitifs ont passé, toutes les nuances de leurs altérations; ensorte qu'on n'est jamais arrêté quand il s'agit de les classer : avantages qu'on n'auroit pas sans cela, & qui ont nécessairement manqué à tous les Étymologistes, parce qu'ils n'ont jamais comparé un nombre suffisant de Langues.

Ce ne sera qu'en comparant, par exemple, un grand nombre de Langues qu'on s'assurera qu'une foule de mots qui semblent n'avoir point de racine commune, viennent cependant de la même source : que ces mots, par exemple, *puissance* & *despote*; *peuple*, *foule* & *vulgaire*; *aide*, *idée* & *vue*; viennent des mêmes mots primitifs; *puissance* & *despote*, de pot, élevé : *peuple*, *foule* & *vulgaire*, de pol, nombreux; *aide*, *idée*, & *vue*, de id prononcé *eid*, main; que *graver* & *écrire*, viennent du même primitif cra, tracer des traits; que *capable*, *chapitre*, *recevoir*, *chef*, *cavité*, &c. sont des dérivés d'un même mot, cap signifiant tout ce qui a une contenance, tout ce qui est creux, &c.

Ce n'est également qu'en comparant plusieurs Langues qu'on voit que nombre de mots de diverses Langues qu'on prendroit pour des mots radicaux absolument differens les uns des autres, ne forment qu'une seule racine; que *latus*, large, & *land*, pays en Allemand, sont une même racine primitive; qu'il en est de même de *hunt*, un chien en Allemand, & du même mot *chien* en François ; de *wiſſ* en Anglois, & *ſouhait* en François, &c.

L'on voit ici ſans peine pourquoi tous ceux qui s'étoient aſtreints à ne chercher les mots primitifs que dans une ſeule Langue, quelqu'antiquité qu'elle eût, ne pouvoient parvenir à l'origine exacte des Langues, parce qu'il leur étoit impoſſible de reconnoître tous les primitifs qu'elles avoient conſervés, à travers les altérations qu'ils ont eſſuyées, & parce qu'il n'eſt aucune Langue qui ait conſervé tous les mots primitifs ; qu'ils ſont diſperſés entre toutes les Langues, de même que les familles qui en proviennent.

En effet, ſi on ne peut découvrir tous les primitifs qu'en réuniſſant le plus grand nombre poſſible de Langues, on ne peut également completter les Familles des mots que par ce moyen ; ces Familles étant diſperſées entre toutes les Langues de maniere à ne pouvoir ſouvent être reconnues que par la réunion de ces Langues. Qui croiroit, par exemple, que le mot Languedocien un *renairo*, c'eſt-à-dire, un homme qui ſe plaint toujours, le François *grenouille* & le Latin *rana* dont grenouille n'eſt que le diminutif, viennent d'une même racine, du mot *ran* qui eſt l'imitation du cri de la grenouille & qui a fait l'Hébreu RANA, crier, étourdir par ſes cris ? C'eſt ainſi encore qu'entre les dérivés d'une même racine, le Nom eſt dans une Langue, le Verbe dans une ſeconde, l'Adverbe dans une troiſiéme ; ainſi l'Anglois employe *to hunt* pour dire chaſſer ; & l'Allemand *hunt*, pour dire un chien, tandis que celui-ci n'en a pas le Verbe, & que l'Anglois n'en a pas le nom, qui ſe trouvent cependant tous deux dans l'Anglo-Saxon.

CINQUIEME PRINCIPE.

Plus les mots ſont d'un uſage familier & plus ils éprouvent d'altérations.

Lorſque les Etymologiſtes veulent ſuivre les mots primitifs, & ſur-tout les mots les plus communs, dans l'emploi qu'on en a fait en toute Langue, ils ſont continuellement en défaut, ils en trouvent le fil rompu de toutes parts, ils ne voyent que mots qui ſemblent n'avoir aucune origine commune ; & ils en concluent que les Langues n'ont aucun raport ; mais que prouve leur concluſion, ſi ce n'eſt qu'ils cherchoient ce qu'ils ne pouvoient trouver, & qu'ils vouloient prouver ou nier un ſyſtême par un moyen qui ſeul ne pouvoit ſervir, ni à prouver, ni à nier. Il étoit contradictoire de ſupoſer des mots communs à tous les Peuples & qui fuſſent cependant toujours reconnoiſſables : il eſt bien rare qu'un mot très-uſité n'éprouve quelque variété dans l'eſpace de deux ou trois ſiécles : décuplez cet eſpace, ce mot aura dû eſſuyer dix variétés plus ou moins considérables, & cependant il n'est composé que de quelques lettres ; il peut donc s'être totalement changé à la longue ; il seroit donc également absurde de croire & que les mots ne peuvent avoir changé s'ils ont une même origine, & qu'ils n'ont pas une même origine parce qu'on ne reconnoit pas leurs raports d'une Langue à l'autre.

C'est ainsi qu'on ne sauroit apercevoir sans étude le raport d'une multitude de mots François & Latins, à cause des altérations nombreuses qu'ils ont essuyées dans notre Langue : tels que *Episcopus* & Évêque, *sigillum* & sceau, *miscere* & mêler, *super* & sur, *homo* & on, *hedera* & lierre, *otium* & loisir ; & une foule d'autres pareils dont personne ne nie la commune origine.

L'on doit donc s'attendre à trouver entre les mots, de beaucoup plus grands changemens à mesure qu'ils seront plus communs, & tel est le cas des mots primitifs ; formant le fond des Langues & remontant à la plus haute antiquité, sans cesse dans la bouche du Peuple, ils ne doivent presque plus avoir de raport sensible d'une Langue à l'autre ; on ne peut les reconnoître qu'au moyen des altérations successives qu'ils ont éprouvées chez chaque Peuple.

Ce principe qui n'avoit jamais été apliqué aux mots primitifs, ne doit jamais être perdu de vue au contraire, dans la comparaison des Langues ; d'autant plus que ces mots primitifs étant fort courts, d'une syllabe ou deux, le moindre changement porte sur la masse entiere & en fait comme des mots qui n'ont aucun raport : c'est ainsi qu'on prendroit pour des mots différens, *fera* des Latins, & *thera* des Grecs, signifiant tous les deux *une bête fauve* : *ther* des Grecs, & *porta* des Latins, signifiant tous les deux une *porte* : *cal* des Orientaux, & *échelle* en François, désignant tous les deux un *Port*, mais en François les Ports de l'Orient seulement : *Ruch* des Hébreux & *duch* des Esclavons, signifiant tous deux *esprit*, *vent*, *souffle* (1).

Ces différences ne sont rien lorsque les Langues qui les fournissent ont d'ailleurs les plus grands raports entr'elles ; & sur-tout lorsque l'altération ne tombe que sur une partie de la famille, comme cela arrive continuellement

(1) Le *hand* des Peuples du Nord, & le יד *eid* des Hébreux, signifient également la main ; & ont pour primitif *ad* des Ethiopiens. Ces mots, *lehem*, *lechem*, *lem*, *leip*, *leif*, *hleif*, *hleb*, *chleb*, *chlieb*, *limpa*, *leef*, *loaf*, qui tous signifient *pain*, ne sont qu'un même primitif, prononcé différemment par les Dialectes Hébreux, Esclavons, Gothiques, Anglo-Saxons, Runiques, &c. Ceux-ci, *art*, *arz*, *erth*, *iert*, *iord*, *ter*, *terre*, *tierra*, *tzer*, qui tous signifient *terre*, ne sont aussi qu'un même mot primitif conservé dans les Dialectes Hébreux, Teutons, Celtes, Latins, &c.

dans la Langue Françoise, où nous n'altérons guères que le mot radical, laissant subsister les dérivés tels que nous les avons trouvés; changeant *tempore* en tems, *cœlum* en ciel, *pondus* en poids, *voce* en voix, *spiritus* en esprit, *aqua* en eau, & laissant subsister *temporel*, *céleste*, *prépondérant*, *vocal*, & *invoquer*, *spirituel*, *aquatique*, &c. Méthode qui détruit le peu d'analogie qu'il y a dans notre Langue entre les dérivés & leurs radicaux & qui en fait des familles très-différentes en aparence.

Heureusement les autres Langues, & sur-tout les anciennes, ont beaucoup moins altéré que nous la plus grande partie de leurs mots : ce qui donne infiniment plus de facilité pour comparer les anciennes entr'elles que pour comparer les modernes : d'ailleurs ces altérations anciennes & modernes étant arrivées par les mêmes moyens, les unes servent de preuves aux autres ; elles se justifient mutuellement.

SIXIÉME PRINCIPE.

Les voyelles ne sont rien dans la comparaison des mots.

Ce principe n'est pas moins certain qu'aucun de ceux que nous venons de développer; cependant, il paroîtra un paradoxe insoutenable à la plûpart de mes Lecteurs : je n'en suis point surpris. Parce qu'on ne peut prononcer un seul mot sans voyelle, on s'imagine que la voyelle assignée à un mot quelconque lui est si essentielle, que si cette voyelle change, sur-tout lorsqu'elle est unique, le mot n'est plus le même, ou n'a plus la même origine. Mais cette idée n'est que l'effet du manque d'habitude de comparer les mots : on ne peut faire le moindre essai, à cet égard, sans s'apercevoir que les voyelles changent sans cesse dans les dérivés d'une même famille; la Langue Françoise en fournit elle-même des milliers d'exemples : ainsi nous disons *mer* & *maritime*, *sel* & *salé*, *cheval* & *cavalier*, &c. Nous avons changé la plûpart des voyelles dans les mots que nous avons empruntés des Latins; de *vox*, nous avons fait voix; de *locus*, lieu; de *nox*, nuit; de *nux*, noix; d'*oleum*, huile; de *digitus*, doigt; tous les *or* à la fin des mots Latins, sont *eur* chez nous : *terror*, terreur; *dolor*, douleur; *major*, majeur; *Senior*, Seigneur; *amor* est peut-être le seul que nous rendions par *amour*.

Il n'est presque point de mot commun aux Grecs & aux Latins dont la voyelle n'ait été changée; les Grecs disent *eimi*, *ôn*, *fêmê*, *danos*, *dasus*, *gonu*, *peperi*, *ombros*; là où les Latins disent, *sum*, *ens*, *fama*, *donum*, *densus*, *genu*, *piper*, *imber*.

Les Orientaux mettent avant les consonnes, les voyelles que nous mettons après; ils disent *ab* & *am*, pere & mere, là ou nous disons *pa* & *ma*, ou en redoublant cette syllabe, *pa-pa* & *ma-ma*.

Les Orientaux, les Grecs, les Latins, &c. ne distinguent ordinairement les dérivés que par les voyelles; ainsi en Hébreu *makar* signifie vendre; *meker*, vente; *mekure*, commerce, négociation. En Grec, *legô*, je parle; *logos*, discours. En Latin, *pater*, pere; & *Ju-piter*, le pere Iou: *facio*, je fais; & *efficio*, j'accomplis: *cano*, je chante; *occino*, je chante en répons.

C'est ainsi qu'un mot primitif s'unit à toutes les voyelles successivement, pour peu qu'il soit répandu.

Ban, en Celte *bain*, & *bean* en Irlandois, *ben* en Ecossois, *bun* en Gallois, signifient tous *femme*. C'est un seul & même mot.

De même, *bad* en Gallois, *bat* en Anglo-Saxon, *boot* en Flamand, *boat* en Anglois, *batus* en Latin barbare, *bateau* en François, signifient tous une barque, & ne sont qu'un seul & même mot.

Bat en Persan, *beth* en Hébreu, en Indien, &c. *both* en Irlandois, en Breton, *bod* en Theuton, *boede* en Flamand, *bwthe* en Gallois, *buthe* en Ecossois, &c. sous le même mot, signifiant chez tous *ha*-BIT-*ation*, demeure, maison, &c. & de-là BOUT*ique*, & l'Italien *bottega*, une auberge; de même que l'Anglois *a*-BOD-*e*, demeure, séjour.

La raison en est très-simple; c'est que la prononciation des voyelles est l'inconstance même, & que chaque Peuple se plait à en assigner une différente au même mot, dans l'idée que le mot en deviendra plus sonore, plus doux, ou plus agréable.

Et c'est par cette raison, en partie, que les Orientaux ne tiennent point compte dans leur écriture, des voyelles des mots dérivés: chacun y met celle à laquelle il est accoutumé.

SEPTIEME PRINCIPE.

Les Consonnes correspondantes ont été sans cesse substituées les unes aux autres, sur-tout celles du même organe.

Les consonnes sont donc les caractères essentiels des mots; elles en forment la charpente, & sans elles il ne resteroit rien. Cependant, on ne doit pas s'arrêter aux consonnes pour reconnoître ce qu'un mot primitif est devenu chez chaque Peuple; d'après cette méthode, on ne trouveroit que très-peu de raport entre les

les Langues les plus étroitement liées. Nombre de consonnes ne differant que par un peu plus ou un peu moins de force dans la prononciation, elles se sont continuellement mises les unes pour les autres, suivant qu'on a prononcé le même mot plus ou moins fortement : ainsi les consones B, P, F, V, M, se substituent sans cesse les unes aux autres ; ensorte que le même mot se trouve en former par ces consonnes une demi-douzaine ; & chacune de ces consonnes s'associant encore successivement avec autant de voyelles, un même mot se trouve écrit & prononcé de 30, de 50, de 60, manieres différentes. C'est ainsi que le mot primitif BAR, parole, se retrouve dans tous ceux-ci :

BAR, Celte & Theuton, *chant*, synonime de *parole* dans les premiers tems. » Pour conserver la mémoire des faits importans, les chan- » sons, comme le dit Horace, ont été d'abord en usage ; d'où » vient qu'on disoit *chanter* au lieu de *parler*. (Mémoire de l'Académie des Inscr. in-12. Tom VI. pag. 45.)

באר, Hébreu, BAR, énoncer, déclarer.

BAR-*bar-el*, Armenien, *parler*.

FAR, Celte, *parole*.

A-VAR, Breton, *parole*.

VER-*bum*, Latin, *parole*, *discours*.

FAR-*i*, Latin, *parler*, & FAR*ibole* en François.

FAR-*ia*, (Gloses d'Isidore) *babil*, abondance de paroles.

FAR-*autea*, Basque, *interprête*.

MAHRE, Allemand, *discours* ; & *mahrlein*, Fable, récit.

HAR-*anguer*, en François & en Italien.

HAR-*iolus*, en Latin, *qui parle de l'avenir*, devin.

BEAR-*la*, Irlandois, *parole*.

FEARB, Irlandois, *mot*.

PAR-*ole* & PARLER en François.

WORD, en Anglois, *parole*, *discours*, *mot*.

Wort, en Allemand, *parole*, &c.

De-BER, Hébreu, *parole*.

Famille de mots dont le raport & les différences se justifient par nos Principes 5, 6 & 7, & qui justifie lui-même notre Principe 4me.

C'est encore de-là que viennent les mots Grecs PHAR-*ynx*, le gosier, d'où sort la parole ; & PHRAZO, parler, où *phra* est pour *far* ; changement très-commun, dans toutes les Langues.

HUITIEME PRINCIPE.

Il ne faut faire attention qu'à la maniere dont les mots sont écrits, & non à celle dont ils sont prononcés.

Deux choses sont à considérer dans les mots primitifs communs à toutes les Langues ; leur écriture ou peinture & leur prononciation. De ces deux objets, l'un est toujours le même, parce qu'il est stable, & au-dessus des caprices du tems & des hommes : l'autre est variable à l'infini & change sans cesse : il est donc aussi impossible de s'assurer du raport des Langues par la prononciation, qu'il est aisé de le faire par l'écriture ; l'orthographe des mots primitifs étant à peu près la même chez tous les Peuples ; tandis que la prononciation ne cesse de changer. Ainsi ces mots primitifs, par exemple,

BAR, parole.
NEL, fleuve.
POL, travail, labour.
MUT, silence, qualité d'être muet :

Qui ne sont composés que d'une syllabe, & d'où dérivent les mots *verbe* & *parler* : le nom du *Nil* ; POLIR ou amener un travail à sa perfection, & MUNIR ou donner de la force, fortifier ; & qui ont formé ces mots Latins *verbum*, *fari*, & *polio*, travailler, labourer, cultiver ; le Grec *poleô*, renverser la terre, *tourner* ; d'où le *Pole* & l'Etoile Polaire ; & le Latin *mutus*, muet, silencieux : ces mots, dis-je, sont les mêmes que ces mots Orientaux,

באר, *parole*, composé de B, A, & R.
נהל, *fleuve*, composé de N, HÉ & L.
פעל, *travail*, composé de P, HO, L.
מות, *mort*, composé de M, U & TH.

La mort est un silence, le silence des tombeaux.

Mais si l'on vouloit s'arrêter à la prononciation, ce raport admirable seroit absolument détruit, on n'apercevroit plus de ressemblance entre les mots Hébreux, Latins, Grecs, François, &c. que nous venons de produire, parce que plusieurs Peuples prononcent ces mots tout différemment, quoiqu'ils les écrivent de la même maniere : les Massoréthes, par exemple, ou les Juifs lorsqu'ils eurent perdu de vue la prononciation primitive, firent de ces monosyllabes, des mots à plusieurs syllabes, en prononçant chaque lettre à part, comme lorsque nous épellons, & en ajoutant par-là une voyelle sourde à chaque lettre ;

ainsi ils disent *beer*, *na-hal*, *puhal*, *maveth*, au lieu de *bar*, *nel*, *pol* & *muth*; tandis que par raport à *bar*, ils le laissent en une syllabe, lorsqu'il s'est associé à la lettre *d*, DBAR, étant réduits à prononcer les trois dernieres lettres en une seule syllabe, afin de n'en pas faire un mot de trois syllabes, ce qui seroit sans exemple; car il en est de même dans tous les cas pareils: toutes les fois qu'un mot primitif que les Massoréthes font de deux syllabes, fait partie d'un autre mot, il se réduit à une seule syllabe.

Si les Massoréthes écrivoient les mots Hébreux comme ils les prononcent, on ne pourroit plus trouver le raport qui régne entre l'Hébreu & les autres Langues: tout comme si les Anglois écrivoient leur Langue comme ils la prononcent, les raports qu'elle a avec le François, l'Allemand, l'Anglo-Saxon seroient totalement anéantis.

Quelque naturel qu'il soit de comparer les Langues par leur prononciation, on voit combien cette méthode est funeste & destructive de tout raport des Langues, lorsqu'on s'en sert sans correctif; & qu'il n'étoit pas étonnant qu'on ne trouvât aucun raport entr'elles, tandis qu'on s'en tenoît à la prononciation.

Il paroîtra plus étonnant qu'on ait pensé à les comparer par l'écriture, & plus étonnant encore qu'on y soit parvenu; parce qu'il falloit pour cela se détacher absolument de la prétendue valeur qu'on donnoit à plusieurs lettres d'après une prononciation dénaturée; & que l'on suposoit trop légérement être la vraie.

C'est ainsi qu'un de nos Savans a eu la plus grande facilité pour comparer l'Égyptien & le Chinois écrits, parce que, ni l'un, ni l'autre ne se prononçant, il étoit réduit à la peinture des mots, qui trompe moins que la prononciation.

Nous aurons donc un grand avantage, en négligeant les moyens postérieurs que divers Peuples ont mis en usage pour constater & conserver les prononciations qu'ils ont assignées à des mots, qui en avoient déja une fondamentale & primitive conservée chez plusieurs autres Peuples.

C'est sur-tout à cette méthode, aussi simple que naturelle, que nous devons la facilité avec laquelle nous avons ramené toutes les Langues à une seule, & en particulier les Langues savantes qui nous intéressent si essentiellement.

CHAPITRE XV.

Régles à suivre & précautions à prendre dans la recherche des Etymologies.

IL ne suffit pas en fait d'Étymologies de poser des principes ; chacun conviendra sans peine de leur plus ou moins de certitude : ce qui importe & ce qui seul peut confirmer ces principes, c'est de suivre dans la recherche de l'origine des mots & du raport des Langues, une route qui conduise directement à la vérité, qui ne soit jamais fausse, qui ne fasse pas attribuer aux mots une origine différente de celle qu'ils ont réellement, qui montre les raports des Langues tels qu'ils sont : c'est pour n'avoir point suivi de route fixe, pour avoir procédé sans régles, que l'on est tombé en tant d'erreurs sur cette matiere, que l'Art Étymologique est si décrié, que tout y est à faire.

Ces régles sont d'autant plus nécessaires qu'il est très-aisé d'apercevoir des raports là où il n'y en a point ; d'attribuer l'origine d'un mot à un autre avec lequel il n'eut jamais rien de commun ; & au défaut d'un raport parfait, de faire tel changement aux mots les plus éloignés l'un de l'autre, qu'il les raproche au point de les faire paroître parfaitement semblables. Ainsi plus les moyens d'abuser de l'Art Étymologique sont aisés & nombreux, plus on doit se prescrire des régles propres à prévenir cet abus, & ne rien négliger pour les suivre strictement ; ce qui deviendra aisé si l'on s'est tracé une bonne route. Cherchons donc ces régles ; qu'elles soient telles qu'elles empêchent de tomber dans les fautes qui ont fait échouer tant d'Étymologistes ; & telles, si l'on s'en écarte, qu'on s'aperçoive aussi-tôt qu'on les a violées.

PREMIERE RÉGLE.

Ne supposer aucune altération dans un mot qu'on ne puisse justifier par l'usage & par l'analogie.

Si tous les mots étoient passés d'une Langue à une autre sans changement, on n'auroit qu'à mettre ces mots à côté l'un de l'autre & l'on reconnoîtroit aussi-tôt qu'ils sont les mêmes : mais comme ils se sont tous plus ou moins altérés en passant de Langue en Langue, il faut pouvoir les reconnoître à travers ces altérations & rendre raison de celles-ci : c'est ce qui fait qu'on est perpétuellement obligé de recourir à ces altérations pour faire voir que ces mots étoient les mêmes dans l'origine. Ainsi on reconnoît que *verbum & parole* viennent de la racine BAR, parce qu'ayant la même signification, *b* s'est changé en *v* dans le premier & en *p* dans le second ; *a* en *e* dans le premier : tandis que les deux Peuples ont ajouté une syllabe chacun ; le premier, *bum* ; & le second, le diminutif *ole*. Des changemens de cette nature ne sont point difficiles à admettre, parce qu'on peut les justifier par mille exemples pareils, & qu'ils sont dans la nature : mais il ne faut en admettre que de pareils, afin de ne pas s'égarer dans le vague des altérations possibles, parce que tout ce qui est possible n'est pas ; & qu'il n'est pas à présumer qu'une altération soit unique chez un Peuple, parce qu'elles n'arrivent que par la disposition de ce Peuple à un son plutôt qu'à un autre.

Pour cet effet, il en faut dresser des tables où chaque altération soit accompagnée d'un grand nombre d'exemples pris dans toute Langue, afin que, lorsqu'on aura besoin de recourir à quelqu'une de ces altérations, on puisse s'assurer qu'elle existe & qu'elle n'est pas uniquement l'effet du besoin que nous en avons.

SECONDE RÉGLE.

Ne pas confondre les lettres accessoires d'un mot avec les lettres du primitif : & moyens pour en trouver la racine.

Comme les mots primitifs se sont allongés dans toutes les Langues, dans les unes pour marquer des idées accessoires, telles que les nombres & les cas, & dans toutes pour désigner différentes idées, il faut nécessairement distinguer avec soin les lettres ajoutées, de celles qui sont primitives : sans cela on raporteroit sans cesse les mots d'une famille à des familles toutes differentes, & l'on seroit continuellement arrêté par des différences entre les mots dont on ne verroit point la raison. Il faut donc pour cet effet dresser une liste des lettres que chaque peuple ajoute aux mots primitifs, soit au commencement, soit à la fin ; & les retrancher, lorsqu'on veut remonter à la racine primitive.

Toutes les fois, par exemple, qu'on veut trouver la racine d'un mot Grec ou Latin, il faut commencer par suprimer la terminaison propre à ces Langues & qui étoient autant d'additions qu'elles avoient faites aux mots primitifs : de *cælum*, ciel, faire *cæl* ; de *munire*, munir, mun ; d'*ampelos*, vigne, ampel ; d'*héméra*, jour, hémer.

2°. Après avoir suprimé la finale des mots, il faut souvent encore suprimer la syllabe qui précédoit celle-là, parce qu'elle a été ajoutée à la racine pour en faire un dérivé dont la valeur est déterminée par cette addition : ainsi, dans *factio*, & dans *facilis*, après avoir suprimé *o* & *is* qui sont les terminaisons des cas, on suprimera dans le premier *ti*, & dans le second *il*; additions faites à *fac*; la premiere pour en faire un nom; & la seconde, pour en faire un adjectif.

Afin de parvenir aisément à ce choix de syllabes à suprimer, on fera une liste de toutes les terminaisons dont chaque Langue fait usage, en y ajoutant la valeur de chacune de ces terminaisons. Cette liste sera d'autant plus utile, qu'on sera en état de reconnoître par cela seul, la valeur d'une prodigieuse quantité de mots dès qu'on saura celle des primitifs dont ils sont tirés : ainsi en voyant que *il* marque un adjectif *de disposition*, & qu'*uti* signifie servir; *doc*, l'enseignement; *posse*, pouvoir, on sçait aussi-tôt qu'*utilis* signifie utile, tout ce qui posséde la disposition à servir; que *doc-ilis* signifie *docile*, tout ce qui posséde la disposition propre à l'enseignement; *possibilis*, possible, tout ce qui posséde la disposition à *pouvoir* être.

Plusieurs de ces terminaisons ne sont même que des diminutifs pour rendre la prononciation plus douce; ainsi dans *soleil* & *oreille*, tout ce qui est ajouté à *sol* & *or* n'est qu'une terminaison de cette nature, une addition que nous avons faite aux primitifs *sol* & *or*, qui signifient exactement la même chose que *soleil* & *oreille*.

3°. S'il reste ensuite plus d'une syllabe, & que la premiere soit une voyelle seule, tandis que la seconde syllabe est composée d'une voyelle entre deux consonnes, on peut être assuré que cette premiere voyelle a été ajoutée, & n'est pas de la racine : ainsi, du mot *Echelle*, Port de Mer, on ôtera *e* comme étant ajouté; d'*étumos* on ôtera *e* & *os*; d'AKOLOUTHEO, suivre, on ôtera *a* & *outheô*; d'AMPELOS, *a* & sa nazale *m*; d'*hémera*, *hé* & *a*; ce qui donne les racines *tum*, perfection; *kol*, service, d'où *colo* des Latins, servir, cultiver; *mer* ou *mar*, lumineux, éclatant; *pel*, côteau; racines qui étoient absolument inconnues.

4°. Si, après tous ces retranchemens, il reste encore deux syllabes ou trois consonnes, on peut être assuré que la derniere est une addition ou une terminaison nationale pour rendre le mot plus sonore, ou lui donner un sens plus énergique. C'est ainsi que nous terminons un grand nombre de mots en AR, comme *renard*, *musard*, &c. terminaison commune aussi aux anciens Hébreux qui, pour *musa*, dirent *musar*; pour vacca, *vaqar*; pour *fett*, graisse, *féder*.

5°. Si la voyelle qui reste après tous ces retranchemens est une voyelle foible ou douce, un *e*, un *i*, un *u*, on doit les changer en une voyelle forte; *e* & *i* en A, & *u* en O, afin d'avoir la racine dans son état primitif: ainsi la racine d'ampelos est PAL; & celle d'hémera, MAR: tout comme la racine d'*officium* est *fac*; celle de Ju-*piter*, pater; celle de *cultura*, COL. L'on avoit recours à ces adoucissemens dans les dérivés, afin d'en rendre la prononciation moins rude & plus agréable.

TROISIÉME RÉGLE.

Quoique deux mots se ressemblent dans diverses Langues, il ne faut conclure qu'ils viennent l'un de l'autre, ou qu'ils apartiennent à la même famille, que lorsqu'on ne peut les raporter à aucune autre.

Souvent deux mots de deux Langues très-éloignées, se ressemblent si parfaitement, qu'on les croiroit venir de la même source; mais on risqueroit de se tromper si l'on ne cherchoit auparavant à démêler de plus près leur origine, au moyen des autres mots qui apartiennent à la même famille. C'est ainsi que MYSTERE paroît venir de l'Hébreu *mistar*, caché; mais avec un peu plus de soin, on voit qu'ils apartiennent à deux familles très-differentes: que dans le premier mot *stere*, sont des lettres ajoutées à *my* qui signifie *cacher* en Grec, tandis qu'en Hébreu c'est l'initiale *mi* qui est ajoutée à la racine *star* ou *satar*, cacher; MI étant en Hébreu la marque du participe. C'est ainsi encore qu'on croiroit que *resne* vient de l'Oriental רסן, *resne*, qui signifie la même chose; tandis que *resne* doit venir du Latin RETINA, qui signifie *bride*, *ce qui retient*, & qui a fait le mot Italien *redine*, qui signifie aussi *rênes*.

Nombre d'Étymologistes ont été la victime de pareils raports: mais on évite aisément ces erreurs en raprochant chaque mot de sa famille: ce qui nous conduit à notre quatriéme Régle.

QUATRIÉME RÉGLE.

Classer tous les mots par Familles.

Puisque cette prodigieuse quantité de mots dont les Langues sont composées se sont tous formés d'un petit nombre de mots, & s'en sont formés par une marche toujours la même, il en résulte que la voie la meilleure, la plus courte, la plus raisonnable, d'aprendre les mots d'une Langue, est de les classer par familles, suivant la racine dont ils sont nés: car dès que la racine est connue, on n'a plus de peine à saisir tous les mots qui en sont dérivés. C'est ce qu'on peut voir par les familles de *Mar*, de *Sab*, de *Gor* ou *Gyr*, que nous avons eu occasion de donner presqu'en entier dans nos Volumes précédens, & qui renferment nombre de mots qu'on avoit regardés comme des primitifs.

Si cette Méthode est utile pour étudier les Langues, elle ne l'est pas moins pour la recherche des Etymologies : en rassemblant tous les mots d'une même famille, on voit ce qu'ils ont perdu ou gagné chez chaque Peuple ; & par ce qu'ils ont encore de commun malgré toutes ces révolutions, quelle est leur racine primitive.

On voit encore par-là les mots que chaque Peuple a ajoutés à chaque famille, & ceux qu'il tient d'autres Peuples antérieurs à lui ; ce qui donne l'Histoire de chaque Peuple en fait de Langage.

Et si l'on est embarrassé à déterminer entre plusieurs familles, celle à laquelle appartient un mot quelconque, on sort aisément d'embarras en le comparant avec toutes les familles auxquelles il peut appartenir ; car on voit aussi-tôt celle à laquelle il est uni par l'analogie la plus étroite, & qui seule a pu le former.

L'on voit par-là que l'Etymologie qui fait venir *bellum* de *duellum*, n'a été adoptée que parce qu'on ne savoit rien de mieux, & qu'on doit raporter ce mot à la même famille d'où sont venus les mots Grecs BEL-*os*, flèche, arme ; BOLÉ, coup, blessure ; BOL-*emos*, combat, guerre ; & l'Hébreu BHEL, dissension, trouble, terreur, &c.

L'on voit encore par-là que tel mot qu'on prenoit pour racine, n'étoit lui-même qu'un dérivé d'un plus ancien. Ainsi, lorsqu'on a cru que PIGER des Latins venoit de l'Hébreu פגר, *piger*, parce que ces deux mots signifient *paresseux*, on ne faisoit pas attention qu'un mot de deux syllabes ne pouvoit être un mot primitif, pas plus en Hébreu qu'en Latin, ou en toute autre Langue ; qu'ainsi, ils venoient nécessairement d'un autre mot plus simple, de *piq* ou *peq*, qui désigne tout ce qui est fiché, planté, qui tient comme poix, qui est planté comme un piquet, qui ne peut se remuer qu'avec peine, tel qu'un paresseux.

En arrangeant ces mots par familles, il faut mettre à la tête le mot radical, & l'écrire d'abord avec la prononciation la plus rude, la plus forte dont il soit susceptible, parce que, dès le moment qu'on fit usage d'un ton, on le prononça nécessairement avec le plus de force possible, afin qu'on le distinguât facilement de tout autre ; & il ne s'adoucit qu'insensiblement.

On écrira ensuite au-dessous les diverses altérations dont il est susceptible. Veut-on, par exemple, classer les familles des mots *sel* & *sur*, on mettra à la tête

tête les mots HAL, HOP, parce que c'eſt la prononciation la plus forte dont leurs racines ſoient ſuſceptibles, commençant par une aſpiration, & cette aſpiration étant ſuivie d'une voyelle forte. On mettra au-deſſous de hal, *ſal* & *ſel*; au-deſſous de hop, *hup* & *ſup*.

A-t-on à claſſer la famille *guerre*; on écrira d'abord HAR, puis *war*, *mar*, *guar*, *guer*, *cer*, qui ſont tous des prononciations adoucies de *har*, uſité par divers Peuples pour déſigner la guerre, *war* par les Anglois, *guerre* par nous, *Mars* & *cert*-o, combattre, par les Latins.

On verra par-là que *fêmê* (réputation) des Grecs, eſt poſtérieur à *fama* des Latins, le premier n'étant que la prononciation adoucie du ſecond; que *lêbo*, qui, chez les Grecs, ſignifie *prendre*; & *lædo*, qui, chez les Latins, ſignifie *bleſſer*, *offenſer*, ſont des prononciations adoucies de mots qui ſe prononcerent *lab* & *lad*; & cherchant ceux-ci, on les trouve chez les Celtes, ſignifiant, le premier, la *main*; & le ſecond, une inciſion, un trait imprimé.

Il faut, de plus, les arranger de façon, que le premier mot, comme nous l'avons déjà dit, préſente un nom, & un nom qui peigne un objet phyſique; &, en mettant enſuite ſes dérivés dans chaque Langue, ſuivant leur ancienneté, on voit ſans peine ce que les dernieres ont emprunté des premieres; c'eſt-à-dire, qu'on ſait déjà toutes les Langues modernes, avant que d'être arrivé à la moitié des mots qu'offrent chacune de ces familles.

CINQUIÉME RÉGLE.

Ne pas négliger les mots compoſés de deux mots radicaux.

Outre les mots compoſés de finales & d'initiales, & outre ceux qui ſont compoſés d'un mot primitif & d'une prépoſition, Compoſés dont le nombre eſt immenſe, il en eſt d'autres dont l'Etymologie eſt ſouvent très-difficile à découvrir; ce ſont ceux qui ſont formés de deux ou trois mots radicaux, ſur-tout lorſque les radicaux ne ſont plus connus, ou qu'ils ont été altérés en s'uniſſant. Tels ſont les mots *Conſul*, *ténèbres*, *édifier*, que nous tenons des Latins, & dont les Latins ont eux-mêmes laiſſé perdre l'origine; tels ſont les mots Hébreux compoſés de quatre ou cinq conſonnes, & qu'on apelle, ſi mal-à-propos, *racines quarrées*.

Tous ces mots ſont compoſés de deux racines au moins, ſouvent de trois; enſorte qu'on ne peut en acquérir la connoiſſance ſans découvrir toutes les racines auxquelles ils ſe raportent.

Le mot *ténèbres*, par exemple, est certainement composé de deux ; 1°. de TAN, qui signifie *feu* dans toutes les anciennes Langues, & d'où vint également *é-teindre* ; 2°. d'un autre mot primitif quelconque, qui signifie absence, privation, tel que l'Oriental *bra*, fuir.

Le mot *Consul*, dont les Latins eux-mêmes ont donné jusqu'à trois Etymologies différentes, vint, dit-on, de *consulere*, délibérer, consulter, parce qu'il consultoit l'Assemblée à laquelle il présidoit. Mais d'où vient *consulere* ? On a cru que c'étoit de la Préposition *con*, avec, & du Verbe *salio*, sauter ; comme si le Consul menoit une bande de Danseurs : mais cette Etymologie n'est bonne que faute de meilleure. Et d'où viendra *Consus*, nom du Dieu des Conseils dans cette même Langue ? N'est-il pas plus probable que *Consul* vient, de même que *consus*, du mot Oriental *cons*, כנס, qui signifie Assemblée, Conseil, & du Verbe *sulo*, conservé dans l'Hébreu שאל, *sul*, *sol*, qui signifie questionner, interroger, prendre l'avis ?

L'Etymologie du mot *édifier* est très-aisée à trouver quand on sait le Latin. Il vient d'*ædes*, maison ; & de *facere*, faire ; & si nous la donnons ici, ce n'est que pour faire observer les altérations qu'éprouvent les mots simples en entrant dans des composés : car dans *ædificare* (édifier), *ficare* est la même chose que *facere* ; mais dont l'*a* s'est changé en *i*, & qui est devenu un Verbe de la premiere conjugaison, tandis que le simple est de la troisiéme.

Il n'est aucun mot également de ceux qu'on apelle racines quarrées, dont on ne puisse rendre raison par deux ou trois radicaux différens.

Ainsi le mot סנפיר, *senapir*, qui désigne les nageoires des poissons, & dont l'origine étoit absolument inconnue, n'est autre chose que la réunion de ces deux mots, *tan*, qui signifie poisson, & *abir*, qui signifie aîle ; *tan-abir*, aîle-de-poisson, ou nageoire, & dont la prononciation, altérée en *san-apir* & *sen-apir*, avoit totalement fait perdre de vue l'origine.

אדרגזריא, *Adargazraja*, nom de dignité chez les Babyloniens, n'est autre chose que la réunion des deux mots, *adar*, grand, & *gazr* ou *gzar*, qui signifie *hache*, & qui désignent le Grand-Juge, le Grand-Justicier, celui qui avoit le droit de hache, & dont le nom subsiste encore en l'Orient dans le nom des *Czars*.

אלגביש, *algabish*, grosse grêle, est un composé de ces trois racines, *al*, pierre ; *gab*, grand ; & *hish*, œuf.

עטלף, *otalleph*, chauve-Souris, est composé de ces deux mots, עטל, *otal*, nuit profonde ; & עף, *oph*, ou *up*, oiseau, d'où AVIS des Latins.

Le mot Grec *agapes* est également composé de *ag*, fort ; & de *ap*, ou *av*, aimer; deux racines, dont la derniere ne se trouve plus dans la Langue Grecque, tandis que la premiere s'y est allongée en *agan*.

Quelquefois on ne fait que redoubler le mot radical: Ainsi nous disons, *pa-pa*, *ma-ma*; & en Hébreu, עף־עף, *up-up*, la paupière : car elle est (*up*) *sur* l'œil, & d'ailleurs elle s'éléve & s'abaisse comme un oiseau.

Sixiéme Régle.

Eviter toute Etymologie forcée.

Un principe, enfin, qu'il ne faut jamais perdre de vue, c'est d'éviter, avec le plus grand soin, toute Etymologie forcée, &, par-là même, fausse. Ce sont celles-là qui ont fait dire sur-tout, qu'on voyoit tout ce qu'on vouloit dans les Etymologies, & sur lesquelles on a élevé tant de systêmes tombés en ruines, parce qu'ils n'avoient que des fondemens fantastiques. Telles sont encore ces Etymologies qui font venir le nom des Pyramides, du Grec *pyr*, le feu, de même que le nom des Pyrénées; celui-là, parce que les Pyramides imitoient les rayons du Soleil; & celui-ci, à cause des feux qu'avoient anciennement vomis les Pyrénées; tandis que le premier vient de l'Oriental *p-yram*, ouvrage merveilleux, & que le second vient du Celte BYRN, ou *bern*, & *bren*, qui signifioit dans cette Langue, & qui signifie encore dans le Gallois, *montagnes* : de-là les *Bernicii*, anciens Habitans du *Northumberland*, qui lui-même en a retenu le nom, signifiant *Land-Ber-Northum*, pays des Montagnes du Nord : de-là les *Brenners*, Montagnes du Tyrol : de-là le Grec BRONTHOS, qui signifie orgueil, faste, hauteur.

Telle étoit l'Etymologie de *Rome*, lorsqu'on tiroit son nom de Romulus, au lieu de le tirer de l'Oriental & du Grec ROM, élévation, force; & toutes ces Etymologies de nos Modernes, qui ont raporté au Latin ou à l'Hébreu tant de mots qui n'en venoient pas; & toutes celles qu'on a reprochées à MÉNAGE, telles qu'*alfana* & que *verna*, dont il faisoit venir *equus* & Laquais: genre d'Etymologies fort à la mode de son temps, & dont il n'avoit pas donné le premier l'exemple. Les Ouvrages Etymologiques de FERRARI, de PERION, de TRIPAUD, de PRASCHIUS, & tant d'autres, en fourmillent.

Il en est de même des Etymologies qui nous restent des Grecs & des Latins; elles sont presque toujours absurdes ou ridicules, parce qu'ils en cherchoient presque toujours l'origine dans leur propre Langue, & qu'ils plaçoient les racines des mots dans les Verbes, au lieu de les chercher dans les Noms. Ainsi ils faisoient presque toujours de la branche le tronc, & ne donnoient presque jamais que des Etymologies forcées.

C'est ainsi que les Pythagoriciens dérivoient le mot sept, *hepta* en Grec, de l'adjectif *septon*, vénérable, sacré ; tandis que cet adjectif, pur Grec, s'étoit formé lui-même du mot *sept*, que les Grecs avoient tiré de l'Orient : & que VARRON (1), approuvant l'Etymologie qu'ELIUS (†) donnoit du nom que le Renard porte en Latin, dit qu'il fut apellé *Volpes*, parce qu'il *vole des pieds*. Ce savant Romain, ne trouvant plus dans sa Langue la racine du mot *Merula*, (un Merle), qui tira son nom de sa couleur noire, a également avancé que cet oiseau reçut ce nom, parce qu'il est toujours solitaire, *quòd mera, id est sola, volitat.*

Juger de l'Art Etymologique par ces Méthodes erronées, ce seroit n'avoir aucune idée du point de perfection dont cet Art est susceptible. Il ne seroit pas moins funeste de les prendre pour guides, puisqu'on ne peut donner cours à une Etymologie forcée, sans en écarter une bonne & sans s'éloigner du vrai : ce seroit se tromper soi-même, & se persuader qu'on est dans le bon chemin, tandis qu'on ne cesseroit de s'égarer.

Quant à notre marche, elle est telle, qu'il est difficile que nous tombions dans des méprises aussi grossières. Comme nous prenons tous les mots par familles, on voit aussi-tôt à quelle famille apartient chaque mot ; & si nous nous trompons sur quelques-uns, non-seulement le nombre n'en peut être considérable, mais on pourra nous relever fort aisément d'après nos propres principes.

---

(1) *De Ling. Lat. Lib. IV.*

(†) Varron cite dans cet Ouvrage deux ELIUS. L'un appellé *Lucius Ælius Gallus*, qui étoit Jurisconsulte, & qui fit un Ouvrage sur la Signification des Termes de Droit. L'autre s'apelloit *Caïus Ælius Stilo ;* ce fut le Maître de Varron. Ce dernier nous apprend qu'il étoit très-versé dans les Origines Latines, & qu'il avoit expliqué même les Vers Saliens (2) écrits dans cette ancienne Langue Latine que les Romains n'entendoient pas mieux que nous n'entendons les Ouvrages François du dixiéme siécle. *Ælius Stilo* avoit fait un Ouvrage intitulé, *de Ratione Vocabulorum*, où il donnoit l'étymologie des mots. Il y a apparence que, de ces deux Elius, c'est le dernier dont il s'agit ici.

(2) *De Ling. Lat. Lib. VI.*

CHAPITRE XVI.

Certitude de l'Art Etymologique.

L'ON avoit toujours regardé l'Art Etymologique, comme un Art qui n'offroit que des conjectures, dans lequel on pouvoit s'égarer à l'infini, & où l'on ne pouvoit parvenir, avec les plus grands soins, qu'à des raports spécieux & probables, jamais à rien de démontré. On n'étoit que trop fondé, nous l'avons déjà vu, à tenir un pareil langage d'après l'expérience; & non de droit. Mais on n'en peut rien conclure contre l'Art Etymologique lui-même: il reste intact au milieu de ces débris de toute espéce; rien ne peut ébranler la base immuable sur laquelle il s'éleve, & personne ne pourra exceller dans la connoissance des Langues, sans en avoir fait une étude profonde. Sans doute on saura nombre de Langues indépendamment de cet Art; mais on n'aura aucune idée de leur origine, de leurs raports, du secours qu'elles se prêtent mutuellement; on ne saura que des mots appris machinalement & avec une peine infinie, & dont on ne pourra rendre compte. Et cela, est-ce savoir les Langues? Quel avantage n'aura pas sur ceux qui ne les sauroient qu'ainsi, une personne qui, perçant à travers les différences des Langues, a saisi leurs raports, a vu qu'elles venoient de la même source, a classé tous leurs mots, les a tous raportés à des chefs communs; pour qui toutes les Langues ne sont que des rameaux d'une seule, pour qui il n'est aucun mot dont il ne sente l'énergie, dont il ne puisse rendre compte, & dont il ne suive les révolutions à travers tous les siécles? Que sera-ce, si cette connoissance est accompagnée en même temps de toute la certitude possible?

Tel est cependant l'Art Etymologique; il est susceptible du plus haut degré de certitude, soit Historique, soit Métaphysique. Du plus haut degré de certitude Historique, lorsque nous voyons, de la maniere la plus claire, deux mots, parfaitement semblables, usités chez deux Peuples qui se touchent, ou dont les Langues sont dérivées l'une de l'autre: c'est ainsi qu'on est assuré, de toute certitude Historique, que *pain* vient de *panis*. L'Art Etymologique n'est pas moins susceptible du plus haut degré de certitude Métaphysique, lorsqu'il parvient à une Etymologie aussi simple que celle-là, par des conséquences nécessaires, qu'il tire de principes certains. Ainsi, lorsque l'on sait que A se change constamment en *ai*, comme dans *pain*, venu de *pan*, & que ce même *a* se nazale presqu'aussi souvent; que de *laterna* nous avons fait *lanterna*; que nous disons *rempart*, là où les Italiens prononcent *riparo*; que les Latins disoient TAC-*tus* & TAN-*go*, FRAC-*tus* & FRAN-*go*, &c. on n'est point embarrassé de voir que la main est apellée HAND par les Peuples du Nord, & EID par les Hébreux, יד; & l'on ne doute pas que ces deux mots ne soient altérés du primitif AD, qui signifia main, & qui s'adoucit chez les uns en *eid*, & se nazala chez les autres en *hand*; & l'on en est aussi sûr que si l'on n'avoit jamais vu ce primitif AD, qui étoit Chaldéen, & qui se trouve encore chez les Ethiopiens.

Telle est cette certitude, qu'étant donnée une racine quelconque & l'Alphabet d'un Peuple, on ne sera jamais embarrassé à trouver cette racine dans le Dictionnaire de ce Peuple, sous quelque forme qu'elle s'y soit cachée.

Ainsi la certitude de l'Art Etymoloque est fondée, 1°. sur la nature même des Etymologies que nous donnons; elles ne sont que le même mot, pris chez tous les Peuples qui en font usage. C'est la même certitude qui nous fait voir tant de mots François dans la Langue Latine, tant de mots Latins dans la Langue Grecque, tant de mots Grecs dans les Langues Orientales, tant de mots Orientaux dans la Langue Theutonne, tant de mots Theutons dans la Langue Angloise; certitude fondée sur la parfaite conformité des mots comparés.

Cette certitude n'a pas moins lieu, 2°. à l'égard des mots qui ne diffèrent que par de légères altérations, parce que ces altérations sont fondées sur des loix naturelles; qu'on en démontre les causes; qu'elles ont lieu constamment dans tous les cas pareils; qu'on les devine constamment, en adoptant chaque mot aux altérations dont il est susceptible en vertu de ces loix, & en les trouvant toujours sous ces diverses formes.

Cette certitude est la même, 3°. pour les Langues les plus anciennes, parce qu'elles tiennent toutes les unes aux autres par des raports aussi intimes & aussi lumineux; que ces raports sont même en général beaucoup moins altérés que dans nos Langues modernes, & qu'on n'y aperçoit aucun genre d'altération qui n'ait lieu dans celles-ci.

Elle est la même, 4°. pour les mots composés d'une racine primitive & d'une préposition, lors même que cette racine primitive est inconnue dans la Langue qui fait usage de ce mot composé. C'est ainsi que le mot *inertie*, que nous tenons du Latin, vient de la préposition négative *in*, & du primitif *ner*, qui signifie *force*, & d'où sont venus l'Ethiopien *nero*, le Sabin *nero*, l'Indien *neir*, signifiant tous, *fort*, *vaillant*; & le Latin *nervus*, qui signifie *nerf*, ces nerfs dans lesquels consistent la force.

Cette certitude ne laisse rien à désirer, parce que nos comparaisons se vérifient par une double marche, qui servent de justification l'une à l'autre. Elles consistent à former les familles de nos mots comparés, en remontant des Langues modernes à la primitive, & en redescendant de la Langue primitive à nos Langues modernes; marche qui nous est indifférente, & qui prouve que nous sommes dans le bon chemin, puisqu'il seroit impossible, si nous suivions une fausse route, que nous pussions remonter des Langues modernes à la primitive, ou de celle-ci redescendre aux Langues modernes, avec la même facilité, & en trouvant toujours les mêmes résultats.

Elle acquiert enfin le plus haut degré de force, en ce qu'elle a pour objet la masse entière des Langues; ensorte que plus cet ensemble est vaste & étendu, & plus sa certitude acquiert de force, puisqu'il seroit sans exemple qu'une route fausse conduisît constamment aux mêmes résultats que la vraie, & qu'il seroit inoui que l'on trouvât un raport soutenu & incontestable entre des Langues qui n'auroient point la même origine, & qui n'auroient rien emprunté l'une de l'autre.

La certitude s'accroît ainsi, à proportion qu'on multiplie le nombre des moyens propres à la détruire, si les principes qui lui servent de base étoient sans fondement.

Ajoutons, que ces raports seront d'autant plus intéressans, qu'ils seront apuyés par tous les monumens & par toutes les traditions; que tout ce que nous raporterons de l'Antiquité confirmera toujours cette uniformité de Langage, & qu'elle en deviendra infiniment plus claire & plus agréable, comme on en a déjà vu des exemples frapans dans nos Allégories Orientales, qui sont apuyées sur ce principe.

S'il étoit faux, nous conduiroit-il à des conséquences aussi lumineuses & aussi intéressantes? La marche de l'erreur est obscure, pénible, fastidieuse; le fil en échape à chaque instant, & sans cesse il faut le renouer. Mais qu'est-ce qu'un travail qui doit être sans cesse retouché?

L'explication des noms propres, genre d'Etymologies qui a contribué surtout à les décrier, parce que c'est-là où chacun a vu tout ce qu'il a voulu; l'explication des noms propres, dis-je, acquerra même par ce travail un degré de certitude dont on ne les croiroit pas susceptibles. Ils s'uniront toujours à des familles de mots bien constatées, dont ils ne seront que la répétition, & avec lesquelles ils s'uniront intimément par leurs attributs; ensorte que leur signification sera apuyée sur divers points de comparaison parfaitement d'accord. C'est ainsi que le nom Grec de la Lune, *Selene*, tient à *selas*, lumière ; que celui de *Cicéron* tient au Latin *cicer*, pois-chiche ; & que celui de *Rome* tient au primitif *rom*, élévation, qui fit le Grec *romé*, force : or Rome étoit une Ville de Pelasges, premiers Habitans de la Grece, & dont la Langue étoit infiniment plus raprochée de la Langue primitive que le Grec des *Hellenes*, ou de ces Grecs dont nous admirons l'éloquence.

Aussi, lorsque nous recourons à l'Orient pour chercher l'Etymologie des mots Latins & Grecs venus des Pelasges, c'est comme si nous en prenions la racine dans la Langue même des Pelasges, puisqu'elle étoit la même que celle des Orientaux.

Tout se réunit donc pour donner à notre travail le plus haut degré de certitude qu'on puisse désirer ; tandis que la facilité qui en résultera pour les Langues, & les progrès qu'on y fera par ce moyen, lui acquerra, nous osons du moins l'espérer, le plus haut degré de confiance dont puisse être susceptible un Ouvrage humain, où la bonne volonté doit être comptée pour beaucoup, & où l'on se flatte toujours d'éprouver les heureux effets de l'indulgence du Public. Sans cette espérance, quel Ouvrage oseroit-on mettre sous ses yeux ?

LIVRE II.

LIVRE II.

DE L'ORIGINE DU LANGAGE.

PREMIERE PARTIE.

Vues générales & Analyse de l'Instrument Vocal, siége de la Parole.

CHAPITRE PREMIER.

Obscurité de l'Origine du Langage.

TEL est le sort des connoissances humaines, que l'origine de la plûpart est ensevelie dans la nuit des tems. Et comment se seroit-elle transmise à la postérité ? Les hommes avoient trouvé dans la Nature le germe de quelques-unes. Nées avec eux, leur origine se confondoit ainsi avec la leur propre. Livrés à la recherche des autres, & à la satisfaction d'en jouir, ils laissoient à la tradition le soin d'en conserver le souvenir. Ces connoissances étoient d'ailleurs dans une agitation continuelle ; elles se perfectionnoient sans cesse ; sans cesse elles prenoient une nouvelle face : elles n'apartenoient ainsi à aucun tems, à aucun lieu, à aucune personne. Il étoit donc impossible de conserver le nom de leurs Inventeurs. Ajoutons, que l'oubli des anciennes Langues, la chûte des premiers Empires, la rareté des Monumens, les difficultés qu'on trouvoit à les conserver, les transplantations continuelles des Peuples & de leurs connoissances, firent perdre de bonne-heure les foibles traces qui pouvoient s'être conservées de ceux auxquels on étoit redevable de ces premieres découvertes, de l'invention des Sciences & des Arts.

Les Historiens profanes nous ont, à la vérité, transmis le nom de quelques Sages auxquels les premieres Nations durent leur gloire & leur puissance. L'Egypte vanta les connoissances de Thot ; la Grèce, celles d'Orphée, de

Musée & de Linus ; l'Italie, celles de Janus & d'Evandre ; l'Inde attribue tout à Brama ; la Chine, à Fohi & à Yao. Mais, outre qu'on ne sauroit compter sur ce témoignage, les connoissances qu'on leur attribue avoient déjà fermenté parmi les hommes : ces Sages ne firent que les perfectionner, que les apliquer à tels objets ou à tels Peuples ; & ceux-ci, remplis de reconnoissance, célébrerent comme des Génies bienfaisans auxquels on devoit ces découvertes, ceux par qui elles leur avoient été simplement transmises.

Le Législateur des Hébreux, cet Historien auquel nous devons, relativement à l'Antiquité, des connoissances infiniment précieuses, presque les seules qui nous restent sur les tems dont il s'agit, ne nous aprend rien de positif sur l'origine de l'Ecriture, rien sur celle du Langage. On le voit cependant pénétré de l'excellence de la Parole, puisque, dans ses Ecrits, l'homme converse, dès le moment de son existence, avec la Divinité, & que le Créateur y instruit lui-même son plus bel ouvrage, afin de le rendre plus digne de lui, & que sa conduite pût répondre à son auguste origine.

CHAPITRE II.

Cette Origine est Divine.

SANS doute, la Parole vint de Dieu même ; lui seul a pu mettre la derniere main aux qualités admirables de l'homme, en le douant de l'Art de parler, de cet Art, lien doux & flatteur de la Société, par lequel un esprit se peint à un autre, & l'homme s'éleve continuellement à de nouvelles connoissances, en mettant à profit les lumières & le concours de tous ; ensorte que toutes les fois qu'on se croyoit parvenu aux bornes les plus reculées des Sciences, de nouvelles perspectives ont offert, par les ressources infinies de cet Art, le champ le plus vaste à la sagacité & au génie de l'homme, & ont donné une nouvelle forme & un nouvel éclat à toutes ses connoissances.

Un Dieu seul put donner à l'homme les organes qui lui étoient nécessaires pour parler ; il put seul lui inspirer le désir de mettre en œuvre ces organes, il put seul mettre entre la parole & cette multitude merveilleuse d'objets qu'elle devoit peindre, ce raport admirable qui anime le discours, qui le rend intelligible à tous, qui en fait une peinture d'une énergie & d'une vérité à laquelle on ne peut se méprendre.

Comment a-t-on pû méconnoître ici le doigt du Tout-Puissant ? Comment a-t-on pu se persuader que les Paroles n'avoient aucune énergie par elles-mêmes ? qu'elles n'avoient aucune valeur qui ne fût de convention & qui ne pût être absolument différente ? que le nom de l'agneau pouvoit être celui du loup, & le nom du vice celui de la vertu ? que l'homme fût muet ou réduit à de simples cris pendant une longue suite de siécles ? que ce ne fût qu'après une multitude d'essais infructueux & pénibles qu'il pût balbutier quelques mots, & plus long-tems après qu'il aperçut que ces mots pouvoient se lier entr'eux, former des phrases, composer des discours, devenir la source de l'éloquence & de la poësie, par l'invention de tout ce qui constitue l'ordonnance admirable des Tableaux de la parole ?

O Hommes qui croyez rabaisser l'orgueil humain en cherchant à faire croire à vos semblables que ces merveilles ne sont point l'œuvre de la Divinité, que le hazard seul lui fit trouver cet Art étonnant, qu'il fut uniquement l'effet de son génie, que vous connoissez peu cet Art ! que vous errez dans vos spéculations trompeuses ! L'homme auroit-il moins à s'enorgueillir, parce que la parole seroit l'effet de ses réflexions, de l'habileté avec laquelle il auroit mis à profit un heureux hazard, de sa profonde sagesse dans la combinaison de toutes ces choses ? Ne voyez-vous pas que vous en faites un Dieu ? que vous lui attribuez la plus belle prérogative de son Être, celle qui met le sceau à son existence, celle sans laquelle il n'existeroit aucune société civile, & sans laquelle, enfin, l'homme seroit réduit au simple état des animaux ?

CHAPITRE III.

Les Causes du Langage sont naturelles ou physiques.

CEPENDANT, ne croyons pas avoir tout dit en attribuant à Dieu l'origine du Langage & de la Parole. La certitude où nous sommes qu'il en est l'Auteur ne doit pas empêcher que nous n'examinions les moyens que fournit la Divinité aux hommes pour faire usage du don de la parole, le méchanisme des organes dont il le révêtit pour parler, le raport de ces organes avec ses idées & avec les objets de la Nature qu'il avoit à peindre, l'énergie dont il rendit susceptibles les sons qui résultent de ses organes, afin qu'ils produisissent sans peine les effets auxquels ils étoient destinés.

N'est-ce pas, au contraire, en acquérant les idées les plus exactes & les plus claires relativement à ces objets, en voyant l'accord parfait qui regne entr'eux, en s'assurant que rien dans la parole n'est l'effet du hazard, qu'elle est fondée sur des Élémens que ne peuvent altérer les révolutions du tems & l'inconstance des Langues, & qui se transmettront aux générations les plus reculées, que nous pouvons nous convaincre que ces heureux effets sont dûs à la Divinité, qu'elle seule peut avoir opéré des choses aussi merveilleuses ; & qu'en les formant, elle les fit telles qu'elles devoient être pour la nature de l'homme & pour les objets que la parole étoit destinée à peindre ?

Dieu ayant formé la parole pour l'homme, dut le faire de la maniere la plus convenable à l'homme, & la plus propre à opérer les effets auxquels elle étoit destinée ; il dut donc donner à l'homme tous les organes nécessaires pour la parole ; il dut lui donner le dégré d'intelligence par lequel seul il pouvoit faire de ces organes l'usage auquel ils étoient destinés ; il dut mettre dans les sons de ces organes, l'énergie convenable pour représenter les objets qu'ils étoient destinés à peindre : tout cela dut se faire par des moyens absolument physiques ; & dès que Dieu parla aux hommes, il dut imiter leur Langage & n'employer que des mots qu'ils auroient employés eux-mêmes. On parviendra donc aux mêmes résultats en analysant la parole humaine, soit que nous la considérions comme une imitation d'un acte divin, ou que nous ne l'envisagions que dans l'usage que les hommes en font ; les effets devant être exactement les mêmes.

Ainsi, soit que l'homme n'ait parlé qu'après que la Divinité lui eût fait entendre sa voix, soit qu'il ait entendu la Divinité de la même maniere qu'il s'entendoit déja lui-même, il comprit la Divinité par les mêmes principes par lesquels nous sentons l'énergie des mots, & nous leur attribuons un sens auquel on ne peut se méprendre.

Ces moyens furent tous dans la Nature, & jamais dans l'arbitraire, parce que la Parole n'étant qu'une peinture, elle ne sauroit dépendre de la convention. Une imitation ne peut être idéale, & celui qui profère des mots significatifs, est obligé de s'astreindre à une marche fixe & constante; de la même manière que celui qui veut peindre une personne, est obligé d'en suivre scrupuleusement tous les traits. Comment auroit-on pu, sans ces raports, être assuré du sens qu'on donne aux expressions? Et si cette énergie n'étoit venue que de la volonté de Dieu; si Dieu ne s'étoit servi, avec les hommes, que de mots qui n'eussent rien peint par eux-mêmes, n'auroit-il pas été obligé de leur en inspirer en même tems la valeur? En vain même il auroit employé avec eux quelques mots; jamais ils n'auroient pu en inventer d'autres; Dieu eût été obligé de leur inspirer tous ceux dont ils auroient eu besoin.

Mais pourquoi recourir à des dénouemens plus incompréhensibles que la merveille qu'on veut expliquer? Dieu voulant que l'homme parlât, & que ses discours eussent l'énergie de la peinture, il mit entre son langage & la Nature un raport si intime, que celui qui entendoit parler son semblable apercevoit aussi-tôt, comme dans une vive peinture, tout ce qu'on vouloit lui dire, & que l'homme ne fut jamais embarrassé pour étendre ses mots, & leur faire égaler le nombre des objets qu'il avoit à peindre.

Tout fut l'effet du premier mobile imprimé par la Divinité, l'effet de ces organes que Dieu donna à l'homme en le formant, & de leurs raports avec le reste de l'Univers.

CHAPITRE IV.

La Parole naquit avec l'Homme.

DÈS qu'il y eut deux Perſonnes ſur la Terre, elles parlerent. L'Homme, entraîné par l'impétuoſité du ſentiment, veut dévoiler ſon ame à ſa Compagne ; il veut lui manifeſter les ſentimens qui l'agitent, qui le tranſportent, ſes ſentimens, ſon admiration, ſa tendreſſe. Eh bien ! il va le faire ; il n'a beſoin, pour cet effet, d'aller à aucune Ecole, d'attendre les effets lents & pénibles d'une tardive & trompeuſe expérience.

Que lui manque-t-il pour cela ? Le déſir de parler ne fait-il pas partie de ſon eſſence ? N'eſt-il pas pour lui un beſoin, tel que ceux auxquels il eſt aſſujetti ? Lui manque-t-il quelqu'un des organes néceſſaires pour cet effet ? A-t-il beſoin de leçons pour les mettre en œuvre ?

Demander quelle fut l'origine de la Parole, c'eſt demander quand eſt-ce que l'Homme commença de voir, d'entendre, de marcher. La Parole eſt une faculté auſſi ſimple que les autres ; ſon exercice auſſi naturel ; le beſoin en eſt auſſi grand ; le muet lui-même en éprouve toute la puiſſance ; il eſt aſſervi à toute ſa force.

S'il avoit fallu, pour parler, que l'Homme eût inventé la Métaphyſique du Langage ; qu'il ſe fût inſpiré à lui-même le déſir de parler ; qu'il eût deviné cet Art, nous ſerions encore muets ; notre cœur ſeroit encore à éprouver l'émotion vive & flatteuſe d'un diſcours délicieux ; jamais nous n'aurions prêté l'oreille aux accens enchanteurs de perſonnes chéries ; jamais les Poëtes n'auroient chanté ſur leur lyre les beautés raviſſantes de la Nature ; jamais la raiſon & l'eſprit ne nous auroient parlé dans les Ouvrages immortels de ces Ecrivains illuſtres qui font la gloire de leur ſiécle & les délices du Genre-Humain ; nous-mêmes, nous ne ſerions pas dans le cas de rechercher quelle a été l'origine de la Parole.

Jamais la Parole ne fut à ſa naiſſance l'effet de l'art humain ; jamais elle n'a pu être l'effet d'une convention humaine. Quel homme auroit pû dire le premier : *tel mot ſignifiera telle choſe ?* Comment ſe ſeroit-il fait entendre de ſes ſemblables ?

Les Hommes s'entendent par le même principe que ceux d'entre les animaux qui s'avertissent par des cris de leurs besoins, de leurs sensations, de leurs désirs : tous les animaux n'ont pas cette faculté. Combien n'y en a-t-il pas d'espéces absolument muettes, parce que cette faculté leur fut refusée par la Nature? Mais ceux qui l'ont, n'en sont redevables qu'à la Nature. De même, raportons à la Nature, à la Divinité, qui préside sur tout, l'Art de la Parole; & n'y voyons qu'un effet naturel de nos organes & de notre constitution.

Ce qui a fait illusion, ce qui brouilla toutes les idées à ce sujet, on le voit bien; c'est que l'on a confondu le moment où, pour la premiere fois, on fit usage des mots, avec les tems postérieurs où l'on employa ces mots déjà connus; l'homme commençant une société, & l'homme survenant dans une société déjà formée, déjà en possession d'une Langue à laquelle il est obligé de se conformer. Il est certain que dans ces derniers cas, on ne remonte jamais à un modéle pris dans la Nature; qu'on ne le voit nulle part; qu'on n'aperçoit qu'un usage; & que cet usage éprouvant des variations continuelles, paroît n'avoir absolument rien que d'arbitraire. Mais on se trompera, toutes les fois qu'on en conclura que ce modéle n'existe pas, & que les mots sont arbitraires; comme on se trompe nécessairement, toutes les fois qu'on conclut de ce qu'on ne voit pas, à ce qui peut être. Quoique l'avantage de trouver les Langues toutes formées, nous empêche de chercher les moyens d'en former, il n'en est pas moins certain qu'elles ont été instituées d'après un modéle nécessaire; que ce modéle existe dans la Nature, & qu'il ne dépend que de nous de chercher ce modéle, de comparer avec lui les mots qu'on a formés d'après lui, & de saisir ainsi l'énergie & la perfection à laquelle ceux-ci peuvent avoir été portés.

Ce qui a fait encore illusion, c'est qu'en avouant que l'homme trouvoit en lui-même, ou dans la Nature, les sons nécessaires pour exprimer ses sensations, on n'a pas cru qu'il en fût de même pour l'expression des idées : c'est qu'on n'a pas considéré que l'homme n'avoit pas seulement été doué, comme les animaux, des organes nécessaires pour exprimer ses sensations; mais qu'il avoit eu de plus, en partage, les organes nécessaires pour peindre ses idées d'une maniere aussi naturelle & aussi énergique que ses sensations; que ses idées étant données par la Nature, devoient être énoncées par des moyens pris également dans la Nature; qu'il n'y a d'autre différence à cet égard entre ses sensations & ses idées, si ce n'est que les moyens d'exprimer les premieres lui sont communs avec diverses espéces d'animaux qui ont ces mêmes sensations, & que les moyens d'exprimer ses idées lui sont particuliers, parce qu'il est le seul Etre sur cette Terre qui ait des idées. Mais de ce qu'il est seul doué de la faculté d'avoir des idées, peut-on en conclure que le moyen de les peindre ne dépend que de lui, tandis que celui de peindre ses sensations ne dépend point de sa volonté ?

CHAPITRE V.

Elémens de la Parole.

PUISQUE la Parole ne fut point l'effet du hazard & de la simple recherche des hommes ; puisqu'elle n'est point non plus l'effet arbitraire de la Toute-puissance de Dieu, mais qu'elle est fondée sur des Elémens pris dans la Nature même, assortis à celle de l'homme & à celle des objets qu'il est apellé à peindre, on peut espérer de découvrir la maniere dont elle se forme & les causes de cette énergie avec laquelle elle fait naître dans l'esprit de tous les idées qu'y veut exciter celui qui parle.

Ainsi l'homme trouve dans la Nature les Élémens de tout ce dont il s'occupe ; la Musique est fondée sur une octave qui ne dépendit jamais de l'oreille ; la peinture, sur des couleurs primitives que l'Art ne peut créer ; la Géométrie, sur les raports & les proportions immuables des corps ; la Médecine, sur leurs propriétés physiques. La marche altière de la Poësie tient elle-même à l'étendue de notre voix & aux mouvemens dont notre corps est capable : il n'est pas jusqu'à l'étendue, plus ou moins longue, des phrases, qui ne tienne à la Nature. Les Grecs & les Romains, tous Soldats, tous accoutumés à de grands travaux, à des efforts violens & soutenus, à une respiration forte & profonde, sans en excepter leurs Écrivains, presque tous aussi habiles à manier l'épée que la plume, y proportionnerent & leurs discours & leurs écrits : de-là, ces phrases qui nous étonnent par leur longueur, & par la maniere dont le sens y est toujours suspendu jusqu'à la fin, & que nous ne pouvons suivre sans perdre haleine. Dans ces tems modernes, au contraire, où la maniere de vivre est absolument différente, où le Soldat n'est qu'une portion de l'État, où les Écrivains pour la plûpart ne sont pas accoutumés à des travaux fatigans & dont la poitrine n'est pas susceptible du même effort, de la même résistance ; où surtout l'on écrit autant pour les personnes du sexe que pour ceux dont la force est le partage, tandis que les Anciens raportoient tous à ceux-ci ; dans ces tems modernes, dis-je, on coupe les phrases, on racourcit les périodes, on presse

presse les mesures, on ne parle en quelque façon que par sentences ; tout se dirige ainsi sur la capacité des organes.

C'est dans l'instrument vocal qu'il faut chercher les Élémens de la Parole ; instrument merveilleux que l'homme porte toujours avec lui ; qui ne lui donne aucune peine à entretenir ou à réparer, dans lequel il trouve toutes les ressources qui lui sont nécessaires, & où il les trouve avec cette fécondité admirable que la Nature déploye dans tous ses ouvrages.

On ne sauroit donc analyser avec trop de soin cet instrument admirable & trop peu connu ; en reconnoître les diverses Parties, découvrir comment elles concourent à la parole, rechercher les divers Élémens qui en résultent, la propriété de chacun, comment ils pourvoient tous ensemble à tous les besoins de la parole ; ce que Dieu a fait, à cet égard, pour l'homme, ce qu'y ajouta l'industrie de celui-ci, ce qu'ont opéré les révolutions des tems & des Peuples ; & nous serons bien dédommagés de nos peines : nous saurons ainsi quelle fut l'origine des mots, comment se forma la premiere des Langues, & comment sont nées de celle-là toutes celles qu'on a parlé dès-lors & celles que l'on parle actuellement dans toute l'étendue de notre globe.

Si l'origine du Langage avoit échapé jusques ici à toutes les recherches, si l'on n'avoit encore pu découvrir la raison des mots que nous employons dans nos discours, s'ils paroissoient l'effet du hazard, si les raports qui régnent, à cet égard, entre tous les Peuples avoient été méconnus, ce n'est que parce qu'on négligeoit les seuls moyens par lesquels il eût été possible d'y parvenir ; la connoissance de l'instrument vocal, son étendue, ses sons, ses propriétés, ses raports avec la Nature, ses diversités suivant les climats ; tout autant d'objets curieux, intéressans, indispensables pour acquérir des idées exactes du Langage, de son origine, & du raport des Langues. Ce sont leurs Élémens ; & quelle science peut-on cultiver, quelle connoissance peut-on acquérir, lorsqu'on n'en commence pas l'étude par les principes qui en sont la base ?

Non-seulement cette analyse nous conduira à des découvertes qu'on cherchoit depuis long-tems, mais elle sera très-intéressante, en nous faisant connoître un méchanisme digne de toute notre admiration ; un instrument formé des mains même de la Nature, tel que l'industrie humaine n'a rien pu faire d'aprochant ; qui réunit en lui seul les avantages de tous les autres, qui rend des sons comme les instrumens de musique, qui exprime les sensations comme chez les animaux, & qui peint de plus les propres idées des hommes, ces idées qui ne peuvent tomber sous les sens ; ensorte qu'à cet égard l'homme réunit les avantages de tous les autres Êtres & les surpasse tous ; de même qu'à tout autre égard : tenant ainsi à ce monde par tout ce qu'il a de commun avec lui ; & aux Cieux, par tout ce en quoi il est supérieur aux Êtres qu'on aperçoit ici-bas, & par cette multitude d'avantages inestimables qu'il ne partage point avec eux, & que la Nature réserva pour lui seul.

Apellés d'ailleurs à faire un usage continuel de la parole, & à jouir de ses précieux effets, qui pourroit se refuser à connoître les moyens par lesquels la voix se forme en nous, comment elle s'y diversifie en une foule de sons, & comment ces sons absolument physiques peuvent peindre des objets dans lesquels il semble qu'il n'y a rien de physique, ces idées que nous ne pouvons voir nous-mêmes des yeux du corps ? Parce que ces merveilles se réiterent à chaque instant au milieu de nous & qu'elles sont sans cesse en notre pouvoir, auroient-elles moins droit de nous intéresser ? nous paroîtroient-elles moins dignes d'attention ? Plus elles nous sont utiles, plus nous en éprouvons les heureux effets, & plus on doit être empressé à aprofondir les moyens par lesquels elles s'operent ; on sera bien dédommagé de sa peine à la vue des soins que la Nature a pris pour nous douer de la Parole, & par les facilités qui en résulteront pour l'étude des Langues.

CHAPITRE VI.

Analyse de l'Instrument Vocal, & 1°. de son méchanisme pour produire la voix.

L'INSTRUMENT vocal est l'assemblage des organes au moyen desquels l'Homme manifeste ses idées par la parole, & ses sensations par la voix & par le chant.

Ces organes sont en très-grand nombre ; ils composent un instrument très-compliqué, qui réunit tous les avantages des instrumens à vent, tels que la flûte ; des instrumens à cordes, tels que le violon ; des instrumens à touche, tels que l'orgue, avec lequel il a le plus de raport, & qui est de tous les instrument de musique inventés par l'homme, le plus sonore, le plus varié, & celui qui aproche le plus de la voix humaine.

Comme l'orgue, l'instrument vocal a des soufflets, une caisse, des tuyaux, des touches. Les soufflets sont la poitrine ; les tuyaux, le gosier & les narines ; la bouche est la caisse ; & ses parois, les touches.

Cet instrument fournit à l'homme des sons simples, tels que la voix & le chant; & des sons représentatifs, tels que les voyelles & les consonnes, qui ne consistent que dans des modifications de la voix.

§. 1.

De la voix : sa définition.

Le premier dégré de la Parole, est la voix. On entend par-là le son qui s'échape de la gorge & de la bouche, & qui est capable d'être modifié par les diverses parties dont l'instrument vocal est composé, & de produire le chant, les voyelles & les consonnes : & tout ceci est l'effet de la maniere dont l'air s'échape de l'instrument vocal.

De même que l'air résonne lorsqu'il passe par la plus petite ouverture possible, ainsi l'air qui est chassé des poumons devient sonore, parce qu'il est obligé de s'échaper par une petite fente, qui est à l'extrémité du canal qu'il parcourt depuis sa sortie des poumons jusqu'à l'entrée de la bouche; & si cet air acquiert tant de modifications différentes, c'est à cause de la diverse maniere dont il est brisé, froissé, repoussé par les diverses portions de l'instrument vocal. Mais entrons dans un plus grand détail.

§. 2.

Du jeu des Poumons.

Les Poumons remplissent toute la capacité de la poitrine : convexes du côté des côtes, & concaves à leur base, ils sont composés de deux parties; l'une à droite, & c'est la plus grosse; l'autre à gauche, où elle a moins d'espace pour s'étendre, à cause du cœur, dont la pointe est tournée du même côté. Chacune de ces portions est subdivisée en deux ou trois autres qu'on apelle *lobes*, comme une féve est composée de deux portions qu'on apelle aussi *lobes*. On y remarque des *artères*, qui y portent le sang; des *veines*, qui l'en raportent; & des *nerfs*, principe du sentiment & du mouvement.

Les poumons sont le principal organe de la respiration, & par-là même une des causes de la voix. Mais puisque la voix se produit par l'air qui sort des poumons, il faut que ceux-ci aient continuellement l'air à leur disposition; qu'ils puissent se remplir d'air quand ils ont laissé échaper celui qu'ils contenoient; & qu'ils puissent le laisser échaper quand ils en sont remplis : il faut de plus que ces effets suivent toujours la volonté humaine. Mais qu'est-ce qui produira ces mouvemens ? Quel organe agira sur les poumons, qui sont par eux-mêmes incapables de se mouvoir ? La Nature y a abondamment pourvu, & d'une maniere digne d'admiration.

Elle a répandu dans tout le corps, & par conséquent dans l'instrument vocal, sur-tout à la base des poumons, des *muscles*, qui sont comme autant de cordes propres à faire mouvoir toute la machine, & qui sont mis eux-mêmes en jeu par d'autres ressorts apellés *nerfs*.

Les MUSCLES sont des organes destinés au mouvement; ce sont des faisceaux composés de fibres molles & rougeâtres, de vaisseaux, de nerfs & de membranes, entrelacés & formant un tissu. Ils se terminent aux deux bouts par des fibres blanches, plus solides & plus serrées, qui constituent les attaches du muscle par lesquelles il tient aux parties voisines. Lorsque cette extrémité est ramassée, on l'apelle *tendon*; & *aponevrose*, si elle est étendue.

Les NERFS sont des cordons blanchâtres de différentes grosseurs, qui partent du cerveau & de la moelle de l'épine, & qui se répandent dans toutes les parties du corps; ils sont le siége du mouvement & du sentiment, & la cause de tous les mouvemens des muscles.

Les fibres qui composent & les muscles & les nerfs, sont creuses, & remplies de cellules qui laissent un passage libre à un fluide qui a la propriété de s'agiter & de se gonfler par un effet de la volonté : alors les vaisseaux qui le contiennent s'élargissent nécessairement, en se raccourcissant; mais ils ne peuvent se raccourcir sans déplacer toutes les parties auxquelles ils tiennent : de-là le mouvement imprimé aux diverses parties du corps.

Ce méchanisme a excité l'attention des Physiciens les plus célébres. CROUNE, STENON, WILLIS, MAYOW, BORELLI, QUINCY, MONRO, ROBINSON, STUART, DESCARTES, BERNOULLI, MOLIERES, LIEUTAUD, PARSONS, ont tour-à-tour inventé divers systêmes pour en rendre raison (1). Ces deux derniers, qui écrivoient à-peu-près dans le même tems, l'un en France, l'autre en Angleterre, se sont rencontrés dans le sentiment que nous exposons ici;

(1) Les Recherches des trois derniers sont contenues, 1°. dans un Mémoire sur l'*Action des Muscles*, par M. de Molieres, qui fait partie des Mémoires de l'Académ. des Sc. pour l'ann. 1714. 2°. Dans les *Essais Anatomiques* de M. Lieutaud, imprimés en 1742. 3°. Dans un Traité sur le *Mouvement des Muscles*, de Parsons, imprimé en 1745. à la suite du n°. 477. ou du Tome XLIII. des Transactions Philosophiques, en Anglois.

& quoique Parsons ait rejetté l'idée de M. de Molieres, qui crut démontrer que les muscles se replioient en zig-zag lorsqu'ils étoient mus, ces opinions peuvent cependant très-bien se concilier entr'elles, en ce que l'une n'envisage que le muscle dans sa totalité, & que l'autre l'envisage dans ses diverses parties. Or il est très à présumer que celles-ci se replient les unes sur les autres en zig-zag, par le gonflement de la fibre entière : telle une corde mouillée se raccourcit, & en acquiert une nouvelle force.

Les Poumons tiennent par leur extrémité inférieure à divers muscles, dont le principal est le DIAPHRAGME ; & par leur extrémité supérieure, à un canal qu'on apelle la *Trachée-artère*, & par lequel ils communiquent à l'air extérieur.

Le Diaphragme est un muscle très-large & très-mince, formant une voûte irrégulière, qui tient au bord inférieur de la poitrine, & dont la convexité est reçue dans la cavité de cette charpente : il sépare ainsi la poitrine du bas-ventre ; & c'est ce que signifie son nom, emprunté du Grec. Ce muscle est attaché à la derniere des vraies côtes, & à toutes les fausses.

Ce muscle, & tous ceux qui l'accompagnent, s'éléve & s'abaisse continuellement par l'effet du battement du cœur, qui se dilate & se contracte alternativement, & qui produit les mêmes effets sur toutes les parties molles qui l'environnent, parce que leurs forces sont en équilibre, & que ces puissances se surmontent tour-à-tour.

Lorsque le diaphragme s'éléve ou se contracte, il souléve les côtes qui pésent sur la poitrine : par ce moyen, le bas de la poitrine se raproche du haut, & s'élargit en s'étendant dans le vuide que laissent les côtes ; alors l'air entre avec facilité dans les poumons, & il en remplit tous les vuides (†).

(†) » Pour que les Poumons pussent recevoir beaucoup d'air, dit M. de Senac (1), il » falloit que les côtes s'éloignassent de toute part ; ce n'est qu'en s'écartant ainsi qu'elles » pouvoient laisser aux Poumons la liberté de s'étendre de tous côtés. Dans cette vue, » la Nature les a tellement disposées, qu'elles ne peuvent s'élever sans se jetter en de» hors » .... Il ajoûte que pour cet effet, elles ont été posées obliquement de haut en bas sur l'épine. » Qu'on apuie, par exemple, contre un mur, dit-il, obliquement & du » haut en bas, un demi cercle par une de ses extrémités, & qu'on éléve celle d'en» bas qui ne tient pas au mur, on verra ce demi-cercle se jetter en dehors par l'effet » même de cette position oblique ». Il en est de même du jeu des côtes & de leur position.

(1) Mémoire sur les organes de la respiration, dans les Mém. de l'Acad. Roy. des Sc. pour l'année 1724. p. 163. &c.

Mais bientôt les Côtes, qui ne se sont soulevées qu'avec effort, retombent par leur propre poids; elles abaissent le diaphragme & pésent sur la poitrine. Celle-ci, resserrée par les côtes, & n'étant plus relevée par le diaphragme s'affaisse, & chasse par-là l'air dont elle est remplie.

Ce double mouvement de la poitrine, produit ce qu'on apelle *inspiration* & *exspiration.* L'inspiration a lieu lorsque la poitrine, en s'élevant, s'élargit & reçoit l'air extérieur. L'exspiration a lieu lorsque la poitrine, en s'abaissant, se rétrécit & chasse l'air.

Ces phénomènes, causes de la respiration, ont lieu en tout tems, lors même qu'on dort, & par le simple effet du mouvement du cœur & du mouvement du diaphragme. Mais comme ils ont également lieu par notre volonté, lorsque nous voulons parler; qu'alors tous ces organes sont mus avec plus de force, afin que l'air, qui doit former la voix, soit plus abondant; & que cependant le mouvement du cœur, qui donne lieu à la respiration continue, ne dépend pas de nous, il faut nécessairement que lorsque nous parlons, tous ces organes soient mus par un autre organe qui agisse à notre volonté. Cet organe, ce sont les nerfs qui partent du cerveau, & qui tiennent au diaphragme. Ils sont comme autant de cordons que notre volonté tire, & qui, soulevant le diaphragme, donnent lieu à tous les phénomènes de la respiration; car le diaphragme étant fortement relevé par les nerfs, releve à son tour le fond de la poitrine, qui se remplit d'air. Cet air & les côtes pressent à leur tour sur le diaphragme, qui est obligé de s'abaisser: alors la poitrine s'affaisse, & l'air s'échape avec beaucoup plus de force que par la respiration ordinaire, parce que les organes ont été mis en jeu avec beaucoup plus de force; & ces effets, notre volonté les renouvelle autant de fois & toutes les fois qu'elle veut.

Mais comment est-ce que notre volonté tire tous ces nerfs? Par un agent le plus simple en aparence, le moins matériel qui se puisse, & qui tient un milieu en quelque sorte entre le corps & l'esprit: par un liquide dont les nerfs sont remplis, & qu'on apelle *esprits animaux.* On doit les considérer comme une liqueur éthérée très-légère, composée de molécules que leur raport (ou leur affinité) rassemble, ensorte qu'ils s'attirent mutuellement comme l'aimant attire le fer; & si déliés, que les microscopes les meilleurs n'ont pu encore les rendre sensibles. C'est par une suite de ces esprits animaux que les nerfs sont le siége du sentiment & du mouvement, comme nous l'avons déja dit.

Ces esprits animaux ne sont pas seulement contenus dans les nerfs; ils occupent aussi les cavités du cerveau, de la moëlle de l'épine, & des fibres musculeuses. Ils sont certainement élastiques, de l'aveu des meilleurs Physiciens, ſuſceptibles par conſéquent de ſe raréfier & d'occuper une place beaucoup plu conſidérable. Mais lorſque les eſprits animaux contenus dans les nerfs viennent à ſe gonfler, il faut néceſſairement que les nerfs s'élargiſſent; par conſéquent, qu'ils ſe raccourciſſent. En ſe raccourciſſant, ils ſoulévent donc le diaphragme & les autres muſcles auxquels ils ſont attachés; ceux-ci ſoulévent la poitrine, & de-là le jeu de la reſpiration entier occaſionné par la volonté.

On peut voir de plus grands détails ſur ces eſprits animaux, ſur leur exiſtence, leurs diverſes eſpéces, la maniere dont ils ſont mus, &c. dans les Eſſais Anatomiques d'un Homme célébre digne de la place à laquelle il vient d'être élevé (1). Ajoutons à cela, s'il nous eſt permis de joindre nos conjectures aux raiſonnemens d'un des grands Maîtres de l'Art, que ces eſprits animaux dont on a déja démontré qu'ils ſont élaſtiques & qu'ils s'attirent mutuellement, doivent avoir les autres propriétés de la matiere électrique, la chaleur & la rapidité. On ſçait que la matiere électrique eſt le feu élémentaire & que ſes effets ſe font ſentir à l'inſtant à une diſtance très-conſidérable. Il n'eſt donc plus étonnant que les eſprits animaux faſſent fermenter la maſſe du ſang, qu'ils le faſſent bouillonner, qu'ils l'enflamment, qu'ils mettent le cœur dans la plus grande agitation, & qu'au moment où nous le voulons ils agiſſent à l'inſtant, ſans aucun intervalle, ſur les portions de notre corps les plus éloignées du cerveau, ſiége principal de ce feu élémentaire qui vivifie tout le corps.

Il n'eſt point étonnant non plus qu'avec la machine électrique, on guériſſe les paralyſies; puiſqu'au moyen de cette machine on augmente la force des eſprits animaux, ſoit en accélérant leur viteſſe, ſoit en renouvellant leurs pertes; enſorte qu'ils ſont en état de ſurmonter les obſtacles qui s'oppoſent au mouvement des nerfs & qui les mettent ainſi dans un état de paralyſie, ou d'immobilité.

On n'eſt point embarraſſé non plus à rendre raiſon de la maniere dont ces eſprits animaux circulent dans le corps humain; de très-habiles Phyſiciens, tels que Boerhaave, ont admis à leur égard la même marche que ſuit le ſang; des nerfs différens pour le mouvement & pour le ſentiment. Un de ſes Diſciples (2) apelle *artères nerveuſes*, celles qui portent les eſprits animaux dans tout le

---

(1) Diſſertation de la nature & des uſages de l'eſprit animal, par M. LIEUTAUD, Premier Médecin du Roi, à la ſuite de ſes Eſſais Anatomiques. in-8°. Paris, 1742.

(2) BRESCON, Doct. en Méd. dans ſon *Traité de l'Epilepſie*, Bordeaux, 1742.

corps pour y opérer du mouvement ; & *veines nerveuses*, celles qui raportent les esprits animaux dans le cerveau pour y opérer du sentiment.

Ayant ainsi vu les causes de la respiration, ces causes qui occasionnent l'entrée & la sortie de l'air relativement aux poumons, considérons les phénomènes qu'offre cet air à la sortie des Poumons, & les organes qu'il parcourt.

§. 3.

De la Trachée-artère.

A leur portion supérieure, chaque poumon communique à de petits tuyaux apellés *bronches* qui se réunissent en un seul canal, un pour chaque poumon, apellés aussi *bronches*; & ces deux canaux s'unissent également bientôt en un seul qu'on apelle TRACHÉE-ARTERE (Planche I. Lettre N.) : alors l'air qui sort des poumons se trouve réuni en une seule masse, dont la force augmente à proportion de l'espace resserré qu'il occupe.

La trachée-artère est composée dans sa longueur de deux portions fort différentes. Par devant, elle est composée d'environ vingt segmens (1) ou portions circulaires & cartilagineuses, tandis que par derriere elle est membraneuse (2).

Les segmens de la trachée-artère ont plus d'une ligne de largeur, & tiennent les uns aux autres par des ligamens très-flexibles qui arrêtent leurs bords ; la face interne de ces ligamens est recouverte par des plans musculeux qui peuvent raprocher les cartilages.

Comme la trachée-artère tient d'un côté aux poumons, & de l'autre au larynx & à l'os de la Langue, il a fallu qu'elle fût composée ainsi de diverses bandes afin de pouvoir se raccourcir & s'allonger à volonté ; sans cela, elle n'auroit pu, à cause de sa dureté, s'élever avec les poumons & s'abaisser avec eux : & il falloit qu'elle eût cette dureté, ou qu'elle fût cartilagineuse, afin de soutenir le poids du larynx & de résister en même-tems à la force avec laquelle l'air frape contre ses parois.

(1) On appelle *segment* la portion quelconque d'un cercle. Ceux-ci sont plus grands qu'un demi-cercle. Le complément d'un segment est ce qu'il faut ajouter à ce segment pour en faire un cercle complet.

(2) Il y a cette différence entre le cartilage & la membrane, qu'étant tous deux un tissu de fibres, le tissu du cartilage est plus serré & formé de parties plus dures, tandis que le tissu membraneux est plus large, plus lâche, plus flexible : les cartilages acquierent quelquefois la dureté des os.

Ce

Ce canal est tapissé intérieurement d'une membrane particuliere, qui paroît en partie charnue ou musculeuse & en partie ligamenteuse; & qui est percée d'une grande quantité de trous plus ou moins imperceptibles, dont suinte continuellement une liqueur mucilagineuse, capable de défendre la surface interne de ce canal contre l'acrimonie de l'air que nous respirons.

A la suite de la trachée-artère, & à son extrémité supérieure, est un autre canal cartilagineux, mais beaucoup plus court, & qu'on peut regarder comme la tête de la trachée-artère; c'est le LARYNX (Planche I. Lettre G.): placé sur le devant du cou, il forme le nœud de la gorge, la pomme d'Adam; nœud plus grand & plus saillant dans les hommes que dans les femmes.

L'ouverture supérieure du LARYNX est située dans l'arriere-bouche, derriere la base de la Langue; ensorte qu'il reçoit l'air qui vient des narines, de même que celui qui entre par la bouche. Il est composé de cinq cartilages, unis par des ligamens, par des muscles & par des membranes.

Ces cartilages sont placés, l'un en avant, & c'est le plus grand de tous; deux par derriere; un au-dessous, & celui-ci sert de base à tous les autres; le cinquiéme est au-dessus & sert comme de couvercle à l'ensemble.

L'antérieur, est un grand cartilage en forme de bouclier ou d'écu; aussi en est-il apellé d'un mot Latin, *scutiforme*; ou d'un mot Grec, *thyroïde*; mots qui signifient tous deux, *en forme de bouclier*. C'est ce cartilage qui par sa saillie forme la pomme d'Adam. On remarque au-dessus de cet avancement, une échancrure en forme de bec d'aiguiére. Les parties latérales du thyroïde portent le nom d'*ailes* (Planche II. & son explication).

Le cartilage qui sert de base aux autres est en forme d'anneau; aussi en est-il appellé *cricoïde*, d'un mot Grec qui signifie, *en forme d'anneau*. Sa partie antérieure est étroite; mais celle qui lui est oposée est fort large, & s'éléve perpendiculairement pour former la partie postérieure du larynx.

Les deux cartilages postérieurs sont apellés *arytenoïdes*, d'un mot Grec qui signifie, *en forme d'entonnoir*; ils sont petits, & situés sur la portion postérieure du cricoïde; ils contribuent sur-tout à former l'ouverture étroite qui termine le larynx & qu'on apelle *glotte*.

Enfin, l'*épiglotte*, mot qui signifie *situé sur la glotte*, est le cartilage qui défend aux alimens l'entrée du larynx; il est fait en forme de languette, & est situé sur le thyroïde; les ligamens qui l'attachent à ce cartilage & à l'os hyoïde, le tiennent toujours élevé. Lorsque le poids des alimens ou quelqu'autre cause l'ont abattu, il reprend, par l'effet de son ressort, sa premiere situation; ce qui arrive au moment que la puissance qui le tenoit apliqué à la glotte, cesse d'agir.

Ce cartilage est par conséquent élastique; il est à peu près semblable à une feuille de pourpier, étroit & épais par en bas, mince & légérement arrondi par en haut; légérement convexe par devant & concave en arriere.

Douze muscles au moins servent au mouvement du larynx; six de chaque côté. De ces six, l'un tient d'un côté au cartilage thyroïde du larynx, de l'autre au sternum, cet os plat qui est sur le devant de la poitrine : aussi est-il apellé *sterno-thyroïdien* : c'est le plus long de tous ces muscles.

Il en vient un de la base de l'os hyoïde & qui va se terminer sur la face antérieure du thyroïdé, immédiatement au-dessus de l'insertion du sterno-thyroïdien : on l'apelle, par la même raison, *hyo-thyroïdien.*

Les autres ne s'étendent que d'une portion du larynx à une autre; ils servent à allonger ou à élargir la glotte, à la raccourcir ou à la retrécir. Ils en sont apellés, les uns, *Dilatateurs*; & les autres, *Constricteurs.*

§. 4.

De l'os hyoïde.

Nous avons déja vu que le larynx étoit apuyé par son extrémité supérieure sur l'os *hyoïde*; (Planche I. lettre F. & Planche II.) & que cet os est à la base de la Langue : comme il sert à tous les mouvemens du larynx & de la langue, nous ne saurions nous dispenser d'en parler.

Il tire son nom de sa ressemblance avec la lettre *U*, que les Grecs prononçoient *Y* : il est composé de trois piéces, séparées dans le fœtus, & réunies dans les adultes, mais de façon que la marque de leur soudure paroît toujours. La piéce du milieu porte le nom de *base*; les deux branches, celui de *cornes.* Il tient, par des ligamens très-forts, à la langue, au larynx, à la mâchoire inférieure, au sternum, &c. Outre les muscles du larynx & de la langue, qui sont attachés à l'hyoïde par une de leurs extrémités, il en reçoit cinq autres de chaque côté, au moyen desquels il se prête à tous les mouvemens du gosier.

§. 5.

De la Glotte.

Il ne nous reste, pour achever tout ce qui a raport au larynx, qu'à examiner la glotte, cette ouverture par laquelle l'air en sort.

La glotte est formée par des ligamens demi-circulaires qui sont attachés, d'un côté au thyroïde, & de l'autre aux arytenoïdes : ces ligamens, unis à leur extrémité, ne laissent entr'eux qu'un très-petit espace au haut du larynx ; & c'est cet espace qu'on apelle *la Glotte.*

Chacun de ces ligamens ou muscles demi-circulaires est plié en double sur lui même, & renferme un paquet de fibres qui tient, d'un côté, à la partie antérieure du larynx, & de l'autre à sa partie postérieure.

Ces filets, qui dans leur état de relaxation forment chacun un petit arc allongé en ellipse, deviennent plus longs & moins courbes à mesure qu'ils se tendent ; de sorte que dans leur plus grande contraction, ils sont capables de former deux lignes droites qui se joignent si exactement & d'une maniere si serrée, qu'il ne sauroit passer entr'elles un seul atome d'air qui partiroit des poumons, quelque gonflé qu'il pût être ; & quelques efforts que fissent tous les muscles du bas-ventre contre le diaphragme, & le diaphragme lui-même contre ces deux ligamens, qu'on peut apeller *les lévres de la Glotte.*

Ce sont les différentes ouvertures de ces muscles ou lévres qui produisent les différens tons de la musique vocale.

Plus ces lévres sont écartées l'une de l'autre, & plus le ton est grave ; il devient aigu, à mesure qu'elles se raprochent par leur contraction.

§. 6.

Du Systême de M. Ferrein, sur la manière dont la Glotte contribue à la voix.

Les Anatomistes & les Physiciens, à la tête desquels on doit placer M. DODART, de l'Académie des Sciences (1), n'attribuoient les effets de la glotte relativement à la voix, qu'à la propriété par laquelle elle se resserre & se dilate, & d'où résulte plus ou moins de vitesse dans l'air qui en sort, jusqu'à ce que M. FERREIN eût fait des expériences qui le conduisirent à un systême beaucoup plus précis (2). Il regarde les lévres de la glotte comme deux rubans formés de fibres tendineuses très-élastiques, que l'air fait frémir en sortant du larynx ; ce qui produit la voix ; semblable en cela aux vibrations sonores d'un instrument de Musique lorsqu'on en pince les cordes. Aussi Ferrein se crut-il en droit d'apeller les lévres de la glotte, *cordes vocales.* Il compare

(1) Nous reviendrons plus bas au systême de ce savant Physicien.

(2) On peut voir dans les Mémoires de l'Acad. des Sc. pour l'ann. 1741. p. 409. & suiv. celui qu'il composa à ce sujet intitulé, *de la formation de la voix dans l'homme.*

l'air qui les choque, aux plumes qui pincent les cordes du clavecin ; la colonne d'air qui pousse dans la glotte celle qui la précéde, tient lieu du sautereau qui fait monter la languette & les plumes ; tandis que l'action de la poitrine ou des poumons, fait l'office des doigts & des touches qui élévent le sautereau. On peut voir dans le Mémoire où cet habile Anatomiste expose ces principes, les expériences dont il les apuie, & la maniere dont ces cordes vocales font entendre l'octave, la quinte, la tierce, &c.

Flatté de sa découverte, il crut avoir trouvé *un instrument nouveau également inconnu aux Anatomistes & aux Musiciens*, (ce sont ses termes,) *& tout à la fois instrument à corde & à vent.* Il n'en tira cependant pas tout le parti qu'il pouvoit, parce qu'il se borna à expliquer uniquement par ce moyen la formation de la voix. La nature des corps dont il se servit pour ces expériences, dut même nécessairement l'induire en erreur : comme ces corps n'étoient plus animés, il ne pouvoit en tirer de sons éclatans que par le rétrécissement de la glotte. Mais l'air ne devient pas sonore uniquement par le plus ou le moins d'ouverture de la glotte ; le frémissement qui se fait alors dans toutes les parties de la glotte, le trémoussement de tous ses muscles, leur choc avec l'os hyoïde qui s'éléve & qui s'abaisse, la répercussion que l'air éprouve par les parois de la bouche, &c. sont autant de causes qui contribuent à rendre l'air sonore, & aux varietés qu'on y remarque : mais ces phénomènes ne peuvent avoir lieu sur des corps roides & inanimés.

C'est ce qu'avoit bien aperçu un Médecin Suisse qui vivoit au commencement de ce siécle. Il fit voir dans un Ouvrage Latin sur la voix (1), que ce n'est pas une plus petite ou une plus grande ouverture du larynx qui modifie la voix : » car si cela étoit, dit-il, pourquoi cesserions-nous d'avoir » de la voix quand nous sommes fort enrhumés ? En effet, nous pouvons » alors, comme auparavant, ouvrir & fermer le larynx. Ce qui modifie » donc la voix, c'est le trémoussement qui se fait dans les cartilages du larynx » & de la trachée-artère, & qui dépend des os, des muscles & des nerfs » de la poitrine & de la tête. Le trémoussement dont on parle, ressemble

(1) Traité de la Parole, où l'on explique non-seulement en quoi consiste la voix humaine & comment elle se forme, mais où l'on donne aussi des moyens pour faire parler les sourds & muets, en Latin, &c. par Jean-Conrard AMMAN, Médecin de Schaffouse, & dont il s'est fait plusieurs éditions ; la premiere en 1692. & la derniere, du moins que je connoisse, à Leyde, en 1740.

» à celui qu'on produit dans un verre, sur les bords duquel on conduit le doigt » avec quelque effort «. Il le compare aussi au bruit que font divers insectes en volant, & qui est causé par un mouvement très-rapide des muscles de la poitrine, & non par celui des ailes. Il auroit pu donner encore pour exemple le chant de la bruyante Cigale, qui n'a point d'autre cause que le jeu des muscles. Il en est de même d'une espéce de Coq de bruyere de l'Amérique Septentrionale, dont on entend à un très-grand éloignement le cri, produit par le mouvement des muscles que met en jeu l'agitation des ailes.

Le trémoussement qui produit la voix est tel, qu'on peut le suivre & du doigt & des yeux; & connoître par lui seul, sans le secours de l'oreille, les lettres qu'on prononce; c'est un avantage que ne négligeoit pas ce Médecin, & dont il tiroit un grand parti pour aprendre à parler aux sourds & aux muets. Ajoutons à toutes ces causes la proprieté qu'on observe dans le larynx, de monter & de descendre avec la trachée-artère. Car à mesure qu'il monte, les cartilages auxquels sont liées les extrémités des cordes vocales, s'éloignent les uns des autres, & donnent à ces cordes des dégrés de tension proportionnés à leurs allongemens : d'où résultent des oscillations plus promptes & des sons plus aigus. Plus le larynx monte, & plus le son devient grave; comme on peut s'en assurer avec le secours des doigts & même des yeux, tous ces mouvemens du larynx étant très-sensibles à l'extérieur. Aussi cette cause des sons aigus & des sons graves n'a pas échapé à Ferrein, & on la fit bien valoir dans un Ouvrage fondé entiérement sur son systême, & qui parut long-tems après (1). L'Auteur de Schaffouse que nous venons de citer, l'avoit déja indiquée (2).

Peut-être même seroit-on fondé à dire que les fibres tendineuses & élastiques qui composent les cordes vocales, ne sont pas mises également en jeu, toutes les fois que l'air agit sur la glotte : qu'on peut les considérer elles-mêmes comme autant de cordes qui ne sont pas ébranlées par un même dégré de force; que telle produit par son trémoussement le ton aigu; telle autre, le ton grave, &c. C'est alors qu'on pouroit apeller avec raison la glotte, un instrument à cordes; & expliquer tous les phénoménes auxquels elle donne lieu.

Cette idée s'accorderoit très-bien avec l'observation du célèbre Mairan;

(1) L'Art ou les Principes Philosophiques du Chant, par M. Blanchet, in-12, Paris 1756. Chap. IV. qui traite de la Génération des Sons Primitifs.

(2) *Ubi suprà, pag.* 37.

qui, dans son Mémoire sur la propagation du son (1), avance comme un fait connu, que les *tons* naissent des vibrations d'un corps sonore qui ébranle l'air par le plus ou le moins de parties sonores qui sont mises en mouvement : & qui affirme, d'après de grands Anatomistes, que la portion de l'oreille qu'on apelle *limaçon*, & qui est comme la caisse dans laquelle se propage le son, renferme une infinité de petits filets pareils à autant de cordes de différentes longueurs, qui sont ébranlées suivant les divers raports & les diverses vibrations de tous les tons possibles.

Mais s'il a fallu que l'oreille fût composée de différentes cordes pour recevoir les diverses impressions de l'air ; & si l'air lui-même peut être considéré comme l'assemblage d'une infinité de particules de différente élasticité, qui ne sont mues que par les tons avec lesquels elles ont quelque analogie ; n'est-il pas naturel de suposer, & cette même analogie ne le demande-t-elle pas, que la glotte est composée de fibres diverses, qui par leurs différens tons ébranlent ces diverses particules de l'air, lesquelles ébranleront à leur tour les diverses cordes dont l'oreille est composée ? Sans cela, l'analogie seroit interrompue, & l'effet, plus étendu que la cause ; tandis que par ce principe, tout est d'accord, le corps sonore, l'air qui en transmet les sons, l'oreille qui les reçoit.

§. 7.

Modifications que la voix reçoit dans la glotte même.

Tel est l'artifice merveilleux avec lequel se produit la voix, qu'elle prend toutes les modifications nécessaires, pour remplir les vues auxquelles elle est destinée, & que nous pouvons à notre gré la fortifier, l'affoiblir, l'accélérer, la ralentir, la rendre séche ou moëlleuse, roulante, siflante, chantante.

Ces effets, quelque variés qu'ils soient, dépendent uniquement de la maniere dont nous ménageons l'air au passage de la glotte.

Le laissons-nous échaper avec plus ou moins de force ? la voix en est plus forte ou plus douce.

Si le mouvement en est accéléré ou ralenti, il en naît des sons lents ou vites.

Si l'ouverture de la glotte est plus ou moins resserrée, il en naît des sons graves ou aigus.

---

(1) Dans les Mémoires de l'Acad. des Sc. ann. 1737.

Cette faculté que nous avons de modifier à notre gré la voix, est pour nous la source d'une infinité d'avantages, parce que la voix se prête à tous nos besoins avec une si grande précision, qu'elle en devient une vive peinture à laquelle on ne peut se méprendre.

Est-on, par exemple, loin ou près? on donne à la voix plus de force ou plus de douceur. Veut-on repousser ou attirer, censurer ou louer, effrayer ou caresser? on rend sa voix rude ou affectueuse.

A-t-on besoin d'un prompt secours, ou est-on agité de mouvemens qui se succèdent avec rapidité? les poumons agités font sortir l'air avec vitesse, & les sons se pressent à la suite les uns des autres. Est-on moins ému, ou est-on d'un caractère tranquille? les sons se pressent moins; ils naissent à de plus longs intervalles: telle est la différence entre deux Fleuves, dont l'un coule majestueusement sur un terrein uni, tandis que l'autre roule ses flots tumultueusement sur un terrein dont le plan incliné change à chaque instant, & ne leur laisse aucun point d'apui.

De la combinaison de ces divers élémens, naissent divers procédés, qui étendent, de la maniere la plus agréable, les jouissances des hommes, & qu'ils doivent à l'instrument vocal dont ils sont possesseurs.

C'est ainsi que, par un juste mêlange de sons lents & vites, on vit naître la Poësie, fondée sur le mouvement & sur la nature des sons.

Par le mêlange des sons forts & doux, élevés ou abaissés, vifs ou affectueux, le discours se revêt de tout ce que l'expression a de plus énergique & de plus touchant, & l'art oratoire lui prête ses couleurs, sa pompe & ses charmes.

Des modulations dont le larynx est susceptible, se forme le Chant, qui consiste dans une suite d'intonations variées, étendues, & que mesurent des intervalles réglés.

On augmente même à l'infini les effets du chant, par le mêlange des voix ou des instrumens graves & aigus.

Et rien encore de tout cela n'est la Parole.

Ces diverses modifications de la voix ont été analysées avec tant d'exactitude par un Auteur distingué, que mes Lecteurs me sauront gré de rappeller ici les propres termes qu'il emploie. C'est au sujet de la déclamation théâtrale des Anciens qu'il s'exprime ainsi, d'après les vues de M. DODART.

» La déclamation théâtrale (1) étant une imitation de la déclamation natu-

(1) M. DUCLOS, dans son Mémoire *sur l'Art de partager l'action théâtrale, & sur celui de noter la déclamation*, qu'on prétend avoir été en usage chez les Romains; & qui se

» relle, je commence par définir celle-ci. C'est une affection ou modification que la voix reçoit lorsque nous sommes émus de quelque passion, & qui annonce cette émotion à ceux qui nous écoutent; de la même maniere que la disposition des traits de notre visage, l'annonce à ceux qui nous regardent.

» Cette expression de nos sentimens est de toutes les Langues; &, pour tâcher d'en connoître la nature, il faut, pour ainsi dire, décomposer la voix humaine, & la considérer sous divers aspects.

» 1°. Comme un simple son, tel que le cri des enfans: 2°. comme son articulé, tel qu'il est dans la parole: 3°. dans le chant, qui ajoute à la parole la modulation & la variété des tons: 4°. dans la déclamation, qui paroît dépendre d'une nouvelle modification dans le son & dans la substance même de la voix; modification différente de celle du chant & de la parole, puisqu'elle peut s'unir à l'une & à l'autre, ou en être retranchée.

» La voix, considérée comme un son simple, est produite par l'air chassé des poumons, & qui sort du larynx par la fente de la glotte. Le son est encore augmenté par les vibrations des fibres qui tapissent l'intérieur de la bouche & le canal du nez.

» La voix qui ne seroit qu'un simple cri, reçoit en sortant de la bouche (1), deux espéces de modifications qui la rendent articulée, & font ce qu'on nomme la Parole.....

» La Parole est susceptible d'une nouvelle modification, qui en fait la voix de chant (2). Celle-ci dépend de quelque chose de différent, du plus ou du moins de vitesse, & du plus ou du moins de force de l'air qui sort de la glotte & passe par la bouche. On ne doit pas non plus confondre la voix du chant,

---

trouve dans les Mém. de l'Acad. des Inscr. & Bell. Let. Tom. XXI in-4°. & XXXVI in-12. Le Mémoire de M. Dodart, qui sert de fondemont aux idées de M. Duclos, se voit dans les Mém. de l'Acad. des Sc. ann. 1706. & a pour objet la Cause Physique de la différence des Tons & des Sons.

(1) Expression inexacte. Ce n'est pas en sortant de la bouche; car alors la voix n'est plus au pouvoir de celui qui la produit: il falloit dire, en sortant de la glotte, ou dans la bouche.

(2) Autre inexactitude. Ce n'est pas la parole, mais la voix qui est susceptible de cette nouvelle modification, puisqu'il y a du chant sans parole: aussi l'Auteur a été forcé de s'exprimer dans la phrase suivante d'une maniere qui contredit ce qu'il vient d'avancer, en affirmant que la voix de chant dépend de quelque chose de différent: elle ne dépend donc pas de la parole.

» avec le plus ou le moins d'élévation des tons, puisque cette variété se remarque dans les accens de la prononciation du discours ordinaire. Ces différens tons ou accens dépendent uniquement de l'ouverture plus ou moins grande de la glotte.

» En quoi consiste donc la différence qui se trouve entre la parole simple & la voix du chant ?

» Les anciens Musiciens ont établi, d'après Aristoxene, 1°. que la voix de chant passe d'un degré d'élévation ou d'abaissement à un autre degré, c'est-à-dire, d'un ton à l'autre, par *saut*, sans parcourir l'intervalle qui les sépare; au lieu que celle du discours s'abaisse par un mouvement continu : 2°. que la voix de chant se soutient sur le même ton, considéré comme un point indivisible; ce qui n'arrive pas dans la simple prononciation.

» Cette marche par saut & avec des repos, est en effet celle de la voix de chant. Mais n'y a-t-il rien de plus dans le chant? Il y a eu une déclamation tragique, qui admettoit le passage par saut d'un ton à l'autre, & le repos sur un ton. On remarque la même chose dans certains Orateurs; cependant cette déclamation est encore différente de la voix de chant. M. DODART, qui joignoit à l'esprit de discussion & de recherche, la plus grande connoissance de la Physique, de l'Anatomie & du jeu méchanique des parties du corps, avoit particuliérement porté son attention sur les organes de la voix. Il observe, 1°. que tel homme dont la voix de parole est déplaisante, a le chant très-agréable, ou au contraire; 2°. que si nous n'avons pas entendu chanter quelqu'un, quelque connoissance que nous ayons de sa voix de parole, nous ne le reconnoîtrons pas à sa voix de chant .....

» Il découvrit que la différence entre les deux voix, vient donc de celle qu'il y a entre le larynx assis & en repos sur ses attaches dans la parole, & ce même larynx suspendu sur ses attaches en action, & mû par un balancement de haut en bas & de bas en haut. Ce balancement peut se comparer au mouvement des oiseaux qui planent, ou des poissons qui se soutiennent à la même place contre le fil de l'eau. Quoique les aîles des uns & les nageoires des autres paroissent immobiles à l'œil, elles font de continuelles vibrations; mais si courtes & si promptes, qu'elles sont imperceptibles.

» Le balancement du larynx produit dans la voix de chant une espéce d'ondulation qui n'est pas dans la simple parole. L'ondulation, soutenue & modérée dans les belles voix, se fait trop sentir dans les voix chévrotantes ou foibles. Cette ondulation ne doit pas se confondre avec les cadences & les roulemens, qui se font par des changemens très-prompts & très-délicats de l'ouverture de la

» glotte, & qui ſont composés de l'intervalle d'un ton & d'un demi-ton ».

De ces principes, M. Duclos inféroit, 1°. l'impoſſibilité de noter les tons déclamatoires, quoiqu'on note ceux d'un chant muſical, ſoit parce qu'ils ne ſont pas fixes & déterminés, ſoit parce qu'ils ne ſuivent pas les proportions harmoniques, ſoit enfin, parce que le nombre en ſeroit infini : 2°. L'inutilité dont ſeroient ces notes, qui ſerviroient, tout au plus, à conduire des Acteurs médiocres, en les rendant plus froids qu'ils ne le ſeroient en ſuivant la Nature : & tel étoit encore le ſentiment de M. Racine (1).

Mais les principes d'après leſquels ces deux ſavans Académiciens tiroient cette conſéquence, n'étoient-ils pas trop reſſerrés ? Quelque talent qu'on ait, on fait toujours mieux lorſqu'on peut ſuivre une route ſûre ; & certainement, le nombre des ſignes néceſſaires pour noter la déclamation ne ſauroit être infini, ni même très-étendu.

Peut-être n'eſt-on pas aſſez avancé actuellement dans les connoiſſances morales, pour noter la déclamation comme on note le chant. Mais qui oſera fixer à cet égard les bornes de l'Eſprit humain ? Et ſi jamais on trouve un moyen de faire connoître avec préciſion le degré d'élévation & de ton qu'il faut employer dans chaque portion de la déclamation, cette juſteſſe ne la rendra-t-elle pas infiniment agréable ? & ne diminuera-t-elle pas le nombre des médiocres Orateurs, ſans changer les grands Orateurs en *ſimples Marionnettes*, comme l'ont ſupoſé ces ſavans Académiciens, puiſqu'il leur reſtera le goût & les charmes de l'expreſſion, avec leſquels ils exécuteront ces notes d'une maniere toujours neuve & toujours agréable (2) ?

---

(1) Mémoire ſur la Déclamation Théâtrale des Anciens, à la ſuite de celui de M. Duclos.

(2) Ceux qui aiment ces ſortes de diſcuſſions, liront avec plaiſir le Chapitre IX. du neuviéme Mémoire de la Biblioth. Grammat. de M. Changeux, *in-12*. Par. 1773, où il traite de l'Art de noter la déclamation.

CHAPITRE VII.

Méchanisme de l'Instrument Vocal pour produire la voix parlante, ou de parole.

AFIN que la voix pût recevoir d'autres modifications, outre celles dont nous venons de parler; qu'elle pût devenir parlante ou articulée, il fallut que l'instrument vocal contînt des organes différens de ceux qu'il nous a offerts jusqu'ici, & que la voix, au sortir de la glotte, pût recevoir une nouvelle élaboration, prendre des formes diverses.

Aussi n'avons-nous encore décrit qu'une portion de l'instrument vocal; il nous en reste une autre qui n'est pas moins intéressante, & dont les effets sont encore plus variés & plus surprenans. C'est celle qui est formée par la cavité entiere de la bouche; c'est la caisse de l'instrument vocal, qui, par sa fabrique & par les divers organes dont elle est composée, donne lieu à toutes ces modifications de la voix, qui la rendent propre à former les divers Langages répandus sur la Terre, & à peindre, de la maniere la plus exacte & avec les couleurs les plus agréables, toutes nos idées, & tous les Etres qu'elles nous font connoître.

§. 1.

De la Luette.

Le premier objet que rencontre l'air en sortant de la glotte, est la *cloison*, ou le VOILE du palais. C'est une toile musculeuse, qui s'ouvre & se ferme pour le passage de l'air, de même que pour celui des alimens.

Cette cloison forme sur la racine de la langue une arcade, du milieu de laquelle descend un cylindre, qui ressemble, par sa forme & par sa grosseur, au petit bout du doigt d'un enfant : on l'apelle la LUETTE. Cette partie tient au bord libre du voile, & suit tous ses mouvemens, sans en avoir aucun qui lui soit propre; sa substance est spongieuse, & on n'y voit aucune fibre charnue.

L'arcade mobile d'où dépend la luette, se termine de chaque côté par deux arcs ou segmens, qui s'écartent l'un de l'autre en s'éloignant de la luette. Les deux antérieurs se terminent à la langue, & les deux postérieurs à une toile charnue, destinée à la conduite des alimens, & qu'on apelle PHARYNX. Ce quatre arcs ou segmens portent le nom de PILIERS du voile. La luette peut donc être comparée à une cloche suspendue entre quatre colonnes; & elle doit servir à briser l'air à la sortie de la glotte, à le partager, afin qu'il se distribue plus également dans toute la capacité de la bouche, & qu'il puisse mieux en être modifié: elle sert aussi à empêcher que l'air qu'on respire frape la glotte trop rudement, ou qu'il ne monte en trop grande quantité dans les narines.

Cette arcade a trois muscles de chaque côté.

Près de là sont deux grandes ouvertures apellées nazales, parce qu'elles communiquent au NEZ, qui est ainsi un des canaux de l'instrument vocal, & qui fait partie de ses organes.

§. 2.

Du Palais.

Lorsque la voix a passé par-dessous les arcades du voile, & qu'elle a frapé contre la luette, elle frape contre la voûte de la bouche; cette voûte qu'on apelle le PALAIS, & qui est terminée par les dents supérieures. La forme concave du palais, le rend propre à rassembler l'air qui sort de la glotte, & à le réfléchir; tandis que les dents, par leur dureté & par leur élasticité naturelles, en augmentent les vibrations & la force.

§. 3.

Des Lévres.

La voix rencontre enfin les LÉVRES, qu'on peut apeller la *porte extérieure de l'instrument vocal.* Leur dextérité & leurs mouvemens divers, contribuent beaucoup à varier les sons de la voix; tandis que, par leur forme agréable & leur beau coloris, elles ornent l'instrument vocal, embellissent le visage, & sont elles-mêmes le siége du sourire & de la persuasion.

§. 4.

De la Langue.

Dans cette enceinte formée par les lévres, par le palais, par son voile & par le dessous du visage, se promène en liberté un organe essentiel à la parole, & qui a donné son nom à tout ce qui est du ressort de celle-ci, sa LANGUE, agent général du discours, qui par sa souplesse se prête à toute la rapidité de la pensée; qui par sa fléxibilité est susceptible d'une infinité de formes différentes d'où naissent autant de modifications de la voix; & qui tempére par son humidité la trop grande vitesse de l'air. Quelque nombreux que soient ces avantages, la langue en fournit encore un autre, qui fait de l'instrument vocal, un instrument absolument différent de tous les autres. Dans un instrument quelconque, composé d'une caisse, les deux fonds, le supérieur & l'inférieur, sont toujours à égale distance l'un de l'autre; quand une fois la caisse est faite, on ne peut plus les raprocher ni les éloigner l'un de l'autre. Il n'en est pas ainsi de l'instrument vocal; composé aussi de deux fonds, l'on voit la distance qui est entr'eux augmenter & diminuer à volonté, par la propriété qu'a la langue de se raprocher du palais ou de s'en éloigner, de s'élever ou de s'aplatir. Ainsi la voix se répand quelquefois majestueusement dans un vaste palais, quelquefois elle est resserrée entre deux fonds qui lui laissent à peine un passage; tour-à-tour libre & gênée, elle est tantôt douce & lente, tantôt impétueuse & siflante.

Arrivée enfin sur les bords des lévres, elle s'échape & s'enfuit, sans que celui qui l'a produite, puisse avoir désormais aucun empire sur elle.

La langue & les lévres étant ainsi destinées à produire une multitude de mouvemens divers, ont dû avoir nécessairement à leur service un très-grand nombre de muscles différens, afin de survenir à tous ces mouvemens; & l'on ne sauroit se dispenser de connoître ces ressorts, afin de se former une idée des causes de ces mouvemens & de pouvoir les diriger dans l'occasion. Nous ne saurions donc en passer la description sous silence; on aura en même tems de nouveaux sujets d'admirer la magnificence & la sagesse avec laquelle laNatur ea pourvu jusques dans les plus petits objets à la perfection de l'instrument vocal, & à celle du corps dont cet instrument fait une partie si considérable & si utile.

§. 5.

Des Muscles qui servent à cette portion de l'Instrument Vocal, & 1°. Muscles de la langue.

Les mouvemens de la langue s'opérent au moyen de deux sortes de muscles, les uns qui lui sont communs avec l'os hyoïde, & qui en sont apellés HYOIDIENS; les autres, qui lui sont propres.

Les muscles hyoïdiens sont au nombre de cinq de chaque côté. Tenant tous par une de leur extrémité à l'os hyoïde, ils aboutissent de l'autre, le premier à la mâchoire, le second au menton, le troisiéme à l'os de la temple, le quatriéme à l'omoplate, & le cinquiéme au sternum, à cet os qui s'étend sur le devant de la poitrine & de l'estomac.

Les muscles propres à la langue sont au nombre de trois de chaque côté, & on les apelle GLOSSES, du nom Grec de la langue; on les distingue l'un de l'autre, en y ajoutant le nom de la partie à laquelle tient leur autre extrémité.

Le premier vient de la face interne du menton, & en est apellé *genio-glosse*; passant ensuite vers la base de la langue derriere le frein, il se répand dans toute l'épaisseur de celle-ci; ce muscle est très-considérable.

Le second vient de l'os hyoïde & se perd à la base de la langue; il en est apellé *hyo-glosse*.

Le troisiéme naît de l'extrémité de l'os de la temple, apellée *style*, & se porte obliquement vers la base de la langue où il se divise en deux branches, dont l'une se termine à la pointe de la langue & l'autre à sa base. On voit sans peine que ce muscle porte le nom de *stylo-glosse*.

Le muscle *genio-glosse*, & son semblable placé près de lui, réunissent un grand nombre d'usages. Par leurs fibres droites, & qui aboutissent à la base de la Langue, ils donnent à celle-ci la facilité de sortir de la bouche, & celle d'y rentrer, & de se retirer, au moyen de ses fibres recourbées. C'est encore par eux que la langue peut se creuser en forme de goutière dans toute sa longueur, & se rétrécir.

Par le moyen du *hyo-glosse*, elle peut se raccourcir, tourner sa pointe en bas, la courber en haut, la faire passer par-dessus les lévres.

Le *stylo-glosse* lui donne le moyen de se porter obliquement entre les dents & la joue.

Muscles communs aux Lévres.

Les muscles des lévres se divisent en trois classes, suivant la nature de leurs mouvemens. 1°. Les muscles *communs* aux deux lévres, & qui les font mouvoir à la fois.

2°. Les muscles propres à la lévre supérieure, & qui ne font mouvoir qu'elle; & 3°. les muscles propres à la lévre inférieure (Planche III).

Trois muscles principaux font mouvoir les deux lévres, outre quelques autres moins considérables. Ces trois muscles sont l'*orbiculaire*, le *buccinateur* & le *grand-zygomatique*.

C'est de l'*orbiculaire* (c'est-à-dire le *rond*) que dépend l'épaisseur des deux lévres ; il les forme même en grande partie, au moyen de ses fibres répandues dans chaque lévre, qui se rencontrent & se croisent vers l'angle de la bouche. C'est lui qui, par sa forme circulaire, donne à la bouche la forme ronde qui l'embellit. La plûpart de ses fibres se terminent à la peau, tandis que les autres se confondent avec les autres muscles des lévres.

Le *buccinateur* (Pl. III. Lett. Q.) qui prend son nom de *bucca*, la joue, est un muscle assez large qui forme l'intérieur des joues, ou qui est colé à la membrane de la joue. Il vient du bord alvéolaire des deux dernieres dents molaires d'en haut, & d'une portion de la mâchoire inférieure, & aboutit à l'angle de la bouche : il a la forme d'un quarré irrégulier.

Le *grand zygomatique* (Ib. Lett. F.) vient de l'os zygoma ou pométe, de cet os qui forme la partie saillante de la joue. C'est un muscle grêle, & qui aboutit obliquement à la peau, au point où les lévres s'unissent. Il a une forte adhérence au buccinateur, qui le couvre.

Muscles de la Lévre supérieure.

Elle en a trois de chaque côté à son service. 1°. Le *petit zygomatique* (Ib. G.); il est plus grêle que le grand, au-dessus duquel il est situé. Il s'étend depuis le muscle orbiculaire des paupieres, jusqu'à un autre muscle qu'on apelle *incisif*, & dont nous allons parler d'abord après celui qui suit.

2°. Le *canin*. Celui-ci est attaché par une extrémité à la mâchoire supérieure, au-dessus de la dent canine. Il descend un peu obliquement, en se croisant avec l'extrémité inférieure du grand zygomatique, qui le couvre à cet endroit ; & il aboutit à l'extrémité de l'arcade supérieure de l'orbiculaire.

3°. L'*incisif* (Ib. K.). Celui-ci sert à relever la lévre supérieure & à dilater les narines. Par une de ses extrémités, il avoisine les dents incisives, dont il prend son nom ; de l'autre, il tient à l'orbiculaire des paupières, & à la pométe ou zygoma. Ce muscle est très-composé, & a une forme triangulaire.

Muscles de la Lévre inférieure.

Le premier de ces muscles est le *triangulaire* (Ib. S.). Il est attaché par une large extrémité à la face externe de la base de la mâchoire inférieure, d'où il remonte en se rétrécissant en maniere de triangle un peu recourbé ; il se glisse ensuite vers les extrémités du buccinateur & du grand zygomatique, & se termine à l'union des deux lévres.

La *houpe du menton* (Ib. n°. 2.) est un autre muscle de la lévre inférieure, qu'on a, mal-à-propos, apellé le *quarré*, comme le démontre M. LIEUTAUD (1). C'est un muscle charnu qui occupe tout l'espace qui est entre la lévre inférieure & la base du menton : il vient des inégalités de la fosse du menton, immédiatement au-dessous des gencives. Les fibres qui le composent forment toutes ensemble une houpe musculeuse ; celles du centre s'élévent perpendiculairement, & vont aboutir à la peau qui les couvre ; celles des côtés se répandent, comme des rayons, vers les parties voisines.

Enfin, le *peaucier* (Ib. n°. 7.) est un grand muscle de la peau qui couvre toute la partie antérieure du col, & qui s'étend jusqu'à l'angle de la bouche.

Tous ces muscles aboutissent également à l'angle de la bouche. Là, pressés les uns contre les autres, ils forment un tissu si serré & si délié, que les Anatomistes les plus habiles ne peuvent venir à bout de les démêler : & cependant, chaque muscle y conserve son mouvement propre ; ensorte que les lévres s'y prêtent à l'instant & sans peine, sans que, dans une si grande multitude, aucun muscle nuise au service de l'autre.

Leur connoissance est utile à la perfection d'un grand nombre d'Arts : elle sert à l'Anatomiste, au Physicien, au Méchanicien, au Peintre, tout comme au Grammairien ; tous y puisent la raison des mouvemens de la face & de leurs effets, & chacun y voit les changemens que doit produire dans l'ensemble l'action de chaque muscle.

Leurs noms, à la vérité, paroissent fort étranges à ceux qui n'y sont pas accoutumés, ou qui ne connoissent pas la Langue Grecque ; mais ces noms ayant été consacrés par les Anatomistes Grecs, se sont transmis, avec leurs connoissances, à tous les Peuples qu'ils ont instruits : il en est ainsi de presque tous les Arts. Dans tous, on a conservé les mots inventés par les Grecs ; soit parce qu'ils étoient beaucoup plus commodes que ceux qu'on auroit pu y substituer ; soit parce qu'on se seroit fermé, ou rendu beaucoup plus dicffiile, l'intelligence des Anciens, si l'on avoit changé tous leurs termes d'Arts, ou si chaque Peuple en avoit inventé à sa mode : ils n'auroient pu profiter réciproquement de leurs Ouvrages sur ces objets, sans un travail prodigieux & en pure perte. D'ailleurs, ce que ces noms ont d'obscur ou d'embarrassant, se corrige aisément au moyen de l'Étymologie, qui fait sentir vivement la raison de chacun, & qui les rend aussi lumineux que s'ils avoient été puisés dans notre propre Langue.

(1) Essais Anatomiques, p. 166.

CHAPITRE VIII.

Comment l'Homme fut conduit à l'usage de l'Instrument Vocal.

TEL est l'instrument admirable dont la Divinité fit présent à l'Homme quand elle le forma, & qui devoit lui servir à manifester ses sensations par des cris, ses plaisirs par le chant, ses idées par la parole ; réunissant en lui le cri des quadrupèdes, le chant des oiseaux, les conversations des Immortels.

§. I.

Trois sortes de vies dans l'Homme.

Si l'on trouve dans l'Homme les mêmes propriétés que dans les autres Etres, s'il végéte comme la plante, s'il se meut comme l'animal, & s'il en a les sensations, il a dans lui une troisiéme vie, qui n'est ni la vie végétale ni la vie animale ; la vie d'INTELLIGENCE, qui l'éléve si fort au-dessus de tous les Animaux, qu'il est impossible de les mettre en comparaison avec lui.

C'est ce qu'on n'a pas assez observé toutes les fois qu'on s'est occupé de la nature de l'homme ; sur-tout lorsqu'on a voulu décider si ce qu'on apelle AME, par raport à l'homme, se trouvoit chez les animaux. Comment ne voyoit-on pas que les effets des sensations, différent infiniment des effets de l'intelligence ? Que si l'homme a une ame sensitive, au moyen de laquelle il exécute tout ce qu'exigent de lui ses besoins naturels, cette ame a, de plus, des facultés intellectuelles, fondées sur les sensitives, qui, lors même qu'elles ne se soutiennent que par le bien-être de celles-ci, les laissent infiniment loin par leurs opérations ? Les moyens par lesquels nous nous élevons d'une vérité à une autre, n'ont rien de commun, en effet, avec l'adresse nécessaire pour découvrir les alimens convenables à notre état, ou à éviter tout ce qui peut être funeste à notre vie animale.

Si l'on veut donc apeller du même nom le principe par lequel nous végétons, & qui consiste dans le mouvement du cœur ; le principe par lequel nous sommes animés, & qui se trouve dans la force nerveuse ; & le principe par lequel nous combinons les vérités les plus abstraites, & nous apercevons ce qui est caché sous les aparences du Monde visible ; principes qui constituent les trois

Ames que les Anciens admettoient chez les Hommes; on pourra dire que les animaux jouissent des deux premiers, mais qu'ils sont totalement privés du troisiéme; que semblables à nous à ces deux égards, tandis que nous sommes, avec eux, semblables à la plante au premier égard, ils nous sont aussi inférieurs, parce qu'ils sont privés du troisiéme, qu'ils sont supérieurs à la plante, privée de ce qu'ils ont de commun avec nous.

Telle est, en effet, la grande différence entre la vie animale & la vie végétale, entre la plante & l'animal, que celle-là ne peut ni rechercher, ni éviter ce qui lui est utile; qu'elle ne connoît rien; qu'elle n'aperçoit rien; qu'elle ne peut aporter aucun changement à sa maniere d'être. Point de différence, à cet égard, entre un Chêne majestueux qui a bravé cinq cens hyvers, & la plante qui n'existe qu'un jour. Tels nous sommes, lorsque, livrés à un profond sommeil, toutes nos facultés différentes de la végétale reposent; que notre corps ne vit que de cette derniere vie; qu'il s'accroît en silence par la nourriture qu'il a prise. En vain, dans ce moment, on nous feroit du bien, on nous délivreroit de quelque danger; nous n'en sentirions rien: aussi, sachant qu'alors nous serions la proie du premier qui voudroit se prévaloir de cet état sans défense, nous nous mettons à même de ne craindre les attaques de personne; & les châtimens les plus sévères sont la juste récompense des Scélérats qui s'en prévalent.

La différence qui régne entre l'homme endormi, livré à la pure vie végétale, & l'homme éveillé, qui joint à cette vie celle des sensations & du mouvement, & par laquelle ce dernier est si supérieur au premier, cette même différence est celle qui régne entre la vie végétale & la vie animale. On peut même dire que la vie végétale de l'animal l'emporte sur la simple vie végétale, parce que les opérations de la vie animale se mêlent très-souvent dans l'animal avec les effets de la vie végétale, & viennent ainsi à leur secours.

L'on voit également autant & même plus de différence entre la vie animale de l'homme & ses facultés intellectuelles. Si la vie de sensation nous fait apercevoir le bien & le mal actuel, la vie intellectuelle nous aprend à préparer de loin ce qui est nécessaire pour rendre l'un permanent & toujours plus parfait, & pour nous préserver de ce qui nous nuiroit, ou pour en affoiblir les effets, si nous ne pouvons les prévenir. Elle nous aprend à vivre en société pour réunir nos efforts, & devenir, par le concours de tous, supérieurs aux maux qui nous accableroient si nous étions seuls. Nous lui devons les Arts & les Connoissances qui nous éclairent, parce qu'elle nous met en état de communiquer à nos semblables nos idées les plus profondes, afin qu'ils puissent & les suivre

& les perfectionner. Elle nous aprend sur-tout à voir au-delà de ce Monde de sensations, & à en apercevoir un intellectuel, infiniment au-dessus de celui-ci.

§. 2.

Chacune de ces Vies est accompagnée des organes qui lui sont nécessaires.

Mais point d'existence sans les organes qui lui sont nécessaires. Il a donc fallu qu'il se trouvât dans l'homme, des organes relatifs à ces trois sortes d'existence. Si le cœur, avec les artères & les veines, sert à la vie végétale ; & si les nerfs, les muscles, & cette portion du cerveau qu'on apelle le corps calleux, servent, au moyen des esprits animaux, à la vie animale, aux sensations de toute espèce, tant agréables que désagréables, & à tous nos mouvemens, d'autres organes servent à la vie intellectuelle, & président à l'aplication de ces sensations & de ces mouvemens. Mais ces organes doivent participer de la nature de ces facultés intellectuelles; comme elles, ils doivent échaper aux sens, faits uniquement pour recevoir les impressions de ce qui est du ressort des sensations: ils doivent être connus uniquement par leurs effets.

§. 3.

Conséquences qui en résultent pour la parole.

Il a donc fallu que l'instrument vocal servît également à manifester & les effets de la vie animale ou de nos sensations, & ceux de la vie intellectuelle ou nos idées : qu'il servît ainsi non-seulement au cri & au chant, mais sur-tout à la Parole.

Ne soyons donc étonnés ni de ce que l'Homme parle, ni de ce que les Animaux ne parlent pas. La Parole n'apartient en aucune maniere à la vie animale : aussi les Animaux qui ont à-peu-près les organes propres à la parole, n'en savent faire aucun usage d'eux-mêmes, parce qu'il leur manque l'intelligence, qui seule peut mettre en œuvre l'instrument vocal, dont la Parole est l'effet le plus précieux. Ainsi comme l'Homme crie, parce qu'il est doué de la vie animale, & non par un effet de son génie, de même il parle parce qu'il est doué de la vie intellectuelle. Celle-ci est le Maître qui lui aprend qu'il posséde un instrument propre à peindre toutes les idées dont il est occupé : tout comme il exprime, par le moyen du même instrument, les sensations qu'il éprouve. Il s'en aperçut par l'impulsion même de la Nature, de même qu'il sent par elle toute l'étendue de ſes forces : il prononça des ſons articulés avec la même facilité qu'il chantoit ou qu'il crioit ; & une fois qu'il eût aperçu les propriétés de cet inſtrument, il ne lui fut pas difficile d'en tirer le plus grand parti, d'en étendre les ſons preſqu'à l'infini, de peindre & d'analyſer par ſon moyen toutes ſes idées.

La Providence auroit manqué ſon but, ſi elle n'eût pas mis dans l'Homme cet inſtinct ; puiſque la Parole eſt ſi eſſentielle à notre être, que nous ne faiſons que languir lorſque nous en ſommes privés, ou plutôt que nous ne pouvons plus vivre dans la ſociété comme les autres Hommes, que nous y ſommes ſans en jouir.

Auſſi eſt-ce un beſoin indiſpenſable pour nous de parler ; de-là, les efforts que font les enfans pour s'énoncer ; de-là, ceux des ſourds & muets pour ſe faire entendre, quoiqu'ils n'ayent d'autre maître que la Nature ; & l'impatience des uns & des autres, lorſqu'on ne les comprend pas. De-là encore, les ſuites fâcheuſes de la douleur & du chagrin, lorſque nous ne les exhalons pas par la parole ; l'empreſſement avec lequel nous faiſons part aux autres de ce qui nous affecte agréablement ; le plaiſir même avec lequel on écoute ceux qui brillent par l'art de la Parole. Enſorte que la Parole eſt pour l'Homme une ſource abondante d'agrémens de toute eſpéce.

Plus elle étoit précieuſe, & plus le Créateur en a aſſuré les effets, par la multiplication des organes dont eſt compoſé l'inſtrument vocal : ainſi quoiqu'ils ſoient tous utiles pour la perfection de la Parole, pluſieurs d'entr'eux peuvent cependant ſe ſupléer les uns par les autres ; l'on peut donc continuer de parler, quoique moins agréablement, lors même qu'on eſt privé de quelqu'un de ces organes. On a plus d'un exemple que la perte des lévres & de la Langue même n'a pas empêché de parler ; & les Papiers Publics firent mention en 1763, d'une jeune perſonne de Nantes, qui avoit recouvré la parole, deux ans après avoir perdu la Langue par une ſuite de la petite vérole.

Ajoutons à toutes ces preuves, celles que nous fourniſſent la fléxibilité & la ſoupleſſe dont ſont revêtus les organes de la parole, enſorte qu'ils s'ébranlent auſſi-tôt que l'idée ; que nous les trouvons toujours prêts au beſoin, quoique la plus grande partie de notre vie ſe paſſe à parler ſoit aux autres, ſoit à nous-mêmes ; & que plus l'enſemble de nos organes eſt délicat & fléxible, plus la parole nous devient aiſée ; enſorte qu'on ſera en général plus ou moins parlant, ſuivant qu'on aura un tempéramment plus ou moins fort, des fibres plus ou moins aiſées à mettre en mouvement.

Telle est encore quelquefois la force du besoin de parler, qu'elle écarte tous les obstacles qui en ôtoient l'usage. Le Fils de Crœsus, muet de naissance, voyant qu'un Soldat alloit faire périr ce Roi, éprouve un si violent desir d'exprimer toute l'horreur dont il est saisi, que sa langue se délie, & qu'il a le tems de crier, *arrête, c'est le Roi* (1). Æglé, Athlette de Samos, dut également la faculté de parler à la vive indignation dont il se sentit embrâsé en voyant la supercherie de celui qui tiroit au sort ceux qui devoient combattre dans des Jeux Sacrés auxquels il assistoit & dont il devoit être lui-même un des Acteurs: & il s'écrie dans son transport, *je te vois faire* (2). Qu'on ne mette point ceci au rang des fables, par le seul motif que les exemples en sont rares: les ressources de la Nature sont infinies, & il est très-concevable que des mouvemens violens écartent des obstacles accidentels qui s'oposoient au jeu des organes de la parole. N'a-t-on pas vu en Angleterre un jeune homme, également sourd & muet de naissance, acquérir l'usage de la parole par une crise qu'occasionna dans son cerveau un accès de fiévre (3)?

C'est donc par une suite de sa nature que l'homme parle, tout comme il marche par l'effet de ses organes. Les organes de la voix sont à ses ordres, comme ceux qui lui servent à se mouvoir; & une égale nécessité lui fait un besoin de l'usage des uns & des autres.

Les organes de la voix & leur usage, font par conséquent, une partie essentielle de l'homme; ils le distinguent des autres Êtres; ils constituent sa vie intellectuelle; ils font une portion glorieuse de ce *soufle de vie* dont la Divinité les anima: sans intelligence, l'organe subsistera; on s'en servira même comme les animaux, mais on ne peindra rien; on prononcera des sons, mais on ne parlera pas.

A la vérité, cette parole a ses dégrés de perfection, comme tout ce qui est abandonné aux recherches des hommes; mais il ne s'agit pas ici de la perfection de la parole, mais uniquement de ce qui a conduit l'homme à parler: & notre tâche est remplie en faisant voir que l'homme a dû & a pu, dès l'instant qu'il exista, apercevoir en lui l'existence d'un instrument vocal; que cet instrument étoit susceptible de diverses modifications; que par elles, il pouvoit peindre ses idées à ses semblables, recevoir les leurs, doubler par-là ses jouissances.

(1) HÉRODOTE, Liv. I.
(2) AULUGELLE, Nuits Attiques, Liv. V. ch. 9.
(3) Transact. Philosoph. ann. 1707. p. 2469.

L'imperfection de cet instrument, dans quelques individus, & même dans quelques Nations, ne prouve rien contre ce que nous venons d'établir : quelques exceptions particulieres qui ne tombent pas même sur les principes généraux, ne peuvent leur nuire.

Afin que le langage primitif ne fût pas naturel à tous les Peuples, il faudroit qu'ils n'eussent pas les mêmes organes, les mêmes yeux, la même constitution, les mêmes besoins. Tandis qu'ils se ressembleront tous à cet égard, ils verront tous de même, ils penseront tous, ils s'énonceront tous de la même maniere.

CHAPITRE IX.

Autres Preuves que la manifestation des idées est essentielle à l'Homme; & à ce sujet, du GESTE.

§. 1°.

Divers moyens par lesquels l'Homme peint ses idées.

LA maniere dont la Divinité a pourvu à ce que les organes de la voix se supléassent les uns par les autres, n'est pas la seule preuve qui établit qu'elle regarda la parole comme essentielle à l'homme, comme étant une portion de sa vie intellectuelle. Nous pouvons y ajouter la liaison intime qui régne entre la parole & l'ouie ; & la facilité que nous avons de supléer à la parole par l'écriture & par le geste.

Ajoutons-y encore l'avantage d'employer tous ces moyens à la fois, pour nous faire mieux comprendre ; ensorte que tandis que nous peignons nos pensées à l'oreille par la parole, nous les peignons aux yeux par nos gestes ; & nous pouvons les représenter en même tems par des traits qui offrent tout ce que nous allons dire.

Telle est en effet l'intelligence de l'Homme, qu'il peut manifester ses pensées non-seulement par la parole, mais encore par des signes extérieurs, non moins expressifs, tels que les gestes, ou les mouvemens des bras, de la tête, & des muscles du visage. Langue énergique, moins propre cependant à déveloper les idées que la parole, mais très avantageuse pour donner de la force à celle-ci, & pour réveiller l'attention ; & de la plus grande utilité pour supléer à la parole, lorsque l'oreille & les organes de la voix se refusent à celle-ci.

§. 2.

Energie du Geste.

On diroit que celui qui a recours aux gestes, veut peindre par ses mouvemens les choses même qu'il dit, & les faire entrer, par tous les sens, dans l'esprit de ceux auxquels il s'adresse. Aussi en voyant ces mouvemens, ceux même qui n'entendent pas les paroles que ces mouvemens accompagnent, comprennent parfaitement ceux qui s'en servent.

C'est sur cette propriété qu'est fondé l'art du Pantomine, qui met en gestes la vie entiere des Hommes, tous les événemens qui arrivent sur le vaste Théâtre du Monde : & ces gestes ne renferment pas plus d'arbitraire que la parole, puisque sans cela on ne les comprendroit pas : il faut qu'ils ayent le plus grand raport avec l'idée même qu'on veut peindre. L'habileté consiste à trouver ces raports & à les rendre de la maniere la plus parfaite.

Ainsi, les gestes varient suivant les objets & suivant les passions qu'on veut peindre. Ils sont très-animés dans les passions vives, qui agitent & remuent fortement : ils sont lents & doux dans les situations tranquilles : il seroit absurde d'employer un geste effrayant pour désigner l'amitié, & un geste gracieux pour désigner la haine.

Ce langage est sur-tout employé, lorsqu'on est peu avancé dans une langue : car alors on fait arme de tout pour rendre sa pensée. Il est encore d'un très-grand usage dans les contrées où les esprits sont exaltés par la chaleur, & où le sang est toujours comme en fermentation.

Il n'est donc pas étonnant que chez les Orientaux on parle autant par ses gestes que par ses discours, & que les Italiens surprennent toujours les François par leurs gestes. C'est par cette même raison que dans le style énergique & oriental du Vieux Testament, les discours sont presque toujours mis en action, & accompagnés d'événemens allégoriques, peints comme s'ils avoient effectivement eu lieu. C'est par cette même raison que dans l'Iliade, les discours dont les Ambassadeurs sont chargés, se rendent toujours comme si la Personne qui les envoye parloit elle-même : ils en sont beaucoup plus animés, & on pouvoit infiniment mieux en rendre tous les gestes.

Séparer ces récits orientaux de leur ensemble & de ces gestes, c'est donc en faire disparoître toute la beauté ; c'est les dépouiller de leur énergie &

de leur chaleur ; c'est souvent même les rendre absurdes : c'est donc manquer à la vérité & à soi-même.

Ne soyons pas étonnés de ce que, dans une multitude d'occasions, la connoissance des gestes est nécessaire même pour entendre les mots prononcés ou écrits. Le discours devroit être aussi rapide que la pensée ; mais les mots exigent un tems très-long ; on en suprime donc le plus qu'on peut ; on ne peint son idée par la parole qu'à demi, tandis qu'on laisse au geste à supléer ce qu'on omet ; l'on employe même des mots qui indiquent ce geste, avec autant d'exactitude que si on le voyoit des yeux même. De-là, nos mots démonstratifs, indicatifs, exclamatifs, interrogatifs, elliptiques, qui ont une si grande énergie, mais dont ils ne sont redevables qu'au geste qu'ils remplacent ; & dont la valeur seroit inexplicable sans ce raprochement.

Ces gestes ne sont pas moins nécessaires lorsqu'on parle en public, qu'il faut de grands mouvemens pour faire impression sur une nombreuse Assemblée, qu'on est animé d'ailleurs par l'importance de son sujet, qu'on voudroit en pénétrer tous ses Auditeurs : alors on peint sa pensée autant par le geste que par la voix ; la réunion de ces moyens donne du corps à la pensée, la rend infiniment plus sensible, soutient l'Orateur lui-même, & réveille l'attention que réfroidiroient des mouvemens lents & uniformes. De-là, les gestes de l'Orateur sacré, ceux des Défenseurs de l'innocence & de la vertu dans les Temples de Thémis, ceux des Acteurs dont le but est d'exciter en nous la terreur ou la joie : gestes qui sont tous puisés dans la Nature, & qui varient cependant à l'infini, suivant le genre des choses qu'on a à proposer & l'état de ceux qui les énoncent.

§. 3.

Son utilité pour se faire comprendre des sourds & muets.

C'est sur-tout pour peindre ses idées aux yeux des sourds & des muets, que le geste devient intéressant ; puisque c'est l'unique ressource qui reste à ceux qui parlent pour s'en faire entendre, le seul moyen qu'ils connoissent eux-mêmes pour se faire comprendre ; doués d'idées, éprouvant dans toute sa force le besoin de parler, sentant en eux-mêmes un instrument fait pour répondre à leurs désirs, ils y ont recours, ils le mettent en jeu ; mais il n'en sort que des sons confus ; heureusement, le geste vient à leur secours, & les arrache au désespoir où les jetteroit l'impuissance absolue de peindre leurs idées.

Ce

Ce penchant invincible qui les porte à parler, cet art avec lequel ils s'expriment par gestes, fournissent une nouvelle preuve que l'homme parle par une suite de sa nature, & que dès l'instant qu'il fut, il énonça ses idées par la parole : que les élémens de ses connoissances ne furent point l'effet de son industrie, & que l'expérience ne fit que les combiner & en perfectionner l'usage. Il en fut ici comme du geste, l'homme perfectionne l'art de peindre ses idées par le geste ; mais il ne l'inventa pas : & si de ce qu'il a pu le perfectionner, quelqu'un en concluoit qu'il ne doit cet avantage qu'à son génie, cette opinion seroit bientôt démentie par tous les faits : or il en est de l'invention de la parole & de son énergie, comme de celle du geste.

§ 4.

Méthodes inventées à ce sujet.

Long-tems l'art de la parole avoit fait négliger les avantages qu'offre l'art du geste pour se faire entendre des sourds & des muets, lorsque depuis environ deux siécles ont paru à longs intervalles quelques Méthodes pour y supléer, & des hommes de génie qui, avec du tems & de l'adresse, ont apris à parler à quelques sourds & muets : tels furent l'Espagnol Bonnet, qui le premier s'essaya sur un sujet si intéressant, du moins que je sache ; ensuite Wallis & Holder, savans Anglois, tous deux de la Société Royale (1) ; & le Médecin Amman dont nous avons cité l'Ouvrage ci-dessus : & tel est actuellement M. Perreire, de la même Société Royale, & Interprète du Roi.

M. l'Abbé de l'Épée, perfectionnant ce que ces Savans avoient aperçu, & ramenant les gestes à la Nature, en a fait un Art complet, qui réunit tous les moyens par lesquels on peut peindre les idées ; & ce qui étoit le plus difficile, les gestes nécessaires pour représenter les élémens du discours, les raports des divers membres d'un même tableau, ces idées accessoires, que peignent dans la Parole les nombres, les genres, les tems, les cas, & sur-tout les mots figurés.

Aidé de l'analyse, il a très-bien vu qu'afin qu'un Langage quelconque pût exister, *il faut nécessairement qu'un genre d'expressions primitives & communes à tout le Genre-Humain, lui donne de l'activité* (2).

(1) Le premier, dans les Transactions Philosophiques, T. xx. n°. 245. & le second dans un Ouvrage imprimé à Londres, in-12. en 1669. intitulé, *Eléments of Speech*, Elémens de la Parole.

(2) Page 17 d'une Brochure intitulée, *Exercice de Sourds & Muets, qui se fera le mardi 30 Juin 1772. &c.*

Le Langage du geste étant naturel, lui a donné cette énergie que doit avoir un Langage quelconque; & il en a tiré le plus grand parti en suivant toujours la Nature. C'est-là qu'on voit des yeux même du corps, comment les hommes sont parvenus à peindre les idées, même les plus dégagées de tout objet sensible; comment ils ont pu exprimer tous les raports qui en lient les diverses parties; comment ils ont pû former diverses classes de signes, & s'élever à tout le détail de la Grammaire. Sa méthode est exactement l'Art d'Écrire; mais sans plume & sans crayon: des deux côtés, la même marche, la même décomposition, les mêmes raports, la même énergie; parce que, de part & d'autre, tous les procédés sont pris dans la Nature, sans laquelle nous ne sommes rien, & avec le secours de laquelle nous opérons de si grandes choses.

Là sont les trois Nombres, le singulier, le duel & le pluriel, formés par une personne seule, réunie ensuite à une seconde, & ces deux à une troisiéme.

Là sont les Tems, en marquant, comme les Anciens, le passé par un geste en arrière, & l'avenir par un geste en avant.

Là sont les Conjonctions, par l'union de deux Etres.

Là sont tous les Verbes actifs, par la peinture de l'action même: un geste vers l'œil, signifie *voir*; un geste vers l'oreille, signifie *entendre*; un geste vers le nez, *sentir* ou *flairer*, &c. Les Verbes figurés se peignent par une suite de gestes qui en décomposent l'idée; tout de même qu'on décompose un mot figuré & composé, dont on veut analyser le sens.

§. 5.

Livres qu'on pourroit faire pour le Langage de gestes.

Rien ne seroit donc plus aisé que de composer une Grammaire du geste, & un Dictionnaire du geste, sur-tout d'après les procédés analytiques que nous avons dévelopés dans la Grammaire Universelle. On verroit, de part & d'autre, les mêmes principes, la même marche: il n'y auroit d'autre différence entr'eux, que d'être apliqués, d'un côté, à des mots écrits ou prononcés; & de l'autre, à des gestes: & l'on pourroit écrire cette Grammaire & ce Dictionnaire en inventant des notes, pour tenir lieu des gestes élémentaires.

Ce seroit cette Écriture universelle, qu'on a cherchée avec tant de soin, & qui ne peut réussir qu'autant qu'elle sera puisée dans la Nature même, & non dans des projets arbitraires, qui ne peuvent jamais réussir, quelle que soit leur bonté. Les hommes ne sont point faits pour être dirigés par l'arbitraire, en quelque genre que ce soit : leur caractère généreux & libre ne reconnoît d'autre loi que celles de l'*ordre* & de la *vérité*.

C'est ce qu'avoient assez bien aperçu les Religieux de l'Ordre de Cîteaux, qui, vers la fin du seiziéme Siécle, convinrent d'un certain nombre de signes pour leur tenir lieu de la Parole : ils s'attacherent, le plus qu'ils purent, à les rendre imitatifs (1). Un doigt contre l'oreille, signifioit chez eux, *ouir* ; ôté de dessus l'œil, *voir* : pour l'oposé, c'étoit l'action de fermer ces deux organes. *Recevoir*, c'étoit fermer la main ; *donner*, c'étoit l'ouvrir. Se *baigner*, c'étoit passer sur la poitrine la main creuse, comme si elle contenoit de l'eau : la gorge serrée par la main, désignoit la cessation de vie.

On ne sauroit donc voir sans admiration les succès de ce zélé Citoyen, & la facilité avec laquelle il aprend à ses Éleves diverses Langues, & les régles mêmes de la Grammaire, quelqu'abstraites qu'elles paroissent.

§. 6.

Remarques sur le choix d'une Méthode pour l'étude des Langues.

L'Art de se faire comprendre par gestes, peut servir à résoudre une question importante qui divise les Savans, sur la maniere d'étudier les Langues. Les uns suposent qu'on peut les faire aprendre aux jeunes Gens par régles & par principes, & que c'est la seule maniere de les leur enseigner avec succès en très-peu de tems. D'autres, voyant qu'on sait très-bien sa Langue maternelle, quoiqu'on ne l'aprenne que par l'usage, & combien les jeunes gens ont de la peine à saisir les principes du Langage, à cause de la Métaphysique dont ils sont hérissés, voudroient qu'on se bornât uniquement à l'usage, & qu'on enseignât les Langues étrangères de la même maniere qu'on aprend la Langue de ses Peres. L'exemple que nous venons de citer me paroît un excellent moyen pour décider cette grande question. Si des jeunes gens sourds & muets, qui ont tant de désavantage pour l'étude des Langues, sont cependant en état de les aprendre par principes, & les saisissent parfaitement, malgré tout ce qu'ils ont d'abstrait, combien plus ne doivent-ils pas être à la portée de ceux qui ont l'usage de tous leurs sens, & qui dès-lors saisissent ces principes avec infiniment plus de facilité ? D'ailleurs, ne marche-t-on pas avec plus de succès, plus promptement & plus agréablement, dans une route où l'on aperçoit toujours

(1) Page 384, & suiv. du second Vol. du Recueil Etymologique, donné par Léibnitz.

le but où l'on tend, & les moyens par lesquels on y parviendra, que lorsqu'on marche toujours au hasard ? Ce n'est pas la facilité de saisir un raisonnement qui manque aux jeunes gens : ce qui leur manque presque toujours, ce sont des raisonnemens clairs & nets qui soient à leur portée. On a certainement raison de ne vouloir pas mettre entre leurs mains des Ouvrages abstraits, auxquels ils ne conçoivent rien ; mais la Grammaire par elle-même, n'est point au-dessus de leurs forces : il n'est question que de la leur présenter d'une maniere qu'ils puissent saisir. Je suis bien sûr qu'alors, il n'y aura pas deux avis sur la maniere dont il faut leur aprendre les Langues.

En général, on ne raisonne pas assez avec les enfans ; on n'exerce pas assez leur faculté intellectuelle, qui doit être cependant leur plus bel apanage : on se borne trop à mettre des matériaux dans leur tête, à la remplir de choses tant bien que mal entassées. Sans doute, il faut leur faire acquérir la connoissance de tout ce qui les environne, & exercer une mémoire dont ils ont le plus grand besoin ; mais on ne doit pas exercer quelqu'une de leurs facultés au détriment des autres : on doit les perfectionner toutes ensemble le plus qu'il est possible. Si l'on veut qu'un jour ils en fassent usage, on doit les y exercer dès l'enfance. Est-ce lorsque leurs fibres sont durcies par l'âge, ou agitées par le tumulte des passions, qu'on pourra les ramener à l'étude des connoissances intellectuelles, leur aprendre à suivre un raisonnement, & à chercher par eux-mêmes la vérité ? Il faut leur en avoir donné le goût dès l'enfance ; qu'il leur soit devenu habituel ; que son exercice soit pour eux une nécessité : & rien de tout cela n'est au-dessus de la portée d'un enfant qui sait lire, & qui est capable d'une minute d'attention. Quel chemin ne lui fera-t-on pas faire avec les raisonnemens qu'il pourra suivre pendant une minute, & qu'il pourra répéter à un autre la minute suivante !

PARTIE II.

DES MODIFICATIONS DE LA VOIX.

CHAPITRE PREMIER.

De ces Modifications en général.

TELS sont les moyens par lesquels l'Air devient sonore ; tel est le véhicule par lequel l'Homme doit manifester ses idées : mais comment l'Homme se servira-t-il de cet air sonore pour peindre ces sensations & ces idées qui n'ont rien de corporel ? comment avec le secours de la voix, pourra-t-il exprimer ce qu'il lui importe si fort que ses semblables connoissent, & en aprendre ce qui l'intéresse essentiellement ; ce d'où dépend le bonheur de ses jours, le charme de sa vie ? Comment cet air, si fin, si délié, qui s'échape du gosier & qui forme la voix, se prêtera-t-il à tous les besoins de l'homme, prendra-t-il toutes les formes nécessaires pour remplir tout ce qu'on en attend ? Ceci nous étonne, nous qui trouvons toutes ces choses établies ; sur-tout lorsque n'ayant jamais pu remonter à l'origine de ces institutions admirables, nous nous imaginons qu'elles n'ont rien de physique ou de naturel ; comme si elles n'étoient pas déja assez merveilleuses par elles-mêmes.

Si l'air chassé de la poitrine & devenu sonore en s'échapant avec effort à travers l'étroite ouverture du larynx, ne pouvoit recevoir d'autre secousse, n'avoit plus à subir les effets d'autres organes, tout seroit dit ; il ne seroit d'aucune utilité à l'homme, parce qu'il n'offriroit jamais aucune différence, qu'il seroit toujours le même ; nous serions dans le cas des sourds & muets qui ont la voix en partage, mais qui ne peuvent la modifier comme nous : l'instrument vocal n'auroit aucune supériorité sur l'instrument le plus informe, sur ces malheureuses trompettes de bois avec lesquelles les Enfans assourdissent tous ceux qui les environnent par le son rauque & monotone qu'ils en tirent.

Il falloit donc que cet air devenu sonore, fût obligé de traverser d'autres organes qui pussent agir sur lui, quelque délié qu'il soit, & qui en variassent le son, soit en le laissant passer avec plus ou moins d'abondance, soit en le brisant, en le répercutant, en le paitrissant en quelque façon, comme on paitrit l'argille, pour lui faire prendre différentes formes.

L'air sonore en sortant du gosier entre dans la capacité de la bouche. C'est cette portion du corps humain qui forme véritablement l'instrument vocal, puisque c'est-là que se modifie l'air sonore; l'homme étant maître de laisser sortir cet air en plus grande ou en plus petite quantité par une plus grande ou plus petite ouverture de la bouche; de lui donner plus ou moins de force; & de lui faire prendre diverses modifications, par les divers organes ou les diverses parties contenues dans l'intérieur de la bouche, le palais, les dents, la langue, ou les lévres.

Ainsi la voix, ou l'air sonore, devient pour l'homme, malgré son peu de consistance & malgré sa finesse, une matière souple qu'il paitrit à volonté, qu'il revêt de toutes les formes que peuvent lui donner les moules que lui fournit l'instrument vocal, & au moyen de laquelle il peint, comme sur une toile, ses idées, ses sentimens, ses besoins: & dans tout cela, l'homme est en quelque façon passif; la Nature en fit tous les frais, il ne lui reste qu'à mettre en œuvre un fonds aussi précieux.

Mais suivant que cet air sonore se modifie uniquement par la simple ouverture de la bouche, ou qu'il est encore modifié par les organes dont la bouche est composée; suivant que l'homme se sert de l'instrument vocal comme instrument à vent, ou comme instrument à touches, il en résulte deux sortes de modifications très-différentes, les *sons* & les *intonations*.

CHAPITRE II.

Des SONS, *ou de la Voix modifiée par l'ouverture de la bouche; effets de l'Instrument Vocal considéré comme Instrument à vent.*

§. 1.

Formation des sons.

L'AIR sorti de la poitrine & qui a reçu une modification sonore en passant à travers la glotte, va recevoir de nouvelles modifications en s'échapant à travers les lévres. Il s'étoit étendu dans la cavité de la bouche, il se resserre de nouveau au passage des lévres : & comme celles-ci par leur plus ou moins d'ouverture ne le laissent pas sortir avec la même abondance ni avec la même force, la qualité sonore qu'il a acquise dans la glotte & qui devient la matiere de la parole, se charge en sortant de la bouche de diverses modifications ; ainsi que l'air fait entendre differens sons, suivant qu'il passe dans des tuyaux organiques plus ou moins ouverts.

Les modifications que la voix acquiert par le plus ou moins d'ouverture de la bouche, s'apellent SONS. C'est en effet la maniere dont l'air vocal *sonne* à nos oreilles. On les apelle aussi VOYELLES, comme étant l'effet de la voix simple sans le mélange d'aucun son étranger : mais nous réserverons ce mot pour indiquer sur-tout les SONS ÉCRITS, parce que nous aurons souvent occasion de distinguer dans la suite de nos recherches, les sons parlés & les sons écrits.

Comme l'ouverture de la bouche est susceptible d'un très-grand nombre de gradations, il existera nécessairement un très-grand nombre de sons. On peut cependant les réduire à un petit nombre de sons fondamentaux qui formeront entr'eux une octave, prise dans la Nature, puisque l'instrument vocal est, relativement à la voix simple, une vraie flûte, & que toute espéce d'harmonie est renfermée dans l'octave.

§. 2.

Ils composent une octave.

La voix ne differe, en effet, du chant que par la forme : elle doit donc éprouver les mêmes phénomènes qu'offre celui-ci ; & on doit y trouver des séries semblables. Nous pouvons ajouter que chaque son étant susceptible d'une octave, il faut nécessairement qu'entre cette octave soient contenus tous les autres sons, qui se réduisent donc à l'octave. Elle sera donc composée de *sept* voyelles principales, comme l'octave musicale est composée de sept tons.

Mais avant de faire l'énumération de ces sons, observons qu'à mesure que la bouche est plus ouverte, elle se replie davantage sur son extrémité intérieure, & que le canal qui en résulte se raccourcit le plus qu'il est possible ; que plus elle se ferme, au contraire, & plus par-là même l'extrémité extérieure s'éloigne de l'extrémité intérieure ; ensorte que le canal qui en résulte est le plus long possible. On peut donc comparer l'octave des sons à une suite de flûtes placées les unes sur les autres, & qui iroient, en se raccourcissant par gradation, jusques à la plus élevée, qui seroit la plus courte de toutes : telle fut exactement la flûte à sept tuyaux dont les Anciens armerent Pan, ou l'Univers.

Observons encore que plus une flûte est courte, plus le son qu'on en tire est aigu, tandis qu'il devient plus grave & plus sourd à proportion qu'elle est plus longue.

On doit donc trouver nécessairement dans l'instrument vocal sept sons qui différent entr'eux précisément comme les sept tons de la musique ; dont le plus haut soit prononcé par la plus grande ouverture possible de la bouche ; & le plus bas, par la plus petite ouverture possible ; l'un par la bouche formant le canal le moins allongé qu'il se puisse, & l'autre par la bouche formant le canal le plus allongé qu'il soit possible, se retirant en dedans pour l'un, & se portant en avant pour l'autre.

La bouche étant ouverte & repliée sur elle-même le plus qu'il est possible, fait entendre le son A ; tandis qu'étant ouverte le moins qu'il est possible & dans son plus grand allongement, elle fait entendre le son OU, que les Grecs écrivirent par un seul caractère ȣ, & les Latins par un seul aussi. A est donc au haut de l'octave vocale, & OU au bas. Tous les autres sons vocaux seront entre ces deux ; tous plus bas que A, & plus hauts que OU.

A égale distance du plus haut & du plus bas de ces sons, est É ; c'est le son qu'on entend, lorsque la bouche après avoir prononcé A, se ferme de moitié. Au-dessous d'É est I, plus bas O, ensuite U, enfin OU.

En voilà six, quoiqu'en François nous ayons mal-à-propos suprimé OU du nombre des voyelles, parce que trompés par notre orthographe, nous l'avons regardé comme un composé de deux voyelles, & non comme un son primitif ; ce qui fait que nous ne sommes accoutumés qu'à compter cinq voyelles.

Et

Et si nous nous sommes arrêtés à ce nombre, c'est parce que nous avons conservé constamment le nombre des voyelles établies avant qu'on se fût aperçu qu'il y en avoit davantage.

Reste cependant la septiéme à trouver. Nous venons de dire que la bouche, après qu'on a prononcé A, se ferme de moitié pour prononcer E; c'est donc dans cet intervalle qu'il faut chercher notre septiéme son; il sera moins ouvert qu'A, & plus ouvert qu'E; & comme il a seul un grand espace à parcourir, il se trouvera, suivant les Peuples, tantôt plus voisin d'A, tantôt plus près d'E. Cette voyelle est donc pour les François leur E extrêmement ouvert; pour les Latins leur Æ, pour les Grecs leur Ê long ou Hêta.

On peut dire que le son A, est aux autres ce que SI, le ton le plus élevé de la musique, est aux autres tons; tandis qu'OU est aux autres sons, ce que UT, le ton le plus bas de la musique, est aux autres tons.

Observons ici une différence entre la maniere dont nous arrangeons l'octave vocale & celle dont nous arrangeons l'octave musicale: nous allons dans celle-ci du ton le plus bas au ton le plus élevé, tandis que nous commençons dans celle-là par le son le plus haut pour descendre au plus bas. Il n'en étoit pas de même chez les anciens Peuples de l'Orient & même chez les Grecs: ils descendoient dans les deux octaves du ton le plus haut au plus bas: mettant ainsi dans leurs procédés plus d'uniformité que nous.

§. 3.

Méprises dans lesquelles on étoit tombé à cet égard.

C'est pour avoir ignoré cette marche des Anciens, qu'on a été si long-tems dans l'erreur à l'égard de la Musique des Grecs, qu'on ne pouvoit accorder avec la nôtre, parce que nous apliquions à notre gamme ascendante ce qu'ils disent de leur gamme descendante: jusqu'à ce qu'enfin M. l'Abbé Roussier, aidé des savantes observations de M. l'Abbé Arnaud, a redressé les idées ordinaires sur cet objet avec une sagacité peu commune (1).

On étoit tombé encore dans une autre méprise bien singuliere au sujet de la Musique des Égyptiens. On s'étoit persuadé qu'ils avoient des Cantiques composés uniquement des sept voyelles. Jamais aucun discours dans aucune Langue ne fut composé de voyelles seules. On aura apliqué au texte ce qui ne regardoit

(1) Mémoire sur la Musique des Anciens, &c. in-4°. Paris, 1770.

que les caractères dont se servoient les Égyptiens pour le noter. Ce ne seroit pas la premiere fois qu'on auroit confondu l'un avec l'autre.

§. 4.

Les Egyptiens ont connu l'octave des sons vocaux.

Il ne seroit pas surprenant, en effet, de voir les Egyptiens désigner l'octave musicale par les sept voyelles, puisqu'ils désignoient l'octave Planetaire, ou l'harmonie des Cieux, par les sept voyelles ou les sept esprits. Porphyre, dans son Commentaire sur le Grammairien Denys de Thrace, nous aprend, dans un passage cité par GALEUS (1), qu'A, désignoit Vénus; I, le Soleil; O, Mars; U, Jupiter; O long, Saturne: sur quoi GESNER observe très-bien (2), que les Copistes ont oublié E pour la Lune, & H ou É long pour Mercure.

Dès que les Egyptiens notoient leurs airs par les sept voyelles, ils pouvoient les chanter par les sept voyelles; tout comme, en chantant, nous prononçons les notes même de la Musique; & qu'ils solfiassent en effet de cette manière, c'est ce qui résulte du passage même dont on s'est servi, pour dire qu'ils avoient des Hymnes uniquement composées de voyelles. Voici ce passage: nous le devons à un Démétrius de Phalère, peut-être le même que ce Philosophe qui fut contemporain d'Alexandre, & plus célèbre encore par ses grandes Connoissances & par ses Écrits, que par le pouvoir absolu dont il jouit à Athènes, & par les 300 Statues d'airain qu'on dit que ce Peuple volage lui érigea, & qu'il fit presqu'aussi-tôt abattre qu'élever (3).

Εν Αιγύπτῳ καὶ τὰς θεὰς ὑμνῦσι διὰ τῶν ἑπτὰ φωνηέντων οἱ ἱερεῖς, ἐφεξῆς ἠχῦντες αὐτά. Καὶ ἀντὶ αὐλῦ καὶ ἀντὶ κιθάρας τῶν γραμματων τύτων ὁ ἦχος ἀκύεται ὑπ' εὐφωνίας: ὥστε ὁ ἐξαίρων τὴν σύγκρυσιν ὐδὲν ἄλλο ἢ μελος ἀτεχνῶς ἐξαίρει τῦ λόγυ και μῦσεται. « Les Prêtres de l'Egypte chantent les Dieux par les sept voyelles, » qu'ils font résonner: ce son leur tient lieu, par son harmonie, de la flûte &

(1) Sur l'Ouvrage de Demetrius de Phalere, intitulé, *de l'Interprétation*, περὶ ἑρμηνείας.

(2) Mém. de Gottingue, Tom. I. p. 251.

(3) L'édition de MORERY, en 6 vol. in-fol. les porte jusqu'à 360. CORNELIUS NEPOS n'en compte que 300, dans la Vie de Miltiades: c'est encore un nombre prodigieux.

» de la lyre. Aussi, lorsqu'on fait abstraction de ce concours des voyelles, on » anéantit l'harmonie & le chant ».

Hor-Apollo parle des sept voyelles, comme en usage chez les Egyptiens (1); & l'on voit, par un passage d'Hippocrate (2), que les Grecs en comptoient déjà sept de son tems

§. 5.

Sons apellés Esprits, *& pourquoi.*

On donnoit aux voyelles le nom d'esprit, nom qui ne signifie autre chose que voyelle, & qui ne nous embarrasse si fort à la tête des Alphabets Grecs, Hébreux, &c. que parce que nous nous imaginons, très-mal-à-propos, que le mot *esprit* emporte quelque idée absolument différente de celle qu'offre le mot *voyelle.*

L'on peut voir dans la Dissertation de Gesner, citée ci-dessus (3), des passages tirés d'anciens Livres des Juifs où les voyelles sont apellées *ames* ou *esprits*, dont les consonnes sont le *corps*. Priscien, un des plus célébres Grammairiens Latins, s'est servi de la même distinction. » On voit à peu près, dit-il, (4) la » même différence entre les voyelles & les consonnes, qu'entre l'ame & le corps. » L'ame, suivant les Philosophes, se meut par elle-même & elle meut le corps : » tandis que celui-ci ne peut se mouvoir sans l'ame, ni la mouvoir elle-même. » Ainsi les voyelles se meuvent par elles-mêmes pour former les mots, & elles » meuvent avec elles les consonnes : tandis que les consonnes sont immobiles » sans elles ». Nous verrons dans une autre occasion que les Hébreux se servoient du mot de *voyelles*, pour désigner les sept esprits principaux.

§. 6.

Caractères distinctifs des sons ; & leurs diverses espèces.

Les sons ont cette propriété, de pouvoir durer aussi long-tems que dure l'expiration de la poitrine, puisqu'ils ne sont autre chose que l'air fourni par cette

(1) Hiéroglyph. Liv. II. 29.

(2) Dans son Traité *de Diæta*, Lib. I. §. 15. 16.

(3) Pag. 258.

(4) Liv. I.

expiration, & modifié par l'ouverture de la bouche; ensorte que tandis que la bouche ne change point de position & que le courant d'air sonore qui en sort se soutient, on entend constamment le même son.

Ils ont encore la propriété de se prononcer de diverses manieres, de revêtir chacun des modifications différentes; ce qui les multiplie singuliérement, quoique la plûpart des Grammairiens ayent eu de la peine à saisir les effets de ce méchanisme.

1°. Les sons qu'on tire de l'instrument vocal peuvent se prononcer d'une maniere aussi douce qu'agréable, dans le milieu même de l'instrument vocal: & c'est ainsi qu'on les prononce ordinairement en Europe, & sur-tout en Italie.

On peut 2°. les prononcer du fond du gosier, en tirant avec force l'air du fond de la poitrine; & c'est ce que l'on apelle *aspirer*, ou voyelles ASPIRÉES.

On peut, 3°. les terminer par un léger son nasal; ils deviennent alors des voyelles NASALES.

On peut enfin les prononcer lentement ou briévement; ce qui en fait deux séries différentes. Un trait simple en Latin, ou un circonflexe en François, marquent dans l'écriture les voyelles qui doivent être prononcées lentement, & dans le même tems qu'on mettroit à en prononcer deux bréves.

Les voyelles qui doivent être aspirées s'accompagnent en François & en Latin, de même qu'en plusieurs autres Langues, de la lettre H; les Grecs, qui dans un tems employerent la même méthode, trouverent qu'il étoit inutile d'avoir deux caractères pour un seul son; ils se contenterent alors d'une simple note mise par-dessus la voyelle à aspirer, & cette note fut un demi-cercle comme un *c*, qu'ils apellerent *esprit rude*, non que cette note fût un esprit ou une voyelle, mais pour indiquer que la voyelle ou l'esprit sur lequel cette note étoit placée, avoit le son rude de l'aspiration, son qui tient du cri du Coq-d'Inde.

On pourroit employer également un signe particulier pour marquer la voyelle nasale, comme on l'a déja proposé & nommément M. BEAUZÉE (1), qui a raporté fort au long les motifs sur lesquels l'Abbé de Dangeau s'apuyoit pour regarder les voyelles nasales comme des sons simples, & non composés. Ceci a toujours lieu de surprendre les Modernes accoutumés à les regarder comme la réunion de deux sons, d'une voyelle & d'une consonne; mais on ne doit pas se laisser surprendre par une orthographe vicieuse, ni par une mauvaise prononciation, l'une & l'autre ne devant point d'ailleurs servir de régle. Ajou-

(1) Gramm. Gén. Tom. I. p. 14. & suiv.

tons que les Latins nous en donnent un exemple très-remarquable, en ce qu'ils ſupriment les naſales devant d'autres voyelles, tout comme nous faiſons à l'égard de pluſieurs voyelles : & qu'au lieu de prononcer comme nous en quatre ſyllabes, ces deux mots, par exemple, *multum ille*, ils n'en faiſoient que trois ſyllabes en les prononçant *mult' ille*; tout comme nous diſons en deux ſyllabes *qu'elle* au lieu de *que elle*.

Comme cette prononciation Latine eſt abſolument contraire à la nôtre, ajoutons que ce n'étoit pas la ſeule éliſion employée par les Romains, & qu'ils élidoient conſtamment, ſoit en vers, ſoit en proſe, toute voyelle finale qui en précédoit une autre. Ainſi ils prononçoient *dira*, *modit*, *di hanc*, *cauneas*, *nit*, *quintuis*, là où ils écrivoient & où nous ſommes forcés de prononcer *de ira*, *me odit*, *diem hanc*, *cave ne eas*, *ni it*, *quem intuis*, &c.

Une preuve ſans réplique, & qu'on a bien fait valoir pour démontrer que la voyelle naſale eſt ſimple, c'eſt que le port de voix ſe fait en entier ſur la naſale ſans paſſer de la voyelle à la conſonne ; on les prononce en un ſeul ton, ſans la plus légère ſucceſſion, ou le plus léger intervalle de l'un à l'autre.

Ajoutons encore qu'on peut faire durer ce ſon naſal en entier, auſſi long-tems qu'on veut, tout comme pour la voyelle ſimple ; ce qu'il ſeroit impoſſible de faire, ſi une conſonne ſuivoit ici la voyelle ; car dès qu'on ſeroit arrivé à la conſonne, le ſon de la voyelle ſeroit abſolument intercepté, & la conſonne n'ayant qu'un inſtant, on feroit en vain les plus grands efforts pour ſoutenir un ſon qui n'exiſte plus.

Plus cette derniere preuve me paroît démonſtrative & conforme aux idées les plus ſaines qu'on s'eſt formées des voyelles, & plus il eſt ſurprenant qu'elle ait été négligée par ceux qui ſe ſont occupés juſques-ici de ces objets.

§. 7.

Nature de l'aſpiration.

Cette preuve eſt d'autant plus intéreſſante qu'elle ſuffit pour décider une queſtion eſſentielle relative auſſi aux voyelles ; & qu'on a agitée avec beaucoup de feu. Il s'agiſſoit de déterminer la nature de l'aſpiration ſimple, de celle que nous marquons par la lettre H, & que les uns ont prétendu être une aſpiration, & que d'autres ont regardé comme un ſimple ſigne qui n'offre ri n de différent du ſon même qu'il accompagne.

En effet, ſi en aſpirant une voyelle quelconque, on n'entend qu'un ſeul ſon, un ſeul bruit, ſans aucun paſſage d'un bruit à un autre ; ſi, lorſqu'on veut ſoutenir ce bruit, on n'en perd aucune portion, on entend toujours le même ſon qu'au moment où il a commencé de ſe faire entendre, il en réſulte que l'aſpiration n'eſt pas une conſonne ; puiſqu'après avoir prononcé une conſonne & une voyelle, on n'entend plus le ſon de la conſonne lorſqu'on veut ſoutenir celui de la voyelle ; enſorte que le bruit qu'on entend à la fin n'eſt plus celui qu'on avoit entendu d'abord.

L'aſpiration n'eſt pas non plus une voyelle, puiſqu'elle accompagne toutes les voyelles : elle n'eſt donc qu'une ſimple manière de prononcer la voyelle & un ſimple ſigne de la manière dont elle doit être prononcée.

Il en eſt ici préciſément comme pour le caractère naſal de la voyelle naſale, qui n'eſt point conſonne ; & dès qu'on admet ce dernier principe, il faut, ſi l'on veut être conſéquent & ſuivre l'analogie, admettre également ce que nous avançons ici.

§. 8.

Diverſes ſuites de ſons qu'on pourroit peindre.

Chacune de nos voyelles peut donc être accompagnée de quatre ſignes différens, qui en font quatre ſons différens dont chacun peut être un mot chargé d'un ſens qui n'a rien de commun avec ceux qu'offrent les autres modifications de cette même voyelle. Et telles ſont ces modifications :

La voyelle bréve, qui ſe prononce en un ſeul tems ; *a*, verbe, il *a*.
La voyelle longue, qui ſe prononce en deux tems ; *à*, prépoſition.
La voyelle aſpirée, qui ſe prononce de la gorge ; *ha* ! exclamation.
La voyelle naſale, qui ſe prononce du nez ; *an*, nom de la révolution des douze mois.

Nous aurons ainſi quatre *a*, quatre *e*, &c. ou 28 voyelles.

Si l'on ajoute à cela la diſtinction des voyelles en ſourdes & ouvertes, on pourroit avoir cinq ſuites de voyelles ; ou cinq manières différentes de prononcer chaque voyelle, & dont chacune feroit un mot différent. On pourroit même en avoir une ſixiéme qui ſeroit la voyelle naſale aſpirée, comme dans HON*te*, dans *hem* ! &c.

Nous ſommes cependant très-ſurpris en voyant que les Chinois prononcent chaque voyelle ſur pluſieurs tons différens ou de pluſieurs manieres différentes ; & que par ce moyen, chaque voyelle forme pluſieurs mots qui n'ont aucun raport, pour le ſens, l'un avec l'autre.

C'est ainsi que nous admirons souvent ou que nous blâmons chez les autres, comme leur étant propres, des vertus ou des défauts, des avantages ou des désavantages qui se rencontrent chez nous-mêmes ou dont nous jouissons comme eux : n'en soyons pas étonnés ; nous ne sommes point frapés de nos avantages, parce qu'y étant accoutumés, nous en profitons sans les analyser : tandis que ces mêmes objets nous frapent dès que l'usage qu'en font les autres & qui est nouveau pour nous, nous force par cela même de nous y rendre attentifs.

§. 9

Comment l'aspiration se modifie elle-même.

Telles sont les ressources de l'instrument vocal, qu'il n'est pas jusqu'à l'aspiration qui ne puisse se modifier de plusieurs manieres, & varier ainsi la valeur des voyelles. Ce n'est pas dans notre Langue, à la vérité, que l'aspiration nous offre cet avantage ; car si nous faisons quelqu'usage de l'aspiration *franche*, de cette aspiration qui se prononce par la simple ouverture du gosier, nous n'en connoissons aucune autre. Il n'en fut pas ainsi dans la Langue primitive & chez plusieurs Nations de l'Europe même : on y modifie l'aspiration de plusieurs manières, au moins de deux principales, que nous apellerons *gutturale* & *nasale*, la premiere se modifiant par le moyen de la gorge & la seconde par le moyen du nez.

Pour prononcer l'aspiration gutturale, la langue se porte vers le fond de la bouche, & se colant presqu'au palais, elle ne laisse qu'un petit espace à l'air sonore, qui est obligé de sortir avec effort & de froler le palais avec un léger sifflement, ensorte qu'on entend une aspiration mêlée du ton *c*; comme un *ch* étouffé. Aussi les Bas-Bretons, qui ont conservé cette aspiration, ainsi que les Florentins, les Allemands, les Juifs, &c. apellent *chuinter*, l'action d'aspirer de cette maniere. C'est ce qui fait que les Peuples qui n'ont pas cette prononciation, & qui veulent cependant la rendre dans leur Langue par un son aprochant, la rendent par *ch* : de-là tant de mots écrits également par *h* & par *ch*; comme *Ham* & *Cham*, nom d'un fils de Noé : *mihi* & *michi*, chez les Latins : *hir* ou *heir* chez ceux-ci, & *kheir* chez les Grecs, désignant chez tous les deux la main, &c. C'est chez les Hébreux l'aspiration du ח, heth ou khet, que nous peindrons toujours par ch, ou par un simple c placé sur la voyelle chuintée.

Les Juifs se servent aussi de l'autre aspiration, de la nasale qui participe de nos nazales & de la gutturale, ou du son *hong*, ne formant qu'un seul son indécomposable & sans aucune succession, ou sans aucune différence entre le moment où on commence à le prononcer & le moment où on cesse de le faire entendre. Pour produire ce son, on fait passer l'air par le nez, mais en le resserrant de maniere à en faire refluer une partie par le gosier : ce qui fait qu'il tient de la nasale *n* & de la gutturale *g*. C'est l'aspiration du *y* ou *ho*, sur-tout du *o* final, comme dans les mots Latins *ratio*, *Cicero*, que nous prononçons *raiſ-on*, Cicer-*on*, en les nasalant, mais sans aspiration ; car au commencement des mots Hébreux, c'est une simple aspiration gutturale douce, qu'on peut rendre par *who* ou *w* à la maniere du nord, ou par *gu* à notre maniere : ce mot Hébreu, par exemple, עון composé des trois caractères *ho*, *u* & *n*, peut s'écrire, 1°. *houn* suivant la valeur propre de ces caractères ; 2°. *wun*, *won*, suivant l'alphabet du Nord ; & 3°. *gun*, *goun*, *gon*, suivant la prononciation des Latins & la nôtre. Ce mot signifie le *tems fixe* d'une chose, une époque ; & peut avoir été la racine du mot Latin *Agonales*, nom qu'on donnoit aux Fêtes célébrées à l'honneur de *Janus* & qui répondent à nos Fêtes des Quatre-Tems, se célébrant aux environs des solstices.

Le nom même d'*Agôn*, que les Grecs donnoient à leurs Jeux, & qui revenoient à des époques fixes & dans des révolutions solaires, se lie très-bien avec ceux-là.

Pour marquer cette aspiration nasale nous employerons le circonflexe redressé ^*h*, cette figure représentant assez bien la forme du nez ; ou par un simple ^ placé sur la voyelle qui reçoit l'aspiration nasale.

§. 10.

Diphtongues.

Le nombre des voyelles, & leur usage, ne resta pas long-tems dans cet état de simplicité : il n'étoit pas suffisant pour les besoins du Langage, & il ne remplissoit pas l'étendue de l'instrument vocal ; mais les voyelles simples étoient épuisées. Il fallut donc avoir recours à des caractères composés de deux ou de trois voyelles ; tels que dans nos mots, *feu*, *loi*, *aime* : & c'est ce qu'on apelle DIPHTONGUES, d'un nom Grec qui signifie *double son* : & TRIPHTONGUES, quand il y en a trois ; comme dans ces mots, *œuvre*, *flambeau*, *Août*, &c.

On peut distinguer deux sortes de diphtongues ; les unes qu'on n'employe que pour tenir lieu d'un son qu'on ne sauroit peindre d'une maniere plus exacte. C'est ainsi que notre diphtongue forte, *oi*, comme dans *Roi*, *loi*, *moi*, &c. ne peut donner aucune idée du son que nous désignons par-là, &

qui

qui diffère absolument de la maniere dont nous prononçons le *μοι* ou *moi* des Grecs, & encore plus différent du *hoi* du Gévaudan. Dans *loi*, le son est extrêmement ouvert & aigu : il est très-sourd dans *moi* des Grecs, & les deux voyelles y sont presque détachées l'une de l'autre : il est d'abord très-élevé & ouvert dans le *hoi* du Gévaudan ; & à la fin, il devient émoussé, traînant & mouillé.

Ce sont les nuances des voyelles simples & franches, nuances qui varient suivant les Peuples, & dont on ne peut avoir d'idée, que lorsqu'on les a entendues prononcer.

Cependant on les peint par deux caractères, parce que leur son tient du son de plusieurs voyelles simples.

Quelquefois, & c'est ici une seconde sorte de diphtongues, on a réuni, par la prononciation, le son de deux voyelles qui se prononçoient d'abord séparément, afin d'en rendre le son plus flatteur. Ainsi, après que les mots, tels que *matur*, *secur*, *sigil*, où il n'y a que des voyelles simples séparées par des consonnes, furent devenus nos mots, de deux syllabes aussi, *mé-ur*, *sé-ur*, *sé-el*, où, par la supression de la consonne, deux voyelles franches se trouvent placées l'une à côté de l'autre, & produisent, par leur rencontre, un effet désagréable pour l'oreille, les deux syllabes furent réunies en une seule. Ainsi se formerent nos mots *meur*, *seur*, que nous ne prononçons plus que *mûr* & *sûr*, & notre mot *seau* d'une seule syllabe.

Il est très-aparent que la Langue primitive avoit peu de diphtongues, du moins dans son écriture ; la Langue Latine, bien moins ancienne, en a même très-peu. Nous ne lui en connoissons que ces cinq, *ae*, *au*, *oe*, *ei* & *eu* ; cette derniere même est rare : les Grecs n'en avoient guères plus.

Mais les Peuples modernes en ont un beaucoup plus grand nombre ; quelques-unes, à la vérité, ne different que par l'orthographe, étant passées dans nos Langues avec les mots étrangers dans lesquels elles se trouvoient, ou n'ayant été inventées que pour se raprocher de l'orthographe de ces mots. C'est ainsi que nous ne conservons *oe* dans notre mot *œuvre*, qu'en faveur de l'Étymologie, & parce qu'il tient à nos mots *ouvrage*, *ouvrier*, *opérer*, &c. car on n'y fait point entendre le son de l'*o*.

Nous avons dans le François deux diphtongues sur-tout, dont nous faisons un très-grand usage & qui ont remplacé des voyelles franches employées par les Romains : ce sont *eu* & *oi*. La premiere tient lieu de l'*o* dans les dernieres ſyllabes des noms ; la ſeconde d'un *é* long ou de deux *ee* raprochés par la ſuppreſſion d'une conſonne. Ainſi nous avons changé,

Palor, en paleur.	*Sapere*, en ſavoir.
Candor, en candeur.	*Videre*, en voir.

Il arrive ſouvent qu'un ſon ſimple s'écrit par deux voyelles, tel eſt notre ſon *ou* ; & qu'un ſon composé s'écrit par une ſeule voyelle, comme dans *pin* & dans *vin*, dont le ſon ne diffère peut-être en rien du ſon de ces mots *pain* & *vain*.

CHAPITRE III.

Des INTONATIONS, *ou de la voix modifiée par les organes de la bouche ; effets de l'Inſtrument Vocal conſidéré comme Inſtrument à Touches.*

§. 1.

Source des Intonations.

SI l'inſtrument vocal n'étoit qu'un inſtrument à vent, on n'en tireroit que les modifications dont nous venons de parler : mais il eſt, outre cela, un *inſtrument à touches* ; celles-ci donnent donc lieu à des modifications de la voix abſolument différentes de celui-là. Pour diſtinguer ces dernieres des autres ou des ſons, nous les apellerons INTONATIONS ; & comme elles vont de deux à deux, une forte & une foible, parce qu'on peut apuyer ſur chaque touche fortement ou légerement, nous les diviſerons en deux claſſes, les fortes & les foibles, ou les rudes & les douces.

Dans notre Plan général & raiſonné, nous leur donnions à toutes, aux fortes & aux foibles, le nom générique de TONS, chaque ton ſubdiviſé en une *intonation forte* & en une *intonation foible* : mais nous étant aperçus que ce mot cauſoit quelqu'embarras à nos Lecteurs, à cauſe du ſens qu'on y attache déja, nous l'abandonnons ſans regret ; & ne conſervons que celui *d'intonation*, quoique moins analogue à celui de *ſons*.

Afin de reconnoître le nombre d'Intonations que fournit l'inſtrument vocal, on n'a qu'à examiner les touches dont il eſt composé, ou celles de ſes parties dont on tire des intonations en apuyant sur elles & les faisant résonner. Mais telles sont ces Touches :

1°. Les lévres, ou la touche LABIALE.

2°. Les dents supérieures, ou la touche DENTALE.

3°. Le nez, ou la touche NASALE.

4°. La langue, ou la touche LINGUALE.

5°. La gorge, ou la touche GUTTURALE.

A ces cinq Touches, qui sont les seules auxquelles on ait donné jusques à présent ce nom, nous en ajoutons deux autres, qui sont l'effet de cette propriété de l'instrument vocal dont nous avons parlé ci-dessus (1), & par laquelle la capacité de cet instrument augmente ou diminue, comme si ses deux fonds s'aprochoient ou s'éloignoient mutuellement l'un de l'autre; ce qui s'opére par la maniere dont la langue s'aproche du palais en laissant moins de place à l'air sonore, ou dont elle lui laisse plus de place en s'éloignant du palais & se portant vers la racine des dents inférieures. De-là resultent,

6°. Par le raprochement de la langue relativement au palais, la touche SIFLANTE.

7°. Par l'éloignement de la langue relativement au palais, la touche CHUINTANTE.

§ I.

TABLEAU DES INTONATIONS.

Noms des Touches.	*Inton. Fortes.*	*Inton. Foibles.*
Labiale,	P.	B.
Dentale,	T.	D.
Nasale,	N.	M.
Linguale,	R.	L.
Guturale,	K.	Ḡ. (2)
Siflante,	S.	Z.
Chuintante,	ש. *Héb.* CH. *Franç.*	J.

(1) Voyez ci-dessus page 93.

(2) Nous mettons un trait sur ce G pour marquer que c'est le G dur, comme nous le prononçons avant un *a*, & non avant un *e*. Nous l'avons déja employé avec ce caractère à la page 19. Cette précaution est d'autant plus nécessaire, que plusieurs Peuples qui conservent ce son dur avec toutes les voyelles; & que nous pourrons peindre ainsi en François même, leur prononciation.

Ce qui forme en tout XIV Intonations, VII fortes & VII foibles, qui ajoutées aux VII. sons qu'on tire de ce même instrument, forment une étendue de XXI. modifications ou de XXI. caractères différens.

§. 3.

Caractères distinctifs des sons & des Intonations.

Quoique les sons & les intonations soient également donnés par l'instrument vocal, & que ce soient autant de modifications de la voix ou de l'air sonore, on aperçoit cependant entre ces modifications des différences si sensibles, qu'on en a fait dans tous les temps deux classes très-distinctes. Elles différent dans leur formation, leur durée, leur dépendance mutuelle.

1°. Dans leur formation. Les sons naissent de l'ouverture de la bouche, sans que les parois de cette caisse y contribuent en rien; les intonations au contraire sont l'effet de la pression de ces parois.

2°. Les sons n'étant que l'air sonore modifié par l'ouverture, plus ou moins grande, de la bouche, se soutiennent autant que cet air qu'ils modifient. Les intonations au contraire n'étant que l'effet d'une pression ou d'un mouvement instantané, n'ont que la durée d'un instant. On ne peut en prolonger le bruit à volonté; mais uniquement le réitérer.

3°. Les sons peuvent exister seuls, sans mélange d'aucun autre bruit, sans être associés à aucune intonation : les intonations au contraire, pour devenir sonores, sont obligées de s'accompagner d'un son quelconque qui les suit, comme le bruit suit une explosion quelconque, comme le tonnerre suit l'inflammation ou la détonation qui produit l'éclair. En effet, comme on est obligé d'ouvrir la bouche pour rendre sensible une intonation quelconque, un *b*, un *c*, l'air en sort avec effort, & produit un son plus ou moins sourd, qui suit l'intonation : telle une note frapée sur un instrument fait entendre un son prolongé, qui remplit la cavité entiére de l'instrument, & qui n'est point la pulsation instantanée qui a produit la note.

4°. Les uns & les autres servent à se modifier différemment, chaque son en s'associant successivement à toutes les intonations, & chaque intonation à tous les sons; & cela de deux maniéres différentes, suivant que le son précéde ou suit l'intonation; suivant qu'on dit, *ab* ou *ba*; *eb* ou *bé*,

5°. On observe encore entr'eux une différence essentielle relativement à leur nature & à laquelle on ne s'est pas assez rendu attentif; assez du moins pour en tirer les conséquences importantes qui en résultent. C'est que les sons ont l'éclat & le bruyant en partage, qu'ils sont très-vifs, très-animés ; tandis que les intonations sont sourdes & tranquilles, aussi calmes que les sons peuvent être impétueux.

6°. D'où il résulte qu'ils pourront peindre, d'après leur propre nature, des objets doués de qualités absolument différentes : que par les sons, on pourra peindre les bruits, les mouvemens, les chocs, les ébranlemens, l'agitation de l'Univers & de ses parties : tandis que par les intonations, on pourra peindre les qualités fixes & inhérentes des objets ; que ceux-là seront plus propres à désigner les objets physiques ; ceux-ci, les objets moraux & intellectuels, qui tombent moins sous les sens.

§. 4.

Si le nombre des Intonations simples est plus considérable ; & des Intonations composées.

Nous avions déja énoncé cette division des intonations en XIV intonations simples, dont VII fortes & VII foibles, dans notre Plan général & raisonné ; & nous donnâmes à leur réunion le nom d'*Alphabet naturel* ou *primitif*. Quelques personnes crurent alors que nous resserrions trop l'étendue de cet alphabet ; & que nous nous laissions plus conduire ici par des vues systêmatiques que par la Nature : elles voulurent bien nous communiquer leurs idées, même par écrit, sur-tout un savant Militaire, auquel j'en témoigne ici toute ma reconnoissance.

On a cru qu'il falloit joindre EU à la classe des sons simples, & qu'il étoit aussi simple que le son *ou* ; mais je trouve entre ces deux sons cette différence essentielle, qu'*ou* ne peut se prononcer que d'une seule maniere ; qu'il est impossible d'y faire entendre le son d'un *o* ou d'un *u* avec plus ou moins de force dans un tems que dans un autre ; qu'il n'est susceptible d'aucune nuance dans sa prononciation, étant l'effet d'une ouverture fixe de la bouche. Il n'en est pas de même du son *eu*. C'est une combinaison du son *e* & du son *u*, telle qu'on peut faire sentir plus ou moins & à volonté le son d'une de ces voyelles, que celui de l'autre ; ensorte qu'on sent de la maniere la plus énergique que c'est un son mixte, tel que le son *d'oi*, *d'ai*, *d'au*, &c. placés unanimement au nombre des diphtongues.

Nous avons vû plus haut que le caractère H n'est point un son particulier ; mais seulement une maniére particuliere de prononcer les sons : ainsi on auroit tort de l'ajouter au nombre des sons ou des intonations données par l'instrument vocal & différentes de toutes les autres.

Il ne reste plus que quatre intonations, qu'on pourroit mettre au nombre des intonations simples, & qu'on m'a objecté, *F*, *V*, & les deux mouillées *L* & *N*, rendues en François par ces caractères *ill*, & *gn*; en Espagnol par ceux-ci *ll*, & *ñ*, &c.

Mais qui dit intonation mouillée, dit intonation différente d'une intonation simple; car celles-ci n'ont pas besoin d'être distinguées ainsi par des épithètes: d'ailleurs les deux dont il s'agit, sont autant composées que les diphtongues, puisqu'on y aperçoit très-sensiblement, non-seulement que le son *i* s'y joint à l'intonation *l* ou *n*, mais encore que les intonations *l* & *n* y sont réunies & confondues avec le son du *g*, quoique plus fortement dans *n* que dans *l*; mais assez fortement néanmoins pour que l'une & l'autre soient rendues dans diverses Langues conjointement avec un *g*. Ainsi les Italiens rendent l'intonation de *l* mouillé, par *gli*; tandis que nous rendons nous-mêmes l'intonation de *n* mouillé, par *gn*. C'est par la même raison que les Espagnols peignent également par deux *ll*, & nos *l* mouillés, & nos *cl*; disant *muralla* pour muraille; *llave* pour *clave* ou clef; & *muger* pour *mulier*, que les Italiens prononcent & écrivent *moglie*.

Enfin, on ne sauroit mettre *F* & *V* au nombre des Intonations simples: 1°. Parce qu'elles ne se prononcent pas au moyen d'une seule touche de l'instrument vocal; mais au moyen de deux touches très-différentes, la labiale & la dentale; car on ne peut les prononcer qu'en pressant la lévre inférieure avec les dents supérieures: ensorte que leur effet est composé nécessairement de ceux que produisent la touche labiale & la touche dentale.

2°. L'une & l'autre de ces intonations sont accompagnées d'un sifflement qui tient, par raport à *F* sur-tout, beaucoup de l'aspiration. Ensorte que dans notre Langue, elle s'est substituée au *Phi* des Grecs qu'on apelle *P* aspiré, quoiqu'il ne soit pas encore décidé si ce n'étoit qu'un *P* suivi d'une aspiration, ou si ce n'étoit pas plutôt un *F* aspiré plus fortement que chez nous.

§. 5.

De la division des sons & des intonations en sept.

Cette division des sons & des intonations en sept, paroitra peut-être à ceux qui n'ont pas réflechi sur ces objets, ou qui ne les ont pas analysés à ce point, trop harmonique pour être vraie. On craindra peut-être, comme on l'a déja fait ſentir, que ceci ne tende à renouveller les idées ſuperſtitieuſes que les Anciens avoient attachées au nombre de ſept.

Mais quand il ſeroit vrai, ce qu'il ſeroit peut-être difficile de prouver, que les Anciens ne ſe ſont formés à ce ſujet que des idées ſuperſtitieuſes, & même fauſſes, il n'en doit réſulter rien de fâcheux contre une diviſion priſe dans la Nature, telle que la diviſion des ſons en ſept, & des intonations en ſept fortes & en ſept foibles. D'ailleurs, elle eſt très-propre à donner des idées claires & exactes de l'étendue entière de l'inſtrument vocal, puiſque les intonations n'y marchent que de deux à deux, & toujours en contraſte.

Les autres diviſions en uſage juſques ici réuniſſoient deux défauts eſſentiels, & qui ne pouvoient que brouiller ceux qui les prenoient pour guides: car, d'un côté, le nombre des intonations qui entroient dans chaque claſſe, n'avoit rien de déterminé, en ſorte qu'on ne pouvoit jamais s'aſſurer ſi le nombre en étoit complet; & d'un autre côté, on étoit obligé de ſupoſer que ſur une même touche, on pouvoit trouver d'autres intonations qu'une forte & qu'une foible; ce qui eſt impoſſible; & on étoit obligé d'admettre des intonations moyennes; ce qui étoit abſurde; & jettoit d'ailleurs dans des eſpaces, où il n'y avoit plus rien de déterminé. Ce n'eſt pas ainſi qu'agit la Nature, chez qui tout eſt calculé & combiné avec la plus grande exactitude.

Ajoutons que la parole étant l'effet d'un inſtrument ſonore & harmonique, il faut néceſſairement qu'elle ſoit aſſujettie à l'harmonie.

Puiſque l'inſtrument vocal, conſidéré dans ſes ſons, eſt un inſtrument à vent, il faut néceſſairement qu'il produiſe une octave comme tout autre inſtrument à vent, comme une Flûte. Et puiſqu'étant conſidéré dans ſes intonations, il eſt un inſtrument à touches, il n'eſt pas étonnant qu'on y remarque encore l'empreinte de la même harmonie.

La parole, faite pour l'oreille; en devient par-là même plus agréable à celle-ci, puiſque l'oreille eſt conſtruite elle-même de façon qu'elle correſpond parfaitement à l'harmonie de l'octave; & que tout ce qui n'eſt pas conforme à cette harmonie, la bleſſe.

Ainſi tout eſt d'accord dans la Nature, quelle que ſoit la variété ſurprenante de ſes ouvrages. Et ſans cet accord, ceux-ci pouroient ils ſubſiſter? pouroit-elle ſe ſoutenir elle-même? Dès qu'elle a pris la proportion de l'octave pour la régle de l'harmonie du Monde dans lequel nous nous trouvons, cette harmonie doit ſe trouver par-tout: & loin de paroître ſurprenant qu'on la reconnoiſſe dans l'inſtrument vocal, il devroit paroître très-ſurprenant, au contraire, que cette harmonie ne s'y trouvât pas; & que cet inſtrument, modéle de tous les autres, fût fait d'après des proportions qui n'auroient aucun raport à celui qu'on est forcé de suivre dans un instrument quelconque.

C'est cette harmonie que l'Auteur de la Nature a mise dans les couleurs, & dans un grand nombre d'autres objets : ainsi la même harmonie anime la Nature entière, & répand par-tout ses influences admirables. Ainsi les yeux du Maître de la Terre, sa bouche, ses lévres, ses oreilles, l'air qu'il respire, la lumiere qui l'éclaire, les tons qui le ravissent, les couleurs qui le charment, &c. ont tous la même analogie, furent tous pesés à la même balance, réglés sur les mêmes proportions harmoniques, faits également pour ses organes.

C'est cette harmonie que célébrerent les Egyptiens, qui transporta Pythagore, que Ciceron ne dédaigna pas de commenter ; qui ne nous paroît un rêve que parce que nous avons trop perdu de vue ces raports ; & sans laquelle, l'analyse entière de l'instrument vocal, & celle des langues, par conséquent, ne peut s'arranger, & ne sera jamais que ce qu'elle a été jusques à présent, un vrai cahos.

On pourroit encore trouver un nouveau raport entre ces diverses harmonies, en ce que les sons peuvent se réduire à trois principaux, le guttural *a*, le dental *e* & *i*, & le labial *o* & *u*, comme l'a très-bien vu AMMAN (1), & suivant la méthode des Arabes qui réduisent à ces trois leurs points voyelles. C'est ainsi que les tons de Musique se réduisent à la tierce ; & que les sept couleurs primitives se réduisent également à trois, avec lesquelles se produisent toutes les autres.

§. 6.

L'absence de quelques-unes de ces intonations chez quelques Peuples, ne prouve rien contr'elles.

Il est vrai que toutes ces intonations simples ne se trouvent pas également chez tous les Peuples ; que les Hurons, par exemple, n'ont point d'intonations labiales, & que les Chinois sont privés des intonations B, D, R.

Mais ces faits ne prouvent rien ; l'octave musicale en est-elle moins naturelle, parce que toutes les oreilles n'en sont pas également susceptibles ? De ce que la Nature n'a pas donné à tous les Peuples les mêmes avantages, peut-on en conclure que ceux qui en jouissent ne jouissent pas des dons de la Nature ?

Si les Hurons n'ont pas les lévres constituées de façon à ne pouvoir prononcer

(1) *Ubi suprà*, p. 53.

ni

ni *b* ni *p* ; & si les Chinois n'ont pas eu l'oreille assez fine pour s'apercevoir que P & T, pouvoient être adoucis en B & en D, il n'en peut rien résulter contre nos principes ; puisqu'ils sont pris dans la nature même de l'instrument vocal, tel qu'il existe pour nous, & chez presque tous les Peuples.

Ce ne sont pas des raisonnemens négatifs qu'il faut nous oposer ; mais nous prouver qu'il existe chez nous ou chez un Peuple quelconque, des intonations simples que nous n'avons pas mises en ligne de compte. Ce n'est qu'alors qu'il seroit demontré que nous avons trop resserré l'étendue naturelle de l'instrument vocal. Cependant nous ne craignons rien de pareil pour aucune Langue ancienne & moderne, quelqu'étrange qu'elle puisse être : il faudroit pour cela que ceux qui la parlent eussent des organes absolument différens des nôtres ; ou, ce qui revient au même, plus ou moins nombreux. Dans ce cas même, ce seroit un autre instrument vocal qu'on nous oposeroit ; & dès-lors on sortiroit de l'état de la question, puisqu'il ne s'agit que de son état actuel & commun à tous les hommes connus.

Ajoutons, qu'il n'est pas même certain que les Hurons & les Chinois, généralement parlant, ne connoissent pas les lettres qu'on dit leur manquer ; & qu'elles ne se trouvent pas dans des dialectes de leur langue. C'est ainsi que la lettre *R* qui manque à la Langue Mandarine chez les Chinois, est en usage dans la Province de Chin-Cheu : on y a, par exemple, le mot Curt, qui, suivant la différente maniere de le prononcer, signifie *arbre* & *labourer* : ainsi on défigure moins les mots Européens dans cette Province, que dans les autres Provinces de ce vaste Empire.

§. 7.

Intonations composées, ou Passages.

Nous avons vu que les sons, en se combinant entr'eux, en forment de nouveaux, qu'on apelle *Diphtongues*. Cet avantage ne leur est point particulier : il en est de même des intonations simples : celles-ci se combinent entr'elles de plusieurs façons différentes, & forment chez quelques Peuples une longue suite d'intonations, plus nombreuses quelquefois que les simples. C'est ici où les Hommes sont vraiment créateurs : les élémens de tous les Arts & de toutes les Sciences ne dépendirent jamais d'eux ; mais ils leur ont été livrés pour leur usage & pour élever sur eux l'édifice immense des connoissances humaines : aussi dès qu'on veut analyser celles-ci, il faut revenir, avec l'exactitude la plus scrupuleuse, à ces premiers élémens, sous peine de se perdre dans un labyrinthe inextricable.

Mais si jamais on eut besoin de remonter aux premiers principes & d'en suivre exactement le fil, c'est, sans contredit, dans la comparaison des Langues. On ne sauroit reconnoître ce qu'elles ont de commun, si on n'a pas une idée nette des élémens sur lesquels elles se sont toutes nécessairement élevées, & si on ne peut, par ce moyen, reconnoître ce que chacune y a ajouté.

C'est pour avoir négligé ces connoissances préliminaires, que les alphabets des Peuples ont paru se combattre mutuellement, être l'effet du hazard, contenir des élémens qui n'avoient nul raport entr'eux; & qu'on n'a pu, par conséquent, reconnoître les raports d'une foule de mots, qui ne différoient que par des combinaisons factices d'élémens communs à toutes les Langues.

Les intonations se combinent, ou avec l'aspiration & avec la voyelle *i*; ou entr'elles, mais de maniere que ce ne sont que les trois dernieres, la gutturale, la siflante & la chuintante, qui se réunissent avec d'autres. De-là les consonnes doubles, qu'on peut apeller PASSAGES, du même nom qu'on donne en musique à un ton qui commence par une note & qui se termine tout à coup sur une autre.

L'aspiration se joint à la plûpart des intonations chez plusieurs Peuples: les Hébreux & les Celtes ont des *b*, des *c*, des *d*, &c. aspirés: de-là le *kh* des Grecs & leur *ph*.

La voyelle *i* s'unit à *l* & à *n* pour former des intonations mouillées.

La siflante s'unit, 1°. à la labiale, comme le *ps* des Grecs; 2°. à la dentale, comme le *th* prononcé *dzh* de ces mêmes Grecs & des Anglois; & 3°. à la gutturale, comme dans notre *x*.

La chuintante & la gutturale s'unissent à la dentale; de-là le *tch* des Italiens, des Limousins, des Valdois: le *dj* & *dge* des Arabes, des Italiens, &c.

Ces intonations composées varient presqu'à l'infini, suivant le génie de chaque Peuple: elles ne peuvent donc entrer dans l'alphabet primitif & naturel; il faut cependant en connoître la composition & la valeur, afin de s'assurer de ce que chaque Peuple a ajouté à la masse premiere, & de pouvoir les suivre dans les combinaisons qu'ils en ont faites.

On peut même ramener ces combinaisons à des classes générales: c'est ainsi que les Orientaux abondent en aspirées & en siflantes: les Peuples du Nord, dans celles de cette derniére espéce; ceux du Midi de l'Europe en chuintantes. Ce n'est point l'effet du hazard: les Orientaux prononcent de l'extrémité intérieure de l'instrument vocal ou de la gorge; les Peuples du Nord, de l'extrémité extérieure ou des dents: les autres gardant le milieu entre ceux-là, aiment les intonations qui se font entendre dans le corps de l'instrument vocal. Nous verrons bientôt la raison même de ces préférences.

CHAPITRE IV.

Etendue de l'Instrument Vocal chez divers Peuples relativement aux Intonations.

Au moyen de la division des intonations en fortes, en foibles & en composées, il n'est rien de plus aisé que d'analyser & de comparer l'étendue de l'instrument vocal chez chaque Peuple, de ramener tous leurs procédés à ces premiers Élémens & de reconnoître ceux qu'ils aiment de préférence.

Il est vrai qu'on rencontre quelquefois de la difficulté à fixer dans les Langues mortes, la vraie prononciation de quelques intonations composées : mais ces intonations n'ayant lieu que pour une très-petite partie de la Langue, & pouvant toujours se réduire au moins à une intonation simple & constante, l'inconvénient en est presqu'insensible. Peu importe, par exemple, de savoir si les Latins ont prononcé *que* à notre maniere, sans aspiration comme nous prononcerions *ke* ; ou s'ils lui donnoient un son un peu aspiré, à l'Esclavonne & à la Suédoise, en le prononçant *qve*, mais en n'apuyant presque pas sur le *v* : puisque par raport à la comparaison des Langues, cette précision est presque de nulle valeur.

Intonations Françoises.

On en peut compter vingt-une, classées de cette maniere sous 24 caractères différens.

Touches.	*Fortes.*	*Foibles.*
Labiale,	P.	B.
Dentale,	T.	D.
Nasale,	N.	M.
Linguale,	R.	L.
Gutturale,	Ca.	Ga.
Siflante,	S, Ce.	Z, T entre deux voyelles.
Chuintante,	Ch.	J, Ge.
Labio-dentale,	F.	V.
Mouillées,	Ill.	Gn.
Gutturale-siflante,	X.	
Gutturo-labiale,	Que.	Gue.

Intonations Hébraïques.

On en peut compter au moins XVII, lorsqu'on ne se sert pas des distinctions Massoréthiques en usage chez les Juifs modernes.

Touches.	Fortes.		Foibles.	
Labiale,			ב	B.
Dentale,	ט	T.	ד	D.
Nasale,	נ	N.	ם	M.
Linguale,	ר	R.	ל	L.
Gutturale,	כ	K.	ג	G.
Siflante,			ז	Z.
Chuintante,	ש	Sh.		
Labio-dentale,	פ	Ph.	ו	V.
Dentale-siflante,	צ	Ts.	ח	Th, *prononcé* Tzh, à l'Angloise.
Gutturo-siflante,	ס	X.		
Gutturo-labiale,	ק	Qu.		

Intonations Chinoises.

On n'en compte que XVII.

Labiale,	P.	
Dentale,	T.	
Nasale,	N.	M, *ou* ng.
Linguale,	L.	
Gutturale,	K.	C.
Siflante,	S.	Ç.
Chuintante,	X, *ou* Ch.	J.
Labio-dentale,	F.	V.
Dentale-siflante,	Ts.	
Dentale-chuintante,	Tch.	Ge, *ou* Dch.
Gutturo-labiale,	Y, *ou* Gue.	

Ce dernier caractère est donc le ע h des Hébreux, lorsque celui-ci est rendu par *w* ou par *gu*.

Intonations Arabes.

Elles ſont au nombre de XXIII.

Labiale,			ب	B.
Dentale,	ت	T.	د	D.
Naſale,	ن	N.	م	M.
Linguale,	ر	R.	ل	L.
Gutturale,	ك	K.		
Siflante,	س	S.	ز	Z.
Chuintante,	ش	Sh, *ou* Ch.	ج	Ge, *ou* Dje.
Labio dentale,	ف	Ph.	و	V.
Dentale-ſiflante,	ص	Tz.	ض	Dſ.
Dentale-ſiflante-aſpirée,	ث	Thſ.	ذ	Dhſ.
Gutturo-labiale,	ق	Qu.		
Gutturale-aſpirée,	خ	Kh.	غ	Ghe.
Dentale-aſpirée,	ط	Th.	ظ	Dh.

Remarques ſur ces Tableaux d'Intonations.

Ces exemples tirés d'une Langue qu'on ne parle plus depuis deux mille ans, & de trois autres priſes, en quelque façon, aux plus grandes diſtances poſſibles & ſéparées par une multitude d'autres, ſuffiſent, ſans doute, pour faire voir la maniere dont on peut & dont on doit analyſer les intonations d'une Langue quelconque & les rapporter à une meſure commune.

On ne ſauroit diſconvenir qu'une pareille méthode ne réuniſſe un très-grand nombre d'avantages.

1°. Elle fait connoître d'un coup d'œil, les raports qui exiſtent à l'égard des intonations, entre les Langues qu'on veut analyſer, & dont il importe d'avoir des idees préciſes.

2°. On s'aſſure à l'inſtant des progrès de chaque Peuple à cet égard ; de ce qu'ils ont ajouté à l'étendue de l'inſtrument vocal ; & des ſons qu'ils aiment de préférence. Ainſi l'on voit que les Chinois ne connoiſſent pas toutes les intonations primitives ; n'ayant, ni *b*, ni *d*, ni *r* : que les François ſont plus riches qu'eux, & à cet égard, & en intonations compoſées : tandis qu'à l'égard de ces dernieres, les Arabes les ont tous laiſſés fort en arriere.

3°. Que ceux-ci, malgré leurs richeſſes en ce genre, ont cependant moins d'intonations ſimples que nous, & que ce en quoi ils nous ſurpaſſent conſiſte dans des intonations, compoſées de la dentale & de la gutturale unies à l'aſpiration & à la ſiflante; celles-ci faiſant preſque le quart du nombre de leurs intonations : tandis que les Chinois ſont privés d'une grande partie des intonations ſimples, n'ayant que les fortes pour pluſieurs touches : enſorte qu'ils ont bien moins tiré parti de l'inſtrument vocal que les Occidentaux.

4°. On s'aſſure par ce moyen des intonations qui dominent dans le Langage de chaque Peuple, & du *mode*, ſi on peut ſe ſervir de cette expreſſion, qui régne dans leur prononciation. Ainſi l'on peut dire que le mode dominant des Chinois eſt le *chuintant*, puiſqu'ils n'ont que peu d'intonations ſur le devant de la bouche & très-peu d'aſpirées; qu'un quart de leurs intonations eſt ſur cette touche, & preſqu'un autre quart ſur ſa voiſine la ſiflante. Au lieu que le mode dominant des Arabes eſt le *dental-aſpiré*, puiſque le tiers de leurs intonations ſe raporte à cette claſſe. Et ceci eſt dans la Nature. Le grand uſage d'une choſe peut ſeul nous rendre habile en cette choſe, & nous y faire apercevoir des nuances, des gradations, des propriétés qui échapent à un œil moins attentif. Ainſi tout Peuple qui adopte de préférence une touche, & qui la rend dominante dans ſa prononciation, doit néceſſairement ſentir toutes les nuances dont elle peut être ſuſceptible; & il doit les adopter toutes, afin de pouvoir diſtinguer tous les mots qu'elle énonce par cette touche.

5°. Mais comme chaque touche n'eſt ſuſceptible que de deux intonations différentes, le Peuple qui en adopte une quelconque & qui veut varier ſes mots, eſt forcé de lui aſſocier d'autres ſons, comme fait l'Arabe qui a des dentales-ſiflées, des dentales-aſpirées-ſiflées, &c. des labiales-dentales, &c. Ce qui explique pourquoi tels Peuples ont tant d'intonations compoſées, & pourquoi ces intonations compoſées ont un ſi grand raport entr'elles.

6°. En pouſſant cette analyſe un peu plus loin, il eſt encore fort aiſé de connoître par-là le génie de chaque Peuple & la nature du climat qu'ils habitent : ceci paroîtra peut-être un paradoxe, du moins à ceux qui n'ont pas accoutumé de réfléchir ſur ces objets : mais de même que le génie d'un Peintre ſe manifeſte dans ſes Tableaux & celui d'un Auteur dans ſes Ouvrages; ainſi le génie des Peuples ſe manifeſte & ſe dévelope dans leur langage. Et comme l'inſtrument vocal eſt néceſſairement aſſujetti aux influences du climat, puiſqu'il eſt un objet phyſique, il doit néceſſairement varier ſuivant les climats & ſuivant les dégrés de chaleur & de froid qu'il éprouve : comme nous le ferons voir bientôt dans un plus grand détail.

7°. Enfin, ces connoiſſances ne ſont point de pure curioſité; elles ſont indiſpenſables dans la comparaiſon des Langues, & dans leur raprochement de la Langue primitive. Ces diverſités dans les intonations, répandent néceſſairement la plus grande diverſité dans la prononciation & dans l'orthographe d'un même mot; il doit néceſſairement ſe déguiſer, en paſſant de Langue en Langue, ſous mille formes différentes, relatives au mode de prononciation adopté dans chacune; en vain donc on entreprendroit de le ſuivre dans toutes ces Langues, ſi on n'eſt pas au fait des changemens qu'il a dû néceſſairement y ſubir. C'eſt pour n'avoir pas pris cette précaution, que tant de perſonnes, d'ailleurs habiles dans les Langues, ont échoué dans les comparaiſons qu'ils en ont voulu faire. En vain chercheroit-on, par exemple, chez les Chinois ſous la lettre *r*, les mots primitifs dont cette lettre fait partie : chez les Anglois, ſous la lettre *z*, cette foule de mots Allemans qui commencent par cette lettre, & chez les Latins nos mots en *che*.

Rien cependant ne ſeroit plus contraire à la vérité, que de conclure que les Chinois, les Anglois ou les Latins n'ont pas les mots dont il s'agit ici; ils les poſſédent; mais ſous une autre forme; & il ſera très-aiſé de les y découvrir au moyen de la comparaiſon qu'on aura faite de leurs intonations.

Ainſi l'on trouvera chez les Chinois, ſous la lettre L, les mots qui ſont rendus ailleurs par R : chez les Anglois, ſous l'intonation dentale-ſiflante TH, les mots qui commencent en Allemand par la ſiflante Z : & chez les Latins, ſous la gutturale CA, les mots qui commencent chez nous par la chuintante CHE.

De-là, les raports des mots Chinois, *ly* & *lu* ou *lou*, avec nos mots *ris* & *roſée* qui ont la même ſignification : ceux des mots Anglois; *to*, à; *token*, ſigne; *tongue*, Langue; avec les mots Allemans, *ze*, à; *zeychen*, ſigne; *zunge*, Langue; & ceux de nos mots, *champ* & *cher*, avec les mots Latins *campus* & *carus*.

On cherchera donc ſous les ſiflantes, chez les Peuples qui les aiment, les mots qui commencent chez d'autres par des dentales : ſous les aſpirées, chez ceux qui les aiment, des mots qui commencent ailleurs par des labiales ou par des ſiflantes : & l'on tranſpoſera ainſi les mots d'un mode à un autre, comme on tranſpoſe un air de muſique, afin de pouvoir l'exécuter ſur des inſtrumens différens.

Les trois quarts des différences qu'on obſerve entre les Langues n'ont pas d'autre origine; & comme elles conſtituent ſur-tout les dialectes d'une Langue, on peut dire, qu'à cet égard, toutes les Langues ne ſont que les dialectes d'une ſeule : ces variétés ſe répétant ſans ceſſe dans les Langues d'un bout du Monde à l'autre. Les mêmes différences qui caractérisent les dialectes d'une Langue, caractérisent les dialectes d'une autre ; ensorte qu'un même mot roule de Langue en Langue sur un petit nombre de variétés, qui le font reparoître dans une Langue tel qu'il étoit dans une autre plus éloignée.

Ce sera, sans doute, un spectacle bien intéressant que celui qu'offriront désormais les Langues raprochées à ce point & ramenées à ces principes simples & puisés dans la Nature ; les résultats en seront aussi frapans que nouveaux : ils prouveront sur-tout de la maniere la plus victorieuse, que rien dans les Langues ne fut l'effet du hazard, comme on cherchoit à se le persuader pour se consoler des ténébres dans lesquelles étoit envelopée leur origine, & du désespoir où l'on étoit de la découvrir.

CHAPITRE V.

Maniere dont se prononcent les Sons & les Intonations qu'on vient de parcourir.

Après avoir vû les diverses classes auxquelles on peut ramener les intonations en usage chez la plûpart des Peuples, & les avantages qui résultent de cette distribution, il ne nous reste plus, pour terminer cette analyse de l'instrument vocal, qu'à exposer quelques remarques sur la maniere dont il faut s'y prendre pour les prononcer, ou sur le méchanisme de leur prononciation. Ce méchanisme est en général très-peu connu, parce qu'en général il est peu nécessaire, ne pouvant être utile qu'à ceux qui ont de la difficulté à parler, nombre heureusement peu commun ; il en est ici comme de ceux qui se portent bien. Mais comme il n'en existe pas moins, des Livres de Médecine pour ceux qui n'ont pas cet avantage, il ne seroit pas moins à souhaiter qu'il existât de bons Elémens de la parole, où l'on indiqueroit de la maniere la plus exacte, la position dans laquelle doivent être pour chaque intonation les organes nécessaires pour la former : ceux qui n'étant pas secondés à cet égard par la Nature, n'ont d'autres ressources que celles de l'art, pourroient en retirer du moins quelqu'avantage.

Méchanisme des sons.

A, se prononce, comme nous l'avons dit, de la plus grande ouverture possible

sible de la bouche ; ensorte que la caisse de l'instrument vocal se réplie le plus qu'il est possible sur son extrémité intérieure vers la racine de la Langue : ce qui fait que le son *A*, naît avec force du gosier & fait entendre un bruit plus ou moins guttural. Il est d'ailleurs le son de l'acclamation & du cri, ainsi que celui d'une douleur profonde.

E, se prononce en fermant la bouche à moitié, ou plutôt en ne l'ouvrant qu'à demi, c'est-à-dire autant qu'il est nécessaire pour la respiration : en sorte qu'on peut dire que c'est la voyelle de la respiration, & des sentimens doux & agréables : celle de l'existence sur-tout.

Tandis que l'E long & aspiré ou tiré du plus profond de la poitrine, est la voyelle de la peine & de la fatigue.

I, se prononce en diminuant encore plus l'ouverture de la bouche ; & pour cet effet, en faisant rentrer en dedans & retirant les muscles des lévres vers les oreilles : le son qui en provient est nécessairement aigu & sec ; aussi est-il la voyelle du ris.

Afin de prononcer O, les lévres se portent au contraire en avant, & forment un cercle : comme ce mouvement est aisé, & qu'il peut se soutenir long-tems sans incommoder, il est devenu de lui-même celui de l'admiration & de l'étonnement ; mouvement où l'on reste la bouche ouverte, sans qu'elle se porte d'un côté plutôt que d'un autre.

Lorsqu'il s'agit de prononcer U, les lévres se portent encore plus en avant, & se raprochent beaucoup plus l'une de l'autre, en retirant un peu le souffle à soi, comme pour humer. C'est le mouvement propre à la moue, comme le dit notre Poëte Comique, dont la plaisanterie semble avoir jetté sur l'analyse même de la parole un ridicule qui ne doit regarder que ceux qui en parlent hors de saison, ou qui se croiroient fort habiles pour ne savoir que cela. Cette voyelle est celle des pleurs, par cela même que les pleurs & la moue sont l'effet d'une même sensation.

Enfin, la bouche est aussi en avant & aussi peu ouverte qu'il soit possible, lorsqu'elle fait entendre le son OU. L'air sonore est chassé par cette position en avant, avec force & rapidité : aussi est-ce la voyelle dont on se sert pour repousser.

Les voyelles sont ainsi le moyen par lequel nous manifestons les sentimens dont nous sommes affectés : elles en sont une vive peinture à laquelle on ne sauroit se méprendre.

Comme en parlant de l'aspiration & de ses diverses espéces, nous avons été obligés de dire de quelle maniere elles se prononçoient, nous ne le répéterons pas ici. Nous nous contenterons de dire qu'outre les trois espéces d'aspirations dont nous avons parlé dans cet endroit, il en est quelques autres moins répandues, telles que le *k* aspiré des Hébreux, & le *ch* final des Allemans. Ici la Langue se raproche de sa racine & du palais, de maniere que l'air resserré & forcé de labourer le palais, fait entendre un son plus aigu dans le *k* aspiré des Hébreux & plus étouffé dans le *ch* final des Allemans.

Méchanisme des Intonations.

Les LABIALES se prononcent par la simple pression des lévres : une forte pression produit l'intonation P ; une légére, l'intonation B. On se sert aussi des lévres pour prononcer F, N & M ; mais nous verrons quand il s'agira de celles-ci, que la pression des lévres y est accompagnée du mouvement d'autres organes.

Les DENTALES se prononcent par la pression de la langue contre les dents supérieures. Si la pression est forte, on entend l'intonation T ; & D, si elle est foible.

Les NASALES se prononcent par la pression des muscles du nez ; avec cette différence que l'on presse les lévres pour occasionner la pression des muscles du nez, nécessaire pour faire entendre M ; & que la Langue fait effort contre les gencives supérieures pour produire la pression des mêmes muscles du nez nécessaire pour faire entendre l'intonation N. C'est ce concours d'organes différens des muscles du nez, qui a fait mal-à-propos confondre M avec les labiales & N avec les dentales.

Les GUTTURALES se prononcent du gosier ; & pour les faciliter, la Langue fait effort sur le devant de la bouche : si elle apuie contre les racines des dents d'en haut, la contraction des muscles du gosier est très-forte & produit l'intonation K. Si elle presse contre les dents d'en bas, la contraction des muscles du gosier est beaucoup plus foible & produit l'intonation GA.

Observons ici que ce double mouvement pour produire une même intonation, l'un de l'organe qui la produit, l'autre de la Langue qui facilite l'effet de cet organe en apuyant fortement contre un autre, & produisant l'effet d'un lévier & de la puissance qui le meut, a embrouillé plus d'une fois ceux qui ont voulu démêler ce méchanisme ; & a été cause qu'ils ont souvent mis sur le compte d'un organe, des intonations produites par des organes très-différens.

Les LINGUALES sont l'effet des muscles de la langue. Pour l'intonation foible L, ces muscles se portent vers la partie antérieure du palais, & s'en détachent avec assez de force pour occasionner un courant d'air sonore qui fait entendre cette intonation.

L'autre intonation linguale R, dépend d'un trémoussement dans la pointe de la langue, qui s'opére ainsi. Cette pointe glisse le long du palais sans le toucher & en tendant vers les dents supérieures, ensorte que la langue prend la figure d'un Z ou d'un S renversé : alors l'air chassé avec force & qui n'a qu'un petit espace entre le palais & la langue, reflue sur la pointe de la langue, & par cet effort la fait frémir dans toute sa longueur. Si l'on fait sortir cet air par secousses, il en résulte un frémissement soutenu qui a fait mettre mal-à-propos par quelques personnes l'intonation R, au nombre des voyelles.

Les linguales ont la propriété de s'associer à quelques autres intonations; aux labiales P & B, à la labio-dentale F, & aux gutturales C & G, d'une maniere si intime qu'elles se prononcent dans le même tems, sans aucun intervalle physique ou syllabique, comme si elles ne faisoient qu'un seul son. C'est ainsi qu'on ne sent pas le moindre intervalle entre *f* & *l* dans *flot*; entre *b* & *r*, dans *broc*; entre *g* & *r*, dans *grec*; ou entre *c* & *l*, dans *clé*. On croit ouir deux notes en accord qui frapent l'oreille ensemble, & entre le commencement desquelles il n'y a aucune succession. C'est que le jeu des organes qui prononcent la premiere de ces intonations, s'exécute dans le même tems que le jeu de la Langue nécessaire pour faire entendre l'intonation linguale qui s'unit à celles-là.

Il est donc bien étonnant qu'on ait cru qu'il y avoit succession entre ces deux sortes d'intonations; & qu'on ne se soit pas aperçu, que si on veut les prononcer séparément, on entendra toujours, avec quelque vitesse qu'on le fasse, deux sons differens, deux syllabes physiques, tout comme on entend deux syllabes en prononçant CT, ST, SP, &c.

Si tant de personnes grasséient, c'est donc uniquement parce qu'elles ne peuvent pas ou parce qu'elles ne savent pas prononcer au même instant deux des intonations dont il s'agit ici : *cl*, par exemple, *gr*, ou telle autre : soit parce que leurs organes n'ont pas assez de flexibilité; ou plutôt, parce qu'elles n'ont pas aperçu que ce double méchanisme devoit s'exécuter à l'instant, & sans aucun intervalle. Car dès-lors, le *r* se trouve si éloigné de la premiere intonation, qu'avec quelque vitesse que la langue s'y porte, il s'est écoulé un intervalle qui a dénaturé le mot; précisément comme si l'on prononçoit en deux tems, les deux sons qui composent une diphtongue.

Les SIFLANTES & les CHUINTANTES different comme l'aigu du grave. Dans les premieres, l'air sonore s'échape en faisant entendre un son vif & aigu, parce que la langue qui est alors presque collée aux dents supérieures & au palais, ne lui laisse qu'un passage très-serré. Dans les dernieres, au contraire, l'air sonore sort avec un siflement beaucoup plus modéré, parce que la langue qui n'apuie que vers les dents inférieures, lui laisse un beaucoup plus grand espace à remplir, & une sortie beaucoup plus considérable ; il sort cependant avec siflement, parce qu'il est poussé avec force le long de la langue qui se rétrécit en forme de canal ou de goutière, sur-tout pour l'intonation forte de *che*.

Ajoutons qu'il y a cette différence entre S & Z, que pour la premiere, la langue se raproche beaucoup plus du palais que lorsqu'il s'agit de prononcer Z. Au lieu que la langue se porte vers la racine des dents, lorsqu'il faut prononcer Z.

Les Labio-dentales, F & V, se prononcent par la pression des dents contre les lévres, ensorte qu'en se séparant & se retirant, elles attirent fortement l'air, & qu'il y a par conséquent aspiration ; plus foible pour *V* que pour *F*. Quant à la prononciation du P aspiré, ou du PHÉ en Hébreu, en Arabe, en Grec, &c. elle est beaucoup plus forte que l'aspiration *F*, parce que la pression des lévres pour prononcer *P*, ayant été beaucoup plus forte que pour prononcer F, l'air aspiré sort avec bien plus d'abondance & de force.

Et, quoiqu'en François, on ait toujours représenté l'intonation *ph* par le caractère F, il y avoit certainement entr'eux la même différence dont nous venons de parler, puisque Ciceron raille un Romain qui prononçoit *Fundanius*, comme si ce nom avoit été écrit *Phundanius*.

De quelques autres intonations composées.

Comme les nasales M & N, se prononcent au moyen de l'effort que les lévres font pour la premiere, & de celui que la langue fait contre les dents pour la seconde, il doit arriver quelquefois que les labiales *b* & *p* se substituent à *m*, & les dentales *t* & *d*, à *n* ; il arrive même, lorsqu'on est extrêmement enrhumé, que les intonations *m* & *n* ne se font plus entendre, & qu'il ne reste pour les produire que l'impression des lévres & de la langue, ensorte qu'on dira *banger*, au lieu de *manger*, & *derf*, au lieu de *nerf* (1).

Il arrive, au contraire, que ceux qui ne peuvent prononcer sans peine l'intonation *b*, la font précéder de *m* ; & qu'ils disent *mb*, au lieu de *b*. Tels sont

(1) Opuscules de l'Abbé de Dangeau, p. 54.

en Europe les Grecs Modernes, & en Amérique les Peuples du Brésil (1).

Tandis que ceux qui ne peuvent prononcer sans peine *d*, font entendre l'intonation *nd* (2).

Le TH des Anglois, qui est le *Thèta* des Grec & le *Thau* des Hébreux, se prononce par un méchanisme fort aprochant du Z ; mais avec cette différence, qu'ici la pointe de la langue est d'abord posée entre les dents, & qu'elle se retire lentement vers le palais, tandis que l'air sort avec aspiration ; ce qui produit un siflement émoussé & aspiré qui n'est ni S, ni Z, ni H, mais qui tient de tout cela.

Il n'est peut-être aucune touche qu'on ne puisse accompagner d'une aspiration. Ainsi les Juifs Modernes distinguent un B, un D, un K, &c. aspirés & non aspirés. De même, les Grecs ont un P, un T & un K aspirés ; nous avons déja parlé des deux premiers : reste le troisiéme, ou KH qu'ils apellent *khi*.

Ce caractère répond, & au k aspiré des Hébreux & à leur aspiration gutturale ח ou 'h dont nous avons parlé ci-dessus : mais quant à sa prononciation, il paroît qu'elle tenoit plus du k aspiré que du 'h ; qu'on y entendoit le son du k en plein, & que c'est par cette raison qu'ils avoient inventé cette lettre double.

(1) Langues d'Amérique, par RELAND, p. 179.

(2) AMMAN, *ubi suprà*, p. 77.

LIVRE III.

Des divers MODES *dont est susceptible l'Instrument Vocal ; leurs causes & leurs effets.*

CHAPITRE PREMIER.

De leur étendue.

TEL est l'instrument vocal ; telle, l'étendue des sons qu'il fournit ; & qui peuvent se mêlanger & se varier presqu'à l'infini, ensorte qu'il n'est presque point de Peuple qui n'ait quelque son qui lui soit propre.

Mais telle est sur-tout cette étendue, que le même mot peut se prononcer différemment par plusieurs Peuples, suivant la portion de l'instrument vocal sur laquelle ils aiment à faire effort ; ou dont le climat leur rend l'usage plus facile : ensorte que divers Peuples pourront prononcer exactement les mêmes mots & ne point s'entendre, parce qu'ils ne les exécuteront pas sur les mêmes portions de l'instrument vocal, ou qu'ils les exécuteront avec plus ou moins de force.

Ainsi, lorsqu'un Peuple prononce P ou T, un autre qui aime les touches légères prononcera B ou D ; tandis qu'un Peuple fera effort sur l'extrémité intérieure de l'instrument vocal, un autre portera toutes ses forces sur l'extérieure, ou sur le milieu même de cet instrument ; l'un aspirera un mot, tandis que l'autre sifflera, & qu'un troisiéme chuintera le même mot.

Il n'est personne qui n'aperçoive que plus ces différences sont répétées dans les Langues, plus ces Langues doivent paroître différer les unes des autres ; & qu'on pourra même désigner chacune suivant le genre de prononciation qu'elle a adopté de préférence.

L'on pourra donner l'épithète de *fortes* aux Langues qui aiment les intonations fortes : de *douces*, à celles qui préferent les intonations foibles. Les unes seront aspirantes, les autres siflantes, des troisiémes chuintantes, des quatriémes nasalantes. D'autres, seront un mêlange de celles-là.

On ſent encore très-bien, que lorſqu'on voudra chercher un même mot dans ces diverſes Langues, il ſeroit inutile de le chercher dans toutes ſous les mêmes modifications, s'il eſt ſuſceptible de pluſieurs : qu'il faudra le chercher ſous une modification aſpirée, dans les Langues qui aſpirent, s'il eſt ſuſceptible d'aſpiration ; ſous une modification ſiflante, naſalante ; chuintante, dans les Langues qui ont adopté ces prononciations, &c. chaque Langue revêtant néceſſairement chaque mot, des ſons dont il eſt ſuſceptible & qu'elle a adopté, qui lui ſont les plus familiers, les plus aiſés, les plus flatteurs.

Mais toutes ces variétés étant puiſées dans l'inſtrument vocal, elles en peuvent être apellées les MODES ; car ce ſont autant de modes ou autant de manieres dont ſe forment les Langues & dont un même mot peut ſubſiſter, ou dont il peut être revêtu. Ainſi le mot HAD ſera dans le mode *aſpiré* ; prononcé HAND, il ſera dans le mode *naſalé*, &c. devenu KHAND, il ſera dans le mode *guttural* : AID, EID, ou ID, le préſenteront dans le mode *foible*, &c. Et ce ſera le même mot néanmoins, parce qu'il offrira toujours le même ſens & le même ſon principal.

C'eſt dans ces modes que conſiſte une des grandes cauſes de la différence des Langues, celle qui influe le plus ſur la maſſe entiere du Langage ; c'eſt par conſéquent une de celles qu'il faut ſe rendre plus familieres lorſqu'on veut étudier les Langues, puiſqu'on trouve dans ces modes autant de clés qui facilitent la comparaiſon des Langues ; & ſi juſques à préſent, elles avoient paru ſi diverſes entr'elles, ſi l'on n'avoit pu réuſſir dans leur comparaiſon, lors même qu'on étoit convaincu de leur raport, on doit ſur-tout l'attribuer au peu de ſoin qu'on avoit eu de reconnoître ces propriétés de l'inſtrument vocal.

CHAPITRE II.

Cauſes générales de ces diverſités.

CES variétés ne ſont pas l'effet du hazard, comme on l'a prétendu ; elles ſont toujours produites par des cauſes phyſiques, qui ſe font ſentir à chaque inſtant, qui à chaque inſtant influent ſur l'inſtrument vocal d'une maniere ou d'une autre : il en eſt ſur-tout une très étendue, c'eſt le climat ou la nature du Pays qu'on habite.

Premiere cause ; le Climat.

L'instrument vocal est un composé de fibres que la chaleur relâche & que le froid resserre, de la même maniere que ces élémens agissent sur tous les autres corps : mais ils ne peuvent relâcher ou resserrer les fibres de l'instrument vocal, qu'il n'en résulte pour la parole, des effets très-différens les uns des autres.

Dans les Contrées où l'air est brûlant, & où le sang coule avec impétuosité dans les veines, les fibres de l'instrument vocal seront extrêmement dilatées, & auront par conséquent beaucoup de jeu : on pourra donc prononcer les sons avec beaucoup de force, par conséquent, les aspirer fortement ; l'on aspirera même d'autant plus fortement que les muscles de la bouche ayant plus de jeu, celle-ci s'ouvrira plus aisément, & fera plus souvent effort sur son extrémité intérieure ; la voix montera donc plus aisément aux octaves les plus élevées ; elle fera entendre des aspirations, des intonations fortes, des voyelles gutturales ou extrêmement ouvertes : elle épuisera toutes les nuances des aspirations, afin de diversifier l'usage continuel qu'elle en fait.

Si ces climats chauds sont coupés par des Montagnes élevées, celles-ci ajouteront à cette impétuosité, en brisant le sang, en l'atténuant par les secousses qu'occasionnent leurs chemins rudes & escarpés, en facilitant par ces secousses fréquentes le jeu des poumons. Le langage ou la parole s'y précipitera comme les Torrens qui descendent de ces Montagnes, & qui entraînent tout ce qui leur fait obstacle : l'instrument vocal y résonnera sur les touches les plus courtes, les plus aigues, les plus sonores.

Dans les Contrées où les frimats ont établi leur siége, où le cours de tout ce qui se meut est ralenti, quelquefois suspendu, par la violence du froid, où toutes les fibres sont resserrées, racornies, dépouillées de presque tout leur jeu, l'instrument vocal s'ouvrira avec plus de peine ; il s'élévera donc moins, il pésera moins sur la portion intérieure, & beaucoup plus sur l'extrémité extérieure : il rendra donc de préférence des intonations labiales, dentales, sifflantes ; on paroîtra ne parler que du bout des dents.

Dans des Contrées intermédiaires & plus heureuses, dont l'air sera tempéré, où les Fleuves couleront avec une majestueuse lenteur sans se précipiter du haut des Monts & comme s'ils regretoient de quitter leur tranquille séjour, les ressorts de l'instrument vocal ne seront ni trop dilatés par la chaleur, ni trop resserrés par le froid ; ils seront ainsi dans une tension modérée, qui produira des

des intonations douces, tranquilles, flatteuses. Comme elles ne sauteront pas aux extrémités de l'instrument vocal, & que leur effort se répandra à peu près également sur toute son étendue, & par conséquent dans son centre, le langage y abondera en liquides, en mouillées, en linguales, en nasales, en sons agréables & doux. Il ne sera pour ainsi dire qu'un léger murmure, indice du séjour délicieux qu'habitent ceux qui font entendre ces sons agréables.

C'est sur-tout sur les voyelles que les climats influeront; parce qu'elles sont susceptibles d'une plus grande durée, & d'une plus grande diversité dans leur élévation: par conséquent rapides, vives & variées chez les uns; trainantes, foibles & monotones chez d'autres: aigues & élevées chez ceux-là; rudes chez ceux-ci; la douceur même chez des troisiémes.

Deuxième Cause; diversité de situation.

Ces différences ne regnent pas seulement entre des Nations séparées par de longs intervalles: on les retrouve dans une même Contrée, entre les divers Habitans dont elle est peuplée, suivant la diversité des lieux où ils font leur séjour: cette diversité dans le local, produisant des variétés qui ont le plus grand raport à celles que produit l'oposition des climats.

Autre est, dans une même Contrée, dans une même Province, dans un même Territoire, la prononciation de ceux qui habitent les Montagnes & de ceux qui sont dans les plaines: de ceux qui sont exposés au Nord, & de ceux qui jouissent du Soleil du Midi. C'est ce qu'un Savant Italien a observé relativement à l'Italie. (1) » Ceux qui habitent, dit-il, les Contrées qu'arrose le » Pô & dont le climat est plus froid, ont la prononciation dure & concise, » rude & brusque. Le ton des Toscans & des Romains est plus mesuré; les Na- » politains qui jouissent d'un Ciel encore plus doux, parlent aussi plus claire- » ment & articulent les voyelles plus distinctement que les Romains ».

Quelle différence n'observe-t-on pas entre la prononciation des diverses Provinces de ce Royaume, entre les Picards & les Bretons, entre ceux-ci & les Provençaux! dans le Languedoc, quelle diversité entre ceux qui habitent la plaine, & ceux qui habitent les Montagnes; & entre ceux même qui habitent les Montagnes plus basses & cultivées, & ceux qui habitent les hautes Montagnes de la Lozere & du Velay!

(1) Gravina, Ragion. Poët. Lib. II, p. 148.

L'on pourroit même citer des Villages très-voisins, entre les Habitans desquels on aperçoit les mêmes différences, causées par les mêmes différences de local.

Ainsi commencent à se former les dialectes d'une même Langue; ainsi commencerent ceux de la Langue Grecque, ceux de la Langue Theutone, ceux de la Langue d'Oc, ceux de la Langue Orientale des premiers tems, ceux de la Langue Cantabre, ceux de la Langue Indienne, ceux de la Langue Américaine Septentrionale, ceux de toute Langue tant soit peu étendue.

Troisiéme Cause; les mœurs, &c.

Les mœurs & le caractère influent nécessairement sur le langage; & l'instrument vocal étant à la disposition de tous, il doit prendre les impressions de tous. Il doit rester dans un état fort imparfait chez les Peuples dont la vie est rude & sauvage; il doit s'adoucir, & se perfectionner chez ceux dont la vie devient plus douce, plus agréable, plus riche en jouissances de toute espéce; sur-tout chez les Peuples qui se font un plaisir de vivre en société: c'est à cet esprit de société que notre Langue, par exemple, doit les progrès prodigieux qu'elle a faits depuis deux siécles, & qui l'ont sur-tout si fort adoucie à tous égards.

Ceux qui habitent des Contrées fertiles, qui ont tout en abondance, qui jouissent de toutes les douceurs que les richesses menent à leur suite, auront une prononciation plus molle, plus délicate, plus recherchée; le voluptueux habitant de la Médie, de la Syrie, ou de l'Ionie, ne parlera pas comme l'habitant de la Sauvage Hyrcanie, du Liban ou de la Carie couverte de Montagnes. L'on n'entendra pas sur le Mont Jura, les sons agréables de la plaine; ou à la Hale, la prononciation séduisante de la Ville ou de la Cour. Ainsi dans une même Ville, dans le même Village, on voit les divers ordres de Citoyens avoir chacun leur langage à soi; & chacun chercher à se distinguer des autres par sa prononciation & par son langage, tout comme il en est distingué par son rang, par ses richesses, par ses connoissances, ou par son éducation.

Autres Causes; l'envie de se distinguer, la légéreté, le peu d'agrément qu'on trouve à certains sons, &c.

A ces causes, s'en joignent quelques autres, telles que l'envie de se distinguer par une prononciation plus flatteuse, l'inconstance qui fait qu'on se lasse de prononcer toujours de même, le peu d'agrément qu'on trouve à certains sons, ou même la difficulté qu'on a de les prononcer. Ces dernieres causes produisent même quelquefois des effets beaucoup plus nombreux, & qui se suivent de plus près, que ceux qui sont causés par le climat.

Ainsi s'élévent entre les Peuples, des barrieres plus fortes que celles qu'oposent les Montagnes les plus escarpées & les Mers les plus vastes : ainsi ils paroissent parler les Langues les plus oposées, lors même qu'ils ne changent pas d'expressions. De-là, les idées qu'on s'étoit formées des Langues, comme n'ayant nul raport ; & que des téméraires pouvoient seuls entreprendre de réduire à une marche harmonique & uniforme, ces inflexions qui semblent se refuser à toute analyse : tel le vulgaire, ébloui de cette multitude d'astres qui roulent sur sa tête & dans laquelle il se perd, rit de celui qui prétend les compter & lui en aprendre le nombre.

Mais comme on voit ces mêmes astres devenir moins confus à mesure qu'on les raporte à certaines classes, de même lorsqu'on suit de près ces inflexions nombreuses que reçoit le même mot chez les divers Peuples qui s'en servent, on voit les Langues se réduire à un petit nombre de mots, & ne différer que par des changemens qui se reproduisent continuellement, & presque toujours de la même maniere ; ensorte que les Nations en aparence les plus oposées à cet égard, sont parfaitement semblables & entr'elles & avec la Nature à laquelle tout les ramene.

On voit donc par l'examen des sons en usage chez chaque Peuple, s'évanouir le fantôme effrayant de la multitude des Langues ; & les raports des mots qu'ils employent, devenir sensibles, malgré les formes diverses qui les dérobent à un œil moins attentif.

CHAPITRE III.

Nécessité de connoître ces différences pour l'étude des Langues.

§. I.

Point de connoissances sans comparaisons.

NOUS l'avons déja dit ; comparer, c'est connoître (1) : toutes nos connoissances ne roulent que sur des raports : il en est de même des Langues : elles m'ont paru si différentes jusques ici, leur connoissance n'est si difficile à acquérir que parce qu'on n'a jamais cru possible de les comparer entr'elles, de les ramener à un même principe. Mais descendues d'une seule source, puisées dans la Nature, se ressemblant toutes, celui qui les comparera, devra nécessairement faire un chemin immense dans leur connoissance ; il pourra les posséder à fond.

Cependant, il ne faut pas entreprendre cette comparaison sans les moyens qu'elle exige nécessairement ; sans en avoir la clé ; quelqu'habileté qu'on eut, il seroit impossible d'y faire les mêmes progrès ; les Langues paroîtroient moins semblables ; leurs mots isolés, s'éclaireroient beaucoup moins.

Il n'en est pas de même, lorsqu'on connoit la maniere dont les élémens de l'instrument vocal se substituent les uns aux autres, & la préférence que chaque Langue donne à quelques uns sur tous les autres : dès-lors, les raports d'une multitude de mots brillent de l'éclat le plus vif, ils ressortent comme la lumiere fait ressortir les objets que couvroit une ombre répandue également sur tous : celui qui en sait une, sait déja par cela seul la moitié des autres.

L'autre moitié n'exige guères plus de peine ; elle se réduit presqu'entierement à des mots allongés ou racourcis, ou à des mots qui ont passé d'un sens à un autre : ainsi lorsqu'on est au fait des moyens propres à reconnoître la racine primitive d'un mot, & sa valeur primitive, il n'est presque plus rien qui arrête dans la comparaison des Langues.

(1) Gramm. Univ. & Compar. p. 30.

§. 2.

Plusieurs Savans ont déjà senti l'utilité de comparer les Langues.

C'est ce que quelques Savans ont très-bien aperçu relativement à quelques Langues, qui n'étoient que des dialectes d'une Langue plus ancienne. Ceux qui ont travaillé sur les étymologies de nos Langues du Midi, ont très-bien vu qu'avec la connoissance de la Langue Latine, on possédoit la plus grande partie des Langues Françoise, Italienne, Espagnole, Portugaise, & des nombreux dialectes de la Langue d'Oc.

Ceux qui ont travaillé sur les étymologies des Langues du Nord, ont très-bien vû également qu'avec la connoissance de l'ancien Theuton, on savoit la plus grande partie des Langues Allemande, Flamande & Hollandoise, Angloise, Danoise, Suedoise, &c.

Il en est de même de ceux qui ont travaillé sur les Langues de l'Orient : ils ont très-bien vû que les Langues Hébraïque, Chaldaïque, Phénicienne, Ethiopique, Syriaque, Arabe, &c. avoient les plus grands raports ; que lorsqu'on en savoit une, les autres ne donnoient presque plus de peine.

C'est d'après ces principes & ces observations, qu'ont été composés tant de Dictionnaires harmoniques de ces Langues, où l'on ramène leurs dialectes à une source commune. Travaux infiniment précieux, & qu'il seroit très-important d'exécuter pour toutes les Langues. Ce n'est même qu'alors qu'on pourra être au fait de l'histoire des Langues, les suivre dans toutes leurs révolutions.

Entre les divers Auteurs qui ont cherché à faciliter l'étude de plusieurs Langues par la comparaison des Élémens qu'on y emploie, se distingue SCHULTENS auquel les Langues Orientales doivent tant : il s'aperçut très-bien que toutes leurs différences pouvoient se réduire aux principes que nous avons posés ; c'est d'après cela qu'il composa sa clé des dialectes Orientaux : & telle est la maniere énergique dont il s'exprima là-dessus.

» Afin de comparer la Langue Hébraïque avec ses dialectes, sur-tout avec celui des Arabes qui est le plus abondant, & afin de dissiper toute l'obscurité que pourroient présenter ses mots, on a besoin de deux clés, sans l'usage continuel desquelles on ne sauroit, ni apercevoir l'harmonie intime qui régne entre les branches de cette ancienne Langue, antérieure déja au Déluge, ni pénétrer dans les profondeurs de ces Langues. La premiere de ces clés consiste dans la connoissance exacte des changemens qu'éprouvent les consonnes &

» les voyelles. La seconde, dans la méthode critique au moyen de laquelle on peut ramener à un même tronc les significations diverses entassées confusément dans les Dictionnaires sur un même mot, & les classer suivant leurs raports à leur valeur primitive. Sans ce fil, on erre dans l'étude des Langues comme dans un labyrinthe inextricable ; & l'on ne peut avancer d'un pas, quoiqu'on se donne des peines inconcevables, *multa movendo nihil omnino promoveri potest* » (1).

Rien de plus positif qu'une décision pareille ; & elle est du plus grand poids, venant d'une personne qui avoit les connoissances les plus profondes dans les Langues Orientales.

§. 3.

Fondemens de nos Tableaux comparatifs pour l'instrument vocal.

Ce que SCHULTENS avoit si bien vu à l'égard des dialectes Orientaux, ce que d'autres ont également bien vu à l'égard des dialectes de plusieurs autres Langues, c'est ce que nous disons & que nous exécutons pour toutes les Langues, comme dialectes d'une seule. Nous les ramenons toutes à une seule, en comparant les mutations qu'elles ont fait subir aux Élémens des mots ; & en réduisant toutes les valeurs de ceux-ci, à un sens primitif dont se déduisent tous les autres sens qu'ils offrent.

Plus cette connoissance des changemens, qu'un mot a éprouvé en passant de Langue en Langue, est importante pour faciliter l'étude de celles-ci, & plus il nous a paru nécessaire de familiariser nos Lecteurs avec ces changemens & de consacrer à cet objet une portion considérable de ce volume. Nos Lecteurs ne sauroient, en effet, nous suivre avec plaisir dans la comparaison des Langues, ils ne seroient pas à même de sentir la force de nos principes, ils ne pourroient pas avancer dans cette étude, sans avoir formé leur oreille à ces changemens, sans se les être rendus si propres qu'ils puissent les trouver d'eux-mêmes avec la plus grande facilité.

Nous sommes entrés dans le plus grand détail, en puisant nos exemples, surtout dans les Langues modernes, & les mieux connues de la plûpart de nos Lecteurs ; & ne citant les anciennes & les plus éloignées que par surérogation

(1) CLAVIS *mutationis Elementorum qua* DIALECTI *Linguæ Hebrææ, ac præsertim Arabica Dialectus aliquando ab Hebræa deflectunt* ; à la suite de la Grammaire Arabe d'Erpenius, édit. de Leyde, 1733. in-4°.

& pour faire voir le parfait raport qui régne à cet égard entre toutes les Langues. Nous n'avons pas craint qu'on regardât ces détails comme *minucieux* : rien ne l'est dès qu'il est indispensable, & sur-tout en fait d'analyse. Comment s'assurer d'ailleurs du raport des Langues, si l'on ne connoît pas les raports de leurs mots ? & comment connoître ces raports, si l'on n'est pas au fait des altérations qu'ont dû essuyer leurs Élémens dans la suite des siécles ? Ce n'est que parce qu'on néglige trop ces prétendues minucies, qu'on est si peu avancé dans les sciences ; & qu'on a peu de bons livres élémentaires en tout genre ; & n'est-ce pas, parce que les Géomètres & les Musiciens ont eu le bon esprit de ne laisser aucun principe en arriere & de tout analyser, que la Géométrie & la Musique sont dans l'état de perfection où nous les voyons ?

On aura lieu de se convaincre par la considération du Tableau que nous mettons ici sous les yeux du Lecteur, du raport étroit qui lie toutes les Langues ; on sera étonné de les trouver si fort semblables entr'elles au milieu de leur inconstance ; on aura toujours plus lieu d'admirer la fécondité & la vaste étendue d'un instrument qui sait se prêter aux besoins les plus divers ; & paroître toujours différent, au milieu de la ressemblance la plus soutenue.

On verra aussi par le même moyen que ce n'est point par l'orthographe qu'il faut juger du raport des mots, mais seulement par le raport du son & par celui du sens : sur-tout, qu'il ne faut faire aucune attention aux voyelles dont les mots sont composés : ce qui paroîtra le plus étrange des paradoxes à ceux qui ne connoissent que nos Langues modernes, où les voyelles jouent un si beau rôle : mais qui n'en sera plus un, avant qu'on soit arrivé au quart de notre Tableau.

Le son de la voyelle est, en effet, trop léger, trop inconstant, trop susceptible d'élévation ou d'abaissement pour affecter également toutes les oreilles & pour ne pas éprouver les effets de l'inconstance des Langues. Puisque les consonnes, dont la place est fixe & dont le son est beaucoup plus sensible, plus *matériel*, ne sont pas à l'abri de cette inconstance, que ne doit-il pas arriver aux voyelles ?

Il n'est donc pas nécessaire, afin qu'un mot soit le même, qu'il soit écrit ou prononcé de la même maniere avec les mêmes consonnes & les mêmes voyelles : il suffit dans cette comparaison des Langues, qu'il offre un son semblable & un sens analogue, pour que nous y retrouvions le même mot ou un dérivé de la même famille. Nos mots *main*, *heure*, *ciel*, n'en seront pas moins les mêmes que les mots Latins, *manus*, *hora*, *cælum* pour être écrits avec des voyelles différentes : & notre mot *sept* n'en sera pas moins le mot *hept* des Perses, & le mot *hepta* des Grecs, quoiqu'écrit par une siflante, tandis que ces Peuples l'écrivent par une aspirée.

§. 4.

Division des Tableaux comparatifs des sons & des intonations.

Les comparaisons que nous allons offrir à nos Lecteurs, seront distribuées en VI. Classes qui formeront antant de *Tableaux comparatifs*, & qui présenteront les objets suivans :

1°. Les changemens des voyelles les unes dans les autres.
2°. Ceux qu'éprouvent les aspirations.
3°. Ceux des voyelles en consonnes & en nazales.
4°. Ceux des consonnes entr'elles.
5°. Les additions faites aux mêmes mots.
6°. Les retranchemens qu'ils éprouvent.

PREMIER TABLEAU COMPARATIF.

VOYELLES SUBSTITUÉES LES UNES AUX AUTRES.

ARTICLE PREMIER.

A, CHANGÉ EN D'AUTRES VOYELLES.

1°. *Changemens d'A en AI, ou A & AI substitués l'un à l'autre.*

Les Langues du Midi, ou le Latin, & celles qui en sont venues, l'Espagnol, le Portugais, la Langue d'Oc, l'Italien, font un usage continuel de l'A, tandis que le François & quelques idiomes de France employent AI au lieu d'A.

Latin & François.

Ala,	*aile.*
Ama,	*aime.*
Famis,	*faim.*
Fascis,	*faisceau.*
Macer,	*maigre.*
Panis,	*pain.*
Pax,	*paix.*
Vanus,	*vain.*

Italien & François.

Bacio,	*baiser.*
Mano,	*main.*
Valente,	*vaillant.*

Langue

Langue d'Oc & François.

Cla, *clair.*
Capelan, *chapelain.*

Latin & Langue d'Oc.

Pater, *paire.*
Frater, *fraire.*
Mater, *maire.*

François & vieux François.

An, *ain.*
Arche, *airche.*
Langue, *laingue.*

Espagnol & François.

Par, *paire.*
Grano, *grain.*
Plano, *plein.*
Carne, *chair.*

François & Bourguignon.

Image, *imaige.*
Abri, *aibrie.*
Ami, *aimi.*
Ange, *ainge.*

Et Franc-Comtois.

Cabas, *caibai.*
Aira, *Latin*, ara-re, *labourer.*

François & Espagnol.

Bal, *bayle*, & en *Portugais*, baile.

En François même.

Faim, *affamé.*
Paix, *pacifier.*
Vain, *vanité.*
Main, *manier.*

Clair, *clarté.*
Chair, *carnacier.*
Pair, *pareil.*
Vaillant. *valeur.*

Dialectes Theutons.

Les Anglois écrivent *ate*, & prononcent *ait*: ils prononcent de même l'*a* devant une terminaison féminine.

Sedate, *pron.* sedaite, *apaiser.*
Taibl, *pour* table.
Laim, *pour* lame, *estropié.*

Goth & Anglois.

Goth. *Angl.*
Fairra, farr, *loin.*
Gaird, gird, *ceinture.*
Dail, *portion* du primitif tal, *couper.*
Maitan, *couper*, du primitif mat, *couper*, *tailler.*

Hébreu & Anglois.

פאר, Phar, *Angl.* Fair, *beau.* *Franc.* fard, & faire le fareau.

Irlandois.

Ail, pierre; 2°. élevé, noble, du primitif *al.*
Ailt, *haut*, *Latin* altus.
Aingeal, *ange.*
Ainn, *cercle*, *anneau*, d'où *an.*
Air, *labouré*, *Latin* ARO, OIR*eamh*, Laboureur.
Airc, *Latin* arca, *arche.*
Airde, *hauteur. Latin*, arduus, *escarpé*, *haut*; 2°. *héron.*

Beilt, *Lat.* baltheus, *baudrier.*

DIALECTES GRECS.

Eol. Arô, *Grec*, airô, *prendre.*
Phanos, phainos, *lumineux.*
Ath. Klaô, klaiô, *pleurer.*
Kaô, kaiô, *brûler.*
Dor. Melais, melas, *noir.*

Le Grec dit également,

Tané, étens, *teinô*, j'étens.
Kharis, joie, *khairô*, je me réjouis.
Lapon, saivo, *montagne*, de l'Oriental *sav* ou *sab*, Montagne.
Persan, mad, *Anglois*, maid, *fille.*
Hébreu, rash, ראש. *Massore*, rosh.
Arménien, raies, *tête.*

MAL,

En diverses Langues, où il signifie, *parole*, *discours*, *conversation.*

Danois, mal, *Cimbre*, mael, *discours*, *entretien.*
Hébreu, מלל, mall, *parler.*
Vieux François, mail, *Parlement*; *Assemblée de la Nation.*
Hébreu, milla, *parole.*
Grec, *ho-mil-ia*, *conversation*, *entretien.*
Ho-mil-eô, *s'entretenir.*
D'où, ho-mélie.
Grec, ho-mil-os, *assemblée.*
Arabe, ملا, *malh*, *assemblée*, *congrégation.*

EPAROETES.

C'est le nom que les Auteurs Grecs donnent à un Corps de Troupes Arcadiennes & sur lequel on peut lire une Dissertation intéressante de M. BEJOT, Garde des Manuscrits de la Bibliothéque du Roi (1), où il prouve très-bien qu'on désignoit par-là un Corps d'Infanterie composé de cinq mille hommes choisis, & que les Ecrivains les plus élégans de la Gréce, les ont apellés par cette raison *Epilektoi*, *les choisis*, *l'élite.* Mais on a été fort embarassé lorsqu'il a été question d'assigner l'origine de leur nom. La premiere syllabe *ep*, n'embarrassoit pas : c'est une préposition qui signifie *sur*, *entre.* Ce qui arrêtoit, c'est l'origine d'*aro* qui doit offrir la racine primitive de ce nom : or, l'on ne trouve en Grec d'autre mot analogue à celui-là qu'*arô*, qui signifie *labourer.* Les Eparoetes seroient-ils donc apellés ainsi, parce que les meilleurs Soldats se prennent aux champs ? On a très-bien senti que ce ne pouvoit pas être la vraie étymologie de ce nom ; mais on ne trouvoit rien de mieux : rien de plus aisé cependant d'après nos principes. Ce nom porté par des Arcadiens, étoit Arca-

(1) Mém. de l'Acad. des Insc. & Bell. Lett. T. LVII. in-12. p. 425. & suiv.

dien ; mais les Arcadiens mettoient A, là où les Ioniens, les Athéniens, &c. mettoient AI ; *aró* des Arcadiens, est donc *airó* de ceux-ci, qui signifie *choisir*. EPAROETES signifie donc mot à mot *les choisis sur* plusieurs ; & leur épithéte d'*epilektoi* n'est qu'une traduction de leur nom Arcadien. Nous n'avons pas même besoin de changer A en AI, pour trouver chez les Grecs l'origine de ce nom : les Ioniens & les Athéniens ont laissé subsister ces A dans le tems primitif de ce Verbe : ils disent à l'Aoriste second de l'Impératif ARE, *fais choix, choisis*. Tout prouve la bonté de cette étymologie & la nécessité de ces principes comparatifs.

2°. *A en Aa.*

Ce changement est très-commun dans les Dialectes Theutons, le Flamand & le Hollandois. Ceux-ci disent,

Aarde, terre.
Blaauw, bleu.
Blaazen, soufler.
Maan, lune.

Là où d'autres dialectes Theutons prononcent *arde*, *blau*, *blazen*, *man*.

Les Massoréthes changent souvent *a* en *aa*.

Hebr. dab, *Massor.* daab, *languir.* *Latin*, tab-*esco*.
Hébr. lat, *Massor.* laat, *cacher*. *Latin*, lat-*eo*.

3°. *A en Ae.*

Les Celtes & les Massoréthes changent très-souvent *A* en *Ae*, & entre les Celtes ceux du Nord en particulier, tels que les Gallois : il en est de même des Irlandois & des Latins.

Héb. MAR, *Massor.* maar, *Lat.* maereo, *être triste*. *Franç.* *être marri*.

CAR, *Ville.*

Gall. Sax. Bas-Bret. CAR, ker, caer ; *Oriental*, car, carth ; *Héb.* קרת, qarth ; *Osque*, caer ; *Syriaque*, kirit.

L'Osque *caer*, devint le nom de CÆRE, qui fut une Ville maritime très-considérable de l'ancienne Italie.

De *car*, *caer*, *kir*, *quir*, les Latins firent QUIR-*ites*, c'est-à-dire, Habitans, Citoyens, nom par excellence des Citadins de Rome. Ceux-ci perdirent le souvenir de l'étymologie de ce mot ; ainsi que de toutes leurs origines ; & ils la chercherent dans *quirinus*, dont ils n'ignoroient pas moins la valeur primitive.

Latin, battuo ; *Gallois*, baeddu ; *Anglois*, beat ; *Ang. Sax.* beatan, *battre* ; beadu, *carnage*, *batterie*.

Vieux Franç. aese. ; *Moderne*, aise ; *Italien*, agio ; *Anglois*, ease, *aise*.

3. *A en Ea.*

Ce changement est très-commun dans les Langues du Nord.

François, bec. *Gallois*, *Anglois*, beak. *Oriental*, ban; *Irland.* bean, *femme.*

Primitif, bar, *parole*, discours. *Franç.* par-*ole*; *Irland.* pear-*la*, bear-*la*, *langage*.

Phrygien, bad, bedy, *eau. Allemand*, bad, *bain. Anglois*, bath, *lieu de bains. Irlandois*, beathra, *eau.*

Anglois & François.

Beast,	*bête.*
Breach,	*brèche.*
Clear,	*clair*, *de* clar-*us.*
Chear,	*chère*, *de* car-*us.*
Deal,	*daille*, espéce de *sapin.*

Latin, arm-*us*, *épaule. Anglois*, arm; *Anglo-Sax.* earm, *bras.*

Irlandois.

Bann & beann,	*sommet.*
Ban & bean,	*femme.*
Neart,	*force*, de *nar.*
Ealg,	*noble*, *de* al & ald.
Each,	*cheval*, *Lat.* æquus.
Easc,	*eau*, *Celte*, asc & isc.

4°. A & E.

De *Latin* en *François*,

Amarus,	*amer.*
Carus,	*cher.*
Mare,	*mer.*
Nasus,	*nez.*
Sal,	*sel.*
Scala,	*échelle.*
Capra,	*chèvre.*

Idiomes François.

Vieux Fr.	blad,	*blé.*
Bourguig.	elongé,	*allongé.*
	ecouchai,	*accoucher.*
	tu e,	*tu as.*
	chezi,	*tomber*, *Lat.* cadere.
	epranti,	*aprentif.*
	eveugle,	*aveugle.*

Latin, caseus; *Angl.* cheese; *Portug.* queijo, *fromage.*

Espagnol.

Haqua,	*jument*, *Latin*, æqua.
Hacanea,	*haquenée.*
Almendra,	*amande.*

Ils ont conservé le féminin pluriel de *le*; las mugeres, *les femmes.*

François & Anglois.

Banc,	bench.
Berge,	barge.
Face,	fess.

Anglois & Latin.

Baltheus, *en Anglois* belt, *ceinturon.*

Grisons.

A,	*et.*
Ca,	*que.*
Da,	*de.*

Italien & François.

Barca,	*barque.*
Baracca,	*baraque.*
Battaglia,	*bataille.*
Bocca,	*bouche.*

Branca, *branche.*
Brigata, *brigade.*
Bastanza, *bestance* en *Vieux François*; *suffisance, qui suffit.*
Felis, *Falaise*, ou *rocher*, employé dans une version Allemande des Pseaumes du tems des Rois Louis & Charles.

Allemand & Anglois.

Nacken, neck, *le cou.*
Abend, even, *le soir.*
Eiche; *Anglo-saxon*, AC; *Anglois*, OAK; *vieux Danois*, EIK, *un chêne.*

Basques.

Erri, *terre*, primitif, ar.
Eg, *action*, Latin, ago.

Flamand.

Edel, *noble*, Allemand, adel.
Feil, *faute*, de fll, *faillir.*
Engel, *ange.*

Esclavon.

Dan, *Polon.* dzien, *jour.*
Gherba, *Polon.* garb, *bosse.*

NAR.

Primit, nar, *fort.*
Hesych. naros, *un Garde*, un Défenseur.
Persan, ner, *mâle*, *homme.*
Grec, a-nêr, *homme*, *mâle.*
Latin, NERO, *vaillant*, *fort*, d'où nervus, *nerf* & *nerveux.*

Theut. d'Otfrid, nerio; *protéger*, *défendre.*
Irland. neart, force.

CEL-*er*, *léger*, *vite*: de l'*Héb.* kal, קל, *Arabe*, kalu, *léger*, *vite*: d'où vient l'*Hébreu* קלע, kelo, *fronde.*

Les Latins changeoient *a* en *e* dans les composés & d'un tems à l'autre.

Ago, *j'agis*, egi, *j'ai agi.*
Facio, *je fais*, feci, *j'ai fait.*
Capio, *je prens*, cepi, *j'ai pris.*
Pasco, *paître*, compesco.

Les *Atellanes*, espéce de Comédies dont on a cru que le nom venoit de la Ville d'Atella, étoient l'Oriental *tal* & *atel*, jouer, s'exercer à des jeux: d'où vint également le nom des ATHLettes, & le mot *Hébreu* התל, *he-thal*, jouer quelqu'un, le prendre pour sujet d'une Atellane.

Exs-TING-*uo*, éteindre, vient de la préposition *ex* qui marque privation, absence, & de *tan*, feu, prononcé *ten*, *tin*, *ting.*

FERRE, porter, du primitif *far*, *var*; *bar*; *fer*, *ver*, *ber*, porter.

Islandois, FAR, voiturer.

Irlandois, bera; *Suéd.* bera; *Servien*, beru; *Ang.* bear; *Theut.* beran, buren; *Dan.* baere; *Goth.* bairan; *Flamand*, beuren, *Porter.*

Grec, phero, *je porte.*
Zend, ber-*eete*, *porter.*

D'*Ars*, le *Lat.* *in*-ERS, *sans art*, *sans habileté*.

D'*Aptus*, *in*-EPTUS, *inepte*, *sans capacité*.

GREC.

Dorien, tame; *Attique*, teme, *coupe*. *François*, en-tame.

Dorien, trakhô; *Grec*, trekhô, *je cours*.

Grec, laos; *Attique*, leôs, *Peuple*.

Grec, naos; *Attique*, neôs, *Temple*.

Turc.

Efrica, *l'Afrique*.
Kedi, *chat*.
Belesan, *baume*, *Lat.* balsamus.

Malthois.

Himeri, *rouge*: de l'Oriental חמר, HAMAR, *rouge*.

LHEM *Hébreu* que les *Massoréthes* prononcent lekhem, est le *pehlvi* lama, qui signifie également *pain*.

Les HÉBREUX disent également *aon* & *eon*, און הון, pour dire *honneur*, richesses; formé du primitif ON; d'où honos, des *Latins*, & notre mot *honneur*.

En *Hébreu*, arr ארר; en *Arabe*, herr, signifient également *détester*.

באר *bar*, signifie *clair*; & *beir* בהיר, *net*, *blanc*.

ARRZ, *en Hébreu terre*, est l'*Allemand* erd.

L'*Anglois*, earth.

Le *Grec*, era.

François.

Les François employent également *a* & *e* dans une même famille : ils disent,

Sel & salé.
Mer & marin.
Perfection & parfait.
Echelle & escalier.
Chevre & cabri.
Nés, nasaler & narine.

5°. *A & E long*.

Latin, FAMA; *Eol.* fama; *Gr.* fêmê, *réputation*: d'où viennent *fameux*, infâme & diffâmé.

Latin, fagus, *Grec*, phêgos, *hêtre*, le vieux François *fage*.

Latin, falax; *Grec*, phêlos, *faux*, *trompeur*.

Grec, lathra, *en cachette*; lêtho, *cacher*; *Lat.* lateo.

Grec, staô & istêmi, *être debout*.

Primit. LAB, *main*. *Grec*, labe, *prens*; lêbo, *je prends*.

Grec, rakos, *déchirure*; rhegô, *déchirer*.

Allemand, THRAN, *larmes*; thranen, (prononcé thrainen) *pleurer*.

Grec, thrênos, *larmes*, *pleurs*; thrênein, *pleurer*.

En *Grec*, de *hun*, chien, & *ago*, conduire, on fit *hun-êgeo*, aller à la chasse, chasser.

A & E long.

Allemand, gans; *Grec*, khên; *Angl.* gander, *oie*.

Esclavon, mak; *Grec*, mêk-ôn, *Pavot.*
Dorien, man; *Grec*, mên, *Mois.*
Dorien, karux; *Grec*, kêrux, *Héraut.*
Dorien, kar; *Grec*, kêr & kear, *Cœur.*

Art. fémin. *Dor.* A; *Grec*, H ou ê, *la.*

De *aró*, labourer, & de *pro*, avant, les Grecs firent *pro-érosiai*, les sacrifices qu'on offroit avant les labours.

Ce Langage Dorien étoit celui de tout l'Occident, de la Gréce, de la grande Gréce en Italie & de la Sicile: on a des Ouvrages & des Inscriptions en ce dialecte & il raproche extrémement le Grec du Latin: ensorte qu'on ne sauroit trop y former son oreille, lorsqu'on veut passer de l'une de ces deux Langues à l'autre.

A & E.

On lit dans les vieilles coutumes de Normandie au chapitre, *delivrance de* NAMPS, c'est-à-dire, *délivrance des animaux qu'on a saisis*, parce qu'ils pâturoient en champ d'autrui; » Len doit » savoir que celui qui tient NAMPS, » ne leur doit point donner à manger, » mais il doit purvoir de les mettre en » lieu convenable qu'ils n'empirent par » la raison du lieu, &c ». NAMPS, signifie ici *saisir*; on y a conservé l'*a* qui s'est changé en *e* ou en *i* dans la plûpart des autres dialectes de la Langue que parloient les anciens Normans.

Allemand, nehmen, *prendre*, *recevoir*; *Anglo-Sax.* & *Goth*, niman, *prendre*; *Vieux Angl.* nim, *escamoter*, *dérober*; *Anglo-Sax.* num-*ol*, *qui a de la capacité*; *Grec*, *ai*-num-*ai*, *je prends*, *je contiens.*

Ce mot s'écrivit dans l'origine *namfs*. Composé d'une nasale, il vint du primitif *naph*, prendre; 2°. voler.

D'où le Suéd. *nappa* & l'Allem. *schnappen*, prendre: & l'*Hébreu* naph נאף, *commettre adultere.*

6°. A & I.

François.

Cerise, *Lat.* cerasus.
Inique, *Lat.* iniquus, de *æquus*, juste, égal, formé lui-même d'*ach*, égal.

Bourguignon, &c.

Chidre, *Lat.* cadere; *tomber.*

Italien.

Tinca, *Franç.* tanche.

Espagnol.

Rifa, *Franç.* rafle.
Ringlera, *rang.*
Hidalgo, *noble*, du *Theuton* adel. *Voy. plus haut*, *p.* 157.
Linterna, *Franç.* lanterne.

Latin.

Les Latins changent fréquemment A en I dans les composés.

Caput, *tête*; sinciput, *le devant de la tête.*

Facio, *je fais*, officium, *ce qu'il faut faire*, *le devoir*.

Facilis, *facile*, difficilis, *difficile*.

Sapiens, *sage*, insipiens, *qui n'est pas sage*, *fou*.

Delitesco, *se mettre à couvert*; de lateo, *cacher*.

Illido, heurter, froisser, briser contre;

Formé de *lædo*, blesser, offenser, nuire; qui vient lui-même du primitif LAT, graver, imprimer;

D'où *littera*, une lettre, un trait d'écriture.

De *lat*, graver, tracer, les Syriens firent *phe-latha*, portrait, ressemblance.

Les anciens *Theutons*, pi-lith.
Les *Anglo-Saxons*, bi-lith.

D'où sont venus ces mots,

Allemand, bild; *Flam.* beeld; *Hongr.* pilda; *Suédois*, belæte, *image*, *portrait*, &c.

Dialectes Theutons.

Anglois, fang, *prendre*, 2°. griffe.
Allem. fang, *capture*, prise.
Angl. & Allem. finger, *doigt*.

Allemand, nachst; *Anglois*, nigh, *proche*. Neighbouring, *voisin*.

Allemand, nacht; *Anglois*, night, *nuit*.

Anglois, bande; *Allem.* bind.

Anglois, gave, *donné*; give, *donner*.

Esclavon.

Sit, rassasiement, *du Latin* satio, rassasier.

Persan.

Lib, lévre, *Lat.* labium.

Sakina, *couteau*. Pehlvi Sik-ounatan, *déchirer*, *couper*.

Tal-*man*, en *pehlvi*; til-*ki*, en *Turc*, *Renard*.

Malayen.

Nipis, *petit*, *tendre*, du primitif NAP, *petit*, d'où le *Grec* nêpios, enfant, *le Latin* nepos, *petit-fils*, & *le François* neveu.

Hébreu.

אסר asar, יסר isar, *lier*.
אחד a'had, יחד i'had, *unité*.
ירש irash, *être héritier*.
Arabe, arash, *héritage*.

Latin, canistrum; *Grec*, kanastron, *corbeille*.

Hongrois.

Viz, *eau*, *Allemand*, vasser.

Lapon.

Kieur, *fort*, *Hébreu*, kabar.

7°. *A & O.*

François,	Maroc.
Angl.	Morocco.
François,	Caporal.
Angl.	Corporal.
vieux Fr.	Coporal.

François

François & Anglois.

Nom, name.
Domage, damage.
Caffé, coffee.
François, Bateau.
Allemand, bot.
Flamand, boot.
Anglois, boat.
François, arteil & orteil.
Condamine & candomine.
Vieux Fr. Damage, domage.

A Donzenac en Limousin, on met *a* pour *o* en beaucoup de mots.

Chom, *champ.*
Effon, *enfant.*

BAND Lien, bande, produit en *Anglois* tous ces mots:

Bend, *bander*, *plier.*
Bender, *tendon.*
Bent, *étendu*, *pli.*
Bind, *lier.*
Bond, *lien*, *obligation*, *promesse.*
Boudage, *esclavage.*
Bound, *lié*, 2°. *bornes.*
Bundle, *paquet*, *faisceau.*
Latin, natare, *Ital.* notare, *nager.*
Latin, manco, *Italien*, monco, *manchot.*

François & Italien.

Je vas, Jo vo.
Ils vont, vanno.
Ils font, fanno.

Languedocien.

Tortue, Tartugo.
Latin & François.
Clavus, clou.
Mador, moiteur.

Latin, palumbus, *Espagnol*, palomo, *Langued.* pouloumo, *pigeon.*
François, frac & froc.
Angl. frock.
François, lance.
Grison, lonscha.
François, grand.
Grison, grond.
François, long.
Allemand, lang.

Espagnol.

Loar, *louer.*
Loor, *louange.*

Latin, caput, *Allem.* kopf, *tête.*
Cimbre, dagur, *Anglo-sax.* dogor, *jour.*
Grec, arês, *guerre*, *combat.*
Danois, orrost.
Cimbre, orusta.
Danois, husbanda, *Cimbre*, husbonde, *Pere de famille.*

Dialectes Theutons.

Allem. nase, *Angl.* nose, *le nez.*
Anglo-Saxon, stake, pieu, poteau.
Allem., stock, *Angl.* stick, *bâton.*
Allem. kamm, *Angl.*, comb, *peigné.*
Allem. halten, *Anglois*, hold, *tenir.*
Oriental, ab, *Allem.* obst, *fruit.*
Allem. alt, *Angl.* old, *vieux*, *âgé.*

Theuton, hand, *Runique*, hond, *main.*

Esclavon.

Grec, atta, *Escl.* otaç, *Pere.*
Latin, asellus, *Allem.* esel, *Escl.* osal, oslicch, *âne.*
Oriental, Abba, *Esclav.* Opat, *Pere Abbé.*
Esclav. nos, *Lat.* nasus, *nez.*

Esclavon & Polonois.

Esclav. glas. *Polon.* glos, *voix*, *ton.*

glava,	glowa,	*tête.*
glad,	glod,	*faim.*
mrav,	mrowka,	*fourmi.*
mraz,	mroz,	*gelée.*
mrak,	mrok,	*obscurité.*

Langues d'Orient.

Hébreu, rash, *Massor.* rosh, *tête.*
Hébr. aphan, *Massor.* ophan, *roue.*
Hebr. azen, azn, *Massor.* ozen, *oreille.*
Hébr. amar, *Arabe*, oumar, *dire*, *ordonner.*

O P H, cuire.

Hébr. apha, *cuire.*
Zend, aff-ounatan, *cuire.*
Hébr. aphé, *Massor.* ophé, *Cuisinier*, Rôtisseur.
Latin, offa, *morceau* cuit, de quoique ce soit, viande, pain, soupe, &c.
Hébr. orman, œrym, *épithète du mauvais principe.*
Perse ou Zend, ahrim-*an*, *nom du mauvais principe.*
Primit, sac, *Hébr.* שק, saq, *sac.*
Copte, sok, *sac.*
Hébreu, ail, *Copte*, ôil, *bélier.*

A, E, O.

G A O, *Vache.*

Ce mot qui signifie VACHE & qui est commun à un très-grand nombre de Langues, a été méconnu presque par-tout à cause de la variété de la prononciation de ses voyelles, & parce qu'il a été apliqué tantôt au bœuf, tantôt à la vache, souvent à tous les deux. Voici quelques-unes des Langues qui l'employent.

Indien, ghaaj, *vache.*
Pehlvi, gao, *Zend*, gueoue, *bœuf.*
Persan, ghaw.
Turc, u-ghuz, *bœuf.*

Hébreu געה, gwe ou ghohe, *meugler*, comme une vache, *boare* en Latin.
Anglois, cow, *vache.*
Flamand, coe
Anglo-saxon, cw & ky.
Teuton, cuh.
Danois, co.
Allemand, kuh. *Albanois*, ka.
Latin, ceva, petite vache abondante en lait.
Esclavon, govedo, *vache & bœuf.*
Velay, quech, *Taureau.*
Ancien bas-Breton, ky.
Bas-breton, ky-fle, *vache pleine*:

mot dont l'origine leur est inconnue.

Holstein, kone, *Hottentot*, goie, *vache*.

8°. *A*, E, *EV*, O, *V*.

D A R.

Ce mot qui signifie PORTE & qui est commun à un très grand nombre de langues, n'a pas été moins méconnu par les mêmes raisons. Voici quelques-unes de celles qui l'employent.

Persan,	dare.
Indien,	derw-asje.
Turc,	dar.
Edda,	dyr.
Gothique.	daur.
Vieux Allem.	duiri.
Allemand,	duere.
Anglo-Saxon,	dur, duru.
Grec,	thura, thyra.
Anglois,	door.
Flamand,	deur.
Chaldéen,	thro, תרע.
Polonois,	Drzwi.

Albanois, ntèra.

Esclavon, s'duor, dehors, *à la porte*. duor, cour, *mot* à *mot*, Porte Ottomane, pour dire la Cour Ottomane.

Persan, DERI, Langue de la Cour, ou de la Porte.

C'est celle qui fut introduite par Artaxerxes; & qu'il avoit aprise dans la Province de Fars ou Perse propre, où il avoit été élevé.

De-là l'Allemand, *durch*, autrefois, *thurgh*, & l'Anglois *through*, par une transposition semblable à celle des Chaldéens, & qui signifient tous deux, *par*, *au travers*.

De-là encore le Latin *ob-turo*, boucher, tamponer; mot à mot, mettre quelque chose devant la porte. Il est aparent que ce mot est passé jusqu'au Japon où l'Empereur s'apelle *Dairi*.

Nous verrons au chapitre de la valeur des mots, comment le même mot a pu signifier une Porte & la Cour des Rois.

9°, *A* & *E* en *EE*, *Œ*, *EI*, &c.

H A R D, *Horde*.

Primit. HARD, troupeau.

François, en terme de venerie, harde, troupe de bêtes fauves.

Vieux François, hardelle, *Troupe*.

Allemand, *François*, horde.

Anglois, herd.

Allemand, heer, *Armée*, *troupe*.

Flamand, harder & herder, *Anglois*, herds-man, *berger*.

Allemand, HERR, *Flamand*, heer, *Maître*, *Monsieur*.

Anglois, hope, *Flamand*, hoop, *espérance*.

François, oreille, *Flamand* oor: *Latin*, auris.

A en *E I* & *O*.

H A M, *habitation*.

Primit. ham, *habitation*.

Allem. heim, *logis*, maison : 2°. secret.
Angl. ham, *hameau.*
Flam. heim, *habitation*, 2°. secret, en composés.
Anglois, home, *maison*, habitation.

Œ commun en *Flamand.*

Œster, *Latin*, ostr, *huitre.*
Moeder, *Mere.*
Moeras, *Marais.*
Poel, *Anglois*, pool, *étang*, abîme, bourbier.
Hoet; *Anglois*, hat, *chapeau.*
Goed; *Anglois*, good, *bon.*
Blom & bloem, *fleur.*
Bloed; *Anglois*, blood; *Allemand*, blut, *sang.*

Latin.

Mœnia, *murs*, de munio, *munir.*
Pœna, *peine*, punition, *de* punio, *punir.*

Massoréthes.

Hébreu, kên; *Massoréthes*, koen, *Prince*, Prêtre; *Anglois*, king; *Allemand*, koenig, *Roi*, *Prince.*
Hébreu, bên; *Massoréthes*, boen, *pouce.*

HOD, *Tems.*

Hébreu, עד, HOD, *âge*, *tems.*
Italien, otta, *le tems.*
Esclavon, godine, *le tems.*
Polonois, godzina, *tems.*
Gallois, oed, *tems*, *âge.*
Latin, vet-*us*; *vieux Latin*, ouet-*us*, *qui a de l'âge*, *vieux.*
Indien, boedha, *vieux.*

10°. AU se change en A.

Chez les Bourguignons.

Mantea,	*manteau.*
Novea,	*nouveau.*
Ozea,	*oiseau.*
Beane,	*beaune.*
Fadea,	*fardeau.*
Ea,	*eau.*
Forea,	*foureau.*
Bea,	*beau.*

Et ils mettent AU pour A.

Vaulo,	*valet.*
Evaulai,	*avaler.*
Devaulai,	*dévaler.*

Allemand.

Kausch, *Lat.* castus, *chaste*, pur.

11°. AI & OI.

Chez les Bourguignons.

Mointe,	*mainte.*
Moigre,	*maigre.*
Moison,	*Maison.*
Moitre,	*Maître.*
Morcei,	*Mercier.*
Morvaille,	*merveille.*
Poi,	*pain.*
Boissé,	*baisser.*

Ils changent aussi AI en A.

Ar, *air.*

Et AN en AU.

Baudi, *garantir*, de *bandire.*

12°. *A & U.*

Latin, clam-*avit*, *Grison*, clum-*a*, *il apella.*

Grison, clumada, *priere.*

François, mama, *Grison*, mumma, *Latin*, mater, *Etrusque*, muthur, *Anglois*, mother, *mere.*

ARTICLE II.

E, CHANGÉ EN D'AUTRES VOYELLES.

1°. *En A chez les Bourguignons.*

El A vrai,	*il est vrai.*
Acoutez,	*écoutez.*
An,	*en.*
Anfan,	*enfant.*
Anfar,	*enfer.*
Annemain,	*ennemi.*
Char,	*chair.*
Tarre,	*terre.*
Varo,	*verrouil.*
Varbe,	*verbe.*

2°. *AE & E*, &c.

Anglois, hear, *Allemand*, hören, *ouir.*

Anglois, learne, *Allemand*, lernen, *aprendre.*

Anglois, heal, *Allemand*, heilen, *guérir.*

EA se prononce souvent E en *Anglois.*

Anglois, bear, *ours*, *prononcé* ber.
Wear, *porter*, wer.
Pear, *poire*, per.
Anglois, heat, *Flamand*, heet & hitte, *chaleur.*
Allemand, heisz, *chaud.*

Irlandois.

Earre, *champion*, heros.
Eabur, *Lat.* ebur, *yvoire.*
Eadh, *tems*, *saison* : voyez HOD, ci-dessus page préc.

E & A.

Notre ancien mot François *Salade*, qui désigne une espéce de casque, & dont l'origine est inconnue dans notre Langue, n'est qu'une altération de l'Espagnol, *celada*, casque, salade : & formé du Latin *celare*, cacher, parce qu'il mettoit la tête à couvert.

François, gerbe, *Allemand*, garbe.

3°. *EE en Anglois se prononce I.*

Bee, *abeille*, prononcé *bi*, *Flamand*, bye.

See, *voir*, prononcé *si*, *Flam.* zien.

Flamand, beete, *priere*, *demande.*
Anglois, bid, *demander*, *prier.*
Flamand, bidden, *prier.*
Espagnol, pidiendo, *demandant*, *priant.*

Flamand, beeld, *Allemand*, bild, *image.*

Flamand, beever, *vieux François*, bievre, *castor.*

Flamand, geeven, *Anglois*, give, *donner.*

4°. *EE & OU.*

Anglois, bleed, *saigner.*

bloud, *sang.*
blush, *rougeur.*

5°. *E, EI, AI, I.*

Primitif, berg, *Turc*, bair, *vieux Theuton*, pirck, *montagne.*

Allemand & François.

Allemand, greiffen, *prendre*, *gripper.* *François*, *griffe* & *gripper.*

Allemand, preis, *François*, prix, *valeur*, *prix.*

Allemand, rhein, *rhin*; wenein, *venin.*

Anglois, heedlesſ, idle, *oisif*, négligent, sans soin.

Anglois, heel, *Suédois*, il, *talon.*

Allemand & Grec.

Allem. step, *pas*, *enjambée.*

Grec, steibo, *marcher*, fouler aux pieds; stib-*os*, *chemin*, sentier.

Allemand, pfeil, *Grec*, belos, *fléche.*

Ionien, eineka, *Grec*, eneka, *en faveur.*

Anglois, speed, *hâte*, *diligence.*

Grec, speudô, *je me hâte*; spoudê, *diligence*, *hâte.*

Notre mot *expédier*, c'est-à-dire, dépêcher, tient à cette famille. Elle vient du Grec *pous*, génit. *poudos*, pied.

6°. *E & I.*

Les *Latins* écrivoient autrefois Menerva & Leber, dit QUINTILIEN, pour *Minerva* & *Liber.*

TITE-LIVE écrivoit *sebe* & *quase*, pour *sibi* & *quasi.*

Les *Latins* ont dit indifféremment *e* ou *i*, à l'ablatif.

On trouve en Grec,

Eridas & iridas, *dispute.*
Kinsos & kensos, *le cens.*
Edrês & idris, *Savant*, *habile.*

Les François changent E en I & en Y.

Ebrius, *yvre.*
Ebur, *yvoire.*
Cera, *cire.*

Les Latins changeoient E en I.

Grec, *Latin.*
En, *in*, en.
Eidolon, *idolum*, idole.
Eido, *video*, je vois.
Ei, *si.*
Energie, est le *Grec* énergeia.
Kheir, *hir*, la main.

E & I.

Latin, secare, *couper.*
Anglois, sickle, *faulx.*
Italien, bisogno, *besoin.*

Espagnol.

Igual, *égal.*
Iman, *pierre d'aiman.*
Pintor, *Peintre.*
Pina, *borne* élevée en pointe, du primitif *pen*, pointe, tête.
Rincon, *lieu où l'on est acculé*, de la même famille que notre mot *rencoigné* & *recoin.*

Dineros, *deniers.*

Turc.

Flamand, aal, *Anglois*, eel, *Turc*, ilan, *anguille.*

7°. *E & OI.*

Les *François* changent dans plusieurs occasions l'E des *Latins* en OI; & l'OI des Grecs en E.

Latin,	*François.*
Habere,	*avoir.*
Avena,	*avoine.*
Sapere,	*savoir.*
Decipere,	*décevoir.*
Credere,	*croire.*
Rex,	*Roi.*
Lex,	*loi.*
Me,	*moi.*
Te,	*toi.*
Se,	*soi.*
Gr. Oikonomia,	*économie.*

Et ceci d'après les *Latins* qui n'ayant pas la diphtongue OI, la changeoient en *OE.*

Ainsi, ils firent du *Grec* koinê, *le mot* cœna, dont nous avons fait *cene.*

Et de koilon, *cælum*, dont nous fimes *cel*, & puis *ciel.*

Les *François* emploient aussi dans la même famille E & OI.

Peser & poids.
Me & moi.
Se & soi.
Roi & Reine.

8°. *E & O.*

Anglois.

Rosin, *resine.*
Provost, *prevôt.*
Worm, *Lat.* vermis, *un ver.*

Allemand.

Konnan, *Anglois*, ken, *connoître.*
Wol, wohl, *Anglois*, well, *bien.*

Espagnol.

Oruga, *Latin*, eruca, *chenille.*

Bourguignons.

Borger,	*Berger.*
Loché,	*lécher.*
Lofre,	*lévre.*
Noge,	*neige.*
Pro,	*prêt.*
Vore,	*verre.*

Grec.

Lego, *je dis*; logos, *parole.*
Strephô, *se tourner*; Strophê, *strophe*, tour, révolution.
Nemô; *Dorien*, nômô, *cultiver.*
Trepo; *Poëtes*, trôpaô, *tourner.*

Latin.

Pronus, *Grec*, prênês, *enclin.*
Oleum, *Grec*, elaion, *huile.*
Cor, *Grec*, kêr, *cœur.*
Vomo, *Grec*, emô, *je vomis.*
Dente, *Grec*, odontô, *dent.*
Robur, *Hébreu*, Rheb, רהב, *force.*

9°. *E*, *EU*, *OU*, *U*.

BETH, *demeure*.

Hébreu, בית beit, bit, *demeure*.
Anglo-Saxon, bidan, *demeurer*.
Goth, beidan, *tarder*.
Theuton, beiten, *demeurer*.
Anglois, abide, *demeurer*.
abode, *séjour*.
Goth, buda, *tente*.
Theuton, buda, *endroit où l'on demeure*.
François, boutique.

Runique.

Eug, *Latin*, ego, *moi*.

Dialectes François.

Comtois, mentou; *Lorrain*, montou, *menteur*.
Comtois, *Bourguignon* & *Lorrain*, causou, *causeur*.

Latin & Grec.

Funda, *Grec*, sphendonê, *fronde*.
Ulcus, *Grec*, elkos, *ulcère*.
Unus, *Grec*, henos, *un*.

Oriental.

Hébreu, פה, pê, *bouche*; 2°. *personne*. *Copte*, Pi, *visage*, *homme*; *Siamois*, Pou, *personne*.

10°. *E bref & E long ou H*.

La distinction de l'E bref & de l'E long est beaucoup plus sensible dans les Langues anciennes que dans les nôtres, parce qu'ils ne diffèrent seulement pas du côté de la prononciation comme chez nous, mais qu'ils diffèrent aussi par le caractère, étant représentés chacun par une lettre absolument différente. En Hébreu par ה & ח, en Grec par ε & η, ou *η*.

Les *Coptes* se servoient de l'E bref pour marquer le féminin, & de l'E long pour marquer le masculin.

Seri, signifie chez eux *fille*, & sêri, *fils*.
Te, *celle-ci*, & tê, *celui-ci*.

Mais ces E brefs & E long se sont souvent changés en A, & le caractère H n'a été alors qu'un simple signe d'aspiration.

Ce mot Hébreu חרם HRM, ou HÊrm, qui désigne, 1°. un désert; 2°. un lieu dévasté, ruiné; 3°. destruction, ruine, désolation: & comme verbe, réduire en désert, perdre, vouer à l'anathême; se prononce en Hébreu, herm, & par la Massore, *haram*, comme verbe, & *herem*, comme nom.

Ces mots se trouvent dans ceux-ci:

Anglo-Saxon, hearm, *perte*, ruine, domage.
Hearman, *offenser*, ruiner.
Anglois, harm, *dommage*, préjudice; 2° faire du mal.
Allemand, harm, *affliction*, tristesse.
Grec, erêmos, *désert*, solitude, d'où Hermite.

Hébreu,

Hébreu & Arabe, חבל, habel, *un cable.*

Egyptien & *Copte*, Ϩⲉⲣⲡ, hêrp, *vin.*

Grec de SAPHO, erpis.

Egyptien, het, *cœur.*

Grec, hêtor, *cœur.*

Grec, itês, *plein de cœur.*

Grec, htron & itria, *ventre.*

KEL, charbon.

Hébreu, גחל, gél; *Massore*, ghekhal; *Allemand*, kohle; *Anglo-saxon*, col; *Anglois*, coal, *charbon*, *braise.*

ARTICLE III.

I CHANGÉ EN D'AUTRES VOYELLES.

I°. en A.

François.

Balance, *Latin*, bilance.
Langue, *Latin*, lingua.
Vendange, *Latin*, vindemiæ.
Paresse, *Latin*, pigritia.

Portugais.

Lançoes, *François*, linceuils.

Italien.

Pampano, *Latin*, pampinus, *pampre.*

Cronaca, *Lat.* chronica, *cronique.*

Anglois, might; *Flamand*, magt, *grand.*

2°. *en AI*, *EI.*

L'I, a dans toutes les Langues, même en François, un son plein qui répond à EI : c'est ainsi que nous prononçons *vin*, *fin*, *pin*, comme s'ils étoient écrits *vein*, *fein*, *pein.*

Il en étoit de même chez les Latins; ils ont écrit indifféremment *sei* & *si*; *omneis* & *omnes.*

Il en fut de même chez les Hébreux. Ils ecrivoient shamim, les Cieux & prononçoient shamein : aussi les Massoréthes accentuent *shamaim*; orthographe que nous dénaturons absolument en prononçant *shamajim.*

Les Anglois prononçent aussi *i* en *ai* dans les monosyllabes, & dans les bissylabes qui finissent par un *e*, muet.

Pride, *prononcé* praid, *orgueil.*
Life, laif, *vie.*
Tie, tai, *lier.*
Night, nait, *nuit.*
Sign, sain, *signe.*

Mais il faut observer que cet *ai* ne se prononce pas comme dans notre mot *aime*, mais comme nous le prononçons dans les mots Grecs; dans φαινω, *phainô*, par exemple, avec un son extrémement ouvert.

C'est par une prononciation pareille que les Espagnols disent, *airado*, homme en colère, du Latin *irato*, irrité.

Hébreu, ליל, lil; *Massor.* lail; *Malthois*, leill, *nuit.*

Bourguignon.

Daigne, *digne.*
Epeine, *épine.*

Geite, *gite.*
Vaigneron, *vigneron.*

IE & E, EI.

Espagnol.

Candelero, *chandelier.*
Molinero, *Meunier.*
Litéra, *litière.*

Bourguignon.

Banneire, *banniere.*
Chaumeire, *chaumiere.*
Liteire, *litiere.*
Baiveire, *Baviere.*
Santei, *sentier.*
Metei, *métier.*

I des *Latins* répond à AI des *Grecs.*

Dans quelques inscriptions Grecques raportées par Spon, Tom. III. de ses Voyages, p. 104. & 106. on voit,

Seilianos, *pour* silianos.
Cheiliarkhos, chiliarchus.
Roupheinos, ruffin.
Preimoupeilarion, primipilum.

Ces mots Grecs en EI se rendent également par I en Latin.

Eileithuia, Illythie.
Eirênê, iréne.
Eikoti, viginti, *vingt.*
Peithô, fides, *fidélité*, *foi.*
Seirên, siréne.
Seirios, syrius.

Ce même I répond à EI des Allemands.

Catherine, Cathrein.
Figue, feig.
Scribo, *j'écris*, schreib.
Scrinium, *écrin*, schrein.
Lyra, *lyre*, leir.
Latin, latein.

3°. I & E.

ITH, marque l'accusatif en Chaldéen.

ETH, en Hébreu.

Espagnol.

Lena, bois à brûler; *Lat.* ligno.
Lengua, langue; *Lat.* lingua.
Celicio, *Franc.* cilice.
Latin, bis; *Zend*, besh, *deux.*
François, ferme; *Lat.* firmus.
Anglois, milk, *Flam.* melk, *lait.*

4°. *IL en EU.*

Comtois, feu; *Picard*, fieu, *fils.*
Anglois, mill; *Flamand*, meulen; *moulin.*

A, E, I.

B, dans, de, par.

Hongrois, ba.
Hébreu, be.
Anglo-Sax. be.
Anglois, by.
Allemand, bey.
Suédois, be.

5°. *I & OI.*

L'I des Latins, se change souvent en OI en François.

Pix,	poix.
Piscis,	poisson.
Pisum,	pois.
Frigidus,	froid.
Vicinus,	voisin.
Vice,	fois.
Fides,	foi.
Vide,	vois.

Les François employent également l'un & l'autre dans la même famille; ils disent *froid & frilleux.*

Foi & fidélité.

Et tandis que de *piscis* ils faisoient *poisson*, ils firent de *piscari*, pescher & puis *pêcher.*

6°. *I & O, U.*

Grec, sintô; *Lat.* sonte, *coupable.*
Angl. mint; *Flam.* munt, *monnoye.*

7°. *Ir*, *se prononcé* OR *en Anglois.*

Fir,	forr,	*sapin.*
Bird,	bord,	*oiseau.*
Dirt,	dort,	*boue.*

8°. I & U.

Allemand.

Finden, *trouver.*
Funden, *trouvaille*;
Girt, *ceinture.*
Gurten, *ceindre.*

Italien, lumaca; *Franç.* limace.
Fr. canule; *Espag.* canilla, *robinet.*
Grec, skia; *Anglo-Sax.* scua, *ombre.*
Anglois, skim & scum, *écume.*
Anglois, hide; *Flam.* huid, *peau*; *cuir.*

9°. AD & ID, *main.*

Ethiop.	ad.
Indien,	haath.
Hébreu,	יד, eid, id.
Chald.	ידא, eida, ida.
Malth.	it.
Lapon,	giet.

Ce mot en se nasalant est devenu HAND, qui signifie aussi la *main*, dans les Langues Anglo-Saxone, Allemande, Flamande, Suédoise, Angloise.

En Runique, c'est *hondum.*

De-là le mot Latin *pre-hendo*, prendre.

Prononcé ed & id, il forme une autre famille considérable relative aux soins, aux travaux de la main.

De-là, le Suédois *id* & l'Irlandois *idia*, occupation, exercice. M. Ihre nous aprend que dans les Loix de la Gothie, *id* désigne tout ce qu'une femme a fait par son travail & qui lui appartient en propre après la mort de son mari. (*Glossaire suio-gothique*, art. id.)

De-là ces mots Suédois, *ida* s'agiter, *iden*, laborieux;

Anglo-Sax. idel, & *Angl.* idle, sans soin, paresseux.
Anglo-Sax. hedan, *avoir soin.*
Anglois, heed, *soin*, *garde.*
De-là le *Franç.* aide & aider.

De *Grec*, idos, travail excessif; 2°. sueur.

Et *idion*, ce qui nous apartient en propre, le fruit de nos mains.

ARTICLE IV.

O, CHANGÉ EN D'AUTRES VOYELLES.

1°. *en A.*

Latin, rota; *Flam.* rate, *roue.*
Grec, ômos; *Goth*, ams, *épaule.*

Anglois & Flamand.

I Broke, ik break; *je romps.*
Comb, kam, *peigne.*
Cotton, katoen, *coton.*
Crow, kray, *craie.*
Long, lang, *long.*
Moon, maan, *lune.*
Soft, zacht, *doux.*
Sword, zwaerd, *épée.*
Worth, waard, *digne.*

Huit.

Latin, octo; *Flam.* agt; *Allemand*, acht.
Gallois, torr; *ancien Breton*, tarr, *ventre.*
Grec, alſ-oz; *Allem.* holz & wald, *forêt.*

Grec.

Ballo, *je jette.*
Bebola, *j'ai jetté.*
Belos & bolis, *trait*, *fléche.*
Eikosi, *Dor.* eikati, *vingt.*
Hossa, *Dor.* hassa, *quiconque.*
Lego, *je parle*; logos, *parole*; *Primit.* lag, *parler.*
Akris & okris, *pointe.*
Tamo, *couper*; tomê, *coupure*; section.

Grec & Latin.

Kapêlos, copo & caupo, *Cabaretier.*
Damaô, *Lat.* domo, *dompter.*
Latin, tego, *couvrir*; toga, *robe*; *Primit.* tag, *couvert.*
Pehlvi, mazino; *Hebr.* mazenim; *Massor.* mozenaïm, *balance.*

KOL, *voix.*

Hébreu, kol, *voix*, *apel*, *cri*; 2°. *tonnerre.*
Pehlvi, kala, *voix*, *cri.*
Grec, kalleô, *j'apelle.*
Suédois, kallade & *Edda*, kolludu, *apeller.*
Groenlandois, kall-*ach*, *tonnerre.*

NOM.

Latin,	nomen.
Grec,	o-nom-a.
Angl.	noun & name.
Allem.	name.

Flâm.	naam.
Danois,	Nafn.
Indien ;	naom.
Espagn.	nombre.
Ital.	nome.
Persan,	nam.
Goth.	namo.
Suéd.	namn.
Angl. S.	nama.
Island.	nafn.
Finland.	nimi.

Hébreu, nam ; *Massor.* neum ; *parler*, *dire*.

M. IHRE a très-bien vû que ce mot venoit, comme je l'ai prouvé dans la Grammaire Universelle & Comparative, p. 60. du primit. *no*, connoître ; il en fait un mot scythe.

Les ANGLOIS ont un O qu'ils prononcent presque comme un A ouvert :

Ox, bœuf ; *prononcé* âcs.
Olive, âllive.

Sur-tout l'*O* des monosyllabes terminés par deux consonnes :

Born, né, *pron.* bârn.
Hot, chaud, hât

Les SYRIENS donnent ordinairement à l'A, dans les mots qui leur sont communs avec les autres Peuples, le son de l'O. Ce qui a persuadé entr'autres motifs aux Grammairiens, auxquels ce phénomène a paru unique, que l'*a* & l'*o* des Orientaux n'avoient aucune valeur qui leur fut propre : c'est comme si nous disions que l'O des Anglois dont nous venons de parler, n'a aucun son qui lui soit propre, parce qu'ils ne le prononcent pas toujours de la même maniere. Ces méprises étoient pardonnables à des Grammairiens peu versés dans les principes des Langues : mais dans ces tems éclairés, il n'est pas permis de répéter leurs erreurs.

On voit dans FESTUS que les Latins avoient substitué A à O ; O à A ; & O à E. Qu'ils dirent,

Fabii *au lieu de* fovii.	
Horreum,	farreum.
Holus,	helus.
Homo,	hemus.

2°. O & AU.

Les Etrusques dans les premiers tems n'avoient point d'O ; ils en rendoient le son foible par U & le son fort par AU. Ainsi, au lieu d'*Aollius*, mot Grec, qui signifie *rassemblé*, ils dirent *aulem* qui fit AUL-*us* des Latins ; non commun à plusieurs personnages, & en particulier au fils de Romulus, ce Roi ayant, selon Plutarque, donné ce nom à son fils pour conserver la mémoire de la réunion qu'il venoit de faire des Habitans de Rome.

Les Latins écrivirent aussi plusieurs de leurs mots indifféremment par AU & O.

Plaustrum & plostrum, *char*.
Plaudo & plodo, *aplaudir*.

AU des Hébreux se rend dans les autres Langues par O & U. Ainsi,

Hébreux, אור AUR, *Chald.* AURA, *lumiere*, *feu*, qu'on peut aussi écrire *aour*, sont de la même famille que le *Grec* OR-aô, *je vois*; & le *Lat.* UR-ere, *brûler*.

De-là vinrent encore,

ORUS, le Soleil, en *Egyptien* & en *ancien Persan*.
AUR-inga, le Soleil en *Finnon*.
AUR-um des *Latins*, en *François* or.

L'Austrasie & l'Autriche tirent leur nom de l'EST prononcé en Allemand *ost*, en Flamand *oost*, & en Franc *aust*. Ces Etats étoient, par rapport aux Francs, à l'Orient. De-là vint aussi le nom des *Ostro-Goths*, distingués ainsi des Wisi-Goths.

Le *Flamand* boom est l'*Allemand* baum, *arbre*.

Les Doriens écrivoient par un ô long & ouvert, ce que les autres Grecs rendoient par AU & par OU.

Dor. trôma, *Gr.* trauma, *blessure*.
Dor. Olax, *Gr.* aulax, *sillon*.
Dor. Môsa, *Gr.* Mousê, *Muse*

L'*o* des Goths est l'*ó* des Grecs, *av* des Islandois, *ö* des Sveo-Gothiques.

Island. augo, *Sveo-Goth.* öga, *Goth.* og, *œil*.

Les Athéniens substituoient aussi l'*ó* long à l'*o* bref.

De naôs, *Temple*, ils faisoient neôs; & de laos, *peuple*, leôs.

Les Ioniens mettoient deux o, là où les autres Grecs écrivoient ou.

Ils écrivoient noos, pour nous, *esprit*.

Il en est de même des Anglois.

Ils écrivent good, *bon*, & prononcent *goud*; BOOK, & prononcent *bouk*, livre.

Quelquefois aussi ces deux o ne désignent qu'un ô long.

Door, porte, *prononcé* dôr.
Blood, sang, *prononcé* blôdd.

3°. *O & E.*

Illos des Latins, s'est changé en François en *les*; en Espagnol *los*.

Lat. ovis, *Angl.* ew, *brebis*.

OO & OE.

Ce que les Anglois écrivent par deux oo & que les Allemands prononcent avec eux *ou*, s'écrit en Flamand *oe*, & se prononce également *ou*.

Flam. boek, *Angl.* book, *livre*; d'où *bouquiner* en François.

Flam. boer, *Allem.* bur, *Angl.* boor.

HG, *grandeur.*

Ce primitif est composé de la gutturale G, & d'une voyelle quelconque aspirée, qui varie suivant les Peuples. De-là ces mots :

Angl. ox, *Allem.* och, *Bas-Bret.* eg,
Gall. ych, *Suéd.* 'ox, *Hong.* ôkor, *un bœuf.*
Lat. equus, *cheval.*
Gr. ag-*an*, *extrêmement.*
Runique, eglur, *illustre.*

ED, *Tems.*

Persan, edoun ; *Zend*, ed-enanm, *maintenant.*
Latin, aet-*as*, *age*, *tems.*
Grec, etos, *année.*
eti, *encore.*
Hébreu, עוד, 'od, *tems.*
Italien, otta, *tems*, *heure.*
Gallois, oed, *tems*, *âge.*
Flamand, weder.
Allemand, wetter.
Anglois, weather.
Suédois, otta, *le point du jour*, en *Theuton*, uth, *Goth*, uthvo.

L'Hébreu קַל, *qal*, être léger, aller vite, a fait le *Latin*, cel-er, *leger* & celeritas, *célérité.* C'est le mot *Copte* ϫⲱⲗⲉⲙ, khôlem, accélérer ; 2°. promptement.

Ces mêmes Coptes disent *khrôm*, féu, brûler ; *khremts*, fumée, & *khremrem*, pétillement ; 2°. murmure. Ces mots tiennent au Latin *cremo*, brûler.

4°. OI *pour* OU.

Les Ioniens écrivoient en OIO, le Génitif que les autres Grecs rendoient en OU. Logoio *pour* logou. Il en étoit de même des Eoliens. Ils disoient *moisa* au lieu de *mousa*, muse, tandis que les Doriens le prononcoient *mósa.*

5. O & U E.

Espagnol.

Bon,	*bueno.*
Corbeau,	*cuervo.*
Nouveau,	*nuevo.*
Os,	*huesso.*
Pont,	*puente.*

Du *Lat.* rogo, *ruego*, prière.
Du *Theut.* rocca, *rueca*, quenouille.

6°. U & OU.

Les Latins écrivoient *U* & prononçoient *ou* ; de-là ces mots François,

Genou.	*Lat.* genu.
Outil,	utile.
Ou,	ubi.

Les Allemans prononcent & écrivent ce son de même.

Poudre, *All.* puder.

7°. O & U.

Flam. honderd. *Angl.* hundred *cent.*
Flam. honger, *Angl.* hunger, *faim.*
Angl. fon *Runiq* fun, *Escl.* fin, *fils.*
Grisons, furma, *forme.* Cudish, *Lat.* codex, *cahier* : vusch, *voix.*

Grec, bolbos, *Lat.* bulbus, *bulbe.*

Lat. vulpes & volpes, *renard*: colo & cultus : robur & robor, *force.*

C'est à l'Eolienne ; ceux-ci disoient onuma *pour* onoma, *nom* : & aguris *pour* agura, *marché.*

Angl. summer, *Copte*, som, *l'Été.*
Espagn. logro, *lucre.*

Por, *enfant.*

Lat. por & puer.
Perf. por & pourra ; d'où *sapor*, mot à mot, fils de Roi. *V.* Chardin.

Pehlvi. porna, *jeune fille.*
Zend. a-perena, *Pehlvi.* a-porna, *jeune personne.*

Italien, fosse & fusse, *qu'il fût* ; sorgere & surgere, *se lever.*

Provenç. obrir & ubrir, *ouvrir.*
Franç. rond, *All.* rund.
Portug. cobre, *cuivre.*

Chez les Goths, U est souvent mis pour O ; c'est le ע des Hébreux, dit le savant M. Ihre : nous pouvons ajouter que c'est l'U des Etrusques.

8°. OU & O.

Espagn. gota, *Fr.* goute.
Gola, *Fr.* gueule.
Bourguig. copai ; *Grec*, kopein ; *Groenland*, kippua, *Fr.* couper.
Bourg. corone, *Lat.* corona, *Fr.* couronne.
Groenland, noria, *se nourrir.*
Langued. tropel, *Fr.* troupeau.
Zend. houere, *Orus*, ou le Soleil.
Ital. bottone, *Fr.* bouton.

9°. O, U, EU, OU, Y.

Ram, Bélier.

Anglo-sax.	rom.
Angl. & *Flam.*	ram.
Allem.	ramme.
Hesychius,	th-ram-is.

Rob, prendre.

Nos mots François, *derober* & *à la dérobée*, viennent d'une racine que nous n'avons plus, mais qui subsiste dans diverses Langues.

Allem. raub, *proie*, rauben *piller.*
Langued. rauba, *voler.*
Italien, robbare.
Angl. rob, *voler*, robbing, *vol.*
Flam. roof *proie* ; rooven, *voler.*
Anglo-sax. ryppen, *proie* ; reafian, *voler.*
Sued. roffa, *piller* ; rof, *rapine* ; rifwa, *ravir.*

Perf.

Perſ. rubaden, *piller*, *voler*.

Franç. ravir, rapine & raffle, ſont des mots de cette famille.

Et le *Lat.* rapio, rapina.

Grec, harp-azo, harpo.

Sorabe. rabu.

R o v, ſoufle.

Hébr. רוח, rou'h, *ſoufle* : 2°. *vapeur* : 3°. *eſprit.*

Indien, roe, *eſprit.*

Malth. ruh, *ame.*

Hébr. ריח, *ri'h*, *Allem.* riechen, *ſentir*, *flairer.*

Allem. rauch, *Angl.* reek, *vapeur*; 2°. *fumée.*

Sued. rök, *Flam.* rook, *Iſland.* reijkur, *fumée.*

Sued. rokelſe, parfum.

O s, *Maiſon.*

Latin,	oſ-tium.
Iſland.	hus.
Angl.	houſe.
All.	haus.
Flam.	huys.
Sued.	hus.
Hongr.	hez.
Eſclav.	hisha.
Croat.	kuz-ka.
Langued.	houſ-tau.
Franç.	huiſ & hoſ-tel, puis hô-tel.

Irland. morh & muir, mer.

O & E U.

François & *Latin.*

Honeur,	*honor.*
Heure,	*hora.*
Paleur,	*palor.*
Feuille.	*folium.*
Meubles,	*mobilia.*
Preuve,	*probatio.*

Latin.

De *Colo*, cultiver, les Latins font *cultura*, culture; *in-quil-inus*, habitant, celui qui eſt venu demeurer dans un lieu.

François.

Cuir	&	coriace, *de* corium.
Preux	&	proueſſe, *de* probo.
Œuvre	&	ouvrage, *d'*opus.
Œil	&	oculiſte, *d'*oculo.
Feuille	&	exfolié, *de* folium.
Tout	&	total, *de* toto.
Heure	&	horloge, *d'*hora.
Huit	&	octogenaire, *d'*octo.

Toutes les Voyelles.

Noch, repos 2°. Tems du repos, nuit.

Hébreux, נוח noukh, repos, fin du travail.

Grec, nuctô, la nuit, tems du repos & de la fin du travail.

Latins,	nocte.
vieux Franç.	nuict.
Anglois,	night.
Allem. Flam.	nacht.
Gallois,	nos.
Griſon,	noig.
Languedoc.	nioch.
Valdois,	nuei.
Italien,	notte.
Eſpagnol,	noche.

Esclav. nocch.
Polon. noc.
Arabe, nou, *fin du jour.*
Groenland, nauo-*poch*, *finir*, *terminer.*
Island. natt & nott.
Sued. natt, *nuit*, & nótt, nód, *repos.*

BOR, *puits*, *source.*

Héb. באר, bar, *puits*, *source*, *ce qui sourd.*
Massor. beer.
Anglo-sax. burn, *puits*, *fontaine.*
Angl. bourn.
Theut. born.
bron.
Dan. brond.
Crimé. brunna.
Island. brunnr.
Limousin, bourna, *fontaine.*
Valdois, borné.
vieux Franç. bourneau.
Angl. birth, *source*,
born, né, *sorti de.*
Angl-sax. byr, *Cimb.* bur, *fils.*

OI, I, E, U.

François. je vois.
je vis.
je verrai.
j'ai vû.

ARTICLE V.

U *changé dans les autres Voyelles.*

1°. *en* I.

Pehlvi, nira, *Orient.* nur, *feu.*
Grison, sia, *pour*, sua, *sa* : natira, *nature* : frig, & fruges, *fruits.*
Angl. full, *Goth.* filu, *abondant.*
Cimbre, fiol, *Ital.* folla, *foule.*
Edda. fyll, *plein.*
Lat. sulcus, *Franç.* Sillon, *Saxon*, silh, *sillon*, sulh, *charrue.*
François, mur, *Esclavon*, mir, *mur.*
Latin, gyro & guro, *tourner* : satura & satyra.

2°. O se rend souvent par *u* & par *y* en latin, & dans les Langues du Nord, sur-tout dans le Gallois.

Corne, *Gall.* cyrn.
Cum des Latins, *avec*, est *cym* en Gallois.
Heb. מור, mur, mor.
Grec, murrha.
François, myrrhe.
Héb. צור, Tsor, nom de Ville,
François. tyr.
Grec, turos.
Héb. תור, tor, tur, *une tour*, *une forteresse.*
Grec, tur-annos, *François*, tyran, *le Seigneur de la forteresse.*
François, tour, 2°. *une tour*, *un colier.*

3°. U & OU.

Franç. bourbier & bourbe, *autrefois* borbe, *Grec*, borboros.
Bordeaux & Bourdeaux.
Latin, puto, *couper* ; en Ital. *potare*

en Languedoc. *pouta*.

U se prononçoit ordinairement O U en Latin, & c'est ainsi que le prononcent aujourd'hui les Italiens & les Allemans.

Il en étoit de même chez les Carthaginois, leur u est l'oû des Hébreux, leur mot *salut* trois, est le *shelush* ou *shaloush*, des Hébreux; leur *bynuth*, filles, est le *banouth* de ceux-ci.

4°. U & O.

Angl. mud, *Flam.* modder, *Phenic.* mot, *boue*, *limon*.
Angl, muff, *Flam.* mof, *manchon*.

Les Latins avoient aussi un *u* qu'ils prononcoient *o*, & qu'ils écrivoient quelques fois de même; disant salvom & salvum, servum & servom.

Le ע des Hébreux s'est aussi rendu par O. C'est l'U des Etrusques, & le W des Peuples du Nord. Car les Etrusques ont écrit en *u* tous les mots en O des Latins: & M. Ihre convient que le ע Hébreu est l'*u* des Goths, cet *u* prononcé *o* dans d'autres dialectes.

Les Mœso-Gothiques écrivent par exemple ufta & les Suedois ou Suio-Gothiques, ofta.

Les Italiens mettent souvent O, là où nous mettons *u*.

Sor,	*sur*.
Soprimere,	*suprimer*.
Soportare,	*suporter*.
Spuntone,	*esponton*.

5. U & UY,

Angl. mule., *Flam.* muyl, *mule*.
C'est cette prononciation mouillée qu'avoit l'*u* chez les Grecs, & qui l'a fait changer en *y*.

6°. U & AU.

Les Allemans changent *u* en *au*
Auf, *Grec*, hupo, *sous*.
Dauren. *Franç.* durer.
Raute, *Lat.* ruta, *Franç.* rhue.
Saugen *Lat.* sugo *Franç.* succer.
Les Portugais disent de même *Flauta* pour *flute*.

SECOND TABLEAU.

ASPIRATIONS ET CONSONNES SUBSTITUÉES LES UNES AUX AUTRES.

1°. *H & F.*

Un changement très-commun dans les Langues, & auquel cependant on ne fait aucune attention, c'est l'adoucissement de l'aspiration par une consone sifflante, telle que F & S; ou même par la gutturale K, & par la labiale M. On ne sauroit avancer dans la comparaison des Langues, sans avoir l'oreille faite à ce changement dont il existe des exemples multipliés dans toutes les Langues.

H & F.

Espagnol & François.

Hacina, *fascine.*
Hambre, *faim.*
Haz, *face.*
Hilaça, *filace.*
Horca, *fourche.*
Hormiga, *fourmi.*
Huyr, *fuir.*
Huso, *fuseau.*

Espagnol & Latin.

Hermoso, formoso, *beau.*

On trouve dans le Don Quichotte Espagnol *faca*, Jument, tandis que les Espagnols prononcent & écrivent *haca.* Ce mot vient de la même famille que *Equa*, des Latins.

Vieux Latin & Sabin.

Vieux Latin, haba; *Espagnol*, habá; *Latin*, faba, *féve.*
Vieux Latin & *Sabin*, fircus; *Latin*, hircus, *bouc.*
Vieux Latin, fordeum; *Latin*, hordeum, *orge.*
Vieux Latin & *Sabin*, fœdus; *Lat.* hœdus, *chevreau.*

On voit dans STRABON que la Ville de *Formies* s'apella d'abord *Hormies.* Tel étoit l'usage des Sabins, de prononcer en H, des mots que les Latins prononçoient F.

C'est ainsi que le nom des FALISQUES vint de l'aveu des Historiens Romains du nom de leur Fondateur HALESE.

Il en est de même des Basques & des Bearnois. Ces derniers disent,

Haser, *faire.*
Hille, *fille.*

Les Hébreux prononcent par H nombre de mots que d'autres peuples rendent par F.

עלה, 'hôlê; *Grec*, phullon; *Latin*, folium, *feuille*.

עוג, 'houg; *Espag.* hogasa; *Langued.* fougasse; *Italien*, focaccia; *vieux Franç.* fouasse, *gateau. Copte*, ôik, *espèce de gateau*, *pain*.

עשה, 'hosê, *Espag.* haz-*ar*; *Latin*, *facere*, *faire*.

François.

Hors, *Languedocien*, *dé*-fore; *Latin*, foras.

Hardes, *Langued.* fardes.

Tandis que nous disons *forain*, qui est de de*hors*, & fardeau, & se fourvoyer, mot à mot, être *hors* de la voye.

2°. *H*, *F*, *Th*.

Ce que certains Peuples prononcent H & d'autres F, se rend chez des troisiémes par Th, & D.

Ainsi de *har* viennent, le *Latin*, fera; le *Grec*, thêr; l'*Allem.* thier le *Suéd.* djur; *Island.* dyr, chez tous *bête fauve*, *fér-oce*.

Fe-ridoun, en *Persan*; th-reteono, en *Zend*, & h-roudanai, en *Armén.* sont un seul & même nom.

Les Grecs ont dit hateros & thateros pour dire *autre*. Ce dernier mot est dans Lycophron, v. 590.

Le *Grec* herma, *soutien*, *apui*, est de la même famille que le *Latin* firm-*are*, *affermir*, *apuyer*.

3°. *H* & *V*.

Grec, his; *Lat.* vis, *force*.
Grec, hêr; *Lat.* ver, *printems*.
Grec, ion; *Lat.* viola, *violette*.
Etrusque, iduo, *partager*; *Lat.* viduus, *veuf*, séparé de sa moitié.

Vesta, Déesse du feu tire son nom de l'Oriental hesh, feu.

Grec, hêl-ios; *Goth*, vil, *Soleil*.

Hod, *bois*, *forêt*.

Hébreu, עץ, 'hots.
Flamand, houd.
Anglo-Sax. wudu.
Anglois, wood.
Suéd. & *Dan.* wed.
Latin, cod & caud.
Celte, cod, &c.

4°. *H*, *F*, *W*, *S*.

Tel est le primitif hal, *hail*, *hel*, désignant l'action de se bien porter, la santé; 2°. le bonheur, la félicité; 3°. le bien; 4°. la valeur; il s'est prononcé en H, F, W, S, &c.

De-là ces mots Latins:

1°. Val-*or*, valeur dans tous les sens: 1°. force, courage: 2°. bon état, bonne disposition: 3°. mérite, bonnes qualités.

Val-*e*, valés, soyez en bon état, portez vous bien. Val-*de*, fortement.

2°. SAL-*us*, bon état, santé, salut, action de souhaitter un bon état : guérison, action de rendre l'état meilleur.

SAL-*vus*, qui est en bon état, sain, qu'on a remis en bon état, sauvé.

Sal-*uto*, conserver ; saluer.

3°. FEL-*ix*, fortuné, qui a du bonheur, heureux.

Fel-*icitas*, bonheur, félicité.

De-là encore ces mots Anglois :

1°. WEAL, *le bien.*
Well, *bien.*
Wealth, *richesses*, biens.
Weal-*thiness*, opulence.
Wel-*come*, la bien venue.

2°. HEAL, *guérir.*
Health, *santé.*

3°. HALLOW, *sanctifier.*
Holy, *saint.*
Hol-iness, *sainteté.*

Ces mots Hébreux :

חיל, HEIL, valeur, force, biens, richesses, &c.

שלו, *shalu*, félicité, fortune, salut ; 2°. être heureux, sain & sauf.

Grec, altho, *guérir*, sauver.

Les Lapons en ont fait le mot *ailkes*, dans le sens de sainteté,

C'est l'Anglo-Saxon, HŒL ; le Suédois, *hel*, & l'Allemand, *heil*, qui signifient fel-icité, bonheur, salut. D'où l'alamannique *heil-izen*, saluer.

De-là, ces mots François :

Valeur.	Salve.
Valoir.	Fél-icité.
Salut.	Fél-iciter.
Saluer.	Fél-icitation.

Et par le changement de *l* en *u*, sauf, sauve, sauver, sauveur.

Le primitif HAL subsiste dans divers Dialectes des anciennes Langues Celtes. On trouve une notice fort intéressante à son sujet dans une Thèse du célèbre IHRE imprimée en Suéde en 1751. sur les mots difficiles qui se trouvent dans les Hymnes Suédoises. En voici la traduction.

» HEL, est un mot commun à tous les Dialectes de la Gothie & à nombre d'autres Langues : il se prend adjectivement & signifie alors *sain* & *sauf.* C'est le Grec *oulos* ; *hails*, d'ULPHILAS, *heil* des Irlandois : HAL & *hail* dans le Glossaire Saxon de VERELIUS. Les anciens Bretons en beuvant à la santé les uns des autres disoient *wæs* HALE, soyez sain & sauf, (*esto sal-vus.*) Et on répondoit, *drink* HALE, beuvés sain & sauf, (*bibe salvus*,) comme on le voit dans l'Histoire du Fils de HENGIST, au moment où il présente un verre à VORTIGERNE ; ainsi qu'on le raconte dans le Dictionnaire Anglo-Saxon de SOMNER, art. VÆS-HALE ».

Voilà donc,

Hal-*e*, val-*or*, ſal-*us*, weal, fel-*ix*, &c. qui ſont tous formés d'un même primitif & qui préſentent tous des idées relatives à *ſalut*, à *félicité*.

5°. *H & K, G, Ch.*

Une des aſpirations en uſage chez divers Peuples, eſt la gutturale : elle ſe prononce en retirant vers la gorge, la partie antérieure de la Langue; on la rend chez quelques Peuples par *ch*; chez d'autres par X, nous l'indiquons par 'H.

Lorſqu'on a voulu l'adoucir, on n'eut qu'à lui donner le ſon plein de la gutturale, le ſon de K, C, G : de-là, ces variétés de mots.

François.

Hilperic & chilperic.
Haribert & charibert.

Eſpagnol.

Gueſped, *Lat.* hoſpite, *hôte*.
Gueco, & hueco, *cavé*, *creux*.
Guevo & huevo, *Franç.* œuf.
Helada, *Franç.* gelée.
Hueſſo & gueſo, *Franç.* os.

Celte.

Galba ſignifioit en Celte, dit SUETONE, un homme gras. En Hébreu, la graiſſe s'apelle חלב 'helb *ou* khalb.

AMMIEN MARCELLIN dit que chez les Bourguignons les Rois s'apelloient HENDINS, tandis que dans le nouveau Teſtament en Langue des anciens Goths, on donne à Pilate le nom de KINDINS. C'eſt le même titre, *Chef*, *Roi*; & *H* & *K* ſubſtitués l'un à l'autre, comme l'a fort bien vû WACHTER dans ſon Gloſſaire Germanique. Ce mot vient de *hen*, ancien, ſupérieur, & de *dyn*, homme.

Ce titre de HEN doit ſignifier également *Prince*, dans le nom d'un Prince Gallois apellé Lhowarch-Hen.

C'eſt de ce mot que les Latins firent ceux-ci; ſen-atus, ſen-ator, & ſen-ex: qui ſignifient *ancien* & l'*aſſemblée* des *Anciens*.

Notre mot *ainé*, paroît venir de la même ſource : même en le tirant de *ans-né*, né avant, né plus anciennement.

Suédois.

Hol, *Franç.* colline, *Lat.* collis.

Dialectes Theutons.

H y eſt très-ſouvent ſubſtitué à K.

Allem. halm; *Lat.* calamus; *Indiens*, khalm, *roſeau*, *tuyau*.
Allem. hals; *Franç.* col. *Arabe*, koll-*at*, col, en parlant & de Montagnes & d'Hommes.
Allem. hand, *main*.
Grec, khando, *tenir*, *prendre*.
Allem. hanf; *Franç.* chanvre.
Allem. hemd; *Franç.* chemiſe.

Allem. horn ; *Lapon*, horne ; *Franç.* corne.

Allem. haut ; *Latin*, cut-*is*, *peau*,

Latin.

Les Latins disoient *michi* pour *mihi* ; on le voit sur des inscriptions anciennes dont une dans Ferretti, p. 175. Et dans les Heures du XIV. Siécle. C'étoit même alors la seule maniere de l'écrire. Ferretti s'est donc trompé quand il a cru que c'étoit une faute du Graveur.

On disoit de même *nichil* pour *nihil* ; d'où vint notre vieux mot *annichiler*, pour dire *détruire*, *réduire à rien*.

Hirnea dans Caton (*de re rustica*) & Cirnea, dans l'Amphytrion de Plaute, sont un même mot, désignant un vase de terre.

Grec.

Galanthis, Nourrice d'Alcméne & qui fut changée en belette, portoit en effet, le nom de la belette, qui est *galè* en Grec, *galad* ou *'halad* חלד en Hébreu ; & en Chaldéen חולדא koulada. Les Etrusques en firent le mot *calumtla* qu'on voit sur la Planche XXIII. des Monumens Etrusques de Dempster prés d'une belette, comme l'a très-bien observé Passeri dans la Xme. de ses lettres *Roncagliese*. En Turc, la belette s'apelle Guelindgik, nom qui vient de la même racine.

Esclavon, muhha ; *Polon.* mucha ; *Franç.* mouche.

Islandois, harden, *district*, portion de pays.

Persan, cardé, *division*.

Esclavon, godina, tems, année, *voy. ci-dessus famille*, ED, *art.* O & E, dont ce mot vient.

Hébreu.

Les Hébreux ont dit également,

Homorre & gomorrhe.

Hueibal & guebal.

Phehor & phegor.

Sohor & sogor.

Tous noms de lieux.

Les Arabes écrivent par *CH*, une partie des mots qui commencent en Hébreu par H ; ce qui démontre que cette lettre avoit souvent le son du G chez les Hébreux.

Hébreu, חוג *'houg*, mouvement en rond.

חג, *hag*, célébrer la fête.

Arabe, chag, *sauter*, tourner en rond.

חבה, 'haba, *il cacha*.

Arabe, chabi.

חרב, 'harab, *dévaster*

Arabe, charab.

C'est ce qu'a très-bien vu Schultens dans sa clé des Dialectes Hébreux.

Perses.

Les Perses ont dit Hormuz & chormuz.

Tartares.

Tartares.

Les Tartares, est-il dit dans les Mémoires des Inscr. T. XXV. in-4°. p. 34. prononcent k, ce qui est écrit ailleurs par une lettre aspirée. C'est peut-être d'après eux que de *Dahes* nous avons fait *Daces.*

Chinois.

Ils changent l'aspiration, en *ch*, qu'ils prononcent *tch.*

Ainsi, ils apellent *Tcho*, le fleuve de Sibérie apellé *Ho.*

Et ils apellent *tchang-pe-chan*, c'est-à-dire, la Montagne *chang-pe* ou *ham-pe*, cette montagne des Tartares Mantcheoux, que ceux-ci nomment *am-ba chan*, c'est-à-dire la montagne Amba.

C'est en conséquence de ce changement de H en K, que Vattier dans sa Traduction de l'Histoire Arabe des XLII. Califes, a écrit *Gali*, *Guebase* & *Gabdole*, au lieu des noms si connus, *Ali*, *Abbas* & *Abdalla.*

Latins.

Ils ont changé en *guttur*, gorge, le mot Oriental *uttur.*

Grec.

Kheir, *Lat.* hir *ou* heir, *la main.*
Kheima, *Lat.* hyems, *hyver.*
Khamai, *Lat.* humi, *la terre.*

Les Grecs ont dit indifféremment, hubos & kuphos, *bossu*: huphos & kubos, *bosse.*

Il est digne de remarque qu'en Servien, la Lettre X ou Ch, s'apelle *hir*, tandis qu'elle se prononce en Russe *Cheer*, précisément avec la même différence qu'entre le Grec & le Latin pour ces deux noms donnés à la main.

Copte.

1°. Khrim, *désert*: *Voy.* plus haut; Herm.
2°. Khôl, *trou.*
3°. Khol, *Ouverture* de terre, terre en-tr'ouverte.

Angl. hole, cavité, trou.
Flam. & *Allem.* hol.
Anglo-sax. hol & hale.
Dan. hull.
Allem. hôhle, hûle, *caverne.*
Sued. hol;
Grec, koil-*os*, creux.
phôl-*eós*, caverne.

6°. *H final.*

Le *h* final des mots zends, se change en *K* en Pehlvi.

Et l'on voit dans l'Ouvrage de M. Ihre, intitulé *Analecta Ulphilana* & qui a pour objet l'ancienne Langue Gothique, que *H* prend le son du *K* à la fin des mots de cette Langue.

Les Goths se sont aussi servis de *h* & de *g* pour distinguer les dérivés d'une même racine : ils disent,

Huhrus, *faim*, & huggrian, *avoir faim* : fagrs, *beau*, & gu-fahr-ida, *orné*, paré,

On voit sans peine par ce dernier mot, qu'il vient, de même que fagrs, du primitif *far*, beau, paré, dont nous avons fait *fareau*, & les Anglois, *fair*. *Voy*. ci-dessus.

Cœur.

Ce mot a subi lui-même ces diverses prononciations :

Latin,	corde
Grec,	kêr & kardia.
Franc,	herza.
Angl.	heart.
Allem.	herz.
Anglo-S.	heort.
Danois,	hierte.
Flam.	hert.
Ifland.	hiarta.
Suéd.	hjerta.
Esclav.	sarce.
Polon.	serce.
Italien,	cuore.
Espagn.	cor-*azon*.
Hébr.	qar-b, *cœur*, l'intérieur, le cœur d'une chose.

7°. *H & S.*

Le changement de H en S est très-fréquent dans toutes les Langues.

Sel.

Grec, hals ; *Gallois*, halen ; *Lat.* sal, *sel*.

Saule.

Gallois, helyg ; *Grec*, hel-*icé* ; *Lat.* sal-*ice*, *saule*.

Seigneur.

Celte, hen-*wr* ; *Lat.* sen-*ior* ; *Hébreu* ; i-sen, *ancien* : d'où Seigneur en François & en Italien.

Sauter.

Grec,	hall-*omai*.
Latin,	salio.
	sal-*tus*, saut.

Six.

Grec,	hex.
Latin,	sex.
Gallois,	huech.
Bas Bret.	chwech.

Sept.

Latin,	septem.
Grec,	hepta.
Perse,	hafta.
Hong.	het.

Serpolet.

Grec,	erpullos.
Latin,	serpillum.

Serpent.

Grec, erpô ; *Latin*, serpo, *ramper*.

Suer.

Latin,	sudo.
Grec,	huo.

Sous.

Grec,	hup-*ô*.
Latin,	sub.

Sur.

Grec, huper.
Latin, ſuper.

Souris.

Grec, hurax.
Latin, ſor-*ice*.

Sœur.

Bas-Bret. hoar; *Gall.* chwaer; *Lat.* ſor-*or*, *ſœur*.

En-ſemble.

Grec, ama; *Flam.* ſaam; *Suéd.* ſamt; *Lat.* ſim-*ul*, *enſemble*.
D'où en-ſemble, & puis enſemble.

Je ſuis.

Grec, eimi.
Latin, ſum.
L'Italien dit, *ſei*, tu es.

Les anciens Romains, Ennius lui-même, ont dit *ſos* pour *eos*.

Les Allemands employent SIE également pour dire *lui*, tandis que les Anglo-Saxons diſent *heo*, les Grecs *Ho*, & les Latins *hic*.

Ce que le Grec prononce *hus*, (cochon,) le Latin le prononce *ſus*.

Les Béotiens ont dit *muka* au lieu de *muſa*.

L'*Hébreu* עד & עדות, oed, & oeduth, *témoignage*, eſt en Chaldéen שהדותא, *ſedutha*, témoignage; & שהד *ſeth*, témoigner, atteſter la vérité; c'eſt le Polonois *ſwiadcze*, témoignage.

Le Chaldéen עלעיל, *ol-hoil*, eſt certainement le même mot que l'Hébreu צלע *tſel-ho*, qu'on a rendu également & mal-à-propos par le mot *côte*. Et le même que le mot Arabe *tſelho*, qui ſignifie une *dent crochue*, une défenſe, comme celles du Sanglier: ce qui eſt la vraie ſignification des deux autres mots, comme on le voit par l'enſemble du paſſage où ſe trouve ce mot Chaldéen, (DANIEL, Chap. VII. 5.) qui n'a ſans cela aucun ſens.

Grec, HER-*ôs*, amour, venant de *her*, cœur, eſt de la même famille que l'*Armenien* ſir & ſer, *aimer*.

François, horreur, orage, ouragan, en *Anglois*, hurrican; *Hebreu*, shor.

8°. *H* & *M*.

Grec, hares; *Lat.* Mars.
Latin, hodiernus; *Franç.* moderne.
Celte, hor, tête; *Franç.* hure, *tête* de Sanglier, & morion, armure de tête.
Hébreu, ish; *Zend*, meshia, *homme*.

9°. *H*, *V*, *M*.

Allem. win, *ami* & minnen, *aimer*.
Allem. wonen; *Anglo-Sax.* wunian, *demeurer*.

Hébreu, <On, won, *habitation*; *Lat.* maneo; *Grec*, meno.

Allem. waffel, *lévre*; muffel, qui a une grosse lévre; *Hébreu*, saphe, *lévre.*

Anglois, with; *Zend*, med; *Anglo-Sax.* med, *avec.*

10°. *H*, *F*, *W*, *M*, *B*.

Lorsque les mots primitifs qui commençoient par *H* ou par *V*, se sont conservés chez la plûpart des Langues & y sont devenus communs, ils ont éprouvé nécessairement toutes les révolutions possibles : ils ont été prononcés & écrits par H, F, W, M, B, Sw, &c. C'est ce qui est arrivé sur-tout au mot primitif *var*, *far*, &c. qui désigne la parole, l'action de parler, en un mot le discours. Commun à toutes les Langues, il y a pris toutes sortes de formes. Nous en avons déja raporté plusieurs ci-dessus, pag. 49. En voici quelques autres.

Var, en *Islandois* signifie *lévre.*
Polon. warga, *lévre.*
Ulphilas, vaurd; *Suéd.* & *Island.* ord, *parole.*
Suédois, swara, *répondre.*
Suédois, swar; *Angl.* an-swer; *Island.* and-swar, *réponse.*
Cornouaill. aul-a-var, qui ne parle pas.
Esclav. go-vor, *parole.*

Il en est de même du mot BAL, haut, élevé; on le trouve sous tous ces modes :

Primit. hal, *haut*, Famille considérable dans l'Orient :

D'où *Lat.* alt-*us*, haut, élevé.
Theut. hall, *édifice* élevé.
Gallois & *Bas-Bret.* bel, *élevé.*
Etrusque, fal-*ando*, *le ciel.*
Irlandois, fal & mal, Roi.
Irland. mala, *sommet.*
Gallois, mal, mel, *élévation*, hauteur.
Grec, mala, *beaucoup.*
Gallois, vel, *tête*, embouchure.
Maine, veille, *monceau de foin.*
Gallois, wol, *tête.* Gwal, *abondant.*
Persan, Vali, *Maître*; Commandant.
François, Bailli.
Espagnol, balia, *puissance.*

De-là, dans le sens de montagne, de rocher, de rochers escarpés,

Hesychius, PHAL-*ai*, *montagnes*; lieux d'observations.
Latin, falae, *étages*, hauteurs des montagnes.
Suédois, fiall; *Island.* fiall; *Irland.* fail; *Angl. du Nord*, fell; *Allem.* fels, *montagne.*
Franç. fal-*aise.*

La famille Latine val-*ere*, être le plus fort; val-*or*, valeur, force; val-*de*, beaucoup, &c. qu'on peut voir quelques pages plus haut, n°. 4°. de ce Chapitre, apartient également à celle-ci.

De-là encore le nom de l'énorme

Poisson qu'on apelle en François BALEINE.

En Allem. *Wall-fish*, mot-à-mot, *le poisson montagne*, comme on le peint en Chinois. *Voy. Gramm. Univ. & Comparat.* p. 579.

MEILLEUR.

Allem. heil, *bonheur*, biens: voy. plus haut H & F.
Angl. well, *bien.*
Danois, vel, *bien.*
Irlandois, feile, *bonté.*
Breton & Gallois, gwell, *meilleur*, le mieux.
Grec, bel-tiôn, *meilleur.*
Latin, mel-*ior* de *mel*, bon, bien.

VELLE, vouloir, & MALLE, aimer mieux, apartiennent tous deux à cette famille. Tous les deux viennent de *lô*, je désire, *lei*, il désire, qui subsiste en Grec & qui s'est uni dans le premier à *vel*, bon, avantageux; & dans le second, à *mel*, meilleur, plus avantageux. On ne veut que ce qui est bon ou avantageux, on ne préfere que ce qui est meilleur. *Mal* est l'oposé de tous les deux.

Esclavon & Polon. mili, *cher*, ce qu'on aime le mieux.

TROISIEME TABLEAU.

VOYELLES ET CONSONNES SUSBTITUÉES LES UNES AUX AUTRES.

1°. *OU & V.*

On a souvent été embarrassé pour rendre raison des changemens qu'a essuyé la voyelle OU. Les Hébreux ne commencerent presque jamais un mot radical par ce son, & presque jamais ils n'en terminerent par lui. Au commencement d'un mot, ils le font précéder d'une autre voyelle, disant, par exemple,

Aour *ou* aur, *clarté* : 2°. *soleil.*
Aoun *ou* aun, *honneur.*
Aoül *ou* aul, *valeur.*

Tandis que d'autres en ont fait les mots *or*, *honeur*, *valeur*, &c.

A la fin des mots, ils lui substituent un hé : écrivant, p. ex. *salé*, שלה, ce que d'autres prononcent & écrivent שלו, salu, mot dont les Latins firent *salus.*

Les Arabes, au contraire, se servent d'*ou* à la tête & à la fin des mots.

Il paroît que les Latins & les Grecs employoient différemment la même lettre ; les premiers la prononçant *v* comme consonne, & ceux-ci la laissant voyelle. Ainsi, les premiers écrivent *Varus*, *Virgilius*, & les seconds *Ouaros*, & *Ouirgilios*.

Lorsque cette lettre se trouve entre deux consonnes, il en peut donc résulter un mot de deux syllabes ou d'une seule, suivant qu'on la prononcera en *ou*, ou en *v*. De-là tant de mots défigurés, par cette seule raison, & dont on aperçoit cependant le raport, dès qu'on est au fait de cet usage.

Ainsi *moun* ou *mun* des Hébreux (munir,) étant prononcé en *ou*, est la racine de *munir* ; tandis que prononcé en V, maVan, à la Massoréthe, il offre un mot qui ne ressemble à rien.

Il en est ainsi du mot Ivn, que la Massore lit *javan*, & qu'on peut lire *jun* ou *ion*, prononciation que les Grecs ont conservée ; & par laquelle, *Ion* leur pere est le même que *Javan*, pere des Grecs dans Moyse, selon la Massore.

C'est ainsi que les Latins changerent Iou en Jove ; & que les Portugais ont fait de notre ancien mot couard, le mot *covarde*, qui signifie un lâche.

Doun des Bretons, qui signifie *profond*, se prononce *doVuin* en Irlandois.

Dourgi des Gallois est *deVergi*, en Cornouaillien.

Iom des Hébreux, est *djaVam* en Pehlvi ; ces deux mots signifient *jour*.

Mour, en *Persan* & mavir, en *Pehlvi*, fourmi.

Djouta en *Persan*, djavid en *Pehlvi*, séparé.

Mouede en *Zend*, & mavid en *Pehlvi*, nom d'un Génie.

David se prononce Daoud en *Perse*.

On voit dans Chardin, T. VIII. page 135. l'Histoire d'un Médecin apellé le Sage Daoud.

Chien, est en *Pehlvi* khaven ; & en *Chinois*, kiven.

Ou se change quelquefois en une diphtongue.

Hébreu, toub ; *Malthois*, taiab, *bon*.

Hébreu, doun ; *Syriaque*, daiono, *juge*, d'où le *Turc* Divan.

Oriental, *tor*, Montagne, d'où le mont *Taürus*, & l'Ethiopien *tabar*, Montagne.

Les Grecs modernes changent U en F, & nous en V : Eu-angelion, est Evangile chez nous, & Ef-angelion chez les Grecs modernes.

2°. *OU*, *W*, *Gu*.

C'est ici un changement très-commun dans toutes les Langues, & dont il faut être bien au fait, si l'on veut réussir à les comparer.

François.

Ils changent en *gu*, une multitude

de mots qui commencent ailleurs par U *ou* W.

Latin, vespa ; *Angl.* wasp, *guêpe.*
Lat. vadum, *gué.*
Vasto, *Angl.* wast, *gâter*, gaster.
Allemand, war-en, *garder*, défendre ; d'où le *Franç.* garenne, lieu gardé, en réserve, pour la chasse, & même autrefois pour la pêche.

Allem.	wasen,	*gazon.*
Angl.	war,	*guerre.*
	Ward,	*garde.*
	Wage,	*gage.*
	Welch,	*guelfe.*
	Williams,	*Guillaume.*
	Wallons,	*de* Galli.

Latin, VOLPES ; *Ital.* golpe ; *vieux Franç.* goupil, *renard.*
Grec, KERDOS ; *Allem.* werth ; *vieux Franç.* guerdon ; *Ital.* guiderdone, *récompense*, gain, profit.
De Vascones, nous avons fait Gascons.
Valdois, vôity ; *Lorrain*, voidiai, *Comt.* voda, guada, *guêter*, garder, regarder.

Les Gallois mettent sans cesse & indifféremment w & gu.

Waith & gwaith, une fois, *Lat.* vice.
Latin, VER-*us*, *vrai.*
Irland. fir.
Gall. gwir.
Bas-Bret. wir & gwir.
Basq. aguer.
Gallois, win & gwin, *vin.*
Wag, & goag, *vague*, flot.
Wr & gwr, *Latin*, vir, *homme*; *mari.*
Anglois, warant ; *Gallois*, gwarant, *garant.*
Gallois, gwas & was, *domestique* ; alon & galon, *ennemi* ; alt & galt, *montée.*
Espagnol, garañon ; *Lat. Barb.* waranio ; *Esclavon*, goza ; *Hébreu* עז, hoz, woz, *chèvre.*
Chinois, ouey, & gouey, même nom, le premier à la Françoise, le second à la Portugaise : *Mém. de l'Acad. des Insc.* T. XXII. in-4°. à la fin en Chinois.
De même, *ouaiki*, à la Franç. & *vaiki*, à la Portugaise.

Grec & Flamand.

Grec, GÊNUS ; *Anglois*, chin, *menton.*
Latin, gena ; *Celte*, gen ; *Flamand*, wang & koon ; *Allem.* wange, *joue.*
Grec, goun ; *Flam.* want, *car.*

Orientaux.

Hébreu עדן, hoden, & *Arab.* goden, *délices.*
Hébreu & *Arabe* עזר, hozar, *il aida.*
Arabe, gozar, *puissance* : 2°. Princesse, &c. *Voyez* SCHULTENS, clé des Dialectes Hébreux.

Les Arabes ont, en effet, distingué par wo & par go, ع & غ, des mots qui ne sont orthographiés en Hébreu que par ע, *o, *w. Mais dont la plupart avoient certainement la prononciation en go.

Héb. עוון, *wooon*, crime, vice.
Arabe & *Perf.*, guena; *Indien*, gonnege, *crime*, vice.
Hébreu, עוד, wod; *Massor.* hod, *Anglo-Sax.* get, *encore.*

Le Zend & le Pehlvi, deux Dialectes Persans offrent les mêmes raports.

Zend, *veher-k-ehe*; *Pehlvi*, gorge.
Zend, veretk-*e*; *Pehlvi*, gourd*eh*.
Indien, GHARM; *Angl.* WHARM, *se chauffer.*

3°. *V* & *F.*

Grec, phainô, paroître, & le *Pehlvi* ven-*adan*, lumiere.
Hébreu, ערף, orph *ou* arph, & *Lapon* ARV-*edam*, comprendre : *voyez B, V & F.*

V & *P.*

Edda, wahala; *Pehlvi*, pahalom, *Paradis.*
François, panse; *Allem.* wanst, *panse, ventre.*

V & *M.*

Hébreu, argaman; *Chald.* argvan, *pourpre.*

W & *S.*

Heit & wait, *vœu*, dans les Langues Theutone, Gothique, & des Francs : d'où le François *souhait* : les Anglois changeant *ei* en *i*, en ont fait *wiss*, qui signifie aussi *souhait.*

4°. I, J, G.

Latin & François.

I & G.

Simius,	*singe.*
Rubius,	*rouge.*
Vindemia,	*vendange.*
Iouvenis,	*jeune.*
Iohannes,	*Jean.*
Hierosolymê,	*Jérusalem.*

G & I.

Rege,	*Roi.*
Lege,	*Loi.*
Haga,	*haye.*
Paga,	*paye.*
Bey,	& beg.

Anglois & Anglo-Saxon.

Year & gear, *an.*
Sail & fægl, *voile.*
Fair & fæger, *beau.*
Day & dag., *jour.*

Les Hébreux ont rendu leur ע tantôt par h, tantôt par g.

עבר,	yber,	*Héber.*
עלי,	yli,	*Héli.*
עבל,	ybal,	*Ghebal.*
פעור,	phyor,	*Phégor.*

Probus & Terentien disent même qu'en

qu'en Latin on a prononcé *j* au lieu de *i* ; qu'on a dit, par exemple, *parjetibus* au lieu de *parietibus* ; & de même *genva* au lieu de *genua*, &c.

5°. I & L.

Italien.

Chiavo, *clou.*
Chiave, *clé.*
Chiaro, *clair.*
Chierico, *Clerc.*
Chiavenne, *au lieu* de Clavenne, Ville des Grisons.
Pianta, *plainte.*

Espagnol.

Hoja, *Lat.* folium, *feuille.*
Paja, *paille.*
Hijo, *Grec*, uios, *fils.*
Oja, *œil.*
Ceja, *cil*, ou sourcil.

Parisien.

Paje, *pour* paille.

6°. I & R.

Italien.

Milliajo, *millier.*
Pajo, *pair.*
Fornajo, *fournier.*
Pajuolo, *Langued.* pairol, *un chaudron.*
Comtois, poiraye, *poirier.*
Cerejaye, *cérisier.*
Toulousain, pay, *pere.*

7°. AL, OL, &c. changés en AU, OU, &c.

François.

Autel, *Lat.* altare.
Autre, alter.
Haut, altus.
Faux, falsus.
Faulx, falx.
Faute, *Espagn.* falta, du *Latin* fallere.
Epaule, *Lat.* spalla.
Baume, balsamus.
Sou & solder, solidum.
Chaussure, calceus.
Saucisse, salsiccia.
Saunier, *de* sal, sel.
Sauvage, *Ital.* salvaggio.
Sauter, *Ital.* saltellare.
Sauce, *Ital.* salsa.
Sou & solder.
Haut & Altesse.
Faulx & défalquer.
Cou & décoller.
Autre & altérer.
Sel & saumache.

Comtois & Lorrain.

Chauchie, *presser*, comprimer ; *Lat.* calceo.

Grison.

Auter, *autre*, de alter.

Flamand.

Goud, *Angl.* gold, *or.*

Oud, *Angl.* old, *vieux.*
Houden, *Angl.* holt; *Allem.* halten, *tenir.*
Schouder, *Angl.* shoulder; *Allem.* shulder, *épaule.*
Coude, *Allem.* colde, *fiévre*, froid.

Observons cependant qu'ici ce n'est pas proprement *l* qui se change en *u*, mais qu'on a adouci le son trop aigu de cette lettre, en changeant en diphtongue la voyelle dont elle est précédée; ensorte qu'on écrivoit *aultre*, *faulte*, *saulce*, & qu'insensiblement on suprima la lettre *l* qui ne se prononçoit plus.

C'est ainsi que *pouce* est pour *poulce*, qui est le Latin, police, en *Espagn.* polegada.

SECTION II.

1°. Voyelles mouillées.

François.

Ciel, *Lat.* cœl-*um.*
Fiel, fel.
Fiévre, febris.
Miel, mel.
Piéce, *Ital.* pezza.
Chien, cane.
Vieux, *Lat.* vetus.
Mieux, melius.
Tiéde, *autrefois* tiepde, *Latin*, tepidus.
Rien, *Lat.* rem.
Pierre, Petra.
Fier, ferus.

En François même.

Ciel & celeste.
Vieux & véteran.
Mieux & meilleur.

Langue d'Oc.

Biau, *bœuf.*
Hiau, *œuf.*
Miole, *mule.*
Miejho, *moitié*, du Lat. *medio.*
Miero, *mer*, en vieux lang.
Mioune, *mien*, de meum.

Italien.

Fieno, *Lat.* fenum, *foin.*
Fiero, ferus, *féroce*, cruel.
Fiera, fera, *bête féroce.*
Mietere, metere, *moissonner.*
Niente, n-ente, *rien*, néant.
Biera, bera, *bette*, poirée.
Viera, vetus, *vieux.*

Espagnol.

Diestro, *Franç.* droit.
Diez, dix.
Diente, dent.
Ardiente, ardent.
Piel, peau, *Lat.* pellis.
Pierna, *Latin*, perna, *jambe.*

Portugais.

Oiro, *or.*

Anglois.

Pierce, *percer.*

Brief, *bref.*

Fierce, *féroce*; 2°. excessif, du Lat. *ferus* & *ferax*, qui réunit ces deux sens.

Field, *Allem.* feld, *champ.*

Flamand.

Riem, une rame.

Tien, *Anglois*, ten, *dix.*

Nieuw, *neuf*, nouveau.

Piek, *pique.*

Giervalk, *gerfaut.*

Wiel, *Angl.* wheel, *roue.*

Allemand.

Lieb, *Flam.* lief, *cher*; *Héb.* leb, *cœur*; 2°. affection.

Lied, *Flam.* lied, *chanson.*

Latin; lætari, *chanter* de joie, être joyeux.

Vieux Franç. liesse, *joie.*

Vieux Allem. mias, table, *de* mesa *ou* mensa, *table.*

Esclavon.

Mjesc, *Lat.* mus, *souris.*

Mjed, métal.

Mjendela, *Ital.* mandola, *amande.*

Mjerra, mesure, poids, de *med*, changé en mer.

Diamanut, *Lat.* *a*-damantè, *diamant.*

Cjafran, safran.

Cjar, *Lat.* car-men, *enchantement.*

Cjambelot, *camelot.*

Cjatan, *lu*; Héb. *kath-ab*, *écrire.*

Cjast, *honneur*; *castus*, François, *chaste*, plein d'honneur.

Djeliti, *partager*, du primitif *tel*, *tal*; en Esclavon même *dil*, portion; *digljen*, partagé.

Pjenez, monnoie, argent, du primit. *pen* & *fen.*

Rjec, parole; rjeka, fleuve, du Grec *rheo*, couler.

Sjecchi, couper, *Lat.* *sec-are*; d'où segment, section, &c.

Sjediti, être assis, *Lat.* sedes, *siége.*

Vjerra, foi, bonne foi, fidélité, de la même famille que *verus*, vrai, sincere, fidéle.

Les Polonois enchérissent, à cet égard, sur les autres dialectes Esclavons : ils mouillent nombre de mots que ceux-ci ne mouillent pas. Ainsi ils disent *pieke*, cuire, là où les Illyriens disent *pecchi*, le *backen* des Allemans & le *bake* des Anglois.

Irlandois.

Oicht, *huit*, *Lat.* octo.

Oifige, *office.*

Oir, *doré*, du mot *or.*

Oibid, *obéissance.*

Oirfid, *musique*, de la même racine que les noms *Orphée* & *Harpe.*

Moir, *mer.*

Moin, *mont.*

Fial, *Lat.* velum, *voile.*

Fior, *Lat.* verus, *vrai.*

Fiabhras, *Lat.* febris, *fiévre.*

Grec.

Sialon & *salon*, salive; de *sal* sel.

Phialé & Latin *phiala*, grande coupe, & *phalé* de *fal*, grand : & *hyperphialos*, qui déborde, vaste, grand.

Suédois.

Bjæle, *Angl.* ball, la *plante* en parlant du pied.

Bjællra, *Angl.* bell, *cloche.*

Diaerf, *audacieux*; en *Grec*, tharrein, *oser.*

Hjelm, *Franç.* heaume; *Anglo-Sax.* helm.

2°. VOYELLES NASALÉES.

Latin.

Ambubaiæ; *Hébr.* abub, *flute.*
Lampas, *Héb.* lapad.
Simpulium; *Hébr.* sipul.
Fudi, fundo.
Fidi, findo.
Pictum, pingo.
Strictum, stringo.
Fictum, fingo.
Tactum, tango.
Fractum, frango.
Pu-pugi, pungo.
Nactus, nancifcor.
Metior, mensus.
Camphora, *Hebr.* copher.
Sambuca, *Héb.* sabeca.
Sindon, *Héb.* sadon.
Pactum, pango.
Liquit, linquo.
Rupi, rumpo.
Lingua, *Orient.* lek; *Lat.* loqui.
Densus, *Grec*, da-*sus.*
Lingo, *Grec*, leikô.
Camp-*us*, *Grec* dorien, kap-*os.*
At-tingo, *Grec*, thigo, atteindre.

François.

Rompre & rupture.
Feindre & fiction.
Tangible & tact.
Goth, teken, *toucher.*
Lanterne, *Lat.* laterna.
Camphre, *Héb.* כפר, kaphar, *selon* *Louis de Dieu. Arab.* Caphir.
Bourguig. cheminze *pour* chemise.

Tandis que les François nasalent, les Italiens font le contraire :

Rempart, *Ital.* riparo.
Contraint, costretto.
Montrer, mostrare.
Monstre, mostro.
Lat. mensis, mese, *mois.*

De mandra, bergerie, les Italiens ont fait madriale & madrigale, *madrigal*, genre de bergeries ou de pastorales.

Langue d'Oc.

Sambuc, *Espagn.* sabuco, *sureau.*
Mandro, *Franç.* madré, *rusé*; 2°. *renard.*
Espagn. mensage, mensager, *message*, *messager.*

Grec.

Matheô & manthanô, *enseigner.*
Lebô & lambanô, *prendre.*
Adeô & andanô, *plaire.*
Lethô & lanthanô, *cacher.*
Allem. land; *Franç.* landes; *Orient.* lat, *Pays.*

D'où *Latium*, nom du pays des Romains ; le *pays* par-excellence.

Monumens Runiques.

Anciens, but ; *moins anciens*, bonta ; *Angl.* *huf*-band, *mari*.

Mesure.

Lat. mensura.
Theut. mez.
Espagn. medi-*da*.
Ital. mis-*ura*.

Latin, met-*ior* ; *Suéd.* mata, *mesurer.*

Oriental, MAD, *mesure.*

Oriental, mad ; *Lat.* modius ; *Copt.* ment ; *Grec*, modios ; *François*, muid, *boisseau.*

Anglo-Saxon.

Rincas, *Cimb.* recker, *vaillans Soldats.*

Benc, *Cimb.* beckur, *banc.*

Drync, *Cimb.* dryckur, *boire.*

Flamand.

Glans, *éclat*, brillant ; de *glas*.

Glinsteren, *Angl.* glister, *briller.*

Flamand, mond, *bouche.*

Allemand, mund.
Suédois, mund.
Anglois, mooth.
Anglo-Sax. mudh.
Grec, muthos.

Langues Orientales.

Hébr. אף *aph*, nez.

אנף *anph*, soufler du nez ; 2°. être en colere

Ethiop. anph ; *Arabe*, انف, anph ; *nez*.

Hébreu, אתה, atha, *toi*.

Arabe, ant ; *Ethiop.* አንተ, ant ; *toi*.

Hébr. כף, kaph, *main*.

גף, gaph ; כנף, canph, *aîle*.

De deux lettres doubles, dont la premiere est marquée dans l'Orient par un point, les ETHIOPIENS la changent en *n*.

Sanbath, disent-ils pour *sabbath*.

C'est ainsi que les Grecs changent le premier *g* en *n* :

Angelos pour aggelos.

» Il étoit naturel, » dit LUDOLFF dans son Dictionnaire Ethiopien, » que la voyelle longue se changeât » en nasale.

Zend. dehmo ; *Grec*, dêmos ; *Pehlv.* denm, *Peuple*.

Trompeur.

Les mots *trompeur*, *tromper*, se sont formés par le changement d'*a* en *am*, & d'*am* en *om*.

De *trappe*, machine pour surprendre, une *trape*, un *piége*, les Espagnols ont fait ; *trampa*, qui signifie ; 1°. trappe ; 2°. tromperie, fraude ; *trampeur*, tromper ; *trampeador*, trompeur. De-là nous avons fait *tromper* ; tandis que de *trappe* sont venus *attrape* & *attraper*.

QUATRIEME TABLEAU.

CONSONNES SUBSTITUÉES LES UNES AUX AUTRES.

CHAPITRE PREMIER.

TOUCHE LABIALE.

ARTICLE I.

B & P.

François.

Les François emploient *B*, là où d'autres Peuples prononcent *P*; & *P*, là où d'autres prononcent *B*.

Balon, *Ital.* pallone.
Bale, palla.
Balandran, palandran.
Banc, panca.
Cabane, capana.
Ciboulette, cipollera.
Jupe, giubba.
Double, *Lat.* duplum.
Bocal, *Allem.* pocal.
Pitance, *Allem.* bitten, *manger.*
Gallois, bwyd, *nourriture.*
Esclav. pitta; *Ital.* pizza, *gateau.*
Petition, repeter, *vieux Lat.* beto, *demander.*
Anglo-Sax. bæti.
Hébreu, בעות b'houth, *demande*, *suplication.*
Hyssope, *Héb.* ezob.
Baliste & arbalêtre; *Allem.* pallester.
Bourg, *Grec*, purgos; *Arab.* borg.

Espagnols.

Ils substituent volontiers,

B à P.

Cabeça, *Lat.* caput, *tête*; *François*, cabosse.
Cabra, *Latin*, capra, *chévre.*
Cabello, *Lat.* capillus, *cheveu.*
Caber, *Lat.* capere, *occuper une place.*
Lobo, *Loup.*
Soberbo, *superbe.*

Sobre, *Lat.* ſuper, *ſur.*

Latins & Grecs.

Ils changeoient B en P devant d'autres conſonnes.

Latin, ſcribo, *j'écris*; ſcripſi, *j'ai écrit.*

Grec, lêbo, *je prens*; lêpſo, *je prendrai.*

Lat. patulus, *Gr.* bathus, *touffu.*

Doriens.

Bateo *pour* pateô, *je marche.*
Bikros *pour* pikros, *amer.*

Allemans.

Krubba, *Ital.* greppia, *crèche.*
Knab & knapp, *garçon.*

Les Miſniens ne peuvent diſtinguer *B* & *P*: les Maîtres d'Ecole ſont obligés de leur dire, c'eſt un *P* doux ou fort. (M. MICHAELIS, ſuite des Mémoires de Gottingue, ann. 1759.)

Un Livre s'appelle *Buck* en *Allemand*, & *puech* dans le dialecte Allamannique.

Flam. knoop, *Angl.* knob, *nœud.*
Friſon, barn, *vieux Theuton*, parn, *fils. Chald.* bar.

Eſclavon.

Bliſge, *Grec.* plêſſiôn, *plus près.*

Hongrois.

Apa, *Héb.* ab, *pere.*

Les Turcs changent auſſi volontiers *P* en *B.*

Hébreux.

Ils mettent *B*, là où d'autres prononcent *P.*

בזר, Bazar, Syr. Pazar, *diſtribuer.*
ברזל, Barzel, *Chald.* par-zel, *fer.*

Ils réuniſſent deux *P* en un.

כפר, *kapar*, ſe rendre Dieu propice, 2°. offrir un ſacrifice, vient de כף, *kap*, main, 2°. don, & de פר, *par*, fruit; *kap-par*, un préſent de fruits; tels qu'étoient la plupart des ſacrifices & les plus anciens.

Zend.

Pere-*nâe*, parole, de *bar*, parole.

Copte.

Baki, *cité*, de la même racine que *Pagus.*

Chinois.

N'ayant point de B, ils le changent en *P.*

Au lieu de *Bagdad*, ils diſent *Pa-ho-ta*; & *ga-pou lo-pa*, au lieu d'*aboul abbas.* (M. de GUIGNES, Préface de l'Hiſtoire des Huns, p. LXXIX.)

2°. *B*, *P* & *V.*

Les François changent volontiers B & P en V, ils diſent:

Approuver, *Lat.* aprobare.
Avant, *Lat.* ab ante.

Cheveu,	*Lat.*	capillus.
Couvercle,	*Ital.*	coperchio.
Cuivre,	*Grec.*	kupros.
Gouverner,	*Lat.*	guberno.
Taverne,		taberna.
Ecrivain,		scriptor.
Lévre,		labium, labrum
Louve,		Lupa.
Pauvre,		pauper.
Pavillon,		papilio.
Percevoir,		percipere.
Savoir,		sapere.
Saveur,		sapor.
Savon,		sapo.
Vouloir,	*Grec.*	boulein.
Volonté,		boulê.

Je vais, *Grec* baô, pao; *Héb,* בא ba, *il va.*

Février,	*Lat.*	februarius.
Avril,		aprilis.

Les François disent cependant, aprobation & aprouver.

Courbe & courber, *du Lat.* curvus & curvo.

Beure, *Lat.* butyrum, *Grec moderne*, voutyro.

Espagnols,

Ils mettent au contraire B pour V.

Bestido;	*Franç.*	vêtu.
Bexiga,		vessie.
Berruga,		verrue.
Bervena,		verveine.
Bolar,		voler.
Bolcan,		volcan.
Bivir,		vivre.
Baca,		vache.
Balisa,		valise.

Gabilla, javelle, de כף, *Chap* main.

Gavinete, Cabinet.

Les Gascons mettent également B pour V, & V pour B.

Boir *pour* voir.

Langued. sivade, *Espagn.* cebada; *avoine.*

Les Irlandois n'ont point de V consone; ils lui substituent un B aspiré BH. (*Dictionnaire Irland.* & *Angl. Préface p.* 21.).

Les Ecossois écrivent BH & MH & prononcent U. (LHUYD. *Archeol. Britann. p.* 300.)

Grisons.

Erva, herbe.
Varr, part.

Esclavon.

Barra, *Prim.* var, *mardis.*
Varrati, *Ital.* barrare, *tromper.*
Bombere, *Ital.* vomere, *charrue.*
Go-vor, *de* bar, *parole.*

Allemand.

Wersich, *Lat.* brassica, *chou.*

Anglois.

Anvil, *Flam.* aanbeeld, *enclume.*

Latins.

Laberna & Laverna, *la Déesse des voleurs.*

Du

Du mot LAB, main, en langue celte; d'où le *Grec* labein, *prendre.*

Verres, *Allem.* bær, *Lat.* aper, nom générique du cochon sauvage & domestique.

Sur des Inscriptions Latines du 2e. siécle & des suivans de notre Ere, on voit B pour V, en particulier sur l'inscription de l'an 312. trouvée à NERITE & qui offre ces mots:

Balerius	*pour*	valerius.
Box,		vox.
Berum,		verum.
Boluntas,		voluntas.
Oplatus,		oblatus.

Grecs.

Les Grecs modernes prononcent B en V: ils disent livadie, au lieu de libadie (*Voyages de* WHELER.)

On lit aussi BALÊRIA pour VALERIA sur une Inscription Grecque qui accompagne un bas-relief où l'on a représenté Cerès donnant ses ordres à Triptolême, & qui fera partie des Monumens insérés dans notre Ouvrage.

Hébreu.

נור, nur, & navar, *Chald.* nabarsha, נבר-שא, *Flambeau*, *chandelier.*

Persan.

Grec, bêr; *Copte*, Beri; *Pehlvi*, bahar & vahar; *Latin*, ver, *Suéd* wär. *Printems.*

Zend bâde, *Latin*, vetus, *vieux.*

Zend. apem, *Persan*, av, eau.

Zend. Aberetem, qui porte l'eau; de *ab* eau, & *ber* porter.

Perf. bar, *Hongr.* var, *citadelle*; *Héb.* bar *clôture.* 2°. fermer, clore.

Hébr. נבל, nabl; *Massor.* nevel; *Grec*, nabla & naula, un Instrument de Musique; espéce de luth.

Les Doriens disoient *bélea* pour *hélea*, par la même raison que les Italiens changeoient ce dernier mot en *vélea.*

3°. *B, P, V, F.*

François.

Golfe, *Grec*, kolpos.

Bleu, *Lat.* flavus, *Grec* blabos; *Grec mod.* flavos.

Poivre, *Lat.* piper.

Serf, *Lat.* servus.

Clef, *Lat.* clavis, tandis qu'on dit *servir* & *clavier.*

Peloton & pelotte, *Celte*, bal, sifler *Lat.* sibilo.

Limousin, enfounil, *Portugais*, funil, entonnoir,

Italien.

Pozzetta, *Franç.*	Fossette.
Pennone,	Fanon.
Piffaro,	Fifre.
Fytonissa,	Pythonisse.

Espagnol.

Soplo, *soufle.*
Soplar, *soufler.*

Portugais.

Fita, *Lat.* vitta, *ruban.*
Basque, pico, *figue.*

Celte & Gallois.

Ab, *Allem.* aff; *Suéd.* apa, *singe.*
Aber, *Fr.* havre.
Adfain, *Lat.* advena, *étranger.*
Afais, *Lat.* avis, *oiseau.*
Afal, *Irland.* aval; *Allemand*, apfel; *Anglois*, apple; *Suédois*, æple, *pomme.*
Afwys, *Lat.* abyssus, *abîme.*
Barf, *barbe.*
Ber, *Lat.* veru, *broche.*
Byw, *vivre.*
Bron & bran, *front.*
Belenus, *Grec*, helenos & selenos, *le Soleil.*
Belené, *Grec*, helené, Selene & Felené, *la Lune.*
Gorf, *corps.*
Catorfa, *Lat.* caterva, *troupe.*
Dwfr, *Bas-Bret.* dour, *riviere.*
Frad & prat, *pré.*
Fenestr & penestr, *fenêtre.*
Lab & lef, *main*; *d'où* lever; *Grec*, labo, *prendre.*
Botten, *Hébreu*, beten; *François*, bedaine.

Allemands.

Ils substituent souvent PF à P.

Pfall, *Franç.* pal.
Pfeiler, pilier.
Pflanz, plante.
Pforte, porte.
Pfund, *Lat.* pondus; *Anglois*, pound, *poids.*
Pferd, *Pers.* parth, *cheval.*
Pflaumen, prune.
Pflug, *Angl.* plow & plough, *charrue.*
Pfiff, *Portug.* pifano; *Ital.* pifaro; *fifre.* Piva, l'os de la jambe, *flute.*
Kupfer, *Lat.* cuprum, *cuivre.*
Klapf, *bruit*, & klappern, *faire du bruit.*
Kopf, *Lat.* caput, *cap*, tête.

Les *Saxons* & les *Allemans*, au contraire, ne gardent que le *p.* Ils disent *pal* & non *pfal.*

POISSON.

Allemans, fish; *Arab.* פיץ fits; *Lat.* piscis, *poisson.*
Allem. greifen, *gripper*, prendre.
Franc. ref; *Sax.* reif, *ventre.*

D'où *repo*, qui a fait ramper, & *reptile.*

OPH, four, &c.

Anglois, oven.
Flamand, oven.
Allemand, ofen.
Anglo-Sax. ofne.
Danois, own.
Latin, offa.
Hébreu, אפה aphe; *Massor.* ophe;

boulanger; 2°. cuire au four.
Voyez ci-dessus, p. 162.

Gab.

Gab-*elle*, sorte d'impôt.
Anglois, gift; *Flamand*, gaaf, *don.*

Anglois.

Anglois, ivy; *Indien*, dans Hésychius, evan; *Allem.* epheu, *lierre.*
Anglois, help; *Flam.* hulp; *Allem.* hülfe, *aide*, *secours.*
Anglois, heave; *Flam.* heffen, *lever, élever.*
Few, *Franç.* peu.
Proof, preuve.
Raft, radeau, *du Grec* raptô.
Vane, *Lat.* fanum, *temple.*
Furrow, *Flam.* vore, *sillon*; 2°. rigole.
Nephew, *Lat.* nepos, *neveu.*

Peau.

Latin,	pellis.
Grec,	phellos.
Flamand,	vel.
Suédois,	fell.
Anglois,	fell.
Latin,	vellus.
François,	pellisse.
Langued.	pel.
Espag.	piel.

Flam. Veld, *Allem.* feld, *champ.*
Voeden, nourrir; *Anglois*, food, *nourriture.*

Anglo-Saxon.

Lysan, *Grec*, léipein, *permettre.*
Ofer, *rivage*; *Hébreu*, עבר *ober*, traverser un fleuve.
Hæfa, *Lat.* habeo, *j'ai.*

Islandois.

Rafn & hrafn; *ancien Suédois*, ramn *primit.* rab, *corbeau.*
Rif, *Allem.* ribbe, riebe, rippe; *Lat.* ripa, *rive*, *côte.*

Pa, *Pere.*

Pehlvi,	pad.
Latin,	pater.
Runique,	fadur.
Zend,	fedre.
	A-bider.
Flamand,	wader.
Theuton,	watter.
Anglois,	father.
Grec,	patêr.
Anglo-Sax.	fæder.
Italien,	padre.
Suédois,	fader.
Persan,	pâder.

Esclavon.

Ban, *Polon.* pan; *Goth.* san, *Seigneur*, *Prince.*
Bivol, *buffle.*
Brat, *Latin*, frater, *frere.*
Polon. fasa; *Allem.* fas, *vase.*
Esclavon, fala & hvala, *louange.*

Irlandois.

Fear & fir, *Lat.* vir, *homme.*
Hébreu, a-bir, *puissant.*

Latins.

Il y eut un tems où les Latins affecterent de prononcer *p* au lieu de *ph* : ils disoient *triumpus* au lieu de *triumphus* : & n'ont-ils pas dit *triumpho*, là où les Grecs disent *thriambeuo* ? C'est ainsi que nous disons *trophée*, tandis que les Grecs disent *tropaion*.

Les Latins disent *bosphore* & les Grecs *bospore*.

Ils disent *pœni*, là où les Orientaux disent *pheni*, & nous *Phéniciens*.

Grec.

Peigô, *Lat.*	figo.
Sophos,	sapiens, *sage*.
Kephalé,	caput, *tête*.
Amphô,	ambo, *deux*.
Alphos,	albus, *blanc*.
Nephelé,	nebula, *nuée*.
Baskia,	fascia, *bande*.
Baskaino,	fascino, *fasciner*.
Bremo,	fremo, *fremir*.
Phaleina,	balæna, *baleine*,
Phortô,	porto, *porter*.

Les anciens Latins ont dit *af* pour *ab*, comme les Grecs.

Ab s'est même changé en *au* à la tête des Verbes. *Aufero* au lieu d'*abfero*, emporter.

V devant I se prononçoit F, selon PRISCIEN, Liv. I.

Fir, au lieu de *vir*, homme.
Firgo, au lieu de *virgo*, Vierge.
C'est à la Flamande où *V* est F.

Latins.

Far, froment ; *Celte*, bara, *pain*.

Hébreu, bar, *nourriture*.

Van-us, vain, *trompeur*.

Grec, Fên, qui séduit par l'aparence, trompeur, illusoire.

Vates, *Grec*, phatês, *Devin* ; de *fa*, parler.

Grecs.

Sur des Inscriptions Grecques de trois mille ans, on trouve *apaia*, pour *aphaia*.

Sekepro pour *skephro*.

Les Siciliens & les Macédoniens se servoient de B au lieu de Ph.

Balakros *au lieu de* phalakros.

Les Grecs disent kapos & kaphos, *soufle*.

Blazo & phlazo, *parler follement*.
Epta, *sept*, & ebdomos, *septieme*.
Bluo, *Lat.* fluo, *couler*.
Bulloun, *Allem.* fullen, *remplir*.

Ils changeoient *ap'* en *af'* devant les aspirations.

Les Grecs modernes changent *av* en *af* : ils disent :

Ftinia, *pour* euthênia, *abondance*, bon marché.

D'*Eleusine*, ils ont fait *Lepsina*.

Hébreux.

Ont-ils connu la lettre P, ou à la maniere d'autres Peuples de l'Orient, n'avoient-ils que la lettre PH ? C'est ce qu'il seroit peut-être impossible de décider, & qui d'ailleurs importe fort peu.

Il est vrai que les Massoréthes distinguent chez les Hébreux un *P* & un *Ph* : la même lettre étant *Ph* quand elle est sans le point apellé *dagesh*, & étant *p* quand elle est accompagnée de ce point : mais on demandera toujours si ce n'est pas une nouveauté introduite ou par les Massoréthes ou peu de tems avant eux, pour se mettre à l'unisson des autres Peuples.

RUCHAT, Professeur Suisse, très-Savant en Langues Orientales, &c. soutint la distinction du *p* & du *ph* contre le fameux VOSSIUS (dans les Nouvelles de la Répub. des Lettres, 1704.) Il s'apuyoit sur ce que les LXX. ont employé P dans quelques noms propres des Hébreux : qu'ils ont écrit :

Petephres, *pathrosônieim*, *paskha.*; mais ici, la même question. Les LXX. ne se sont-ils pas conformés à la prononciation du Pays dans lequel & pour lequel ils écrivoient, & où l'on parloit Grec ?

D'ailleurs, qu'on prononce P, PH, F, V, tout cela est indifférent dans notre maniere de comparer les Langues. Ce mot פאר, par ex. qui signifie *beau*, *embelli*; 2°. *orner*, *embellir*, n'en sera pas moins analogue à ces mots:

Latin, paro, *parer*, *orner*.
Angl. fair, *beau*.
Franç. fareau & farauder,

qui sont les mêmes pour le son & pour le sens, soit qu'on prononce ce mot Hébreu *far*, *phar* ou *par* : car si en le prononçant *far*, il a plus de raport à l'Anglois, il en a plus au Latin en le prononçant *pâr*.

Etrusques.

Le V Hébreu se prononce aussi F & ou, précisément comme le Digamma Etrusque qui a la même figure, ꟻ *ou* F de droite à gauche, comme l'a fort bien vu BOURGUET, Savant Professeur de Neuchatel, en Suisse, (*Biblioth. Italiq.* T. XVIII. art. I.)

Le Savant PASSERI a donc très-bien rendu dans la huitiéme de ses *Lettres Roncagliese*, l'Etrusque *suvekiai* par le mot *suffete*, qui signifie *Juge* en Hébreu & en Carthaginois ou Phénicien.

Arabe.

שטב, satab ; *Hébr.* shataph, *inonder.*
Arabe, shataph, *laver.*

Turc.

Souveis denizi, *Mer rouge*, *en Héb.* souph.
Kibriti, couleur de soufre.
Hébreu, kepher, *soufre.*

Persan.

Zend. fsht-*ane* ; *Pehlvi*, pestan ; *mammelle* : & *Zend.* pesano, *poitrine.*
Persan, ferdouz ; *Franç.* paradis,

Indien.

Bieli, *Lat.* felis, *chat.*

Chinois.

Fo, *Siamois*, po, *Pere.*

4°. *B*, *P*, *V*, *M.*

Les Celtes, sur-tout ceux du Nord, comme les Gallois, les Bretons, les Cornouailliens, substituent continuellement M & V, l'un à l'autre.

Cornouailliens.

Vam *pour* mam, *mere.*
Vab *pour* mab, *fils.*
Rhyven *pour* Rome.

Irlandois.

Mna, femmes, pluriel de *ben.*
Lamh, *laimh*, main, au lieu de *lab*; 2°. protection.

D'où *laimh-dia*, les Dieux de Rachel, les Penates.

Islandois.

Rifa, *Lat.* rima, *rime*, fente, déchirure.
Fimm, *Allem.* five; *Grec*, pente, *cinq.*

Anglois.

Make, *faire.*
C'est le *Latin* fac.
L'*Arabe* was.
L'*Espagnol* haz-er.

Italien.

Piccolo, *Eolien*, pikkulos; *Grec*, mikkulos; *Espagnol*, pequeno, *petit.*
Italien, terMentina, *Franç.* TereBentine.

François.

MarBre, *Lat.* marMor.
Meugler & beugler.
Bevue, *vieux Franç.* mevue.

Grecs.

Les Doriens & les Béotiens mettoient B pour M.

Bello *pour* mello, *je serai.*
Les Eoliens mettoient P pour M.
Oppata *pour* ommata, *les yeux.*

Les Grecs substituoient *p* & *m* pour les tems d'un même Verbe, & pour les dérivés d'un même mot.

Gra-mma, *lettre.*
GraMMateus, *Ecrivain.*
Gra-ptos, *écrit.*
GraPhé, *écriture.*
GraPho, *j'écris.*
Grapso, *j'écrirai.*
GegraMMai, *j'ai été écrit.*

Ils ont dit,

KaBelos & kaMelos, *chameau.*
Bustaka & mustaka, *moustache.*
Burmex & murmex, *fourmi.*

Molgos, *Lat.* bulga; *Eol.* bulgos, *bourse*, *petit sac.*
Grec, pandoura; *Ital.* pandora; *Angl.*

Espagn. bandore, *Mandore* & *Mandoline.*

Latins.

Globus & glomus, *peloton.*
Somnus, *Grec*, upnos, *sommeil.*
Promuscis, *Grec*, proboscis, *trompe d'Elephant.*
Turma & turba, *Troupe.*
Promulgare, au lieu de provulgare, *rendre vulgaire*, publier, promulguer.
Mavors, au lieu de *Ma-mers*, le grand, le redoutable Mars.

Hébreux.

Ils ont employé indifféremment P & M.

פלט, phalt; מלט, malt, *délivrer.*

רפס, raphs; רמס, rams, *fouler aux pieds.*

פוג, phug; מוג, mug, *dissoudre.*

Une riviere qui passe à Damas est appellée dans le texte Hébreu Amana, & dans la version des LXX, abana.

זמר, zamr; *Arabe*, zabr, *tailler la vigne.*

Arabes.

Madsar & badsar, *répandre.*
Matr & batr, *couper.*
Ma'hn, *Hébr.* ba'hn, *tenter.*

Noms.

Mevania, *aujourd'hui* bevagna, Ville d'Ombrie.
Mendely *pour* pendely, Montagne de l'Attique. *Voyage de Spon*, *T. II.*
Mecque *pour* bech, de la même famille que pagus. (Golius, Dict. Arabe.)
Jafné, Jamné, Jabné, *noms* d'une même Ville de la Palestine.
Alep *pour* haleb.
Libna & Lemna, Ville de Phénicie.
Merodac & Berodac, Roi de Babylone.
Amanus & Aban, *nom* d'un Génie des Perses, Protecteur du huitiéme mois.
Cnoubis, Cnouph & Cnoumis, *nom* d'un Génie Egyptien sur des Abraxas.

Persan.

Shemar, *Hébreu*, saphar, *compter*, *chiffrer.*
Pehlvi, kokba & kokpa, *astre.*
Kokma, *le Soleil.*

Hébreu, כבב, kokab, *Etoile.*

On peut voir d'autres exemples de B, V, M, substitués les uns aux autres ci-dessus, *Tab.* II. n°. 9. 10.

Hébreux.

Ils disent *gomd*, גמד, pour *cubit-us*, coude & coudée.
Italien, gomito & gombito.

5°. Me & mb.

Tel est le raport entre B & M, que le premier est attiré par le second dans un grand nombre d'occasions, pour rendre la prononciation plus coulante.

François.

Ainsi nous avons fait;

Du *Lat.* numerus, nomre, & puis nomBre.

De camera, chamBre.

De cumulus, comBle.

De similis, semblable.

Grecs.

Au lieu de *mesi-hêmerinos*, le milieu du jour, ils dirent :

MesimBrinos.

JamBlique *pour* Jam-melek.

Latins.

UMBRA, est pour *o-mera*; qui est Grec lui-même, & qui signifie *absence de lumiere.*

IMPERIUM, vient d'*amr* ou *emr*, ordonner, dire.

Espagnols.

Du Grec & Goth *ôm*, épaule, ils ont fait *hombro.*

Du Latin, fame, *hambre*, faim.

De femme, *hembra.*

D'homme, *hombre.*

De lumen, *lumbre*, feu.

INTONATIONS LABIALES

CHANGÉES AVEC D'AUTRES,

Sur-tout avec les GUTTURALES *&* *les* DENTALES.

Si le changement des Intonations Labiales mises les unes pour les autres, altére le raport d'une multitude de mots, cet effet est bien plus sensible lorsque les Intonations B, P, F, &c. sont changées en K, C, Q, T, D, &c. & lorsque celles-ci se changent dans celles-là : d'autant plus qu'on n'est point en garde contre ces sortes de changemens, qui paroissent moins naturels. On en pourroit cependant raporter une foule d'exemples très-remarquables dans toutes Langues. En voici quelques-uns.

Les GRECS ont changé P en K dans KUAM-*os*, féve, & par-là ils ont rompu la chaîne qui lie à cet égard leur Langue avec les autres.

Ils disoient dans l'origine *puamos* & *puanos*, comme l'a fort bien observé le Scholiaste d'Aristophane sur le vers 725. de la Comédie des Chevaliers par ce Poëte. Ce nom d'ailleurs s'est conservé dans celui d'une Fête célébre des

des Athéniens appellée les *Pyanepsies* ou la *Fête* (*des* Puan) *des Fèves*. Il existe dans tous les dialectes du Theuton. *Anglo-Saxon*, bean; *Anglois*, bean; *Allem.* bohne; *Danois*, bonne, *Flam.* boone; *Suédois*, bôna.

Les Doriens disoient *hokoia*, quels, au lieu de *hopoia*. Et les Ioniens, *kós* pour *pós*, comment.

Les Grecs employoient également k dans des mots où les Latins se servoient de P.

Grec, lukos; *Lat.* lupus, *loup*.
Grec, lagoös, *Lat.* lepus, *liévre*.
Grec, skulon; *Lat.* spolium, *dépouille*.
Grec, skepto; *Lat.* specto, *regarder*.

Les Latins ont employé aussi Q, là où les Grecs se servoient de *P*.

Latin, quinque; *Grec*, pente, *cinq*.
Latin, equus; *Grec*, 'ippos, *cheval*.

L'*Italien*, pola, *corneille*, est le *Grec* kolê; *Esclav.* chjola.

Les Athéniens préferoient G à B. Ils disoient,

Glephara, paupieres, pour *Blephara*, &c.

Il en est de même des Germains. Ils employent *k* ou *sch*, là où les Latins employent *p*.

Schwam, *Lat.* spong-*ia*, *éponge*.
Schelen, *Lat.* spolium, *dépouille*.
Schurk, *Lat.* spurcus, *deshonnête*.

On a très-bien vu ces derniers raports dans le IIIe. Vol. des nouveaux Mélanges de Leipsick, page 534. en Latin.

Les Allemands disent aussi *daube* pour *douve*, qui se prononce en Latin barbare *doga*, & en Flamand *duig*.

Et *hugel*, colline, là où les anciens Germains disoient *hubel*, d'une maniere plus conforme à la racine hup.

Les Languedociens disent *kinsou* au lieu de *pinçon*.

Les Flamands apellent un sillon *strepe* & *streke*, tandis que les autres Peuples se servent de cette derniere désinence: *Lat.* striga; *Allem.* streich, *Anglois*, streak; *Ital.* stricca.

Une ligne s'apelle en *Italien*, striscia & strigola.

Les Suédois mettent souvent K pour P:

Skumn, *Lat.* spuma, *écume*.
Sköfla, *Lat.* spoliare, *dépouiller*.
Hwiska, *Angl.* whisper, *parler* à l'oreille.

M. Ihre lie lui-même le mot Suédois *kulle*, sommet, avec le mot Grec *polos*, dont nous avons fait les *poles* du Monde.

On peut ajouter ici tous les exemples où *b* se change en *v*, & *v* en *g*: comme le *Latin* vespa; *en Portug.* bespa; *en Franç.* guêpe.

P & Q.

Les Latins changent en *Q* le *P* des Celtes.

Celte, petores; *Lat.* quatuor, *quatre.*

Osque, pitpit; *Lat.* quidquid: Festus.

B & G.

Grec, galanos; *Latin*, balanus, *gland.*

Grec, phligô & phlibô, *j'afflige.*

P & T.

Les Latins mettoient P pour T.

Ils ont dit *pavo*, un paon, là où les Grecs, les Persans, les Indiens, les Arabes ont dit *taos*; les Polon. *paw*; Allem. *pfau.*

Les Eoliens mettoient également *P* pour *T.*

Pisures, *Grec*, tessares, *quatre.* C'est le *petores* des Celtes.

Pempe, *Gr.* pente, *cinq.*
Spolé, *Gr.* stolé; *Lat.* stola, *robe*, d'où *étole.*
Palmyre, *Héb.* thadmor.

B & D.

Bis en Latin, est *dis* des Grecs, venant de *duo*, deux.

Bounos des Grecs, *colline*, paroît être le *dun* des Celtes, qui signifie la même chose: du moins la plûpart des Etymologistes l'ont cru: mais comme je trouve *boun* en Celte avec la même signification, *bounos* pourroit bien n'être pas *dun.*

Suédois.

Desmen, *Allem.* biesman, *baume.*
Skäda, *Grec*, skopeô; *Latin*, spectare.
Patt & papp, *vieux Lat.* papa; *Lat.* papilla, *mammelle.*
Allem. bard, *barbe.*
Polon. farba; *Allem.* farbe, *fard.*
Grec, outhar; *Lat.* uber, *mammelle.*
Grec, kardia; *Héb.* qarb, *cœur.*

CHAPITRE II.

Touche Dentale.

Il n'y a point de Peuple qui n'ait substitué entr'elles les intonations T & D de la touche dentale, & qui ne les ait changées en Tz, Ts, Dz, Ds, S, Z, .

François.

Médaille,	*Lat.*	Metallum.
Estrade,	*Lat.*	strata.
Endive,	*Lat.*	intybum.
Jardin,	*Allem.*	garten.
Vuide,	*Ital.*	vuoto.
Dragées,	*Ital.*	treggea, *Grec* tragêmata.

Gallois & Latin.

Mudo, *Lat.* muto, *changer.*
Mud, *Lat.* mutus, *muet.*
Lleidr, *Lat.* latro, *voleur.*
Sidan, *Lat.* sindon, *Orient.* sitan, sorte d'étoffe, ou de toile. SATIN vient de-là.

Latin.

Set & sed, *mais*; sur diverses Inscript.

Espagnol.

Lado,	*Lat.*	latus,	*côté.*
Ladrillo,		latere,	*brique.*
Lodo,		lutum,	*boue.*
Ladron,		ladrone,	*voleur.*
Lid,		lite,	*combat, lice.*
Ladrar,		latrare,	*abboyer.*
Lodra,			*loutre.*
Odre,		utre,	*un outre*
Vidro,		vitro,	*verre.*

Portugais.

Equador, *équateur.*
Madeira, *matiére.*
Ladrilho, *Lat.* latere, *brique.*

Allemand.

Trauen, se confier; *treu*, fidèle, en qui l'on se fie; *Franc.* truad, fidèle.

Lat. barb. Drudus, fidèle; 2°. Amant, Maître & Maîtresse.

Ital. Drudo, Amant; *&c.*

Anglo-Sax. Drotten, *Maître*: & drotta, Maîtresse.

Vieux-Theut. Pidachan; *Allem.* & *Flam.* be-decken, *couvrir*; de TEG, toit, couvert.

Les MISNIENS ne distinguent pas mieux D & T que B & P. Les Maîtres d'école prennent la plume & écrivent à côté T fort ou T doux.

Il en est de même de I & U & de G & J. (MICHAELIS *ubi supra p.* 199.)

Anglois.

Malt, biere; *melt*, fondre, liquéfier, *Grec* meldô, *fondre.*

Hunt, chasse, *Flam.* hond, chien de chasse.

Suédois.

Dunder,	*Tonnerre.*		
Dona,	*tonner.*		
Toma,	*dompter.*		
Matt,	*mode, borne.*		
Twa,	*deux.*		
Ata,	*Lat.*	edo,	*manger*
Tre,	*All.*	drey,	*trois.*
Dor,	*Gr.*	thur,	*porte.*
Dag,	*All.*	tag,	*jour.*
Draga,	*Lat.*	traho,	*tirer.*

Grec.

Deikô & di-daskô, *Angl.* teach, *Angl-Sax.* tæc-*an*, *Lat.* doc-*eo.* enseigner, montrer.

Trekhô, *Héb.* drak, *courir.*

An-tlaô, *Héb.* דלה, Dlha, *puiser.*

Dapis, *Lat.* tapes, *Fr.* tapis, tapisserie.

Esclavon.

Tançatti, *danser*, Tançalo, *danseur*, tanac, *danse.*

Polonois.

Dach, *Lat.* tectum, *toit.*

Dobro, *bon* : bien, *Orient.* tob.

Dil, *partage*, du *prim.* tal, teil. *Grec* tillo, *mettre en pièces*, couper déchirer.

Hébreu.

Madd, מדד, *Arab.* Mat, tendre, étendre.

Tour & thour, révolution, tour.

Dabê, *Syr.* taba, *réputation*, renommée.

II. T, D & Z, Th, Dz, Dj.

Il n'y a point de Langue où T, D, ne se soient changés en Th, Dh, prononcés Zh, en Z, en Dj, &c. Ce qui a défiguré une prodigieuse quantité de mots, & absolument rompu la chaîne que formoient des familles de mots d'un bout de la terre à l'autre : telles que celles qui ont formé nos mots *sanglier*, *dent*, *sang*, *toi*, *taureau*, *teter*, &c.

DENT.

François,	dent.
Latin,	dente.
Grec,	o-dontô.
Ital.	dente.
Espag.	diente.
Angl. Sax.	than.
Dan.	tand.
Flam.	tant.
Pers.	danda, dendan.
Indien,	dhanth.
Sued.	tand.
Anc. Sued.	tann.
Ulphilas,	tunthus,
Albanois,	damp,
Valaque,	ntinte.
Malayen,	*an*-ton.
Armen.	*A*-damn.
Allem.	zahn.
Theut.	*Zen*, cen.
Héb.	shen.
Ital.	zanna.
	sanna.
Hongr.	*if*-sen.

De-là *sanglier*, en Italien *cinghiale*, mot-à-mot animal armé de zanna, ou de dents, de défenses.

Les Anglois en denasalant le mot *tant*, en ont fait *tooth*, dents, qui apartient à la même famille.

SANG.

Franç.	sang.	
Lat.	sanguine.	
Ital.	sangue.	
Héb.	דם *Dam* ;	sang.
	2°. meurtre.	
	3°. punition.	
	4°. dommage, dam.	

D'où 1°. *A*-dam, rouge, couleur de sang ; 2°. terre ; 3°. homme, *Pers.* Zamin, & selon les anciens Grecs, *samen*, terre.

Pehlvi, dam-*ik*, *Zend.* zemo, *terre.*

Zend.	damma, *sang.*
Polon.	ziem-*ie*, *terre.*

Esclav. zemglje, *terre.*
& 2°. *Grec*, zamia & damia, *dam*,
Latin, damnum.

TOR, *Taureau.*

Héb. shor.
anc. Grec, thor, *prononcé* zor.
Perſ. ſaré.
Chald. thor.
Grec, tauros.
Latin, taurus.
Eſp. toro.
Ital. toro.
Iſl. tyr, tioor.
Bas Bret. tarw.
Iſl. tarb.
Sued. tjur.
Mœſo-Got. ſtiur.
Angl. ſteer.
Flam. ſtier.
All. ſtier.
Phenic. thor, PLUTARQ. *vie de* SYLLA.

Grec & Hébreu.

Là où l'un employe *D*, l'autre emploie Z.
Gr. dik : *Heb.* זכה, *zake*, juſte, pur, net. *L'Hébr.* dit auſſi *Tſa*-dik, juſte.

Grec.

On y voit,

Zorx & dorx, *daim.*
Zapedon & dapedon, *pavé.*
Zabolus & diabolus.
Zan, zan, zên, deus, zeus & zdeus, *Jupiter.*

Les Doriens ont dit *dankle* au lieu de *zankle.*

Les premiers Athéniens diſoient, ſelon PLATON, dans ſon Cratyle, *duogon*, au lieu de *zugon*, joug.

Grec & Latin.

Gr. bazô, *Lat.* vado, *je vais.*
Gr. ozos, *Lat.* nodus, *nœud.*
Gr. ozein, *ſentir*, odôdê, *ſenteur*, odeur, d'où *Lat.* odor, *odeur.*
Gr. theos, *prononcé* zeos, *Lat.* Deus.
Gr. perthô, *Lat.* perdo, *perdre.*

Latin.

Medium, *Gr.* meſos.
Ital. mezzo, *Eſp.* mitad, *moyen, milieu.*
Pol. miedzy, *parmi*, *entre.*
Lat. mezence & medence.
Lat. nauſea, *Gr.* nautia.
Franç. nauſée.

Dialectes Theutons.

Ces dialectes ſe partagent à cet égard ; les Allemans emploient Z, là où les Anglois, les Flamans & d'autres Peuples employent D.

All. zæhr, *Angl.* tear, *une goute.*
All. zæmen, *Angl.* tame, *Gr.* damaô, *Lat.* domo, *dompter.*
All. zeige, *Angl.* teach, *Gr.* deikô, *montrer*, *enſeigner.*
All. zeug, *matiere*, inſtrument, *Gr.* teuk-*os*, *matiere*, fabrication.

All. zwerch, *Angl.* dwarf, *nain.*
All. zwey, *Lat.* duo, *deux.*
All. zehen, pour zechen, *Lat.* decem, *Gr.* deka, *dix.*
All. ziegel, *Lat.* tegula, *tuile,*
All. zange, *Flam.* tang, *tenailles*, *pincettes.*
All. zahm, *Flam.* tam, *aprivoisé.*
All. zeit, *Flam.* tyd, *tems.*

Ces noms de lieux en Allemand, *Zulpich*, *Zug*, & *Zurich*, &c. sont dans d'autres Langues TOLBIAK, TUG & TIGUR.

François.

D'undecim *on a fait* onze.
De hordeum, *orge.*
Du Grec r'odon, *rose.*

Languedoc.

Lat. audire, *Lang.* auzir, *ouir.*
Lat. radix, *Lang.* razic, *racine.*
Lat. ardente, *vieux Provençal*, arzente; *Franç.* ardent.

Lapon.

Du *primit.*, atta, *Pere*; ils ont fait *atzhie.*

Espagnol.

Gozar, jouir; *gozarse*, se réjouir; *goza*, joie, *Lat.* gaudeo.
Portugais, paraizo, *Franç.* Paradis.

Esclavons.

Esc. dil, *Polon.* dzial, *part, portion.*
Esc. çekka, *Ital.* zekka, *Lat.* & *Gr.* theca, *boutique*, (d'Orfévre, dans ces deux premieres langues.)
Escl. zam-*erak*, signe, signal.
Hébr. shem, *signe, nom*; *Thibet*, tzhem, *nom.*
Esc. dan, *Polon.* dzien, *jour.*

Allemand.

Geiz, *Hébr.* גדי, gedi, *Bouc.*

Persan.

Zend, zari; *Indien*, *Armenien* & *Pehlvi*, zera; *Parse*, daria, *Mer*, *Lac*, *amas d'eau.*

Dialectes Hébreux.

Il en est dans l'Orient, comme dans l'Occident; ici T & Z se substituent entr'eux; il en est de même dans l'Orient. Les Chaldéens disent D là où les Hébreux prononcent Z & S à l'Allemande.

Hébre, bazr, répandre; *Chald.* badr.
Hébreu, zakar; *Chald.* dacar, *se souvenir*,
Hébreu, zab'h, *immoler*; *Chald.* Dab'h, *Prêtre.*
Hébreu, shlosh; *Chald.* tlot, *trois.*
Hébreu, sabr; *Chald.* tabr, *sabrer*, briser.
Hébreux, sekel; *Chald.* tekel, *sicle.*
Hébreu, auzen; *Syriaque*, adena, *oreille.*
Hébreu, קשר, qashar; *Syriaq.* קטר, qatar, *lier.*
Hébreu, ze; *Allem.* die.

Les *Chald.* da, les Lapons, *da*, pour dire *ce* : ces Lapons, confinés aux extrémités de l'Europe, & qui ont cependant nombre de mots communs à toutes les Langues ; qui disent *mon* pour moi ; *don* pour toi ; *son* pour lui.

Si le *Z* des Hébreux se change en *D* chez les Chaldéens, & leur *S* en *Th*, leur [illegible] s'y change en T, comme l'a bien vu M. MICHAELIS dans sa Grammaire Syriaque imprimée en 1771.

On a dit également,

Ezra & Esdras.
Azrubal & Asdrubal.
Azot & Asdod.
Gadara & Gazara.

דעך d'hok, & זעך z'hok, *éteindre*, faire périr.

III. *Z & Dj.*

Il n'est donc pas étonnant que Z & Dj se soient substitués l'un à l'autre.

Hongrois.

Edj, *Syriaq.* hæd ; *Héb.* a-hed, *un.*
Kedjes, *Héb.* Kadosh, *Saint.*

Persan.

Zanou, *Pehlvi*, djanouti, *genou.*
Pehlvi, zofer ; *Zend.* djefre, *bouche* ; *Heb.* shaphe, שפה, *lévre.*
Pehlvi, zit ; *Zend.* djeed-eiet, *vous vivez* : *Grec*, zaeire.
Pehlvi, zivad ; *Zend.* djeoûeeté, *il vit.*
Pehlvi, djeguer ; *Lat.* jecur, *foie.*

VI. *T, D, & S, Ts.*

Latins.

Ils changeoient souvent *D* en *S* ; & *S* en *D*.

Video, *je vois* ; visus, *vû* ; visio, *vision.*

Lædo, *je blesse* ; læsus, *blessé* ; læsio, *blessure* ; *Franç.* lésion ; claudo, *je ferme* ; clausus, *fermé.*

Le Sabin ATTA CLAUSUS s'étant réfugié à Rome avec toute sa Famille fut apellé APPIUS CLAUDIUS, par la seule différence de prononciation.

De l'Oriental ES, les Latins firent *edo*, je mange ; *es*, tu manges ; *esse*, manger. *Flam.* eten ; *Allem.* essen ; *Franc.* ezzan.

Grecs.

Ils ont mis volontiers *S* pour *T*.

Su, *Lat.* tu ; *Franç.* tu, *toi.*

Sêpo & sapo, *être en pus.*

Latin, tabes ; *Héb.* dab ; *Arabe*, tab, *pus.*

Paris.

On y dit au futur de *coudre* & de *découdre*, vous couserez, vous découserez.

Dialectes Theutons.

Les Allemands & les Grecs mettent *SS*, là où les Athéniens & les

Anglois employent *T* ou *Tt*.

Grec, thalassa; *Athèn.* thalatta, *mer.*

Allem. wasser; *Angl.* water, *eau.*

Allem. besser; *Angl.* better, *meilleur.*

Allem. nessel; *Angl.* nettel, *ortie.*

Franc. wizzen; *Goth.* witan, *savoir*, être intelligent, avisé.

Anglois, noose, *nœud*, filet, &c. *Lat.* nodus.

Hébreux.

Le pays de Basan a été apellé en Grec la Batanée.

Tout comme l'Assyrie, *Aturie.*

Tyr & Syr : Tyrie & Syrie.

On voit aussi sur de très-anciennes Inscriptions Grecques *Seopompe* pour *Theopompe.*

V. *D*, *T*, *Th*, *Z*.

Grec, thars-*ein*; *Angl.* dare; *Flam.* durven, *oser.*

Grec, thêr; *Allem.* thier; *Polon.* zwiers; *Flam.* dier, *animal.*

Allem. thief; *Flam.* diep, *profond.*

Angl. thank; *Flam.* danken, rendre graces, remercier.

Allem. thal; *Angl.* dale; *Flam.* dal, *vallée.*

Basque, heda; *Irland.* fadadh; *Héb.* sharah; *Grec*, tazô, *étendre.*

Hébreu, thoa; *Syr.* toa, errer.

Dh & th en Ecossois, devant une voyelle, se prononcent J. C'est du moins ainsi que je conçois ce que dit à ce sujet Lhoyd dans son *Archæologia Britannica*, p. 300.

Anglois, thirst; *Allem.* durst, *soif.*

Anglois, thursday; *Allem.* donnersdag, *jeudi.*

Anglois, south; *Franç.* sud.

Th des Anglois, des Grecs, des Turcs, des Hébreux, &c. se prononce en *Z*, soit franc chez les uns, soit émoussé & aspiré chez les autres.

S, *T*, *Ts.*

L'*Héb.* חפץ 'haphats, est le *Syriaque*, חפט 'haphat.

Les Flamans disent *t'samen*, ensemble, *t'sestig*, soixante, &c. au lieu de *samen*, de *sestig*, &c.

VI. *D*, *T*, *K*, *Q*.

Du mot *ederdon*, qui signifie en Suédois, &c. duvet d'oiseau, nous avons fait *aigledon.*

Les Picards mettent *K* pour *T.*

Caquiau *pour* Château.

Les Lorrains mettent, au contraire, *T* au lieu de *K.*

Tiet, *Comtois*, kia; *Bourguig.* clar; *Franç.* clair.

Tio, *Comtois*, kio; *Franç.* clou.

Lorr. Comt. & *Bourguig.* tieuche; *Franç.* cloche.

(*Vocabulaire de ces Langues, que je dois à M. l'Abbé* Bergier.)

Les

Les Italiens ont fait *vecchio*, prononcé *vequio*, du Latin *vetus*, vieux.

Les Espagnols disent de même *gamo*, au lieu de *damo*, un daim.

Les Latins disent *qui*, là où les Grecs disent *tis* : les Lapons & les Esclavons disent *ki*, à la latine.

Suédois.

Leka,	*Lat.*	ludo,	*Franç.* jouer.
Raka,		rado,	raser.
Nakod,		nudus,	nud.
Trycka,		trudo,	chasser, entraîner avec violence.

Hébreux.

קנא, quana, *jaloux*, *zelé*. C'est le *Syriaque* טננא, tanna ; & ce mot vient de *tan*, ardeur, feu.

VII. D, G.

Grec.

D se mettoit quelquefois en Grec au lieu de *G*.

Les Lacedémoniens prononçoient *da* au lieu de *gê*, la terre.

Les Grecs disoient *Demeter*, au lieu de *Gemeter*, nom de Cerès, & qui signifie mot-à-mot *la Terre Mere*.

Ils ont dit également dnophos, gnophos & knephos, *ténébres*.

Les Doriens disoient *ténos*, *là*, au lieu de keinos.

Les Grecs modernes mettent, au contraire, G pour D. Ils changent *dia* en *gia*. (Du Cange, *Glossaire Grec.*)

Les Crétois & les Macédoniens changeoient G en D.

Hadnon *pour* hagnon.

Adia *pour* Agia, *Autel.*

CAQUE.

Rien n'est plus connu que l'expression *encaquer des harengs* ; & rien peut-être de moins connu que l'origine du mot *encaquer*. C'est qu'il s'est dénaturé par le changement d'un *d* en *q*. *Encaquer*, c'est mettre en *caque* ou dans un tonneau : mais ces tonneaux à *harengs* s'apellent *cad* en Allemand : c'est donc le *cadus* des Latins & des Grecs, & le *cad* primitif, encore existant en Hébreu. C'est donc ici *d* changé en *q* par les François eux-mêmes.

François.

Manger,	*Lat.*	mandere.
Orge,	*Lat.*	hordeum ; *It.* orzo.
Ronger,	*Lat.*	rodere.
Nager,	*Lat.*	natare ; *Langued.* nada.

Le Peuple à la Halle, dit,

Guieu,	*Dieu.*
Mequié,	*métier.*
Amiquié,	*amitié.*

Italien.

Moggio,	*Lat.*	modio, *boisseau.*
Meriggio,	*Lat.*	meridie, *midi.*

Ragione, *Lat.* ratione, *Franç.* raiſon.

Oggi, *Lat.* hodiè, *aujourd'hui.*

Ragunare & radunare, *réunir.*

Eſpagnol.

Golphin, *Lat.* Delphinus; *Franç.* Dauphin.

Allemand.

Kopp & topp, *ſommet*; *Franç.* toupet.

Krume, *mie*; *Grec*, thrumma, *fragment.*

Bolwerk, *Franç.* boulevard.

Bleken, *Anglo-Sax.* blætan, *bêler.*

Irlandois.

Ils diſent également *faid* & *faigh*, du *Lat.* vates, *Devin.*

Laodh & laogh, *veau.*

Griſon.

Gi, *Lat.* die, *jour.*

Noms propres.

Le Celte CAMBORITO eſt devenu dans les Cevennes *Chambourigaud*, & en Angleterre *Cambridge.* Ces deux endroits ſont placés également ſur une riviere, & portoient en Celte le même nom.

HERODOTE apelle le Crocodile *chemſa*, & cependant ſon nom Arabe eſt *temſa.* Cette diverſité a arrêté un Savant qui n'a pu ſe décider entre Hérodote ou ſes Copiſtes & les Arabes. Mais *T* & *C* ſe ſubſtituant ſans ceſſe l'un à l'autre, il n'eſt point étonnant que le mot dont il s'agit ici, ait été prononcé & écrit de deux manieres différentes.

Pod., élévation.

Ce mot eſt de toutes les anciennes Langues, & ſur-tout de la Celte. Le POT-*eſtas* des Latins en vint. De-là vint POD-*ium*, qui ſignifie Colline, Montagne, dont les Italiens ont fait *poggio*, qui ſignifie *Colline*, & poggiarſi, *s'élever.*

De-là, les noms de Montagne, en *puy* & en *puech* dans toute la France.

Au ſens de *profond*, les Latins en firent PUT-*eus*, d'où notre mot François, un *puits.*

CHAPITRE III.

TOUCHE NASALE.

Les lettres M & N ſe ſubſtituent ſans ceſſe l'une à l'autre.

La terminaiſon Grecque en ON eſt toujours rendue en Latin par UM.

Grec, brakhiôn; *Lat.* brachium, *bras.*

Grec, eidolon; *Lat.* idolum, *idole.*

Grec, tityron; *Lat.* tityrum.

Les accuſatifs Grecs du ſingulier en *on* & les génitifs pluriels en *ôn*, répondent aux terminaisons Orientales en *om.*

Hébreu, lam ; *Massore*, leom ; *Grec*, laon, *peuple.*

La terminaison Hébraïque en IM, est IN chez les Syriens & les Chaldéens.

Hébreu, malkim ; *Syr.* & *Chald.* malkin, *Rois.*

En François IN devant M & P, se change en IM.

Immortel, *de* in & mortel.
Impropre, *de* in & propre.

Il en est de même en Latin.

Immanis, *inhumain*, de in, *non*, & manus, *bon.*

François.

Nesle, *Lat.* mespilus ; *Lang.* mespoul. *Esclav.* Musemula & Khnispila.

Connétable, du *Lat.* comes stabuli, qui se prononça *comstable* & puis *constable.*

Etain & étamer, du *Lat.* stannum.

Vieux Langued. sen, *nous sommes.*

Franc-Comtois.

Hanne & honne, *homme.*
Fanne, *femme.*

Allemans.

Si les François aiment N à la grecque, les Allemans aiment M à la Latine.

Latin, pane ; *Allem.* bœmme ; *Franç.* pain.

Latin, sonare ; *Allem.* summen ; *Franç.* sonner.

Sommeil.

Grec,	hupnos.
Latin,	somnus.
Franç.	sommeil.
Italien,	sonno.
Vx. Lang.	son.
Esclavon,	san.
Polonois,	sen.

Italiens.

Danno, *Lat.* damnum ; *Franç.* dam, dommage.

Latin.

De *tam*, tantus & tandem.

Portugais.

Ils préferent *m* à *n.*

Pam,	*pain.*
Mam,	*main.*
Cam,	*chien*, canis en *Lat.*
Bom,	*bon.*
Bem,	*bien.*
Ruam,	*Rouen.*
Uma,	*une.*

Copte.

Tsom, ϪⲞⲘ, Puissance ; *Celte* & *Grec*, dun.

Hébreu.

שטן & שטם, shatam & satan, *être oposé*, être ennemi.

Turc.

Ana, *Mere*, tandis que toutes les Langues Orientales prononcent *ani*.

Grecs modernes.

Ils disent de même *mana*, mere, au lieu de mama : d'où *para-meina*, maraine.

II. M & Ng.

M se prononce aussi en ng.

Chinois.

On dit indifféremment en Chinois,
Vam & vang.
Tum & tung, *plein.*
Kim & king.

La premiere de ces prononciations est Portugaise ; la seconde, Françoise.

Sing *ou* sang, *chanson* dans les dialectes Theutons, Anglois, &c. est l'Oriental zimr, *chant*; 2°. *chanter*.

Sang, *Lat.* sanguis, est également l'Oriental *dam*, qui signifie la même chose.

Si les Orientaux ont ajouté *r* à *sing* ou à *zim*, les Espagnols ont ajouté également *r* à sang ; ils le prononcent *sangre*.

III. N & Gn.

François.

De *sang*, nous faisons *saigner* & *saignée*.

Signe, en *Ital.* segno ; *Lat.* signum, est le *Grec* sêma, l'*Hébr.* שם, shem, qui signifient tous, *marque*, signe. Delà encore nos mots *sein*, marquant une tache, un signe au visage, & *signal*, en *Portug.* sinal.

Araignée, *Lat.* aranea.

Latins.

Du *primit.* lin, *bois*, subsistant chez les Chinois, ils firent,

Lignum, bois, & *linter*, barque de bois, canot ; *Portugais*, lenha, *bois*.

De *geno*, gigno.

Vieux François.

Buigne, *Valdois*, bougne, contusion, enflure ; *Grec*, bounos, Colline.

Guaragnon, *de* waranio.

Bourguignons.

Feigne,	*fine.*
Fameigne,	*famine.*
Meigne,	*mine.*
Breugnette,	*brunette.*
Lugnote,	*lunettes.*
Pegnitance,	*pénitence.*

Itali, ogni ; *Lat.* omni, *tout.*

Espagnol.

Nigno, *enfant*, de l'Oriental נין, nin, *fils*, enfant.

Les *François* disent,
Allemand & Allemagne.
Polonois & Pologne.

Loin & éloigné.
Coin & coigner.

IV. Gg & Ng.

On écrit & on prononce également *gg* & *ng*.

Goth. tuggo; *Angl.* tongue, *Langue.*
Goth. figgr; *Anglois*, finger, *doigt.*

De même en *Grec*, Aggelos, *se prononce* Angelos, *Ange.*

N se fait aussi précéder de G, comme on le verra dans le cinquiéme Tableau.

V. N & ND.

Il se fait suivre de *D*, tout comme *M* se fait suivre de *B* & de *P*.

François.

Tendre, *Lat.* tener.
Cendres, *Lat.* cineres.
Gendre, *Lat.* gener.

Autres Langues.

Latin, tendo; *Grec*, teinô, *tendre.*
Danois, mand; *Allem.* mân, *homme.*
Allem. spindel, *fuseau*, de l'ancien spinnel.

De-là tant de mots qui finissent par des *T* & des *D* précédés de *N* & qui se terminoient dans l'origine simplement par *N*. Ainsi *candesco*, briller, est formé de *cand*, le même que *can*, d'où vint *canutus*, chenu, blanc de vieillesse, &c.

Si *N* se fait précéder de *G*, il s'en fait suivre aussi.

C'est ainsi que les Anglo-Saxons ont d'abord dit *ren*, ensuite *reng* tandis que les Allemands prononcent le même mot *regn*.

VI. N & K.

Un changement peu commun; mais digne de remarque, est celui de *N* en *K*. On voit dans le Scholiaste d'Aristophane, (Coméd. des Chevaliers, v. 631.) que les Grecs disoient anciennement *koein* au lieu de *noein*: observation qui n'a point échappé à M. l'Abbé Barthelemi.

Les Bretons disent de même, pour désigner un nuage, *coabren* & *noabren*.

CHAPITRE IV.

Touche Linguale.

I°. *R & L.*

Ces deux lettres se mettent continuellement l'une pour l'autre, en toute Langue.

François.

Rossignol, *Lat.* Lusciniola.
Pelerin, *Lat.* Peregrinus.
Le Tigre, *Orient.* Diglad.
Alaria & Alalia, Ville de Corse.
Orme, *Lat.* ulmus.
Dans le Roman d'Alexandre en

vieux Gaulois, Part. I. on voit,

Sulient & Sulie, *pour* Syrien, & pour Syrie *ou* Sourie.

Il paroît même que c'étoit la prononciation du tems.

Katherine pour *Catilina* dans le Catalogue de la Bibliothéque des Rois Charles V. VI. & VII. *Mém. des Insc. T. I.*

Les Temples, *Lat.* Tempora.
Turban, *Turc*, Dulbent.
Apôtre, *Angl.* Apostel, *Gr.* & *Lat.* Apostolus.

Bourguignon.

Armana, *Franç.* Almanach.
Cier, *Franç.* Ciel.
Mier, *Franç.* miel.
Comtois, gairoches; *Franç.* galoches.

Italien.

Giaverina, *Franç.* javeline.
Sciloppo, *Franç.* sirop.
Fragello, *Latin*, flagellum, *fouet*, fléau.
Mataraffa, *Franç.* matelas.
Toscan, scilocco & scirocco, *vent du Midi.*
Colcare & corcare, *se coucher.*

Anglois.

Marble, *marbre.*
Allem. pflaum; *Sax.* pflum; *Franç.* prune.

Portugais.

Branco, *blanc.*
Obrigado, *obligé.*
Prata, *Espagn.* plata, *argent.*

D'où notre expression, *vaisselle plate.*

Coronel, *Franç.* Colonel.

Espagnol.

Celebro, *Lat.* cerebro, *cerveau.*
Albor, *Lat.* arbor, *arbre.*
Lirio, *Lat.* lilium, *lys.*
Azul, *Franç.* azur.
Murmullo, *Franç.* murmure.

Suédois.

Braka, *Allem.* bleken, *bêler.*
Pelegrin, *Latin*, peregrinus.
Bord & bol, *table*, *Allem.* bohle, *planche.*
Krita & klita, *craye.*
Silke, *Lat.* sericum.

Latins.

Paulum, *Grec*, pauron, *peu.*
Mille, *Grec*, murion.
Area, *Grec*, alôs.

Ils changent *r* en *ll* dans les diminutifs.

Niger, *nigellus.*
Ager, *agellus.*

Grec.

Ils disent *elo* & *airo*, prendre, enlever.

Les *Athéniens* aimoient *r* au lieu de *l.*

Kribanos, *Grec*, klibanos, *four.*
Grec, silphi; *Lat.* sirpe.
Grec, halôs; *Lat.* area, *aire.*

Manuscrits Grecs.

Kharkhêdoniôn & kalkêdoniôn.

Turc.

Korfez, *Franç.* golfe.

Pehlvi, kalina; *Héb.* carm, *vigne.*

Arabe, khatar & khatal, *tromper.*

II. N & R.

Latins & Grecs.

Lat. donum; *Gr.* doron; *Franç.* don.

Plenus, plêrês, *Franç.* plein.

Dirus, deinos, *cruel.*

Furia, fonia, *furie.*

ÆNeus & æReus, *Franç.* aiRain.

Latin, carmen *pour* canimen, *chant*, vers.

Et germen, *pour* genimen, *plante.*

Grammaire Lat. de PORT-ROYAL, page 641.

Italien.

DeRrata, denrée.

Bourguignon.

St. Bereigne, *pour* St. Benigne, l'*Apôtre de Dijon.*

Allemand.

Ruhe, *Hébr.* nuh, *repos.*

Suédois.

Sen, *Lat.* serus.

N devant R se change souvent en *r*. Irrigation, vient de *in* & *riga*, faire entrer l'eau dans la rigole.

Pehlvi.

Khonsand; *Pers.* khorsand, *bonheur.*

Der, *Turc*, deniz, *mer.*

Pehlvi, kand; *Pers.* kard, *il a fait.*

Siamois.

Van, *Indien*, var, *jour.*

Rao, *prononcé* nao, *nous.*

Les Siamois, en effet, écrivent souvent par *r* un mot qu'ils prononcent par *n*. *Voy.* la LOUBERE, Voyage de Siam.

Arabe.

HebouR & hebouN, *araignée.*

Chaldéens.

Ils écrivent le nom de NabuchodoNosor, *NebucaDreZar.*

III. N, L, R.

Ces trois intonations se substituent sans cesse l'une à l'autre; on en a des exemples dans toutes les Langues. En voici quelques-uns.

N, L.

Latin, lira, *sillon*; *Hébr.* nir, *labourer*, tracer des sillons.

François & Italien.

Melancolique, *Ital.* MaNinconio.

Palerme, *Ital.* PaNormo.

Boulogne, *Ital.* BoNoNia.

Niveau, *Ital.* LiveLlo.

Latin.

Nux, *Syr.* luz.
Orphanus, Orphelin.
Lepus, *Grec*, nepus; *Arab.* arnab; *Franç.* liévre.
Lutra, *Gr.* enudrês; *Eol.* eludrês; *Franç.* loutre; *Espagn.* nutria.
Lympha, *Gr.* Nympha; *Franç.* eau limpide, & Nymphe, Déesse des eaux.

Paris.

On y apelle les lentilles *nentilles.*

Bourguignons.

Ils disent *emillan*, pour *éminent.*

François.

Grêle & grêler *viennent de* grain, *Lat.* grando, *grêle*, granum, *grain.*

Suédois.

Telt, *Flam.* tent, *tente.*
Himmel, *Goth*, Himin, *Ciel.*

Allemand.

Kind, *Angl.* child, *enfant.*

Dorien.

Phintis, *Gr.* Philtis, *Cocher.*
Phintia, *Gr.* Philtia, *Place* où s'éxerçoient les jeunes gens à conduire un char: elle étoit ordinairement aux portes d'une Ville. (Mazochius, *Monument* d'*Héraclée*, pag. 193.)
Grec, letios & netios, *liévre.*
Pleumôn *pour* pneuémôn, *Lat.* pulmo, *poumons.*

Les Athéniens aimoient L, & les Grecs N. Ils disoient *litron* pour *nitron*, nitre en *Franç.* & en *Hébreu*, nethr, נתר.

Hébreux.

Ils ont mis N & L l'un pour l'autre.

לשכה, lischekê, & נשכה, nischekê, *chambre*, cellule.

Les *Arabes* ont également employé *n* & *l* dans le même mot. Ils ont dit *hetal* & *hetan*, pleuvoir continuellement.

Persan.

De même en Pehlvi, où *la* signifie *non*, tandis qu'en Persan, *na* signifie *non*, tout comme en Hébreu, & dans nos Langues d'Occident.

Syriaque.

Marganita, *Héb.* margalith, *perle*, *Lat.* margarita, pierre précieuse.
Nathal, *Héb.* nathan, *donner.*

Sken, *tente.*

Ethiopien, ሰቀለ, skal.
Hébreu, משכן, mi-shkan.
Grec, skênê.
Latin, scena.

D'où le François Scéne, qui indique l'*habitation* des Personages de la Piéce qu'on joue. Les premiers hommes demeurant sous des *Scènes* ou des Tentes, le nom s'en est transmis d'âge en âge à tous les Auteurs des Piéces de Théâtre, qui le tiennent ainsi d'un tems

tems beaucoup plus reculé qu'on ne pense.

LAP, *dormir*.

Celte, lap.
Anglois, nap.
Algonquin, nip.
Anglois, ſ-leep, prononcé ſ-lip.
Allemand, ſch-laff-en.
Flamand, ſ-laep-en.
Anglo-Sax. ſ-læpp-an.
& aſ-lap-ian.
& h-napp-ian.
Ethiopien, nam.
Hébreu, *Arab.* nama, *au prétérit*; noum, *à l'infinitif*.

Orientaux.

Hébreu, alman; *Chald.* armala, *veuf*.

Hébreu, shlosh; *Chald.* thloth, *trois*.

Hébreu, עיר, ʿoir, *Syr.* עילא, ʿoila, *Ville*.

Rave.

François, rave.
Latin, rapa.
Grec, raphanos.
Perſan, lapha.
Arabe, liſt.
Chaldéen, liſta.

Ethiopiens.

Ils employent R au lieu de L, & L au lieu de R.

ቀበረ, cabar; *Chald.* cabal, *ténébres*.

ነወረ, nour, *vice*, *tache*; *Héb.* noul, *ſouiller*, *tacher*.

አበለ, abal; *Héb.* abar, *membre*.

Chinois.

Il n'ont point de R, & le remplacent par L. *Voy. ci-deſſus*, p. 135.

Il paroît qu'il en étoit de même dans un des Dialectes de l'ancien Perſan, à en juger par un Alphabet de M. ANQUETIL.

Pehlvi.

Lagreman, *Orient.* רגל, ragl, *pied*: man n'eſt qu'une terminaiſon perſane.

Arabe.

ERRIF eſt le nom moderne du Delta en Egypte, au lieu de *el-rib*, la poire; le Delta en a la figure.

Auzal, *Grec*, auzar, Capitale de l'Arabie heureuſe, en François *uzal*.

VENIN.

Latin, venenum.
François, venin.
Italien, veleno.
Lorrain, velin.
Languedoc. verin.
Bourguign. vairin.

Maréchal.

François, Maréchal.
Italien, Maliſcalco.
Languedoc. Manechal.

Ce changement de *R* en *L*, & de *L*

en *R*, a fait perdre de vue l'origine en particulier de deux noms fort connus dont l'un désigne des personnages célébres sur mer, & l'autre un des principaux personnages de la Comédie Italienne, les Flibustiers & Arlequin.

On n'a rien dit de raisonnable sur les causes de ces deux noms. Le premier est l'Anglois *Freebooter*, prononcé *Frybouter*, & qui signifie des *Pirates libres*, définition exacte de ces Ecumeurs de mer. Dans le second de ces noms, *ar* est pour l'Article *al*, comme dans *Armanach*; & ce qui reste est un diminutif, le diminutif de l'Italien *lecco*, qui désigne la qualité qu'on attribue par excellence à cet Acteur, la *gloutonerie*.

R & *U*.

N'omettons pas deux métamorphoses très-singulieres de *R*. La premiere, est celle de CR en QU.

Espagn. quebrar; *Franç.* crever.
Espagn. quemar; *Latin*, cremari, *brûler*.

L'*Italien*, squittino *scrutin*, appartient à cette même classe.

Que se change, au contraire, en CLE. L'on dit en Bourgogne *Canticle*, *Catolicle*, au lieu de *Cantique* & *Catholique*. J'ai entendu dire à un Provincial *dissécler* au lieu de *dissequer*.

R & *Z*.

La seconde métamorphose de *R* que nous avons ici en vue, est en *Z*. Celle-ci est fort connue par les vers de l'Epitre de la Dame au jeune fi de Pazi (*Fils de Paris*,) attribuée à MAROT, & que l'Auteur du Dictionnaire des Noëls Bourguignons n'a pas laissé échaper. Tels sont ces vers :

» Un jour mon Mazi me diret
» Qu'i voudret savoir la muricle
» Pour la chanté en la bouticle.

On voit aisément que *mazi* est pour *mari* : diret, pour *disoit*; muricle & bouticle, pour *musique* & *boutique*.

IV. L, R, D.

Le changement de *L* & *R* en *D*, & de *D* en *L* & *R*, est très-remarquable, d'autant plus qu'on n'y est point accoutumé, & qu'il défigure presqu'entierement les mots radicaux. En voici des exemples au-dessus de toute contestation.

Latin.

Ulysses, *Gr.* odysseus.
Levir, *Gr.* daêr, davêr, *beau-frere*.
Lacryma, *Gr.* dakry, *larme*.
Italien, veletta, *vedette*.

François.

Cigale, *Latin*, cicada; *Espagn.* chicarra.
Sanglier, *Italien*, Chingiale.
Amande, *Langued.* ameple.
Caducée, *Grec*, karukeion.

Bourguignon.

Sier, *il sied.*

Portugais.

Nobre, *noble.*
Igreja, *Eglise.*
Molde, *moule.*

Grec.

Ils employoient D, L & M, pour diversifier une même racine.

Deido, *craindre.*
Deilos, *craintif.*
Deima, *crainte.*

Esclavon.

Duh, *Polon.* duch; *Hébreu*, ruh, ruch, רוח, soufle; 2°. esprit, ame.

Esclavon, med; *Latin*, mel; *Franç.* miel

Briglia, *François*, bride.

Hébreu.

Nagar & nagad, *couler*; de *gar*, ruisseau.

Arad, Roi des Cananéens, Nomb. XXI. 1. doit être Adad.

Comme Dea est Rhéa chez les Etrusques.

Observation.

On sait que dans toutes les anciennes Langues, on ne pouvoit presque pas distinguer la figure du D de celle du R: ensorte que plusieurs mots ont été lus indifféremment en *R* & en *D*, & qu'on ne peut presque plus déterminer leur valeur. Tel est le nom des *Dodanim*, enfans d'Ion ou de Javan: les uns y ont vu Dodône, d'autres Rhodanus, le Rhone, ou l'Isle de Rhodes. C'est certainement *Doranim*, les Doriens, portion si considérable des enfans d'Ion ou de la Gréce; comme nous le prouverons ailleurs.

Id & Ir.

Dès qu'on s'est assuré que *D* & *R* ont été mis continuellement l'un pour l'autre, on voit se renouer des anneaux d'une même chaîne qui sembloient n'avoir aucun raport entr'eux; & on retrouve un des fils de la comparaison des Langues qui étoit interrompu de toutes parts sans espoir de le renouer. La Famille Orientale ID, *main*, en est un exemple sensible. Nous avons déja vu que ce mot prononcé *aid*, se prononce en Ethiopien sur la touche forte *AD*, tout comme *musa*, fut *musè* des anciens Grecs, & est *musi* des Grecs modernes: & que se nazalant, il est HAND chez tous les Peuples du Nord. Mais on ne le trouvoit ni chez les Grecs, ni chez les Latins, qui ont cependant tant de mots Orientaux. Jugement précipité: il est chez ces Peuples du Midi de l'Europe, tout comme chez ceux du Nord & de l'Orient: mais *D* y est devenu *R*.

Ainsi *hir* des Latins est exactement ID des Hébreux; signifiant également *main* ; & ce *hir* prononcé *heir* eſt le *kheir* des Grecs, qui ſignifie la même choſe, & qui eſt la racine du mot *hirurgie*, &c.

Ce mot primitif s'eſt donc caché ſous cinq ou ſix formes différentes, qui empêchoient de le reconnoître.

AD dans l'Orient.
Hand dans le Nord.
Eid & *id* en Hébreu.
Hir & *heir* en Latin.
Kheir & *khir* en Grec.

Ces cinq familles différentes n'en forment donc réellement qu'une ſeule. Il en eſt de même d'une multitude d'autres. On peut juger par-là de la fécondité & de l'utilité de nos principes.

CHAPITRE V.

TOUCHE GUTTURALE.

C, K, Q & G.

La lettre *C* a pris la place de la lettre *G* des Orientaux, & ce *C* n'eſt autre choſe que le *K* primitif qui avoit la figure du *C*, mais tourné de droite à gauche כ.

Le G obligé de céder à C ou K, prit la place du Z entre *F* & *H*. Et *Z* fut rejetté à la fin de l'alphabet.

K ou *C* & *G* ne différant que dans le plus ou moins de force de leur intonation, ont été ſans ceſſe mis l'un pour l'autre.

Italien, groppa, *croupe*.
Gabinetto, *cabinet*.
Eſpagnol, logro, *lucre*.
Queſo, *Lat.* caſeo, *fromage*.
Amigo, *Lat.* amico, *ami*.
Golpe, *coup*.

Les Bourguignons écrivent *claucé*, pour *glouſſer*.

Portug. gritar, *crier*.
Antigo, *antique*.
Celte, calb & galba, *gras*.
Flam. kalff, *gras* ; *Langued.* gaubio, *embonpoint*.
Flam. karmyn, *carmin*.
Kelk, *calice*.

De l'Oriental *qala*, apeller, les Latins firent *calo*, d'où *calendes* : & les Grecs *kléo*, d'où *Égliſe*.

Latin & François.

Draco, *Dragon*.
Ficus, *figue*.
Macer, *maigre*.
Cithara, *guitarre*.
Grec, amorgê ; *Lat.* amurca ; *Franç.* marc de raiſin, &c.

Du primitif *ſec*, couper,

Les Hébreux firent שכין shekin, & les Grecs *ſigênê*, mots qui ſignifient tous les deux *couteau*.

Le Polon. *moc*, force, puiſſance, & l'Eſclavon *moocK*, viennent du primitif *mag*, en Runique *miki*.

Le Runique *kun*, eſt le Grec *gunê*, femme.

Le Langued. *Combe*, & l'Anglois *cwmb*, une caverne, une fosse, sont l'Hébreu גומץ, gumts.

Les Hébreux ont mis perpétuellement C, Q & G les uns pour les autres.

Sagar & sakar, *fermer*.
Ganz & cans, *cueillir*.
Gaphr, arbre à poix, & *kaphar*, enduire de poix.
Gabar & cabar, signifient également *élevé*, puissant, vaillant.
Hébreu, gadsh; *Arab.* kadsh, accumuler, combler.

Le nom des Monts Cassius vient de katz, *fin*, *borne*. Ils servoient de limite à la Phénicie. *Voy.* Allégories Orient. p. 73.

Persan, Koda; *Angl.* God, *Dieu*.
Copte, skelkil; *Ital.* squilla, sonnette, *squillo*, son; *Allem.* schall.

Il ne s'agit ici que du C & du G durs, comme nous les prononçons devant *a*. Quant au C doux, il apartient à la touche siflante; comme le G doux, à la touche chuintante.

Latin.

Les Latins avoient le caractère *Sc*, que nous avons dénaturé, en le réduisant à la simple siflante *S*; & prononçant *sceptrum*, *scio*, *scindo*, comme s'ils étoient écrits simplement par *S*; quoique nous l'ayons toujours conservé comme si nous le prononcions à la Romaine. En le comparant avec les mots Grecs, on voit que ce Sc étoit *SK*; & qu'il faut prononcer *skeptrum*, *skio*, *skindo*.

Q & Ch.

Comme CH a deux sons, l'un en *Kha*, & l'autre en *Ch*, il arrive souvent qu'ils s'ortographient de la même maniere.

Ainsi le *ch* des Italiens, est notre *qu*. Ils écrivent *schivare*, *schiuma*, *schiso*, *che*, &c. pour, esquiver, écume, esquif, que, &c.

De *kop*, couper, les Anglois font *to chop*, qui signifie la même chose.

S & Ch.

Espagnol, chiflar, *sifler*.
Héb. שפר, shephr, *Espag.* zifra, *Franç.* chiffre.

L'*Anglo-Sax.* sceoppe & le *Flam.* schap, sont le *Franç.* échope, de la même racine que le *Grec* skepô, être à couvert, voiler, couvrir; & le Copte *Kop*, cacher, 2°. cachette, hute.

G & S.

Lat. fraga, *Franç.* fraises.
Ital. fagiano, *Franç.* faisan.

Sk & Sc.

Gr. Skaios, *Lat.* scævus, *cruel.*
Skeptron, *Fr.* sceptre.
Skênè, scène.
Skêpon, *Lat.* scipio, *bâton.*
Angl. Shallow; *Sveo-Goth.* skallot.

Shape, skapa, *former.*
Shame, skam, *honte.*

C, K & S & Ch.

Les noms Egyptiens en S, se rendent en Grec par K. Mr. Gibert le prouve par plusieurs exemples dans les Mémoires de l'Académie des Inscr. & B. L. Tom. XIX, pag. 11. ajoutant (pag. 15) que l'on sait que S & C sont des lettres analogues.

L'Egyp. Sethos, & le *Grec* kethos, & dans Syncelle, cétos, sont toujours le même nom.
Gr. Enkhos. *Lat.* ensis, *épée.*
Lonkhê, lancea, *lance.*
Keros, cera, *cire.*
Kentron, centrum, *centre.*
Kis; *Héb.* sis, *Lat.* cis, *teigne.*
Ekei, *Fr.* ici.
Kisté, *Héb.* kis, *Lat.* cista, *coffre.*
Kuknos, *Lat.* cycnus, *Fr.* cygne.
Sun, *Lat.* cum, *avec.*
E-katon, *Perſ.* sad, *Lat.* centum
Arab. sommo, *Lat.* gummi, *Fr.* gomme.
Lat. Prossimus & Procsimus
De lacio, lassus.
Egypt. sahni, *Héb.* 'hen, *Gr.* aken, grace.

CH & F.

Un changement aussi singulier que celui de *Th* en *F*, est celui de *Ch* en *F*, ou de *F* en *ch.*

Ainsi on voit dans les Fastes, d'Ovide, (Liv. V. *v.* 196.) que le nom de Flore, Déesse des Latins, est le même que Chloris, des Grecs.

Ainsi les Allemands disent *after*, là où les Flamands disent *achter*, après.

Kraft, où ils disent *kracht*, force: & *niftel*, là où ils disent *nicht*, niéce.

C'est que dans toutes ces occasions *F* & *Ch* ont pris la place de l'aspiration simple *h.*

On a dit primitivement *Hloris*, & ce mot fut adouci en *f* chez les Latins, tandis que les Grecs l'adoucissoient en *ch.*

Gr. kholê, *Lat.* fel, *fiel.*
Gr. khloos, *Lat.* flos, *fleur.*
Gr. khutos, *Lat.* fusus, *répandu.*

CHAPITRE VI.

Touche Siflante.

S, Z, Ce.

Le Z, que nous avons presqu'entiérement proscrit de notre Langue, joue un assez grand rôle dans d'autres, où on l'employe au lieu du S.

Flamand.

Zuur, *Franç.* sûr, aigrelet.
Zuid, *Sud.*
Zak, *Sac.*
Zomer, *Angl.* sommer, *été.*
Zon, *Angl.* sun, *soleil.*
Zoon, *Angl.* son, *fils*, Héb. *zoun* nourrir.

Esclavon.

Se, *Héb*, zê *Franç.* ce.
Zakar, *Lat.* saccharum, *sucre.*
Zamerak, *Orient.* sem, signe

Espagnol

Cenit, *zenith.*
Cepa, *sep.*
Luz, *Lat.* luce, *lumiere.*

Anglo-Saxon.

Zythi; *Grec*, sitos, pain. *voy.* Alleg. Orient. p. 29 & 59.

Italien.

Zaffiro, *saphir*; zappare, *sapper.*
Zanni, *Gr.* sannoi, *Grec vulg*, Tzanoi, *bouffons.*
Zis, *Gr.* theios, *oncle.*
Marpeza sur les inscriptions de Laconie, au lieu de *Marpessa.*
Zʿoq & tzʿoq, en *Hébr.* s'écrier, crier.

S, Dz.

Valdois, pudzin, *Poussin.*

Oriental.

Dans la version Ethiopienne du N. T. la Reine de Saba est apellée *Nagistam Azeb*, Reine du Midi.

A-zeb est donc le même que Saba, où il est adouci & précédé de la voyelle *A*. C'est le mot *Sab*, en Hébreu *Zab*, le soleil. En Pehlvi, *Zab-zeba*, le soleil.

Héb. Saq, *sac*; Arab. *zaq*, un outre. *Turc*, Zafrani, couleur de *safran.*

St, Z, C.

Lat. stann-um, *Franç.* étain; *Allem.* zin, *Polon.* cyna.

2°. S & X.

Les Athéniens changeoient S en X. Ils disoient *Xun*, au lieu de *Sun*, avec; *Xunetos*, au lieu de *sunetos*, prudent.

On a dit en Grec *róx*, rocher, de l'Oriental *rosh* ou *rash*. En Anglois *ruck* est le sommet d'une Montagne.

Les Latins ont écrit quasi & quaxi, *presque*: asso & axo, *rotir.*

Les Espagnols ont fait du Latin *toxicum*, leur mot *tosico*, poison: & les Grecs, de l'Oriental *shif*, leur mot *xiphos*, qui signifie également *épée.*

Il en fut de même des Latins: on ne peut douter que du nom d'üzer עזר, *aide*, & qui fut le titre des femmes mariées chez les anciens Hébreux, les Latins n'ayent fait le nom d'*uxor*, qui signifie *épouse*, & dont l'origine fut toujours inconnue à leurs Savans; sa source étant trop ancienne & trop éloignée.

Les Hébreux eux-mêmes ont deux lettres qu'ils mettent sans cesse l'une pour l'autre, ש & ס; & qu'on rend ordinairement ; l'une par *sh*, & l'autre par *S*. Mais celle-ci est très-certainement notre X : aussi est-elle à la même place dans l'alphabet Hébreu, que le χ des Grecs, ou ξ. Et l'on ne peut douter, qu'elle en eut souvent la valeur chez les Hébreux.

שם, *shem*, & סמן, Xemn, signifient également *signe*.

שמר, samr, & le *Clad.* סמר, Xamr, signifient *garder* : ce dernier est syriaque également.

3°. *S & D.*

Nous avons déja vû à la touche dentale, que S & D se mettoient l'un pour l'autre : voici un exemple qui fait voir que les Grecs s'en servoient pour varier les dérivés d'une même racine.

Skhidê, *ais.*
Skhidês, *déchiré*, scissus *en Lat.*
Skhizô, *couper*, déchirer, *Lat.* scindo.
Skhindalmos, *petit ais.*
Skhisma, *Franç.* schisme, déchirure, division.

C'est l'Allem. *scheiden*, qui signifie division, 2° séparer, diviser, &c. & le Latin *scindo*, qui fait au supin *scissum.*

Les Léxicographes Grecs ont toujours dénaturé cette famille, en regardant *skhizô* comme sa racine : dès-lors plus de raport avec l'Allem. *scheiden* & avec le Latin *scindo* : au lieu qu'en prenant le nom pour racine, comme on le doit, ces familles s'accordent très-bien, & on voit que Z n'est qu'en sous-ordre.

Esclavons.

On a dans cette Langue un goût particulier pour la siflante : ce qui rend presque méconnoissable un quart de leurs mots, communs avec les autres Langues.

Ainsi les Polonois ortographient : 1°. par la Lettre *Ce* des mots écrits en Allemand par *Ze*, & en Grec par T.

Cel, *All.* Ziel, *but* où l'on vise, but, fin, dessein : *Grec*, tel-os.
Celnica, *All.* zoll-hauss, *Grec*, telos & Telônion, *douane.*
Cegla, *All.* Ziegel, *Lat.* tegula, tuile.

2°. Ils font précéder L initial, de *Ch*, disant :

Chleb, *pour* leb, pain, repas, entretien : *voy. ci-dessus pag.* 46.
Chmura, *nuage*, 2°. tristesse, &c. de *mor*, noir,

3°. Ils changent la gutturale *K*, *qu*, &c. en *Cz*.

Cztery, *Lat.* quatuor, *Franç.* quatre.
Czata, *Franç.* guet.
Tarcz, tarcza, *All.* tarsche, *Franç.* targe.

4°. Ils changent *C* & *S*, en *Cz*.

Czyn,

Czyn, le *cens*, les revenus.
Cycek, le *ſein*; *Ital.* zizza.

5°. Ils changent *D* & *Th* en *Cz*.

L'All. *Thun*, faire, agir, eſt chez eux *czynie*.

Le Grec *doulos*, ſerviteur, eſclave, eſt chez eux *czel-adz*, les gens, le Domeſtique.

L'Anglo-Saxon *Treo*, eſt chez eux *drzweo*, un arbre.

Le primitif *dor*, porte, eſt chez eux *drzwi*. Et ils changent *trois* en *trzey*.

6°. Et comme ſi la Lettre *S* n'étoit pas aſſez ſiflante, ils la changent encore en Dz, & Sz.

Du mot *ſonner*, ils font le mot *dzwonie*: & *dzwon*, ſignifie chez eux une cloche.

Szpelta, *All.* ſpelte; *Franç.* Epeautre.

7°. *Sz* & *ſzcz* eſt chez eux pour *ſch*.

Szkrupul, *ſcrupule*.
Szkoda, *All.* ſchade, *dommage*, perte, tort.
Szczcin, *Stetin*, Capitale de la Pomeranie.
Szczur, *Lat.* ſor-*ex*, *Franç.* ſour-*is*.
Szczur-ek, *petite ſouris*.
Szewc, *All.* ſchuſ-ter, *Lat.* ſu-*tor*, cordonnier.
Szyty, *Lat.* ſutus, *couſu*.
Szruba, *All.* ſchraube, une *vis*, d'où écrou.

Italiens.

Ils changent *De* en *S*.

Décombres, *ſgombro*.
Decouvrir, *ſcuoprire*.

TET, *ſein*, *mammelle*.

Héb.	דד, dad.
	שד, shad.
Grec,	tithos.
AngloSaxon,	titte.
Flam.	tuyte.
Cornouaill.	teth, tid.
Theuton,	dutte, tutte.
	zitze.
Ital.	zizza.
Georgien	ziza.
Ital.	tetta.
Eſpag.	teta.
Angl.	teat.
Bret.	teth.
Hongr.	tſets.
Armen.	did.
Chald.	tad.
Vieux-Arab.	ted.
Valaq.	tzitza.
Albanois,	ſiſa.
Eſclav.	ſiſſa.
Polon.	cyc & cycek.
Goth.	dad.

D'où le François *teter*, &c.

Et le nom de *Téthis*, ou l'eau nourriciére, femme de l'Océan.

De-là, le mot Latin DITE, qui ſignifie abondant; 2°. fertile; 3°. riche; 4°. le ſein de la terre, ſources des richeſſes & de l'abondance. D'où vinrent ces noms;

Dis ou Pluton, & *Domina ditis*, la Reine du ſein de la terre, la diſpensatrice de l'abondance, Proserpine qui fécondoit les graines confiées au sein de la terre.

4°. *D*, & *Dj*.

D se prononce en diverses langues *Dj*, ou *Tj*.

Limousin, Butjado, *Franç.* buée; *Espagn.* bugada, *Ital.* bucato, &c.
T & Tch, *ou* Ch.
Espagn. Lucha, *Fr.* lute.
Chinois à la *Franç.* tchao; *à* la *Portugaise*, chao.

Les *Anglois* prononcent *tchi* & écrivent *ti*; Patience est pour eux *paitchience*.

T est souvent changé en *C*.

Lat. Platea, *Franç.* Place.
Lat. Ambitio, *Franç.* ambition, *prononcé* ambicion.
Lat. Infantulus, *Ital.* Fanciullo, *prononcé* fantchiullo, *enfant*.

5°. *Th* & *F*.

Lat. thus, *Grec*, thuos; *encens*.

Ce mot, Grec & Latin, vient, selon BOCHART & selon SAUMAISE, du verbe Grec *phuô*, fumer. C'est donc *ph* changé en *th*, tout comme P & T se sont mis l'un pour l'autre.

Fera, bête féroce, en Latin & en Eolien, le *théra* des Grecs, &c.
Fello, teter, est le *Grec* thêlô.

CHAPITRE VII.

TOUCHE CHUINTANTE.

Ch, Sch, J, Ge, Dj, Z, Tch.

1°. J & G.

Italiens.

Giocondo, *Lat.* jucundo; *joyeux*.
Giogo, *Lat.* jugo, *Gr.* Zeugô, *Fr.* joug, *Flam.* jok.
Gioja, *joie*.
Giusto, *juste*.
Gamba, *jambe*.
Garetto, *jaret*.
Gelosia, *jalousie*.
Godere, *jouir*, gaudere en *Lat.*

Bourguignon.

Gambie, *boiteuse*, de *gamba*, jambe; le *Franç.* ingambe vient de la même racine.

Espagnol.

Jaula, *géole*, cage, prison.
Jayan, *géant*.
Genizaro, *Janissaire*.
Javon, *savon*.
Jorge, *George*.
Gerigonça, *Ital.* gergo, *Franç.* Jargon.
Jaque, *Orient.* shak, *Franç.* échec.

Portugais.

Jesso, *Gyps*.

Esclavon.

Zubun, *jupon.*

Allemand.

Garten, *jardin.*
Gach & jach, qui se précipite.

2°. C, G & Dj.

Italien, diacciaja, *glace.*
diacciare, *glacer.*

Anglois.

Bridge, *Flam.* brug, *Pont.*

Limousin.

Bratja, *Lat.* Braccæ, *braies.*
A-tjacial, *gite*, du Latin, *jacet*, être au gite, &c.

Montagne de Lozere *dans les Cevennes.*

Djal, *Languedoc.* gal, *Lat.* gallus, *coq.*
Djaline, *Lat.* galina, *Poule.*
Tchapel, *Lang.* Capel; *François*, chapeau.
Tchat, *Ital.* gatto, *Esp.* gato, *Franç.* chat.

Anglois.

Giant, *prononcé*, djaient, *géant*,
German *prononcé*, djarmen, *Germain* ou Allemand.
Les Arabes ont un G qu'ils prononcent aussi dj.
En Valdois, on apelle une écourgée, *écordzjea.*

3°. *C*, *Ch*, *Tch*, &c.

Lat. Capra, *Franç.* chévre, *Valdois*, tchivra, *Sued.* hæffer.

François.

Chambre, *Lat.* Camera.
Chaussure, *Lat.* Calceus.
Champ, *Lat.* Campus.
Chair, *Languedoc.* car, *Lat.* caro, *Limousin* tchar.
Arche, *Lat.* arca.
Hache, *Lat.* Ascia.
Chaîne, *Lat.* catena, *Lang.* cadene.
Chez, vient de l'Italien *casa*, case, demeure, *Portug.* em caza.
Non-chaland, *de* non-calens, *qui ne se soucie pas.*

Limousin.

Tchabir, *contenir*, fermer, *Lat.* capere.
Tchantel, *François*, chanteau, pain entamé.
Tchana *fleurs du vin*; du primit. *can*, blanc.
Echarmena, ouvrir la laine pour la carder, du *Lat.* carminare.

Bourguignon.

Champé, *jetter*; du mot *campus*, terre.

Grison.

Tschiel, *Lat.* cœlum, *Franç.* Ciel.
C'est ainsi qu'en Italien, C devant e

& *i* se prononce *tch*. Cecità, *prononcé* tchetchita, *cecité*, aveuglement. Tchitcherone, *Ciceron*.

Valdois.

Tchotta, *abri*, du primitif *cot*, couvert, abri, &c.

Anglois.

Ils prononcent *ch*, en tch, dans les mots qui ne viennent pas du Grec.

Arch, *prononcé* artch, *arc*.

Cheek, *prononcé* tchic, *joue*.

Chief, *prononcé* tchif, *chef*.

Mais dans les mots qui viennent du Grec, *ch* se prononce *qu*.

Chorus, *prononcé* quoroff, *chœur*.

Chyle, *prononcé* quail, *chyle*.

Sch, se prononce aussi en Anglois *squ*, & il répond ainsi au σχ des Grecs ou *skh*.

Schiff, *prononcé* squiff, *esquif*.

School, *prononcé* squoul, *école*.

Allemand.

Ch, se prononce dans cette Langue comme le khi des Grecs, & comme notre *ch*, dans Chaldée, Chrétien, &c. tandis que Sch se prononce comme notre *ch*, devant les voyelles, comme dans schisme, chapeau, chemin, &c. On pourroit écrire le premier par *kh*, car il apartient à la touche gutturale; & le second, simplement par ch ou par un C couché ᴒ, afin de n'avoir qu'un seul caractère, au lieu de trois pour un seul son. Ce dernier apartient à la touche chuintante.

Ochs, *prononcé* oks, *bœuf*.

Schiff, *prononcé* chiff, *vaisseau*.

Schlaff, en *Anglois* sleep, *sommeil*.

ACHAT.

Ce mot s'écrivoit autrefois, ACHAPT. Nos Etymologistes n'y ont vu qu'un mot Latin, le mot *ad-captare*; qui n'a nul raport à l'idée d'achat: mais ils n'en savoient pas davantage.

Il vient d'une famille subsistante encore dans le Nord, & qui se prononce en *Anglois Cheap*. Ce mot signifie *marché*, dans toute l'étendue du mot, & *achat*.

Mais dans l'Orient, zab-*en* & zeban, tsab-*en*, &c. signifient *vendre* & *acheter*.

Et comme nom, *zab* signifie marché où l'on vend, où l'on achete, &c.

Ces mots Orientaux & Occidentaux tiennent donc au mot Oriental *zab*, qui signifie Or, en Hébreu où il se prononce *zéb*; en Persan *Taba* & *Zaba*; en Chaldéen *Deb*; en Maltois *Deeb*, &c.

Mais *zab*, Or, tient lui-même son nom du primitif *zab* & *sab* qui signifie *soleil*, & dont on peut voir les dérivés à la pag. 48, des Allégories Orientales.

4° R & S, Z.

Un changement très-commun, est celui de *R* en *S*; & de *S* en *R*.

On sait que les anciens Latins disoient *eso* pour *ero*; & *asena* pour arena.

Dans le décret des Lacedémoniens contre le Musicien Timothée, nombre de mots terminés en *S* chez les autres Grecs, s'y terminent en *r*.

Il en étoit de même chez les Eoliens. Ils disoient *hippor* au lieu de *hippos*, cheval.

On voit dans LYCOPHRON, v. 1134. mômar *pour* mômos.

Les Athéniens changeoient en *r*, *s* précedé d'un *r*.

Ils disoient Tharrô *pour* Tharsô; Arrên *pour* Arsên.

Les Latins dirent indifféremment *arbos* & *arbor*; *decus* & *decor*, *honos* & *honor*.

Les Etrusques aimoient également les terminaisons finales en *r*, à en juger par l'inscription de *Lerpior*, dont presque tous les mots se terminent en *or*.

Les Espagnols changent, au contraire, dans ces occasions *r* en *s*; ils disent *osso* pour *ours*; & *ossa* chez eux est *ourse*.

Les Chaldéens changeoient en *R*, la premiere de deux Lettres doubles. Ils disoient *darmask*, au lieu de *dammas*; *Parsid* au lieu de *passid*, &c.

L'*Esclavon appelle la* Mer, *morre*; & le Polonois, *morze*.

Cendres, en *Latin cinere*, est en Espagnol *ceniza*.
Anglois, iren & isen, *fer*.
All. ohr; *Goth* auso, *oreille*.
Angl.Sax. hara, *All.* hase *lievre*; d'où le *Franç. hase*.
Island. gler, *All.* glas, *verre*; *Franç.* glace.
Angl. close, *Franç.* clore.
MARSEILLE vient de *Massylia*; & *Thassus*, pouroit avoir pris la place de *Tharsis*.

CINQUIEME TABLEAU.

§. I. *Lettres ajoutées en tête.*

CHAPITRE PREMIER.

Voyelle A.

Une multitude de mots en toute Langue sont changés d'une Langue dans une autre, par la seule addition d'un *A* à leur tête ; ce qui est arrivé quelquefois par une simple altération comme pour rendre le mot plus sonore & plus harmonieux ; & quelquefois pour y ajouter quelque nouvelle idée. *Voy.* Plan Génér. & Raisonné, pag. 26, 27.

François.

Ahurri, adjectif du mot *hurry*, qui existe en Anglois & qui signifie *embarras*, confusion, désordre.

Amander, corriger, racomoder, *Angl.* mend, *racomoder*; *Lat.* menda, *faute*, défaut.

Agraffe, du Theuton *graff*, crampon, griffe, *Ital.* graffio.

Aigrette, du *Lat.* crista, *crête*.

Associé, du *Lat.* socius, *compagnon*.

Alaiter, de *lait*.

Annuler, de *nul*.

Amaigrir, de *maigre*.

Achever, de *chef*.

Asyle, vient du Lat. & Grec *asulos*, qui signifie la même chose, & qui désignoit un bois sacré où l'on étoit à l'abri de toute entreprise. C'est un dérivé du mot Oriental *a-shel*, אשל, qui signifie une forêt, & qui est composé du mot *a* & du mot *zel*, ombre, lieu où l'on *a* de l'*ombre*.

Vieux Franç. adoulé, c'est-à-dire, affligé, mot qui vient *de* deuil, prononcé *doul*, qui fit *douleur* & *douloir*.

Latin.

Anas, *Dorien*, nassa ; *Gr.* nêssa, *canard*.

Olibanum, encens, du Grec *libanos*.

Italien.

Aringo, *lice*, carriere ; *Allem.* ringen, *lutter*.

Espagnol.

Açucar, *sucre*.
Açufre, *soufre*.
Adarga, *targe*.
Aduana, *douane*.

Afuera, *dehors.*
Anudar, *nouer.*
Agalanar, *orner*, mettre en *gala.*
Ayunar, *jeûner.*
Amorra, jeu de la *moure.*
Adevin, *Devin.*

Portugais.

Arame, *Franç.* airain; *vieux Theut.* rame; *Ital.* rame, *cuivre.*
Azeite, *huile*, de l'Oriental *zeith.*

D'où l'*Espagn.* azeit-una, & le *Basque*, aceitna, *olive.*

Basque.

Azucena, *Héb.* susan, *lys blanc.*

Les mots qui commencent par AL, sont des mots où l'on a uni mal-à-propos l'article Oriental, qui les accompagne dans les Langues dont ces mots sont empruntés. Ainsi,

Al-manach, *signifie* le Calendrier.
Al-coran, *le livre.*
En *Espagn.* al-caçar, *le Château.*
En *Portug.* al-caparras, *les capres.*

Irlandois.

Aon, *excellent*, *Celt.* on; *Héb.* aon & eon, *les richesses*, les biens.
Airbhre, *multitude*, légion; *Héb.* rab, *rb*, *multitude.*

Anglois.

A-fore, devant; *Primit.* FOR, fro, pro, devant; Lat. *forum*, le devant des maisons, la place publique.

A-daies, *aujourd'hui*, dont la racine est *dai*, jour.

Grec.

A la pag. 53. du *Plan Génér. & Raison.* nous avons raporté six mots Grecs où l'on voit un *a* ajouté en tête d'un mot radical.

En voici quelques autres.

A-nêr, *homme*; en Zend. *neresh*, homme, & *nerend*, force; *Primit.* nar. *Voyez ci-dessus*, p. 157.

A-gazesthai, *Angl.* gaze, *regarder.*
A-phros, *Angl.* froth, *écume.*
Ai-glê, *splendeur*, *Angl.* to glister, briller; *Gr.* gela, *splendeur.*
A-klus, *Angl.* cloud, *nuée*, obscurité.
A-milla, *combat*, de la même racine que le Latin *miles.*
A-melgô, *Lat.* mulgeo; *Flam.* melken, *traire.*

Hébreux.

A la pag. 50. du *Plan Général & Rais.* nous avons mis trois mots Hébreux qui commencent par un A ajouté à la racine. En voici d'autres.

A-geda, *escadron*, *faisceau*, de *gad*, qui en Hébreu même signifie *troupe.*

A-dab, *affliger*, de l'Hébreu *dab.*
A-don, *Seigneur*, de don *ou* dun, *puissant*, élevé.
A-car, *laboureur*, d'où le *Lat.* a-ger, *champ*, de *car.*

A-zub, *Hyssope*, du Syriaque & Arabe *Zup*, qui signifie aussi *Hyssope*; Turc, *Zusa*.

A-mar, *ordonner*, dire; *Zend*, mro, *dis*; de *mar*, jour, lumière.

Chaldéen.

A-saph; *Grec*, sophos, *sage*.

A-'hidn, *Héb.* 'hidé, énigme du mot '*hed* aigu; 2°. affiler, forger, d'où le Latin *cudo*, comme l'a vu LOUIS DE DIEU, pag. 43.

Copte.

A-bok, *Celt.* bocu, *corbeau*.

A-smi, *Franç.* jasmin, de l'Héb. *smen*, parfum, huile.

Persan.

A-sman, le Ciel, *Hébr.* shamim. *Zend*, asmenen; *Pehlvi*, shamia.

A-rouvad, *Zend*, eoroud, *Prim.* rob, *force*, d'où le *Lat.* robur.

A-flounatan, labourer, creuser, de *plow*, charrue, en Saxon, Esclavon, Anglois, Hongrois, &c.

Pehlvi, a-mider; *Zend*, maté; *Lat.* mater, *mere*.

Zend, a-perenaeoko, du Pehlvi *porna*, jeune fille; mots qui viennent de *por*, jeune; d'où le Latin *puer*.

Indien.

A-smaer, *Ciel*, a-smani, *bleu*.

Ces deux mots viennent de *sham*, Ciel.

A-mlah, *ouvrage*; en *Héb.* melach.

A-dmi, *Hébr.* adam, *homme*; de *dam*, terre, sang & rouge.

Esclavons.

Les Esclavons n'ont peut-être point de mots originaux qui commencent par *A*. Et de tous ceux qui sont en usage chez les Polonois, il n'y en a pas trois dont on ne voye l'origine dans des Langues modernes. Entre ceux-ci, quelques-uns auxquels ils ont ajouté l'*a* initial. Tels,

Adamaszek, *du damas*.

Aksamit, *Allem.* sammt, *du velours*.

Arend-arz, *rentier*.

Arménien.

Aneharash, *fleuve*, de nehar ou nar, *fleuve*. *Voy.* Allégories Orient. p. 70.

CHAPITRE II.

É AJOUTÉ EN TÊTE.

Nous avons ajouté des *E* à la tête d'un grand nombre de mots qui commencent en d'autres Langues, surtout en Latin, par *S*; & très-souvent cet *e* est resté dans notre Langue, quoique nous ayons suprimé *s*.

Ecaille, *Ital.* scaglia.

Echelle, *Ital.* & *Lat.* scala.

Escrime, *Ital.* scherma.

Escorte, *Ital.* scorta.

Ecu,

Ecu, *Ital.* ſcudo, *Lat.* ſcutum.
Ecot, *Ital.* ſcotto.

La plupart de ces *S* étoient elles-mêmes des lettres ajoutées aux mots où elles ſe trouvent, & qui en ſont privés dans des Langues plus anciennes. Ainſi *échelle* vient de *chal*, monter; & au ſens de *port*, il vient de *cal*, un Port. *Eſcorte*, vient de la même racine que *cortége*, &c.

Si l'Italien a ſuprimé tous ces *E*, tandis que nous les avons conſervés, c'eſt que dans cette Langue, de même que dans les Dialectes de la Langue d'Oc, on prononce *S* en *es*.

Eſturgeon, vient du Theuton ſtoor, *grand*, lui-même formé du primitif *Tor*, d'où vinrent Taureau, & le Dieu *Thor*, &c.

Eſchanſon, vient du Theuton *ſchenk*, nom de ceux qui fourniſſent le vin.

Eſſor, vient de la même racine que l'Italien *ſorare*, voler.

Ecreviſſe, a la même origine que l'Allemand *krebs*, & que nôtre mot *crabe*, dont l'Ecreviſſe eſt une eſpéce.

Bourguignon.

Etoi, *toit.*
Edegrai, *dégrés.*

Anglois.

Les Anglois n'ont peut-être pas vingt mots à eux qui commencent par *e*; & ſur ces vingt, les trois quarts où cet *e* a pris la place d'une autre voyelle. Tels ſont,

Eager, *aigre.*
Eagle, *aigle.*
Eat, *Lat.* edo, *manger.*
Ew, *Lat.* ove, *brebis.*

Grecs.

Egeirô, *éveiller*, du primit. *gar*, de même que leur verbe, *e-gré-gor-eô*, veiller.

Ethnos, *Nation*, de *Tan*, Peuple, Contrée; d'où *e-thenos*, & par ſyncope, *ethnos*, dont la racine étoit abſolument inconnue.

Ekaton, *cent*, de l'oriental *ſad*; & qui en ſe nazalant a fait *kant*, *kent*, & enfin *cent*.

Ereuthos, *rouge*, tous deux de *ru*, *reu*, *rou*, d'où le Latin *ruber*.

Baſques.

Ils mettent ER à la tête des mots qui commencent par *R*.

Er-roſela, *rouget.*
Er-regue, *Roi.*
Er-ribera, *rive*, rivage.
Er-rome-roa, *romain.*

Hébreux.

He-bal, rentrer dans le néant, de l'Hébreu même *bal*, néant, non.

He-var, הבר, obſerver, conſidérer, du primit. *war*, qui a toute l'étendue du mot *obſerver*.

He-dak, briser, froisser, oprimer, de l'Hébreu *douk* & *dikka*, qui signifient froisser, broyer, réduire en poudre.

He-doum, marchepied, de l'Hébreu *doum*, repos ; ou plutôt, du primitif *dom*, élevé.

Chaldéen.

He-dbaria, Chef, Gouverneur, de *dabar*, dire, ordonner, conduire.

Persan.

Zend, edereghem, *qui vit longtems*, de *der* & *dur*, durée.

CHAPITRE III.

I, AJOUTÉ EN TÊTE.

Italien.

Iddio, *Dieu.*
Ignuto, *nud.*

Espagnol.

Yerva, *herbe.*
Yedra, *Lat.* hedera, *Franç.* lierre.
Yegua, *Lat.* Equa, *jument.*

Basque.

Itçala, *Hébr.* tsal, *ombrage.*

Gallois.

Il faut chercher chez eux, par *ys*, les mots qui commencent ailleurs par *es* ou *s*.

Ysgolle, *Lat.* schola ; *Franç.* école.

Ysbar & ysber, *Theut.* sper ; *Franç* sper ; *Celt.* par, lance, pique.

D'où le *Lat.* veru, *broche.*

Ysbryd, *esprit*, soufle, vent.

Ysgwydd, *écu.*

Irland. imhear, *marbre*, du primitif *mar*, d'où *mar-mor.*

Runique.

Iorth, *terre*, du primit. *ar.*
Ikud & kud, *Theut.* God, *Dieu.*
Imirki & mirki ; *Franç.* marque.

Grec.

Ikanos, *suffisant*, capable ; *Celt.* can, *grand*, élevé, beaucoup ; *Angl.* can, pouvoir.

Istêmi ; *Lat.* sto, *être* stable, &c.

Hébreux.

Ils ont ajouté I à la tête d'une multitude de mots.

Iqer, prix ; 2°. être rare ; *Celt.* car, *cher.*

Ical, pouvoir ; *Celt.* cal ; *Chald.* kel ; *Lat.* calleo.

Iar, fleuve ; *Celt.* ar.

Igr, redouter, craindre, de l'*Hébr.* gour ou *gr*, *craindre.*

I'ham, s'échauffer, de '*ham*, feu, chaleur.

Ip'ho, briller, éclairer, de *fo*, feu.

Isen, vieux, de *sen*, d'où *senex.*

Ir'h, la Lune, de *R'h*, le Soleil : de-là *Hra*, nom de Junon en Grec, la Déesse de l'Air & la Reine des Cieux.

Ithar, exceller, surmonter, de *ter*, marque de prééminence, d'où *très*.

Copte.

Iof, *pere*, de l'Hébreu *ab*, prononcé *ob*, *ov*.

Turc.

Ieidgek, tout ce qui se mange, de ED, prononcé *edg*, manger.

D'où ces mots également Turcs, *Et*, la viande, *etmek*, le pain; Itrifil, *trésle*.

Persan.

Dans le dialecte Pehlvi on ajoute *J* prononcé *Dj*.

Dj-ATOU-natan, venir, *Héb.* athê.

Dj-AMIT-ounatan, mourir, *Héb.* muth.

Dje-KTIB-onestan, écrire, *Hébr.* krib.

CHAPITRE IV.

O ET U.

Grecs.

O-belos, *broche*, de belos, *trait*.

Ho-de, *celui-ci*, du *primit.* de, *lui*.

O-bryzon, *pur*, *purifié*, en parlant des métaux; de l'*Héb.* בהר, *ber*, passer au feu, brûler.

O-dontô, *dent*.

Ho-milos, du *Celt.* mal, *troupe*, assemblée.

O-noma, *nom*.

Hébreux.

עטן, ʿo-*tin*, tinne, grand vase à liqueur; *Lat. teneo*, contenir, *tenir*.

Hébreu, *tana*, corbeille à fruits, vase.

Italien, *zana*, corbeille, panier.

עמל, ʿ*o-mal*, fatiguer, fâcher, du primit. *mal*, mal, peine.

עופל, ʿ*ouphal*, éminence, lieux hauts, du primit. *fal*, élevé, haut.

עצל, ʿ*otsel*, qui aime le repos, paresseux, de *tsal*, ombre, mot-à-mot qui vit à l'ombre.

Polonois.

Ogradzam, *enclore*, de grodza; *enclos*, clôture.

Esclavon.

O-plaviti, être blond, *de* flavus.

O-blidiri, être pâle, *de* blid,

O-buhnuti, enfler; du Celte & Grec *boun*, *bougno*, tumeur, grosseur.

Italien, o-triaca, *thériaque*.

U.

Italien.

Uomo, *homme*.

Uopo, *Lat.* opus, *besoin*.

Uovo, *Lat.* ovo, *œuf*.

Esclavon.

U-saditi, *semer*, planter; *Primit.* sat, d'où le *Lat.* sator.

Persan.

Zend, ve-deied ; *Gr.* dei, *il faut.*
Pehlvi, va-SHME-mounatan ; *Hébr.* שמע, shem'o, *entendre*, ouir.

§. II.

Consonnes ajoutées à la tête des mots.

CHAPITRE I.

Consonnes ajoutées devant N, L, R.

N se fait souvent précéder des gutturales K, G, C.

Latin.

Gnatus, *né.*

Gnavus, *vaillant*, *courageux*, du primit. NAV, élevé,

D'où l'*Angl.* knap, *sommet*, *cime.* Et par oposition.

L'*Anglo-Sax.* cnapa, cnæp-ling, *enfant*, celui que l'on éléve, qui s'éléve.

D'où l'*Angl.* knave, *valet*, mot qui dans l'origine offre l'idée d'enfant & de Domestique, comme le mot *page* : & qui est accompagné en Angl. d'un sens bien différent, du sens de *fripon*, cette idée ayant pris la place de celle de *valet.*

De-là encore le *Gallois* cnau & cnep, *bosse.*

Grec.

Gnoô, *connoître*, de *no.*

Gnophos, *ténébres*, de *neph*, *neb*, obscurité, nuées.

Knidê, *Angl.* nettel, *ortie.*

Esclavon.

Gnakara, *Ital.* & *Ind.* nakarau, espéce de Tambour ou de Tymbale.

Gniva, champ, campagne ; *Cantabre*, nava, plaine, campagne.

Ghgnizdo, *Polon.* gniazdo, *nid.*

Allemand.

Kneipen, *Angl.* to nip, *pincer.*

L se fait précéder également des gutturales, *K*, *C*, *G*, & de l'aspiration gutturalisée '*h*.

LEB, *pain.*

Pehlvi,	lam.
Hébreu,	l'hem.
Lapon,	laibe, leabe.
Vx. Theut.	leibe.
LUTHER,	laib.
Finnon,	leipæ.
Islandois,	leif.
ULPHILAS,	hlaif.
Suédois,	lef.
Frison,	læf.
Russe,	hlieb.
Bohémien,	chleba.
Lat. barb.	leibo.
Latin,	libum.
Anglo-sax.	hlafe.
Anglois,	loaf.
Polonois,	chleb.
Esclavon,	gleba.

On a dit Chlovis, Clovis, Hlovis & *puis* Louis.

Islandois.

Hreindyr, *Renne.*
Hlid, *Lat.* latus, *côté.*

Celte.

Gallois, klod; *Lat.* laude, *louange.*
Bas-Bret. clei; *Lat.* lævus; *Gr.* laios, *gauche.*

Latin.

Clangor, *Angl.* kling; *Dor.* lak, *cri*; *Gr.* lêkeô, *sonner.*
Goth, hlietus; Gr. *kleptes*, voleur, de *lab*, main.

Anglois.

Like, *Allem.* gleich, *semblable.*
Lump, *Allem.* klumb; *Suéd.* klump; *Masse.*
Look, *prendre garde. Allem.* klug, *avisé*; *Suéd.* klok.

Esclavon.

Gliuban, *amour*, *affection*, de *leb*, cœur, affection.
Gliugl, *Lat.* lolium, *yvraie.*

Grec.

Homere, liaron, *au lieu de* khliaron, *tiède*; ce que M. l'Abbé Barthelemy a bien remarqué.
Grec, klaina; *Lat.* lana; *Franç.* laine.
Kliô, *se réjouir*; *Celte*, lie, *joie*, *festin.*
Kleuê, *Lat.* lus-us, *jeu.*

Agneau.

Grec,	amnos.
Suédois,	lamb.
Anglo-Sax.	lamb.
Dan. Flam.	lam.
Latin,	agnus.
Gall. Bas-Bret.	oan, oen.
Chinois,	Yam.

R.

Se fait préceder & de l'aspiration gutturale & des Intonations gutturales, de la labiale *B*, de *F*, de *D*.

1°. *Anglo-Sax.* hræfen; *Angl.* raven, *corbeau.*
Hracode, déchiré; *Angl.* rag; *Gr.* ragô, & rêgô, déchirer; *Lat.* fregi, frango.
2°. *Lat.* creb-er, *fréquent*, &c. *Héb.* rab, reb, *abondant*, nombreux.
Angl. green, *verd*; *Héb.* רען, *r'on*, être verd, être tendre; *Esclav.* grana, *Vald*, ran, *Lat.* ramo, *Franç.* rameau, *branche.*
Persan; en *Zend*, gremô, *grandeur*; en *Pehlvi*, gue-rameh, de *rom*, grand.
3°. *Polon.* & *Esclav.* grom; *Etrusq.* brontac, *Grec*, brontê, *tonnerre*, de *rom*, en Hébreu, tonner, tonnerre, gronder: ce mot *gronder* vient aussi de la même racine.

Bride.

Grec, rhyt-êr, de *rhyô*, tirer, mener.

Eolien,	bryt-êr.
Anglo-Sax.	bridel.
Franc,	brittil.
François,	bride.

Flamand, breidel.

Eolien, brodon; *Grec*, rhodon, *rose*.

Irland. breath, *sentence*, du primit. *rat*, juger, d'où *Rada-manthe*.

Celt. rew; *Gr.* kru-os, *froid*, gelée.

4°. *Allem.* rott; *Ital.* frotta, *armée*.

Grec, rheein; *Eol.* freein *courir*; *Bret.* freu, *couler*.

5°. *Grec*, drosos; *Lat.* ros, *rosée*; drepô, *Anglois*, to reap, *couper avec la faux*.

CHAPITRE II.

Autres Intonations ajoutées à la tête des mots.

B, P.

Hébreu, ba-tsor, lieu *fort*, de *tsor*.

Hébreu, *baq*ʿo, couper, briser, du primitif *qo* & *cop*, couper.

Hébreu, bashar; *Pehlvi*, basheria, ce qui vit, *chair*, du primit. *shar*, *kar*, chair; 2°. rouge.

Malayen, bessi, *fer*, du mot *æs*.

2°. *D*; *T*.

Chald. dakr; *Hébr.* kr; *Gr.* krios, *bélier*.

Hébr. dabar, *Primit.* bar, *Parole*.

Turc, t-ouroundgi, *orangé*,

Indien, t-ulad, *génération*. *Hébr.* ilad.

Les Paysans de la Franconie & de l'Hercynie mettent un *T* devant tous les verbes qui commencent par *er*. Ils disent *t-erwarten*, au lieu de l'Allemand *erwarten*, attendre.

Ainsi *terra*, la terre, s'est formé de l'article *T* & de *er*, terre, dans toutes les autres Langues.

Esclav. trava, *herbe*, de l'article T & de *erba*; *Polon.* trawa.

Copte, d-id, *Héb.* Id, *main*.

Espagn. tarima, *estrade*, de *ram*, *rym*, élevé.

Ital. desto, *éveillé*, de *sto*, être debout, se lever.

L.

François.

Loisir, du *Lat.* otium.

Lierre, hedera.

Luette, uvula, d'*où* uvette.

Ital. lero; *Lat.* ers.

Portug. laranja; *Franç.* orange.

Lat. laus; *Orient.* aud, *louange*.

R.

Chald. ra-sham, *tracer*, signer, de *shem*, signe.

M.

Héb. manur, *ensouple*, de l'Arabe *nir*, licium, subtegmen, *trame*; 2°. faire une étoffe brillante de couleurs, de *nur*, briller.

M-lak, Ange, de l'Ethiopien & primitif *lak*, לאך, servir; 2°. envoyer; 3°. serviteur, envoyé: d'où *lego*, envoyer & *Laquais*.

M-shepa'hé, famille, de *shapa'h*, étendre; mot conservé en Ethiopien,

M'houn, מעון, habitation; *Anglois*, wonn.

Franç. moderne, *du Lat.* hodierno.

N.

Espagn. naranja, *orange.*

Italien, nabyſſo; *Lat.* abyſſo, *abîme.* Naſcoſo, *Lat.* abſconſo, *caché.*

Hébr. na-tal, *élever*, du primitif tal, *d'où* tollo; *vieux Franç.* tollir.

N-ghed, *devant*; he-gid, aller devant, annoncer, *de* gid, *d'où* guide, guider.

N-zall, couler, répandre, du primitif *ſell*, couler.

N-'hosh, airain, *du* primit. *æs.*

Perſan, nyna; *Celt.* enn & ynn; *Lat.* ignis, *feu*; *Polon.* gniew, *colere.*

K & C.

Grec, kapros; *Lat.* aprô, *ſanglier.*

Ethiop. g-bra; *Héb.* bra, *faire.*

Hébreu, *kr'ho* & *r'ho*, déchiré, mauvais, qui ne vaut rien; *Valdois*, crouie.

Chald. k-tem, *ordure*; *Héb.* tama; *Celt.* tam, d'où le *Lat.* at-tamino.

Pehlvi, gosh & gueosh; *Gr.* ous, *oreille.*

S, Z.

Scribo, *Franç.* écrire, du *Grec* graphê; *Armenien*, cré, *écrire*, primitif *cra.* *Voy.* Gramm. Univ. & Comparat. pag. 4.

Sombre, *Espagn.* ſombrio, lieu ſombre; *Eſpagn.* & *Portug.* ſombra, *ombre*, du *Lat.* umbra, *ombre.*

Eſpagn. ſima, *profondeur*, *abîme*; *Lat.* ima.

Grec, ſphendonê; *Lat.* funda, *fronde.* Sphallô, *Lat.* fallo, *tromper.*

Angl. ſnow; *Allem.* ſchnee; *Lat.* nive, *neige.*

Spiny, *Franç*, épineux, du *primit.* pen, *pointe*, d'où l'*Angl.* pin, *piquant* & *épingle*, &c. & l'arbre apellé *pin*, à cauſe de ſes feuilles pointues.

Lat. ſeges, les *blés* prêts à couper, les moiſſons; *Chald.* שגא, shaga, croître; *Héb.* גאה, gaê, *s'élever.*

Polon. ſlimak, *limaçon*; ſmiere, *la mort.*

Suéd. ſtorm; *Ital.* ſtormo; *Lat.* turma, *troupe*, *bruit.*

Chald. שכלל, shakall, *achever* un ouvrage; *primit.* col, kal, *complet.*

Hébr. shamar, *obſerver*, garder, du *primit.* mar, *lumiere*, *vue.*

Hébr. xtham; *Copte*, ϣⲑⲁⲙ, ſtham, *enfermer*, du primit. *tam*: voyez *Allégories Oriental.* p. 62. 63.

Hébreu, tſadik, juſte; *Gr.* dikê, *juſtice*, dikaios, *juſte.*

Copte.

Si-ſmê, *écouter*, exaucer; *Héb.* שמע, shem'o.

Eſclavon.

Zrak, *air*, de l'*Héb.* rou'h, *air*, *ſouſle.*

Sgena, *épouse*, *femme*; du primit. *gen* & *gun*, femme. *Polon.* zona.

SECTION III.

Lettres ajoutées à la fin, & quelques-unes intercalées.

DES TERMINAISONS.

Il est de deux sortes de lettres ajoutées à la fin des mots. Les unes paroissent simplement destinées à fortifier la prononciation du mot : d'autres y furent ajoutées pour désigner quelqu'idée accessoire, quelque circonstance particuliere du mot commun & primitif. On ne sauroit donc trouver l'origine d'un mot quelconque, si l'on ne peut remonter à sa racine primitive, toujours d'une seule syllabe; en le dépouillant de tout ce qu'on y a ajouté successivement, au commencement, ou à la fin.

Nous avons vu plus haut, par exemple, que les Perses ajoutoient ces trois syllabes *ounatam* à un mot pour en faire un verbe, sans préjudice d'autres syllabes ajoutées à la tête.

Les Latins ont fait de même du primitif *am*, l'adjectif *ama-bundus*, pour dire celui qui doit être aimé; & du primitif *fac*, fais, le mot *fac-in-or-os-us*, pour dire, un homme capable de toutes sortes d'actions criminelles, un scélérat.

Les Grecs ont également fait du mot primitif *lab*, qu'ils prononcerent *lamb* dans les tems du présent, le mot *pros-épi-lamb-ano-menos* où le primitif est précédé de trois syllabes & suivi de quatre, comme un grand Seigneur est précédé & suivi d'un nombreux cortége.

Presque toutes les Langues ont également eu des terminaisons différentes, pour désigner les diverses parties du discours, les noms, les adjectifs, les verbes, les adverbes, &c. Et ces terminaisons ont allongé, dans la plûpart, tous les noms primitifs, au point qu'elles n'en offrent aucun dans son état primitif; & telles sont les Langues Grecque & Latine.

Ici, les terminaisons sont quelquefois tellement incorporées dans les mots, qu'elles semblent en faire une partie fondamentale : ensorte qu'on ne peut parvenir à la découverte de leur racine, par la prévention où l'on est à cet égard.

TER.

C'est ainsi que ces mots, *pater*, *mater*, *frater*, qui signifient, *pere*, *mere*, *frere*, sont composés de la terminaison *ter*, ajoutée par les Grecs & les Latins aux mots primitifs *pa*, *ma* & *fra* : & qui se retrouve dans les mots Grecs *pen-therôs*, beau-pere; *thuga-têr*, fille; dans l'Anglois, *sister*, sœur, *childer*, enfant, dont on a fait *child*, &c.

Cette terminaison *ter* est un mot primitif qui désigne l'excellence; & qui

qui a produit le mot Grec *ter-as*, qui signifie prodige.

A R.

C'est ici une autre terminaison qui se confond avec les noms radicaux, au point de n'en pouvoir être distinguée. Dans ces mots François, par exemple, *renard* & *canard*, la syllabe *ard* paroît faire une partie essentielle du mot : ce n'est cependant qu'une terminaison ajoutée dans tous les deux à un mot radical ; là, au mot *rin*, qui signifie *nés* ; ici, au mot *can*, une canne en général. Tout comme dans ces mots ; *mus-ard*, un homme qui muse ; *cam-ard*, un homme camus.

Il en est de même du mot *lezard*, en Latin *lac-erta*, formé de l'oriental לטא, *lata*, prononcé *laza*, qui signifie la même chose, & qui est dérivé de *lat*, cacher, parce que cet animal se cache continuellement.

Cette terminaison est fort commune chez les Grecs : ils disent,

Then-ar, *main.*
On-ar, *songe.*
Hup-ar, *vision.*
Dam-ar, *femme.*
Tekm-ar, *signe*, *borne.*

Ils la varierent en *érion.*

Tekm-êrion, *signe évident.*
Sphair-ist-êrion, *jeu de paume.*
Kala-st-êrion, *prison.*
Ila-st-êrion, *le Propitiatoire.*

Les Langues du Nord employent également cette terminaison, & souvent sans voyelle. On voit dans l'Edda, *dagr*, jour, mot formé de *dag*, *day*, *di.*

L'Islandois est rempli de mots pareils.

Cette terminaison ne fut pas inconnue aux Hébreux : de là leurs mots,

Vaq-ar, Vache.
Mus-ar, Muse.
Zam-ar, Chanson, &c.

qui ne sont point radicaux comme l'ont cru tous les Savans, sans en excepter le célébre Bochart, mais des primitifs unis à la terminaison *ar*, & mieux conservés dans les Langues d'Occident.

Il est vrai que l'Hébreu a conservé en général plus de simplicité que les autres Langues : cependant, il a diverses terminaisons pas assez connues : une entr'autres en *e* ה, que les Chaldéens changent en *a* א, précisément comme les Latins & les Eoliens disent *musa*, là où les Grecs prononcent *musé.*

Mais les Chaldéens terminent par la voyelle *A*, nombre de mots où les Hébreux n'en mettoient point. Ainsi, ils disent *areza*, cédre ; *gabra*, homme ; *carma*, vigne, là où les Hébreux disent simplement *arez*, *gabr*, *carm*.

Les Syriens ajoutent également l'*a* ; mais ils le prononcent en o, *gabro*, &c.

Les Chaldéens changent même en *tha* la terminaison *é* des Hébreux. De *biré*, Citadelle, ils font *birtha*. Il en étoit sans doute de même des Phéniciens. De-là le nom de BIRSA, donné à la Citadelle de Carthage, qui occasionna le mauvais conte de la peau de bœuf, par lequel on voulut expliquer l'origine du nom de cette Citadelle, afin de rendre plus odieux encore un Peuple qui ne l'étoit déja que trop.

Les Esclavons ont fait du mot Oriental *tob*, bon, le mot *dob-ar*.

EL, EIL.

C'est encore ici une terminaison fondue dans les mots, même en François, d'une maniere à persuader qu'elle en fait partie essentielle. Nous nous en servons dans ces mots, *Soleil*, *oreille*, *pareil*, tandis que leur racine est *sole*, *aure*, *pare*, ablatifs Latins qui ont formé les mots Italiens *sole*, *orecchio* & *pari*, qui ont la même signification.

C'est la terminaison *illa* des Espagnols; *d'ora*, ils font *orilla*, rivage, bord.

On ne sauroit donc se mettre au fait des Etymologies d'une Langue, sans avoir reconnu auparavant toutes les terminaisons dont elle fait usage : & c'étoit ici une précaution trop négligée.

II.

Quant aux terminaisons qui servent à fortifier le mot radical, & qui font qu'il a une consonne de plus, elles sont plus difficiles à saisir ; souvent même elles varient dans chaque Langue pour le même mot : & de-là, une source abondante d'erreurs & d'obscurités pour les Etymologistes, qui n'ont pas su démêler ces additions ni apercevoir qu'ils avoient toujours le même mot sous les yeux. Ajoutons que cette espéce singuliere de terminaisons étoit absolument nécessaire, pour lier, avec un radical qui finissoit par une voyelle, des terminaisons qui commençoient toujours par une voyelle ; & pour empêcher par conséquent, les tristes hiatus qui en auroient été perpétuellement l'effet.

De-là, la différence essentielle entre les mots primitifs chez les Chinois, qui ne sont composés que d'une consonne & d'une voyelle, tandis que chez nous cette voyelle est suivie d'une consonne ; ce qui provient (car ce sont toujours les mêmes mots) de ce que les Chinois n'employent jamais aucune terminaison, & qu'ainsi ils n'ont nul besoin de faire finir le primitif par une consonne.

Le primitif RO, qui désigne la couleur la plus vive, la plus éclatante, le rouge, sera un exemple si sensible de tout ce que nous venons de dire, qu'il pourra tenir lieu de tout autre.

RO.

Cette racine primitive signifie *rouge*,

elle s'est prononcée *ro*, *ru*, *reu*, *rou* : de-là,

Le *Lat.* ru-ber & ru-tilus.
Le *Goth.* ro-d-ua.
Le *Suéd.* rö-d.
L'*Allem.* & *Flam.* ro-the.
L'*Island.* rau-dur.
Le *Grec*, e-REU-th-os.
L'*Esclav.* ru-m-en.
Le *Franç.* rou-ge & roux.
Le *Latin*, ru-f-us.

Le nom *Hébreu* du Grenadier dont la fleur & le fruit sont rouges, pourroit bien venir de-là : c'est *ri-mmon*, mot peu éloigné de l'Esclavon *rumen*.

Ce mot s'allonge bien plus dans cette derniere Langue quand il s'agit d'en faire le verbe.

Za-rum-anin, y signifie *rougir*.

De-là, la fleur apellée ROSE, en *Lat.* rosa, en *Esclav.* rusa, en *Gr.* rhodon.

Les Polonois qui aiment les mouillées, en ont fait ces mots :

Ru-mianosc, *le sang*, l'or, la rougeur, &c.
Ru-miany, *rouge*.
Ru-mienie, *rougir*.
Ru-sy, *roux*.
Ro-za, *rose*.

III.

T, D, N, M, R, S, G.

Sont les consonnes que nos Langues Occidentales ont ajoutées de préférence, à la fin des mots radicaux. Tous ces mots Latins ; *Marte*, Mars & *certo*, combattre; *hortor*, exhorter; *ostium*, porte; *audio*, entendre; *claudo*, fermer ; *altus*, haut, viennent des mots Primitifs *har*, *hor*, *os*, *ou*, *cla*, *al*, qui ont la même signification.

L'Italien *proda*, proue, & *bando*, ban, viennent de *pro*, avant, & de *ban*.

Le Languedocien *cleda*, une claie, & le Valdois *cledar*, porte en forme de claie, viennent de *cla*, fermer.

L'Irlandois *neart*, puissance, force, vient du primitif *nart* qui a la même valeur.

L'Anglois *child*, enfant, du primit. *chyl*, עול, qui signifie aussi enfant : *Sued.* kull, *anc. Sued.* koll & kolder.

Le Grec *Anac-tô*, Chef, Roi, vient de l'Oriental אנק, Anaq, celui qui porte un collier, un hausse-col, le Chef.

Le Grec *radios*, facile, vient du primitif *ra*, d'où le Grec *raôn*, plus facile, le Gallois *rhad*, & le Toulousain *rai*, qui signifient aussi facile.

Du primitif *ur*, lumiere, d'où *urim*, oracle, sont venus le Cimbre *urd*, qui signifie le destin: & le Cimbre & Anglo-Saxon *ur-leg*, le décret du destin.

D'*or*, qui signifie *commencement*, sont venus le Latin *orior*, commencer, l'Anglo-Saxon & le Runique *ord*, & le Cimbre *ar*, qui signifient *commencement*.

Et de *nor*, lumiere, le *Nord*.

C'est encore *T* qui a fait la terminaison des supins & de la moitié des participes *Latins*. De *fac*, *factum*, *factus* & *facturus*; & de ces supins, nombre de mots, tels que *factor*, *factum*, &c.

De lego, *lectum* & *lector*.
De doc, *doctum* & *doctor*.
Du primitif *toq*, une toque, les Espagnols font,
Toca, coëffure de femme.
Tocada, une femme qui a arrangé ses cheveux.
Tocador, une toilette.

N

De *tour*, nous avons fait *tourner* & *retourner*. En Irlandois & Suédois *turna*.

De *ker*, cœur, les Allemans ont fait *kern*, d'où *kern-libo*, de bon cœur.

De *thur*, porte, les petits Tartares de Crimée ont fait *thurne*; & au lieu de *duo*, deux, on dit en Runique *tuona*.

De l'Oriental *bur*, citerne, réservoir ou source d'eau, les Occidentaux ont fait en Allem. *burn*, en Valdois *borné*, &c. une fontaine.

Les Persans ont réuni *T* & *N*. De l'Hébreu שפה, Shaphê, lévre, ils ont fait Shap-ti-na lévre.

Et de *star*, astre, *stern*, usité aussi dans le Nord.

R.

De *Velous*, étoffe velue, nous avons fait *velours*; & de *London*, Londres; de *Perdix*, Perdrix.

Les Italiens, de *joute*, giostra.

Les Limousins, d'*ita*, aitar, *ainsi*.

Les Espagnols ont changé *ganz*, une oie, en *ansar*; ce qui répond à *l'anser* des Latins.

All, tout, est en Runique, *allr*.

Fett des Occidentaux, qui signifie graisse, est le פדר, *Fadr*, des Hébreux; les Latins en firent *affatim*.

De l'Egyptien *kame*, noir, encore usité par les Coptes, les Hébreux firent חמר *ʿhamr*.

Il est vrai que ces derniers exemples rentrent dans la terminaison en *ar* & en *er*, dont nous avons parlé il y a un instant.

Les Suédois disent *sior*, la Mer, là où les dialectes Theutons disent *see*, *sio*, &c.

Les Hurons ont changé les pronoms *ni*, je; *ki*, toi, *ou* lui, & qui sont Orientaux, en *nir*, *kir* & *ouir*.

L

Parler, s'est formé du primitif *bar* & *par*.

Gar-lar, en Espagnol jaser, babiller, s'est formé de la même maniere du mot *gar* parler; les Italiens en ont fait *chiarlar*, & de-là, notre mot *Charlatan*.

On peut voir cette famille *Gar*.

dans notre Grammaire Univ. & Comp. pag. 349.

G.

Anglois, bone, *Flam.* bonk, *os.*
Espagn. amargo, *amer.*
Ital. treuga, *tréve.*

Voici des raports, avoués par M. Ihre, lui-même.

Suédois.

Brygga, *pont*, de bro.
Bygga, *habiter*, de bo.
Mygga, *moucheron*, de mu.
Trygg, *fidèle*, de tro.

IV.

Mots réunis pour en former de nouveaux.

On ne s'est pas contenté d'ajouter à un mot, des Lettres initiales ou finales; on a aussi réuni très-souvent des mots ensemble, pour en former de nouveaux : de-là ces mots composés, qui forment la masse presqu'entiére des Langues, & qui persuadent qu'elles n'ont rien de commun, parce qu'on ne peut apercevoir leurs racines communes, sous cette masse énorme d'accessoires. Nous ne ferons pas entrer ces mots composés, dans les Tableaux que nous mettons ici sous les yeux de nos Lecteurs; ils formeroient eux-mêmes un immense tableau, qu'il vaut mieux renvoyer ailleurs. Nous nous contenterons d'un exemple qui fera sentir vivement à quel point les racines primitives se sont défigurées dans la succession des siécles.

Bou est une racine primitive qui désigne la grosseur & qui fut le nom du bœuf, en Grec *bous*: elle est devenue dans les Langues Celtes la source des mots *boun*, & *bougne*, tumeur, grosseur, d'où le Grec *boun-os*, colline : les Hébreux l'ont également employée ; mais ils en ont fait un mot d'une aune pour le rendre plus pittoresque : une tumeur, une grosseur s'apelle chez eux, *a-b'hobou'out*, mot où l'on voit la racine bou répétée deux fois & précédée de la voyelle *a*.

Ce raport déja si difficile à saisir, devient absolument méconnoissable par la ponctuation des Massoréthes : ils en ont fait le mot barbare *avahvuhot*, qui ne ressemble à rien, quoiqu'on reconnoisse dans la syllabe *vu*, qu'il faut prononcer *vou*, une trace légére de la racine *bou*.

Tous ces mots Hébreux,

Bar-burim, volaille à l'engrais.
Dar-dar, ronce.
Zar-zir, chien de chasse.
kil-kel, calculer, &c.

mis au rang des *racines quarrées*, expression barbare qui n'offre qu'un contre-sens, sont autant de mots formés par la répétition d'une syllabe primitive, comme ceux de *pa-pa*, *ma-ma*, *bon-bon*, &c.

SIXIEME TABLEAU.

SECTION I.

Lettres suprimées.

Comme les exemples qu'offre ce Tableau sont très-aisés à saisir, & qu'ils sont semés dans toutes les Langues, sur-tout dans nos Langues modernes d'Europe, nous nous y arrêterons beaucoup moins.

1°. *Voyelles suprimées.*

Il est peu de mots qui ne soient défigurés d'une Langue à l'autre par la supression de quelque voyelle, à la tête, au milieu, ou à la fin du mot.

L'*Espagnol* chinea, est l'*Italien* haquenée.

Le *Flam.* rag, est l'*Hébreu* a-rag, *une araignée.*

L'*Italien* lesina, est le *Franç.* alesne, & l'*Allemand* ahl.

L'*Italien*, limosina, est le *Grec* eléemosynê, devenu en *Franç.* almosne, & *puis* aumône, par la supression du second & du troisieme *e*, & par la supression de l'*y*.

L'*Italien* nappo, est le *Franç.* hanap.

L'*Ital.* ermo, *désert*, d'où *hermite*: *Grec*, erêmos.

Grecs.

Ethnos, nation, pour *ethenos.*

Aiglê, splendeur, pour *aïgelê*, d'où l'Esclavon *gkleni*, splendeur.

Klêsis, apel, pour *kalêsis.*

Lat. periclum, *au lieu de* periculum; *d'où* péril.

Espagnol, triaca, *thériaque.*

Esclavon.

Grrigl-jen, de *ker*, rouge.

Mlun, melon.

Mlin, moulin.

Copte.

ϣⲑHN *stên*, de l'Hébreu שעטנז; *shotenez*, tunique. ϣNH, snê, filet, *Franc.* seine.

2°. H.

L'aspiration éprouve les mêmes vicissitudes que les voyelles: nous avons vu qu'on lui substituoit diverses consonnes, afin de rendre plus doux les mots dans lesquels elle se rencontroit.

Mais très-souvent, on prend simplement le parti de l'ôter. Ainsi, les Grecs & les Latins commencent par une voyelle simple, des mots qui commencent chez les Orientaux par une voyelle aspirée. Les Italiens dont la prononciation est douce, & à laquelle semblent avoir présidé les Graces, ont proscrit toute aspiration, dans la prononciation comme dans l'écriture. Dans la Langue Françoise, on a suprimé une partie des aspirations qui y étoient en usage; on en a conservé nombre d'autres; & avec une pareille inconséquence, on a laissé subsister le signe de l'aspiration : je ne connois même personne entre tous les Réformateurs de notre orthographe, qui ait proposé d'imiter à cet égard les Italiens. Les Peuples étrangers empruntent tant de nous, que nous pourrions bien emprunter aussi leurs changemens d'orthographe, quand ils s'accordent avec notre propre prononciation. Ce n'est pas innover, c'est reprendre son bien où on le trouve.

Les Eoliens, dont la prononciation étoit si rude, suprimoient les aspirations : elle eût été sans cela trop barbare.

3°. *Consonnes labiales.*

Portug. falar, *parler*; du Lat. *fabulari.*

Espagn. palomo, *pigeon*; *paloma*, colombe, du *Lat.* palumbus.

Bourguign. taule, *Lorrain*, tauye, *Franç.* table.

Bourg. faule, *Lorr.* fiove, *Franç.* Fable.

Franç. viande, *Ital.* vivanda, du *Lat.* vivere.

4°. *Consonnes dentales.*

T.

Abbaye, du *Lat.* abbatia.
Armée, du *Lat.* armata.
Craie, du *Lat.* creta.
Verre, du *Lat.* vitrum, *Lorr.* vorre, *Bourg.* varre.
Soie, *Ital.* seta.
Soif, *Ital.* sete, *Lat.* sitis.
Chaîne, *Lat.* catena.
Ecuyer, *Angl.* squirre, *vieux Lang.* scudié, *Lat. barb.* scutar-ius.

D.

Louer, *Lat.* laudare.
Foi, fides; *Espag.* fee.
Préau, *Portug.* prado, *Lat.* pratum.

Espagnol.

Feo, *laid*, fea, *laide*; du *Lat.* fœdus.
Fiel, *Franç.* fidelle, *Lat.* fidelis.
Créer, *Fr.* croire, *Lat.* credere.
Caer, *Lat.* cadere, *tomber.*
Guia, *guide*, guion, *guidon*, &c.

D devant R.

Il est quelques Langues où l'on suprime *D* lorsqu'il précéde *R*; telle est l'*Italien*; tels les idiomes qu'on parle dans les deux Bourgognes & dans la Lorraine.

Italien.

Je tiendrai, *io terrò.*
Je viendrai, *io verrò.*

Ces exemples offrent la ſupreſſion de notre *D*, & le changement de *N* en *R* devant un autre *R*.

On dit de même dans la Franche-Comté, *y varro*, & en Lorraine *je vinro*, pour dire, *je viendrois*.

Du Latin *tener*, nous avons fait *tendre*; la Franche-Comté, *tenre*; la Bourgogne, *tarre*: l'Italien a laiſſé ſubſiſter la forme Latine, en diſant *tenero*.

Des exemples comme ceux-ci fixent le génie des Langues relativement à l'inſtrument vocal. *N* & *R* ſe ſuivent-ils? le Lorrain les laiſſe ſubſiſter: le François plus délicat, les ſépare par *D*: l'Italien & le Comtois plus bouillans, changent comme l'Arabe, *N* en *R*.

5°. *N*

N finale ſe ſuprime dans diverſes Langues.

Irlandois.

Fo, *bon.*
No, *non.*
Mo, *mon.*
Mó, *homme*, du Theut. *man.*
Ge, *oie*, du Gr. *gen*, & All. *gan.*

Béarnois.

Ceux-ci diſent également,

U, *un.*
Bé, *bien.*

D'autres Peuples dénazalent des ſyllabes au milieu des mots.

Ainſi les Languedociens diſent aujourd'hui *di-lus*, là où ils diſoient au quatorzieme ſiecle *di-luns*, du Latin *dies lunæ*, dont nous avons fait par inverſion *lundi.*

Les Latins ſuprimoient *N* dans les compoſés; ce qui empêche, lorſqu'on n'y eſt pas attentif, de reconnoître pluſieurs de leurs mots; tels, *cuſtos*, garde, gardien; & *cuſtodire*, garder

Ce ſont des mots compoſés de deux autres, ou plutôt de trois. De la terminaiſon *os*, qui ſignifie celui qui; du verbe *ſto*, être debout, être placé; & de la prépoſition *cum*, qui ſignifie *avec.* Un Garde eſt en effet *is qui ſtat cum*, celui qui eſt avec la perſonne qu'il garde.

6°. *Linguales.*

L.

François.

Cette lettre s'eſt ſuprimée dans divers mots François: tels ſont *bain* & *béfroi.*

Le premier de ces mots eſt le *bagno* des Italiens, venu de *balneo* qui ſignifie également *bain* en Latin.

L'origine du ſecond eſt plus difficile à découvrir; mais on ne peut diſconvenir que ce ne ſoit le mot Latin barbare *balfredus*, *belfredus*, *verfredus*, &c. qui a déſigné les tours où l'on ſuſpend les cloches, & celles qu'on qu'on construisoit pour assiéger les villes & dominer sur elles.

Ducange a donc eu raison de reconnoître dans la premiere syllabe, le mot Theuton *bell*, encore existant en Anglois, & qui signifie *cloche* : mais il s'égare lorsqu'il prend le second mot *fred* ou *froi* pour le Theuton *frid* signifiant la paix. La signification de ce mot n'a nul raport avec le premier. On n'y peut méconnoître un dérivé du mot *fretus*, apuyé, soutenu : *bel-fredus*, c'est l'apui, le soutien des cloches.

Espagnol.

Les Espagnols supriment la plûpart des *L* mouillées : ils disent ;

Oja, *feuille.*
Ojo, *œil.*
Oreja, *oreille.*
Muger, *Lat.* mulier, *It.* moglie, *Femme*

Paja, *paille*, comme les Parisiens quand ils disent *pa-ïe* au lieu de *paille*; & *Versa-ïes*, au lieu de *Versailles*.

Les Bourguignons, les Comtois & les Lorrains, supriment les *L* finales : ils disent ;

Fie, *fiel.*
Cie, *ciel.*
Mie, *miel.*

Eux & les Italiens changent en *I*, *L* précédé d'une consonne.

Pion, *Ital.* piombo, *plomb.*
Bian, *Ital.* bianco, *blanc.*
Pien, *Ital.* pieno, *plein.*

R

Nombre de peuples supriment les *R* finals.

Portugais, may, *mere.*
Pai, *pere.*
Béarnois, paï, *pere.*
Bourguignon, jadin, *jardin.*
Note, *notre.*
Lucane, *lucarne.*
Comtois, banna ; *Valdois*, berna ; *pêle à feu.* Ce mot tient à cette famille ;
Anglo-Saxon, byrn, *Angl.* burn, *Allem.* brennen, *Sued.* brynna, *brûler.*
Saxon, dey, *All.* der.
Usen, *All.* unsern.
Anglois, Fife, *Fr.* fifre.

7°. *Gutturales suprimées.*

K ou *C*

François, sûr; *Lang.* segur; *Lat.* securus.
Grêle, *Ital.* & *Lat.* gracile.
Suivre, *Lat.* sequi : tandis que nous conservons la gutturale dans *secte* & dans *conséquence.*
Publio & publier.
Anglois, Dean, *Fr.* Doyen, *Lat.* Decanus.
Valdois, sayi, *faucher*, du *Lat.* secare.

G

François, noir, *Lang.* & *Espagn.* negro, *Ital.* & *Lat.* nigro, d'où le François *négre.*
Payen & *pays*, du *Lat.* Paganus & Pagus.

Seine *à pêcher*, *Celte*, sayn, *Lat.* sagena.

Lier, *Lat.* ligare, *Espagn.* saetta, *vieux Fr.* saette, *Lat.* sagitta, *Flèche.*

Lieue, *Celt.* leuga, *Langued.* legue.

Bourguign. & *Comtois*, foisse, *Lang.* fougacé, *gâteau.*

8°. *Lettres suprimées dans les composés.*

Lorsque deux mots se réunissoient pour n'en former qu'un, ils perdoient très-souvent quelques-unes de leurs lettres, l'un sa finale, l'autre son initiale ; ce qui empêche souvent d'en reconnoître l'origine. C'est ainsi que la préposition *cum* perdoit sa finale *m* en se joignant à d'autres mots. Les Latins ont dit, par ex.

Custos, garde, au lieu de *cum-stos*, celui qui est avec.

Cogo, rassembler, &c. au lieu de *cum-ago*, mettre avec.

Les Grecs en usoient de même en pareille circonstance ; ils dirent *suzaô*, vivre ensemble, au lieu de *sun-zaô* ; *suzeugô*, unir, au lieu de *sun-zeugô*.

On peut voir quelques exemples pareils ci-dessus pag. 58. En voici d'autres tirés des Hébreux.

קרקע, qarqʿo, *plancher*, *pavé*, &c. mot qu'on a mis au nombre des racines quarrées, par désespoir de découvrir son origine. Il est composé de deux mots ; de קרה, *qaré*, unir, lier, & de רקע, *reqʿo*, étendue : ici deux R se sont fondus en un seul. Il faudroit ortographier *quar-reqʿo*, & ce mot devroit être rendu littéralement par ceux-ci, *étendue formée par une réunion de matériaux.*

De même, toutes les fois qu'un verbe Hébreu, composé de trois lettres dont celle du milieu est une voyelle, se fait précéder d'une voyelle, on fait disparoître celle du milieu. Ainsi, *EDaF*, renverser, chasser, est composé de la voyelle E, & du verbe DʿHaF, pousser, chasser.

AKaL, *manger*, est composé de כול, KouL, *nourrir*, *cultiver*, & de l'initiale *a*.

SECTION II.

Transpositions.

Une autre maniere dont les mots s'altérent, & qui tient également à l'oreille, ce sont les transpositions des lettres, au moyen desquelles une lettre se trouve chez un Peuple avant celle qu'elle suit chez un autre.

Les Peuples méridionaux de l'Asie font précéder la consone par la voyelle, dans les monosyllabes.

Les Peuples d'Europe mettent au contraire dans ces mêmes mots, la voyelle après la consonne. De-là un genre de transposition qui fait totalement disparoître le rapport de ces

Langues, si l'on ne se rend pas attentif à cette marche.

Hébreu, Ab, *Europe* Pa, *Pere.*
Am, Ma, *Mere.*
Ad, Da, Thau, *Rosée.*
An, Na, *Non.*
שוע, s'houho, *Égypt.* osh *crier.*
Allem. ross. *Angl.* horse, *cheval.*
Lat. repo, *Gr.* herpo, *ramper. Lat.* rapax, *Gr.* harpax.

R

Cette lettre change très-souvent de place, tantôt avec les voyelles qui la précedent, tantôt avec les consonnes.

Alexander, *Fr.* Aléxandre.
December, *Fr.* Décembre.
Angl. burn, *All.* brennen *brûler.*
Celte, por, *Lat.* & *Gr.* pro, *devant.*
Celte, dor, *Chald.* thro, *porte.*
Gallois, garan; *Cornouaill.* krana, *crane.*
Phénicien, iamin, iman, *Egyptien*, inam, *main* (M. l'Abbé BARTHELEMY.)
Hébreu, Kebesh & Kesheb, *agneau.*
Shalemê & Shamlê, *habillement.*
Gazar & Garaz, *couper.*
R'hoph & 'horph, *distiller.*
(SCHULTENS a reconnu lui-même ces transpositions.)
Grec, Als-os; *Heb.* atsel, *forêt, bocage.*
Grec, morphé, *Lat.* forma, d'où nos mots *forme*, *morphée* & *méta-morphose.*
Esclavon, glava, *Lat.* calva, *tête.*
Grad, *Orient*, kart, *ville.*
Gherk, *Grec.*

Une classe de transpositions très remarquable est celle où toutes les lettres d'un mot sont renversées du commencement à la fin, comme si le même mot s'étoit lu indifféremment de droite à gauche, ou de gauche à droite.

Héb. reghel, *Pehlvi*, lagre-*man*, *pied.*
Arab. darg, *Lat.* grad-*us*, *Franç.* grade & degré.

M. IHRE, cite ces exemples pris de sa langue maternelle, le Suédois.

Mod, *Grec.* thum-*os.*
Lo'f, *Gr.* phull-*on*, *feuille.*
Fil, *Gall.* llif, *lime*, &c. &c.

Les Latins avoient plusieurs mots qui leur étoient communs avec les Égyptiens, & qu'ils avoient empruntés d'une source commune. Tel est le mot ROG-*us*, bucher; les Égyptiens en ont fait le verbe *rok-h*, bruler, qui est devenu chez les Phéniciens le verbe *'harak*: ici, transposition de la voyelle aspirée, que les Orientaux ajouterent au primitif *rog* ou *rok*; les Hébreux l'ont mise en tête, les Égyptiens à la fin, & comme une simple aspiration.

SC & *CS* se mettent souvent l'un pour l'autre : on entend souvent dire, par ex. *sesque* au lieu de *sexe.*

Les Grecs disoient *icsos*, tandis que les Éoliens prononçoient *iscos* & *biscos*, d'où le Latin *viscus.*

Ce n'est qu'un changement semblable, qui a détruit le raport primitif qu'il y avoit entre le mot grec & le mot latin qui signifient *poisson*, & qui leur est commun avec toutes les langues du Nord : *fish* dans celles-ci, est le *piscis* des Latins ; mais ces deux Langues ont la plus grande analogie avec la Grecque ; & dans celle-ci cependant, c'est ιχθυς, *ikhthus* ou *ikz-us* qui signifie *poisson*. Nul raport aparent entre ce mot & les précédens ; c'est cependant le même. En Grec, le son sifflant *S* s'est mis après le son guttural *K* ; au lieu qu'en Latin, il le précéde. En Latin l'aspiration de la voyelle *I* s'est adoucie en *P*, & dans le Nord en *F*.

Ces changemens sont dans la nature & on les trouve dans toutes les Langues.

On ne peut donc les contester ici : il est vrai que ce mot seul en réunit deux à la fois : il n'est donc pas étonnant qu'on s'y soit mépris, qu'on n'ait jamais pu apercevoir ces raports, & leurs pareils & qu'on en ait tiré de fausses conséquences à perte de vue.

CHAPITRE IV.

Avantages de ces TABLEAUX, *& Loix qui en résultent.*

TELLE est l'esquisse des variétés & des altérations qu'éprouvent les mots en passant d'une Langue à une autre, en se transmettant d'une génération à celles qui la suivent. Si les comparaisons qu'offre cet essai, ne sont pas fort attrayantes, sur-tout pour ceux qui ne sont pas encore versés dans les Langues, elles n'en sont pas moins utiles & moins indispensables pour ceux qui veulent les étudier. Jamais ils ne sauront les Langues avec agrément & avec facilité ; toujours elles les étonneront ; la répétition des mêmes mots sera toujours aussi fatiguante pour eux, s'ils ne sont pas au fait de ces altérations, s'ils n'ont pas eu soin de se les rendre familieres, & de s'en pénétrer, s'ils ne sont pas en état de raprocher entr'eux les mots des Langues qu'ils voudront étudier, s'ils n'y ont pas formé leur oreille.

C'est dans cette vue que nous avons multiplié les exemples, que nous en avons emprunté d'un grand nombre de Langues, afin de faire voir qu'elles se ressemblent toutes à cet égard ; que les phénomènes de l'une sont les phénomènes de toutes les autres ; & que ceux qu'on observe entre les dialectes d'une Langue, se trouvent dans les dialectes de toutes.

§. 1.

Utilité de ces Tableaux.

Ces Tableaux ont encore un très-grand avantage, étroitement lié avec l'ensemble de nos recherches; c'est de prouver à ceux même qui ignorent les Langues, le rapport étonnant qu'elles ont entr'elles; & que les différences qu'on apperçoit entre leurs mots, & qui semblent ne leur laisser rien de commun, consistent moins dans le fond que dans la forme. C'est sur-tout ici où l'on peut dire à juste titre, & trop véritablement, que la forme emporte le fond. On diroit que les racines primitives, communes à toutes les Langues, ont disparu de dessus la surface de la Terre, & qu'aucune Langue ne tient à aucune autre: point de mot primitif qui n'ait subi des métamorphoses aussi nombreuses que variées, au moyen desquelles on le prend pour autant de mots différens, & qui n'ont rien de commun.

Cette méthode de comparaisons fait disparoître ce prestige; point de mot qu'on ne reconnoisse à travers ces marques diverses; le fond commun de toutes les Langues brille avec éclat; une même étymologie donne la cause de plusieurs centaines de mots qu'il sembloit impossible de ramener à leur source. D'après l'inspection de ces Tableaux, on ne doutera plus que les Langues ne tiennent entr'elles par un fil commun; qu'elles sont unies par les rapports les plus étroits; que la masse énorme de leurs mots s'évanouit à mesure qu'on les considere de plus près, & qu'on les raproche les uns des autres: rien ne paroîtra maintenant plus assuré, plus simple, plus utile, que le Dictionnaire Comparatif que nous avons annoncé; & qui devoit être regardé comme une chimère, lorsqu'on ne l'envisageoit que d'après les idées ordinaires, avec des yeux qui n'étoient point faits à cette marche, & tandis que les oreilles n'étoient point accoutumées aux raports des sons, & à la facilité avec laquelle ils se substituent les uns aux autres.

Il n'est même personne, tant soit peu instruite dans les Langues, qui non-seulement ne convienne de la justesse & de l'utilité des raprochemens que nous venons de le faire, mais qui ne soit pénétré de la facilité que donne cette marche pour l'étude des Langues, & à qui sa mémoire n'ait fourni à l'instant des centaines d'exemples à y ajouter.

§. 2.

Souvent tentés.

Déja nombre de Savans avoient tenté de pareils Tableaux; il n'est presque point de Dictionnaires étymologiques qui ne commencent par des comparaisons de cette nature. Leurs Auteurs avoient très-bien apperçu que, sans la connoissance des altérations dont un mot peut être susceptible, on ne peut réussir dans la comparaison des Langues, encore moins parvenir à leur vraie origine : mais ils n'avoient point tiré de ces apperçus le parti qu'ils auroient dû; leurs Tableaux ne produisoient aucun effet, soit par les défauts de l'ordre suivant lequel ils étoient disposés, où tout étoit jetté comme à l'aventure & au hazard, soit parce qu'ils n'étoient apuyés sur aucune autorité convaincante : on n'apperçoit dans tous ces Tableaux que des rapports fortuits, peu nombreux, aussi bornés dans leurs effets que dans leurs dévelopemens : ils semblent n'être mis à la tête des Ouvrages qu'ils précédent, que pour faire passer quelques étymologies trop foibles pour se soutenir par elles-mêmes, que pour surprendre le consentement public.

§. 3.

Pourquoi ils n'avoient pas réussi.

Ces raports vrais en eux-mêmes, furent toujours présentés d'une maniere trop séche, trop découpée; ils étoient trop peu liés entr'eux, trop dénués de principes, pour qu'on pût se former une idée exacte de leur étendue, des ressources qu'ils fournissent pour l'étude des Langues, du raport qu'ils mettent entr'elles : les Tableaux qui en résultent fatiguent plus qu'ils n'instruisent. Ceux qui les connoissent n'en appelleront pas de ce que nous disons ici : ils y reconnoîtront le jugement qu'ils en porterent toujours. Ceux qui ne les connoissent pas, en pourront juger d'après ceci : on y suit l'ordre des lettres de l'alphabet; on fait voir sur chacune, qu'elle s'est changée en telle & telle lettre, qu'on l'a tantôt ajoutée, tantôt suprimée, au commencement, au milieu & à la fin des mots. Cette marche recommence pour chaque lettre; & lorsqu'on a vu sous une lettre qu'elle se changeoit dans une autre, on retrouve sous celle-ci qu'elle se change en celle-là.

Les exemples dont ces Tableaux sont accompagnés, ne sont jamais qu'en petit nombre, ne sont tirés que de quelques Langues, ne présentent jamais de famille commune a la plûpart, ne sont jamais appuyés d'une analyse de l'instrument vocal, qui y prépare, & qui les revête d'une autorité irrésistible : on diroit que les Auteurs de ces Tableaux se défioient d'eux-mêmes & de leur art; qu'éblouis de la lumiere dont ils étoient frapés, ils ne pouvoient la saisir dans toute son étendue; qu'ils restoient accablés sous son poids. Et quels effets pouvoient produire des recherches sur lesquelles leurs Auteurs même étoient en doute?

De-là, l'inutilité de ces Tableaux pour l'instruction publique, & le peu de progrès qu'ils ont fait faire dans la connoissance des étymologies, même à leurs Auteurs, presque toujours déroutés eux-mêmes, dès qu'ils ont perdu de vue les dialectes de leur Langue; jamais ils n'ont aperçu les raports de ces dialectes avec des Langues éloignées, que comme à travers un épais brouillard : jamais ils n'ont osé, avec le secours de leurs principes, franchir les précipices qu'ils apercevoient entre les Langues qu'ils connoissoient le mieux, & les Langues éloignées de celles-là par le tems ou par les lieux.

Lorsque ceux qui doivent être nos maîtres, nous tracent une route aussi peu assurée, & qu'ils n'aperçoivent rien au-delà de leurs alentours, il faut nécessairement qu'on reste dans l'ignorance : on ne sera donc plus surpris que la science étymologique n'eût fait aucun progrès, qu'elle ait toujours été traitée de chimérique, malgré l'érudition & le nombre de ceux qui se déclaroient pour elle; & que sans aucun nouveau secours, nous ayons été aussi loin, nous ayons pu ramener toutes les Langues à une seule.

Ce qui arrêtoit nécessairement dans la comparaison des Langues, c'étoit la difficulté de raprocher les mots qui apartenoient à une même famille, de les reconnoître malgré leurs déguisemens, de renouer ainsi la chaîne qu'ils forment, & dont les anneaux s'étendent depuis les tems primitifs jusques à nous: sur-tout, de s'élever jusques à la comparaison des mots radicaux, communs à toutes les Langues. Comparaison impossible, parce qu'on n'avoit pas suffisamment de données : mais dès qu'on a été affermi dans les loix que suivent les altérations des mots, dans leurs transmigrations & dans leurs révolutions, & qu'on a pu apliquer ces loix aux mots radicaux eux-mêmes, & voir les altérations qu'ils avoient subi : le voile qui cachoit le raport des Langues a été levé; la chaîne entre les tems primitifs & les tems modernes renouée; l'origine commune des Langues, démontrée.

En effet, l'ignorance des racines primitives, source de toutes les Langues, sur-tout l'ignorance de leurs raports, occasionnée par la légereté avec laquelle on se livroit à ces recherches, suffisoient pour rendre inutiles les efforts redoublés de tous les Etymologistes. Aucun d'eux n'avoit jamais pensé, pas même cru possible, d'apliquer aux mots primitifs eux-mêmes, les régles que suivent les mots dans leurs altérations, & qu'ils étaloient cependant à la tête de leurs Dictionnaires Etymologiques; régles non-moins inutiles à leurs Auteurs qu'à ceux qui les consultoient, & qui ne servoient très-souvent que de passeport à des étymologies erronées & funestes : telles étoient les trois quarts de leurs étymologies, c'est-à-dire, toutes celles qu'on détournoit de leur route pour les faire entrer dans une famille à laquelle elles n'apartenoient point, mais la seule qu'on connût.

Les familles communes aux Langues d'Europe & d'Asie, que nous avons insérées en grand nombre dans les Tableaux que nous venons de mettre sous les yeux de nos Lecteurs, sont une preuve sensible de ce qu'on peut espérer de nos recherches à cet égard, de la lumiere qu'elles jettent sur les raports des Langues & de la simplicité de notre méthode. La plûpart de ces familles offrent des raports qu'on n'a jamais aperçus, qu'on n'avoit pas même soupçonnés, sans lesquels on ne pouvoit prononcer sur la Langue primitive ni sur l'origine des Langues, & dont les preuves sont au-dessus de tout doute & généralement reconnues comme certaines. Aussi ces familles auront paru aussi intéressantes par elles-mêmes que par les vastes & belles conséquences qui en résultent : telles sont les familles, DOR, porte; HOD, tems; *herz* ou KER, cœur; VAR, fort; HEL & VEL, santé, force; AD ou ID, main; 2°. travail, soin; DAM, sang. Elles rétablissent la chaîne des Langues qui étoit rompue en mille endroits : elles donnent une idée des grandes ressources que l'on a encore pour la renouer.

§. 4.

Choix qu'on peut faire à cet égard.

Afin que les Tableaux que nous venons d'exposer soient moins barbares ; qu'ils effrayent moins ceux qui ne sont pas accoutumés à des sons étrangers, nos Lecteurs peuvent s'arrêter aux exemples tirés de leur Langue maternelle & de celles qui leur sont les plus connues : nous les invitons même à laisser de côté les exemples dont nous avons accompagné nos divisions, & à les remplir de ceux que leur fourniront leurs propres observations : nous pouvons leur répondre du plaisir qu'ils auront en les voyant naître en foule, & en apercevant la nouvelle lumiere qui en sera la suite. Ceux même qui ne savent que

la

la Langue de leurs peres, peuvent faire le même essai en comparant le langage de la Cour ou de la Ville, avec celui du Peuple ; & même le langage d'une Contrée avec celui d'une autre Contrée, quoiqu'on y parle également cette même Langue maternelle.

Nous avons sacrifié à ces Tableaux une place d'autant plus considérable dans notre Ouvrage, qu'ils évitent un travail immense à nos Lecteurs ; & que par leur moyen, on reconnoît les trois quarts des mots de Langues qu'on n'a pas étudiées.

Il ne nous reste qu'à présenter ici sous le même point de vue, les Loix qui sont le résultat & l'abrégé de ces Tableaux, & les effets nécessaires & constans de l'Instrument Vocal.

LOIX

Que suivent les changemens des mots, en se transmettant d'une Langue à une autre, & que suivit la Langue primitive en se subdivisant.

PREMIERE LOI.

» La voyelle d'un mot radical change sans cesse : en s'affoiblissant sans cesse » & descendant des sons les plus élevés de l'octave, aux plus bas. A se chan» geant en E, E en I, I en U, U en O, O en OU, au-delà duquel il n'y a » plus rien. »

Cette loi est la conséquence de tout ce qui forme notre premier Tableau : on ne peut comparer deux Langues sans en être convaincu. C'est un effet très-simple de l'Instrument vocal. La voyelle n'est que l'effet de l'ouverture de la bouche, nécessaire pour rendre un son : mais cette ouverture n'étant jamais que relative, elle doit varier d'un Peuple à l'autre dans la plûpart des mots : ceux qui l'ouvriront le plus, auront des A ; ceux qui l'ouvriront moins, des AI, des E, des I ; ceux qui l'ouvriront en avant auront des O, des U, des OU.

» 2°. La voyelle d'un mot radical est indifféremment simple, nasalée ou » aspirée. »

L'aspiration & la nasalité ne sont que des modifications de la voyelle : dans l'une, le son est tiré avec force du gosier ; dans l'autre, une partie s'échape par le nez : ces modifications ont donc toute l'inconsistance de la voyelle ; elles doivent donc varier sans cesse, sans que le mot cesse d'apartenir à la même famille, ni d'être le même.

IIe. LOI.

» 3°. La voyelle se place indifféremment après ou devant la consonne qui » fait partie avec elle d'une même syllabe. »

Ainsi les mots prononcés *Ab* pere, *Am* mere, &c. par un Peuple se prononcent *Ba* ou *Pa*, *Ma*, &c. par d'autres. Les mots prononcés, *fer*, *ber*, *kal*, *por*, &c. chez une partie des Peuples, se prononcent *fræ*, *fru*, *bre*, *kla*, *pro*, &c. par d'autres. Ceci est encore dans la Nature; la consonne formant l'essence du mot conjointement avec la voyelle, il est très-indifférent que la voyelle précéde ou suive: cela dépend de la volonté, du plus ou du moins de facilité qu'on trouve, à commencer par l'une ou par l'autre. Il est dans l'ordre des choses que les Orientaux commencent par la voyelle, & les Occidentaux au contraire, par la consonne, parce que les Orientaux ayant les ressorts extrêmement flexibles, & aspirant avec force, la voyelle se présente à eux beaucoup plus facilement que chez la plûpart des Européens & chez les Chinois.

IIIe. LOI.

» L'aspiration se change en simple voyelle, ou s'adoucit par une consonne, » qui varie suivant les Peuples, & suivant la voyelle qu'elle précéde. Ha se » change en *fa*, HE en *se*, HU en *gu*, &c.

IVe. LOI.

» Quelques voyelles se changent également en consonnes; U & OU en V » & W, I en J & G, U en L.

Ve. LOI.

» Quelques consonnes se changent en voyelles; ainsi L se change en U & en I, B en U.

VIe. LOI.

» Les intonations d'une même touche se substituent sans cesse les unes » aux autres. »

1°. Les labiales P & B se mettent sans cesse l'une pour l'autre: elles font de même avec V, F, M, qui se prononcent de même par le moyen des lévres.

2°. Les dentales T & D, & toutes les intonations composées de la dentale, telles que Tz, Dz, Tſ, Dſ, Th, Dh, &c.

3°. Les nasales N & M.

4°. Les linguales R & L.

5°. Les gutturales K, C, G, Q.

6°. Les siflantes S, Ce, Z.

7° Les chuintantes Ch, J, Tch, Dj, Dg, Ge.

VIIe. Loi.

» Les intonations d'une touche se substituent souvent à celles d'une autre » touche, lorsque ces touches ont quelque raport entr'elles ou qu'elles sont » voisines l'une de l'autre. »

1°. Les dentales *T*, *D*, & les linguales *R* & *L*, se substituent sans cesse entr'elles.

2°. Les gutturales, les siflantes & les chuintantes, K, G, S, C, Ch, J, &c.

3°. La linguale *R* & la siflante *S*.

4°. Les dentales & la nasale N se changent en la gutturale *K*; & *Th* en *F*.

5° Les nasales & la linguale foible se mouillent sans cesse, *N* & *M* en *gn*, & *L* en *ill*.

Telles sont les loix constantes d'où naissent les altérations qu'éprouvent les mots en passant de Langue en Langue, & qu'il ne faut jamais perdre de vue dans l'étude des Langues. De-là naissent leurs dialectes, & de ces dialectes de nouvelles Langues, à mesure qu'ils s'éloignent les uns des autres : & ces nouvelles Langues se subdivisent ensuite en divers dialectes, comme un grand fleuve en divers canaux, comme une grande famille en une multitude de branches qui se subdivisent elles-mêmes en une multitude d'autres rameaux.

Ce sont ces loix qui forment nos principes V. & VI. énoncés dans notre dissertation sur l'Art Etymologique, ou dans le premier Livre de ce Volume, p. 47, &c. Elles servent ainsi de commentaire à ces principes; & elles serviront de preuves ou de piéces justificatives à tout notre travail sur la comparaison des Langues, & de base à nos Dictionnaires Comparatifs : ensorte que plus on se sera rendu familiers ces Principes & ces Loix, mieux on pourra juger de nos recherches, & s'assurer de la confiance qu'elles mériteront.

LIVRE IV.

Dévelopemens du Langage : ſource des mots : baſe du Dictionnaire Primitif.

CHAPITRE PREMIER.

Le Langage n'eſt qu'une peinture : idées des Anciens à ce ſujet.

LA parole, effet de l'Inſtrument vocal & de l'intelligence de l'homme ; peinture de ſes idées & de tout ce qui l'environne, naquit donc néceſſairement avec le Genre Humain ; elle fut l'exercice des organes dont l'avoit orné la Divinité, & l'imitation des modéles qu'il en trouvoit par-tout. Ses beſoins le portoient à mettre en œuvre les organes de la parole, & ſon intelligence lui faiſoit ſaiſir les moyens les plus propres pour y parvenir : elle lui montroit ſes modéles, & il les imitoit ſans peine.

Telle eſt la baſe ſimple & immuable ſur laquelle s'éleva la Langue primitive, & dont toutes les autres n'ont été que des modifications. En s'attachant à cette baſe, en ne perdant jamais de vue ces principes, on verra renaître cette Langue primitive, on découvrira la raiſon de ces mots, on en ſentira l'énergie, on s'aſſurera du raport de toutes les Langues avec cette premiere : qu'elles n'en furent d'abord que des dialectes ; & qu'elles ne devinrent des Langues ſéparées, qu'en multipliant les dérivés & les composés. C'eſt ce que nous déveloperons dans ce Livre.

Ces idées étoient trop conformes à la Nature, & trop intéreſſantes pour avoir échapé juſques ici aux recherches des Hommes : il y eut un tems où l'on étoit ſi convaincu de cette origine de la parole, ſi perſuadé que le langage ne naquit point par un effet de la convention humaine, encore moins par l'effet du hazard, qu'un Poëte des beaux tems de la Langue Latine, & qu'on a toujours regardé comme l'Apôtre du hazard, n'a pu ſe refuſer à aſſigner à la parole une cauſe néceſſaire.

» La NATURE aprit à mettre en œuvre les divers ſons du Langage. Et le » BESOIN impoſa des noms à chaque choſe .... C'eſt le comble de la folie de

» croire qu'un homme ait pu donner des noms aux Êtres, & avoir obligé les
» Humains à adopter ses mots ... un seul, forcer une multitude! .... non,
» il ne se pouvoit ...

At varios Linguæ sonitus & NATURA subegit
Mittere & UTILITAS expressit nomina rerum ....
Proinde putare aliquem tum nomina distribuisse
Rebus, & inde homines didicisse vocabula prima
Decipere est ....
Cogere item plures unus .... Non poterat.... (1)

Ce Poëte avoit donc bien vu que jamais l'homme ne dut à soi-même son langage; que la parole ne put jamais être le fruit de ses recherches; qu'il ne dût ces avantages qu'à sa constitution, à sa nature; qu'ayant été fait Être pensant & parlant, il n'eut qu'à se livrer à ces impressions. En versifiant cette doctrine, il embellissoit les idées de Platon & des Stoïciens, qui ne regarderent jamais les mots comme l'effet du hazard & de l'invention humaine; & si l'on s'éloigna dans la suite de ces idées, dans la crainte peut-être d'avoir quelque chose de commun avec des profanes; cette doctrine n'en étoit pas moins vraie.

On étoit donc à cet égard, il y a deux mille ans, dans le chemin du vrai. Mais qu'est-ce que cette vérité qui échape sans cesse, dont on n'aperçoit presque jamais qu'un coin; qu'on allie sans cesse avec l'erreur son ennemie irréconciliable, & que l'homme confond dans les hommages qu'il leur rend? Quand est-ce que l'éclat de l'une effacera les vains prestiges de l'autre? qu'environnés de lumière, nous ne ferons que des pas assurés dans le chemin du vrai?

Puissent nos essais contribuer à ces heureux effets! augmenter au milieu des hommes la masse des vérités, arracher à l'erreur quelque portion du domaine qu'elle usurpe, allumer un flambeau, au moyen duquel on puisse étendre au loin les connoissances humaines, en faciliter l'acquisition, dissiper des doutes qui arrêtent les meilleurs esprits, contribuer ainsi à la félicité publique; qui ne peut être que l'effet de l'ordre & de la vérité, compagnes inséparables!

(1) LUCRET. Lib. V.

CHAPITRE II.

Le dévelopement du Langage dépend de ses premiers Elémens.

AFIN de s'élever jusques aux premiers dévelopemens de la parole, de connoître les premiers mots que prononcerent les Hommes, d'apercevoir lès causes de leur énergie, les moyens par lesquels ils se sont transmis chez tous les Peuples, ou sont devenus la source de tous les autres mots, il faut réduire le Langage à la plus grande simplicité possible; le ramener aux élémens les moins composés, se débarrasser de cette masse énorme de mots qui ont été entés sur ceux-là & qui en furent la suite.

Sur quels objets, en effet, pouvoit porter la parole dans les premiers tems? avant que les Arts fussent inventés, que les Sciences existassent, qu'il y eût un Droit, une Politique, des Gouvernemens ; avant que la Société eût fourni le sujet de ces conversations & de ces connoissances qui font l'amusement ou l'occupation des Habitans des Villes; avant que la mémoire eût eu le tems de s'enrichir des pensées & des découvertes de plusieurs générations; avant que la Parole elle-même fût devenue un art précieux, qu'elle eût été perfectionnée par la Poësie & par l'Eloquence, dirigée par la Logique, réglée par la Métaphysique, embellie par les fruits d'une brillante imagination ?

Les mots de la Langue primitive étoient donc nécessairement très-bornés; ils exprimoient uniquement les sensations & les besoins journaliers, les objets les plus familiers, les actions les plus communes. Quelqu'extension qu'on donne au recueil de ces mots, il sera encore si peu étendu, que les monosyllabes ou les sons & intonations dont est susceptible l'instrument vocal, suffiront pour le remplir : telles sont nos Langues les plus riches, lorsqu'on en ôte tous les mots des arts, tous les mots figurés, tous les mots composés, mots dont l'assemblage forme une masse prodigieuse qui couvre de son ombre le berceau de la parole, & dans laquelle sont noyés les premiers mots, au point de faire regarder leur découverte comme impossible.

En vain cependant, les siécles se sont entassés, & nous ont éloignés de l'origine de la parole; en vain les Langues se sont multipliées; & inondant toute la Terre, semblent avoir mis tous les Peuples, même les plus voisins, hors d'état de s'entendre; en vain les premiers élémens du langage se sont refusés jusques à présent à toute recherche, & une obscurité éternelle semble nous interdire leur aproche; tout cédera à l'Analyse du Langage : ainsi à mesure qu'un Voyageur aproche d'une Contrée que couvre un brouillard épais, il aperçoit cette obscurité se dissiper; il distingue les arbres, les hameaux, les clochers : tous ces objets semblent sortir du sein du cahos.

Rien ne peut se dérober à l'analyse : c'est un flambeau qui conduit infailliblement à la vérité, qui dissipe toute erreur, qui pénétre dans les plus grandes profondeurs, pour qui il n'est point d'abîme : avec son secours, l'homme arrive aux premiers élémens de toute connoissance; dès-lors, il voit se développer sans peine l'édifice immense élevé sur cette base; cet édifice dont il ne pouvoit saisir auparavant la moindre portion qu'avec les plus grandes peines; plus rien dont il n'aperçoive la raison.

Tel, le Législateur sublime des Hébreux, lorsqu'il voulut peindre aux yeux des Mortels le dévelopement du Monde, leur donner une légere idée de la formation des merveilles qu'il offre, en former une tapisserie digne de ceux auxquels il la présentoit, il les réduisit à leurs premiers élémens : d'abord, dit-il, on n'eût aperçu que l'eau : sous ces eaux fécondées par le Tout-Puissant, les autres élémens prennent leur consistance : le feu se dégage, le sec paroît, l'air se dévelope. De ces élémens, l'un produit les Astres & réchauffe l'Univers : du sein de l'autre, naissent les plantes; paroissent ensuite les animaux auxquels ces plantes doivent servir de nourriture, mélange eux-mêmes de tous les élémens & qui ne subsistent que par le concours de tous ces élémens. L'Homme paroît enfin, l'Homme un Univers en racourci, supérieur à tous ces êtres par son intelligence, pour qui seul ils semblent tous avoir été faits, qui domine sur le globe qu'il habite, & qui assujettit à son service tous les êtres. Comparant ensuite ces six opérations à des travaux humains qui se succéderoient pendant six jours, il en forme un Tableau à la portée des moins intelligens, qui éleve & aggrandit l'imagination; & qui classant la formation des êtres, satisfait par une progression intéressante, les esprits les moins éclairés.

L'Analyse nous conduira donc à l'origine de la Parole; elle nous fera retrouver ses élémens cachés sous les débris de tant de Langues : elle supléera à la perte de tant de monumens; elle présidera à des recherches pour lesquelles on sembloit livré au seul secours de l'imagination, & à l'égard desquelles cependant il faut être sans cesse en garde contre son imagination. L'Analyse s'apuie sur deux bases inébranlables; sur l'Instrument vocal, le même aujourd'hui que dès les premiers instans, & sur la masse des mots employés dans toutes les Langues, pour exprimer les idées communes à tous les Hommes.

Ainsi se rétablit le raport entre toutes les Langues : & ce raport est si étendu, il est si sensible & si intéressant, il fait faire de si grands progrès dans l'étude des Langues, il répand un si grand jour sur elles, il réduit à un si petit nombre cette masse prodigieuse de mots qu'elles offrent, qu'on ne peut se refuser à l'idée, que telle fut l'origine du Langage, que rien ne manque pour l'Histoire de la Parole.

Mais recherchons sur quels principes repose cette Analyse, & posons d'abord celui-ci, que *tout mot eut sa raison*, principe fondamental, & que nous allons discuter.

CHAPITRE III.

Tout mot eut sa raison.

LORSQU'APRÈS s'être égaré dans des forêts immenses, on aperçoit enfin un sentier, le courage renaît, & on recommence sa course avec une nouvelle ardeur. Tel est l'effet d'un principe quelconque, relatif à l'origine du Langage.

Si l'on n'a jamais osé envisager les Langues dans leur ensemble, si elles ont toujours paru un cahos étrange; si les plus beaux Génies n'ont jamais pu en parcourir que quelques portions, si tout le reste a été pour eux des terres inconnues & inabordables; si désespérés de recherches aussi fatiguantes qu'inutiles, on en a conclu l'impossibilité de découvrir l'origine du Langage; c'est parce qu'on procédoit sans principe, qu'on étoit toujours absorbé par des détails qui ne pouvoient conduire à rien de grand & de lumineux. Quant à nous, procédant toujours du simple au composé, ne nous laissons jamais subjuguer par ce qui est obscur; qu'il ne répande point son voile sur ce qui est clair; qu'il ne le flétrisse point; mais que ce que nous apercevons clairement, nous prête sa lumiere pour dissiper ce qui est obscur.

Si jamais une proposition a paru vraie, c'est la suposition que les mots sont l'effet du hazard : nous n'apercevons la raison d'aucun ; nous les voyons se former & s'évanouir au gré des Peuples; chaque siécle amène dans les Langues des différences prodigieuses; ce qu'une Nation exprime d'une maniere, les autres l'expriment par des mots absolument différens. Comment se persuader

qu'un

qu'un même principe a dirigé toutes les Langues, qu'elles sont fondées sur une base commune, que leurs mots sont nécessaires?

Tels sont les motifs sur lesquels on s'est toujours apuyé pour nier tout raport des Langues & toute origine commune: mais ces motifs sont-ils fondés? ou ne sont-ils pas contrebalancés par d'autres infiniment plus forts?

On n'aperçoit pas la raison des mots existans! mais s'ensuit-il de-là qu'ils n'en ayent pas? A-t-on cherché cette raison? s'est-on assuré par un examen solide qu'elle n'existe pas?

Les mots naissent & s'évanouissent au gré des Peuples! Mais sont-ce tous les mots d'une Langue qui naissent & s'évanouissent tour-à-tour? Ces mots qu'on regarde comme nouveaux, ne viendroient-ils pas eux-mêmes d'un fond toujours existant, toujours nécessaire, que rien ne peut anéantir, dans lequel seroient puisés tous ces mots qu'on croit exister pour la premiere fois, & dans lequel on retrouveroit tous ceux qu'on croit anéantis?

Chaque siécle amène dans les Langues de très-grandes différences; mais ces différences ne consisteroient-elles pas plutôt dans la forme que dans le fond? Ne paroîtroient-elles pas aussi considérables, parce que nous nous laissons éblouir par leur nombre, que nous n'examinons pas ce qu'elles peuvent avoir de commun, que nous ne perçons pas à travers leur écorce, que nous n'avons jamais réfléchi sur leurs causes?

Ce qu'une Nation exprime d'une maniere, se trouve exprimé par toutes les autres d'une maniere absolument différente: mais ici ne pourrions-nous pas être dupes de notre inattention, de notre inhabileté dans la comparaison des Langues? Ne croirions-nous que les Langues sont l'effet du hazard, que parce que nous n'avons jamais examiné de près la source des expressions en usage chez chaque Peuple, que nous ignorons ce qui décide chaque Peuple dans le choix de ses mots, que nous n'avons aucune idée des points sur lesquels doit porter la comparaison des Langues?

En effet, le raport des Langues ne consiste pas simplement dans la ressemblance de leurs mots, dans cette ressemblance qui se reconnoît par les mêmes lettres & par le même sens, & qui a lieu pour la masse des mots de deux Langues semblables: tel qu'on l'aperçoit entre la Langue Latine & ses filles; entre l'Hébreu & ses dialectes; entre le Theuton & toutes les Langues qui en sont nées.

C'est un raport beaucoup plus étendu, plus vague, moins caractérisé, qui exige de tout autres yeux pour être saisi, qui ne peut être que le résultat d'un très-grand nombre de comparaisons, qui ne considere pas les mots un à un, mais par grandes maſſes; non les individus, mais les eſpèces : qui n'enviſage pas les Langues comme des imitations l'une de l'autre; mais comme des aplications libres & vaſtes de principes communs : qui les enviſage en grand, & qui franchiſſant tous les ſiécles, voit d'un coup-d'œil tout ce que doivent avoir produit dans le langage, ces aplications libres & conſtantes, pour tous les Peuples & pour tous les tems.

Si lorſqu'on a attaqué le raport des Langues, on n'a jamais mis en ligne de compte ces conſidérations, ſi l'on ne s'en étoit pas même douté, ſi elles préſentent ce raport ſous un tout autre point de vue; que deviennent ces objections qui paroiſſent ſi claires, ſi redoutables ?

Par combien d'autres conſidérations, celles-là même ne pourroient-elles pas être apuyées ? Le penchant invincible qu'on a eu dans tous les tems pour les étymologies, n'étoit-il pas une preuve ſenſible qu'on ne pouvoit réfléchir ſur les Langues, ſans y reconnoître une origine commune ? Cette facilité qu'on a à aprendre pluſieurs Langues, lorſqu'on en ſait quelques-unes, & qui provient ſur-tout des mots qui leur ſont communs, ne démontre-t-elle pas que les Langues changent & différent moins qu'on ne penſe ? N'en eſt-il pas de même de cette peine extrême qu'ont les Savans d'inventer un mot nouveau; des qualités que doit avoir ce mot pour juſtifier ſon introduction dans le langage; du raport qu'il doit offrir avec des mots déja connus, ou avec le génie de la Langue dans laquelle on l'admet ?

On peut donc alléguer beaucoup plus de raiſons en faveur du raport des Langues, que d'objections contre : il ne faut donc embraſſer aucun ſyſtême légerement à cet égard, mais peſer tranquillement les raiſons qu'on peut alléguer des deux côtés.

Chaque mot a eu ſa raiſon; tel eſt le principe que nous nous propoſons d'établir, & qui doit nous conduire au dévelopement de toutes les Langues, comme provenues d'une même origine, & qui doit diſſiper le cahos qu'elles offrent, lorſqu'on ne ſait pas en ramener les mots à des claſſes communes.

Nous ne parlons point ici de cette raiſon générale qui a produit des mots, parce qu'il en falloit; raiſon qui eſt de nulle utilité, parce qu'elle eſt commune à tous les mots & à tous les ſyſtêmes : mais de cette raiſon particuliere qui détermina le choix de chaque mot, pour exprimer l'idée qu'il offre plutôt que toute autre, & qui eſt directement opoſée au prétendu hazard qu'on ſupoſe avoir produit les mots, tel que la même idée pouvoit être exprimée indifféremment par des mots opoſés, ou par tous les mots poſſibles.

CHAPITRE IV.

Preuves qui l'établissent.

JAMAIS les Hommes ne flotterent entre tous les possibles, lorsqu'ils furent obligés d'assigner un nom à un objet : jamais ils ne le firent, sans y être conduits par quelque raport entre le nom choisi & l'objet à nommer : jamais le germe, les principes, les dévelopemens d'un Art aussi essentiel & aussi admirable que la parole, & qu'on peut apeller *la gloire & l'apanage du genre humain*, ne furent abandonnés à l'arbitraire.

Nous l'avons dit, & nous ne saurions trop le répeter : la parole n'est autre chose qu'une peinture de nos idées ; & nos idées, une peinture des objets que nous connoissons : il faut donc qu'il existe un raport nécessaire entre les mots & les idées qu'ils présentent, comme il en existe un entre les idées & leurs objets. En effet, ce qui peint, ne sauroit être arbitraire ; il est toujours déterminé par la nature de l'objet à peindre. Les Hommes furent donc obligés, pour désigner un objet ou une idée, de choisir le son le plus analogue à cet objet, à cette idée ; ensorte qu'aussi-tôt qu'il étoit énoncé, chacun pût y reconnoître le modéle commun à tous, qu'on vouloit peindre ; qu'on pût saisir à l'instant la valeur de ce signe, qu'on réveillât dans l'ame de tous, l'idée dont on vouloit qu'ils fussent occupés.

Par cette analogie entre les sons, les idées & les objets, l'Homme étoit toujours entendu, le langage se formoit avec rapidité, d'une maniere ferme & hardie, la parole renfermoit la plus grande énergie, les effets en étoient aussi surs que prompts, chaque mot avoit sa raison, & cette raison étoit admise de tous, parce qu'on ne pouvoit choisir de mot plus pittoresque, plus expressif, plus lumineux. Ainsi naquit la premiere Langue ; sans convention arbitraire, sans être réduit à adopter un mot par désespoir d'en trouver un meilleur ; sans peine enfin, comme tout ce que fait la Nature.

Mais dès-lors, cette Langue devenoit immuable ; car puisque les mots dont elle étoit composée, étoient ceux qui peignoient le mieux les objets, on n'avoit jamais aucune raison d'en changer, & elle dut devenir la base de toutes les autres, qui n'en purent être que des dévelopemens. Fondés sur la Nature, qu'est-ce qui auroit anéanti ces mots ? Et pourquoi leur en eût-on substitué d'autres? La même cause qui les avoit fait naître, les reproduisoit sans cesse: c'étoit un livre toujours ouvert, dans lequel on trouvoit toujours ce qu'on y avoit vu dès la premiere fois.

Si nous ne connoissons plus ce Livre, si nous ne consultons plus ce Dictionnaire, c'est que nous ne sommes pas placés dans les mêmes circonstances: mais il n'existe pas moins; & il n'en présida pas moins à la naissance de la parole. Ce qui nous dispense de remonter jusques à lui, c'est que nous le trouvons établi au milieu de nous, qu'il existe dans les mots de toutes les Langues, dans toutes les racines de la nôtre, dans tous les mots qui en sont nés: trouvant ainsi dans la tradition & dans l'usage, tout ce qu'il nous diroit, & l'y trouvant de la maniere la plus flatteuse & la plus expéditive, nous nous arrêtons aux fleuves qui en dérivent, sans nous mettre en peine de leur source: mais comme, dès ce moment, nous ne voyons par-tout que l'ouvrage des Hommes, nous nous imaginons qu'eux seuls ont créé les Langues: & puis, nous cherchons comment ils purent les créer: d'un jugement aussi précipité & aussi erroné, il n'en pouvoit résulter que de pareilles erreurs.

Cependant, un sentiment plus fort s'élevoit contre ces conclusions précipitées; on apercevoit dans les mots une énergie qu'ils ne pouvoient tenir de la seule convention humaine; on comprenoit qu'elle devoit dépendre d'une cause supérieure au hazard & au caprice, & sans la connoissance de laquelle on ne pouvoit rendre raison des mots, de leur valeur, de leur étymologie: qu'un modéle admirable, quoiqu'inconnu, devoit servir de base à ces mots, dont la réunion produit des effets si utiles, si variés, si consolans, & devient le lien flatteur & ravissant de la Société, la source de la Poésie & de l'Eloquence; qu'ainsi se forment la sublimité du langage, la force & la vérité de l'élocution, la beauté de la diction.

De-là ces efforts inouis & réitérés pour découvrir l'étymologie des Langues, les raports de la Langue Françoise à la Latine, de la Latine à la Grecque, de la Grecque aux Orientales & à celles du Nord: de-là, les comparaisons qu'on a faites entre les dialectes d'une même Langue; les raports des dialectes Orientaux, des dialectes Theutons, des dialectes Celtes, des dialectes Scythes ou Tartares, &c. Recherches pénibles qui prouvent autant la patience & le courage de ceux qui s'y sont livrés, que l'universalité de ce principe, *tout mot a sa raison.*

Une seule chose leur manquoit: la lumiere: & qu'est-ce que cette lumiere? & où se trouve-t-elle? Le croira-t-on? Ils n'en étoient séparés que par le plus petit espace. Au lieu de se laisser entraîner par ce tourbillon de Langues, aumoyen duquel ils rouloient sans cesse d'une Langue à l'autre, sans trouver aucune issue, ni commencement, ni fin, ils n'avoient qu'à les franchir toutes; en reconnoître le germe dans la Nature même, comme dans un miroir fidèle, où l'on retrouve la peinture d'objets déja connus. Alors, on auroit vu qu'elle seule avoit pû nous aprendre à l'imiter dans nos discours; & qu'il seroit absurde de prétendre qu'on peut représenter un modéle en ne prenant pour guide que son caprice, ou le hazard, en se livrant à l'arbitraire, ou en suivant des routes contradictoires & manifestement oposées: que c'étoit faire du langage, un assemblage monstrueux de signes sans signification réelle, sans énergie, sans beauté; un art sans principes & sans régles: que c'étoit anéantir toute poësie, toute éloquence. Qu'on ne s'écrie pas au paradoxe! le Chapitre suivant ne laissera, à ce que nous espérons, aucune incertitude à ce sujet.

CHAPITRE V.

Les raports des mots avec la Nature sont la source de l'énergie du Discours, le fondement de la Poësie, de l'Eloquence, de l'Harmonie.

LORSQU'ON veut se livrer aux Arts qui dépendent le plus de l'imagination, à l'Eloquence ou à la Poësie; on répete sans cesse: » imitez les Anciens, nourrissez-vous de leurs ouvrages, sur-tout attachez-vous aux Grecs; » personne ne les a surpassés, jamais on n'ira au-delà ».

Mais si les Anciens, & si les Grecs eux-mêmes n'ont fait que se prêter à des beautés de convention, si leurs ouvrages n'ont aucune base fondamentale, si les mots qu'ils employent n'ont par eux-mêmes aucune énergie, quel peut être le poids de leurs travaux? Pourquoi nous obliger à étudier leurs Ouvrages? Pourquoi nous astreindre à cette forme conventionnelle? Que ne nous livrons-nous plutôt à notre imagination? que ne cherchons-nous de nouvelles routes? Qui oseroit dire qu'on ne pourroit s'élever au-dessus de ces conventions? qu'un heureux hazard fit trouver aux Anciens la forme la plus parfaite? Pourquoi ramper à leur suite, ou n'être que de foibles imitateurs, tandis qu'on pourroit découvrir de nouveaux mondes, inventer de nouveaux genres de poësie ou d'éloquence, multiplier les contrastes, passer ainsi de plaisirs en plaisirs en multipliant sans fin nos jouissances?

Non, ce n'est point pour imiter des beautés arbitraires, que nos savans

Auteurs étudient les anciens ; qu'ils marchent sur les traces des plus grands génies de l'Antiquité : ce n'est point, parce que le genre des conventions est épuisé ; y a-t-il une fin à imaginer ? Ce n'est point chez eux non plus, manque de génie. C'est parce que la Poësie, l'Eloquence, tout ce qui tient à la Parole, est une imitation de la Nature, & qu'il n'est qu'une maniere de bien imiter. C'est pour cela que les Latins furent les imitateurs des Grecs, que ceux-ci avoient été ceux des Orientaux, & que nous imitons Grecs & Latins. Ils s'étoient proposé le même but ; ils l'avoient rempli de la maniere la plus agréable, la plus intéressante, la plus noble, la plus hardie ; il nous est donc plus avantageux de connoître ce qu'ils ont fait à cet égard, que de vouloir marcher de nos seules forces : par-là, nous essayons les nôtres, nous les augmentons, nous nous mettons à même de lutter avec nos modèles, peut-être même de les surpasser. Il est, en effet, plus facile d'aprocher de la Nature, de l'imiter supérieurement, lorsqu'on peut comparer son travail, avec celui de ces Ecrivains illustres dont la gloire est immortelle, que lorsqu'on est réduit à son seul génie.

Malheur à ceux qui se persuadent que ces hommes célébres ont tout puisé dans eux-mêmes, qu'ils ont créé leur art ; qu'on ne peut suivre qu'eux.

D'ailleurs, comment juger les anciens eux-mêmes, si l'on n'a pas une régle à laquelle on puisse comparer leur travail ? & quelle sera cette régle, si ce n'est la Nature elle-même, ce modèle que tous les hommes ont sous les yeux, qui est livré à l'imitation de tous, auquel ils sont obligés de se conformer. C'est ce qu'auroient dû observer ceux qui ont traité des régles qu'on doit suivre dans les ouvrages de goût : ils n'auroient pas dit que les premiers suivirent uniquement leur génie, & que les régles n'ont été faites que d'après leurs ouvrages. Tous ceux qui se sont ouvert une route, furent toujours astreints à des régles, sans lesquelles ils n'auroient pû réussir : il est vrai qu'elles n'avoient pas encore été consignées dans des écrits : mais leur génie les démêla. Lorsqu'ensuite on composa des régles d'après leurs ouvrages, on ne fit que rédiger celles-là même qu'ils avoient été forcés de suivre, & sans lesquelles ils n'auroient pû réussir : & jamais, des régles qu'ils se fussent imposées à volonté.

Il en est de même de ce grand cheval de bataille qu'on apelle Usage, & par lequel on a cru expliquer tant de choses. L'usage n'est point un établissement de convention, non plus que les régles du goût : il n'est autre chose que la pratique des régles, qu'une maniere particuliere de peindre : mais cette pratique, mais cette maniere, sont fondées sur des principes dont on ne sauroit s'écarter, & c'est jusques à ces principes qu'il faut s'élever pour juger l'usage & en trouver la cause.

Dira-t-on que s'il faut un modèle pour arranger les Tableaux de la Parole, pour en former des piéces d'Eloquence & de Poësie, il n'en est pas de même pour l'invention des mots? qu'ils peuvent être & qu'ils sont en effet le fruit de la fantaisie: qu'il est absurde de chercher dans leurs propriétés, la source de l'Eloquence & de la Poësie; & non moins absurde de soutenir qu'on a eu recours à un modèle, toutes les fois qu'il a fallu nommer un objet ou inventer un mot?

Mais on seroit bientôt désavoué par tous ceux qui ont réfléchi sur les causes & sur la nature de l'harmonie en fait de langage: toujours, ils ont dit qu'elle provenoit du choix des mots: tout mot n'est donc pas propre à opérer tout effet: mais pourquoi, si ce n'est parce que tout mot ne peint pas de la même maniere, étant toujours déterminé par l'objet même qu'il doit peindre?

Ainsi, les objets agréables sont peints par des mots agréables: les objets malencontreux par des mots durs & pénibles: l'Ecrivain, le grand Peintre ne sont donc jamais embarrassés: ils trouvent toujours les expressions dont ils ont besoin pour former leurs Tableaux, de quelque espéce qu'ils soient: & par le juste mélange de ces expressions, ils rendent toujours exactement la Nature, composée elle-même d'objets relatifs à toutes ces expressions.

Ce qui démontre sensiblement la vérité de ce que nous avançons ici, c'est la propriété qu'ont toutes les Langues, les Langues mêmes les plus sauvages, telles que celles du Groenland & du cœur de l'Amérique méridionale, de réunir la force & l'harmonie; & de servir également pour la Poësie comme pour l'Eloquence: ces avantages ne sont donc pas l'effet de la convention; par quelle espéce de convention, ces Hordes Sauvages, vagabondes, privées des douceurs de la vie, se seroient-elles donné une Langue harmonieuse & sublime, exacte & pittoresque? où auroient-elles puisé les connoissances nécessaires pour cela? quelles idées pouvoient-elles avoir de l'éloquence & de l'harmonie avant même que leur Langue fût formée? Ce seroit donc par hazard que toutes les Langues inventées par les hommes, réunissent ces qualités admirables. Ne craignons pas de le dire & de le répeter: ces qualités sont l'effet nécessaire de la formation des Langues: puisées dans la Nature, c'est à elle qu'elles sont redevables de toutes les perfections qu'on y admire: elles prirent la Nature pour guide, & elles participerent aux qualités de leur modèle.

Ceux donc qui marchent sur les traces des grands hommes qui les précéderent & qui croyent en les imitant, n'imiter que des modèles humains, suivent réellement un modéle très-supérieur à ceux-là, celui sur lequel ces grands hommes se formerent eux-mêmes, la Nature, ce grand ordre harmonique qui compose l'Univers, qui réunit tous les genres de perfection auxquels l'imitation humaine puisse s'élever, qui est toujours exposé aux yeux & au génie de l'homme, qui triomphe de toutes les révolutions, & que ne peuvent jamais altérer le mauvais goût & l'ignorance. C'est ce modéle, qui seul donna tant de force & de sublimité aux Anciens, par lequel seul ils s'éleverent à ces Ouvrages admirables qui rassemblerent les peuples épars, qui les policerent, qui les enflammerent d'amour pour la gloire & pour les arts; qui en firent des sociétés dignes d'un nom immortel. C'est également ce modèle qui seul peut conduire les hommes à des ouvrages semblables à ceux des Anciens, & même leur donner les moyens de les surpasser, par la comparaison de leurs ouvrages avec ce modéle. Idée consolante pour les hommes, en leur aprenant que le génie n'est pas encore épuisé; qu'on peut voir renaître des ouvrages dignes de l'immortalité; qu'ils peuvent se reproduire, puisque le germe n'en est pas péri avec leurs Auteurs; que la carrière en est encore ouverte à tous les hommes de génie; qu'ils ont toujours le même modéle sous les yeux, & qu'ils peuvent trouver dans leur Langue des moyens plus ou moins parfaits pour son imitation.

La Nature & le besoin qui conduisirent les hommes à la parole, les conduisirent aussi à parler d'une maniere plutôt que d'une autre: le Langage dont ils furent obligés de se servir, eut nécessairement ses qualités essentielles auxquelles ils ne pouvoient que se conformer, & qui résultoient des élémens de la parole. Examinons ces qualités; nous en verrons naître les conséquences les plus étendues & les plus heureuses: elles nous conduiront surement à la source des mots primitifs, aux racines du Langage, à ce Dictionnaire primitif qui préside à toutes les Langues, qui en est l'âme.

Et loin de nous écarter du but, en nous astreignant ainsi à rendre raison de tout, ce sera un fil, une boussole, une sonde, qui nous conduiront à la vérité par le chemin le plus court, le plus flatteur, le moins périlleux.

CHAPITRE VI.

CHAPITRE VI.

Qualités de la Parole.

AFIN que la Parole pût produire l'effet auquel elle fut destinée ; qu'elle fit passer aux autres les idées de celui qui les énonceroit par ce moyen, il falloit qu'elle fût elle-même une peinture fidéle des idées ; ensorte qu'aussi-tôt qu'on entendroit des sons, on reconnût les objets qu'on vouloit désigner par leur moyen, & ce qu'on en disoit.

Il falloit donc que ces sons n'eussent rien d'arbitraire, puisque sans cela, il n'y auroit point eu de peinture, point d'imitation.

Mais quel raport, dira-t-on, peut-il exister entre les sons & les idées ? Comment une chose aussi fugitive que le son peut-elle peindre un objet aussi dégagé des sens que l'idée ? Et si les sons étoient nécessairement attachés à certaines idées plutôt qu'à d'autres, pourquoi verroit-on les mêmes idées exprimées chez les mêmes Peuples, ou dans le même tems, par des mots absolument différens ?

Telles sont les objections qui se présentent naturellement à l'égard de cette question importante : objections qu'on a toujours regardées comme au-dessus de toute réplique ; & d'où l'on a toujours conclu que les mots avoient été d'abord un don de Dieu, & ensuite l'effet de la convention humaine.

C'étoit le seul parti qu'on pût prendre, d'après le petit nombre de données auxquels on étoit réduit à cet égard. On ignoroit la maniere dont se forment les Langues ; on ne connoissoit plus les premiers mots que l'homme prononça ; on ne les cherchoit pas même, dans l'idée qu'on ne pouvoit aller au-delà de l'Hébreu écrit : on n'avoit nulle idée des causes qui produisent l'énergie des mots ; on avoit totalement perdu de vue que les Langues eussent des racines communes : on voyoit ces Langues changer sans cesse, & les idées attachées à un même son, varier avec une inconstance sans égale : comment soupçonner que rien dans la parole n'étoit arbitraire ? & quand on l'auroit soupçonné, comment le prouver ?

L'Histoire Naturelle de la Parole, le raprochement des Langues, le Tableau des mots primitifs, le raport de ces mots avec la Nature, pouvoient seuls dissiper ces ténébres. Qu'on ne se prévienne donc point contre nous : nous amenons de nouveaux points de comparaiſons, nous préſentons des objets que juſques-ici on n'avoit pu examiner: ſeroit-il étonnant qu'il en réſultât des vues nouvelles, qu'on y trouvât la ſolution de ces doutes, qu'elle fût différente de tout ce qu'on a cru juſques à préſent ?

Si le Diſcours n'eſt en effet qu'une peinture des idées, tandis que celles-ci ſont des peintures des objets, il faut néceſſairement; 1°. qu'il y ait un raport étroit entre une idée & les ſons qui la repréſentent : 2°. que cette peinture ſoit dans la nature même de l'homme, qu'elle ſoit commune à tous les hommes : 3°. que les différences qu'on obſerve à cet égard entre les divers Peuples, ne portent que ſur la forme & non ſur le fond, ſur des acceſſoires & non ſur l'eſſentiel : qu'elles tiennent toutes, leur énergie d'une baſe commune à tous les Peuples ; enſorte que les hommes liés dans cette peinture, par les élémens dont elle eſt compoſée, ne furent jamais les Maîtres de s'y conduire à leur gré & qu'ils ne purent en diſpoſer que d'une maniere relative à leurs connoiſſances & toujours ſubordonnée à ces élémens.

Les Hommes paroîtront ainſi être partis, relativement au langage, de points abſolument différens, & rien ne ſera plus aiſé que de les ramener à un centre commun ; les Langues paroîtront l'effet du hazard, & elles ſeront celui des combinaiſons les mieux liées, les mieux ſuivies : leurs phénomènes ſembleront inexplicables, & on les verra ſe claſſer, s'expliquer ſans peine, dériver de principes vrais & lumineux : l'inconſtance même pour qui les regarde d'un œil peu exercé, elles ſeront pour un œil plus attentif aſſujetties à des loix impérieuſes dont elles n'ont jamais pû s'écarter.

Tel eſt le Problême que nous nous ſommes chargés de réſoudre, & auquel tout ce que nous avons dit juſques ici dans ce Volume & dans les précédens, a préparé inſenſiblement nos Lecteurs ; & les a mis à même, non-ſeulement de nous entendre & de nous juger, mais de nous prévenir ſur divers objets, d'entrevoir les conſéquences qui vont réſulter de nos principes ; & d'être perſuadés de leur certitude & des avantages qui en réſulteront pour l'étude des Langues & pour le progrès des connoiſſances humaines.

CHAPITRE VII.

Objets que la Parole avoit à peindre.

TEL le modèle, telle la copie. Nous ne ſaurions donc juger de celle-ci ſans nous être formé une juſte idée de celui-là, & des moyens qu'on avoit pour le rendre: autrement, tout ce qu'on en diroit ſeroit dénué de tout principe, comme on ne l'a que trop éprouvé dans tous les genres, & ſurtout relativement à la matiere dont nous traitons.

Ce que la Parole devoit peindre, ce ſont les divers états de cette portion de nous-mêmes, qui ne peut tomber ſous les ſens, les facultés de notre ame, ce qu'elle éprouve, ce qu'elle deſire, ce qu'elle aperçoit ou qu'elle découvre, les impreſſions qu'elle reçoit du dehors, ou celles qu'elle veut faire éprouver. Cette multitude d'objets de toute eſpèce, ſe réduiſent à deux claſſes générales, les *ſenſations* & les *idées*.

Les premieres renferment toutes les impreſſions que nous recevons du dehors, & les divers états que notre ame en éprouve. Les ſecondes renferment ces divers états de notre ame, qui ſont l'effet de nos facultés propres, de cette puiſſance que nous avons d'agir ſur nous-mêmes & en nous-mêmes, de réfléchir ſur tout ce que nous éprouvons, & de manifeſter au dehors de nous ces diverſes ſituations, afin d'éprouver de la part des autres, l'intérêt que nous deſirons qu'ils y prennent, ou de leur être utiles à eux-mêmes.

De ces deux ſortes de facultés, les premieres conſtituent notre vie *ſenſitive*, celle qui nous eſt commune avec les Animaux, comme nous l'avons dit ci-deſſus (pag. 97.); les ſecondes forment notre vie d'*intelligence*. Les moyens par leſquels nous peindrons les effets de l'une & de l'autre, doivent donc être auſſi différens entr'eux, que le ſont ces deux ſortes de vies; & ces moyens doivent ſe rencontrer également dans la Parole.

Le Langage ſera donc composé de deux ſortes de modifications; l'une qui fera connoître nos ſenſations, l'autre qui peindra nos idées: ainſi la Parole renfermera toute l'étendue de nos facultés: nous n'aurons point à gémir de ſa défectuoſité, ou de ſon inſuffiſance.

Mais quelles modifications de la Parole expriment nos ſenſations, &

quelles, peignent nos idées ? Déjà nos Lecteurs impatiens nous préviennent; déjà ils prononcent que les *SONS* ou *Voyelles* peignent les sensations, & que les INTONATIONS ou Consonnes peignent les idées.

Ce principe fondamental de notre travail sur les Langues, auquel on n'avoit pas encore fait attention, qui se présente ici pour la premiere fois, n'étonnera donc personne. On sera frapé de sa vérité & de sa simplicité; on sentira qu'il ne peut que répandre le plus grand jour sur notre marche.

Ce que nous avons à faire, c'est donc de déveloper la maniere dont les sons ou les voyelles concourent à peindre les sensations, & comment les idées se peignent par les intonations ou consonnes. C'est ce que nous allons exposer dans les Chapitres suivans.

CHAPITRE VIII.

Sons ou Voyelles, Peinture & Langage des Sensations.

RIen de plus énergique que le langage des Sensations; c'est notre ame qui se peint elle-même, avec une force & une vérité auxquelles on ne peut se méprendre, & qu'en vain on voudroit déguiser. Qui se trompera à l'expression de la douleur ou de la joie, de l'admiration ou du mépris, de l'accablement ou du rire ? Chacune de ces Sensations a un langage qui lui est propre, qui n'est point celui d'une autre, & qui peint avec tant de justesse, de précision, de vérité, qu'on n'a jamais besoin d'Interprête. C'est la langue du besoin, c'est sur-tout celle des Enfans.

Elle ne fut point l'effet du hazard: en elle rien d'arbitraire; nous la tenons en entier de la Nature; toute notre industrie, toute notre sagacité, toute notre intelligence, se réduisent à la modifier.

Nous l'avons déjà vu (1); les Sons ont toutes les qualités qui leur étoient nécessaires pour peindre les Sensations. Ils sont produits par la simple ouverture de la bouche, c'est-à-dire, avec la plus grande facilité possible. Ils se soutiennent aussi long-tems que le besoin l'exige. Ils sont très-vifs, très-animés, très-bruyans, très-sonores, & c'est à cela même qu'ils doivent le

(1) Ci-dessus, p. 124-125.

nom qu'ils portent : ils sont par conséquent très-propres à peindre tout ce qui agite l'ame, les bruits, les mouvemens, les chocs, l'agitation, tout ce qui se meut ou qui est mû Les Sons, bruyans, éclatans, impétueux comme les Sensations, en deviendront ainsi la peinture la plus parfaite : on reconnoîtra dans ceux-là, l'impétuosité, la fougue, la vivacité, la durée ou la tenacité de celles-ci.

CHAPITRE IX.

Intonations ou Consonnes, Peinture & Langage des Idées.

VOILA déjà une Portion de la parole déterminée par la Nature ; & cette portion est très-considérable ; combien de choses en effet qui sont relatives aux Sensations de toute espéce que l'Homme éprouve continuellement ! combien de personnes même dont la vie entiere n'est en quelque sorte qu'une vie de Sensations !

Tandis que par celle-ci, l'Homme ne connoît que les effets des Etres corporels, n'est que dans le présent, rampe dans la matiere, ne pourvoit qu'aux besoins du Corps, & ne voit rien au-delà ; par les idées au contraire, il s'élève au-dessus du présent ; il apperçoit le passé & en tient compte ; il pénétre dans l'avenir & s'y prépare ; il se connoît & descend en lui-même ; il découvre un monde entier qui ne tombe point sous les sens, composé d'Etres beaucoup plus parfaits que tout ce qu'il voit ; par elles, il perfectionne la société, il crée les Arts & les Sciences, il distingue les vertus & les vices, les droits & les devoirs, le mal & le bien ; il s'assure qu'il est lui-même trop au-dessus des objets qu'il voit, pour être à jamais confondu avec eux.

Comme les idées sont l'effet de la réflexion & de la méditation, qu'elles exigent beaucoup de tranquillité & de phlegme, qu'elles doivent dépendre de l'intérieur & non des objets du dehors ; que l'homme devoit être maître de s'en occuper aussi long-tems qu'il voudroit ; il fallut qu'elles eussent des caracteres absolument differens de ceux qu'on reconnoît dans les Sensations, qu'elles fussent douces, tranquilles, froides, qu'elles eussent le calme de la lumiere, & non l'éclat & le pétillement du feu ; qu'elles dépendissent en un mot absolument de nous.

Les idées ne pouvoient donc être rendues par les Sons ou par les Voyelles ;

puisque celles-ci servoient à peindre les Sensations : il falloit donc que l'instrument vocal eût une autre proprieté, par la quelle il pût peindre ses idées ; & cette proprieté, il l'a encore ; c'est la faculté de produire des Intonations ou des Consonnes.

Les Intonations ou les Consonnes ont, comme nous l'avons déjà vu, les mêmes qualités que les idées ; elles sont sourdes & tranquilles, avons-nous dit dans l'endroit cité plus haut ; elles sont aussi calmes que les voyelles sont impétueuses : elles ont donc tout ce qu'il falloit pour peindre les idées. Ajoutons qu'elles se raprochent encore plus des idées, parce qu'il faut plus d'art pour les produire, que pour les Voyelles : que celles-ci sont plus l'effet de la Sensation ; & celles-là, plus l'effet de la réflexion.

Ainsi l'Homme doué de la vie sensitive & de la vie intellectuelle, trouve dans l'Instrument Vocal tout ce qui lui est nécessaire pour le langage de l'une & de l'autre, & il le trouve sans être obligé de l'inventer, de le créer, parce que la Nature qui le créa Etre sensible & Etre pensant, lui donna tout ce qu'il falloit pour exprimer ses Sensations & ses Pensées.

Rien donc de ce qui a raport à l'Origine du Langage ne peut se dérober à nos recherches, puisque nous en trouvons tous les élémens dans la Nature de l'Homme, & que ces élémens embrassent entr'eux toute l'étendue du Langage.

Ne soyons donc étonnés, ni de ce que les Animaux ont comme nous un langage de Sensations, puisque comme nous ils éprouvent des Sensations ; ni de ce qu'ils sont privés du langage qui résulte des Consonnes, puisque celles-ci ne sont que l'expression de la vie intellectuelle dont ils sont privés.

La Nature en leur donnant les intonations, leur eût fait un présent inutile ; en nous en privant au contraire, ou en les abandonnant à notre génie, elle eût laissé son ouvrage imparfait : elle nous eût donné le plus, & nous auroit refusé le moins. Elle auroit dirigé le langage dans la vie sensitive, & elle l'auroit livré à lui-même dans la vie d'intelligence.

CHAPITRE X.

Effets de la réunion & du mêlange de ces deux Langages.

OBJECTEROIT-on que les sons & les intonations se mêlent continuellement dans la parole ; que nous exprimons par l'un & par l'autre des choses qui sont autant du ressort des Sensations que du ressort des idées ? Cette observation, quoique vraie, ne détruit cependant aucune des remarques que nous venons de faire ; elle se concilie au contraire parfaitement avec elles : elle démontre même jusques où s'étend la perfection de l'Homme.

Le langage des Sensations est subordonné à celui des idées, comme nos facultés physiques sont subordonnées à nos facultés intellectuelles ; ou plutôt, il se fait en nous un mêlange continuel de ces facultés & de ces deux langages, ensorte qu'ils participent mutuellement aux qualités qui leur sont propres à chacun en particulier.

C'est par-là que le langage des Sensations, qui chez les Animaux ne consiste que dans des cris divers, & qui se manifeste également chez nous par des cris, se perfectionne si prodigieusement par le moyen des idées, que nous ne pouvons presque plus le distinguer du langage des idées ; c'est par-là que nous démêlons les diverses Sensations qui nous affectent ; que nous sommes en état de raisonner sur chacune ; que nous leur imposons des noms & à elles & aux organes auxquelles nous les devons ; que nous les suivons dans tous leurs effets, dans toutes leurs combinaisons ; que si elles influent sur le langage, le langage à son tour influe essentiellement sur elles : que si elles nous conduisent à des idées nouvelles, nos idées répandent sur elles la plus vive lumiere.

Il se fait ainsi un si grand retour des Sensations aux idées, & des idées aux Sensations, qu'il faut beaucoup de sagacité & d'attention pour démêler ces diverses facultés, pour reconnoître les propriétés qui les caractérisent, pour distinguer les influences de chacune.

Mais on ne peut en conclure que ces facultés ne sont point différentes l'une de l'autre, & que le langage de l'une est le langage de l'autre ; cette conclusion précipitée brouilleroit tout, & nous éloigneroit pour jamais du vrai.

Il faut au contraire nous servir de ce que nous apercevons très-clairement & très-évidemment, pour répandre du jour sur ce qui est moins sensible; il faut démêler ce que les sensations & les idées ont de commun, d'avec ce qu'elles ont de propre. Cette attention nous fera découvrir avec autant d'aisance que de certitude, tout ce qui les concerne, & nous mettra en état de suivre les Phénomènes qu'ils offrent ensemble ou séparément, & d'en rendre raison de la maniere la plus intéressante.

CHAPITRE XI.

Valeur de chaque Son ou Voyelle, relativement aux Sensations.

JUSQUES-ici les mots de chaque Langue ont été entassés pêle-mêle dans les Dictionnaires ou dans la mémoire des Hommes; & le seul ordre qu'on pût y mettre, étoit l'ordre alphabétique; ordre qui paroît lui-même très-arbitraire, ou plutôt une énigme inexpliquable: combien de questions embarrassantes, en effet, ne peut-on pas faire à cet égard? Pourquoi si peu de Lettres chez quelques Peuples? pourquoi un si grand nombre chez d'autres? & ceux ci en sont-ils plus riches en mots? Pourquoi l'arrangement de ces Lettres tel qu'il est? Pourquoi les voyelles y sont-elles pêle-mêle avec les consonnes? Comment est-il arrivé que tous les mots se trouvent renfermés dans un si petit nombre de Lettres? D'ailleurs, quel désordre ne résulte-t-il pas de cet arrangement? C'est le déchirement d'Absyrte par Medée: tous les membres d'un même corps y sont épars sous toutes les Lettres, chaque mot y est isolé; il y paroît sans force & sans vigueur, dépouillé de toute son énergie, de cette énergie qu'il tient de ses Peres, & qu'il partage avec ses Freres. Si l'on ne peut s'empêcher de reconnoître quelquefois de la ressemblance entr'eux, cette lumiere est si ténébreuse qu'on ne peut s'en rendre raison, & qu'on l'attribue elle-même au hazard, à une rencontre fortuite qui doit avoir lieu lorsqu'avec un si petit nombre de Lettres, on forme un si grand nombre de combinaisons: & l'on retombe ainsi dans toutes ses incertitudes. On est bien plus dérouté, lorsque l'on veut comparer les Dictionnaires de deux Langues voisines: tout y change, jusques aux Lettres. Le nombre des mots lui-même dans chaque Langue, pourquoi n'est-il pas plus grand ou plus petit?

Ces

Ces embarras, ces ténèbres ne peuvent résister à l'analyse : déjà on voit l'ordre se lever pour les Langues ; tous leurs mots, tous leurs Dictionnaires, se diviser en deux grandes classes ; d'un côté, les sons & les mots qui en sont dérivés, langage des sensations ; de l'autre, les touches ou leurs intonations, & les mots qu'elles forment, langage des idées.

Plus cette division est simple & naturelle, plus ses suites seront vastes & ses conséquences heureuses : tous les mots vont se réunir à l'une ou à l'autre, suivant le raport plus ou moins prochain qu'ils auront avec elle : la cause de leur énergie ne sera plus un problême inexplicable, puisqu'elle résultera de ce raport ; la recherche des étymologies n'aboutira plus à des racines arbitraires & qu'on ne doit qu'au hazard, semblables à cette terre stérile, qui résulte de l'analyse chymique & qui n'est bonne à rien. On aura la satisfaction de voir par-tout des mots donnés par la nature, & distribués suivant les besoins de la parole.

Passant alors de divisions en divisions, on voit chaque voyelle s'attribuer un genre particulier de Sensations ; tous les sons, désignés par elles, ainsi que tous les phénomènes qui en sont la suite : & chaque ordre d'idées, s'exprimer par des intonations différentes ; dès-lors chaque mot va rejoindre ceux avec lesquels il a quelque raport. Ainsi tous les mots se classent de la maniere la plus simple, la plus satisfaisante & la plus lumineuse ; leur étymologie, toujours conforme à la nature & à l'ordre, ne laisse plus rien à désirer.

Pleins d'espérance à la vue d'avantages aussi précieux qu'assurés, continuons donc notre analyse, & voyons quelles sensations ont été attachées à chaque voyelle, ou ce qui revient au même, quel genre de sensations chaque son a été propre à représenter. En effet, le choix d'un son pour désigner une sensation, ne put lui-même être arbitraire : il fut fondé sur la nature même, sur les propriétés de chaque son.

Et qu'on ne dise point que de cette maniere, notre course devient longue & pénible ; quoique nous nous mettions dans le cas de rendre raison de tout ce qui s'est fait relativement aux Langues & aux mots, il sera bien plus aisé d'y parvenir, que si nous n'apercevions par-tout que de l'arbitraire. L'arbitraire ne conduit à rien : l'analyse, au contraire, est le fil d'Ariadne, qui fait sortir promptement du labyrinthe, dans lequel on a été conduit pour être utile.

Voici donc ce que l'analyse nous aprendra relativement à la valeur des voyelles : Que le son A marqua toujours la sensation de l'état dans lequel nous nous trouvons, & qui nous est propre, la propriété, la domination.

Que le son Hê, ou E, extrêmement ouvert & aspiré, désigna la sensation de la vie, & tout ce qui contribue à la vie, la terre, par exemple.

Que le son E fut consacré à l'existence, au sentiment que l'on en a, & à tout ce qui y est relatif.

Que le son I fut relatif à la main & à tout ce qui concerne le sens du toucher, & les soins, les secours qui en sont l'effet.

Que le son O désigne la sensation de la vue, l'œil, & tous ses effets.

Le son U, l'action d'humer, le goût & l'odorat.

Et le son OU enfin, l'ouie, l'oreille & tous leurs effets.

Ces raports, à la vérité, ne se seront pas toujours conservés avec la même simplicité chez tous les Peuples: ils auront essuyé nombre d'altérations pendant cette longue suite de générations qui se sont succedées les unes aux autres: les Peuples qui n'avoient que quatre ou cinq voyelles, n'auront pu conserver cette distinction avec la même exactitude; ici, quelques racines se seront perdues; là, elles ne paroîtront qu'associées à d'autres Lettres: ailleurs, une prononciation aura été remplacée par une autre: d'ailleurs plus les mots sont communs, & d'un usage familier, plus vite ils s'altèrent; sur-tout lorsqu'ils sont formés de sons aussi fugitifs que les voyelles.

Malgré tous ces inconvéniens, & au milieu de toutes ces ruines & de tant de décombres, notre principe reste intact & inébranlable, dès que nous pouvons former une chaîne, qui s'étendant des tems primitifs jusques à nous, embrasse la plus grande partie des Langues connues; que tous les faits connus, sont parfaitement assortis à ces principes, ou peuvent s'y ramener par des conséquences & des analogies incontestables.

A.

Premier des sons : ses différentes acceptions & leurs causes.

Le son A, le plus haut des sons, celui qui est à la tête de l'Octave descendante; & comme cri, effet d'une impression subite que nous recevons, devint le signe naturel ; 1°. de l'état dont on est affecté ou dans lequel on se trouve : 2°. de ce qui nous est propre : 3°. par conséquent, de ce qu'on possède : 4°. de ce dont on jouit : 5°. de la domination & de la priorité.

Point de Langue où il n'offre quelqu'une de ces significations, comme verbe, comme préposition ou comme article : & qui n'ait quelque mot dérivé de ce mot primitif dont il tire toute son énergie.

1°. *En François.*

I°. A est un verbe qui dans la Langue Françoise désigne, 1°. l'état dans lequel on se trouve, l'état dont on est affecté, soit au propre, soit au figuré.

Au propre :

Il A *une soif ardente.*

Il A *une grosse fiévre.*

Au figuré : *il* A *du plaisir à vous voir.*

Il A *une grande douleur de vous avoir offensé.*

Ce verbe désigne, 2°. ce qu'on posséde, la propriété, la possession, au propre, &c.

Il A *de grands biens, de grandes dignités, de grandes vertus, de grandes charges.*

II. A est une préposition qui désigne ; 1°. la situation.

Il est A *Paris*, A *Versailles.*

2°. La qualité qu'on posséde : *homme* A *systême* : *tête* A *perruque* : *table* A *pied de biche* : *bon* A *manger.*

3°. Le but, en quelque sens que ce soit. *Il s'attache* A *plaire* : *il va* A *la chasse*, A *Rome*, A *l'armée. Il écrit* A *ses parens.*

4°. La propriété, la possession. *Ce livre est* A *mon ami. Il n'apartient qu'*A *un grand homme de faire de grandes choses.*

III. Lorsque les mots prirent des terminaisons différentes pour désigner les personnes & les tems & qu'ils devinrent Verbes, A, reçut lui-même diverses inflexions : ainsi on dit en François pour la premiere personne *j'A* & puis *j'Ai* ; pour la seconde, *tu As* ; pour la premiere du pluriel *nous Avons.*

L'infinitif fut *Avoir*, le participe *Ayant.* Mais si *A* s'étoit changé en *Ai* pour former la premiere personne du présent, il se changea en *O* pour former la troisiéme personne du pluriel : au lieu de dire *ils Ant*, nous disons *ils ont*, tout comme nous disons *ils vont*, au lieu de dire *ils vant* ; tandis que les Italiens ont conservé l'A, disant *hanno* & *vanno.*

Nous avons donc ici dans notre propre Langue, un exemple sensible des changemens qu'éprouvent les mots les plus familiers ; & auxquels cependant on fait très-rarement attention.

IV. Nous avons fait voir dans la Grammaire Universelle & Comparative (1) les sens qu'offre ce verbe, lorsqu'il est associé aux participes passifs, lorsqu'on dit, par exemple, *il* A *fait*, *il* A *écrit*, &c. que ce n'est qu'une formule elliptique, & qu'elle tire toute de son énergie de la valeur du verbe *A*, comme désignant la situation, ou la propriété. Si l'on vouloit déveloper à un Etranger la valeur de ces mots, *il* A *fait*, on seroit obligé de leur substituer cette phrase ; *il s'est mis dans cet état*, ou *il est parvenu à cet état par lequel on possède une chose faite par soi-même.*

Long-tems, on a cru que ce verbe venoit du verbe Latin *habere*, qui signifie *Avoir* ; & l'on reconnoissoit dans la préposition A, la préposition Latine *Ad*, qui offre en effet les mêmes sens. Mais d'où venoient *Ad* & *habere* ? Là s'arrêtoit l'effort étymologique : on ne voyoit plus rien au-delà qu'hazard & qu'obscurité impénétrable. Voyons si nous serons plus heureux.

2°. *En Latin*

Les Latins se sont servis, en effet, du verbe HABERE, pour désigner la même chose que nous par le verbe *Avoir* ; & leur AD répond à notre A. Ainsi, au cas que nous tenions ces mots des Latins, ils ne seront qu'une abréviation du verbe *habere*, & de la préposition *ad* : & tous nos raisonnemens sur *A* seront anéantis. Mais est-il prouvé ; 1°. que nous ne tenons ces mots que des Latins ; & 2°. que les Latins eux-mêmes n'ont pas formé les leurs sur l'*A* primitif revêtu de tous les sens que nous lui donnons en François ? Non sans doute ; aucune de ces assertions n'est prouvée. Bien loin de-là ; nous allons démontrer que toute l'énergie des deux mots Latins *ad* & *habere*, dérive de la valeur assignée à la voyelle A : & que si nous avons abrégé *habere* & *ad* en *A*, nous n'avons fait que ramener ces mots à leur simplicité naturelle & primitive.

Disons-le hardiment : lorsque les Latins ont dit, *hab-e*, aye ; *hab-eo*, j'ai ; *hab-ens*, ayant ; *hab-ere* (au lieu de *hab-ein*,) avoir ; ils n'ont fait autre chose que changer *A* ou HA en verbe, en l'associant avec le verbe E, qui

(1) P. 216. & suiv.

désigne l'état, & qui seul est le verbe par excellence, comme nous l'avons démontré dans la Grammaire Universelle & Comparative. Ainsi, *hab-e* signifiera *sois ayant*, sois dans l'état d'une personne qui A : *hab-e-o* signifiera *je suis dans l'état d'une personne qui* A. *Hab-ere* ou plutôt *hab-ein*, comme dans toutes les Langues & avant que les Latins eussent changé ici *n* en *r*, signifiera *être dans l'état apellé* A.

Si HA est ici accompagné d'un *b*, n'en soyons point surpris, & n'en tirons aucune conséquence fâcheuse contre l'étymologie que nous en donnons : personne n'ignore que les Latins, & avant eux les Eoliens qui parloient à peu-près la même Langue, inséroient une labiale, *b*, *v*, *f*, entre deux voyelles lorsqu'elles se trouvoient placées de suite dans un même mot : ils ont dit *ovis* au lieu de *oïs* ; *lævus* au lieu de *laios* : & ne disoient-ils pas *Ab* au lieu d'A, toutes les fois que leur préposition *A* se trouvoit devant un mot qui commençoit par une voyelle ?

II. Mais qu'est-ce que cet *A* lui-même, qui devient si souvent *Ab* ? C'est notre mot *A* employé comme préposition, pour marquer le raport de propriété entre deux objets dont l'un a été envahi par l'autre, ou l'état qu'un objet éprouve de la part d'un autre. Ainsi ils s'expriment comme, si au lieu de dire *Rome fut prise* par *les Goths*, nous disions *Rome fut prise* A *les Goths*.

Amatur A patre, *il est aimé* par *son Pere*.

III. Lorsqu'A marque le but, alors les Latins pour le distinguer d'*A* & d'*hab*, le prononçent AD. Ainsi, ils disent *scribo* Ad *meum fratrem*, j'écris A mon frere. Ad *eum*, pour lui.

Ajoutons qu'*hab-ere* réunit toutes les significations physiques & morales, propres ou figurées, dont il pouvoit être susceptible.

1°. Avoir, posséder, *habere domum*.

2°. Tenir ; 1°. au sens de garder, de conserver.

Habere tecta sarta, tenir clos & couvert.

Habere secum, tenir secret, ne dire mot.

2°. Au sens d'estimer, de croire.

Habere certum, tenir pour assuré.

Habere pro stercore, tenir pour du fumier, ne tenir compte.

3°. Etre dans un certain état.

Habere se bellè, se porter à merveilles, être bien dans ses affaires.

De-là ces mots Latins ; 1°. *habentia*, les biens, les richesses, l'opulence.

2°. *Habitio*, l'état de possession.

3°. *Habitus* & *habitudo*, état, habitude, situation, qualité.

3°. *En Suédois.*

Si nous passons du Midi au Nord de l'Europe, nous retrouverons encore A avec les mêmes significations.

1°. A est en Suédois la premiere & la troisiéme personne du présent : il sert donc pour *j'ai* & *il A.*

Suivant qu'ils le modifient par *Ag* ou par *Haf*, ils en font deux verbes différens, mais toujours avec la signification d'avoir.

2°. Hafwa, signifie donc, 1°. Avoir : 2°. ce qu'on A à faire, *devoir* : 3°. le succès d'une chose : 4°. l'état dans lequel on se trouve.

3°. Aga en vieux Suédois, mais adouci en *Aiga* ou *Æga*, se prend davantage au sens propre ; il signifie *avoir*, *posséder*. C'est à ce verbe qu'apartient A comme premiere & troisiéme personnes.

4°. A est l'article *un*, dans plusieurs Provinces de la Suéde, dans la Dalécarlie, la Bothnie Occidentale, la Gothie.

Du verbe *hafwa*, viennent *häfwor*, facultés, richesses ; & *hæfig*, riche.

5°. Du verbe A, ils en ont fait aussi la préposition Af qui est la même qu'*Ab* des Latins qui fut aussi prononcé & écrit en *Af*, comme on le voit dans les Loix des XII. Tables.

6°. Du verbe *Aga*, adouci en *Aiga*, ils en ont fait ces mots : *egen*, propre ; qui apartient en propre ; *egn*, propriété, possessions, biens fonds ; *egen-dom*, possession ; *egna*, rendre propre ; 2°. convenir.

4°. *Autres Dialectes Theutons.*

Les Goths eurent les mêmes mots, & avec les mêmes significations.

AF signifie chez eux la même chose que A & Ab des Latins.

Aigan, avoir, posséder ; *AIH*, j'ai ; *AIGands*, ayant ; *Aihum*, nous avons ; *aigun*, ils ont.

AIbin, & *Aihn*, propre : 2°. propriété.

HABan, qui signifie avoir, & qu'ils conjuguent ainsi :

Haba, j'ai; *habais*, tu as; *habaith*, il a; *habam*, nous avons; *habaith*, vous avez; *haband*, ils ont. *Habands*, qui a, ayant; au génitif, *habandis*; & au datif, *habandin*.

2°. Tenir, retenir, saisir: d'où le Franc, *habunga*, détention.

3°. Conserver, garder.

4°. Il s'associe aux futurs, & répond à notre verbe *devoir*. Cela A à être, *pour dire* cela doit être. J'ai A aller, *pour dire* je dois aller: & ne disons-nous pas en François, *j'ai telle chose* A *faire*, *tel devoir* A *remplir*? & n'est-ce pas un vrai futur? & ce que les Latins rendoient par le participe futur en *dus*?

II. Les MŒSO-GOTHIQUES ont dit, *Aih*, pour *j'ai*, & *il A*, tandis que les Anglo-Saxons ont prononcé *AH*, dans ces deux occasions.

Aigan a signifié chez eux avoir.

III. Les ANGLO-SAXONS ont dit, *Agan*, *Aigan*, *Aignian*, posséder; *Agend*, propriétaire; *ehte*, les biens; *habban*, *heibben* & *hæbban*, avoir; *hæfene*, ayant.

IV. Les ISLANDOIS disent *Eyga* & *Hafa*, avoir, posséder.

V. Les DANOIS, *Eget* & *Hafver*.

VI. Les ANGLOIS ont tous ces mots.

A, un; & *An*, devant les mots qui commencent par une voyelle.

A préposition. *To go* A *hunting*, aller à la chasse.

So much A *week*, tant par semaine.

I would A, mot à mot, *j'aurois été Ayant*.

HAVE, avoir; *he has*, il a; *having*, ayant; *I had*, j'avois.

Hab-nab, mot à mot *A* & *n'a pas*, avoir & n'avoir pas: *c'est-à-dire*, le hazard; 2°. au hazard. BAILEY l'a bien vu dans son Dict. Angl.

VII. Les ALAMANNIQUES, *Eigan*, posséder.

VIII. Les ALLEMANS, *Ab*, préposition qui marque le lieu d'où l'on sort, & répond à *ab* des Latins.

Eigan, propre; *Eigenheit*, propriété. *Eigenthum*, possession. *Eignen*, apartenir.

De-là ces mots, en usage au commencement du XVIe. siécle, dans le dialecte de la Souabe & de l'Alsace.

Aigen, propre; *Aigenschaft* propriété; *Aigner*, qui apartient en propre; *Aigen*, s'aproprier, s'emparer.

Haab, biens, facultés, moyens; *Haben*, avoir, posséder. *Habend*, ayant.

IX. Les FLAMANS : ils ont changé la préposition *A* en *AAN*.

Eigen, propre, qu'on a en propriété.
Eigenaar, propriétaire.
Eigendom, propriété, &c.
HEB-*ben*, avoir.

5°. *En Grec.*

Sera-t-il difficile actuellement de reconnoître chez les Grecs le verbe *avoir*, ou *posséder*? Puisque dans toutes ces Langues du Nord, A est devenu *Ah*, *Aih*, *Aig*, *Eg*, on reconnoîtra sans peine ce verbe dans le Grec Ἔχω, *EKh-ô*, qui signifie *Avoir*, être affecté, avoir l'administration, le gouvernement, &c. 2°. Apartenir : 3°. tendre, aller à : 4°. se porter bien : 5°. jouir : 6°. Tenir, ou être attaché à.

Il ne restera même aucun doute à cet égard, lorsqu'on saura que ce verbe n'avoit point changé chez une portion des Grecs d'Asie; & que les Pamphyliens avoient été constans à employer *ABein*, pour signifier *avoir*, tandis que les Grecs & les Goths le changeoient en *AIKh* & en EK.

Lors donc qu'on voit ce verbe *A* exister aux deux extrémités de la Grèce, en Pamphylie & dans le Latium, & n'être interrompu dans les pays intermédiaires, que par une altération commune à des Langues qui ont conservé le verbe A, on ne peut douter que les Grecs eux-mêmes n'ayent enté leur verbe *Ekhô* sur *Ag*, *Ah* & *A*. Ces raports font une démonstration complette.

2°. Les Grecs ont employé aussi *A* pour désigner l'article féminin *la*, ou *une* : mot qu'ils adoucirent ensuite en *hê*, à l'exception des Doriens.

3°. Ils en firent la préposition *Apo*, ou *af'*, la même que celle des Latins & des Peuples du Nord.

4°. Ils s'en servirent pour former le présent de plusieurs verbes : lorsqu'ils disoient *Timae*, il honore, il respecte, il estime, ils réunissoient trois mots ensemble, *Tim-A-e*, qui signifioient mot à mot, *il est ayant estime*; tout comme nous disons, par un autre arrangement, *il A de l'estime.*

6°.

6°. *Orientaux.*

Cet usage leur fut commun avec les Orientaux.

Les INDIENS disent de même,	*Me pie* A, moi bu Ai. *Toe pie* A, toi bu As. *Whe pie* A, il bu A.

2°. Les EGYPTIENS ont dit également:

AI sabe, *Ai moi sagesse*, *ou* je suis sage: *A K sabe*, tu es sage, tu As sagesse, &c.

3°. Il en est de même des BAS-BRETONS: ils disent,

Me A car, j'aime, *ou* j'AI amour, j'AI; cher *Te A car*, tu aimes, *ou* tu As amour, tu AS cher, &c.

7°. *Prétérit Grec.*

Le prétérit Grec se terminoit aussi par A: ainsi ils disent *Tetup-hA*, j'ai frappé: *Tetimék-A*, j'ai estimé, j'ai honoré.

8°. *Basques*, *Irlandois &c.*

N'omettons pas que les IRLANDOIS ont la préposition Ag, avec la même signification qu'en François: qu'elle devient également *Ac*, ou *Ag*, chez les Gallois, quand elle précede des voyelles.

Et que chez les BASQUES, A est, comme en Grec & en Anglois, l'article *le* & *la*.

C'est encore le HÆC des Latins, & *Hé* des Grecs.

HA, HE, étoient des articles chez les anciens Bretons, selon BAXTER: de-là le Bas-Breton HA, qui signifie *lui*.

9°. *Hébreux & Arabes.*

Ak ou *Ekh*, signifiant avoir, est commun aux HÉBREUX & aux ARABES.

Chez les premiers, אחז, A'HZ offre toutes les significations du verbe que nous venons de parcourir chez tant de Peuples: il signifie *posséder*, *tenir*, *jouir*; & *Ahuzé*, possession, domaine, propriété.

Chez les seconds, AKHAD signifie s'aproprier, prendre, occuper, faire esclave; soumettre à sa propriété, signification qui supose celle de posséder; tout comme nous avons vu que ceux de Souabe disent *Aigen*, s'aproprier; d'après *Aga*, posséder.

Dira-t-on que le raport de ces verbes Orientaux avec notre verbe *Avoir*, est un pur hazard ? Mais on ne prouveroit que son inexpérience, dans la comparaison des Langues de l'Orient avec celles de l'Occident : elles offrent une multitude de raports plus frapans même que ceux-ci : en voici quelques-uns tirés de l'Arabe, & qui précédent ou suivent le mot dont il s'agit ici.

Av, désir; *Lat.* aveo, désirer, & avidus; *Franç.* avide, avidité.

Athel, noblesse, gloire; mot de tous les Dialectes Theutons : en *Flam.* adel, *noblesse*.

Atham, iniquité, corruption; *Celte*, TAM, souillure, fumier : *Lat.* attamino, contamino, *souiller*, &c.

Ather, excellence, choix, élite; 2°. *comme verbe*, choisir, surpasser, honorer : *Hébr.* יתר, *ither*; surpasser, &c. Mots composés de la racine *ter*, qui signifie excellent, d'où *ter*, marque du comparatif en Grec & en Persan : *ter*, terminaison signifiant l'excellence dans *pa-ter*, *ma-ter*, pere excellent, mere excellente, &c. *ter*, trois qui se met pour un nombre indéfini, & qui a fait *très*, marque du superlatif.

Athoun, fournaise, du *Celte*, TAN, *feu*, qui est Chinois, Latin, Anglois, &c.

Akh, égal, semblable; *Hébr.* אח, a'h, *Lat.* æq-ualis, *Franç.* égal; *Celte*, aik & aice.

Ahen, haine; *Chinois*, hen; *Franç.* haine.

Akra, qui vient après; *Lat.* cras, *demain.*

Des raports aussi multipliés dans un petit nombre de pages, prouvent à quel point toutes ces Langues se ressemblent : & donneront une idée plus avantageuse encore des ressources que fournit à cet égard leur comparaison. On voit même par cette notice, que la plûpart de ces mots sont plus simples chez les Celtes que chez les Arabes; & par-là même, plus près de la Langue primitive. Dira-t-on que les Arabes les ont tirés du Latin ou de l'Allemand; tout comme on dit que nous avons tout tiré du Latin ? Cette idée ne vaudroit pas la peine d'être réfutée.

On ne pourra donc se refuser à l'idée, que puisque A présente dans toutes ces Langues depuis les Indes jusques à l'Océan les mêmes idées relatives à la propriété, toutes ces Langues tiennent ce mot de la primitive, & que celle-ci en fut redevable à l'imitation même de la Nature.

Comme c'est ici le premier des mots de la Langue primitive & un de ceux dont les raports étoient le moins soupçonnés, nous avons cru être obligés à le présenter dans le plus grand détail : nous serons plus courts à l'égard des autres voyelles.

Observations particulieres.

Ne finissons point cet article sans une observation essentielle, qui n'aura pas échapé à nos Lecteurs : c'est que la comparaison des Langues fait retrouver des raports dans des mots où il seroit impossible d'en trouver aucun si l'on étoit privé de son secours. On avoit raison, sans doute, par exemple, de ne voir nul raport entre *Ekhô* des Grecs, & *Habeo* des Latins : quoiqu'on eût lieu d'être surpris que ces deux Peuples, dont la Langue étoit la même dans les principes, n'eussent pas le même mot pour désigner la propriété, la qualité d'*avoir*. Il n'y avoit qu'une grande habitude qui pût faire voir que *Ah*, pouvoit être devenu *Habeo* chez l'un & *Ekhô* chez l'autre.

Nous osons assurer qu'il en sera de même pour tous les autres mots, dès qu'on aura de bons Recueils des Langues : ce à quoi on ne sauroit travailler avec trop de soin ; car dès-lors, on verroit la chaîne des Langues se former d'une maniere aussi utile qu'admirable : sur-tout par le raport des opérations de l'esprit humain : c'est ainsi que dans cette famille d'*A*, nous voyons les Souabiens & les Arabes se servir d'*Ak*, pour désigner l'*action de se mettre en possession* d'une chose par force..

C'est ainsi encore qu'une observation d'OLAUS RUDBECK, complette cette famille relativement aux Goths ; il nous aprend dans sa célébre *Atlantique*, que dans la Langue Gothique, *A* signifie *posséder*. C'est un nouveau chaînon à ajouter à tous les précédens.

De l'A privatif.

Les Grecs employent l'A comme une préposition initiale, & alors elle offre un sens directement oposé à celui que nous avons vu qu'ils attachoient à l'A final dans les présents des verbes. Dans ces présents, il signifie *posséder*, *jouir* ; mais dans la place oposée à celle qu'il occupe, ou à la tête des mots, il désigne l'oposé, la PRIVATION, précisément comme la préposition A des Latins : ainsi tandis que *Tim-A-ein* signifie *honorer*, & *Tim-A*, honneur, respect; *A-timia*, signifie deshonneur, infamie, & *A-timaein*, être deshonoré, ne mériter aucune estime, aucune considération.

Cette méthode, à laquelle on n'a pas fait assez d'attention & qu'on regardoit trop comme l'effet du hazard, réunissoit la clarté, la briéveté & l'élégance. Sans multiplier les signes, on en tiroit le plus grand parti; celui d'exprimer par un seul signe les idées directement oposées, en variant simplement sa place : & tel est l'avantage de l'analyse des Langues, qu'elle n'expose pas seulement les phénomènes des Langues, mais qu'elle en fait voir les causes & la beauté, ensorte qu'elle les rend infiniment plus intéressans: la dédaigner, ce seroit prouver uniquement son mauvais goût, ou la légereté avec laquelle on auroit réfléchi sur ces objets.

§. II.

HÊ, 'HE ou KHÉ.

Second des Sons & des Voyelles : sa signification propre, ses altérations, ses dérivés, &c.

La voyelle Hê tient une place distinguée dans le Langage des sensations, & a fourni à toutes les Langues un très-grand nombre de mots. La Famille qui en résulte, a cependant échapé à tous ceux qui se sont occupés des Langues: elle paroîtra donc ici pour la premiere fois : mais afin que nos Lecteurs ne soient point dépaisés par les formes différentes qu'elle a pris chez chaque peuple, & qui avoient été jusques-ici un obstacle invincible à ce qu'on pût reconnoître leur origine commune, on doit se rapeller & ne jamais perdre de vue ceci : 1°. que cette lettre ח, hé, est le *hêta* des Grecs & le *heth* des Hébreux, ce *heth* qu'on regarde si mal-à-propos comme n'ayant jamais été voyelle : 2°. que c'est une voyelle longue qui s'est rendue par é, par *ai*, par *ae* ou *æ*, surtout chez les Latins, qui de *musés* faisoient *musai* ou *musæ* : 3°. que c'est l'aspiration gutturalisée, ensorte qu'elle s'est prononcée *'Hé*, & par adoucissement *Khé* : 4°. que cette aspiration s'adoucit aussi en W & en QW : ajoutons que cette aspiration gutturale étant trop dure pour plusieurs Peuples, elle a disparu dans nombre de Langues qui lui substituerent des sons plus doux. Obſervations néceſſaires, puiſque ſans elles, il ſeroit impoſſible de ſuivre la comparaiſon des mots dont cette Famille eſt compoſée.

Ce ſon 'HE, déſigne la ſenſation de la VIE, & celles que produiſent ſes effets; ainſi que tout ce qui contribue à l'entretien & à la conſervation de la Vie.

PREMIERE SIGNIFICATION: LA VIE.

Chez les Orientaux.

En *Hébreu*, חי, mot qu'on peut prononcer HEI, *'hei*, *chei*, *ghei*, *hi*; ſignifie vie; 2°. un Être vivant, tout ce qui vit, un animal quelconque: 3°. l'Être vivant par excellence, Dieu: 4°. tout ce qui eſt néceſſaire à la vie: 5°. les maiſons de Campagne, les poſſeſſions ſans leſquelles on ne pourroit vivre. De-là, ces mots;

חיה, *'heie*, vivre; 2°. donner la vie; 3°. ſe rétablir.

Comme *nom*, vie; 2°. animal, troupe d'animaux, une horde.

חיות, *'heiuth*, vie. חיים, *'heiim*, âge, tems.

חוות, *'huuth*; & à la Maſſoréthique, *chavoth*, Bourgs, gros Villages.

En *Arabe*, *'hei*, *'hi*, vivre; 2°. être plein de vie: 3°. être en bonne ſanté: 4°. vivifier, donner la vie; 5°. être réjoui *par l'abondance*, &c. 6°. ſubſiſter par des terres fertiles, par des troupeaux ſains, &c. avoir tout ce qu'il faut pour ſon entretien.

Comme *nom*, *'heih*, vie; 2°. fertilité, abondance.

En Zend, *gueïé*, ame, vie.

En Suédois.

Chez les Suédois, l'aſpiration H de ce mot s'eſt changée en W & en QW; de-là ces mots:

WÆT, *wijkt*, être vivant, animal; 2°. Animaux nuiſibles, monſtres, &c. 3°. tout ce qui exiſte, une choſe quelconque: 4°. un rien, une choſe de néant, une *vétille*.

QWICK, vif; 2°. gai, diſpos: 3°. tout ce qui vit.

Qwicka, vivifier.

Qwick-ſilfwer, argent vif.

En Latin.

Les Latins changerent également ici *H* en *V*; & ils redoublerent presque toujours ce monosyllabe: de-là ces mots:

VI-*vi-t*, il vit; *vi-ve-re*, vivre.
Vi-vus, vivant, qui vit; 2°. frais, naturel.
Vi-visco, prendre vie.
Vi-vidus, qui a de la vie, de la vigueur.
Vi-vax, qui vit long-tems, vivre.
Vi-vacitas, vivacité, force, vigueur.
VITA, vie; *vitalis*, vital, qui soutient la force.

2°. *Victus*, vie; 2°. le vivre, la nourriture, l'entretien.
Vi-ctualia, ce qui est nécessaire pour la vie.
Vi-cto & *vi-ctito*, se nourrir, s'entretenir.

3°. *Vis*, ablatif *vi*, force, vigueur; 2°. vertu, propriété, énergie; 3°. violence, effort; 4°. puissance, pouvoir; 5°. abondance, multitude, quantité.
Violo, *violentia*, *violentus*, relatifs à la force, à la violence.
Vigor, vigueur, force; *vigeo*, être en vigueur.

4°. VET-*erina*, bêtes de somme.
Veterinaria medicina, art vétérinaire, art de guérir les animaux, sur-tout les chevaux.
Vit-ula, genisse; *vitulus*, veau, bouvillon.

En Grec.

Les Grecs, dans quelques mots, suprimerent simplement l'aspiration: & dans d'autres, ils la changerent, à la Suédoise & à la Latine, en *v* devenu *b*: de-là deux ou trois Familles Grecques venues de HÉ.

1°. Is, force, vigueur, le *vis* des Latins.
Is-khys, force.
Is-khyô, avoir le pouvoir.
Is-khyros, robuste.
Is-khô, réprimer, contenir.

2°. *H* changé en V, & V en B.

BIA, force, violence.

Biaios, violent.

Biazomai, faire ses efforts; 2°. faire violence.

3°. BIOS, vie; 2°. entretien; 3°. facultés.

Bioô, vivre; *biôtikos*, vital, qui soutient la vie.

Bioteia, genre de vie.

Dialectes du Nord.

Gallois, WIF, je suis, j'existe.

Theuton, *vuith*; Islandois, *vætir*; Anglo-Saxon, *vuht*, *wiht*, animaux, créatures.

Anglo-Saxon, *cuis*; Alamannique, *quick*; Islandois, *kvickr*; Anglois & Flamand, *quick*; ancien Allemand, *qweck*; Danois, *qweg*, vif, vivant, animal, tout ce qui vit.

D'où *quick-silver* dans toutes ces Langues, *argent vif*, *mercure*.

Vieux Souabe, *vich* & *viech*, animal, *bétail*, avec plusieurs dérivés. Allemand, vich, bête, *bétail*.

M. IHRE a très-bien vu que *qwick* vient du même mot *wijkt*, auquel nous le raportons ici.

De-là cette Famille Allemande. WEIDE, pâturage; 2°. chasse, d'où *weidmann*, un chasseur, &c.

II^de^. SIGNIFICATION: GENRE HUMAIN; *Homme*, *Femme*.

Hébreu, חוה, 'hevé, 'hué, EVE, la Mere des vivans; 2°. la source de la vie.

Arabe, *'heih*, sexe féminin; 2°. pudeur.

Allemand, *wei*; Anglois, *wife*; Flamand, *wyf*; Suédois, *wif*; Souabe, *wib*, femme, avec plusieurs dérivés.

Anglois, *wigh*, homme.

'HEI, devenu *cai* en Latin, a fait CAIUS & CAIA, le Maître & la Maîtresse, l'Epoux & l'Epouse, mots conservés dans cette formule que prononçoient les Romains en prenant une femme; *je suis ton* Caius, *& tu es ma* Caia. Formule dont ils avoient perdu eux-mêmes l'origine.

Ce mot *Caia*, Maîtresse, étoit aussi chez les anciens Romains un titre d'honneur porté par les Femmes, & qui répondoit à celui de *Thana*, qui leur étoit donné par les Etrusques, comme elles portent encore dans le même pays celui de *Donna*. Ceci résulte de ce que nous aprend PLINE (Liv. VIII. ch. 48.); que CAIA CÆCILIA, ou CAIA CAI-KILIA, femme de Tarquin l'Ancien, s'apelloit en Etrusque THANA-QUILIS.

'*Hei*, devant *Ga*, *Ge*, &c. en Grec, *Ge* en Latin, & se nasalant aussi en *Gen*, a produit dans ces deux Langues des Familles très-nombreuses.

Grec, GAÔ, naître, exister.
Geneô, mettre au monde.
Genos, Famille, race, genre; *genesis*, origine, naissance.
Goneus, parent; *gonos*, fécond; *gonyeis*, fertile.
GUNA, *guné*, *gyné*, femme.
Latin; GEN-*us*, genre; *gener*, gendre; *genero* & *gigno*, produire.
GENS, Nation, Famille.
Celte, *Gen*, } homme.
Chinois, *Gin*, }

Dans les Dialectes du Nord, Suédois, Danois, Theutons, Islandois, &c. ce mot KONA, *kuen*, *qwin*, &c. signifie femme; 2°. sexe féminin.

Groenlandois, *kona*; Irlandois, *coine*; Esclavon, *s-gena*; Polonois, *zona*; &c, chez tous, femme: de-là ces mots:

Irlandois, *quen-ast*, prendre femme.
Quenouille, symbole du sexe féminin.
Guenon, femelle du singe, *Gouine*, &c.

IIIme. SIGNIFICATION: LA TERRE, *Mere des humains.*

Ancien Grec, HAIA, AIA, ensuite, *Gaia*, *Ghea*, *Ga*, *Gé*, la Terre.
Chinois, *Chi*, la Terre.
Gallois, *Gwe*.
Zend, *Gueth-enanm*, } le Monde.
Pehlvi, *Guehan*, }
Gallois, *Gwaed*, richesses, les biens que la terre produit. De-là:
Celte, GUETH, homme sans terre, pauvre, gueux. Mot composé de *Gue*, terre; 2°. biens, & de la terminaison negative *th*.

Latin,

Latin, E-GEO, mot-à-mot, être ſans terre, être dans le beſoin; *e-genus*, pauvre, dénué de tout. Tout comme *in-ops*, pauvre, vient de *in*, ſans, & *ops*, terre.

François, *Gueux* & *gueuſer*, mots qui viennent de la même racine GHE.

IVme. SIGNIFICATION, *gai*, *diſpos*.

Grec, *Gao*, ſe réjouir.

Latin, *Gaviſus*, qui eſt gai, *gau-dere*, ſe réjouir.

Celte, *Gae*.

François, *Gai*, de bonne humeur : l'eſt-on quand on manque de tout, qu'on n'a ni feu ni lieu?

Chinois, *Gao*, rire, ſe réjouir, être de bonne humeur, avoir de la gaieté.

V°. *Autres ſignifications.*

De cette même famille HE, vie, entretien, nourriture, ſont dérivées une multitude de Familles Celtes, déſignant des objets relatifs à l'entretien, telles,

Hei, herbe & foin, } choſes dont on vit.
Heiz, orge, }
Hai, arbres, forêts, }
Het, délices, ſouhait; lieux délicieux.
Hei, *wei*, pâturage, chaſſe, &c.
He & *Kai*, habitation, maiſon, lieu où l'on ſe nourrit, où l'on *vit*. &c. &c.

Et ces Familles ſont également remplies de mots écrits en *kh* & en *que*. Quoiqu'elles ſoient autant de preuves de ce que nous avançons ici, que HÊ fut le ſigne de l'entretien, de la vie, nous n'entrerons cependant ici dans aucun détail à leur égard, cet article étant déja ſi long, & ces objets devant trouver leur place dans le Dictionnaire Comparatif.

Ce que nous en diſons ici ſuffit pour démontrer qu'un mot auſſi ſimple que celui-là, & commun aux Hébreux, aux Arabes, aux autres Orientaux, aux Celtes, aux Latins, aux Grecs, aux Suédois, à tous les Dialectes du Theuton, &c. & qui eſt pour chacune de ces Langues, une ſource abondante de Familles, n'a pu leur venir que de la Langue primitive.

§. III.

E

Troisiéme son ou voyelle ; ses diverses significations.

Nous avons déja parlé fort au long de ce mot primitif dans la Grammaire Universelle & Comparative ; nous avons fait voir qu'il désigne l'existence, & comment il fut destiné par la Nature même à servir de verbe (1) : nous avons dit qu'il fut emprunté de la respiration, dont il est le signe & le nom (2) ; nous avons parcouru une partie des Langues (3) dans lesquelles il est en usage, & les divers sens dans lesquels il y est employé, toujours relatifs à l'idée d'existence. Nous l'avons vû en usage chez les Indiens, *He* ; les Hébreux, *Het* ; les Persans, *Aist* ; les Grecs, *Esti* ; les Latins, *Est* ; les Basques, *Iz-an* ; dans les Dialectes Celtes, *Es* ; dans les Theutons, *Eis* & *ys* ; en François, *est* ; en Italien, *È*, &c. auxquels il faut ajouter le verbe Hébreu היה, Eié, *être*, source de plusieurs mots.

Nous avons vu encore qu'entre les Familles qu'E forme dans ces Langues ; & qui tirent leur énergie de ce mot primitif, on doit distinguer celles-ci ; *Eis*, un ; *Eis*, ou *Ish*, un homme ; *Ei*, la durée, l'éternité ; *Ed*, le lieu où l'on est ; *Es*, la chaleur & la nourriture.

Sans répeter ici tout ce détail, auquel nous renvoyons, ajoutons quelques raports dont nous ne fîmes pas usage alors, pour ne pas multiplier mal-à-propos nos exemples, & qui feront une ample confirmation de tout ce que nous avons dit à ce sujet.

Nous les devrons aux Langues du Nord ; mais comme elles ont aporté quelque changement à cette racine primitive, & que quelques-unes d'elles en ont même fait, au moyen de ces changemens, deux Familles différentes, il faut se rapeller ce que nous avons dit plus d'une fois que *S* se change en *R* : d'où il est arrivé que le verbe *E* s'est terminé indifféremment à la premiere personne en *em* & en *er* ; & qu'on s'est servi de ces diverses terminaisons pour diversifier les tems de ce verbe.

(1) Page 171.
(2) Page 179.
(3) Page 180 & *suiv.*

ANGLO-SAXONS.

Tels sont quelques-uns des tems du verbe *Être*, chez les Anglo-Saxons, dans divers siécles & dans divers dialectes; & dont la connoissance est d'autant plus utile, qu'on y voit toutes les variétés qu'un même mot peut éprouver, & les causes des différences qu'on voit actuellement dans le verbe *E* chez tous les Peuples du Nord, & qui paroissent en faire un verbe absolument différent du nôtre.

Présent.

Premiere personne. 1°. AM, EAM, EOM; précisément comme les Persans qui disent AM, je suis, & comme les Grecs qui en firent EIM-I. C'est le verbe E joint à *me*, moi, pronom de la premiere Personne.

2°. En changeant l'aspiration en *v*, puis en *b*; BEOM & BEO.

3°. En changeant *s* en *r*; AR, je suis.

4°. En changeant l'aspiration en S, SY, SI, à la Latine.

Les mêmes variétés eurent lieu pour les autres Personnes.

Seconde Personne. Es, *eaft*, *bift*, *arth*., *fi*, &c.

Troisiéme Personne. Ys, *is*, *byth*, &c.

Prétérit & Imparfait.

Ici l'aspiration se changea en V ou W: de-là,

Premiere Personne, WÆS, j'étois, je fus, j'avois été.

Seconde Personne, *wære.*

Troisiéme Personne, *was.*

Pour les trois Personnes du pluriel, *wæron*.

L'INFINITIF, fut également WES-*an* & BEON.

MŒSO-GOTHIQUES.

Il en fut de même chez les Mœso-Gothiques: leur présent fut au singulier comme chez les Grecs, IM, IS, IST: le pluriel changea l'aspiration en *S* comme les Latins, *si-gum*, *siguth*, *sind*. On voit qu'ils avoient adouci la prononciation *d'e* en *i*, à peu-près comme les Grecs, tandis que les Perses & les Anglo-Saxons l'avoient forcée en *a*.

Leur Prétérit & Imparfait fut *wes*, *wast*, *was*, &c.

L'Infinitif, WIS-*an* & SI-*gan*.

ISLANDOIS & CIMBRES.

Les Islandois & les Cimbres ou Runiques se servirent, au contraire, de la finale *R* dans tous ces tems. *Em* & *was* y devinrent ER & WAR.

Présent, ER, *ert*, *er*, *erum*, *erud*, *eru*.

Prétérit, &c. WAR, *warst*, *war*, &c.

Infinitif, *ad* WÆRA.

Langue THIOISE *ou Franco-Théotisque*.

Cette Langue est celle de nos Peres, tandis qu'ils habitoient au fond de la Germanie. Le nom de *Thiois* & de *Théotisque*, est une dérivation du mot *Theuton* nom commun à tous les Germains : celui de *Franc* est le nom propre de la Nation. Leur Langue tint le milieu entre l'Anglo-Saxon & l'Allemand actuel. Voici leur verbe Etre.

PRÉSENT, 1re. *Pers.* BIM, bin, bion, bium, pim.

2me. Pers. *bist*, & *es*. 3me. Pers. *is*, *ist*, *est*.

Plur : en *sin*.

Prétérit, was, wast, was. *Pluriel*, waran, waren, waron, warun.

Subjonctif, SI *ich*, sois-je, c'est-à-dire *que je sois*.

Infinitif, WES*an* & *sijn*.

IRLANDOIS.

Les Irlandois ont le même verbe E, mais avec des variétés pareilles. Ils en ont fait, 1°. SAM, *som*, je suis. *B'i* j'étois. *Bi*, sois. *Sam*, *tsam* ou *taim*, être.

2°. BIM, je suis; BI *tu*, tu es; BI *se*, il est. *Ro* ou *do* B'A *me*, j'étois : infinitif, *bim*, être, exister.

3°. Impersonnel, IS, est.

Dialectes modernes.

On n'est donc plus étonné de voir que les ANGLOIS conjuguent ainsi le verbe ÊTRE. *Présent*, Am, art, is; *plur*. are.

Imparf. was, wert, *ou* wast, was: *plur.* were.
Infinitif, be, *être. Partic.* being, *étant.*

Que les FLAMANS le conjuguent ainsi :

Prés. ben, zyt, is : *plur.* zyn.
Imparf. Was, waert, was ; *plur.* waren.
Infinit. Zyn, & wesen; *part.* zynde & wesende.

Que les ALLEMANS disent *Prés.* bin, bist, ist ; *plur.* sind, seyd, sind.

Imparf. War, warst, war, waren, &c.
Infinit. Seyn, *être* ; *part. passé*, ge-wesen, *été.*

Que les SUÉDOIS, disent au présent, ÆR, je suis, il est.

A l'imparfait, *war*, j'étois.
Infinit. Wara, *être*, 2°. durer être, stable.

Toutes ces variétés sont entrées sur celles des Langues les plus anciennes d'Europe & d'Asie : c'est toujours *He* adouci en *be*, *ve*, *se*, suivant l'usage ordinaire de l'aspiration, & *s* changé en *r* : comme M. l'Abbé BERGIER l'a très-bien aperçu dans sa Dissertation sur le verbe *E*, & à laquelle nous renvoyons nos Lecteurs (1) avec d'autant plus de plaisir, qu'ils y trouveront une ample confirmation des raports dont nous parlons ici.

Langue Latine.

On voit également par-là les causes de tous les changemens que le verbe *E* a éprouvés chez les Latins : pourquoi ayant dit *es*, & *est*, ils ont changé *Hem* en *sum* à la premiere personne ; ce *sum* étant le même que *sam*, *som* du Nord, & *eim* des Grecs, où *m* marque la premiere personne.

Et l'on reconnoît dans l'imparfait *eram*, l'imparfait *was* & *war* des Peuples du Nord.

ESCLAVON.

Ils ont aussi le même verbe, & avec moins de différence encore. Ils disent au présent JEsam, *jesi*, *jest*, *jesmo*, *jeste*, *jesu.*

---

(1) Elémens primitifs des Langues, p. 98 & suiv.

A au prétérit, *bih*, pour la 1.re. perf. *bi* pour les deux autres. Et au pluriel bismo, biste, bisu.

Subjonct. Da sam ja, que je sois.
Infin. Bitti, être; *bitti bio*, être été, *ou* avoir été.

HÉBREUX.

Les Hébreux ne se servent pas seulement du verbe *E* pour désigner le passif par *het*, & pour marquer l'accusatif par *At* ou *Et* à la Massorétique; ils ont encore le verbe יש *ISH*, qui prononcé à la Massorétique, fait *esh* ou *iesh* à l'Esclavonne, & qui signifie être, exister, avoir une existence fixe & stable. Il est aussi écrit איש, *Ais*, exactement à la Persanne *AIS*, & à la Grecque *Eis*.

Il n'est donc pas étonnant que M. IHRE, voyant les raports intimes qu'offre le verbe *E* dans les Langues du Nord, dans la Latine & dans la Grecque, en ait conclu (1) que ces Langues venoient d'une même source: mais personne qui n'en conclue également qu'il en est de même de toutes ces Langues d'Asie & d'Europe que nous venons de parcourir, quoique plusieurs soient infiniment postérieures aux anciennes. Aucun doute, même, que les raports ne fussent plus sensibles, si nous avions des Nomenclatures ou des Dictionnaires qui remontassent aux tems où ces Langues commencerent à se détacher de la masse commune.

Dérivés.

Dans ces Langues du Nord *WES* être, & ses dérivés *wara*, & *Ward*, ont la même signification que *esse* manger: de-là le *vieux Suéd. wara*, manger; le Goth d'ULPHILAS, *waila*, *wisan*, & *bi-wisan*, se régaler, se bien traiter.

Le Suéd. *ward*, l'Island. *verd*, nourriture, réfection.
Le Suéd. *wara*, nourriture, &c.
Ces mots Turcs, *Et*, viande, *et-mek* le pain; *Ieidgek*, tout ce qui se mange.
Le Suéd. *wist*, nourriture.
L'Anglo-Saxon *wist*, nourriture; *ge-wistan*, manger; *bi-viste*, convois.
L'Islandois, *vist*, festin, repas; *jola-vist*, le repas de Noël.
Le Suéd. *äta*, manger, se nourrir: Anglo-Saxon, *etan*; Allemand, *essen*, Alamannique, *ezzan*; Anglois, *eat*.

(1) Gloss. Suio-Goth. T. II. col. 1043.

2°. De-là, au sens d'exister,

Le Suéd. *wistas*, être, demeurer, séjourner.

Hem-wist, domicile; *sam-wist*, cohabitation; *nar-wist*, présence.

3°. Au sens de feu.

Le Suéd. *æsia*, forge, *All.* esse.

Anglo-Saxon, *ade*, bûcher; Allem. *eiten*, brûler.

4°. Le verbe Suédois, *warda*, être fait, devenir: Anglo-Saxon, *weorthan*; Allem. *werden*; Island. *werda*; Franco-Théotisque, *werthan*; Mœso-gothique, *wairthan*.

5°. L'Hébreu ישיש, *is-is*, qui subsiste sans fin, vieux, ancien.

Le nom d'*Isis*, qu'on rend par l'*Ancienne*, celle qui est de tout tems.

Avec l'article T, *T-ousié*, תושיה, essence, substance, existence; chose, faculté, puissance, sagesse.

Le Grec *Ousia*, essence, ce qui est.

De ces mots prononcés *'hose*, communs aux Orientaux & aux Grecs, est venu le mot François CHOSE, qui a les mêmes significations que *ousia*, & *T-ousié*, & qui désigne exactement *ce qui existe*, *ce qui est*, un *être*. C'est de-là même que viendroit également le mot Latin *causa*, qui offre des significations trop différentes du mot *chose*, pour en avoir été l'origine, & qui tout au plus nous auroit donné le mot *cause*. On n'en doutera plus, si l'on jette les yeux sur ce que dit M. l'Abbé BERGIER, dans l'ouvrage cité ci-dessus (1), contre l'habitude qu'on a de dériver tous nos mots de la Langue Latine.

On ne sauroit donc douter que dès les tems primitifs, *E* n'ait désigné l'existence: l'uniformité qu'on remarque à cet égard entre tous les Peuples d'Europe & d'Asie, depuis les Indiens, jusqu'aux Nations les plus occidentales d'Europe, ne permet pas de suposer que toutes ces Langues l'aient emprunté les unes des autres, bien moins encore de la Langue Latine ou de la Grecque, que si mal à propos on a regardées comme ayant formé les dialectes Celtiques & Theutons. Dira-t-on que les Suédois, les Anglois, les Irlandois, &c. ont emprunté des Romains les mots qui leur sont communs avec eux, lorsque ces mots

(1) Elém. du Lang. Page 236, & suiv.

se retrouvent dans les Langues de la haute Asie, dans le Persan le plus ancien, & aux Indes? Le prétendre, ce seroit montrer le dévouement le plus absurde pour des systêmes dénués de tout fondement; ce seroit se refuser à toute lumiere, à toute raison. Qu'est-ce que l'Antiquité Grecque ou Romaine, auprès de celle des autres Nations, & sur-tout des Orientales? & pourquoi serions-nous plus difficiles que les Grecs & les Romains, qui reconnoissoient devoir leur Langue à des Langues plus anciennes?

§. IV.

I.

Quatrième Voyelle, & ses valeurs.

Cette voyelle se prononça plus souvent longue en *Ei*, que breve en *i*; mais elle fut toujours également le nom de la MAIN, & par-là même le nom du toucher & de tout ce qui y a rapport, de la protection & des soins: toutes ces idées sont en effet étroitement liées entr'elles.

Nous avons déjà rapporté une partie de cette Famille ci-dessus (1); là on a vu que ID signifioit *la main*, en Hébreu, en Chaldéen, en Malthois, en Lapon; que sous des prononciations différentes, il désignoit la même chose en Ethiopien, en Indien, dans toutes les Langues du Nord, en Grec & en Latin: & que de-là venoient des mots Suédois, Anglo-Saxons, Grecs, &c. signifiant *soins*, *travail*; les mots François *aide* & *aider*, & d'autres mots signifiant *paresseux*, *sans soin*.

A ces Langues, nous pouvons ajouter celles-ci.

1°. L'*Arabe* יד, ID, *Iad*, qui signifie Main; 2°. puissance, force; 3°. secours, protection, aide, bienfait, 4°. soumission, dépendance. 5°. manche; 6°. aile d'oiseau; 7°. extrémité; 8°. poignée, troupe de gens.

De-là, le verbe *idi*, ou *Iadei*, toucher; 2°. remettre de la main à la main; 3°. rendre la pareille; 4°, fortifier; 5°. aider, rendre service, donner un coup de main,

(1) Pag. 171, 183. & pag. 227.

Mud,

Mud, bienfaisant ; *mu-di*, à qui on a rendu service.

II°. Le Pehlvi, dialecte Persan ; *JEDE-man*, la main.

Nous pouvons encore avoir ces mots :

Bas Breton, *iedt*, calcul ; & *iedi* calculer. Les premiers calculs se firent avec la main.

Irlandois, *Iteir*, artisan, ouvrier.

III°. Bas-Breton, *Iedi*, jetter.

Héb. ידה, *Idè*, lancer, jetter, renverser : 2°. étendre, élever, célébrer. ידע, *Id'o*, avoir soin, remplir son devoir ; 2°. connoître, penser ; d'où la famille dont nous avons donné le développement dans notre GRAMM. Univ. & Compar. pag. 8.

François, *jet* & jetter.

IVo. De *Id*, l'Hébreu ידד, *idd*, ce qu'on a sous la main, qu'on protége ; qu'on chérit, cher, aimé, précieux : 2°. ami ; 3°. chérir, aimer.

Vo. Continuité, assiduité, soins continués ; toujours ; d'où ces mots Suédois ; *Idel*, continuel ; & *Idka*, s'exercer.

Il est aisé de voir que cette Famille est immense, & qu'elle se subdiviseroit en un grand nombre de branches, si nous raportions ici tous les mots qui sont dérivés des mots radicaux qu'elle a formés par son altération dans chaque Langue : mais il nous suffit d'avoir prouvé que le sens primitif & général de cette voyelle, est celui que nous présentons à nos Lecteurs. Ajoutons que nous nous rencontrons en cela avec des Savans célebres, qui ont assuré que primitivement la Lettre I désignoit la main : nous aurons occasion de le dire dans la suite.

---

§. V.

O

Cinquieme Voyelle : ses diverses acceptions.

O, cri de l'admiration, devint le nom de la LUMIERE, dont la sensation est si agréable : 2°. de tout ce qui la cause, du Feu, du Soleil, des yeux : 3°.

des effets de l'œil & de la lumiere, c'est-à-dire du sens de la vue: mais afin de reconnoître les raports des différentes Langues à cet égard, il faut se rapeller que les voyelles s'aspirent & se nazalent; ensorte que ce mot sera devenu indifféremment *Ho*, *Fo*, *On*, *Oin*, &c. suivant les Peuples, & suivant ses divers sens.

Première Signification : Soleil :

Chez les anciens Egyptiens, ON étoit le nom du Soleil. Le Beau-Pere de Joseph étoit Grand-Prêtre, ou Prince d'*ON*, que les Grecs rendirent toujours par *Soleil*, ou par *Héliopolis*, Ville du Soleil; ils sont en cela d'accord avec la Version Copte du Pentateuque, qui assure qu'*ON* & *Héliopolis* signifient la même chose.

Dans le dialecte moderne de la Haute Egypte, *Oein* & *Voein*, signifient *lumiere*.

Les Hébreux en firent le mot *ʿOin*, עין, que les Massoréthes prononcent *Ain*.

C'est le Chinois YEN, & l'Indien *Ank*; chez tous, *Soleil*.

En Arabe, c'est le mot ʿOin, tout comme en Hébreu.

De-là *Onga*, *Ogga*, nom de la Lune chez les anciens Orientaux; & de Minerve, chez les Lacédémoniens, & en Béotie.

Et ces mots Coptes, *ON*, éclairer; 2°. éclairer l'esprit, faire voir.

Oini, éclairer; 2°. lumiere, flambeaux, &c. avec un grand nombre de dérivés. *Om*, le repas du midi, du jour, le diner.

2°. *Lumiere.*

En Chinois, *Ho*, la lumiere.
Hoe, la flâme.
Hu-on, blanc, transparent, clair, limpide.

3°. *Feu.*

Polonois, *Ogien*, feu,
Ognisty, de feu, enflammé.
Esclavon, *Ogagn* & *Oghgni*, feu; 2°. fievre.

Hébr. יפיע, *IF'o*, éclairer, briller.
יפה, *I-fé*, être beau.

Latin. *For-eo*, réchauffer, ranimer.
Fo-mes, tout ce qui prend feu.
Fo-cus, foyer.
Fo-tus, action d'échauffer, de couver.
Fo-cillor, réchauffer.

Bas-Breton. *Fo*, ardeur, chaleur.

Lat. Barb. *Fo-cum*, incendie.

Vieux Franç. *Fueo*, *Fouée*, } Feu.

Espagn. *Fueco*, feu.
Hogar, foyer.

Langued. *Foc* & *fioc*, feu.

En se nazalant, il a fait ces mots :

Suédois, *Fon* & *fun*, feu.

Mœsogothique, Fon.

Islandois, Fon & Fiun.

Latin, *Funale*, flambeau, torche.

Allem. Funke, } Etincelle.
Flam. Vonck, }

4o. *Oeil.*

Hébreu, עין, *'Oin*.
Arabe, 'Oin.
Ethiopien, ዐይን Oin.
Chaldéen & Syriaque.
} Œil : 2o. vue, aspect : 3o. guet, sentinelle ; gardien, inspecteur ; 4o. coup-d'œil, lieu ; tout ce qu'on aperçoit à l'instant.

Comme *verbe*, voir, considérer ; 2o. examiner ; 3o. être en sentinelle ; 4o. mettre une chose sous les yeux, reprocher à quelqu'un ses fautes.

Mais chez les Occidentaux, au lieu d'être nazalé, O a pris la gutturale, & est devenu OC.

Grec Dorien, Okk-os, œil.
Grec, Augê, rayon, lumiere, éclat.
Alamannique, Aug, œil.
Runique, Aug.
Theuton, Auga.

Gothique,	Auge.
Islandois,	Auge.
Suédois,	Oka, œil: 2o. voir.
Latin,	Oculus, diminutif d'*ocus*.
Italien,	Occhio.
Esclavon,	Okko & occi, *œil*. Okka, *prunelle*. Okno, *fenêtre*. Okolise, *globe*. Ocit, *connu*.
Dalmatien,	Oko.
Polonois,	Oko, *œil*. Okno, *fenêtre*. Okal, *aux grands yeux*. Okamiec, *être étonné*, *être pétrifié*. Okazuie, *montrer*.
Bohémien,	Woko.
Flamand,	Oog.
Crimée,	Oeghene.
Anglo-Saxon,	Eage.
Anglois,	Eye.
Espagnol,	Ojo.
François,	Ocil.
Grec,	Ops & opê, changeant *p* en *q*, & qui a été la tige d'une nombreuse famille.

5o. Oeillet, Cercle.

Arabe, '*Oïn*, cercle, Oeillet, ou trou en forme d'*o*; 2o. source, fontaine. *Verbe*, percer, faire des œillets: 2o. verser des larmes; 3o. creuser une source, un puits.

En Hébreu, il offre les mêmes significations, du moins celle de source.

Ce nom est resté dans la Langue Malthoise.

Aayn, y signifie une fontaine (1) ainsi: ils ont,

Aayn zeitune, fontaine de l'olive.

Aayn Fylep, fontaine de Philippe; celle-ci est dans un de leurs Ports: aussi ils l'apellent *Fonte della Marsa*, Fontaine du Port.

Aayn clieb, ou *gelb*, fontaine du Chien.

---

(1) C'est ainsi que l'orthographie Abella dans la Description de Malte en Italien, imprimé à Malte en 1647. *folio*; mais Agius de Soldanis l'écrit *Gain* dans sa Grammaire & ses Vocabulaires Maltois, en Italien, *Rome*, 1750. *in-12*.

De-là le nom de plusieurs Villes ou lieux placés près de quelque fontaine, comme l'a très-bien vu M. Bryant, dans le premier Volume de son Analyse de la Mythologie (2), ouvrage rempli d'érudition, de goût & de grandes vues: De-là ÆNON sur le Jourdain, AIN-SHEMESH, *Oen-one* en Phrygie, qui signifient tous trois, *fontaine du Soleil*: de-là, *En-gaddi*, fontaine des chèvres.

Ce qui lui sert à explipuer *Uranus*, le Ciel, par Fontaine d'Orus, *Our-ain-os*: & de même le nom des bains, *Bal-an-eia*, en Grec, ou Fontaine de Belus, du Soleil.

Dérivés.

De-là se sont formées une multitude de branches particulieres, devenues elles-mêmes des Familles très-étendues, & que nous nous contenterons d'indiquer.

1°. Celle de *Houg* en Hébreu, & de *foc*, *foug*, *houg*, en Orient, relative aux alimens, à leur cuisson, aux gâteaux, &c.

2°. Celle de ON, signifiant éclat, honneur, gloire, illustration; d'où *honos*, honneur, &c.

3°. Celle de *Fen*, paroître, qui est Persane & très-riche en Grec; d'où viennent nos mots, *fenêtre*, *fin*, *phénomène*, &c. & dont nous avons déjà parlé dans les Allégories Orientales, au sujet du phœnix (3).

5°. Celle de *Ven*, chasser, aller à la chasse, & qui signifie mot à mot *mirer*, ajuster de l'œil, famille Persanne, Latine, &c. & d'où viennent nos mots *veneur*, *venerie*, &c.

5°. La Famille VEN qui désigne l'éclat de la beauté; elle est Chinoise, Latine, Celte; & le nom de *Vénus* en est dérivé.

6°. La Famille du Nord *Ond*, *und*, *wond*, qui désigne tout ce qui est digne d'admiration, & qui auroit été ici la premiere si elle ne s'étoit pas chargée de finales qui semblent la dénaturer. Elle a formé tous ces mots Anglois:

Wonder, étonnement, surprise; 2°. merveille, prodige.
Verbe, admirer, être étonné.
Wonderer, admirateur, admiratrice.
Wonder-ful, admirable, étonnant: *adv.* merveilleusement.
Wondrous, merveilleux, surprenant, étonnant, &c.

---

(2) Nouveau systême ou analyse de l'ancienne Mythologie, en Anglois, Tom. I. pag. 51, &c. *Londres*, 1773. *in*-4.

(3) Allég. Orient. p. 124.

Ce mot eſt commun aux Allemans, aux Flamans, aux Iſlandois, aux Suédois, &c. Ces derniers l'écrivent *under*. M. IHRE avoue qu'au milieu des ténébres dont ſont envelopées les Langues anciennes, on ne ſait comment remonter à ſon origine.

7o. La Famille du Nord *Under*, qui ſignifie un repas de jour; chez les uns le diner, comme chez les Coptes; chez d'autres, le déjeûner ou le gouter, comme on peut le voir fort au long dans le Gloſſaire de M. Ihre (1); on y voit que dans le Jutland, *undern* & *yn-den*, ſignifient le *diner* : & que dans le Duché de Juliers *onder* & *ongher*, ſignifie midi : *onderen* & *ongheren*, diner.

8o. La Famille *Guigner* ou regarder du coin de l'œil, vient encore de la même racine *ain*, *in*, prononcée *guin* & *guign*.

9o. La Famille Hébraïque & Latine, *en*, voilà, vient très-certainement du même mot AIN, ſignifiant *voir*.

10o. De-là, vient une Famille negative *ou-an*, *ou-ain*, en latin vanus, vain, & qui ſignifie mot-à-mot ce qu'on ne voit plus, qui s'eſt évanoui : ce dont les effets ne paroiſſent pas, ce qui eſt ſans effet : famille Latine, Grecque, Françoiſe, &c.

11o. La Famille *Ant*, ou *Ante*, Grecque & Latine qui ſignifie devant, & dont nous avons parlé dans notre Grammaire Univerſelle & Comparative, pag. 307.

§. VI.

U

Sixiéme Voyelle; ſa valeur.

U & HU, la ſixiéme voyelle, peint l'action d'attirer les liquides & les odeurs: de humer & d'*odorer* ſi l'on peut ſe ſervir de ce terme, ou de flairer. De-là deux grandes Familles, relatives à ces ſenſations.

1o. HU & HUM, relative à l'eau, aux liquides, à l'action de les humer. De-là ces mots :

(1) Vol. II. col. 995-997. au mot UNDER.

Chinois, Hu, l'eau en général, & Hù, un lac.
Ho, une eau courante, & Hue, une source, un jet d'eau.
Hai, la Mer; yo, lieu à laver; yu, pluye, poisson.

Ho, est aussi le nom des fleuves & des rivieres : on dit, *Ho-la Ho*, l'eau ou le fleuve Ho-la. *Ven-sa Ho*, le fleuve ou l'eau vensa.

Ce mot Ho, fleuve, se prononce *Tcho* chez les Tartares : de-là le *Tcho*, nom d'un fleuve de Sibérie, comme on voit dans M. de Guignes. (1)

En Mantcheou, *O-mo*, signifie un lac. C'est donc mot-à-mot *O* ou *eau grande*.

Suédois, Å ou O, dans l'origine Eau, dit M. Ihre, & aujourd'hui riviere.

Copte, Ou-*ó*, dissoudre, fondre, dilayer, mettre en eau.

Grec, Hu, bruit que fait celui qui sent, qui flaire.
Hué, eau, pluye.
HUô, & *huakizô*, pleuvoir.
Hudas, *hudos* & *hudor* ou *hydor*, eau.
Hugros, humide.
Hugré, la Mer.
Hugron, eau, humeur, suc, avec nombre de dérivés; où l'on voit la voyelle soutenue du G, comme on l'a déja vu pour les mots A, E, O.
Hydre, serpent d'eau.
Hydria, cruche à eau, &c.

Basque, *Uva*, eau.

Latin, Uv-*or*, humidité; & U*vesco*, devenu humide; *udus*, humide.
Hum-eo, être humide; hum-*or*, humidité, humeur.
Hu-*ems*, *hyems*, le tems de l'v ou de la pluie, de la neige, des frimats, l'Hyver.
Hum-ecto, humecter.

François, Hum-*ide*, humeur, humidité, humecter, &c.
Hum-*er*.

Et sur la forte, Eau, l'*Ho* des Chinois, l'Au., l'*Av*, *Ab*, des Perses, des Turcs, des Mogols, &c. L'*Aw* & *Au* des Celtes, Theutons, Gallois, Irlandois, &c. qui signifient *eau*, riviere, &c.

Ce même mot prononcé sur la foible, est devenu notre vieux mot *eve*, *ive*,

(1) Hist. des Huns. Tom. I. Part. II. pag. LI.

eue, *esve*, signifiant eau & conservé dans plusieurs Provinces.

De-là le mot Anglois, *ew-er*, pot à eau.

Ce mot Ho ou Au, s'est prononcé OUA chez les Peuples du Nord & Theutons qui l'ont accompagné de la terminaison si commune *ter* ou *sser*, cette même terminaison qu'on voit dans pater, mater, &c. & dont nous avons déja parlé ci-dessus, pag. 248. De-là ces mots :

Anglois,	*wa-ter*, eau ; de même en Flamand.
Allemand,	*wasser.*
Anglo-Saxon,	*wæter.*
Islandois,	udr.
Polonois,	woda.
Esclavon,	*voda.*
Lunebourg,	*wade.*
Suédois,	*wattn.*
ULPHILAS,	wato.

De-là le verbe *wash*, *waska*, *waschen*, &c. Anglois, Suédois, Allemand, &c. & en Islandois, *watska*, laver.

Suédois,	*wät*, humide.
Flamand,	*wei*, *weide*, *weiland*, prairies, pays de prairies.
Islandois,	*ud*, onde.
	ude, pluie.

Ces mots Esclavons, *vos*, humecter ; *vodiça*, petite eau ; *vodeni*, aqueux ;
Vodeno, liquide ; *vodinna*, humeur.
Vodnitti, détremper, mêler d'eau.

De-là des Familles considérables telles que celle d'AUE, AUV, signifiant des prairies, des terres arrosées, des savanes ; d'où le mot Theuton, *Auw* & *Aue*, prairie ; le Pays d'*Auge* en Normandie.

De-là, 2°. le nom des Pays maritimes, des Pays marécageux & des Isles, tels que la HOL-*lande*, Pays des eaux ou Pays-Bas. Å-land, Isle de la Mer Baltique. Le Suédois Ö, qui signifie Isle, & s'est aussi prononcé *og*. En Frison, OGE ; en Irlandois, *oghe*.

II. *U*, *désignant les idées relatives à l'Odorat.*

Hu est un mot Grec, qui désigne le bruit qu'on fait en respirant une odeur. C'est

C'est une onomatopée ; elle peint exactement ce bruit, même en François.

Hébreu, חוש, 'HUSH, sentir, flairer.

Les Grecs ont changé dans les composés *u* en *o*, comme cela arrive presque toujours. De-là cette Famille :

Grec, *Ozô*, je sens ; *óda*, j'ai senti.
Ozê & *osmé*, odeur.
Osphrainomai, sentir, flairer.
Latin, *Odor*, odeur ; *odoratus*, odorat ; *odoro*, parfumer.
Ol-eo, avoir de l'odeur.
Ol-facto, sentir aisément, pouvoir faire OL.
Ol-factus, odorat.
Ol-idus, qui a une odeur forte.

Les *Etrusques* auront écrit ce mot par U ; car ils n'avoient point d'O. Ainsi le mot *utur*, ou *uhtur* qui se trouve sur leurs Tables Eugubines, Tableau VIII. & XI. employé avec le pain & le vin des sacrifices, ou avec les brebis immolées, & que leur habile Interprête PASSERI n'a pû expliquer, doit être le mot *odor*, parfum, encens : il seroit bien singulier que ce mot ne parût jamais sur des monumens relatifs aux cérémonies sacrées.

Esclavon, *Vogn*, odeur, c'est *h* adouci en v, & la voyelle nasalée.
Vognati, sentir.
Vognanje, odorat.
Vogniç, parfum.
Polonois, *Wonia*, senteur, odeur agréable.
Woniam, flairer.
Wonianka, bouquet.
Wonny, odorant.

§. VII.

OU.

Septiéme voyelle & sa valeur.

OU est le son même produit sur les oreilles par un bruit quelconque, surtout par le vent. Il est devenu par-là le nom énergique de l'oreille, de l'ouie & de tout ce qui a raport à ce sens. De-là ces mots :

François,	*Ouie*, action d'entendre, sens de l'ouie.
	Ouies, ou oreilles des poissons.
	Ouïr, entendre.
	Oui, cela est entendu, il est ainsi comme on l'entend.
Vieux François,	*Oir.*
Italien,	*Udire*, ouïr.
	Udito, ouïe.
Grec,	*Ous* & *ouas*, au génitif ôtos, oreille.
	Ôtion, petite oreille.
	En-ôtizô, entendre.
Chinois,	*Hou*, l'oreille.
	Hu, tout ce qui a raport à la musique.
Esclavon,	*Uhho*, oreille.
	Uhhasti, qui a de grandes oreilles.
Polonois,	*Ucho*, oreille, ouie; 2°. anneau, ou anse.
	Uszko, petite oreille, petite anse.
	Uszny, qui a raport à l'oreille.
Vand. de Luneb.	*Woischi*, oreille.
Hébreu,	אזן, *ozn*, *asn*, oreille.
	Verbe, être attentif, entendre.
Arabe,	*Odn*, oreille; 2°. anse; 3°. ailes d'une flêche.
	Verbe; prêter l'oreille; 2°. écouter; 3°. obéir, exaucer, 4°. *odin*, apercevoir, connoître.
	Oddan, fraper l'oreille; 2°. proclamer, crier à haute voix; 3°. faire une anse ou des oreilles.
Chald. אודין,	*Auden*, oreille.
Ethiop. አወ,	*Aou*, cela est ainsi; oui; 2°. ou; 3°. écoute.
አወደ,	*Aoud*, crieur public.
አዘነ,	*Azn*, oreille; 2°. bord d'un habit; 3°. angle.
Latins,	*Audire*, entendre, ouïr. } Ici le *D* ou le *S* changé en *R*.
	Auditor, auditeur. }
	Aures, } oreilles.
Vieux Latin,	*Auses*, } oreilles.
Italien,	*Orecchio.*
Espagnol,	*Oreja.*
François,	*Oreille* & quelquefois anse.
Allemand,	*Ohr*, oreille, anse.

	Hören, entendre, ouïr; 2°. ouïe.
Anglois,	*Ear*, oreille.
	Hear, écouter, prêter l'oreille; 2°. aprendre, s'informer.
	Hearing, l'ouie, &c.
Goth d'Ulphilas,	*Auſo*, oreille; *hauſei*, écoute.
Mœſo-Gothique,	*Hausjan*, entendre, ouir.
Suédois,	*Öra*, oreille.
	Höra, ouïr.
Anglo-Saxon,	*Ear*, oreille.
	Hyran, entendre.
Iſlandois,	*Eyra*, oreille.
Languedocien,	*Auzir*, ouïr.
	Auzido, ouie.
Flamand,	*Hoor-en*, écouter, entendre.
	Gehoor, ouie.
	Oor, oreille; 2°. ouie; 3°. anſe; 4°. pli,
	Ho en Go, & S conſervée.
Zend,	*Gueósh* & *Goshte*, } oreille.
Pehlvi,	*Gosh*, } oreille.

De ce mot *ou* peignant le bruit, ſont venues diverſes familles très-remarquables.

Celles des VAGUES & des VENTS, prononcés dans l'origine *ouag*, *ouent.*

Le *vagio* des Latins, crier, pleurer.

L'*Eurus*, nom du vent d'Orient.

Ouar & *Var*, noms de pluſieurs fleuves.

§. 8.

Tableau des ſons, de leurs valeurs & de leurs altérations.

Il ſera donc fort-aiſé, maintenant, de réduire en un Tableau très-reſſerré les valeurs des ſept ſons, des ſept voyelles, ou des ſept eſprits comme les apelloient les Anciens: & de comparer ces valeurs entr'elles. On verra par-là d'un coup-d'œil, ce qu'elles furent d'abord: comment elles embraſſerent toute l'étendue des ſenſations: quelles altérations elles éprouverent ſucceſſivement; &

que ces altérations leur furent communes à toutes ; & devinrent dans toutes, l'effet naturel de l'instrument vocal.

Dans ce Tableau, *A* signifiera la propriété & le possesseur : *He*, la vie, la nourriture, la terre nourrice des humains ; *E*, l'existence ; *I*, la main & le toucher ; *O*, l'œil, la lumiere ou le feu & la vue ; *U*, l'odorat ou le goût, l'action de humer, & tout ce qui se hume, l'eau, les liquides, les parfums ; *Ou*, l'oreille, l'air & l'ouie,

Ainsi les sons deviennent la base d'un vocabulaire très-étendu, qui renferme les premieres connoissances de l'homme, ces connoissances physiques & naturelles qui tiennent à son bien-être & à sa conservation ; & sans lesquelles il ne seroit rien, il ne pourroit acquérir aucune perfection.

On y voit en même tems, de quelle maniere l'homme embrasse sous une même dénomination des objets très-differens en eux-mêmes, mais raprochés par leurs usages ; ensorte que l'homme dût mettre entr'eux dans la parole, cette union étroite, par laquelle ils se présentent tout à la fois à lui, & par laquelle il les saisit du même coup-d'œil. Ainsi le même radical désigne la sensation, la portion du corps qui est l'organe de cette sensation, & l'objet qui excite cette sensation ; c'est ainsi que la voyelle *O* désigne la sensation de la lumiere, l'œil qui est le siége de cette sensation, la vue qui en est le résultat, le feu, la lumiere, ou le soleil qui excitent cette sensation. Ainsi les sons expriment tout à la fois les sens, les élémens, les organes des sens, les impressions & les connoissances qui en résultent. Qu'on ne soit donc pas étonné de trouver dans le Tableau des sons, les ÉLÉMENS, le feu, l'air, la terre & l'eau : les SENS, le toucher, la vue, le goût, l'odorat & l'ouie ; les PARTIES du corps qui en sont le siége, l'œil, la main, l'oreille, le nez ou la bouche, &c. l'HOMME lui-même, base de toute connoissance. Ces objets ne formant qu'un tout, liés entr'eux par les raports les plus étroits & les plus sensibles, se présentant toujours ensemble, devoient nécessairement se peindre tous par des traits communs, qui missent dans la parole les mêmes raports qu'ils offroient dans la Nature.

Loin donc d'être surpris de cette correspondance merveilleuse qu'on aperçoit dans la valeur des sons, & de cette facilité étonnante qui en résulte pour peindre une multitude d'objets qui semblent aussi disparates, ne voyons en cela qu'un effet nécessaire de notre nature, qui ne nous permet d'envisager les Êtres que dans leurs raports avec nous ; & qui exige que nous multiplions le moins qu'il se puisse, les Élémens des connoissances, pour n'être pas sans cesse égarés dans le labyrinthe immense qui en résulteroit.

Et puisque cela est dans la Nature, & dans la convenance, n'attribuons pas à l'imagination ces raports de mots dont l'ensemble ne nous surprend que lorsque nous n'avons pas eu le tems de réfléchir : & soyons bien convaincus que des comparaisons de mots qui s'accordent si parfaitement avec la Nature, existent, en effet, dans toutes les Langues & existerent nécessairement dans la Langue primitive : & que toute Langue dans laquelle on ne les retrouveroit pas, seroit une Langue dénaturée & dont les Peuples auroient éprouvé les révolutions les plus affreuses, puisqu'ils auroient été réduits à une façon de voir, de penser, de parler si oposée aux instructions de la Nature ; mais un tel peuple & une telle Langue, ne sauroient contrebalancer les raports dont nous parlons ici.

Ce Dictionnaire des sons ou des voyelles étant si simple, si énergique, si conforme à la Nature, ne doit donc avoir jamais changé : on doit le retrouver en tout ou en partie dans toutes les Langues & chez tous les Peuples, & si on le retrouve, en effet, on doit être convaincu que les raports des Langues, à cet égard, ne sont point l'effet d'une imagination fantastique ou erronée ; mais qu'ils sont la vérité même.

Il est vrai que plusieurs des mots qui forment ce Tableau intéressant, ont éprouvé diverses altérations : que ces voyelles d'abord, 1°. toutes aspirées, ont perdu 2°. leurs aspirations dans plusieurs Langues : qu'ainsi nous disons A, E, eau, &c. là où d'autres Peuples prononcent *ha*, *he*, *ho* ou *wa*, *we*, *wo*, &c. 3°. qu'ailleurs les unes se sont terminées par la nasale, d'où *hand*, la main ; *oen*, le Soleil, la lumiere ; *hum*, humer, &c. tandis 4°. que d'autres se terminoient par la gutturale *G* ou *K*, d'où *Ak* & *Eik*, avoir ; *oc*, œil, oculaire, &c. *ug*, l'oreille & l'ouie ; 5°. & d'autres par la linguale *R* ; tels que *Ar*, *Er*, existence ; *Hir*, la main ; *Our*, l'oreille : 6°. que plusieurs ont éprouvé une nouvelle altération par l'adoucissement fait à l'aspiration initiale ; ensorte que hand est devenu chez quelques Peuples *kand* ; oen, *guin* & *guign* ; hir, *kir* ; He, *Ghe*.

Mais ces altérations ne changent rien aux raports qu'offre le Tableau général des sons chez tous les Peuples : 1°. elles n'ont pas lieu tout à la fois dans chaque Langue : telle altère une de ces voyelles ; telle autre, une autre : 2°. ces altérations se réduisent à un très-petit nombre : à celles que nous venons d'indiquer & qui reviennent sans cesse chez tous les Peuples : 3°. aucune d'elles n'est arbitraire ; elles naissent toutes de l'instrument vocal ; elles rentrent toutes dans ces Loix générales que nous avons posées un peu plus haut, & qui sont le résultat de la comparaison de toutes les Langues & des propriétés de l'instrument vocal : 4°. toutes peuvent se calculer & se prévoir.

Ainsi, ces altérations elles-mêmes loin de se tourner en preuve contre nous, deviennent par leurs propriétés, par leur petit nombre, par leur uniformité, une pleine confirmation de nos vues & la clef de la comparaison des Langues.

Ajoutons que ces raprochemens se servent d'apui mutuel ; on ne peut se refuser à l'idée du raport des Langues, puisqu'en nous astreignant à suivre dans toutes les Langues sept racines primitives qui ne sont point de notre choix, elles s'accordent cependant parfaitement avec nos principes sur ce raport : qu'elles offrent par-tout les mêmes significations ; & qu'elles éprouvent par-tout des altérations analogues, des altérations calculées & prévues. Le hazard ne peut avoir produit des raports si soutenus : & ce seroit un singulier hazard, nous l'avons déja dit, que celui qui produiroit tous les effets de la vérité & de l'intelligence la plus sage.

Il ne restera pas même la foible ressource de dire qu'une de nos Langues connues, a fourni ces mots aux autres : si le Latin, par exemple, paroît avoir formé les Langues du Midi de l'Europe, aura-t-il formé les Langues du Nord de l'Europe, le Gallois, le Suédois, le Cimbre, &c. qui ont tant de raport avec cette Langue, & parlées cependant par des Peuples si ennemis du nom Romain ? Aura-t-il formé les Langues Scythiques, sur-tout le *Zend* & le *Persan* dans le cœur de l'Asie & dans lesquelles on voit tant de mots communs avec la Langue Latine ?

Il est vrai que cette division des mots relatifs aux sensations, en sept voyelles, n'est pas toujours facile à distinguer, parce que plusieurs Nations qui s'étoient réduites à cinq voyelles, ont souvent brouillé les valeurs de quelques-unes : ainsi les mots apartenant à *Hé* ont été écrits comme s'ils venoient d'*E* ou d'*I* ; & les mots nés *d'U* & d'*OU*, ont souvent été écrits comme s'ils apartenoient au mot *O*. Mais l'imperfection de quelques Langues, ne doit porter aucun préjudice à l'ordre qui résulte de toutes, comparées avec la Nature. Cet ordre doit être, au contraire, un flambeau qui dissipe toutes les incertitudes & qui anéantisse les funestes effets du désordre, tristes fruits de l'ignorance & de la barbarie.

Ce n'est d'ailleurs que par l'ordre le plus rigoureux qu'on pourra classer les mots de toutes les Langues & en faciliter l'étude : plus on sera systématique, à cet égard, & plus on parviendra aisément à ce but : ainsi plus on trouvera que nous tenons à notre systême, & plus nous nous croirons assurés du succès : mais pour cet effet, il faut embrasser toujours le systême le plus étendu, celui qui donne le plus de facilité pour déveloper le mieux tout ce qu'on a à dire, pour le présenter dans le plus bel ordre & le moins embarrassant.

Ajoutons, que ceux-là même qui ont réduit les voyelles à cinq, & qui ont été ainsi obligés de les employer souvent à deux usages différens, ont eu grand soin de distinguer ces usages par les accessoires dont ils les ont accompagnés; ensorte qu'on voit très-clairement qu'ils en sentoient très-bien la différence, & que s'ils ne l'exprimerent pas par des voyelles ou des sons différens, c'est qu'ils ne le pouvoient pas, n'ayant pas su ou n'ayant pas voulu reconnoître sept sons dans l'instrument vocal.

Mais cette différence elle-même entre le nombre des voyelles, cinq chez la plûpart des Peuples, & sept chez d'autres, n'est-elle pas un préjugé contre tout ce que nous avons dit jusques-ici? se peut-il, si la division en sept est prise dans la Nature même, que cette Nature n'ait pas parlé à tous les Peuples de la même maniere? & si elle existoit dans la Langue primitive, qu'elle ne se soit pas conservée chez tous?

Ces difficultés s'évanouissent dès qu'on les envisage de près. Lorsqu'on réduisit les voyelles à cinq, on calcula d'après les cinq doigts, & d'après les cinq sens, tout comme plusieurs Peuples n'eurent que cinq chiffres par la même raison: cette division étoit plus que suffisante pour des Nations grossieres, qui ne cultivoient que les arts les plus nécessaires & dont l'oreille n'étoit pas assez fine pour sentir qu'elle pouvoit augmenter ses jouissances.

Il falloit beaucoup de finesse, en effet, pour saisir la division en sept voyelles, parce que les deux autres ne consistent que dans des nuances très-légeres, qui échapent sans peine. C'est ainsi que l'octave musicale dans laquelle on compte sept notes, ne renferme, en effet, que cinq tons pleins, & que les deux autres ne sont que des demi-tons: ce qui donne douze demi-tons pour l'octave entiere.

Nous avons donc ici un nouveau raport entre l'octave vocale & l'octave musicale; mais nous laissons à de plus habiles à examiner si la vocale ne pourroit pas se subdiviser également en douze sons; & si on n'en trouveroit pas des exemples dans quelques Langues: si quelques-uns de nos sons qu'on prend pour des diphtongues, quoiqu'ils n'en soient pas, ne sont pas l'effet de cette propriété de l'octave de se diviser en douze. On dissiperoit peut-être par ce moyen quelques difficultés relatives aux diphtongues; & on répandroit un plus grand jour sur cette matiere intéressante.

CHAPITRE XII.

Des Intonations ou Consonnes, Langue des idées.

§. I.

Les Sons & les Intonations ont eu nécessairement des fonctions & des valeurs différentes.

S'IL est démontré que les sons ou voyelles furent & durent être constamment le Langage des sensations, on n'aura pas plus de peine à se convaincre que les intonations ou les consonnes sont le Langage des idées. En effet, les idées, dont la nature est absolument différente des sensations, ne pouvoient s'exprimer de la même manière. Plus le Langage est une peinture, une imitation, plus on dut mettre de la différence entre les Signes qui servoient à représenter l'une & l'autre de ces parties du discours. Il étoit de toute impossibilité, qu'un même genre de mots représentât deux classes d'objets aussi différents: c'est comme si l'on exigeoit que les enfans parlassent en hommes faits, que les sens fussent l'intelligence, que les effets fussent la cause.

Si l'on se conduisoit ainsi dans le cours ordinaire de la vie, que de désordres en résulteroient! Tout seroit brouillé, confondu, dans un cahos affreux: mais tel doit être l'effet de tout objet qu'on n'aperçoit que de loin; on n'en saisit que les grandes masses; les différences particulieres échapent; les nuances s'éteignent, tout paroît porter la même teinte.

Telle a été cependant la maniere dont on a consideré jusques à présent l'objet que nous nous proposons de déveloper dans ce Chapitre. A l'exception de deux ou trois personnes, dont les efforts n'ont abouti qu'à les faire traiter de gens à systêmes, jamais on ne chercha à connoître la différence essentielle qui regne entre les sons & les intonations: on ne jettoit sur ces objets que des regards incertains: on ne les voyoit qu'à une distance qui empêchoit de s'en former de justes idées, d'en démêler les caractères distinctifs: on supposoit que cet examen étoit inutile à cause de sa grande simplicité, comme si l'on devoit toujours dédaigner ce qui est simple. Ce qu'il y avoit de plus fâcheux; c'est qu'on s'imaginoit qu'on voyoit ces objets de très-près, qu'on les connoissoit

ſoit très-bien ; qu'ils ne renfermoient rien de plus que ce qu'on y voyoit ; qu'on ne pouvoit ſe tromper ſur les conſéquences qu'on en tiroit, & ces conſéquences cependant étoient abſurdes & funeſtes, comme doit être le réſultat de toute matière qu'on examine à la légère, & ſans les Principes qui en doivent faire la baſe.

On s'imaginoit, par exemple, que, relativement aux effets du Langage, il n'y a nulle différence entre les conſonnes & les voyelles, les ſons & les intonations : que les uns & les autres ont pû être également employés à déſigner les mêmes idées ; que le hazard ſeul a fait aſſigner à l'expreſſion d'une idée, une voyelle plutôt qu'une conſonne, ou une conſonne plutôt qu'une voyelle ; qu'auquel des deux qu'on eût recours, l'effet auroit toujours été le même.

On ſupoſoit encore que les voyelles ne ſervoient abſolument qu'à modifier les conſonnes ; ou, ſi l'on aime mieux, que les conſonnes avoient été inventées pour modifier les voyelles, pour *ſonner* avec elles, (*cum-ſonare* :) & cela dans la vue uniquement de multiplier le nombre des mots ; vues racourcies & étranges, qui étouffoient à cet égard tout eſprit de recherches. Recherche-t-on ce qu'on ne croit pas éviter, ou dont on n'a aucune preuve !

Diſons, cependant, qu'on étoit autoriſé en cela, par le mélange perpétuel des conſonnes & des voyelles qui ſe réuniſſent également pour former des ſyllabes & des mots ; tantôt ce ſont les voyelles qui ſe modifient par toutes les conſonnes poſſibles miſes à leur ſuite ; tantôt ce ſont les conſonnes modifiées par les voyelles qui marchent à leur tour à la ſuite des conſonnes.

Et ſi dans notre Langue, il exiſte quelques mots compoſés de voyelles ſeulement, tels qu'*a*, *à*, *y*, *eau*, *oui*, *où*, &c. ils parurent toujours formés de mots Latins, par la ſupreſſion des conſonnes qu'offroient primitivement ces mots : ainſi *a* paroiſſoit une altération d'*habet* ; à, de *ad* ; y, de *hic* ; eau, d'*aqua* ; ouie, d'*auditus* ; ou, de *aut* ; où, d'*ubi* &c.

Mais il eſt très-aiſé de démêler ce cahos, en diſtinguant ce que les voyelles & les conſonnes ont de propre, de ce qu'elles ont de commun. En effet, les voyelles n'étoient pas ſi fort bornées aux ſenſations, & les conſonnes ſi fort bornées aux idées, que les unes & les autres ne concouruſſent jamais enſemble, pour déſigner également ſenſations ou idées. Ceci devoit arriver d'autant plus aiſément, que les ſenſations & les idees ſe mêlent continuellement elles-mêmes dans l'entendement humain, par leurs effets ; enſorte qu'elles ont dû également ſe mêler ſans ceſſe dans la peinture vocale de ces effets ; mais à cette cauſe générale, s'en ajoutent nombre de particulières.

§. 2.

Secours mutuels qu'elles se prêtent.

Les voyelles sont en très-petit nombre, & cependant chacune d'elles exprime, comme nous l'avons vû, un grand nombre d'objets ; il fallut donc nécessairement distinguer ces divers objets, par le secours des consonnes ajoutées à la suite de ces voyelles. Ainsi, pour désigner les diverses modifications de la voyelle E qui signifie l'existence, on forma ces mots Latins & François, *est*, il est ; *esse*, être ; *ens*, ce qui est ; *essentia*, essence ; *essentialis*, essentiel ; *existo*, exister ; *existentia*, existence ; *præ-es*, celui qui est à la tête ; *com-es*, celui qui est avec, ou qui va de compagnie, &c.

De même, pour désigner les diverses modifications de la voyelle *O* signifiant la vue & tout ce qui y a raport, on fit *ho* & *so*, le feu ; *focus*, le foyer ; *or*, le soleil, la lumiere & le jour ; *hor-izon*, tout l'espace du Ciel & de la Terre qu'embrasse le coup-d'œil ; *oc*, l'œil ; *oculaire*, ce qu'on voit de ses yeux ; *oculiste*, celui qui a soin des yeux & qui en guérit les maladies.

Mais quelque variété qu'éprouvent ces mots, on voit qu'ils tirent toute leur énergie de la voyelle premiere qui les forma, & qu'ils ne font que modifier, sans en dénaturer la valeur.

Il en fut de même des consonnes. Chacune d'elles a une valeur particuliere, de même que chaque voyelle, comme nous le ferons voir dans ce Chapitre ; mais cette valeur recevoit également diverses acceptions, qu'on ne pouvoit exprimer qu'en modifiant cette consonne par diverses voyelles & par d'autres consonnes : c'est ainsi que, d'après une des valeurs de la consonne *B*, relative à tout ce qui plaît, sont venus ces mots ; *bonus*, bon ; *bonitas*, bonté ; *benè*, bien ; *benignus*, benin ; *beneficentia*, bienfaisance ; *beo*, rendre heureux ; *be-atus*, qui est bien, qui est heureux, bienheureux, *beatitudo*, béatitude ; & ces mots, *bon-bon*, *béatilles* ; *bellus*, beau ; *bella*, belle ; *bellaria*, des friandises, des bonbons ; *bellè*, de bonne grace ; *bellezza*, beauté ; *Bel*, Belus, nom du Soleil le plus beau des astres, &c. & cependant malgré toutes ces variétés, on reconnoit toujours la tige commune de tous ces mots, & la valeur propre dont ils tirent leur énergie.

§. 3.

De la voyelle ſourde qui accompagne les conſonnes.

Ajoutons une obſervation eſſentielle. Chaque conſonne eſt accompagnée néceſſairement d'une voyelle ſourde, effet de l'impulſion qui produit cette conſonne; mais cette voyelle accidentelle ne doit entrer pour rien dans tout ce que nous avons dit à l'égard des voyelles, puiſqu'elle n'a aucune valeur par elle-même, & qu'elle marche également à la ſuite de toutes les conſonnes. Lui en attribuer une, la mettre dans la même claſſe que les voyelles qui marchent ſeules, la faire entrer pour quelque choſe dans l'énergie des mots, c'eſt confondre l'ombre avec le corps; c'eſt brouiller tout; c'eſt s'ôter tout moyen d'analyſer la parole.

Ce que nous diſons ici eſt ſi vrai, qu'il n'eſt rien de plus commun que de ſuprimer, & dans le diſcours & dans l'écriture, ces voyelles ſourdes & ſecondaires; de-là, tant de mots où les conſonnes ſe ſuivent immédiatement, quoique la prononciation comporte entr'elles cette voyelle ſourde, & qu'elle ſoit énoncée dans d'autres Langues: de-là encore, l'uſage de tant de Nations qui ſupriment dans l'écriture toute voyelle qui n'ajoute au Tableau aucune idée différente de celle qu'offrent les conſonnes qui le compoſent.

Ainſi, comme on a recours dans la parole à l'ellipſe pour ôter tout mot qui n'ajouteroit rien à la force d'une phraſe, de même on a recours chez ces Nations, relativement à l'écriture, à une ellipſe naturelle, & qui conſiſte dans la ſuppreſſion de toute voyelle ou de tout caractère qui n'ajoute rien à l'énergie du mot.

Ce n'eſt donc que par une fauſſe conſéquence, que nous regardons dans l'Occident toutes les voyelles comme eſſentielles à l'écriture; c'eſt établir en principe, ce qui n'eſt qu'un uſage particulier, & plus agréable qu'utile.

On n'en doit cependant pas conclure que ces voyelles mêmes ne ſont d'aucune utilité; mais ſeulement ne pas mettre cette utilité au niveau des voyelles primitives & capitales. Telle eſt ſur-tout l'utilité des voyelles ſecondaires & qui empêche de les ſuprimer; c'eſt que par leur moyen, on donne à chaque ſyllabe un ton qui lui eſt propre, & qui n'étant le ton ni de la ſyllabe qui précede ni de celle qui ſuit, répand dans le diſcours une variété qui flatte l'oreille, qui ſoutient l'attention, qui cadence les phraſes, qui leur donne plus d'agrément & d'harmonie: car il en eſt du diſcours comme de l'harmonie musicale. Le Musicien qui met de l'ame, de l'agrément, de l'esprit dans la Musique qu'il exécute, est fort au-dessus de celui qui ne sait l'exécuter que simplement & séchement : tous les deux font entendre le même air, à la vérité; mais chez l'un il est sans graces, sans aménité, sans intérêt : chez l'autre tout est brillant, agréable & flatteur ; c'est la vérité unie aux graces. De même ici, les consonnes peignent la chose ; la voyelle qui les accompagne leur donne la grace nécessaire pour plaire : la consonne dit la chose, la voyelle fait qu'elle est dite de la maniere la plus agréable.

Mais il est tems de passer à la valeur des consonnes.

§. 4.

Valeur des Consonnes.

Si l'on admet les principes que nous venons de parcourir, on ne conviendra peut-être pas de même du raport que les consonnes peuvent avoir avec les idées, & avec une classe d'idées plutôt qu'avec toute autre ; & l'on n'en doit pas être surpris, vû le peu de connoissances acquises à cet égard, & qu'il semble que tout doit être connu sur un objet aussi familier. Cependant, si les consonnes furent destinées à peindre les idées, ce qui devient indubitable dès que nous avons vû que les voyelles & les sons étoient entierement consacrés aux sensations, il faut de toute nécessité que chaque consonne ait eu un district qui lui fût propre, & auquel on ne pût se tromper ; autrement, on auroit erré dans le vague qu'elles eussent offert, & il en seroit résulté un art de la parole qui n'en auroit pas été un, étant sans principes, sans vues, sans ensemble, un composé inexplicable de parties incohérentes & dénuées de toute harmonie. Mais puisque cela n'est pas, puisque les mots qui forment les consonnes dans chaque Langue, offrent entr'eux de très-grandes différences, & malgré ces différences, une très-grande harmonie, il faut de toute nécessité que ces avantages naissent de la nature même des consonnes, de leurs raports & de leurs différences ; que ces raports & ces différences soient si fortement caracterisés, qu'ils puissent être comparés sans peine, qu'on puisse en être vivement affecté, & qu'ils dirigent l'esprit d'une maniere si ferme & si agréable à l'égard de l'impression des noms, qu'on croye faire ce choix de soi-même, & qu'on se regarde comme créateur, dans le tems même qu'on est entraîné par une force supérieure.

Cette harmonie est d'ailleurs très-conforme à tout ce que fait la Nature,

Après avoir mis tant d'art dans les élémens de la Musique, & dans ceux des sens vocaux, se seroit-elle manquée à elle-même, ou auroit-elle été trop épuisée pour achever son ouvrage, & pour mettre de l'harmonie dans les élémens propres à peindre les idées, ces idées qui sont si fort au-dessus de la Musique, la gloire de l'homme, l'attribut le plus parfait de son intelligence, sans lequel il n'auroit pu vivre en société, ni arriver à ce point d'élevation qu'on admire en lui ?

Pour nous assurer de ce à quoi nous devons nous en tenir sur un objet aussi intéressant, & pour être en état de résoudre un problême aussi nouveau, il est un moyen bien simple; nous n'avons qu'à examiner la nature de chaque consonne, ce qui la caractérise, & ce en quoi elle differe des autres. Nous verrons dès-lors l'emploi qu'on pouvoit en faire, & si les premiers objets qu'on désigna par leur moyen, répondirent en effet à leurs propriétés, s'ils furent exactement ceux qu'elles devoient naturellement désigner.

Nous ne craignons pas de dire que cet examen nous conduira à des résultats très-intéressans: on y verra chaque consonne ou chaque intonation avoir une qualité propre, absolument différente des qualités qu'on trouve dans les autres; & que ces qualités furent toujours l'effet de leur nature; ensorte que tous les effets qui en naissent, sont nécessaires, fondamentaux, communs à tous les temps & à tous les Peuples. Personne qui ne puisse en reconnoître par soi-même l'exactitude & la vérité; ou plutôt personne qui ne nous prévienne dans les conséquences qui en résulteront, & qui ne sente vivement de quelle ressource est la nature de l'instrument vocal pour retrouver l'origine des Langues.

§. 5.

Proprietés de chaque intonation ou de chaque consonne.

Chaque intonation doit avoir une propriété particuliere, puisque chacune d'elles est l'effet d'un méchanisme différent: on sent très-bien que suivant qu'elles se prononcent à l'extrémité extérieure ou intérieure de l'instrument vocal, ou dans son centre, & suivant qu'elles occasionnent une explosion d'air plus ou moins considérable, plus ou moins rapide, les effets en sont très-différens; qu'elles seront plus ou moins sonores, plus ou moins agréables, plus ou moins harmonieuses: mais ces vues générales ne peuvent suffire: il faut entrer dans un plus grand détail, afin que le résultat qui en sera la suite, nous améne de lui-même, & avec la plus grande facilité, à la lumiere la plus satisfaisante.

Les intonations labiales P & B, auxquelles on peut joindre *V* & *M*, ont la douceur en partage. Elles se prononcent avec le moins d'effort possible; à peine se distinguent-elles d'avec les voyelles : ensorte qu'elles servent souvent à les lier entr'elles. Elles doivent cette douceur, à la maniere dont elles se prononcent, sur l'extrémité des lévres, sans aucun effort, & presque sans ouvrir la bouche, ensorte que l'explosion qu'elles occasionnent est la moins forte possible.

Il n'en est pas de même des intonations dentales *T* & *D*; elles sont l'antipode des labiales, étant les plus éclatantes, les plus sonores, les plus bruyantes: ensorte qu'on pourroit les apeller les consonnes *par excellence*. Qu'on n'en soit pas supris; c'est l'effet même de leur méchanisme; elles se prononcent par le moyen de la portion la plus dure, la plus fixe de l'instrument vocal, & avec un effort qui donne lieu à la plus grande ouverture de la bouche, & par conséquent à la plus parfaite explosion.

L'intonation nazale *N* ne peut se prononcer qu'en faisant sortir l'air avec force par les narines, en le repoussant hors de l'instrument vocal; elle sera donc une consonne sourde & repoussante.

L'intonation linguale *L* a des caractères qui n'apartiennent qu'à elle, & qu'on ne sauroit confondre avec ceux d'aucune autre. Elles ne se prononcent que dans le centre de l'instrument vocal; la langue se collant d'abord légerement contre le palais, & s'en séparant ensuite avec un très-leger éffort, elle se mouille, & donne lieu à une explosion très-douce & très-coulante.

L'intonation linguale *R* se prononce au contraire par le frollement de l'air contre la pointe de la langue relevée parallélement au palais; ensorte que l'air repoussé par le palais, fait effort contre la langue, & en fait mouvoir la pointe avec la plus grande fléxibilité; de-là, la prononciation rude & roulante de cette intonation, qui la distingue de toutes les autres.

Les intonations gutturales se prononcent de l'extrémité intérieure de l'instrument vocal; elles font sortir par conséquent l'air du fond de la gorge, comme du fond d'un creux; & l'explosion se faisant le long de ce canal, ou dans la gorge, elle produit le même effet que l'air qui sort avec force d'un canal.

Les siflantes & les chuintantes tirent leur nom de leurs propriétés même. Les consonnes *S* & *Z* sont telles que l'indique leur nom; c'est l'air pressé entre le palais, la langue & les dents, qui sort avec siflement, comme il arrive toutes les fois qu'il passe avec force dans la plus petite ouverture possible. Les chuintantes chassent l'air avec force, mais par un méchanisme tout différent, en faisant sortir l'air avec impétuosité le long d'un canal resserré que produit la langue.

Il résulte nécessairement de-là que les consonnes ne sont pas également propres à peindre quelque objet que ce soit, tout comme les couleurs ne conviennent pas indifféremment à tous les objets : de même qu'un Peintre est obligé de choisir celles qui se raportent le plus à son modèle, ainsi celui qui le premier eut recours au langage, fut obligé de choisir entre toutes les intonations, celles qui peignoient le mieux ce qu'il vouloit dire ; & ceci est une affaire de sentiment & de tous les tems : lorsqu'on veut dire quelque chose d'agréable ou de gracieux, prend-t-on un ton repoussant ? Ou un ton doux & flatteur, lorsqu'on veut repousser ou blâmer ?

Ainsi les objets doux & agréables seront peints par les labiales ; les sonores seront le partage des dentales ; les repoussans, celui de la nazale *N.* L'on emploiera la linguale *L* pour tout ce qui est liquide & coulant ; & la linguale *R* pour tout ce qui est rude ou roulant : les objets profonds & creusés en canaux, seront l'apanage des gutturales : les siflemens pour la siflante, &c.

De-là une multitude de mots, tous nécessaires, tous puisés dans la Nature, tous peignant leur objet de maniere à ne pouvoir s'y méprendre.

De-là encore, tous les noms des organes même, par le moyen desquels on fait entendre ces intonations, & les noms de tout ce qui est relatif à ces organes, de tout ce qui leur ressemble, de toutes leurs fonctions, de tous leurs effets.

Mais ceci demande des développemens plus précis.

§. 6.

Valeur des Intonations de la Touche Labiale.

Cette Touche étant la plus aisée à mettre en jeu, est la premiere dont les enfans fassent usage, & ils s'en servent pour désigner les Êtres agréables dont ils sont environnés : ainsi la Nature ne commence à parler en eux que pour faire entendre des sons doux & pour prononcer des choses flatteuses ; de-là tous ces mots enfantins, *papa*, *mama*, *fanfan*, *bonbon*, *bouillie*, *baiser*, *poupon*, *poupée*, *bobo*, *bibi*, *beau*, *bon*, *bien*, *ami*, *amie*, *banbin.*

Ces observations n'ont pu échaper au respectable Auteur du *Méchanisme du Langage*, M. le Président de Brosses, savant dont nous avons déja eu occasion plus d'une fois de citer les ouvrages, & dont nous avons vû avec le plus grand intérêt la conformité des vues & des principes avec les nôtres. Voici comment il s'exprime sur la touche labiale ; ce qu'il dit s'accorde si bien avec ce que nous disons nous-mêmes, il prévient tant d'objections, il est si intéressant qu'on nous saura gré de l'avoir inséré ici.

» L'enfant commence donc (1) à se servir des lettres labiales... après avoir » employé les simples voyelles... C'est un second pas qu'il fait naturellement » sans avoir besoin d'être guidé par l'exemple, & duquel il faut conclure que » la formation des paroles labiales est encore nécessairement dérivée de la » conformation humaine, indépendamment de toute convention. Suivons » les premieres productions de la voix humaine, par l'examen des enfans au » berceau. Tous, en quelque pays que ce soit, ayant pour premier mouvement » plus facile d'ouvrir la bouche & de remuer les lévres, forment la voix pleine » & articulent la lettre labiale. *Cùm cibum & potionem buas & papas vocent*; » *matrem mamman*, *patrem papam* (CATO *de liber. educand.*) Ainsi dans tou» tes les Langues les syllabes *ab*, *pap*, *am*, *ma*, sont les premieres qu'ils » prononçent. De-là viennent *papa*, *maman* & autres qui ont raport à ceux» ci. Il n'y a point de Langue en aucune Contrée, où les mots de *pere*, *mere* » & *mammelle* ne viennent de ces racines. L'histoire de l'enfant qu'un ancien » Roi, curieux de connoître la Langue primitive, fit élever parmi des chévres » & qui imita le cri *bek* que rendoient ces animaux ne peut contrarier ceci. Il » est donc certain que les syllabes ci-dessus sont les premieres racines, qui » ayent existé en quelque Langue que ce soit. Qu'on examine tous les premiers » mots prononcés par les enfans; & les petits mots que leur disent les nourrices » pour les contrefaire & les amuser, on les trouvera tous de voix simples ou » liées avec les lettres labiale & dentale (*baba*, *teter*; *mamma*, *teton*; *bobo*; » *poupon*, *papoute*, &c.) Voici donc encore un ordre de mots nécessaires, » existans indispensablement dans la Langue primitive. Les mots *baba*, *papa*, » *mama*, &c... sont des racines primordiales nées de la Nature humaine, & » dont la naissance est une conséquence absolue de cette vérité physique, » *l'homme parle*. Aussi verrons-nous ces racines croître dans toutes les Langues » & y étendre des branches infinies.

Il faut inférer de ceci que ces petits mots *papa* & *mama*, familiers aux » enfans & les premiers qu'ils soient en état d'articuler, sont primitifs & radi» caux pour toutes les Langues du monde: qu'il n'est pas besoin d'admettre ici » de dérivation d'une Langue à une autre...

(1) Méchanisme du Langage, T. I. 231 & suiv.

Et

Et après quelques autres remarques, cette discussion se termine par la comparaison de toutes les Langues à l'égard de ces deux mots ; suivie de cette conclusion : » une conformité si frapante entre les Peuples de tous les siécles » & de toutes les Contrées de l'Univers, éléve au plus haut dégré d'évidence » la démonstration des principes ci-dessus établis ».

Ajoutons que c'est de la touche labiale que l'on a tiré dans la plûpart des Langues les noms de la bouche ou de ses effets, du boire, du manger, de la parole, &c. Tels sont ceux-ci :

En François.

Bouche, bec, babine; mufle, museau, muselliere.
Boire, bois, boisson, bu, biberon d'enfant.
Manger, mâcher, mordre, morceau, mâchoire.
Babil, babiller, parler, parole, parleur.

Latin.

Bucca, *bouche*; buccula, *petite bouche*; buceo, *à grosses joues.*

Puls & pulticula, *bouillie*, *purée*; pulpa, *mets*, *chair*, des animaux & des fruits.

Pasco, *manger*, *paître*; pastus, *nourriture*; 2°. qui a repu.

Bibe, *bois*; bibi, *j'ai bu*; bibere, *boire*; bibax, *buveur*, &c.

Poto, *je bois*; potus sum, *j'ai bu*; potor, *buveur*; potus, *boisson*; potio, *action de boire*, *potion*; poterium, *gobelet.*

Mando & manduco, *manger*, *mâcher*; mandibula, mala, maxilla, *mâchoire*, *joue*; mentum, *le menton.*

Mordeo & morsico, *mordre*, *mordiller*; mordax, *mordant*; morsus, *morsure.*

Pu, *petit*, avec nombre de dérivés en Latin, *puer*, *pusio*, *pupillus*, &c. & en nombre de Langues.

Fabella & fabula, *discours*, *récit*, *conte*, *fable*; fari, *parler*; fatus, *qui a parlé.*

Hébreu.

פה, *Phé*, bouche & *Chaldéen*, phum: d'où le *fari* des Latins & ces dérivés Hébreux.

שׂ-פה, *sa-phé*, lévre.

פוח, *phu'h*, respirer, soufler : הפיח, *ephi'h* respire.

נפח, *na-pha'h*, respirer.

יפח, *i-pha'h*, parler, mediter.

יפה, *i-phé*, beau, & être beau, *iphoth*, belle ; *iphe-phie*, très-belle.

פאר, *far* ou *par*, parure, ornement, beauté ; 2°. orner, parer, embellir : d'où *paro* des Latins & parer, parure.

פול, *pul* ou *ful*, légumes dont on fait de la bouillie, de la purée ; féves, &c. d'où le *puls* des Latins.

בן, *ben*, fils ; בת, *bath*, fille ; *Bethul*, Vierge.

פת, *pat*, morceau, 2°. couper, mettre en morceaux, mordre.

Grec.

Boó & *boskó*, je mange, je pais ; *bora*, pâturage : d'où *voro*, dévorer & vorace.

Paó, manger, goûter, paître ; *pateomaï*, goûter ; *poa*, herbe.

Poltos, bouillie, le *pul* des Hébreux & des Latins.

Pinó & *poó*, boire ; *posis*, action de boire ; *poteon*, il faut boire ; *potér* ; coupe, tasse ; *bdalló*, succer, traire.

Bazó, je parle ; *epó*, je dis ; *faó* & *fèmi*, je parle, je dis, je mets au jour.

Fama ou *phama* & *fèmé*, ce que dit le public, discours & opinion publique ; renommée, réputation.

Fagos & *phégos*, d'abord *arbre* en général, & puis *chêne* en particulier.

Fagó, manger, se nourrir.

Bel-*teros*, meilleur ; *bel'tistos*, excellent.

Baios, petit ; *bambinó*, balbutier.

Allemand.

Si ces anciennes Langues confirment ce que nous avons dit au sujet de la touche dentale, & ce que nous trouvons dans la Langue Françoise, il en seroit de même de toutes les autres Langues modernes : mais pour ne pas trop anticiper sur le Dictionnaire Comparatif, nous nous contenterons d'ajouter ici quelques mots tirés de la Langue Allemande.

Bisz, morceau ; *beissen*, mordre ; *s-peise*, le manger, mets, nourriture ;

ſpeiſen, manger : mots qui viennent de la même famille que *pat* des Hébreux, *morceau*.

Backe, joue, mâchoire, le *bucca* des Latins.

Becker, gobelet ; *brodt*, pain ; *bier*, biere.

Beſte, utilité, profit, bien, *beſſer*, le meilleur, de la même racine que *benè* & *bonum* des Latins, &c.

Pappe, bouillie.

Puppe, *kinderpuppe*, poupée, *pupchen*, poupon.

Puſen, orner ; *putz*, ornement.

Babbeln, babiller.

Becken, boulanger, de leur primitif *bek*, pain, nourriture ; mot Phrygien & qui est l'Hébreu בג, *bag*, nourriture, vivres.

§. 7.

Valeurs des Intonations de la Touche Dentale.

La Touche Dentale diffère entierement de celle dont nous venons de parler. Comme les dents ſont auſſi fermes que les lévres ſont mobiles & flexibles, les intonations qui en proviennent ſont auſſi fortes, auſſi ſonores, auſſi bruyantes que les intonations labiales ſont douces & légères. La Langue qui d'abord apuie ſur les dents, & s'en éloigne enſuite bruſquement & avec force, oblige la bouche à s'ouvrir le plus qu'il eſt poſſible & à laiſſer un champ libre à l'exploſion de l'air qui ſe fait ainſi avec la plus grande force.

Les intonations qui en réſultent, deviendront ainſi naturellement la peinture de tout ce qui eſt ſonore & bruyant : de-là une multitude de mots primitifs & pittoreſques. C'eſt par cette touche qu'on *tonne*, qu'on *retentit*, qu'on *étonne*, qu'on *donne* le *ton* ; par elle on déſigne les inſtrumens bruyans, les *tambours*, les *tymbales*, les *timpanons*, les *trompettes* ; de-là les noms de *timpan*, *tintin*, *tintinnabulum*, nom des cloches en Latin : les noms mêmes de *touche*, d'*intonation*, de *tact*, &c. C'eſt par elle qu'on anime les chiens à la chaſſe, qu'on fait retentir ſa voix au loin, qu'elle perce l'immenſité des forêts.

C'eſt ainſi que la Nature a pourvu à tous les beſoins de l'homme, & que celui-ci éprouve auſſi-tôt ſon ſecours, ſans étude & ſans ſoins : l'homme ſuit ſes impreſſions ſans s'en douter : mais ſi lorſqu'il vient à réfléchir ſur les avantages qu'il en retire, il ne reconnoît pas que c'eſt à elle qu'il en eſt redevable, ou s'il s'imagine que ces obſervations ſont des rêveries creuſes, c'eſt un ingrat & il ne mérite pas le nom d'Être ſenſible & obſervateur.

Cette propriété caractériſtique de la touche dentale, en a occaſionné un grand nombre d'autres : on s'en ſert, par exemple, pour indiquer les objets étendus, vaſtes, dominans, les maſſes amoncelées par *tas*, celles qui renferment *tout*. De-là tous ces mots, *tant*, *taille*, *taler*, *tous*, *totalité*; *tas*, *entaſſer*; *dominer*, *domination*, *dom*, *dome*, *dune*, *dynamique* ou ſcience des forces, *dynaſte* ou Seigneur, *dynaſtie* ou Famille des Rois, *dominus* ou Maître, *tan* ou pays, contrée, habitation, feu & foyer. *Den* ou arbres : *tonne*, *tonneau*, &c. Et une multitude d'autres mots radicaux en toutes Langues, relatifs à ceux-là.

De-là, 3°. l'idée de perfection exprimée par ces intonations & qui s'accorde avec les idées de *tout* & de *totalité*. En effet, le *T* fut dans toutes les anciennes Langues, le ſigne de la perfection dans toute l'étendue du mot, au propre ou phyſique & au figuré ou moral : c'eſt par cette raiſon qu'il terminoit la liſte des intonations, qu'il fut le *terme*, le *tout*, le *telos* ou la fin. C'eſt par la même raiſon encore que l'intonation *D*, a déſigné la perfection des nombres, le nombre *dix*.

On ne ſera donc pas étonné en voyant que cette lettre eſt devenue, 4°. la racine des noms qui déſignent les Êtres élevés en *dignité* ſur les autres par leur rang, ou par leurs vertus : que de-là ſoient venus ces mots radicaux.

Di, la Diviniré & la lumiere. *Dum* & *din*, Juge, & digne : *dignité*. *Dam*, Maître ; *Dame*, Maitreſſe ; *dam* ou *dom*, vaincre, ſubjuguer.

Tu, tout ce qui *protége*, & qui met à l'abri. *Tectum* ou *toit* ; *tego*, couvrir; *toga*, robe. Tout ce qui eſt reſpectable & eſtimable ; *Ti*, Prince, & honorer; *timor*, reſpect, *eſtime*, *eſtimer*, &c. Tout ce qui a raport aux *titres*.

5°. On ne ſera pas étonné non plus qu'on en ait fait le pronom *tu* ou *toi*, pour déſigner la perſonne à qui l'on s'adreſſe & pour lui donner le titre le plus honorable.

6°. Qu'il ſoit devenu le nom des perſonnes les plus chères après la Mere qui nous a nourri : qu'on en ait fait *Ta* & *Atta*, pere, chez toutes les Nations qui ne ſe ſervent pas de la labiale pour cette dénomination : *ta-ta*, pere nourricier ; & le nom de tout ce qui eſt bon à manger ; *tâter*, tout ce qu'on goûte : *tête*, la portion ſupérieure de l'homme, ſon chef, & dont le diminutif, comme nous l'avons déja dit dans une occaſion ſemblable (1) » eſt le nom de

(1) Gramm. Univ. & Gén. p. 166.

» ces ſources délicieuſes où tous les hommes puiſent dans leur enfance une » nourriture ſalutaire, & qui parent le plus bel objet de la Nature ».

7°. Qu'on en ait fait enfin le nom de la touche même ou de l'organe qui produit ces intonations dentales : que le nom des *dents* dont nous avons raporté ci-deſſus la famille (1) ait été ainſi puiſé dans la Nature elle-même, & qu'il ſoit commun aux Peuples de l'Europe & de l'Aſie.

A tous ces égards, nous pourrions faire voir ici un accord admirable entre toutes ces Langues & remplir pluſieurs pages des ſeuls mots radicaux qu'elles fourniroient ſur cet objet ; mais ce ſeroit trop anticiper ſur le Dictionnaire Comparatif : & le Lecteur qui a déja vu ce raport ſur pluſieurs articles, & qui peut juger par ce que nous venons de dire, de ce que nous pourrions ajouter, préfere ſans doute de voir ſi la valeur des autres intonations s'accorde auſſi bien avec les principes que nous avons mis en avant, & qui ſemblent ſi difficiles à établir.

§. 8.

Valeur de l'intonation labiale R.

Ici, nous ſéparons les deux intonations de la touche labiale *R* & *L*, parce qu'elles ont chacune un diſtrict ſi fortement caractériſé, qu'on ne ſauroit dire de l'une ce qu'on affirme de l'autre ; quoiqu'elles ne diffèrent que par la quantité, & non par la qualité.

Toutes deux, en effet, déſignent les objets en mouvement ; mais comme l'une eſt douce & l'autre forte, on s'en ſert pour déſigner des mouvemens fort différens l'un de l'autre. La linguale *L* indique les mouvemens doux, & dont la marche eſt continue & tranquille : la linguale *R*, au contraire, indique les mouvemens rudes & forts, ceux qui ſont bruyans, qui vont par ſauts, par ſecouſſes.

Cette valeur eſt ſi ſenſible, qu'elle ne put échaper aux Anciens. PLATON fait dire à Socrate dans ſon Cratyle, qu'on peut regarder la lettre *R* comme l'organe de toute eſpéce de mouvement ; Ρ φαίνεται ὥσπερ ὄργανον εἶναι πάσης τῆς κινήσεως.

On ne peut jetter, en effet, les yeux ſur les mots Grecs formés de cette lettre, ſans être pénétré de ce ſentiment : tels ſont ceux-ci ;

R'aga, impétuoſité, fracas, force, vigueur.

(1) Pag. 212.

Ragô, *régnuô*, briser, rompre.

R'eô, *r'uô*, *r'euô*, couler s'écouler; 2°. parler, dire.

Reuma, cours, fleuve, torrent, &c. d'où *rhume*, &c.

R'ea, facilement; ce que rien n'arrête dans son cours, qui se meut à volonté.

R'ethos, les membres du corps, parcequ'ils se meuvent tous, & qu'ils produisent tous les mouvemens humains.

R'ezô, faire, produire du mouvement.

R'uô, couler, tirer, entraîner.

R'ô & *rôô*, faire effort, se jetter avec impétuosité, entraîner, fortifier.

R'oô, se mouvoir, se jetter sur, fortifier.

R'utis, ride.

R'uma, cable, cordages pour mettre en mouvement, pour tirer.

R'ôkhô, grincer des dents.

R'epô, pencher, incliner, tendre en bas.

R'ôpion, *rôps*, *rips*, branche mince & souple, qui ploie à tout vent; bruïeres, arbrisseau.

R'izeô, frissonner, trembler d'horreur.

R'igos, frissons, froid, frémissement.

R'etinê, résines ou liqueur qui s'écoule des arbres.

R'iptô, jetter, précipiter, renverser.

R'ipê; impétuosité, grand vent, soufle qui renverse &c.

R'ipizô, soufler, éventer.

R'othos, bruits des ondes, violence des eaux.

R'oibdos, brüit aigre & perçant, siflemens aigus.

R'oib-deô, produire des bruits aigus & perçans, des siflemens aigus,

R'uzeô, *ruzo*, *rozô*, *roizeo*., lamenter, aboyer, faire entendre des sons qui déchirent, qui percent.

R'ombos, impétuosité, effort, mouvemens en tout sens, un rhombe; d'où *rhumb*.

R'ombeô, tourner en tout sens.

R'ophaô, humer avec force.

R'athagos, bruit aigu, fracas, flots qui se brisent contre les rochers.

R'athassô, fraper de toutes ses forces, avec grand bruit.

On peut juger par cet échantillon, du génie des Grecs dans l'invention de leurs mots; du parti prodigieux qu'ils tiroient de la valeur intrinséque des intonations vocales pour la perfection du langage; de l'art avec lequel ils inventoient des expressions pittoresques, propres à faire sur l'oreille les mêmes impressions que produisoient tous les êtres, & sur leurs yeux, & sur leurs oreilles. Ajoutez encore que l'âpreté & la dureté de la lettre *R*, étoit augmentée dans tous ces mots par une espèce d'aspiration forte, marquée ici par l'esprit rude ou c que nous avons conservé avec soin, & qu'on a accoutumé de supléer dans nos Langues modernes par la lettre *h*.

Ces exemples, tous tirés de mots où la lettre *R* marche seule, ne sont rien en comparaison de ceux où les Grecs la firent précéder d'une autre voyelle pour en augmenter la force, & pour en varier les effets : il seroit aussi inutile que fastidieux de les réunir ici : contentons-nous de quelques exemples.

Phrix, bruit qui fait frémir, agitation des flots, frisson, horreur.
Phrissô, frissonner d'horreur, grincer d'effroi, &c.
Phronêma, émotion, desir, ardeur & impétuosité de l'esprit.
Trakus, âpre, rude.
Tremô & *treo*, avoir horreur, trembler d'effroi.
Trepô, tourner, retourner.
Trekô & *trokhoô*, courir.
Trizô, faire du bruit, grincer, murmurer.
Tribô, briser, broïer, triturer.
Trokhos, roue, rondeur.
Tropos, conversion, changement, d'où *trope*.
Truô, pousser avec violence, entraîner, briser, broïer &c.
Kragô, *krazô*, crier.
Krizô, rendre des sons aigus & perçans.
Krouô, fraper, faire du bruit, agiter.
Kruos, froid rigoureux, qui fait frissonner.
Krôzô, crier, bruire, croasser.

Mais en voilà plus qu'il n'en faut pour établir que les Grecs tirerent tout le parti possible de la lettre *R*, pour peindre les bruits, les sons les plus rudes & aigres, les mouvements impétueux & sonores, le bruit des eaux, les flots agités, les torrens auxquels rien ne résiste, &c. Et combien ils furent en cela d'accord avec les Latins, les Theutons, les Gaulois, &c. ne faisant que développer ce qu'ils tenoient des tems primitifs.

Si nous passons chez les Latins, nous trouverons moins de mots que chez les Grecs, moins de varietés, de dérivés, de synonimes : mais nous retrouverons leurs mots fondamentaux, & avec les mêmes valeurs, les mêmes idées

Ruo, se précipiter avec impétuosité, reverser, tomber avec fracas.
Rutuba, renversement, ruine.
Ruina, renversement, ruine, ravages.
Rudus, platras, décombres ; *rudetum*, lieu qui en est rempli.
Rudo, rugir,
Rudis, rude, raboteux.
Ruditas, rudesse, grossiereté, inexpérience.
Rudens, cordages, cables.
Rudentisibilus, le bruit ou le sifflement des cordages.
Rumor, bruit, rumeur.
Rumpo, rompre, briser, fracasser.
Rota, roue ; *Roto*, tourner en rond.
Rapidus, rapide, violent, qui entraîne tout.
Rapio, ravir, entraîner avec impétuosité.
Raptim, très-vite, à la hâte.
Rabies, rage, fureur, transports.
Rheda, carosse, voiture.
Rhombus, rouet, devidoir, roue magique.
Rhythmus, mesure du mouvement, cadence.
Rigeo, être roide de froid.
Rigor, froid glacial, frisson, rigueur.
Rigeo, être saisi de froid, se glacer d'effroi.
Rivus, ruisseau, courant d'eau.
Rivulus, petit ruisseau.
Rivalis, qui habite les eaux courantes, qui court le même chemin.

Comme les Grecs & les autres Peuples, les Latins firent également précéder cette intonation *R* de quelques autres, pour en augmenter la force & en diversifier les valeurs. Ainsi, ils dirent :

Fragor, fracas, bruit éclatant.
Frango, rompre, briser, fracasser.
Fraus, dommages, perte, préjudice, fraude.
Fremo, frémir, entrer en fureur, gronder, rugir.
Fremitus, frémissement, cliquetis.
Frendo, briser, froisser, grincer.
Frio, froisser, mettre en miettes.
Frigus, froid, frissonnement.

Frigeo,

Frigeo,	être transi de froid, frissonner, &c.
Traho,	traîner, tirer, entraîner.
Tremo,	trembler, être saisi d'effroi.
Tremor,	tremblement.
Trepidus,	tremblant, saisi de frayeur.
Trituro,	broyer, briser.
Tristis,	qui fait frémir, cruel, amer, funeste, triste.
Trochus,	roue, toupie.
Trochlea,	poulie, moufle.
Trudo,	pousser avec violence, entraîner.
Trux,	cruel, farouche, barbare, qui met tout en piéces.
Trunco,	couper, tronquer, mettre en piéces.
Ira,	colere, fureur, emportement, aigreur.

Ces exemples multipliés & qui offrent les mêmes idées, qui peignent des efforts de la même nature, démontrent évidemment qu'on n'exprima tous ces effets, toutes ces idées par l'intonation *R*, que parce qu'on aperçut dans cette intonation, des caractères uniques & parfaitement propres à peindre ces effets, & ces idées.

Nous pourrions les apuyer d'une multitude d'exemples empruntés de toute Langue ; mais comme on les retrouvera dans le Dictionnaire Comparatif, il vaut mieux passer à une seconde valeur fondamentale de cette intonation *R*, & sur laquelle nous ne ferons que glisser, laissant à nos Lecteurs le soin d'y raporter eux-mêmes des exemples que les Langues qu'ils connoîtront leur fourniront en foule.

Cette seconde valeur est la propriété qu'a cette intonation de désigner tout ce qui est rude, haut, escarpé, pénible, élevé. De-là nos mots :

Rude, *rudesse* ; *roide*, *roideur*, *roidir*.

Roc, *rocher*.

Le Latin, *rupes*, rocher. *Arduus*, escarpé, rude, roide, élevé. *Arguo*, piquer, censurer.

La terminaison *or* des Comparatifs, qui signifie *plus haut*.

Le Grec *oros*, montagne, & qui est Hébreu aussi הר.

L'Hébreu & Oriental *rash*, *rosh*, &c. qui signifie *tête*, *sommet*.

Le mot primitif Hébreu, Grec, &c. ROM, qui signifie *force*, *élévation* ; d'où vinrent le Grec *rômé*, force ; *ronnumi*, fortifier ; le Latin *Roma*, Rome, parce qu'elle étoit sur des Montagnes.

Tout comme on a apellé *Rhône*, *Rhin*, *Rha*, *Araxes*, &c. des fleuves dont le cours est rapide, ou qui se précipitent avec impétuosité du haut des Montagnes.

Intonation linguale L.

Cette intonation étant extrêmement liquide, elle est devenue naturellement, sans effort & sans étude, le nom & la racine de tout objet liquide & coulant.

De-là les mots *liqueur*, *liquide*, *limpide*, *limpidité*, *lymphe*, qui sont également Latins & communs à nombre de Langues.

De-là encore ce mot *lait*, la premiere liqueur que connoisse l'enfance; & le mot LAC, qui en toute Langue désigne un assemblage d'eaux.

De-là sur-tout le nom de tout ce qui s'agite légérement, qui se meut avec douceur, qui produit des sensations douces & légères. Tels sont ces mots :

Flairer, ou attirer une odeur légerement.
Ala ou *aile*, l'organe avec lequel les oiseaux se meuvent.
Léger & *légereté*; Latin, *levis*.
Fluo, couler, fluer; *flumen* & *fluvius*, fleuve, *flux* & *reflux*.
Fluide, *floccon*; *soufle*, en *Latin* flatus; *flo*, soufler.
Flabellum, éventail, souflet, &c.

De-là encore le nom de divers instrumens qui exigent du soufle, tels que *flûte*, *flageolet*, *fifre*.

Le nom des *flèches*, & toute leur famille telle qu'elle est dévelopée dans la Grammaire Universelle & Comparative, pag. 229-233.

§. 9.

Valeur des Intonations de la Touche Gutturale.

On ne sauroit examiner la Nature de la touche gutturale, sans reconnoître aussi-tôt les idées qu'elle a été propre à représenter, & les mots par conséquent qui en furent la suite.

Cette touche consiste dans la gorge, canal long & étroit : & afin de faire entendre les intonations dont elle est susceptible, il faut que la voix creuse profondément, puisqu'elle doit sortir du fond du gosier, portion la plus reculée de l'instrument vocal.

On peindra donc par ces intonations tous les objets en forme de canaux & tous les objets creux : de-là une multitude de mots primitifs qui auront produit des familles immenses dans toutes Langues. Tels que ceux-ci :

COL, portion du corps qui soutient la tête & forme le canal de la gorge.

Canal, & toute sa famille.

Canne, ou roseau ; ils sont longs & creux.

Camel ou *chameau*, animal à long cou.

De-là par analogie.

Col ou gorge de Montagne.

Colline, montagne isolée & qui se termine en pointe.

Les gorges des montagnes ressemblent à de longs canaux, & les collines à des cous.

Cours de riviere, *course*, *courir*, &c.

De-là encore :

Creux, *creuser*. *cave*, *cavité*, *caverne*, *excaver*, &c.

Et comme ce qui est creux a de la contenance, de-là ces mots :

CAP-*acité*, *capable*.

De-là, dans un sens oposé, ce qui est creux en dedans, & rond en dehors,

CAP, tête, d'où *Chef*, *Capitaine*, *Capital*, *Capitale*.

Cette racine primitive *cap* & *cav*, est devenue elle seule la tige d'une multitude prodigieuse de familles en toutes Langues, relatives aux mêmes idées. De *cap*, tête, viennent *caboche*, *cabus*, ou *chou-cabus*, *capuchon*, *capeline*, *chapeau*, *chapiteau*, *chapitre*, *cheveu*, *chevet*, &c. *Coëffe*, en Lat. *scaphium* ; *Echevin*, ou *scabinus*, &c. De *cap*, signifiant *capacité*, viennent *coupe*, *coupole*, *chopine*, *gobelet*, *cuve*, *cuvette*, *esquif*, en Grec & en Latin *scapha* ; d'où le Grec *skaptô* creuser ; & le Grec & Latin *skyphus*, coupe. On sait que *coupe* & *vaisseau* furent presque toujours des termes synonimes : de-là, la coupe dans laquelle nous avons vu qu'on faisoit voyager le Soleil ou Hercule (1).

(1) Allég. Orient, p. 181.

La Langue Hébraique est remplie de mots qui apartiennent aux familles dont nous venons de parler. Tels sont ceux-ci :

קד-קד	*Qod-qod*,	le cou.
גרגרת	*Gargarth*,	la gorge, le gosier.
גרון	*Garon*,	le gosier.
גומץ	*Gomts*,	fosse, creux.
גבא	*Gaba*,	fossé, étangs, marais.
גיא	*Geia*,	vallées, lieux creux.
ב-קעה	*Be-qoé*,	vallées, gorges de montagnes.
ג-בעה	*Geb'oè*,	colline.
כבש	*Kebesh*,	colline, tertre.
קנה	*Canè*,	canne, plume, chaume, os du bras, par la même raison qu'on a dit *tibia* ou *flute*, pour l'os de la jambe.
גומא	*Goma*,	jonc, roseau.
גמא	*Gama*,	boire, avaler, absorber.
כרה	Kré,	creuser, fossoyer.
כף	K*aph*, *kap*,	creux, cavité, creux de la main, la main même; de-là, tout ce qui a la proprieté de contenir.
גבע	*Geb'o*,	gobelet.
קבע	*Qab'o*,	dérober, prendre.
קבל	*Qabal*,	recevoir, contenir, acquérir.
קב	*Qab*,	mesure de blé.
קבה	*Qabè*,	jabot, ventricule, estomac, ventre : 2°. chambre.
קטף	*Qataph*,	eveiller avec la main.
גב	*Gab* ou *gav*,	convexité, bosse d'os, ou ce qui est creux par dedans & relevé par dehors ; montagnes, hauteurs. La convexité & la concavité, marchent ordinairement ensemble, & se trouvent réunies dans le même objet ; n'étant que la différente maniere de voir le même objet.
גאה	*Gaè*,	} relever la tête, porter la tête haute, être élevé, s'énorgueillir.
גבה	*Gabè*,	}

C'est de la même intonation que viennent encore ces Onomatopées, *cri*, *crier*, *croasser*, *corbeau*, *geai*, ou *graculus* en Latin, imitation du cri même.

§. 10.

Valeur des Intonations siflantes.

Est-il nécessaire d'ajouter à tout ce que nous venons de dire ; que les intonations siflantes sont apellées ainsi, parce qu'elles sont un vrai siflement, & qu'elles sont devenues naturellement le nom de tous les bruits siflans ? que de-là ont tiré leurs racines ces noms, *spiritus*, *esprit*, qui en Latin signifia d'abord *soufle*, *respiration*, ensuite *vent*, & d'où viennent nos mots *aspirer*, *respirer*, *inspirer*, *expirer* : & de-là les mots de *sibilo*, sifler; *sibilatio*, siflement, &c.

§. 11

Origine des noms donnés aux Organes même des intonations.

Ce qui acheve de confirmer nos principes, c'est, comme on l'a déjà très-bien aperçu, que tous les noms donnés aux organes de l'instrument vocal ; & aux effets qu'ils produisent, sont tous relatifs aux intonations même qu'on en tire.

Ainsi la *bouche* prend son nom de ce qu'on prononce sur son ouverture la labiale *b*.

Les *dents* prennent leur nom de ce qu'elles forment l'intonation *d* : on peut voir plus haut à combien de Peuples ce nom est commun.

La *gorge*, le *gosier*, la *gueule*, la *glotte*, un *glouton*, les *gargarismes*, &c. s'apellent tous ainsi, de ce que l'intonation gutturale produit le G.

C'est par la même raison que la langue & presque toutes ses fonctions sont désignées par *l* qui en est le symbole propre. De-là, *éloquence*, le Latin *loqui*, parler ; d'où *colloque* & *loquacité*. Le Grec, *logos*, discours, d'où *Logique*. Le Grec, *laleô*, parler, & le Latin *lalo* ; les verbes *lapper* & *lécher*, &c. les verbes *lego* & *lire*, &c.

CHAPITRE XIII.

Mots formés par intonation des bruits & des cris, ou par onomatopée.

L'INTELLIGENCE humaine ne se borna pas aux mots dont nous venons de parler, nés du raport des sons & des intonations avec la Nature ; quelque nombreux que soient ces mots, ils ne suffisoient pas pour peindre l'ensemble des idées : il fallut donc ajouter d'autres sources de mots, à celles dont nous venons de parler : & il fallut le faire par des moyens aussi simples, aussi naturels, & dans lesquels l'Homme ne fit que se prêter aux circonstances & à la facilité qu'il avoit de peindre ou d'imiter.

Ces moyens furent : 1°. l'imitation des bruits & des cris, imitation à laquelle les Grecs donnerent le nom d'*Onomatopée*, c'est-à-dire, formation des noms.

2°. Le mêlange des intonations pour peindre des objets, qu'elles ne pouvoient peindre seules.

3°. La composition des mots, ou l'art de réunir plusieurs mots simples & radicaux, pour présenter des idées formées par la réunion de plusieurs idées.

4°. Enfin le transport des mots qui peignoient cette portion de la nature qui tombe sous les sens, à cette portion entiere de la nature qui ne tombe point sous les sens : ou le sens figuré & métaphorique des mots réuni à leur sens physique, & marchant toujours à sa suite.

Dévelopons ces diverses sources du langage, avec le plus de briéveté qu'il nous sera possible.

§. 1.

De l'Onomatopée, ses causes, & exemples.

Les causes de l'Onomatopée ou des mots formés par l'imitation des bruits, ne sont pas difficiles à trouver, dès que l'on s'est assuré que le langage n'est & n'a pu être qu'une peinture, qu'une imitation : or, qu'y avoit-il de plus aisé pour l'homme que d'imiter les bruits des objets physiques, par le bruit même de l'instrument vocal ; & de faire de ce bruit le nom même des objets physiques qui le faisoient entendre ? On ne négligea donc pas cette ressource, ni dans la Langue primitive, ni dans aucune autre; toutes sont remplies de mots de cette nature; & ce sont eux qui portent par excellence le nom d'*Onomatopée* ou de *formation des mots*; dénomination par laquelle les Anciens reconnoissoient que cette maniere d'imposer des noms étoit la vraie & la primitive.

C'est avec un grand plaisir que nous apuyons sur les traces du vrai, que l'Antiquité nous a transmises, & qui se sont conservées à travers tous les siécles comme un dépôt de la tradition primitive. D'ailleurs toutes les Langues contiennent un si grand nombre d'Onomatopées, que personne n'a pu en nier l'existence; sur-tout, ceux qui se sont occupés de l'origine des mots. Voici comme s'exprime à ce sujet le savant Magistrat que nous avons déjà cité, & dont les principes ont un si grand raport avec les nôtres.

» C'est une vérité de fait assez connue, que l'homme est par sa nature porté » à l'imitation; on le remarque de la maniere la plus frapante dans la formation des mots. S'il faut imposer un nom à un objet inconnu, & que cet » objet agisse sur le sens de l'ouie, dont le raport est immédiat avec l'organe » de la parole, pour former le nom de cet objet, l'homme n'hésite, ne réfléchit, ni ne compare; il imite avec sa voix le nom qui a frapé son oreille, » & le son qui en résulte est le nom qu'il donne à la chose. C'est ce que les » Grecs apellent purement & simplement *Onomatopée*, c'est-à-dire, *formation du nom*; reconnoissant, lorsqu'ils l'apellent ainsi emphatiquement & par autonomase, que quoiqu'il y ait plusieurs autres manieres de former les noms, » celle-ci est la maniere vraie, primitive & originale. Tous les noms de ce » genre peuvent donc être regardés comme nécessaires, leur formation étant » purement méchanique & absolument liée au physique des choses, sans que » l'arbitraire y ait aucune part; quoique les hommes puissent d'ailleurs donner » à leur guise d'autres noms à ces mêmes choses. Les mots apartiennent, par » conséquent, à la langue primitive; si vrai, que le mouvement naturel & » général à tous les enfans, est d'apeller d'eux-mêmes les choses bruyantes, » du nom du bruit qu'elles font. Sans doute qu'ils leur laisseroient à jamais » ces noms que la Nature a dictés dès l'enfance, si l'instruction & l'exemple, » dépravant la Nature, ne leur aprenoit qu'elles peuvent, en vertu de la convention des hommes, être apellées autrement. Les termes Onomatopées sont » en très-grand nombre, tous originaux & primitifs, tous faisant partie de la » Langue primitive naturelle: leurs dérivations sont étendues, peu altérées, & » en quantité, dans quelque Langue que ce soit .... L'Onomatopée s'étend » même aux noms des choses qui remuent les sens intérieurs, lorsque leur effet

» est de produire au dedans du corps quelques mouvemens inusités. Alors » les noms sont imitatifs des mouvemens imprimés au corps par l'affection » de l'ame, tels que *horreur*, *palpiter*, *frémir*, *trembler*, &c. (1)

Notre Langue est remplie d'Onomatopées, tels que ces mots *cliquetis*, *taffetas*, *trictrac*, *bombe*, d'où *rimbombo* des Italiens, &c. *tonnerre*, *fredonner*, *grincer*, *déchirer*, *bourdonner*, *fraper*, &c.

On pourroit même ériger en principe, que dès l'origine, tous les noms des Animaux furent des Onomatopées, & qu'ils devinrent la racine de tous les mots qui servirent à désigner des objets relatifs aux cris de ces animaux, à leur couleur, à leur grosseur. C'est même une tradition qui s'étoit conservée dans l'Orient, puisque Moyse nous aprend qu'Adam commença par donner des noms aux animaux. Ces noms furent nécessairement des Onomatopées, comme l'ont très-bien aperçu divers Savans, entr'autres le Dr. Sharp. (2)

Tel est le nom de la *Tourterelle*, en Latin *Tur-tur*; en Hébreu תור, *Thour* ou *Thur*: tels ceux de *Cou-cou*, *Coq*, *Cigale*, *Chouette*.

Tel le nom du *Corbeau*, en Hébreu ערב, *'Orb* ou *Korb*, d'où le Latin *Corvo*, le Francois *Corbeau*, l'Allemand *Raven*, &c.

Tel le nom du *Bœuf*, en Latin *bove*, en Grec *bous*.

De ce dernier vint le mot Grec Bov, désignant la *grosseur*, & qui servit à former plusieurs composés: de-là vinrent & le Grec *boaó*, crier, & le Francois *beugler*.

C'est du mot *'horb*, Corbeau, que les Orientaux firent *horb* ou *arab*, qui désigna tout ce qui étoit Corbeau par la couleur, tout ce qui étoit noir, l'*Erebe*, ou l'enfer; l'*Arabie*, ou le couchant; *Europe*, ou l'astre de la nuit; le *Garbin*, ou le vent du couchant.

Jamais on ne put procéder autrement; l'homme donnant des noms à tout ce qui existe, fut obligé d'aller pied à pied, comme l'enfant qui s'essaye à marcher. On commença par se saisir d'un mot qu'on trouva dans la nature; on chercha ensuite à tirer le plus grand profit de ce mot, en l'apliquant à tout ce qui pouvoit être reconnu à la même enseigne.

La Famille Cra, raportée à la tête de notre Grammaire Univ. & Comp. est un exemple remarquable de la maniere dont se propagent les Onomatopées, & de la ressource dont elles furent pour les Langues.

---

(1) Méchan. du Lang. Tom. I. p. 252-260.

(2) Dans sa Brochure Angloise sur l'origine, la formation, la division & le raport des Langues, in-8°. 1751.

On

On en pourroit ajouter ici une foule d'autres de la même nature, s'il ne valoit pas mieux les renvoyer à leur vraie place, au Dictionnaire Comparatif.

§. 2.

Mots nés du mélange ou de la réunion des Intonations.

Les sons & les intonations simples étoient en trop petit nombre, pour n'être pas bientôt épuisés : il fallut donc y supléer par divers expédiens : un des premiers, aussi simple & non moins pittoresque, fut la réunion de deux intonations. C'est ainsi que nous avons vu *L* & *R* s'associer avec *F* & avec *T*, & former des mots en *Fl*, *Fr*, *Tr*, qui étoient aussi énergiques, aussi imitatifs que ceux en *F* & en *R*.

Ces intonations linguales *L* & *R*, se font précéder de presque toutes les autres intonations : on a des mots en *bl*, *cl*, *gl*, *sl*, *br*, *cr*, *gr*, qui participent également aux valeurs propres à ces intonations linguales ; & multiplient singuliérement les mots imitatifs.

Nous ne citerons ici qu'un seul exemple de cette nature ; mais il vaut lui seul une légion : c'est ST. Ce mot désigne la propriété d'être fixé, arrêté, de rester en place : c'est le mouvement ou le cri de ceux qui desirent qu'on s'arrête, qu'on reste en place : d'où vient cela, si ce n'est parce qu'en prononçant *S*, on produit une espèce de siflement qui excite l'attention de celui qui va devant ; & que l'intonation *T* qui venant à la suite, est séche, briéve, & fixe, indique naturellement la fixité dans laquelle on desire que soit cette personne.

Quoi qu'il en soit, aucune Langue d'Europe, dans laquelle *St* ne soit la racine d'une multitude de mots, regardés eux-mêmes comme des mots radicaux. La Langue Françoise en est remplie ; mais il faut observer pour les reconnoître, que dans l'origine ils furent écrits dans cette Langue par *est*, & qu'actuellement on les écrit simplement par *et* : on n'a fait en cela que suprimer le siflement ; peut-être pour ne pas ressembler à des Voisins, qui ont conservé ce siflement.

De-là viennent donc ces mots François ;

STATION, ou le lieu où l'on s'arrête.
Statue, ou figure immobile, toujours en place.
Stagnation, ou état d'une eau, d'une humeur croupissante & qui est toujours en place.
Statut, ou loi arrêtée, conclue.

Re-ster,	ou être toujours en place.
Stale,	place ou siége sur lequel on s'arrête.
Etablir,	ou fixer quelqu'un dans un état.
Etat,	qualité d'un être fixé, arrêté; enceinte ou contrée dans laquelle une société est renfermée.
Stupidité,	ou qualité morale d'un être qui est comme immobile, qui n'a point de volonté, point de vues qui le fassent agir.
Etable,	place couverte où l'on renferme les bestiaux.
Ex-stirper,	action d'enlever les souches qui étoient en place.
Etude,	action d'être arrêté sur un objet pour le connoître.

Voilà au moins douze chefs de famille dont l'énergie consiste également dans la valeur primitive de *st*, & qui en tirent toute leur force.

Mais comme la plûpart de ces mots tiennent à des mots plus anciens, on sentira mieux ces raports, après avoir jetté les yeux sur les principaux mots des Latins, qui viennent de la même source.

Sto,	être, persévérer, s'arrêter, ne couler pas.
Status	état, qualité d'exister.
Statio,	station, poste.
Statua,	statue.
Statuo,	statuer, chef d'une multitude de dérivés, tels que *constitutio*, *institutio*, *restitutio*, *destitutio*, &c. mots qui deviennent François en les terminant par *n*.
Stabulum,	étable.
Stabilio,	établir, affermir.
Stagnum,	étang, place d'une eau fixe & sans écoulement.
Stamen,	la chaîne d'une toile.
Stipes & *stirps*,	souche & lignée.
Studeo,	s'attacher à, s'apliquer, étudier.
Stupeo,	rester immobile, être stupéfait.

Il en est de même chez les Grecs; ceux-ci s'en servirent également pour former nombre de mots qu'on a regardés, mal à propos, comme autant de racines. Ainsi, ils ont dit:

Staó, *istaó*, & *istémi*, être, être debout, péser,

Stadios,	stable, bien uni.
Stathmos,	poste, étable, poids.

Stalix,	pieu, poteau.
Stamin,	piéce de bois dreſſée ſur un vaiſſeau.
Stamnos,	cruche qui ſe tient debout.
Staſis,	poſte, poſition.
Statér,	monnoie; on la connoiſſoit au poids.
Statikhé,	la Statique, ou la connoiſſance des peſanteurs.
Stelekhos,	ſouche.
Stellô,	arrêter, affermir, apaiſer.
Stereos,	ſolide, ferme, fixe.
Sternon,	poitrine.
Stêlê,	colonne.
Stephô,	ceindre, enfermer d'une ceinture, couronner.
Stêrigma,	ſoutien, apui.
Stêtos,	ſurnom de Jupiter immobile, ou qui arrête les ennemis; Jupiter *Stator* des Romains.
Stêma,	le *ſtamen* des Latins, d'où vient *étamines* des fleurs.

Iſthme & *exſtaſe*, ſont deux mots Grecs apartenant à cette même famille; & qui déſignent l'un un terrein qui unit deux terres, & qui eſt ferme entre deux Mers; & l'autre, la ſituation d'un eſprit étonné à la vue d'un objet de deſſus lequel il ne peut lever les yeux, d'un eſprit qui eſt plongé dans la contemplation.

§. 3.

Mots compoſés.

Lorſqu'on eût épuiſé les mots radicaux & primitifs, on ne tarda pas à s'apercevoir qu'on pouvoit, par leur mêlange, en former une multitude d'autres: de-là les mots compoſés qui ſe trouvent dans toutes les Langues, & qui en font la portion la plus conſidérable. On les reconnoit ſans peine à leur longueur; & l'on peut dire hardiment que tout mot de deux ſyllabes, eſt un mot compoſé de deux autres.

Mais on ne doit pas ſupoſer que cette réunion de deux ou de pluſieurs mots primitifs & radicaux, ſoit arrivée par hazard, & ait été formée de portions qui par elles-mêmes ne ſignifioient rien. Quoique quelques ſavans Auteurs l'ayent avancé dans un tems où l'on avoit peu aprofondi ces objets, on ne procéda à la formation des mots compoſés, que de la même maniere qu'on avoit procédé à celle des mots simples ; toujours en prenant la Nature pour guide ; toujours en peignant.

Ainsi les mots composés forment des tableaux aussi exacts que les mots simples ; seulement ils sont compliqués, au lieu que les tableaux formés par les mots simples ne le sont pas. On doit donc toujours arriver par l'analyse des mots composés, à des racines premieres, dont la valeur donne la signification entiere du mot composé, & démontre qu'il fut dès l'origine la peinture fidelle de l'objet qu'il désigne.

Qu'on en juge par nos Langues modernes : les mots qu'elles composent ne sont-ils pas constamment formés d'autres mots, dont la valeur a le plus grand raport à l'objet qu'on veut désigner par ce mot nouveau ? Ne peut-on pas les considérer comme une phrase abrégée ? Ces mots François, par exemple, *aujourd'hui*, *toutefois*, *maintenant*, *passe-par-tout*, *outremer*, ne peignent-ils pas la réunion des objets désignés séparement par chacun des mots qui entrent dans la composition de ceux-là ?

Il en fut de même dans toutes les Langues anciennes : & si nous connoissions celles dont elles furent tirées, nous verrions avec la même évidence la valeur de leurs mots composés. Le mot Latin, par exemple, PROCERES, qui signifie les Grands du Pays ; & le mot Grec, PHARMAKEIA, ou Pharmacie, regardés tous les deux comme des mots radicaux dans ces Langues, sont réellement composés de deux autres, qui par leur réunion étoient parfaitement propres à peindre ces idées. Ainsi *Proceres* est composé du mot *Pro*, qui signifie *en avant*, & du mot *Ker*, qui signifie *tête* ; les Grands sont en effet ceux qui sont *à la tête* du Peuple. *Pharmacie* est un mot composé de *phar*, plante, & de *mag*, habileté, science : elle est en effet la science des utilités qu'on retire des Plantes, la science de leurs vertus, la connoissance des drogues, des poisons & des teintures, comme l'emporte le mot Grec, parce que toutes ces choses sont des effets des Plantes. On en peut voir d'autres exemples ci-dessus, dans le cinquiéme Principe de l'Art Etymologique (1).

Tous les mots composés ne sont pas formés par la réunion de deux mots ; souvent c'est une préposition ou une voyelle qu'on met à la tête d'un mot pour en varier le sens, comme on peut s'en assurer par le cinquième de nos Tableaux sur l'altération des mots (2).

---

(1) Pag. 57 & 58.

(2) Ci-dessus, pag. 238. & suiv.

Souvent encore, c'est une terminaison qu'on ajoute à la fin dans la même vue, comme on peut s'en assurer également par les exemples que nous en avons raporté ci-dessus (1).

Il est vrai que ces mots passant d'une Langue dans une autre, n'offrent plus d'idée représentative, & ne paroissent plus formés de parties qui aient chacune une valeur propre, parfaitement relative à l'ensemble du mot : mais c'est à l'Etymologie à rétablir à cet égard l'harmonie qui regne entre les Langues ; & on en viendra à bout, en remontant à la premiere origine du Langage, à ses élémens les plus simples, & en les suivant pied à pied dans tous les procédés auxquels ils donnerent lieu. Quelques difficultés qu'on puisse rencontrer dans l'exécution de cette entreprise, on conçoit cependant aisément qu'elle n'a rien d'impossible, encore moins d'absurde ; & qu'à mesure qu'on raproche les Langues, les anciennes doivent répandre le plus grand jour sur celles qui leur succéderent.

§. 4.

Mots figurés.

Le Langage composé de ces mots primitifs, simples, dérivés & composés, ne peignoit & ne pouvoit peindre que des objets physiques. Cependant la parole n'étoit pas destinée uniquement à représenter ces objets physiques : elle devoit sur-tout représenter toutes les idées possibles ; mais comment y parvenir ? C'est ici que brille l'intelligence humaine : ce Langage primitif qui ne peignoit que les objets corporels, devint encore la peinture des objets intellectuels.

Déjà, en peignant par le Langage la plûpart des objets physiques, on se bornoit à quelques-unes de leurs qualités, à celles qui étoient les plus propres à les faire reconnoître : c'étoit, en quelque façon, en peindre l'esprit, & non le corps : on n'eut qu'à suivre la même méthode à l'égard des êtres moraux & intellectuels & ils furent peints, & ce qu'on en dit fut entendu.

On choisit, pour cet effet, les qualités par lesquelles ils ressembloient le plus aux objets physiques, par lesquelles ils avoient le plus d'analogie avec eux, & les noms des uns devinrent le nom des autres. Nous l'avons déjà dit, il n'existe aucun nom qui ne réunisse deux sens, l'un physique, l'autre moral ou figuré, soit que la même Langue les offre tous les deux, soit que ces sens se partagent

(1) Pag. 248. & suiv.

entre plusieurs. Nous n'avons peut-être aucun nom en François qui n'offre ces deux significations, comme nous l'avons déjà vû dans notre Plan général & raisonné.

De-là, les mots qu'on apelle *Figurés*, & qui ne peignent que les êtres intellectuels, ces êtres qui ne tombent pas sous les sens, dont on ne peut imiter les traits, mais qu'on rend comme l'ombre rend les corps, en n'en prenant en quelque sorte que l'esprit, & non les traits. Ainsi, par le moyen des sens, l'homme s'éleve aux objets les plus invisibles, & rien ne peut se dérober aux effets de la parole; elle peint de la manière la plus vive & la plus énergique, les choses même qu'on ne voit pas; & elle les fait connoître avec la même exactitude, & avec plus de profondeur & d'étendue que ceux même qu'on voit.

Ce qui pense en nous, fut apellé *esprit* ou respiration, *ame* ou soufle, *pensée* ou chose pesée, *idée* ou chose vue & aperçue. Toutes ces *épithètes* furent empruntées du physique; l'esprit fut *vif*, *ardent*, *impétueux*, *subtil*, *doux*, *bon*, *prompt*, *bouché*; le cœur fut *tendre*, *dur*, *volage*.

De-là, les proverbes, les apologues, les comparaisons, les emblêmes, les allégories de toute espèce: discours à deux faces, qui présentent un sens, & qui en ont un tout différent en vue; auxquels on eut d'abord recours par nécessité, & ensuite par les agrémens qui en résultoient.

C'est d'après ces principes, que nous avons montré que l'Antiquité avoit fait le plus grand usage de l'allégorie; & qu'il étoit impossible de l'entendre, si l'on n'étoit pas au fait de ses symboles & de son génie allégorique. C'est d'après ces mêmes principes, que nous avons expliqué un si grand nombre d'allégories anciennes, où l'on ne voyoit que des récits historiques; qu'un fragment de Sanchoniaton est devenu lumineux, d'obscur qu'il étoit auparavant: & que nous avons apuyé, dans notre Grammaire universelle & comparative, ces exemples, de la belle Idylle de Me. DESHOULIERES à ses Moutons.

Les Poësies D'HORACE en fournissent deux autres exemples non moins intéressans. Dans l'un, ce grand Poëte compare la République Romaine, si Auguste l'abandonne, à un Vaisseau sans ressource (1) au milieu de la tempête la plus désastreuse. Dans le second, il peint, sous l'emblême de Pâris, Antoine attaché à Cléopatre, & ligué avec elle contre la République (2). On en trouveroit aussi divers exemples dans des Vaudevilles & des Chansons modernes.

---

1) Odes, Liv. I. Od. XV.

2) Ib. Od. XVI.

Ainſi ſe forme un double Dictionnaire qui n'offre cependant que les mêmes mots; l'un au ſens propre & phyſique, l'autre au ſens figuré ou intellectuel; & qui ſe vérifient l'un par l'autre.

Par ce moyen, on voit la maſſe des mots d'une Langue, diminuer au moins de moitié, puiſqu'il ne faut plus mettre en ligne de compte les mots figurés, qui rentrent tous dans les mots phyſiques. Par ce moyen encore, les Langues deviennent riches, nombreuſes & poëtiques: la Poéſie ſe nourrit d'images, de figures, de comparaiſons, d'allégories: les lui ôter, c'eſt la réduire en rien: c'eſt anéantir toute imagination; nous mettre au-deſſous des Sauvages, dont la Langue offre toujours, à cauſe des figures dont elle eſt remplie, les expreſſions les plus poëtiques & les plus hardies.

De-là, cette ſublimité & cette énergie qu'on admire dans les diſcours des Orateurs Hurons ou Illinois, dans les Poéſies Erſes, dans celles d'Homère; dans les Cantiques Hébreux, où la poéſie déploye tout ce qu'elle a de plus riche, de plus pompeux, de plus relevé.

§. 5.

Des mots négatifs.

Comment peindre ce qui n'eſt pas? comment donner des idées de ce qui eſt opoſé à ce qui eſt? L'eſprit de l'homme n'y fut point embarraſſé; il peignit à contre-ſens le même objet; il changea la prononciation des mots qui peignoient ce qui eſt.

A, mis à la fin d'un nom, marquoit l'exiſtence ou la poſſeſſion d'un objet. '*A*, mis au commencement du même nom, en marqua la non-exiſtence, la privation.

In, à la fin d'un mot, marquoit ſon étendue: à la tête du même mot, il en marqua la non-étendue, la non-exiſtence, la privation.

Le changement de prononciation offroit encore une grande commodité pour diſtinguer les ſens poſitifs & négatifs des mêmes mots. La voyelle ou l'intonation forte déſignant le poſitif, la voyelle ou l'intonation foible en peignoient l'abſence: ce méchaniſme eſt de toutes les Langues: il a été cependant preſque entierement inconnu; ceux mêmes qui s'en ſont apercus, ont cru que les exemples qu'ils en rencontroient, n'étoient que des cas particuliers qui ne tiroient point à conſéquence, & dont on ne pouvoit faire une régle générale; bien moins encore qu'elle s'étendît à tous les mots radicaux, enſorte que l'on put avoir un triple Dictionnaire où le même mot préſenteroit conſtamment l'idée phyſique, l'idée figurée, & l'idée négative, toujours correſpondantes.

Mais telle eſt encore l'utilité de la méthode dont il s'agit ici, qu'avec le mot phyſique primitif, nous avons tous les mots figurés & négatifs qui en réſultent & que nous ne ſommes pas obligés de rechercher les étymologies des mots négatifs, perſuadés qu'elles ſe trouveront d'elles-mêmes, dès qu'on aura tous les mots primitifs.

C'eſt ainſi que *gelu*, glace, n'eſt que la foible de *calor*, chaleur; & que *pot* ou *pod*, haut, élevé, puiſſant, ſe change ſimplement en *bod*, pour marquer la profondeur.

Que chez les Grecs *Hdonê* déſigne le plaiſir, tandis qu'*Odunê* & *ôdin* déſignent la triſteſſe ou la douleur.

Tandis que chez les Hébreux, גבר, *gabar*, כבר, *kabar*, déſignent ce qui eſt en vue, ce qui eſt éminent, כפר, *kaphar*, & קבר, *qabar*, déſignent ce qu'on a mis hors de vue, ce qu'on a couvert ou caché, un coffre.

C'eſt pour n'avoir pas fait attention à cette double valeur d'un même mot, qu'on n'a pu expliquer, comme il faut, le paſſage Hébreu cité en note (1), parce qu'on ne faiſoit pas attention que le mot *Hoden* qui s'y trouve, & qui ſignifie ordinairement *plaiſir*, doit ſe prononcer dans cet endroit *khoden*, & s'y prendre dans le ſens opoſé, dans le ſens de douleur, triſteſſe, frayeur: que c'eſt le même que le mot Arabe *ghoden*, qui offre préciſément les mêmes ſignifications. De même, ſi אלף, *alph*, ſignifie chez eux *marcher à la tête*; חלף, '*helph*, ſignifie *marcher à la ſuite*, *venir après*.

On peut voir auſſi ce que nous diſons ſur la même matière, dans notre troiſieme Principe ſur l'Art Etymologique (2); on y trouvera quelques autres exemples de la même nature.

§. 6.

Concluſion.

Ainſi ſe forma cette maſſe prodigieuſe de mots, que fourniſſent les Langues, ſans effort, ſans peine, ſans convention, à meſure que l'homme en avoit beſoin: la nature des idées qu'on vouloit peindre, faiſoit trouver à l'inſtant, les mots les plus propres; & ces mots ſe conſervoient, ſe transmettoient,

(1) I. Sam. XV, 32. ſuivant l'Hébreu.

(2) Ci-deſſus, p. 43.

ſe répandoient avec les colonies, parcequ'ils étoient tellement adaptés à l'objet qu'ils déſignoient, qu'il étoit inutile de chercher à leur en aſſigner un autre.

Et que manquoit-il à cette méthode, pour donner lieu à tous les mots poſſibles, puiſqu'elle épuiſoit tous les élémens ſimples de l'inſtrument vocal, qu'elle les combinoit entr'eux dans tous les ſens, & que par une même ſuite de mots, elle peignoit non ſeulement tous les objets phyſiques, mais tous les objets moraux, & toutes les idées négatives?

Que pourroit avoir cette méthode de déſagréable? N'eſt-il pas plus flatteur d'aprendre des mots donnés par la Nature elle-même, tous néceſſaires, tous pittoreſques & énergiques, que d'étudier des mots barbares dont on ne verroit point la cauſe, qui n'auroient aucune énergie, aucun raport avec leurs objets, qui ſeroient l'effet du hazard, ou d'une aveugle convention, dont on pourroit ſe ſéparer auſſitôt, ou leur donner une ſignification abſolument différente, ſans que la vérité, l'exactitude & l'énergie du diſcours y perdiſſent, ſans que les idées fuſſent moins bien repréſentées?

Dira-t-on qu'il ne s'agit pas ici de ce qui devroit être, mais de ce qui eſt; & qu'on voit par-tout des Langues qui n'ont aucun raport entr'elles, & qui employent ſans ceſſe les mots les plus différens, pour peindre les mêmes objets: que les noms du Soleil & de la Lune, par exemple, ne ſe reſſemblent point chez les divers Peuples, ni les noms de Dieu, ni ceux de l'Homme, ni une foule d'autres? Ajoutera-t-on que les verbes ſur-tout, différent encore plus? Que celui d'*aimer*, par exemple, qui dut être un des premiers, differe dans toutes les Langues; qu'il en eſt ainſi de preſque tous les autres; & qu'en François même, les noms d'un même objet, ont changé très-ſouvent depuis le commencement de la Monarchie, au point que le François de ce tems-là, eſt une Langue tout-à-fait étrangere pour les François actuels.

Quelque fortes que ſoient ces objections, trop ſenſibles pour n'avoir pas été aperçues par ceux même qui ont le plus été perſuadés d'une Langue primitive, mais trop contraires à une foule d'exemples pour être admiſes, on n'en peut rien conclure contre les principes que nous avons avancés juſques ici: il faudroit pour cet effet, qu'elles fuſſent en contradiction avec eux; que les uns & les autres ne puſſent ſubſiſter en même tems: or, c'eſt ce qui n'eſt & ne peut être.

Les Verbes, par exemple, ne ſont rien dans nos recherches ſur l'origine du Langage; tous poſtérieurs à l'origine du Langage, tous empruntés des noms, tous noms conſiderés ſous un point de vue particulier, ils ne peuvent figurer parmi les mots primitifs. Ainſi l'accord ou la différence des Peuples à cet égard, ne prouve rien relativement à une Langue primitive: mais seulement, qu'on n'avoit pas des idées assez nettes à cet égard, pour reconnoître en quoi consistoit celle-ci, & de quel point on devoit partir pour la retrouver. Tout ce à quoi nous serons tenus à l'égard des Verbes, ce sera de les lier avec leur vraie racine nominale, & de faire voir que cette racine tient nécessairement à la Langue primitive. L'on voit ainsi qu'*amo* ou *aimer*, vient du primitif *am*, qui signifie union, & qui forma chez les Grecs *ama*, ensemble; chez les François, *amas* ou *amasser*, mettre ensemble; chez les Theutons, *sam*, d'où *simul* des Latins, &c. Que *leiben*, qui, chez les Theutons, les Anglois, &c. signifie également *aimer*, vint du primitif *leb*, qui signifie *cœur*, *flâme*, *affection*, &c. & qui a fourni des mots à une multitude de Langues: que *phileo* des Grecs, qui signifie *aimer*, tient également à un mot antérieur qui signifie *désir*, *volonté agréable*, &c. & d'où vinrent également le Theuton *Will*, volonté, desir; & l'Hébreu יאל, *ial*, prendre plaisir à une chose, la desirer, la vouloir.

On fera voir aussi, que les différens noms donnés à un même objet, ne doivent leur existence qu'aux diverses qualités sous lesquelles chaque Nation l'envisageoit: qu'ainsi ceux qui apellerent l'Etre Suprême *Dieu*, l'envisageoient comme la source de la lumiere, & voyoient en lui un Etre pur comme la lumiere: que ceux qui l'apellerent *El* ou *All*, voulurent désigner par-là son élévation: qu'en l'apellant *God*, on désignoit sa bonté; sa puissance, en l'apellant *Boq*: sa supériorité & le respect qu'on lui devoit, en l'apellant *Tien*. Mais que les racines de tous ces noms existent dans la Langue primitive, avec des significations pareilles à celles-là.

On peut ajouter qu'il seroit très-singulier qu'on pût rendre raison de toutes les Langues par une seule, & que celle-ci fut une chimère: que cet accord seroit un phénomène infiniment plus étonnant que la Langue primitive, & dont il seroit impossible de donner aucune solution satisfaisante.

Disons enfin, que la multitude des mots communs à toutes les Langues, & qui ne peuvent être l'effet du commerce entre des Nations qui n'en eurent jamais entr'elles, contrebalance fortement les différences dont on vient de parler, & l'emportent infiniment sur elles en faveur d'une Langue primitive.

Enfin le peu de raport qu'on aperçoit entre ces diverses Langues peu considérables de très-petites Peuplades de l'Afrique, de l'Amérique, ou de diverses Isles, ne peut anéantir les conséquences qui résultent du raport des Langues les plus célèbres & les plus étendues; parce que le petit nombre des monumens auxquels on est réduit pour ces Langues, & le manque absolu de connoissances sur leur ancien état, empêche, si l'on veut être impartial & vrai, de rendre raiſon de leur origine, & de prononcer pour ou contre, d'autant plus qu'en les analyſant avec ſoin, on y trouve, quelqu'imparfaites que ſoient les connoiſſances qu'on en a, des raports ſurprenans avec nos Langues les plus anciennes. C'eſt ainſi que les Langues des Iſles Méridionales de l'Amérique ſont des dialectes ſenſibles des Langues qu'on parle au Midi de l'Aſie; & que diverſes Langues de l'Amérique ſeptentrionale, ont de grands raports avec les Langues du Nord de l'Aſie, comme nous le ferons voir dans la ſuite de nos recherches ſur cet objet important.

Puiſque l'on trouve des raports plus nombreux & plus étonnans entre les Langues les plus éloignées, à meſure qu'on les compare avec plus de ſoin, & qu'on a plus de points de comparaiſon entr'elles; puiſqu'il eſt dans la nature des choſes, que le Langage ne ſoit qu'une peinture, & que cette peinture ait en tous lieux le plus grand raport, dès que ce ſont par-tout les mêmes objets qu'on doit peindre, il en réſulte que le ſentiment d'une Langue primitive & commune à tous, eſt fondé ſur des motifs de la plus grande force; & qu'on ne ſauroit les détruire que par le fait.

Ces motifs acquerront un nouveau dégré d'évidence, par les dévelopemens que nous allons donner dans notre cinquiéme Livre ſur l'Origine de l'Ecriture, & ſur les raports de l'écriture alphabétique chez tous les Peuples qui ſe ſervent de ce moyen pour peindre leurs idées.

L'accord étonnant qu'on trouvera entre tout ce que nous y expoſons & ce que nous venons de dire, ſera une vive confirmation d'un Langage primitif puiſé dans la Nature, & dont les hommes ne purent jamais s'écarter, malgré toutes les altérations auxquelles il a été expoſé juſques à préſent, & celles qu'il éprouve journellement; & de cet accord, réſulteront des conſéquences qui répandront le plus grand jour ſur des queſtions importantes, qu'on n'avoit eu juſques ici aucun moyen de réſoudre.

CHAPITRE XIV.

VUES sur la Langue parlée des Chinois.

§. I.

Précis des Travaux des Savans sur cet objet.

AYANT ainsi terminé ce qui regarde l'origine de la parole, nous devrions passer à l'origine de l'Ecriture ; mais comme la Langue Chinoise paroît absolument différente de toutes les Langues connues, & avoir eu par conséquent une origine qu'on essayeroit en vain d'expliquer par les principes que nous venons d'établir ; nous ne saurions nous dispenser de jetter un coup - d'œil sur cette Langue, & de faire voir ici que la Langue parlée des Chinois, est de la même nature que la nôtre, & que nos mots primitifs se trouvent chez elle ; comme nous avons déjà vu que leur Grammaire s'accorde avec la Grammaire universelle, & comme nous verrons dans le Livre suivant de quelle maniere leur Langue écrite s'accorde avec la nôtre ; & dans un des Volumes suivans, l'accord de ses Traditions avec celles des autres Peuples. Ainsi, tout ce qui regarde cette Nation éloignée & qu'on croyoit être au moins une exception à nos principes, en deviendra un des plus fermes apuis.

L'Empire de la Chine, placé à l'autre extrémité de notre Hémisphère, séparé de tous les Peuples par des Mers immenses, par de hautes Montagnes, ou par de vastes déserts, offrit aux Européens, lors de sa découverte, un spectacle aussi étonnant qu'inattendu. On vit un Peuple policé & immense, dont l'antiquité remontoit aux tems les plus reculés ; qui, sous une longue suite de Princes, avoit résisté à ces révolutions qui ont bouleversé tous les autres Empires ; dont les mœurs & les usages différent absolument des mœurs & des usages de tous les Peuples connus. On admira sur-tout, leur Langue monosyllabique qui ne ressembloit à aucune autre, & leur écriture qu'ils ne peuvent lire, & qui ne parut qu'une suite effrayante de caractères isolés dont on ne pouvoit acquérir la connoissance qu'en les étudiant successivement, sans que la connoissance de l'un semblât conduire à celle d'un autre ; ensorte qu'un Chinois est un homme prodigieux, dit-on, lorsqu'il parvient, à force de soins & d'études, à connoître un quart ou un tiers de ces caractères.

Lorsqu'on fut revenu de cette premiere surprise & qu'on put pénétrer dans leur Langue, en particulier, par les travaux des savans Missionnaires qui ont vécu dans ces Contrées éloignées, on chercha à répandre quelque jour sur les origines de ce Peuple, sur celles de sa Langue & sur la nature de son écriture. On a beaucoup travaillé sur ces objets intéressans; mais avec moins de succès qu'on auroit dû, parce qu'on procédoit à ces recherches sans principes, à l'aventure, & sans avoir suffisamment de points de comparaison.

D'un côté, on ne savoit ce qu'on devoit penser de la suite de leurs Empereurs, depuis Yao, qui arracha la Chine aux eaux dont elle étoit couverte; cette Chronologie n'étant pas d'accord avec celle de Moyse, telle que la donne le Texte Hébreu, & que tous nos Chronologistes ont adoptée de préférence, depuis deux ou trois siécles.

D'un autre côté, on ne pouvoit réussir dans la comparaison de la Langue monosyllabique des Chinois avec les Langues *polyssyllabiques* ou chargées de mots à plusieurs syllabes, d'Europe & d'Asie, parce qu'il auroit fallu avoir ramené préalablement toutes ces Langues à des mots d'une seule syllabe comme ceux de la Chine, afin qu'on pût comparer monosyllabe à monosyllabe; mais on n'avoit aucune méthode pour cette réduction, qui devenoit dès-lors impraticable.

Enfin, aucun raport en aparence entre leurs caractères & notre écriture; ainsi nulle comparaison à faire à cet égard; & nulle lumiere à en attendre pour découvrir l'origine de notre propre écriture.

On entrevit cependant de grandes vérités sur ces objets importans; les uns reconnurent que la Chronologie Chinoise depuis Yao, & même depuis Fo-hi, s'accordoit très-bien avec celle de Moyse, telle que la donnent le Pentateuque Samaritain & la Version des Septante.

D'autres aperçurent de très-grands raports entre les mots Chinois & l'Hébreu, ou entre ces mots & les Langues du Nord: tels furent Preyelius (1) & Semedo (2), qui regarderent la Langue Chinoise comme ayant les plus grands raports avec la Langue Hébraïque. Webb (3), qui regarda la Langue de la

(1) Adam Preyelius, *Europæ & Sinæ admiranda*, in-12. Francf. 1656.

(2) Alvarez Semedo, Hist. Univ. de la Chine.

(3) Webb, Auteur d'un ouvrage en Anglois, pour prouver que la Langue Chinoise est la primitive.

Chine comme la primitive. OLAUS RUDBECK (4), Fils, qui donna la comparaison de 233 mots Chinois avec autant de mots des Langues du Nord, & seulement pour une portion des Lettres de l'alphabet, depuis la lettre A, jusqu'à la lettre L. PFEIFER (5), & THOMASSIN (6), l'un François, l'autre Allemand, qui comparèrent la Langue Chinoise avec l'Hébraïque. MASSON (7), qi courut la même carrière, mais dont les essais ne furent pas goûtés. M. BULLET (8), dans son Dictionnaire des Langues Celtiques.

Cependant, ces tentatives ne répandoient aucune lumiere sur la nature & sur l'origine de l'Ecriture Chinoise, & c'étoit néanmoins un objet essentiel. Enfin, à force d'imaginer, on soupçonna que ces caractères pouvoient être hiéroglyphiques & semblables à ceux de l'Egypte. HUET, ce savant Evêque d'Avranche (9), KIRCHER (10), LA CROZE (11), donnerent les premiers l'éveil aux Savans à cet égard. MULLER annonça de grandes découvertes en ce genre; mais il mourut sans avoir rien fait paroître. M. DE MAIRAN (12) attribua également l'origine de l'Ecriture des Chinois, à celle des Egyptiens. M. de GUIGNES (13) a vu aussi de très-grands raports entre les Hiéroglyphes Egyptiens & les caractères Chinois. Enfin le savant & profond Auteur de la Lettre de Pekin, offre plusieurs comparaisons intéressantes entre ces deux sortes de caractères : mais les conclusions de ces deux Savans ont été fort différentes. Si M. de Guignes en a conclu que les Chinois étoient une Colonie Egyptienne, le savant Missionnaire en a inféré au contraire, que ces deux Peuples remontoient également à la plus haute antiquité, & qu'ils avoient conservé tous les deux une écriture primitive & hiéroglyphique.

Telle est l'esquisse abrégée des travaux entrepris pour raprocher les Chinois

---

(4) Utilité de la Langue Gothique pour l'intelligence de l'Hébreu, & analogie de la Langue Chinoise avec celle des Finlandois & des Hongrois, 1757.

(5) Augustin Pfeifer *Dubia vexata Scripturæ Sacræ*, & dans sa Critique sacrée.

(6) Méthode d'étudier & d'enseigner la Gramm. & les Lang. 2 vol. in-8°. Par. 1693.

(7) Dissertations sur le raport des Langues Chinoise & Hébraïque dans les Vol. II. IV. & V. de l'Hist. Crit. de la Républ. des Lettres.

(8) En 3 Vol. in-fol. Besançon : le dern. de l'an 1760.

(9) Hist. du Comm, & de la Navigat. des Anciens, Ch. IX. & X.

(10) Chine illustrée, en Lat. Amst. 1667. in-fol. pag. 225. & suiv.

(11) Lettres de M. Cuper, in-4°. en Lat.

(12) Lettres de M. de Mairan au P. Parrenin, Paris 1770.

(13) Mém. de l'Acad. des Inscr. & Bell. Let. Tom. XXIX. & XXXIV. in-4°.

des autres Peuples ; & auxquels on ne pouvoit donner un plus haut dégré de certitude, sans avoir un plus grand nombre de données, & sans connoître mieux l'origine & la nature de nos propres Langues & de notre propre écriture, puisque ce n'est pas avec l'état actuel de ces Langues & de cette écriture, qu'on peut & qu'on doit comparer une Langue & une écriture qui sont aujourd'hui à peu-près dans le même état où elles étoient il y a quatre mille ans ; mais avec nos Langues & avec notre écriture telles qu'elles pouvoient être dans ce tems-là & telles que les donnne l'analyse.

Ces problêmes si obscurs, devoient donc s'aplanir par les recherches sur le Monde Primitif, & répandre à leur tour une grande lumiere sur ces tems anciens : on a déjà vu que la Grammaire Chinoise s'accordoit très-bien avec la Grammaire universelle & comparative : nous allons voir que la Langue parlée & monosyllabique des Chinois, descend comme les nôtres, de la Langue primitive, qui fut également monosyllabique ; & qu'elles offrent les mêmes mots : quant aux causes qui ont fait que cette Langue parlée des Chinois, differe si fort de leur Langue écrite, nous les déveloperons dans le Livre suivant, après avoir comparé aussi leur Langue écrite avec la nôtre.

§. 2.

Nature de la Langue parlée des Chinois, & procédés qu'il faut suivre pour la comparer avec les nôtres.

La Langue parlée chez les Chinois, n'est composée que de monosyllabes ; & ces monosyllabes ne sont jamais composés eux-mêmes que d'une consonne ou d'une aspiration suivie d'une voyelle simple, comme dans *Hù*, Lac ; *To*, Tout : ou diphtonguée, comme dans *Hue*, source, jet-d'eau ; *Tai*, un Dais ; ou nazalée, comme dans *Hen*, haine, & *Tum*, alors. Jamais on n'y voit deux consonnes liées par une voyelle : ensorte que leurs monosyllabes sont de la plus grande simplicité qui se puisse, tandis que presque tous les monosyllabes des autres Peuples, même chez nous, se terminent par une consonne, & quelquefois par deux : tels, *mer*, *sel*, *haut*, *tard*, *nord*, *tôt*, *pal*, *mal*, *tel*, *tant*, &c.

Il regne donc une différence frapante entre nos monosyllabes & ceux de la Chine : elle est plus frapante encore chez les Hébreux, où l'on ne regarde, sans doute à l'imitation des anciens Egyptiens, comme vraies racines, que les mots composés d'une voyelle liée à deux consonnes : ce qui a fait croire à quelques

Savans, que c'eſt ce qu'il falloit entendre par la Lyre à trois cordes de Thot ou de Mercure.

Cette différence qui paroît ſi légère, eſt cauſe cependant que juſques ici on n'a pu comparer avec ſuccès les monoſyllabes Chinois, avec ceux des autres Langues; car cette troiſième Lettre qu'on trouve dans preſque tous nos mots primitifs, qu'on a cru eſſentielle aux mots radicaux de l'Orient, & qui ne ſe trouve jamais chez les Chinois, étoit un obſtacle preſqu'invincible pour la comparaiſon de ces Langues, quand on ne pouvoit rendre raiſon de cette différence.

Ce n'eſt cependant pas une choſe bien difficile à trouver, ni un motif capable d'empêcher la comparaiſon des monoſyllabes Chinois avec nos mots primitifs. Cette conſonne finale que nous avons ajoutée à la plûpart des mots primitifs, fut deſtinée, 1°. à lier avec ces mots les terminaiſons qu'on y ajouta dans toutes les autres Langues pour en déſigner les idées particulieres; ainſi les Latins voulant faire du primitif *Ha*, un Verbe accompagné de diverſes terminaiſons, telle que *ere*, terminerent cette racine primitive par la conſonne *b*; d'où vint *hab-ere*; & voulant faire de la racine *To* un adjectif en *us*, ou en *alis*, ou un nom en *alitas*, ils en firent le mot Tot, d'où vinrent *to-tus*, *to-talis*, *to-talitas*; mots dont nous avons fait, *avoir*, *tout*, *total*, *totalité*, &c. Par ce moyen, on évitoit un hiatus qui eût été inévitable & continuel, & l'on rendoit la prononciation plus agréable & plus ferme.

2°. On avoit en cela un moyen très-commode de varier les ſignifications d'un même mot primitif & de les faire contraſter entr'elles: ainſi, Cap ſignifie *contenir en prenant*; & Cav, *contenir en recevant*: l'un s'aplique à un être libre, & l'autre à un objet paſſif: de même Caph déſigne la main qui prend; & Cap, la tête qui reçoit les impreſſions qu'on lui donne, les connoiſſances dont on l'enrichit.

Mais tandis que nous ajoutons des finales aux primitifs pour en varier la valeur, les Chinois ſe contentent d'en changer le ton: ainſi ils produiſent par un ton aigu, grave, ouvert, aſpiré, &c. ce que nous opérons par la conſonne finale, & par les terminaiſons dont elle eſt ſuivie.

Les effets ſont les mêmes des deux côtés; mais les moyens diffèrent. Ainſi, en ſuprimant ce qu'on ajoute de part & d'autre, on doit trouver des deux côtés le même fond, les mêmes primitifs.

Il n'eſt donc pas étonnant que, malgré ces raports, on ne put parvenir à reconnoître nos mots radicaux dans la Langue parlée des Chinois, puiſqu'on n'avoit pas ſu en porter la comparaiſon à ce point, qui eſt le ſeul vrai.

Ajoutons une autre cauſe qui empêchoit de réuſſir dans cette comparaiſon. C'eſt

C'est qu'on ne faisoit pas attention que le même mot primitif commun aux Chinois & à nous, devoit souvent être composé chez eux d'une consonne absolument différente de celle que nous y employons, parce que celle-ci manque aux Chinois. Ils n'ont point de *B*, de *D*, de *R*, &c. Ils auront donc été obligés d'employer des *P*, des *M*, des *T*, des *L*, &c. pour remplacer ces intonations. Ainsi, Mo, qui signifie chez eux *bois*, est le primitif BO, dont nous avons fait également *bois* : TAM, qui signifie chez eux *élévation*, est le primitif DAM, qui signifie la même chose en Europe; d'où le Flamand *dam*, digue; le Grec *dam-aô*, dompter, &c. LI & LU, qui signifient *Rits* & *Rosée*, sont exactement ces mêmes mots, dont ils ne peuvent prononcer l'intonation initiale, & qu'ils changent, par-là même, en *L*.

Mais comme il étoit difficile de comparer les mots Chinois avec les nôtres sans ces observations, autant est-il aisé de le faire par leur moyen & lorsqu'on ramene nos mots à leur simplicité primitive, ou à celle des mots Chinois.

On a même un avantage en cela ; c'est que cette Langue parlée des Chinois, & qui placée à l'extrémité de l'ancien Monde, sans communication avec les autres Langues, a conservé son état originaire & n'a pu suivre l'impulsion des autres, devient pour nous un exemple vivant du premier état par lequel ont commencé toutes les Langues d'Europe & d'Asie ; & une vérification continuelle de nos principes & de nos procédés dans la comparaison des Langues, & dans leurs raports avec la Langue primitive.

Ainsi, la Langue Chinoise confirme ce que la raison & l'expérience avoient déjà apris, que plus une Langue étoit placée à un grand éloignement du centre des Contrées habitées, & plus elle se raprochoit de la Langue primitive; que plus elle étoit ancienne, plus elle différoit de toutes celles qu'on parloit dans ou près de ce centre.

N'omettons pas cette observation, non moins essentielle, & qui n'est qu'une conséquence de ce que nous avons déjà dit : c'est que les Chinois ne commençant jamais un mot par une voyelle suivie d'une consonne, nous devons, constamment suprimer en pareil cas les voyelles qui sont à la tête de nos mots, pour en trouver les raports dans la Langue Chinoise : ainsi, dans le mot *ala*, ou *aile*, nous suprimerons *a* ou *ai*, afin de trouver le mot Chinois correspondant ; ce qui donne le mot Chinois LU, qui signifie *aile* & *plume*, & qui est dérivé du primitif L, qui signifie *aile*, & qui se peint encore en Hébreu & en Chinois comme une aile.

A cet égard, les Chinois sont plus oposés aux Egyptiens & aux Hébreux, qu'à nous : car ceux-ci ont fait très-souvent précéder la consonne primitive d'un mot, de la voyelle dont elle est suivie en Europe & à la Chine : ainsi nous disons à la Chinoise *Pa* & *Ma*, Pere & Mere ; là où les Hébreux & les Egyptiens, &c. disent *Ab*, Pere, & *Am*, Mere: comme nous l'avons déjà observé ci-dessus (1).

Cet accord entre les Chinois & nous, sur un objet dans lequel nous différons du tout au tout des Orientaux, pourroit donner lieu à des observations très-importantes sur les causes d'une inversion aussi singuliere, même dans les mots, & qui fait qu'il faut prendre à rebours les mots d'une Langue à l'autre pour les comparer entr'eux, précisément comme si on les lisoit au miroir, ou en sens contraire.

Ce qu'on peut affirmer, c'est qu'en faisant précéder la voyelle, le mot n'a plus la même simplicité, il n'est plus monosyllabique dans le fait : mais de deux syllabes : il faut deux tems pour prononcer *ab*, *am*, tandis qu'il n'en faut qu'un pour prononcer *ba*, *ma*.

Ce qui confirme en ce point le systême de MM. DUCLOS (2) & BEAUZÉE (3) sur la maniere de compter les syllabes d'un mot.

§. 3.

Exemples des raports entre la Langue parlée des Chinois & celles d'Europe & d'Asie.

Il ne nous reste plus qu'à donner quelques exemples de racines communes aux Chinois & aux autres Langues ; nous entrerons même dans un assez grand détail, afin qu'on ne puisse pas dire que ces raports sont l'effet du hazard, quoique nous ayons déjà eu occasion d'en voir quelques-uns (4).

TU est le nom Chinois de tout ce qui est sensible, ou qui frape la vue. Il signifie sensible, frapant ; & c'est chez eux le nom de la MATIERE ; car c'est ce qui tombe sous les sens. De-là, ces mots Chinois :

Tu, table, planche, explication, figure qui rend sensible ; 2°. voir, regarder, paroître.

(1) Pag. 259.
(2) Remarques sur la Gramm. Génér. I. iij.
(3) Gramm. Gén. Tom. I. p. 91. & suiv.
(4) Ci-dessus, pag. 135. 206. 245. & 319.

Tue, examiner attentivement, voir avec ſoin, aprouver.

Tui, le plus aparent, chef, principal, premier ; 2°. éclair, tonnerre.

Teu, ſigne pour ſe reconnoître, lettre de reconnoiſſance, marteau.

Toutes ces idées & ce mot primitif, ſe trouve dans le mot Oriental תו, *thu*, *thou*, *theu*, *tot*, qui ſignifie *ſigne*, *marque*, & qui a fait le *Thoth* des Egyptiens, le Dieu auquel on attribue l'invention du Calendrier, de l'Aſtronomie ou des *ſignes*. C'eſt encore les mots Latins *TU-eor*, voir, regarder attentivement ; & *in-tu-eor*, qui ſignifie la même choſe. On peut encore y raporter le pronom *tu*, par lequel on déſigne la ſeconde perſonne, comme l'objet qui eſt dans ce moment le plus ſenſible pour nous, le plus aparent, le plus intéreſſant, celui ſur qui ſe réunit notre ſenſibilité.

Cette conſonne T nous offre une multitude d'autres raports entre nos Langues d'Europe & celle de la Chine.

TAI, un dais, un Thé-âtre ; le Grec Theaomai, voir, regarder.

TAM, tant ; Lat. *tantum*.

TAN, terre, pays ; mot reſté à la fin d'une multitude de mots : *Aqui-tania*, Pays d'eaux. *Gevaudan*, Pays de Montagnes ; & qui termine, le nom de toutes les Provinces de la Perſe. *Farſiſ-tan*, Pays des Perſes ; *Chuz-iſtan*, pays de Chus ou Suziane, &c.

TAN, rouge, minium, & *tem* ou *teng*, feu ; du primitif TAN, feu ; d'où *extinguo*, j'emporte le feu, j'éteins. *Tan*, en Anglois, brûler, hâler ; & *thin*, clair, éclaircir ; & *tind*, allumer.

TI, Chef, Empereur, nom de dignité ; cette racine a formé une multitude de mots Européens : en Grec, *tiô*, honorer, reſpecter, craindre : *timê*, honneur, reſpect, crainte.

En Latin, *æs-timatio*, *æs-timo*, eſtimer, honorer ; *timor*, crainte, reſpect, *timidus*, timide.

Prononcé *di* & *din*, il a fait le Latin *dignus*, qui mérite du reſpect, des hommages, *dignité*, *digne*.

TO, tout, univerſel ; ce ſont nos mots, *tout*, *total*, *totalité*, qui ſont Latins.

TUM, alors ; la même choſe en Latin.

TUM plein ; Lat. *tumulus*, éminence ; *tumor*, plénitude, enflure, bouffiſſure ; *tumidus*, plein d'orgueil, bouffi.

LIVEN, aimer, être affectionné, mettre son cœur à un objet; Héb. *leb*, cœur; Grec, aoriste second de l'imperatif, *lipe*, désire, aie à cœur. Theuton & Allemand, *lif*, *lib*, *lieb*, ami; *lieben*, aimer. Anglo-Saxon, *leof*, ami, chéri. Anglois, *love*, amour, affection, sentiment du cœur; *to love* aimer, & *lief*; *loving*, affectionné, qui a bon cœur, bon. Lat. *LIB-ido*, inclination, penchant, passion. *Libet* avoir à cœur; *libens*, qui fait de bon cœur.

LIN, bois, lieu planté d'arbres. Tonquinois, *T-lem*, forêt; Lat. *lignum*, bois; Espagn. & Languedoc.

LI, les Lettrés; dans la plûpart des Langues, LEG, lis, lire.

LO, biens, revenus: 2°. nourriture.
Celte, *loed*, richesses, revenus.
Allemand, Bohémien; *loss*; Angl. *lot*; Anglo-Sax. *lott*, fortune, état.

LAO, élevé, éminent, vénérable.
Celte, *law*, élévation, éminence.
Allemand, *loh*; Flamand, *loo*; Anglo-Sax. *loc*, colline.

LO, contenir, qui contient.
Celte, *log*; François, *loge*, logis, loger.
Lat. *locus*, lieu où une chose est contenue. Indien, *locom* lieu, place.

LIM, régle; 2°. ordonner; 3°. esprit.
Irland. *Limidh*, Législateur.
Celte, *linio*, régler; Lat. *linea*, ligne, trait.

SU, avec; c'est le *sun*, *syn* & *sy* des Grecs; le *cy* & *cym* des Celtes, &c.

SO, être conforme; Anglois, *so*; Flamand, *soo*; Allemand, *so*, Anglo-Sax. *sya*, ainsi, comme, de même; Lat. *sic*.

XIM, très-élevé, saint, parfait. Les mots François *cime* & *cimier*, offrent des idées relatives à la plus haute élévation. Lat. *eximius*, excellent.

SIN, le cœur; en Persan, *sin*, le cœur; Lat. *sinus*, le sein; 2°. la partie du milieu, la portion la plus excellente; de-là le nom même de la *Chine*, l'Empire du milieu, ou le centre.

SIEN, Chef, premier.
Celt. *cen* & *sen*, tête, sommet, principal; 2°. âgé, le premier en âge; d'où le Lat. *senex*, & l'Arabe *sanah*, vieux: l'Héb. *San-hedrin*, le Tribunal des Anciens, des Vieillards, des Seigneurs, *Seniores*.
Thibet, *sen* ou *ken*, grand, élevé. Arabe, SANU, être élevé.

SIM ou *ſing*, conſtellation, étoile, élément.
Hébr. *ſhem*; Grec, *ſèmaion*; Baſq. *ſena.* Lat. *ſignum*, ſigne, indice.

SEE, homme de lettres, celui qui ſait.
Anglois, *ſee*; Lat. *ſcio*, ſavoir, voir, &c.

CEM, Prêtre; en Celte, *Senæ*, Prêtreſſes.
Egyptien & Héb. *Cen* & *Cohen*, Prêtre.

QUIN, Roi, primitivement: aujourd'hui, ce mot déſigne des dégrés d'étude.
Celte, *ken*, *kend*, tête, chef, premier, &c.
Irlandois, *ken*; Ecoſſois, *kend*, tête, ſommet.
Anglo-Saxon, Allem. Flam. Anglois, &c. *King*, *Koenig*, Roi, &c.
Anglois, *Queen* Reine,

HU, porte; 2°. maiſon, (prononcé *hou.*)
François, *huis*, porte; *Huiſſier*, qui ouvre la porte.
Lat. *oſtium*, porte.
Angl. *houſe*; Anglo-Sax. *hus*; Flam. *huys*.
Danois, *haus*; Allem. *hauſz*, maiſon.
Grec, *OI-k-os* maiſon.

HU & HOU, lui; Hébr. *aouh*, lui. Arab. *hou*, lui, it, nom de Dieu. Grec, *hou*, de lui; Lat. au génit. *hou-jous*, (hujus) de lui. Egypt. *hou*, ce, lui. Vieux Franç. *hui*, reſté dans *aujourd'hui*.

MIN, Fleuve; Gallois, *Men*, eau de rivière, & *mon*; Lat. *a-m-nis*, rivière, pour *a-men is*; *mano*, couler; d'où *émaner*, *émanation*, &c.

HEN, haine; Gr. *ainos*, horrible, à charge, odieux.

HAN, ame, ſoufle; Primit. *han*, ſoufler; Maine, *ha-haner*, s'eſſoufler par le travail. Grec, *anemos*, vent, ame. Lat. *anima*, ame.

KIVEN, chien; Grec, *kiôn*, &c.

VEN, beauté, ornement parure. Iſland. & Suédois, *wen*, agréable. Celt. *wen*, beau: 2°. blanc. Lat. *venuſtas*, beauté; *venuſtus*, beau; *Vénus*, Déeſſe de la Beauté.

Mais ceci peut ſuffire pour donner une idée des raports de la Langue Chinoiſe avec les nôtres, & de la maniere dont nous les comparons: un plus grand nombre d'exemples ne prouveroient rien de plus, & deviendroient faſtidieux: ils ſeront mieux placés dans le Dictionnaire Comparatif.

LIVRE V.

Du Langage peint aux yeux, ou de l'ÉCRITURE : de son Origine, & sur-tout de l'Écriture Alphabétique.

SECTION I.

De l'Ecriture en géneral, & des Hiéroglyphes en particulier.

CHAPITRE PREMIER.

Avantages de l'Art de peindre ses idées aux yeux, ou de l'Écriture.

RIEN de moins durable que la parole ; elle frappe l'air, & n'y laisse aucune trace ; & si elle fait quelqu'impression sur ceux qui l'entendent, cette impression est nulle pour ceux qui ne sont pas renfermés dans le petit cercle qu'elle parcourt. Les fruits qu'on en retire, ne sont donc que les fruits du moment : cependant plus elle étoit essentielle au bonheur des hommes, & plus il importoit qu'on trouvât les moyens nécessaires pour en étendre les heureux effets. Comment se souvenir d'une multitude d'inventions utiles & nécessaires, si l'on ne pouvoit fixer ses idées hors de soi, & les tracer d'une manière qui les rapellât toujours ? A quoi bon inventer les Sciences & les Arts ; composer les Leçons les plus instructives ; décrire en Vers harmonieux les vérités les plus consolantes ; dresser des Loix sages, gage & lien de la félicité publique ; si, pour conserver ces fruits du génie de l'homme, on est réduit au seul secours de la mémoire & de la tradition ; si ces travaux merveilleux de l'esprit humain ne peuvent servir qu'à la génération présente, & même à celle-là seule qui est rassemblée en un lieu ? En vain, il s'élevera des génies admirables ; leurs efforts seront inutiles ou bornés à un trop petit nombre de lieux

& d'années, s'ils ne trouvent moyen de suplécr aux vuides de la Parole; & le genre humain, loin de se perfectionner en ajoutant connoissance à connoissance, retombera bientôt dans le cahos dont ils vouloient le retirer.

Mais tel est le génie de l'homme, que ce moyen il le trouva, quelque difficile qu'il nous paroisse, & quoique nous n'apercevions pas comment il put en venir à bout; que nous sachions encore moins dans quels tems & en quels lieux il l'inventa.

Ce moyen admirable d'éterniser ses pensées & de les faire passer à tous les tems & à tous les lieux, c'est l'ÉCRITURE; cet Art qui parle aux yeux, qui peint à la vue ce que la parole peint à l'oreille; qui est aussi fixe que le Langage est fugitif, qui subsiste tandis que ceux dont elle est l'ouvrage, sont descendus depuis plusieurs siécles dans la nuit du tombeau; cet Art qui perpétue les Sciences, qui en facilite l'acquisition, qui fait que les connoissances des tems passés, servent à perfectionner les connoissances du tems présent, & qu'elles serviront toutes ensemble de base à l'édifice immense qu'en formeront les tems futurs.

CHAPITRE II.

Ténèbres répandues sur son origine, & moyens de les dissiper.

CET Art est trop étroitement lié à l'Histoire de la Parole, au dévelopement des Langues, à la comparaison des mots, à l'Histoire même des Nations, pour ne pas entrer dans les recherches qui composent le Monde Primitif, & sur-tout dans la portion où l'on discute tout ce qui se raporte à la Parole.

Il est vrai que tout ce qu'on en a dit jusqu'à présent, est si imparfait, si incomplet, si épars, si dénué de preuves, qu'on seroit en droit d'en conclure que les connoissances humaines ne seront pas plus avancées par de nouvelles discussions sur ce sujet; & qu'on a déjà trop de conjectures à cet égard, pour en désirer de nouvelles.

En effet, tout ce qui regarde l'origine de l'Ecriture, n'est qu'une suite de problêmes plus obscurs ou plus difficiles à résoudre les uns que les autres.

On ne sait dans quels tems & en quels lieux elle a commencé; en quoi différent ses diverses espèces. Si l'Alphabétique est la plus ancienne, ou si elle naquit de l'hiéroglyphique & long-tems après elle: Quel fut le premier Alphabet:

De combien de caractères il étoit composé : Quelle fut l'origine de chacun de ces caractères : Quelle est la vraie cause de la différence des alphabets : Si dans l'Alphabet Hébreu, il y a des voyelles ou non : Si l'écriture Chinoise a quelque raport avec celles des autres Peuples. Toutes ces questions & nombre d'autres ont donné lieu à une multitude d'opinions, de systêmes, d'Ouvrages continuellement oposés, & qui se détruisent sans cesse; ensorte qu'un doute presque universel paroît le seul parti qui reste à prendre, au milieu de tant d'incertitudes.

Afin de nous ouvrir une route assurée au milieu de tant d'écueils, nous partirons de notre grand principe, que tout est imitation : nous montrerons de quelle maniere l'Ecriture s'y raporte & le confirme ; & rassemblant tous les faits & tous les monumens de l'Antiquité, relatifs à l'Ecriture, nous verrons ce qu'on en peut conclure sur son origine & pour sa haute antiquité, de même que pour l'origine de nos Alphabets modernes.

La vive lumiere qui en résultera sera une nouvelle preuve de la bonté de nos principes, & de tout ce que nous venons de dire sur l'origine du Langage : ce que nous avons à exposer sur le Langage peint aux yeux par l'Ecriture, sera en effet si conforme à tout ce que nous avons dit sur le Langage lui-même, qu'on ne pourra s'empêcher d'en convenir ; d'en conclure la certitude des principes qui en sont la base ; & ceux-ci, apuyés sur deux points de comparaison aussi différens, & dont l'un est la vérification continuelle de l'autre, en deviendront inébranlables.

Plus occupés à chercher ce qui est, & à ne jamais perdre de vue la seule route qui peut nous conduire au vrai, qu'à examiner ce qu'ont pensé les autres sur cet objet important, & qu'à faire voir le peu de fruit qu'on a retiré de toute autre méthode, nous ne nous jetterons pas dans des critiques qui répandroient de la langueur sur ce que nous avons à dire, & qui en retarderoient l'exposition : & nous réserverons pour la Bibliothéque Etymologique, la notice de tout ce qu'on a déjà dit à cet égard. Cette marche plus expéditive, sera sans doute plus agréable à nos Lecteurs. Nous ne ferons donc mention des opinions qui ont paru jusques ici sur ces objets, qu'autant que leur énoncé pourra répandre quelque jour sur ce que nous aurons à dire, ou justifier nos vues.

CHAPITRE III.

CHAPITRE III.

Causes de ces ténèbres.

ON ne doit pas être surpris si tant de ténèbres ont jusqu'à présent dérobé à la connoissance des hommes l'origine de l'Ecriture : trop de causes y concouroient, pour ne pas produire cet effet. L'Ecriture n'est connue que de quelques Nations : elle varie prodigieusement chez celles qui possédent cet Art ; aucune d'elles n'a conservé des traces exactes de son origine : autant de motifs pour croire que l'Ecriture étoit l'effet du hazard, qu'elle étoit une chose si arbitraire que chacun avoit été maître de l'inventer à sa manière, & si difficile en même tems, qu'elle n'avoit pu être inventée qu'après une longue suite de siécles, & une foule d'essais moins heureux les uns que les autres. Ce qui achevoit de dérouter, c'est l'existence de l'Ecriture alphabétique, qui paroissoit si différente de la premiere espèce d'Ecriture, ou de l'Ecriture hiéroglyphique, & ne s'être élevée que sur les ruines de celle-ci. Comment ramener toutes ces choses à l'unité nécessaire, pour rendre raison de l'origine de l'Ecriture ?

Mais tout s'éclaircit en faisant voir, que l'Ecriture n'a pu subsister que chez des Nations agricoles ; que celles-ci n'ont pu l'inventer d'une manière arbitraire ; qu'elles furent obligées de la prendre dans la Nature, & que toutes les espèces d'Ecriture connues, ne sont que des varietés de cette Ecriture primitive & naturelle.

CHAPITRE IV.

L'Ecriture n'a pu être inventée & se maintenir que dans des Etats Agricoles.

LA manière dont l'Ecriture est bornée à quelques Peuples, fut un terrible préjugé contre l'antiquité de son origine. Si une invention aussi admirable, dit-on, avoit été connue dans le tems de la dispersion des Peuples, on la retrouveroit chez tous les Peuples.

Mais ce n'étoit ici qu'une erreur de plus. Quoi ! on ira chez les peuples privés de tous les Arts, pour décider de l'origine des Arts ? Et qu'en feroient-ils, de ces Arts, dans des climats où ils ne pourroient les exercer ; où tout se refuse au génie & à l'industrie humaine ; où obligé de courir après sa proie pour ne pas mourir de faim, l'homme chasseur & vagabond ne peut ni s'occuper du lendemain, ni se fixer dans une place pour se livrer à une industrie funeste qui le feroit mourir de faim ?

Non, ce n'est point eux qui peuvent nous répondre sur des objets qui ne sauroient les intéresser : les Nations agricoles sont les seules qui puissent nous instruire sur ces questions importantes ; ce n'est que chez elles que le génie peut se déployer : ce n'est que chez elles où il peut répandre sur les hommes ses heureuses influences ; ce n'est que là, où l'homme assuré de sa subsistance, peut rester en place, & penser à perfectionner ses connoissances : ce n'est que là où le Possesseur d'un immense terrein couvert de ses troupeaux, de ses récoltes, de sa famille, de tous ceux qui travaillent sous lui & pour lui, & soudoyant une multitude de personnes, obligé d'être en régle avec tous, & en société avec ses voisins, & d'avoir avec eux une correspondance étroite par des échanges continuels, est forcé de mettre à contribution tous les Arts, afin de tirer le plus grand parti de sa situation, & des avantages dont il jouit. Obligé surtout de suivre de près toutes ses opérations, de se souvenir de leurs commencemens, de les lier avec tous leurs effets, afin d'être toujours d'accord avec lui-même, sa situation exige pour cet effet des moyens plus sûrs & plus durables que la seule mémoire ; qu'il en fixe les idées d'une manière inébranlable, & que la mauvaise foi en l'infidélité de cette faculté de l'esprit ne puissent jamais les ébranler, ou les rendre douteuses.

Si l'on a dit, il y a long-tems, que sans Cérès & sans Bacchus, Vénus étoit glacée, il n'est pas moins vrai de dire que sans les fruits de Cérès, le flambeau du génie est renversé & éteint.

L'homme sauvage n'est point l'enfant chéri de la Nature ; elle n'est pour lui qu'une Marâtre : il n'est pour elle qu'un Etre avorté.

L'Enfant de la Nature, son Fils chéri, celui qui est l'objet de ses plus tendres soins, auquel elle sourit, pour qui elle déploye toutes ses richesses, toute sa magnificence, tous ses charmes, c'est l'homme agricole : lui seul lève son voile, pénétre dans son sein, jouit de ses faveurs.

C'est chez lui seul qu'il faut chercher l'origine des Arts ; il en porte le germe avec lui, & il commença à le déveloper dès le moment qu'il défricha un coin de terre, qu'il en fit écouler les eaux, qu'il en extirpa les ronces, qu'il le garantit des aproches des animaux & de celles de l'homme chasseur & déprédateur, qui n'est lui-même guères au-dessus de l'animal sauvage, vivant également de la terre qu'il dépouille, & ne pouvant réparer les dommages qu'il lui cause.

Aussi trouvons-nous l'Ecriture en usage chez toutes les anciennes Nations agricoles; chez les Chaldéens, chez les Hébreux, les Egyptiens, les Indiens, les Chinois: aussi la voyons-nous se répandre en Europe avec l'Agriculture.

C'est donc avec raison que ces Egyptiens firent marcher de pair l'invention de l'Agriculture, de l'Astronomie & de l'Ecriture. Ces trois Arts sont également divins chez eux: également le don de Thot ou de Mercure. Ils ne peuvent en effet aller les uns sans les autres: les deux derniers ont été même très-souvent confondus l'un avec l'autre, parce qu'ils consistent tous deux en signes ou en caractères; & qu'on a souvent raporté à l'Astronomie, le mot *signe* qui se raportoit réellement à la pensée, & qui en désignoit la peinture

CHAPITRE V.

L'Ecriture n'est qu'une imitation, & par conséquent un assemblage d'Hiéroglyphes.

L'INVENTION de l'Ecriture, ainsi que celle de tous les Arts, fut de la plus grande simplicité. On vouloit peindre une idée; mais cette idée peignoit un objet; on n'eut donc qu'à peindre cet objet, qu'à en tracer la figure, & l'idée fut peinte: ainsi on écrivoit par le même moyen qu'on parloit. L'Ecriture comme le Langage, fut fondé sur l'imitation; la Nature en fit tous les frais. Tel un Voyageur parvenu dans des Contrées dont il ignore le Langage, est réduit à peindre aux yeux, ce qu'il ne peut peindre aux oreilles.

Ainsi, un *cercle rayonnant* peignoit le Soleil: un *croissant*, la Lune; un *quarré à compartimens*, un enclos ou un jardin: des *traits ondoyans*, les eaux: une *aile*, la vitesse & les vents; un *œil*, la vue; une *main*, la force & la puissance.

L'Ecriture formoit ainsi une tapisserie à laquelle on ne pouvoit se méprendre & tels furent les premiers monumens qu'éleva dans ce genre l'industrie humaine. Mais ces tapisseries, ces monumens, n'étoient élevés que pour l'instruction & pour la félicité publique : ils présentoient les leçons les plus respectables, les Ouvrages des Législateurs & des Sages, dépôts précieux de tout ce qui étoit relatif à la Religion, à la Morale, à l'Agriculture, au Gouvernement.

De-là le nom d'*Hiéroglyphes*, ou *Mystères Sacrés*, donné à ces caractères, & le nom d'*Ecriture hiéroglyphique* que porte cette écriture, à cause de l'excellence des choses qu'elle peignoit.

Il ne reste actuellement aucun Ouvrage écrit de cette maniere ; ils ont tous péri avec la puissance des Egyptiens : & l'on n'auroit qu'une très-foible idée de cette maniere d'écrire, s'il n'en subsistoit pas des traces précieuses sur des Monumens de pierre & de marbre, que le tems n'a pu anéantir. On retrouve ces caractères sur ces Obélisques fameux qui ornoient les Places publiques & les entrées des Temples, sur les Statues & les Divinités Egyptiennes, sur les Canopes ou Vases Sacrés, Symboles d'Isis & de la Nature, sur les enveloppes des Momies, ces Corps embaumés qui subsistent depuis plus de quatre mille ans, & même sur les murs des Temples.

Mais si ces caractères se sont conservés jusqu'à nous, il n'en a pas été de même de leur valeur : on n'entend plus ce qu'ils signifioient, & l'intelligence en est même perdue depuis un très-grand nombre de siécles, depuis la chûte de cet ancien Empire.

N'en soyons pas étonnés : il étoit impossible qu'elle se conservât : cette Ecriture hiéroglyphique n'étoit pas, lors de la chûte des Egyptiens, l'Ecriture vulgaire ; le Peuple étoit en possession de l'écriture alphabétique : les Lettrés, les Savans ou le Clergé, avoient seuls conservé avec soin les Livres primitifs de la Nation, ces Livres qu'ils étoient obligés d'étudier & de savoir : ainsi la connoissance de ces Livres fut renfermée dans ce Corps : elle dut donc s'éteindre avec lui, sur-tout lorsque la Religion Chrétienne l'eût anéanti, & avec lui tout ce qui étoit relatif à son état, tout ce qui le constituoit.

On en a conclu mal à propos, que cette écriture n'avoit été inventée qu'afin de tenir le Peuple dans l'ignorance, & qu'il ne pût jamais arracher l'encensoir à ceux qui en étoient en possession. Si les Savans de l'Egypte en avoient voulu faire un mystère dès l'origine, ils ne l'auroient pas laissé transpirer ; ils n'en auroient pas fait l'objet des connoissances publiques ; ils n'en auroient pas orné les murs des Temples, les Obélisques, les Monnoies, tous les Monumens publics ; ils auroient fait comme les Sénateurs Romains, qui ne rendoient pas public le Calendrier, afin que le Peuple dépendît absolument d'eux pour la connoissance des tems & pour la distinction des jours de travail & de fêtes.

C'est une justice que les bons Esprits commencent à rendre à ces anciens Sages, & de ce nombre l'Auteur d'une Dissertation manuscrite qu'on nous a communiquée d'Angleterre, & qui est l'ouvrage d'une Dame qui porte un nom cher à la République des Lettres.

L'accord de tous les Savans sur l'origine & la nature de l'Ecriture hiéroglyphique, peinture des idées par les choses, est digne de remarque, & donne la plus grande force à tout ce que nous avons dit sur l'origine des connoissances humaines: on s'en assurera mieux par un plus grand détail sur cette Ecriture hiéroglyphique, dont on a souvent embrouillé les explications, parce qu'on n'avoit pas des idées assez nettes du Langage, & qu'on ne sentoit pas assez que l'Ecriture a suivi nécessairement dans sa marche, celle du Langage, ensorte que leurs procédés doivent s'expliquer réciproquement. Principe qu'il ne faut jamais perdre de vue pour l'Ecriture alphabétique, cette Ecriture par raport à laquelle on a été sans cesse égaré, parce qu'on n'y voyoit rien que d'arbitraire, & qu'on la supposoit née en Egypte.

CHAPITRE VI.

Procédés de l'Ecriture Hiéroglyphique.

NOUS avons vu que les mots étoient donnés par la Nature, & qu'ils ne désignoient que des objets physiques; qu'on fut obligé ensuite de leur assigner des significations figurées pour peindre des objets qui ne tomboient pas sous les sens; mais l'Ecriture hiéroglyphique qui étoit la peinture des objets physiques, dut être dans le même cas que le Langage: non moins insuffisante que celui-ci pour peindre toute l'étendue des idées, il fallut donner également à ses caractères les divers sens qu'offroit le Langage, le sens propre ou physique, le sens figuré ou moral & d'analogie; & tout cela dut se faire tout à la fois. Si le fait démontre cette assertion, tout ce que nous avons dit de la Parole sera aplicable à l'Ecriture hiéroglyphique.

Ouvrons CLÉMENT d'Aléxandrie (1), HORUS APOLLON (2), WARBUR-

(1) Stromates, ou les Tapisseries, Liv. V. pag. 686. & suiv. Oxford, 1715. en 2. vol. in-fol.

(2) Hieroglyphica: la derniere Edit. en Grec & en Latin, avec des Commentaires,

TON (3), MALESPEINES (4), le Méchanisme du Langage (5), la Lettre écrite de Pékin en 1764 (6), tous les Livres en un mot où l'on a traité de l'Ecriture hiéroglyphique : nous verrons qu'ils s'accordent tous à trouver dans chaque caractère de cette écriture les divers sens qu'offre chaque mot de la Langue parlée, un sens propre, ou primitif & naturel ; un sens de synecdoque, soit du tout pour une partie, soit d'une partie pour le tout; un sens de métonymie, ou de raport d'un objet avec un autre; un sens de métaphore ou de figure.

Ainsi le caractère ou la figure d'un LION, qui peignoit au sens propre & physique, ce Roi des Animaux, désignoit 2°. au sens métaphorique ou figuré, le *courage*, la grandeur d'ame, la fierté, apanages du Lion ; & 3°. au sens de métonymie ou d'analogie, le *Soleil* comme l'ame de l'Agriculture (7) ; & 4°. dans un autre sens de métonymie, ou sous un autre raport, la *Terre*, qui résiste aux travaux de l'Agriculture ou d'Hercule : de-là, le Lion qui accompagne Horus, ou qui est sous son siége ; & cette dépouille du Lion vaincu qu'Hercule porte toujours.

De même, la figure d'un cœur ne peignoit pas seulement cette portion du corps, mais elle peignoit encore au sens figuré, l'union, l'amour, les *affections* du cœur; au sens de synecdoque, une personne chérie, l'objet de notre affection; au sens de métonymie, la portion qui est au centre, dans le milieu, comme nous disons le *cœur* d'un fruit, d'un arbre, d'un Pays, &c. & dans un autre sens de métonymie, la demeure fixe & stable d'une Nation agricole : parce que ces Etats forment un Corps réuni dans un centre, par les liens de l'union la plus étroite, & de la correspondance la plus intime ; de la même maniere que les parties du corps sont rassemblées autour du cœur,

---

est celle de J. Corn. PAUW, Utrecht, 1727. in-4°. Horus Apollon n'est pas le nom de l'Auteur, mais le nom de l'Ouvrage, comme étant l'Interprétation des Mystères les plus profonds, un Apollon Grec & un Horus Egyptien.

(3) Légation de Moyse, par Warburton, Evêque de Glocester, en Anglois. La cinquiéme & dern. édit. est en 5 vol. in-8°. Lond. 1766.

(4) Essai sur les Hiéroglyphes Egyptiens, par M. Léonard de Malespeines, Conseiller au Châtelet. Paris, 1744. en 2 vol. in-12.

(5) Tom. I. p. 365. & suiv.

(6) Lettre de Pekin sur le Génie de la Langue Chinoise & la Nature de leur Ecriture Symbolique comparée avec celle des anciens Egyptiens. Bruxelles, 1773. in-4°.

(7) Hor. Apollo, Liv. I. Embl. XVII.

ne forment avec lui qu'un seul tout, & ne subsistent toutes que par leur correspondance mutuelle : tandis que les Peuplades non agricoles ne peuvent subsister qu'en s'éloignant sans cesse de leur centre, & en se jettant sur les extrémités les plus éloignées.

De-là l'usage des Pays agricoles de s'apeller le *nombril* de la terre, le *milieu* de l'Univers, l'*Empire du milieu*. De-là le symbole de l'Egypte dans l'Ecriture hiéroglyphique (1), qui consistoit dans un cœur placé au-dessus d'un encensoir, & l'idée où l'on étoit que cette contrée se trouvoit au milieu du Monde (2). De-là l'épithète donnée à la Chine d'*Empire du milieu*, & son nom même de Chine ou plutôt *Sin*, comme l'écrivent les Orientaux, & qui est le *sinus* des Latins, notre mot *sein*, désignant le cœur, le milieu, le centre : tandis que les Chinois apellent eux-mêmes leur Pays *Chum*, le milieu, le cœur ; dénomination dont on avoit inutilement cherché la raison, & qui faisoit croire si ridiculement que les Chinois avoient donné ce nom à leur Empire, parce qu'ils le regardoient effectivement comme le centre des Terres habitées.

C'est de cette même manière que les signes du Zodiaque furent désignés par des Animaux ou par des emblêmes, qui désignoient réellement, non des animaux, mais les opérations de la Campagne qui avoient quelque raport à ces animaux, & qui avoient fait donner leurs noms aux douze Signes Célestes.

Tous ces divers sens d'une même figure, que nous ne pouvons concevoir lorsque nous les envisageons sans réflexion, se comprenoient aussi parfaitement par l'ensemble, que nous comprenons par cet ensemble le sens que nous devons assigner aux mots qui composent une phrase ; & que nous ne nous y méprenons jamais, quelque nombreux que soient les sens de chacun de ces mots.

C'est que dans le choix de ces figures, on se dirigeoit nécessairement & constamment d'après le Langage, puisque c'étoit lui qu'on vouloit peindre : tout comme notre écriture est toujours calquée sur le Langage, & que nous donnons à nos mots écrits, la même valeur qu'à ces mots parlés.

Il en fut de même dans l'Ecriture hiéroglyphique. La figure d'un Lion ne désigne le *courage*, l'*intrépidité*, que parce que le nom même du Lion, LEB,

(1) Hor. Apoll. Liv. I. Embl. XXII.

(2) Ib. Liv. I. Embl. XXI.

signifie également un *Lion*, & le *cœur*, le *courage*, l'*ardeur*: & c'est par la même raison que les déserts, les terreins montueux & arides, les terres qui résistent aux vues du Laboureur, furent appellées *lab*, לאב, dans ces mêmes Langues Orientales & Hiéroglyphiques.

Si dans l'Ecriture hiéroglyphique, les heures étoient représentées sous la figure d'un Singe, parce, disoit-on, que les Singes versent de l'eau une fois à chaque heure, ou douze fois le jour, c'est que le même mot Oriental qui signifie révolution & tour, signifie aussi un Singe; & que dans les horloges d'eau, espèce de Singes, l'eau s'écoule à toutes les heures.

Il y auroit donc un moyen de retrouver le sens & l'origine des symboles ou des hiéroglyphes anciens, du moins de la plus grande partie, en les comparant avec les mots qui y correspondent, & en voyant les différentes acceptions dans lesquelles ces mots se prirent, ou dont ils peuvent être susceptibles; & en cherchant l'ensemble qui en peut résulter. Une seule phrase qu'on auroit déchiffrée de cette maniere, donneroit une grande facilité pour débrouiller les autres.

Mais il est égal dans cette vue, qu'on commence par le symbole & qu'on en cherche ensuite la valeur dans les Dictionnaires; ou qu'après avoir commencé par le mot parlé, on finisse par le mot écrit; qu'on peigne un *œil* & qu'on mette à côté les divers sens que ce mot offre; ou qu'on écrive ces divers sens & qu'on peigne ensuite un œil à côté; que dans ce Dictionnaire, le symbole soit le premier ou le dernier.

La parfaite correspondance de ces objets, démontre combien étoit frivole l'opinion de cet Anonyme qui prétendit, il y a quelques années, que les caractères tracés sur les Monumens Egyptiens, ne sont que des simples ornemens vuides de sens (1): aussi n'a-t-elle pû se soutenir. Quelle manière d'orner une Statue, que de la barbouiller entierement par des traits profondément gravés, qui n'offrent aucun dessein, aucune symétrie!

Ce ne fut donc que parce que le savant WARBURTON vivoit dans un tems où les vrais principes du Langage & de la Parole étoient inconnus, qu'il fut obligé d'écrire très-longuement sur les hiéroglyphes, sans pouvoir en donner une idée exacte; qu'il fut obligé d'en multiplier les espèces, comme un Poëte multiplie les machines pour se tirer d'embarras; de faire succéder les unes aux autres cinq ou six Ecritures hiéroglyphiques; d'en faire changer comme

(1) Discours de 82 pages. Paris, 1762.

on

on change d'habit ; & qu'il fut réduit à attaquer les Prêtres Egyptiens des derniers tems, après avoir justifié leurs Prédécesseurs, comme si ceux-là avoient voulu faire un secret d'un Art que ceux-ci avoient inventé pour être connu de tous.

M. le Président de Brosses a eu des idées plus saines à ce sujet : il a très-bien vu qu'il n'étoit pas dans la Nature, que les Egyptiens eussent changé tant de fois d'Ecriture hiéroglyphique. » On ne doit, dit-il, (1) reconnoître que » deux genres d'Ecriture ayant eu cours en Egypte ; savoir le figuré, en usage » dans les siécles qui ne nous sont peut-être plus guères connus ; & l'alphabé- » tique, probablement déjà inventé lors de l'établissement des plus ancien- » nes Colonies Egyptiennes dans la Grèce, où l'on n'aperçoit aucune trace de » l'Ecriture figurée. Si Warburton admet quatre espèces d'Ecriture en Egypte, » c'est qu'il divise, après Porphyre & Clément d'Aléxandrie, l'Ecriture figu- » rée en trois espéces .... Mais ces trois manieres de s'exprimer selon le » besoin, en constituant trois usages de mots ou caractères, ne sont pas » trois manieres d'écrire. C'est le style qui change, & non l'écriture, comme » nous n'avons qu'une même maniere d'écrire les mots dont nous nous » servons, soit en sens propre, soit en sens figuré ou tropique presqu'aussi com- » mun que le sens propre ; soit en un sens encore plus figuré & très-hardi, » qu'on n'employe guères que dans la Poésie.

Tel avoit été aussi le sentiment de M. de Guignes. » Je n'entrerai pas, » dit-il (2), dans un plus grand détail sur ces caractères : je remarquerai » seulement qu'ils ne constituoient point trois genres d'écritures différentes ; » mais qu'ils formoient chez les Egyptiens comme chez les Chinois, le corps » entier de l'écriture, & qu'il falloit employer tout à la fois ces trois espèces » de lettres.

§. 2.

Réduction des caractères hiéroglyphiques.

Ce ne sont donc pas les hiéroglyphes propres, figurés, analogiques, &c. qui se sont succédés les uns aux autres, puisqu'ils avoient nécessairement lieu

(1) Méch. du Lang. T. I. p. 363. & suiv. in-12. Paris, 1765.

(2) Mém. sur les Hiéroglyphes Egypt. & les Caract. Chinois, dans les Mém. de l'Acad. des Inscr. & Bel. Lett. in-4°. T. XXIX. lu en 1758.

tout à la fois dans l'écriture comme dans la parole ; mais ce qui se succéda l'un à l'autre, ce fut la maniere de peindre ces hiéroglyphes : d'abord conformes aux objets physiques dont ils étoient la représentation, ils n'en représenterent ensuite que le simple contour ; & enfin ils se réduisirent à quelques traits seulement, ensorte qu'on finit par ne pouvoir y reconnoître presqu'aucune figure.

En effet, à mesure que cette écriture se multiplia, on chercha à la rendre plus expéditive, à en faire une écriture courante en quelque façon ; & on ne pouvoit y parvenir qu'en la rendant moins compliquée, en réduisant les figures au plus petit nombre de traits qu'il se pût. C'est ainsi que dans les Calendriers on a réduit les caractères qui peignoient les Planettes & les douze signes du Zodiaque, à des figures qui ne représentent presque plus l'objet qu'elles peignoient dans l'origine. Si deux lignes perpendiculaires, par exemple, unies par deux lignes transversales, représentent le signe des Gémeaux, c'est par une réduction singuliere du caractère primitif qui représentoit deux Jeunes Gens debout se donnant les bras : ici chaque ligne perpendiculaire tient lieu d'un Personnage ; & chaque ligne transversale, de deux bras qui se tiennent.

Et comme l'Ecriture hiéroglyphique, telle que nous la connoissons, est presqu'entierement composée de ces caractères altérés & réduits à quelques traits, par-là même déguisés, on n'a pas eu de peine à confondre le nom d'écriture hiéroglyphique avec des caractères dénaturés, & à en conclure que l'on ne les avoit altérés qu'afin d'en dérober la connoissance au Public.

Mais pour qu'on ne s'imagine pas que nous n'avançons ces idées qu'afin de faire quadrer les Hiéroglyphes Egyptiens avec notre systême, jettons les yeux sur ce qui est arrivé à la Chine relativement au même objet. Nous y verrons les mêmes procédés ; & comme nous en devrons le détail à un Savant non suspect, il ne restera aucun doute sur nos principes.

§. 3.

De l'Ecriture Chinoise.

» A moins de donner un démenti aux Chinois, ainsi s'exprime l'Auteur » de la Lettre de Pekin (1) déja citée, & au petit nombre des caractères des » anciens tems qu'ils ont conservés, il n'est pas possible de nier que dans

(1) Pag. 13. & suiv.

» l'antiquité la plus reculée, on ne se servit de figures ou images des choses » sensibles & de symboles pour former des caractères dans le goût à peu-près » des hiéroglyphes d'Egypte. Il n'y a qu'à jetter un coup-d'œil sur quelques- » uns de ces caractères... pour en être convaincu. Mais les Chinois n'avoient- » ils pas dès-lors l'art de rapetisser ces figures & de les réduire à quelques » traits par l'analyse & l'abréviation? A en juger par quelques caractères anciens, » il paroît qu'on en réduisit plusieurs à certains traits assez mal assemblés, pro- » bablement pour la commodité de l'écriture. Quoi qu'il en soit du tems où » ont commencé ces abréviations, elles étoient nécessaires: 1°. Parce que sans » cela l'Ecriture auroit été trop difficile; 2°. parce qu'il auroit fallu des volu- » mes pour dire peu de choses. En effet, à moins d'être dessinateur, com- » ment tracer d'une maniere agréable tant de figures & de symboles? La » difficulté augmente quand on songe que plusieurs caractères étoient compo- » sés de divers symboles & images, dont la réduction devoit être bien tou- » chée, pour n'être pas désagréable, sur-tout vis-à-vis des autres caractères » qui étoient moins composés...

» Le malheur & le très-grand malheur des caractères Chinois, c'est que » ces abréviations ont été faites peu à peu en divers lieux & sans régle; de fa- » çon qu'il y a tel caractère qui a été abrégé, ou pour mieux dire tronqué, » défiguré d'un très-grand nombre de manieres: la plûpart l'ont été à n'être » pas reconnoissables ».

De-là durent naître, & naquirent en effet, différentes sortes d'écritures, non pour le fond, car elles furent toutes des variétés de la primitive ou de l'hiéroglyphique, mais pour la forme. La premiere nommée *Kou-ouen*, c'est la plus ancienne, & il n'en reste presque plus de vestiges: celle-ci étoit une peinture des choses, & on s'en servit pour écrire les *king* ou Livres classiques des Chinois qui remontent aux premiers tems de leur Empire. La seconde, apellée *Tchoang-tsee*, succéda à celle-là, & elle étoit en usage du tems de Confucius: on y voit tous les caractères de la premiere, mais présentés d'une maniere si abrégée qu'on a peine à les reconnoître. C'est celle-là, dit notre Auteur, » dont les abréviations & les variantes ont été les plus funestes ». Nous pouvons la comparer à l'abréviation du symbole de Mercure dont nous avons parlé dans les Allégories, & par laquelle la figure de la *sphère* qui formoit ce symbole, fut réduite au caducée, par la supression du cercle trop difficile à former. Tel est encore ce changement dont nous avons déja parlé, des figures du Zodiaque dans celles qu'on trouve dans tous les Almanachs, & au moyen de laquelle la peinture de grands animaux est réduite à quelques traits.

Les trois autres ſortes d'Ecritures ſont encore plus abrégées que celles-là : telle eſt celle qu'on apelle *Hing-chou*, & qu'on employe dans les Livres imprimés : dans celle-ci, tous les caractères ronds ſont changés en caractères quarrés, plus faciles à faire. Telle eſt celle qu'on apelle *Tſao-tſee* : celle-ci eſt une ſorte d'écriture à tire de pinceau qui demande une main légère & très-exercée : elle n'a cours que pour les ordonnances des Médecins, les Préfaces des Livres, les inſcriptions de fantaiſie, &c. On ne peut mieux la comparer qu'à notre écriture courante & à pieds de mouche, dans laquelle on ne reconnoît plus nos grandes lettres capitales, qui ſe raprochent davantage de l'Ecriture primitive.

Ce ſavant Auteur a très-bien vu encore (1) » qu'on ne ſe ſervoit des images & ſymboles entiers & tracés dans leur juſte proportion que pour les » grands monumens où l'eſpace ne manquoit pas : encore ſeroit-il porté à » croire, qu'on avoit recours aux caractères analyſés, pour certains endroits » moins avantageux.

Cette idée eſt, en effet, très-conforme à la nature des choſes : nos inſcriptions gravées pour le public & ſur de grands monumens, ſont du plus grand caractère ; il ſeroit abſurde d'y employer nos petits caractères courans.

Il en fut de même en Égypte : les caractères gravés ſur les Obéliſques, & faits pour être vus de loin, ſont très-grands, très-diſtincts, profondément gravés ; & chaque figure eſt deſſinée d'une maniere franche & très-reconnoiſſable. Mais ces mêmes caractères gravés ſur de petites ſtatues, ſur des Iſis & des Oſiris portatifs, pour être vus de près, & dont un très-grand nombre devoient entrer dans un eſpace très-reſſerré, ſont ſi prodigieuſement diminués, rétrécis, abrégés, qu'ils en deviennent ſouvent méconnoiſſables.

C'eſt ce qui en a fait ſi fort multiplier le nombre par nos Modernes, qui ont pris pour autant de caractères différens ce qui n'étoit que des nuances diverſes d'un même caractère ; & qui augmentoient prodigieuſement la difficulté de trouver quelque moyen qui pût conduire à l'intelligence de ces caractères. Auſſi ce n'eſt que par une très-grande attention, qu'on peut éviter de tomber dans les mêmes mépriſes : mais alors on s'apperçoit que le nombre de ces hiéroglyphes eſt beaucoup moins conſidérable qu'il ne paroît, & qu'ils reviennent ſans ceſſe, ſoit ſeuls, ſoit enſemble, & ſouvent dans le même ordre, comme on pourra le faire voir quelque jour, lorſqu'il ſera queſtion de l'examen par-

(1) Ib. p. 141

ticulier des Hiéroglyphes Egyptiens, & comme nous l'avons déja dit dans notre Dissertation sur la belle Momie du Château d'Ussé en Touraine. (1)

§. 4.

Variétés de l'Ecriture Chinoise.

Comme Warburton a vu quatre sortes d'Ecritures hiéroglyphiques en Egypte, ou plutôt comme les caractères hiéroglyphiques y offrent des sens différens, un sens propre, un sens de métonymie, un sens figuré, &c. il en est de même des caractères Chinois, vrais hiéroglyphes, ou peinture d'objets, comme on le voit par la même lettre de Pekin.

Son Auteur parle d'un ouvrage Chinois (2) qui divise leurs caractères en six espéces. » La premiere dite... *figure*, *image*, est une vraie peinture des » choses sensibles; ainsi on voit dans les anciens caractères, des arbres, des » oiseaux, des vases, &c. grossiérement dessinés. La seconde, dite... *indi-* » *cation de la chose*, se fait par une addition à la figure ou au symbole, qui » met la chose qu'on veut exprimer, sous les yeux. Par exemple, le caractère » de *petit*, placé sur celui de *grand*, peut signifier *pyramidal*, terminé en pointe. » La troisiéme dite... *jonction d'idée*, consiste à joindre deux caractères pour » exprimer une chose qu'ils ne signifient ni l'un ni l'autre pris séparément. Par » exemple, la figure de *bouche* placée à côté de celle de *chien*, pour dire *aboyer*. » La quatriéme... *explication de son*, doit son origine à la difficulté de tracer » d'une maniere assez distincte toutes les espéces de poissons, d'animaux, » vases, arbres, &c. Pour y suppléer, on imagina de mettre le caractère » simple d'un son à côté de la figure. Par exemple, le caractère du son *ya* à » côté de la figure d'oiseau pour désigner une canne, celui de *ngo* pour une oie, » &c. La cinquiéme dite... *idée empruntée*, *métaphore*, a ouvert un champ » immense à l'invention des caractères, ou plutôt à la maniere de s'en servir : » en effet, en vertu de *cet usage*, un caractère est quelquefois pris pour » un autre, choisi pour exprimer un nom propre, détourné à un sens allégo- » rique, métaphorique, ironique, poussé même jusqu'à l'antiphrase, en lui » donnant un sens tout oposé à celui où il est employé ailleurs. Il faut avouer » que cette cinquiéme classe donne à la Langue Chinoise une force & une » vivacité de coloris qu'aucune autre Langue ne peut atteindre. Mais elle est

(1) A la fin des Antiquités des Gaules, par M. de la SAUVAGERE, Chev. de S. Louis, & de l'Acad. Royale de la Rochelle, &c. *Paris*, 1770. *in*-4.

(2) Pag. 10 & suiv.

» aussi une des principales causes de ses obscurités : le sens figuré d'un carac-
» tère n'a pas toujours celles (1) d'analogie avec le sens propre. La sixiéme
» dite... *dévelopement*, *explication*, ne consiste qu'à étendre le sens primitif
» d'un caractère, ou à en faire des explications détaillées. Ainsi le même ca-
» ractère est tantôt verbe, tantôt adverbe, tantôt adjectif ou substantif.

§. 5.

Conséquences qui résultent de ce qu'on vient de dire.

De cet accord parfait qui regne entre les Hiéroglyphes Egyptiens & les caractères Chinois, tous, peinture des idées par l'imitation figurée des objets physiques, résultent des conséquences très-intéressantes.

1°. Que cette écriture confirme tout ce que nous avons avancé jusques ici sur l'origine de la Parole & sur celle de l'Ecriture comme étant des imitations de la Nature, & comme ne pouvant être nécessairement qu'une imitation.

2°. Que l'Ecriture hiéroglyphique éprouva nécessairement les mêmes effets que le Langage : que ses caractères se prirent de même que les mots dans un sens propre & dans des sens figurés & analogiques, &c. puisque sans cela l'Ecriture auroit été inintelligible, ou n'auroit pas correspondu à la parole & aux idées.

3°. Qu'à mesure que l'Ecriture devint plus commune, ou qu'elle s'éloigna de son origine, ses peintures se dégraderent & éprouverent des réductions qui n'offrent plus la peinture primitive, mais dont on trouve les premieres formes au moyen de l'analyse & d'une comparaison suivie entre les caractères de divers tems.

4°. Que les caractères simples ou d'une seule figure, représentent les mots primitifs parfaitement simples, & qu'ils se prennent comme eux pour toutes les parties du discours, étant, suivant les occasions, noms, adjectifs, verbes, &c.

5°. Que les caractères Chinois ne sont pas arbitraires, comme l'ont cru en particulier le P. Parrenin & le savant Freret (2), mais qu'ils furent fondés sur la Nature elle-même, & que ce n'est que parce qu'ils se sont insensiblement dénaturés, qu'ils ont paru, comme nos mots, l'effet du hazard : car

(1) Il faut sans doute lire, *n'a pas toujours un raport d'analogie*, &c.

(2) Mém. de l'Acad. des Inscr. & Bel. Let. Tom. VI. in-4°.

tel est l'esprit humain, qu'il aime mieux adopter une opinion erronée ou dénuée de fondement, que d'être dans le doute.

Rien ne prouve plus combien on avoit peu d'idées exactes sur ces objets, que la Dissertation du Savant que nous venons de citer sur les fondemens de l'Ecriture Chinoise. FRERET y soutient tout à la fois que l'Ecriture Chinoise est représentative comme l'Ecriture Egyptienne, & qu'elle est cependant arbitraire, tandis que celle des Egyptiens ne l'étoit pas : que les caractères Chinois sont des signes arbitraires qui n'ont qu'un raport d'institution, ou de convention, avec les choses signifiées, & il ne voit qu'un prétexte d'élégance aux termes & aux caractères figurés. Avec des principes aussi contradictoires & aussi peu fondés, on manque nécessairement la vérité. Ceci est d'autant plus fâcheux, que cette dissertation est très-intéressante par son objet, sur les diverses manieres dont on a peint les idées en divers tems & en divers lieux.

Il se présenteroit ici une grande question à examiner sur l'antiquité des caractères Chinois, & sur leur origine relativement aux Hiéroglyphes Egyptiens; mais elle ne peut se décider qu'après avoir vu dans la Section suivante l'origine & la nature de l'Ecriture alphabétique, & ce qu'elle a de commun avec les caractères Chinois.

SECTION SECONDE.

ORIGINE ET NATURE DE L'ÉCRITURE HIÉROGLYPHIQUE.

CHAPITRE PREMIER.

Notice des principaux Systêmes relatifs au tems & au lieu où naquit cette Ecriture.

L'ORIGINE de l'Ecriture alphabétique se perd, comme toutes les portions du Monde primitif, dans la nuit des tems ; & malgré les efforts d'une multitude de Savans, ce problême est encore à résoudre : on diroit même que les recherches faites à ce sujet n'ont servi qu'à épaissir davantage les ténèbres qui le couvrent. Il semble qu'il seroit plus raisonnable de laisser de côté une question aussi obscure, que d'ajouter de nouvelles conjectures à celles dont on est inondé à cet égard; mais si l'on considere que cette question est très-intéressante par elle-même, qu'elle est étroitement liée à l'Histoire de la Parole, qu'elle fait une partie essentielle du Monde primitif, on ne désaprouvera pas que nous entrions ici dans quelque détail à son sujet; & que nous ajoutions à tout ce qu'on en a dit, ce que nos recherches & nos principes peuvent nous avoir fait apercevoir de nouveau à cet égard: d'ailleurs nous nous estimerons également heureux, soit que le Public honore nos efforts de son suffrage, soit qu'ils déterminent de plus habiles à faire mieux & à nous éclairer nous-mêmes.

Tous les Systêmes possibles ont été imaginés pour rendre raison de l'Origine de l'Ecriture alphabétique.

Les uns ont cru que Dieu seul pouvoit avoir apris aux hommes un art aussi admirable: c'est ainsi que quelques Docteurs Juifs affirment que les lettres furent du nombre des choses créées le soir du premier Sabath.

Des Docteurs Chrétiens ont également regardé l'Ecriture comme un don de Dieu: tels NICHOLS (1) & GAFFAREL (2). Celui-ci traduisoit ainsi le premier Verset de la Génèse: » Dieu fit au commencement les *caractères* du Ciel & les » *caractères* de la Terre. »

Il en fut de même de POSTEL. Voici comment il s'exprime à ce sujet: » Adam reçut de Dieu des caractères qu'il n'avoit pas étudiés; & Moyse les ré- » tablit, après en avoir été instruit de la même maniere (3).

D'autres, sans donner à l'Ecriture une origine divine, la font tout aussi ancienne, en l'attribuant à Adam qu'ils suposent avoir été doué de toutes les connoissances. Entre ceux-là sont, outre Sacchinus, Alstedius, Bibliander, &c. BOULDUC (4) & Mathias BEL, savant Hongrois (5).

Plusieurs autres, très-convaincus que l'Ecriture avoit été en usage avant le Déluge, n'ont osé décider si on en devoit l'invention à Adam, à Seth, à Enoch connu dans l'Orient sous le nom d'*Idris* ou le Savant, à Noë, &c. Ils fondent l'existence anti-diluvienne de l'Ecriture, sur la perfection que l'écriture avoit déja acquise du tems de Moyse & qui la démontre très-ancienne;

(1) De Litteris inventis, Lond. 1711. in-8°.

(2) Curiosités inouies, Par. 1729. On en a fait aussi des Editions Latines.

(3) De Fœnicum Litteris, &c. Par. 1552. in-12. Cap. IV.

(4) De Ecclesia ante Mosem.

(5) De vetere Litteratura Hunno-Scythica, 1729.

ſur la Prophétie écrite d'Enoch, qu'on ne peut lui avoir attribuée qu'autant qu'on étoit convaincu de l'exiſtence de l'écriture à cette époque ; ſur la tradition des Orientaux, qui la ſupoſent exiſtante dans ces tems-là ; ſur les fameuſes Colonnes de Seth, dont parle Joſephe ; ſur ce qu'il ſeroit très-extraordinaire qu'on eût laiſſé écouler un tems ſi conſidérable ſans avoir trouvé quelque moyen de peindre ſes idées, tandis qu'on avoit trouvé tous les Arts, &c. Tels ſont S. AUGUSTIN (1), DRUSIUS (2), MALLINKROT (3), Gonzales de SALAS, Chevalier Eſpagnol (4), & nombre d'autres.

On eſt même allé juſques à faire paroître des Alphabets ſous le nom d'Adam, de Seth, d'Enoch, de Noé, des Anges, &c. qu'on peut voir dans les Auteurs cités en note (5).

Nous pouvons ajouter au nombre de ceux qui regardent l'Ecriture comme antérieure au déluge, le Docteur James PARSONS, dans ſes Recherches ſur l'origine des Langues Européennes (6) ; & le ſavant SHUCKFORD, dont l'Hiſtoire ſacrée & profane (7), Ouvrage rempli de recherches, lui fit une grande réputation ; mais devenu moins utile, du moins ſur cet objet, par les lumieres qu'on a acquiſes dès-lors. Il eſt vrai qu'il borne cette invention de l'Ecriture avant le Déluge, à celle des Chinois, & qu'il croit l'Ecriture alphabétique poſtérieure & au Déluge, & à la diſperſion des Peuples.

D'autres ſe contentent de regarder l'Ecriture alphabétique comme antérieure à Moyſe & même à Joſeph : tel le ſavant CUPER (8) : les ordres que Joſeph expédioit aux Gouverneurs des Provinces Egyptiennes, & cachetés de l'Anneau Royal, étoient écrits, ſelon lui, en caractères alphabétiques.

SALDEN, dans la premiere des Diſſertations qui forment ſes *Loiſirs Théologiques* (9), examine quel fut l'inventeur de l'Ecriture, & conclut qu'elle étoit déjà connue à la naiſſance de Moyſe.

---

(1) Cité de Dieu, Liv. V. ch. 23.
(2) De Hebraïca Antiquitate.
(3) De Nativit. Litter. c. 2.
(4) De duplici Terra, in-4°. pag. 159.
(5) KIRCHER, Œdip. Egypt. T. I. HEPBURN, Virga aurea. DURET, Tréſor des Langues. LA ROCHE, Comment. de la Biblioth. du Vatican, 1591.
(6) Remains of Japhet, ch. XI. Lond. 1767. in-4°.
(7) Liv. IV. p. 233. Tom. I. Leyde, 1738.
(8) Lettre à la Croze, in-4°. Lett. LIII.
(9) Otia Theologica, Amſt. 1684. en XLI Diſſertat.

N'omettons pas le sentiment de deux Savans distingués de l'Italie, MAZOC-CHI & BIANCONI, qui ont bien vu tous deux que l'Ecriture, sans en excepter l'alphabétique, avoit tout au moins précedé la dispersion des Peuples. Ainsi s'exprime le premier dans ses Recherches sur les précieuses Tables d'Héraclée, en Grec Dorien. » Les Pelasges, dit-il (10), ou les Peuples de la dispersion, » porterent avec eux dans la Grèce & dans l'Etrurie, les Lettres, invention » divine qui leur avoit été transmise par ceux qui avoient survécu au Dé-» luge «. Le dernier s'exprime ainsi (11) : » Tout paroît prouver que les Lettres » Phéniciennes ou Hébraïques, sont aussi anciennes que le Genre-humain, » ou tout au moins antérieures à la dispersion des Peuples : car nous voyons » que les Peuples placés à l'Orient & à l'Occident des Hébreux & des Phéni-» ciens, employent les mêmes Lettres «.

Si, des Modernes, nous passons aux Anciens, nous ne trouverons rien de plus satisfaisant sur l'origine de l'Ecriture.

Les Grecs attribuoient cette invention aux Phéniciens, & disoient la tenir d'eux par Cadmus, qui la leur avoit portée en cherchant sa sœur Europe; mais Europe est l'*Occident*, & la Lune la Reine de l'Occident (12); ainsi l'histoire de ce prétendu Cadmus n'est qu'une allégorie qui n'aprend rien de positif.

PLINE parle diversément de l'origine de l'Ecriture, suivant les divers Mémoires qu'il avoit sous les yeux: tantôt il dit que les Phéniciens étoient illustres par l'invention des Lettres, de l'Astronomie, de la Navigation & de l'Art militaire (13); tantôt que les Lettres sont une invention Assyrienne (14), ou plutôt qu'elles ont toujours été connues dans l'Assyrie, & que c'est l'opinion qui lui paroît la meilleure : mais que d'autres, tels que GELLIUS, l'attribuent à Mercure Egyptien, & d'autres aux Syriens ; & c'est à cette occasion qu'il dit que les Pelasges aporterent cet Art en Italie.

SUIDAS assure qu'Adam fut l'inventeur des Arts & des Lettres; mais malgré son autorité, la plûpart des Savans sont partagés entre les Assyriens & les Egyptiens : le plus grand nombre est même pour ces derniers; entraînés par PLATON,

(10) Napl. 1750. in-fol. p. 120. not. 7.

(11) De Antiquit. Litter. Bononiæ, pag. 64. 1748. in-4°.

(12) Voyez Allégor. Orient. pag. 250.

(13) Hist. Natur. Liv. V. ch. XII.

(14) *Ib.* Liv. VII. ch. LVI.

DIODORE, CICERON, &c. qui parlent de Thot ou Mercure, comme l'inventeur des Lettres & comme celui qui distingua les voyelles & les consonnes. Platon apelle même Mercure l'*illustre Fabricateur* & le Pere des Lettres, τεχνικώτατον καὶ πατέρα τῶν γραμμάτων.

Aussi KIRCHER (1) est-il entré dans un grand détail pour faire voir que l'Alphabet est d'origine Egyptienne; l'infatigable Kircher dont les travaux immenses étoient soutenus par les recherches de plusieurs Gens de Lettres, mais qui eut le malheur d'avoir peu d'aperçus; ensorte que malgré son grand savoir & ses grands Ouvrages, il est peu suivi; mais on lui doit nombre de Monumens précieux qu'il a rendu communs par la gravure.

Plusieurs Savans modernes, frapés du raport qui regne entre les caractères alphabétiques & nombre de caractères hiéroglyphiques Egyptiens, ont conclu que l'Ecriture alphabétique s'étoit formée de caractères hiéroglyphiques, choisis entre tous les autres, & consacrés à ne désigner que les sons au lieu des choses.

WACHTER, dans un Ouvrage entrepris exprès sur cette matiere (2) rempli de savoir & de vues, voulut prouver que l'Ecriture alphabétique naquit en Egypte avant même l'Ecriture hiéroglyphique, & qu'elle fut ensuite portée en Chaldée, par Bélus; en Syrie, par Agenor, Pere de Cadmus; à Athènes, par Cécrops &c.

M. de GUIGNES a pris le systême directement oposé à celui-là, puisque la Colonie Egyptienne qui, selon lui, se rendit maître de la Chine & s'y établit, n'emporta que l'Ecriture Chinoise qui n'est assurément pas l'alphabétique (3).

Terminons cette longue liste par l'exposition des idées d'un Confrere de M. de Guignes, sur le même objet, M. le Président de BROSSES. Après avoir divisé (4) l'Ecriture en six ordres; 1°. l'image isolée; 2°. les images suivies, à la Mexicaine; 3°. les symboles allégoriques ou hiéroglyphiques, représentations des qualités des choses, à l'Egyptienne; 4°. les traits représentatifs des idées ou caractères, à la Chinoise; 5°. les traits représentatifs des syllabes, à la Siamoise; 6°. les caractères alphabétiques & détachés, à l'Européenne; ce Savant Magistrat s'attache à prouver que l'Ecriture symbolique composée des

(1) Œdipe Egyptien, in-fol. Tom. I.

(2) Naturæ & Scripturæ Concordia. Leipsick, 1752. in-4°.

(3) Dans les Mém. de l'Acad. des Inscr. & Bel. Let. Tom. XXIX. & XXXIV.

(4) Méchanisme du Lang. Tom. I. pag. 310-462.

hiéroglyphes Egyptiens, est nécessairement plus ancienne que l'Ecriture littérale ou alphabétique ; que par raport à celle-ci, » on ne peut indiquer en quel » tems ni par qui elle a été introduite » : mais qu'on peut laisser » les Phéniciens » (1) jouir, selon la tradition la plus ordinaire, de la gloire d'avoir inventé ce » bel Art de l'Ecriture organique. Ils en sont, du moins, les inventeurs à notre » égard, ajoute-t-il, puisqu'il est constant que ce sont eux qui, par leurs voyages » l'ont divulguée dans les Pays plus Occidentaux ». Enfin il admet l'idée (2) que » les figures symboliques ont donné passage aux figures littérales ».

Telles sont les conjectures & tels les faits auxquels se réduisent les recherches qu'on a faites & les systêmes qu'on a inventés jusques-ici sur l'origine de l'Ecriture en général, & sur celle de l'Ecriture alphabétique en particulier. Toutes ces opinions se croisent si fort & laissent tant d'obscurité dans l'esprit, qu'on ne peut asseoir sur elles aucune base assurée. N'en soyons pas étonnés ; cette grande question ne peut se résoudre que par une multitude de points de comparaison, tirés des Ecritures anciennes ; & jusqu'à ces derniers tems, on n'avoit pas suffisamment de secours pour cette comparaison. Mais en réunissant ici tout ce que l'industrie & la sagacité humaine ont rassemblé à cet égard & les découvertes qui en ont été la suite, nous pourrons, je pense, parvenir à une solution qui embrassera toutes les Ecritures & rendra raison de toutes.

Mais voyons auparavant ce qu'on a déjà dit sur ce qui a servi de modéle aux lettres alphabétiques.

CHAPITRE II.

Systêmes sur la maniere dont naquit l'Ecriture Alphabétique.

LES systêmes sur la manière dont naquit l'Ecriture alphabétique, sont presqu'en aussi grand nombre que ceux qu'on a formés sur les lieux & le tems où elle fut inventée. Nous venons de voir que divers Savans pensent qu'elle naquit des caractères hiéroglyphiques, entre lesquels on en choisit quelques-uns pour en former un nouveau corps d'Ecriture, qui ne peignît plus les objets ni

(1) *Ib.* p. 445.

(2) *Ib.* p. 450.

les idées, mais qui correspondît aux sons vocaux. Ce système ingénieux, & très-séduisant par les exemples nombreux qu'on en allégue, n'est pas le seul qu'on ait inventé.

Van-Helmont, dans un Ouvrage qu'il composa sur cette matière (1), chercha à démontrer que chaque lettre alphabétique n'étoit que la peinture de la forme que prend la Langue pour prononcer cette lettre : & il a même tâché de le faire sentir au moyen de 34 Planches.

Wachter a suivi la même route : il tâche de ramener toutes les lettres de l'Alphabet (2), à la figure de l'organe dont on se sert pour les prononcer : ainsi les unes ont la figure de la langue, d'autres celle du nez, des troisiémes celle du gosier, &c. parce qu'elles se prononcent de la langue, ou du nez, ou de la gorge, &c.

M. Nelme a proposé depuis peu, à ce sujet, un autre système qui n'a aucun raport avec ceux-là (3). Posant pour principe, que les Hommes avant le Déluge connurent l'art de représenter leurs idées par des sons & par des symboles, principe qu'on ne peut guères lui contester ; il ajoute que l'Ecriture & les idées furent relatives aux objets connus dans ce tems-là : que la *ligne* devint le symbole de l'étendue considerée dans sa longueur, dans sa hauteur, dans sa profondeur, ou dans ses dimensions ; & que le *cercle* fut le symbole de toute circonférence, & en particulier de l'horizon. Mais le *cercle* ou l'horizon servoit de borne au Jardin d'Eden ; ainsi en traçant un grand cercle qui représente l'horizon, en mettant au centre le Jardin d'Eden, en tirant deux diagonales dont ce Jardin soit le centre, on a la premiere lettre de l'Alphabet, l'A des Hébreux, א, formé de deux lignes qui se coupent en diagonales, & qui en font quatre qui représentent les quatre Fleuves qui sortoient du Jardin. L'Ouvrage entier est accompagné de vues intéressantes sur l'origine des connoissances & sur le raport des Langues.

A peu-près dans le même tems, un de ses Compatriotes (4) imprimoit

(1) Alphabeti veri naturalis Hebraïci Delineatio, &c. in-12. Sulzbaci, 1667.

(2) Chap. II. III. & IV.

(3) Essai sur la Recherche de l'Origine & des Elémens du Langage & des Lettres, ou des Sons & des Symboles, où l'on considere leur analogie & leur pouvoir pour exprimer les idées radicales sur lesquelles il paroît que le Langage primitif fut formé ; en Anglois, grand in-4°. Lond. 1772.

(4) Dans un Ouvrage, en Anglois aussi, intitulé : *Conjectures sur l'Origine & les Progrès des Lettres de l'Alphabet* : à Londres, 1772. in-8°.

que l'alphabet fut donné par la Divinité même à Moyse, afin que les Hébreux évitassent par ce moyen l'idolâtrie dans laquelle l'Ecriture hiéroglyphique des Egyptiens les auroit entraînés & confirmés.

Peu auparavant, M. *Rowland* JONES, ce Savant dont nous avons eu plus d'une occasion de parler dans nos Volumes précédens, s'étoit essayé sur le même sujet.

A travers un systême étrange sur l'origine des Langues & des Peuples, & proposé d'une maniere plus étrange, on aperçoit cependant des vues intéressantes dans ses Ouvrages : celle-ci sur-tout, que le Langage & l'Ecriture étoient relatifs à la Nature & aux besoins de l'homme. Principe vrai & très-beau, mais dont M. Jones ne tira pas le parti qu'il auroit pu, parce qu'il se livra trop à son imagination & qu'il ne consulta pas assez les Langues. Il voit dans l'*O* ou le cercle, l'étendue & ses dimensions ; seule idée qu'il ait de commune avec M. Nelme ; l'*I* est la peinture de l'homme debout & dans son état d'innocence ; l'*E* est tout Etre doué de la faculté de porter du fruit, tout Etre féminin ; le *T* représente les deux jambes & les pieds de l'homme ; *L* une seule jambe, &c. Ainsi de suite (5).

Ajoutons que le célèbre Olaus RUDBECK (6) voyoit dans le Caducée de Mercure, l'Alphabet entier des Peuples du Nord, & en dérivoit fort ingénieusement toutes les lettres.

CHAPITRE III.

Véritable Etat de la Question.

TELS sont à peu-près les divers systêmes qu'on a proposés jusques ici sur les tems & sur les lieux où parut l'Ecriture pour la premiere fois, & sur les objets qui servirent de modèle à son inventeur. On voit que ces systêmes, semblables aux Héros de Cadmus, se combattent & s'entre-détruisent tous ; & qu'après les avoir tous lus, on retombe dans les ténèbres dont on espéroit sortir par leur moyen. Faudra-t-il donc abandonner tous ces guides, & renoncer à

(5) Hieroglyfic, or a Grammatical Introduction to an universal Hieroglyfic Language, &c. Lond. 1768. in-8°.

(6) Dans son Atlantique.

avoir des idées plus nettes, plus précises, plus exactes sur un objet aussi intéressant & aussi étroitement lié avec l'Histoire de la Parole ? Mais, dira-t-on, comment être plus heureux ? En n'imaginant point de système ; en réunissant tous les monumens, tous les faits, en les comparant, en se rendant attentif à tout ce qu'ils nous apprennent ; en évitant les méprises de ceux qui nous ont précédés, & qui ont presque toujours pris un champ beaucoup trop resserré ; ensorte que leurs principes étoient insuffisans pour rendre raison de tous les phénomènes relatifs à l'origine de l'Ecriture ; en suivant la même marche de réunion, de comparaison, de discussion qu'a présenté jusques ici le Monde Primitif ; en se tenant sur-tout en garde contre les attraits d'une imagination vive & brillante.

Il existe trois sortes d'Ecritures, la Chinoise, l'Egyptienne & la Cadméenne ou alphabétique ; & c'est de toutes qu'il faut rendre raison, & non d'une seule : c'est de toutes dont il faut examiner la nature, les raports, l'origine & en elles-mêmes & relativement aux autres. Mais c'est ce qu'on n'a jamais fait, du moins avec exactitude : on a toujours posé pour principe incontestable & qui n'avoit pas même besoin de discussion, que l'écriture alphabétique n'avoit nul raport avec l'hiéroglyphique ; par conséquent, qu'elle étoit très-postérieure à celle-ci, puisqu'on n'auroit pas eu recours à l'Ecriture hiéroglyphique, si on avoit déja eu en partage l'écriture alphabétique ; & que cette derniere étoit par conséquent née en Egypte pour remplacer l'hiéroglyphique : systême qui avoit du moins ce défaut, de supposer vrai ce qu'il falloit prouver, & d'être en contradiction, sans aucune preuve, avec ce que l'antiquité nous a dit sur l'origine de l'Ecriture alphabétique.

Ce n'est pas avec cette légereté qu'on pouvoit espérer d'éclaircir cette grande question ; il falloit examiner, 1°. l'origine de l'Ecriture hiéroglyphique Egyptienne : 2°. l'origine de l'Ecriture Chinoise : 3°. celle de l'Ecriture alphabétique, & à ce sujet, si cette écriture est née dans des Contrées où étoit déja en usage l'écriture hiéroglyphique, ou dans des pays qui n'avoient aucune connoissance de celle-ci : 4°. pourquoi l'Egypte avoit renoncé à l'Ecriture hiéroglyphique en faveur de l'alphabétique, tandis que la Chine a dédaigné celle-ci : 5°. dans quel tems se fit ce changement en Egypte : 6°. si l'Egypte dut à elle-même son Ecriture alphabétique, & la donna aux autres Peuples ; ou si elle adopta celle de quelqu'autre Peuple : 7°. si l'Ecriture alphabétique de tous les Peuples a la même origine, ou si chaque peuple en inventa une à sa guise : 8°. quels raports l'Ecriture alphabétique peut avoir avec les autres manieres de peindre ses idées par des traits tracés.

Il eſt impoſſible, ſans toutes ces combinaiſons, de réſoudre le problême propoſé ; & c'eſt ce qu'on n'a jamais recherché, du moins dans cet enſemble. Ceux qui ſont allés le plus loin à ce ſujet, ont reconnu les raports de l'Ecriture Chinoiſe avec l'Egyptienne, & ont regardé celle-ci comme la mere de celle-là : ils ont cru auſſi que l'Ecriture alphabétique avoit emprunté ſes caractères de l'hiéroglyphique : mais ils n'ont pas aprofondi les raports de ces écritures, & ils ne ſe ſont pas mis en peine d'examiner ſi la maniere dont ils faiſoient naître l'alphabétique s'accordoit avec ſon antiquité, & avec ce qu'ils diſent des deux autres : juſques alors, cependant, on ne peut ſe flatter d'être parvenu à la vérité : il reſtera toujours des objections inſurmontables.

Tel eſt donc le point capital ; déterminer la Nature de l'Ecriture alphabétique, & ſes raports avec l'Ecriture hiéroglyphique : car de cette ſolution réſultera ſans peine celle de toutes les autres queſtions relatives à cette matiere ; elles ne ſeront que des conſéquences d'un principe lumineux.

CHAPITRE IV.

Toute Ecriture eſt Hiéroglyphique.

DES Savans diſtingués ont été dans l'idée qu'on fut bientôt excédé de la multitude des caractères qu'exige l'Ecriture hiéroglyphique Egyptienne, qui peignant les choſes par leur figure, exigeoit autant de caractères que de choſes à peindre & qui ne ſervoit par conſéquent qu'aux yeux comme la peinture, & comme l'Ecriture Chinoiſe ; & qu'alors on inventa l'Ecriture alphabétique qui ne peint que les ſons de la voix, dont les caractères ſont par conſéquent en très-petit nombre, & au moyen deſquels l'écriture peut ſe peindre également à l'oreille, en prononçant le ſon que peint chaque lettre.

Quelque confiance que nous ayons dans les lumieres de ces Savans, & quelqu'avantage qu'il nous revînt de nous autoriſer de leur nom, nous ne pouvons nous réſoudre à admettre leur idée ſans chercher quelque choſe de mieux, & ſur-tout ſans examiner ſi l'alphabet eſt né de la maniere qu'ils diſent ; nous oſons même penſer qu'ils verront avec plaiſir la lumiere que de nouvelles recherches pourront répandre ſur un objet qui les a aſſez intéreſſés eux-mêmes, pour s'en être occupés au point d'en chercher l'origine ; d'autant mieux que nous

nous ne marcherons jamais que la sonde à la main, appuyés sur les faits & toujours en défiance de l'esprit de systême.

Deux choses embarrassent dans l'origine qu'on attribue à l'Ecriture alphabétique : 1°. sa naissance en Egypte : 2°. la maniere dont on fait passer les hommes de l'usage des hiéroglyphes à l'invention des lettres.

Sa naissance en Egypte ; car c'est supposer prouvé, ce qui ne l'est pas, que l'Ecriture naquit en Egypte, & que de l'Egypte elle fut portée en Chaldée, en Syrie, dans la Gréce, en Italie, &c. On en cherche les preuves dans WACHTER, & l'on n'y trouve rien. Du moins, si ce systême faisoit disparoître les difficultés à résoudre ; mais il en augmente le nombre loin de les diminuer : les hommes n'ont pu changer d'écriture comme on change d'habit ; & l'écriture a du avoir une base plus solide que celle qu'on lui attribue ici.

Je conviens que dès son origine l'Ecriture a été hiéroglyphique ; & il est très-intéressant pour nous de voir tous ces Savans poser ceci comme une vérité incontestable, & qui n'a nul besoin de preuves : cet accord démontre merveilleusement la bonté des principes sur lesquels je me fonde, que rien ne se fait par hazard, ou arbitrairement ; & que tout a sa cause, dans l'art de la parole & de l'écriture, comme dans toute autre chose.

En effet, comme nous avons vu que la parole étoit une peinture, la peinture des idées, ensorte que les premiers hommes chercherent, pour peindre leurs idées les mots, dans lesquels ils reconnoissoient le mieux ces idées, il en fut nécessairement de même à l'égard de l'écriture. Pour peindre un mot aux yeux, on peignit l'objet même présenté par l'idée de ce mot ; ce qui forma l'écriture hiéroglyphique, la premiere qui ait pu subsister.

Tout peuple qui commença à écrire, commença donc par peindre : il fut obligé, pour peindre aux yeux l'idée d'un *œil*, de tracer un œil ; pour peindre l'idée d'un *sceptre*, de tracer un sceptre, &c. Ceci est d'une vérité incontestable, & qui confirme, comme nous disons, tout ce que nous avons avancé jusqu'à présent sur l'origine de toutes choses.

Il est encore très-vrai que chaque caractère hiéroglyphique peignoit un mot entier, puisqu'il peignoit toujours un objet.

Il ne s'agit plus que de concilier ces principes avec l'écriture alphabétique, & avec tous les faits qu'elle présente. Mais c'est à quoi on ne sauroit espérer de parvenir en supposant que cette écriture est née du dégoût de l'écriture hiéroglyphique, & qu'on a pris à tout hazard parmi les caractères hiéroglyphiques, le nombre de caractères suffisans pour peindre les sons vocaux, & pour substituer ainsi à la peinture des choses, des traits qui tinssent lieu des sons, qui notassent ſimplement la parole, comme on note la muſique par des traits qui n'y ont aucun raport.

Mais eſt-il vrai que la parole ait été ſimplement notée par les lettres alphabétiques ? & n'étoit-elle pas également peinte par ce moyen tout comme par les hiéroglyphes ? Cette marche ne ſeroit-elle pas même plus naturelle que la ſuppoſition du contraire ?

Le changement d'une écriture qui peint les choſes, en une écriture qui note ſimplement les ſons, eſt ſi grand, il eſt ſi opposé à l'attachement qu'ont tous les Peuples pour leurs uſages, & à leur averſion pour tout changement dans leur écriture & dans leur orthographe ; il déplace ſi fort l'origine de l'écriture alphabétique, que je ne puis me réſoudre à l'admettre.

Je conviendrai bien que les Egyptiens eurent ces deux ſortes d'écritures ; mais je me croirai autoriſé à demander les preuves qui établiſſent, 1°. que les Lettres ne peignent pas les objets : 2°. qu'elles furent de l'invention des Egyptiens : 3°. & qu'ils ſe propoſerent en cela d'anéantir l'écriture hiéroglyphique. Et juſques à ce moment, je me croirai en droit de chercher quelque ſolution qui ne donne pas lieu à des objections de cette nature.

Voici donc ce que j'entreprends de prouver :

1°. Que l'écriture alphabétique eſt hiéroglyphique, comme l'écriture Egyptienne & comme la Chinoiſe, chaque lettre étant la peinture d'un objet.

2°. Que les différences entre ces écritures ſe réduiſent, 1°. à ce que l'écriture alphabétique eſt compoſée du plus petit nombre de clés ou de caractères ſimples qui ſe puiſſe, au lieu que les Chinois en comptent 214 ; & 2°. à ce que dans les lettres, l'idée des ſons eſt aſſociée à la peinture des objets : aſſociation qui fait de l'écriture alphabétique, une écriture diſtincte de toute autre écriture hiéroglyphique, qui en fait un genre abſolument différent.

3°. Que l'écriture alphabétique fut d'abord compoſée de XVI. caractères hiéroglyphiques, & pourquoi elle fut réduite à ce petit nombre.

4°. Que ce genre d'écriture ne dut pas ſa naiſſance aux Egyptiens ; mais qu'il fut vraiment Cadméen ou Oriental ; & que s'il eut cours en Egypte, ce fut uniquement par adoption.

5°. Enfin, que l'écriture étoit déja connue avant l'établiſſement des Colonies Orientales & la diſperſion des Peuples.

CHAPITRE V.

Que l'Ecriture Alphabétique est Hiéroglyphique.

TOUTE Ecriture étant hiéroglyphique, il en résulte nécessairement que l'écriture alphabétique l'est également ; & l'on n'aura pas de peine à s'en convaincre, lorsqu'on examinera les figures primitives qu'offroit l'Alphabet dans sa naissance, & les raports d leurs objets avec l'organe qui produisoit le son noté par chacune de ces figures. La parfaite correspondance qui regne entre toutes ces choses sera une nouvelle preuve que tout ce qui est relatif à la parole fut donné par la Nature ; que l'homme n'a fait que s'y conformer ; & que plus il s'en est raproché, plus il a opéré de grandes choses, & avec le moins de peine.

Il ne restera aucun doute à cet égard, après le dévelopement de nos planches IV. & V. destinées à faire voir les objets qui furent représentés par la plûpart de nos lettres, & qui étoient de vrais hiéroglyphes dans toute l'étendue du mot.

Ces Planches sont divisées en XIII. colonnes perpendiculaires. On voit à la premiere le nom des lettres, *A*, *E*, *I*, &c. A la seconde, la valeur de ces lettres, ou les objets qu'elles peignoient à l'oreille, parfaitement semblables à ce que nous en avons dit dans le Livre précédent : qu'*A*, par exemple, signifie la propriété, la puissance du Maître. A la troisiéme, ce même objet peint aux yeux : qu'*A*, par exemple, est la figure même de l'homme ou du Maître. Dans la quatriéme, on voit cet objet réduit au simple trait, à la forme d'une simple lettre. A la cinquiéme, les hiéroglyphes Chinois qui désignent les mêmes objets & qui ont la même valeur que nous attribuons ici aux lettres ; l'hiéroglyphe, par exemple, qui désigne l'homme, le Maître, & qui offre une figure correspondante à celle d'A.

Les sept Colonnes suivantes offrent les figures de ces lettres telles que les donnent les alphabets les plus anciens : 1°. les alphabets Phéniciens d'Espagne : 2°. celui qui résulte des Médailles Hébraïques frapées par les Princes Asmonéens ou Macchabées : 3°. l'alphabet que donne l'inscription Phénicienne de Malte, expliquée par M. l'Abbé BARTHELEMY : 4°. l'alphabet Samaritain, le plus ancien des alphabets écrits : 5°. l'alphabet que donnent les Bibles Hébraïques ou Hébreu quarré : 6°. l'alphabet Grec, antérieur aux beaux tems de la Gréce, & qui, gravé sur le marbre, conserve l'air Oriental ou Phénicien qu'il avoit à sa naissance : 7°. l'alphabet des Etrusques, le plus ancien Empire policé qu'on connoisse dans l'ancienne Italie, & auquel les Romains durent presque toutes leurs connoissances & leur culte.

Tous ces caractères, employés par des Nations si différentes & si éloignées les unes des autres, & de tems & de lieux ; communs & à celles qui eurent un alphabet, & à la Chinoise qui ne connoît point d'alphabet, sont cependant si parfaitement semblables entr'eux, ils offrent des raports si frapans, si soutenus, ils sont tellement calqués les uns sur les autres, qu'on ne peut se refuser à l'idée qu'ils viennent d'une origine commune : que cette origine est dans la Nature, puisque tous ces caractères peignent des objets naturels ; & qu'elle est d'une antiquité très-reculée, puisqu'elle est également répandue chez des Peuples qui n'avoient aucune communication entr'eux, tels que les Chinois, les Etrusques & les Chaldéens.

Ajoutons que ces alphabets ou ces points de comparaison ont été puisés dans les sources les plus pures : on les voit indiquées au bas de chaque Colonne. Les caractères Chinois sont tirés du Dictionnaire Chinois de BAYER & des Méditations Chinoises de FOURMONT, comparés avec le Dictionnaire manuscrit, à l'usage des Missions. L'alphabet Phénicien-Espagnol est pris dans l'Ouvrage que Don VELAZQUEZ a fait paroître sur cette matiere (1) ; celui des Médailles Hébraïques ou Samaritaines, est tiré de la Dissertation du Pere SOUCIET (2) & comparé avec les alphabets de RELAND & d'autres Savans habiles dans ce genre, tels que BIANCONI (3). Les caractères de l'inscription de Malte sont dus, comme nous l'avons déja dit, à M. l'Abbé Barthélemy (4) ; & nous donnons cette inscription elle-même ici, Planche XIII. tout comme quelques Médailles Hébraïques à la Planche XIV. Les alphabets Samaritains ou Hébreu quarré sont pris sur les livres sacrés écrits avec ces alphabets. Le Grec ancien est tiré des Inscriptions d'une haute antiquité qu'on trouve dans les Mémoires de l'Académie des Inscriptions & B. L. (5) & dont nous rapor-

(1) Madrid, 1752. in-4°.

(2) Dissertations sur l'Ecriture Sainte, in-4°. 1715.

(3) De antiquis Litteris, &c. Bononiæ, 1748. in-4°.

(4) Mém. de l'Acad. des Insc. & Bell. Lett. T. LIII. Edit. in-12.

(5) Mém. de l'Acad. des Insc. T. XXIII. & XXXIX. Edit. in-12.

tons quelques-unes ici, ſoit en entier, ſoit en partie, Planches IX. X. & XI. Enfin, l'alphabet Etruſque eſt tiré des alphabets Etruſques du ſavant Maffei (1), & des Diſſertations du Docteur Swinton (2).

Il n'eſt pas moins digne de remarque que tous ces alphabets vont de droite à gauche, preuve de leur haute antiquité, & qu'ils ont tous été puiſés dans une même ſource, & dans la même que les caractères Chinois correſpondans à ceux-là. Cette correſpondance devient plus étroite encore par l'uſage des Chinois d'écrire de droite à gauche, mais par colonnes, de la même maniere que nous plaçons nos chiffres arabes, par colonnes les uns ſous les autres, de droite à gauche.

Enfin, l'uſage des Egyptiens de placer leurs hiéroglyphes de droite à gauche, achéve la comparaiſon de ces anciens alphabets & démontre de la maniere la plus frapante une ſource commune, à laquelle ſe conformerent tous les Peuples, à l'impulſion de laquelle nous obéiſſons nous-mêmes, ſans nous en douter, dans la maniere dont nous plaçons nos chiffres & dont nous faiſons nos calculs arithmétiques; méthode qui démontre combien ces calculs nous ſont étrangers, & ſont nés dans le même ſol & par les mêmes cauſes que l'écriture alphabétique.

C'eſt ainſi qu'en réuniſſant nombre d'uſages & de faits qui échapent à l'homme inattentif, on trouve par-tout des preuves ſenſibles & étonnantes, que tout vient d'une ſource commune & que tout a ſa raiſon, & peut être encore plus à l'égard des Langues que ſi long-tems on a cru arbitraires & n'avoir rien de commun entr'elles.

Nous aurions pu joindre à nos Planches IV. & V. une autre colonne qui auroit contenu les mêmes caractères hiéroglyphiques pris ſur des Monumens Egyptiens: mais comme leur ſignification ne peut ſe donner que par inférence, nous n'avons pas voulu uſer de tout notre droit.

---

(1) Obſervations Littéraires, en Italien Tom. V.

(2) De Linguâ Etruriæ vernacula Diſſ. *Act. Erudit.* 1744. Tranſact. Philoſ. in-4°. Tom. I. Pl. XX. &c.

CHAPITRE VI.

Des objets peints aux yeux par les Caractères correspondans aux Voyelles.

A la troisiéme colonne de la Planche IV. nous avons placé de suite sept caractères hiéroglyphiques, qui représentent ; le premier, un homme ; le second, une tête de bœuf ; le troisiéme, des compartimens de jardin ou d'un champ ; le quatriéme, une tête d'homme, la face humaine ; le cinquiéme, une main ; le sixiéme, l'œil ; & le septiéme, l'oreille. Ce sont sept objets peints d'après la Nature, & employés dans l'Ecriture hiéroglyphique ; mais après avoir été réduits au simple trait, tels qu'on les voit dans la quatriéme colonne ; puisque le simple trait suffisoit & étoit en même tems beaucoup plus commode.

Ces hiéroglyphes eurent donc une valeur nécessaire & qui ne dépendit jamais du hazard ou du caprice : le premier désigna l'*Homme*, le Maître, le Propriétaire de la Terre : le second, le *bœuf*, ce compagnon de l'homme dans les Travaux par lesquels il rend la Terre féconde : le troisiéme, cette *Terre* même fécondée par les soins de son Propriétaire, de son Maître ; les champs, sources de la vie : le quatriéme désigna la tête de l'homme, comme siége de cette *intelligence* avec laquelle il dirige son Empire, & comme le symbole de la *vie* & de l'*existence* qu'il posséde : la cinquiéme désigna la *main* de l'Homme, instrument dont il se sert pour toutes ses opérations & siége de sa *puissance* & de sa *force* : le sixiéme désigna l'*œil* de l'Homme, moyen par lequel il voit tout ce qui existe, & contemple en particulier ses Travaux, afin de pourvoir à tout & que rien ne puisse échaper à sa vigilance.

Enfin, le septiéme désigne l'*oreille* de l'Homme, cet organe par lequel il entend les besoins de tout ce qui l'environne, pour y apporter du secours ; & par lequel il profite des lumieres de ses semblables, pour sa propre perfection & pour celle de ses Travaux.

En comparant ces significations hiéroglyphiques avec les valeurs qu'offrent les voyelles & que nous avons spécifiées dans notre Livre précédent, on voit que l'Ecriture procédoit exactement de la même maniere que la parole : que chaque caractère n'étoit pas moins propre à peindre le sens figuré que le sens physique : qu'on pouvoit tracer une suite de caractères, qui, sous une valeur propre très-bien liée & très-claire, renfermassent un sens allégorique non moins satisfaisant.

On voit encore par-là que comme un mot primitif devenoit toujours le Chef d'une famille nombreuse, chacun des caractères que nous venons de parcourir pouvoit également devenir la source d'une multitude de caractères plus composés, qui participassent tous à sa valeur primitive; & fussent suffisans pour peindre aux yeux toutes les idées relatives aux mêmes objets; en sorte qu'on auroit deux familles parfaitement correspondantes, l'une de mots prononcés, l'autre de caractères écrits; comme cela a, en effet, lieu à la Chine. Là, par exemple, le quatriéme de nos caractères de la troisiéme & cinquiéme colonne, celui qui chez eux désigne l'existence, entre dans une multitude de caractères qui sont tous relatifs à cette signification.

Observons encore que cet assemblage de caractères qui peignent les mêmes choses que les voyelles, est presqu'en entier tiré de l'homme lui-même, puisqu'il est peint par le premier, sa tête par le quatriéme, ses mains, ses yeux & ses oreilles par les trois suivans: & que le second & le troisiéme sont tirés de choses qui appartiennent essentiellement à l'Homme qui a le plus grand besoin de l'Ecriture, l'Homme pourvu de bœufs & de champs, ou l'Homme agriculteur.

Lui seul, en effet, a besoin d'une Ecriture pour survenir à tout ce qu'exige son état; pour tenir registre de ses gens, de ses troupeaux, de ses champs, de sa recette, de sa dépense, de ceux qui lui doivent, de ceux auxquels il doit; pour aprendre à tous ceux qui dépendent de lui ce qu'ils doivent faire eux-même afin de remplir ce qu'exige leur propre état; pour prescrire un ordre, des loix, un culte, des cérémonies à tout ce qui forme son Empire, & dont les membres augmentent chaque jour; pour conserver ses observations sur les astres, sur les saisons, sur les meilleures méthodes de faire valoir son terrein; pour tenir note de ses traités avec tous ses voisins.

Telle est la premiere origine de l'Ecriture; telle fut sa premiere & sainte destination: heureux les hommes s'ils n'avoient jamais abusé de cet art, s'ils l'avoient toujours fait servir à leur utilité, & aux progrès de l'auguste & sublime Vérité, seule digne de ses soins & d'être tracée en caractères ineffaçables!

Ne soyons donc ni étonnés de ce que nous trouvons l'Ecriture chez les Chinois, chez les Phéniciens, chez les Egyptiens, chez les Grecs, chez les Chaldéens, chez les Etrusques, chez les Hébreux de la plus haute antiquité; ni de ce que nous ne la trouvons que là: ces Peuples étoient agriculteurs; ils eurent donc une écriture ; ils étoient seuls agriculteurs ; ils eurent donc seuls l'Ecriture en partage : & elle ne passa chez d'autres Peuples qu'à mesure que ceux-ci devinrent Agriculteurs. A quoi serviroit-elle, en effet, chez les Peuples Sauvages & coureurs, qui n'ont nul compte à tenir de quoi que ce soit ; qui ne labourent ni ne sement ; qui n'ont rien en propre, rien à conserver, rien à maintenir ; qui disputent aux Animaux des Forêts les fruits de la Nature ?

Long-tems encore l'Ecriture fut concentrée dans les Chefs de Familles, & de l'Empire : quel usage en eussent fait tous les autres, voués aux travaux des champs & dénués de toute administration ? L'Ecriture ne devint donc commune parmi ceux qui n'avoient point de Terres, parmi ceux qu'on apelloit *Peuple* & non *Maîtres*, que lorsque ce Peuple eut acquis de la consistance, que lorsqu'il eut fait par sa multitude, par ses richesses, par sa force, un Etat dans l'Etat ; & qu'il eut senti tout l'odieux d'un avantage qu'on vouloit continuer de posséder exclusivement, quoique les circonstances fussent absolument changées & que de nouveaux droits exigeassent des usages nouveaux.

Ce qui achéve de démontrer l'origine que nous assignons ici aux caractères qui sont le sujet de ce Chapitre, c'est la parfaite conformité des noms que leur donnoient les Hébreux avec ceux que leur donnent les Chinois, & dont on trouve les raports en comparant leurs figures. Ainsi les Hébreux apellent le second des caractères dont il s'agit ici, alpha, ou *le bœuf* ; & en même tems le *savant*, l'*inventeur* ; ayant réuni en un seul caractère la valeur du premier & du second.

Ils appellent le troisiéme *Heth*, la vie ; le cinquiéme *Iod*, la main ; le sixiéme *Oen*, l'Oeil ; le septiéme *Ouau*, un crochet, une agraffe, dont la figure au trait est la même que celle de l'oreille, joint à ce que dans l'antiquité on disoit *oreille* pour *anse*, l'une & l'autre donnant prise à la main.

Le Langage & l'Ecriture étoient donc parfaitement d'accord ; & les caractères qui désignoient les mêmes objets que les voyelles, étoient de vrais hiéroglyphes.

CHAPITRE VII.

CHAPITRE VII.

Objets que représentoient les Caractères correspondans aux Consonnes.

SI nous retrouvons dans l'Ecriture hiéroglyphique, tous les caractères qui peignent nos sons ou toutes les voyelles, il en est de même des caractères correspondans à nos intonations ou à nos consonnes : l'Ecriture des tems les plus reculés, offre nos *b*, nos *d*, nos *g*, &c. elle les offre avec la même valeur qu'ils ont dans nos Langues parlées, ou dans nos mots, & avec la même figure qu'ils ont dans notre Ecriture Occidentale, à remonter aux tems les plus reculés.

C'est ce dont il est aisé de s'assurer en continuant l'examen de nos Planches IV. & V.

La premiere offre ces deux intonations labiales P, B, & l'intonation labio-nasale *M*. On y voit que P a la figure de la bouche ouverte vue de profil ; & on ne peut méconnoître les deux lévres & les dents supérieures. Cette figure est à peine changée dans les deux colonnes des Alphabets Hébreux; elle est seulement un peu plus arrondie. On la reconnoît très-bien dans l'Alphabet Grec & dans l'Alphabet Etrusque, avec cette seule différence, qu'elle y a pris la forme perpendiculaire : & de-là notre P en retournant la lettre de droite à gauche, & en arrondissant le trait qui correspond aux dents d'en haut. Mais cette lettre est un vrai hiéroglyphique, puisqu'elle peint la bouche & qu'elle signifie, 1°. la *bouche* même, dans toutes ces anciennes Langues : 2°. *parler*, ce qui est le propre de cet organe, soit qu'on prononce cette lettre en P, soit qu'on l'aspire en P^ch ou Fé : en effet *Fhé* ou *Pé*, signifie la *bouche* en Hébreu, *Fa*, parler, en Grec & en Latin, de même qu'*e-pô*, dans la premiere de ces deux Langues.

B étant également une intonation des lévres, servit à désigner la bouche sous un autre point de vue, comme ayant la propriété de contenir, de renfermer : de-là sa figure, celle d'une boete ; & de-là sa valeur, *b* ou *beth*, signifiant une *boëte*, une *maison*, un enclos, tout ce qui renferme.

Viennent ensuite les deux labio-nazales *M* & *N*. Intonations d'un même organe, on les employa nécessairement à désigner deux idées correspondantes, soit par leur signification, soit par leur figure.

Il est incontestable que *M* désigne, dans toutes les Langues, l'idée de *Mere*, de *maternité*, d'être productif & fructifiant : & que *N* désigne l'idée de Fils, d'être produit, ou *né*, l'idée de fruit, de tout ce qui est tendre & nouveau.

On a donc représenté l'intonation *M* en caractère hiéroglyphique, sous la figure d'un arbre, d'une plante, d'une personne qui éléve les bras pour porter son nourrisson ou pour cueillir du fruit : & par le même motif, on a représenté l'intonation *N* sous la figure d'un fruit encore attaché à l'être auquel il doit la naissance : ainsi *nun* & *nin* signifient, à la Chine même, jeune & tendre.

De même que le Pere, le Chef de famille, le Maître, étoit peint à la tête des figures hiéroglyphiques, sa compagne & leur fils, leur héritier, le gage de leur amour, l'objet de leurs soins, de leurs travaux, le continuateur de leurs projets, faisoient ainsi également portion de ces figures : & n'entroient-ils pas nécessairement dans l'Ecriture, comme dans la Langue ? Quels objets plus intéressans pouvoit-on y présenter, sous quelque point de vue qu'on les envisageât, au propre ou au figuré ; comme membres d'une même Famille, comme cultivateurs d'une Terre qui leur devoit tout, & qui les récompensoit abondamment de leurs soins, comme favoris de la Nature ?

Les caractères hiéroglyphiques *A*, *M* & *N*, Pere, Mere & Fils ou nouveau-né, désignoient ainsi au propre les Chefs de la Famille & leur rejetton chéri; dans un sens de métonymie, les cultivateurs, la contrée qu'ils cultivoient & les récoltes qui en naissoient ; dans un sens figuré & allégorique, Ouris, Isis & son nourrisson Orus : la Nature fécondante : la Nature fécondée & les êtres nés de cette fécondité ; ou l'intelligence, la matiere & le systême de l'Univers, effets du pouvoir de l'intelligence sur la matiere.

La monture des Dames de l'Orient est le Chameau ; & cet animal se distingue par son long cou & par l'avantage de faire de longues courses en peu de tems. Sa tête & son long cou devinrent donc l'emblême de tout canal, de toute gorge, de tout ce qui a la forme du cou, de tout ce qui court & qui passe.

Ainsi, l'intonation gutturale *G* se trouva peinte par l'organe même qui la produit ; & cette figure conserve encore les plus grands raports avec son ancienne forme.

Le *C*, qui est la même chose que le *k* primitif, peint le creux de la main ; & il est ainsi l'hiéroglyphe parlant de tout ce qui est creux ; & comme l'intonation *c* est la source des Familles qui désignent les objets dans lesquels on trouve cette propriété, ainsi son hiéroglyphe est le chef ou la clef d'une multitude de caractères relatifs aux mêmes idées.

La gutturale *G* conserve encore sa forme ancienne, sur-tout dans l'Ecriture minuscule *q*. C'est un couperet, une petite hache, tout ce qui sert à couper. Les Langues sont remplies de mots écrits par *q*, qui signifient *couper*, *partager*, ou qui désignent un partage quelconque : c'est de ce dernier sens que vint à cette lettre le nom qu'elle porte en François. Celui qu'elle a dans les anciennes Langues est *cop*, & a formé *coper* ou *couper*. Nous en reconnoissons la valeur dans ces derniers mots, ainsi que dans *copeau*, *coupure*, *coup*, *couteau*, &c. quoique nous ayons ici altéré *q* en *c*.

L'intonation siflante *S*, se peint par une *scie* dont le nom est une vraie onomatopée, un nom emprunté du son même de la scie ; cette intonation se peint aussi par la mâchoire d'en bas, parce qu'elle désigne tout ce qui sert à broyer, à mâcher, tout ce qui fait l'office des dents.

Un toit fut la peinture du *T* qui désigne *abri*, *couvert*, un *toit*, d'où vint *tego*, couvrir, défendre ; & celui-ci fut la racine de *pro-téger* & de *pro-tection*.

La croix, autre espèce de *T* primitif, fut la peinture de la perfection, de *dix*, de tout ce qui est grand & élevé ; comme peinture des deux mains en croix, qui valent *dix* ; ou comme peinture de l'Homme à bras étendus, & qui embrasse tout.

Le *D* a la figure d'un triangle avec une porte dans le milieu. C'est l'entrée d'une tente, le dehors de la maison. C'est ce que signifie cette lettre dans l'Alphabet Hébreu, & dans l'Ecriture Chinoise.

Pour peindre les angles, les objets aigus, pointus, escarpés, saillans, le nez, les roches, &c. on n'eut qu'à peindre le nez : l'on eut ainsi la lettre *R* qui est la figure de tous les objets physiques désignés par les mots en *R*.

Enfin la lettre *L* eut dans l'origine la figure d'une aile, ou d'un bras reployé, & servant d'ailes pour mieux courir ; & c'est ce que désigne cette intonation elle-même, comme nous l'avons vu dans le Livre précédent. De-là les noms d'*aile*, de *Flanc*, de *Fluide*, d'*ala*, *latus*, *Fluo*, &c.

Ainsi naissoit l'Ecriture, ainsi se peignoient toutes les idées : ainsi l'œil appercevoit tout ce que l'oreille pouvoit entendre ; & l'on transmettoit aux lieux les plus éloignés & aux générations les plus reculées, ce que la parole ne pouvoit leur faire connoître. Mais il se présente ici une question très-naturelle & sans la solution de laquelle on ne sauroit parler d'une maniere exacte des objets qui ont raport à l'Ecriture.

CHAPITRE VIII.

Nombre des caractères simples qui entrent dans cette Ecriture.

Ces caractères hiéroglyphiques, correspondant aux organes de l'homme & à ses idées, durent être nécessairement, comme les mots, divisés en deux classes ; en caractères simples ou radicaux, en caractères composés ou divisés : & de même qu'un mot simple devient la clef de tous ceux qui en tirent leur origine, ainsi chaque caractère simple devient la clef d'un multitude de caractères qui en proviennent.

Le nombre des caractères simples dut donc être déterminé par le nombre des mots simples & radicaux ; car ces deux Langages, l'un écrit, l'autre parlé, durent nécessairement suivre les mêmes loix : mais le nombre des mots radicaux est prodigieusement borné, comme le sont tous les élémens des connoissances & des Arts : nous avons déjà vu dans le Plan général que ceux qui croient les réduire beaucoup en les bornant à deux mille dans les Langues les plus riches, font plus que les quintupler.

Ceci est confirmé par le fait : les Chinois qui ont conservé cette Ecriture à caractères, vus & non lus ou non prononcés, n'en comptent que 214 qu'on puisse regarder comme simples, comme les racines de tous leurs mots écrits.

On peut même assurer que ceux qui ont rédigé les Clefs Chinoises, l'ont fait sans aucun principe assuré ; en sorte qu'ils en ont beaucoup trop augmenté le nombre, & qu'on pourroit le réduire à moins de la moitié ; ayant mis au rang des clefs simples, des caractères composés & des caractères qui ne sont que des nuances d'un même caractère, comme il seroit aisé de le démontrer par plusieurs exemples.

Tandis que les Chinois multiplioient trop le nombre des caractères simples ; les Peuples du cœur de l'Asie, les Chaldéens, les Hébreux, les Phéniciens, &c. les bornoient à XVI ; aux XVI. que nous venons d'analyser, & qui ont tous le raport le plus immédiat à l'homme, tous empruntés de ses organes ou des objets par lesquels il pourvoit à ses premiers besoins.

Quels modèles pouvoit-il choisir en effet pour peindre ses idées, qui fussent plus convenables que les organes par lesquels il reçoit les sensations qui l'occupent & par lesquels il manifeste ses besoins & ses pensées ? N'étoit-ce pas déjà par ces mêmes moyens qu'il faisoit conoître toutes ces choses par ses gestes; & que pouvoit-il faire de mieux que de suivre ces indications de la Nature, & d'imiter par son Ecriture ces gestes qui étoient déjà si énergiques ?

Etoit-il même possible de suivre une autre route ? N'est-ce pas celle que prescrivoit la Nature, & la seule qui convînt à l'homme, puisque ne traçant ses idées que pour lui, il falloit qu'il le fît d'une maniere absolument relative à lui seul, & étroitement liée avec ses organes, véhicules de ses pensées ?

Ne soyons donc pas étonnés de l'harmonie qui regne entre l'homme & les caractères radicaux & primitifs de sa Langue écrite ; puisque cette harmonie est dans l'ordre de la Nature, & qu'il étoit impossible d'imaginer une méthode plus simple & plus énergique. Ce qui seroit étonnant, c'est que l'Ecriture eût une autre origine. Pouvoit-elle être en contradiction avec la nature des idées qu'on vouloit peindre, & avec ce Langage parlé qu'on vouloit fixer sur des matieres durables, afin de les peindre aux yeux de tous ?

Ainsi, l'Ecriture étoit puisée dans les mêmes sources que toutes les autres connoissances de l'homme, dans cette Nature qui lui commande impérieusement & dont il ne peut s'écarter ; dans cette Nature dont les réponses ont élevé tout ce qui a formé jusques ici le Monde primitif, & qui seront également la démonstration de tout ce qui nous reste à dire.

CHAPITRE IX.

Preuves qui établissent que le nombre de ces caractères ne fut d'abord que de seize, & Explication de la Planche VI.

CE nombre de XVI caractères est si conforme à la Nature, il étoit si proportionné aux besoins du Langage, qu'il existe encore avec cette simplicité chez plusieurs Nations ; & que pendant long-tems, aucun Peuple n'en eut un plus grand nombre. De-là l'Alphabet primitif de XVI. lettres, gravé dans la Planche VI, avec les figures qu'il offre chez les Nations qui s'en servirent ou qui s'en servent encore.

On y voit d'abord un Alphabet PHÉNICIEN, d'après des Inscriptions Phéniciennes qui n'offrent que 16 lettres, non compris l'aspiration *H*. Il est tiré des savantes

& ingénieuses Dissertations de M. l'Abbé BARTHELEMY, sur cet objet si inconnu jusques à lui (1).

Un Alphabet semblable tiré des Médailles Hébraïques, apellées SAMARITAINES, parce que le caractère en est semblable à celui dont se servent encore les Samaritains.

L'Alphabet Phénicien BASTULE, dû à Don Velazquez (2), en usage dans les Contrées Orientales de l'ancienne Espagne, & qui n'est que de 16 lettres, sans la lettre *Q*, & sans le caractère qui est vis-à-vis de la lettre *F*, & que Don Velazquez, auquel nous devons cet Alphabet, a pris mal à propos pour une espéce particuliere de Q, quoique ce soit l'*ou* ou le *v* Etrusque, Grec, &c. erreur dans laquelle il n'est tombé que parce que chez plusieurs Peuples *v* s'est prononcé *qv*, & écrit ensuite simplement *q*; Nous en verrons d'autres exemples.

L'alphabet ETRUSQUE n'est également que de XVI. lettres: il est tiré du Docteur SWINTON, qui n'en comptoit même que XIII. & des Observations Littéraires du Marquis MAFFEI qui en comptoit davantage; étant certain que les lettres *C*, *D*, & *O* ou *U*, en firent partie; puisque cet alphabet est le même que le Pélasge, ou l'ancien Grec & l'ancien Latin.

On voit ensuite deux alphabets Grecs; l'un beaucoup plus ancien & qui termine ceux qui vont de droite à gauche; l'autre moins ancien & qui est à la tête de ceux qui vont de gauche à droite. Mais cet alphabet, de l'aveu de tous les Anciens, ne contenoit que XVI. lettres, non compris l'aspiration.

Il en est de même de l'alphabet Latin; les anciens Grammairiens Latins, PRISCIEN, VICTORIN, &c. assurent qu'il n'étoit que de XVI. lettres: ce dernier nous a même conservé les noms de ces lettres (3): ce sont celles que présente la Planche VI. mais avec cette différence que nous avons substitué F à Q; changement dont la nécessité n'avoit pas échapé à M. le Président BOUHIER (4), quoiqu'il ne semble pas avoir aperçu la cause de cette erreur. Ce

(1) Mém. de l'Acad. des Inscr. T. LIII. & LIX. édit. in-12. & Dissert. imprimées séparément.

(2) Essai sur les Alphabets en Lettres inconnues des anciennes Médailles Espagnoles, &c. par Don Louis-Joseph Velazquez, &c. in-4°. Madrid, 1752. en Espagnol, pag. 72-79. & Pl. VII.

(3) Ars Grammat. lib. I.

(4) Dissert. sur les anciennes Lettres Grecq. & Lat. à la suite de la Paléogr. Grecq. du P. de Montfaucon.

caractère correspond également à *OV*, ou *V*, d'après ce que nous avons dit au sujet de l'alphabet Bastule.

L'alphabet RUNIQUE qu'on voit ensuite, & qui fut celui de la plûpart des Peuples du Nord, n'est composé également que de XVI. lettres ; il est tiré de l'Histoire d'Hialmar, Roi de Thulé & de Biarm, dont nous avons fait graver quelques lignes à la Planche XXII.

L'alphabet IRLANDOIS est tiré des Grammaires Irlandoises, & ne consiste également qu'en XVI. lettres, non compris la lettre *F* qui double la lettre *OV* ou *V*, comme dans les alphabets précédens.

Le dernier de tous, est un alphabet Theuton, qui n'est également que de XVI. lettres, & qu'on a trouvé dans un manuscrit de la Bibliothéque Abbatiale de Fulde (1).

Ce que nous avons ajouté de l'alphabet du Tibet, n'est que pour remplir le vuide de la Planche. Cet alphabet est beaucoup plus nombreux & moins ancien par conséquent, du moins dans l'état où il se trouve actuellement : il ne sera peut-être pas difficile non plus de remonter à son origine, comme nous le verrons plus bas.

Si ces alphabets ne sont composés actuellement que de XVI. lettres, le témoignage des Anciens démontre qu'ils n'avoient jamais été plus nombreux. PLINE affirme que les alphabets Grecs & Latins n'étoient dans l'origine que de XVI. lettres (2).

EUSEBE dans sa Chronologie (3) affirme également que l'alphabet Grec ne contenoit d'abord que XVI. lettres.

Nous venons de voir que les Grammairiens Latins tiennent le même Langage. Aussi BIANCONI (4) n'en admet pas davantage ; & si le savant CHISHULL porte l'alphabet primitif & naturel (5) à XVII. lettres, c'est qu'il a fait entrer dans ce nombre *V* & *F*, qui dans l'alphabet de XVI. sont représentés par le même caractère.

SHUCKFORD ne compte aussi que XVI. lettres Grecques (6) ; mais il y insere

---

(1) HEINSELIUS, Harmonie des Langues, Pl. III. n°. 3. sec. édit. chez Homann, 1754. in-12.

(2) Hist. Nat, Liv. VII. ch. LVI. *des Inventeurs des choses*.

(3) Chron. num. *1617*.

(4) De antiquis Litteris, Bonon. 1748. in-4°. pag. 47.

(5) Antiquitates Asiaticæ, in-fol. Lond. 1728.

(6) Hist. du Monde sacré & profane, Leyde, 1738. T. I. p. 252.

H & en ôte *V* ou *F*. Il reléve en même tems avec raison Pline qui mettoit *Z* au nombre des XVI. premieres lettres d'après l'autorité d'Aristote. Ce même Shuckford porte mal-à-propos le nombre des lettres primitives des Latins à XVIII. en ajoutant à ces XVI. lettres Grecques, *F* & *V*, en même tems que *H*, & mettant ainsi entre ces deux alphabets une différence qui n'y régnoit pas.

Nous avons été aussi obligés de redresser une erreur de Velazquez dans son alphabet Bastule ; il a omis *S* & *T*, lettres qui sont une partie fondamentale de l'alphabet des XVI. lettres, & leur a substitué *Z* & *Ts*, qui sont des lettres doubles, très-postérieures aux XVI. premieres. Il aura été trompé par des mots où ces lettres *Z* & *Ts* avoient été substituées à *S* & à *T*.

CHAPITRE X.

Pourquoi cet Alphabet ne fût que de seize caractères.

Nous avons toujours dit que l'alphabet naturel est de XXI. élémens, sept voyelles, sept intonations fortes & sept foibles.

L'on voit d'ailleurs qu'un des alphabets les plus anciens est de XXII. lettres, & que l'alphabet Grec ne tarda pas à être porté à XXIV. Comment arrive-t-il donc que cet alphabet primitif ne fut que de XVI lettres ?

On en peut indiquer deux raisons : l'une naturelle, l'autre historique. La premiere, c'est que cet alphabet fut inventé pour la Langue primitive ; & comme cette Langue avoit beaucoup moins de mots & qu'on n'avoit pas eu besoin, pour cet effet, d'épuiser les sons de l'instrument vocal, peu de caractères suffirent pour peindre tous les mots de cette Langue : on voit, en effet, que les autres lettres ajoutées à celles-là, ne servirent qu'à les dédoubler. Ainsi le *F* ou *ph* est un dédoublement du V primitif ; l'*ou* & l'*u* sont des distinctions qui suposent une Langue très-perfectionnée ; le *K* & le *C* sont des lettres semblables : ainsi de suite. C'est comme chez nous où nous commençons à distinguer *J* & *I*, *V* & *U* ; dédoublemens dont nous pourrions augmenter le nombre, en écrivant, par exemple, ɕ au lieu de *ch*, &c. dans toutes les Langues où ce dernier son est en usage.

Il faut donc qu'une raison historique ait déterminé à borner les clés de l'écriture, d'abord à XVI. & ensuite à XXII. puisque ces nombres ne tiennent ni à la nature, ni au calcul numérique ; car la 16me. lettre ne vaut en chiffre que 70, & la 22me. 400 ; ensorte qu'il en faut 19 pour faire 100, ou 28 pour faire mille.

Il faut donc qu'on ait cherché à conserver par-là un fait chronologique, important pour tous les Peuples. L'on aperçoit ainsi un raport frapant entre les XXII. lettres des Hébreux & les XXII. Générations Patriarchales, qu'ils comptent avant les douze Chefs de leurs douze Tribus.

Mais l'alphabet de XVI. lettres fut antérieur à celui-là, & de beaucoup : car ce n'est pas, lorsqu'on a un alphabet de XXII. lettres, qu'on en préfere un qui n'en a que XVI. Mais avant cet alphabet, on ne rencontre d'événement important que la dispersion de la Langue primitive avec ceux qui la parloient, & cette dispersion commença à la XVe. de ces Générations Patriarchales, & à la XVIe. en comptant les Chefs des Colonies ; Générations dont le nombre est commun à tous les anciens Peuples : il est donc très-aparent que l'on borna également les lettres à XVI. pour conserver à jamais le souvenir du nombre des Générations Patriarchales qu'on avoit vues jusques alors ; & que ces mêmes causes présiderent à ces deux nombres.

Ceci peut se confirmer & par la vénération que les Anciens avoient pour les nombres, & par l'usage qu'ils firent de leurs lettres ; car celles-ci leur servoient en même tems de chiffres. *A* étoit *un* ; *B*, deux, d'où *bis* ; ainsi de suite. Le dix se marquoit par le T primitif en forme de croix † : aussi cette même figure signifioit *perfection*, *fin*, *accomplissement* : c'est par cette raison qu'on en forma le mot Grec *telos*, qui réunit toutes ces significations, & que le T termina constamment l'alphabet primitif, même chez les Grecs ; car les lettres qui chez eux suivent le *T*, furent rejettées à la fin de l'alphabet auxquelles on les ajoutoit, pour ne point changer la place ordinaire des autres & une valeur à laquelle on étoit accoutumé.

Le T en forme de croix paroît encore dans divers alphabets : dans le premier de tous ou le Samaritain, dans l'Etrusque, dans des monumens Grecs (1), dans l'Ethiopien, dans le Cophte ou Egyptien naturel, &c. On voit aussi la croix dans l'ancien alphabet Syriaque ; mais ce caractère a passé de la forte à la foible : il y désigne D au lieu de T.

---

(1) C'est le cinquiéme des T de l'Alphabet qu'a dressé *Mazocchi* d'après les Tables d'Héraclée, en Grec Dorien, pag. 124.

CHAPITRE XI.

Moment du partage des Ecritures Chinoiſe & Alphabétique ; & comment celle-ci acquit cette qualité.

Dès que l'on admet XVI. caractères hiéroglyphiques au tems de la diſperſion des Peuples, rien n'eſt plus aiſé que d'expliquer l'origine des diverſes Ecritures qui exiſtent ; ces caractères hiéroglyphiques ſont emportés par tous les Peuples de la diſperſion ; les Chinois continuent de s'en ſervir comme de vrais hiéroglyphes, & en augmentent le nombre conſidérablement, mais fort au-deſſous des 214. clés qu'on croit y reconnoître. Les Chaldéens & leurs voiſins qui ſe livrent à un très-grand commerce entr'eux, & qui ſentent la néceſſité d'avoir une Ecriture très-expéditive, ſe contentent de ces XVI. caractères & y ramenent tous leurs mots écrits : en même tems, ils donnent à ces caractères les noms des organes par leſquels on prononce les mots qu'ils peignent, ou les noms des objets même qu'ils déſignent ; l'un devient un *A*, l'autre un *E*, l'autre un *B*, &c. De-là, 16 noms ou 16 mots qui conſtituent tous les Elémens de l'Ecriture, & qui ſervent à la prononcer ; en diſant, par exemple, *A*, par-tout où eſt la figure du Chef de famille ; *M*, par-tout où eſt celle de la Mere de famille ; *N*, par-tout où eſt la figure de leur nourriſſon ; *O*, par-tout où eſt la figure de l'œil, &c. & en réduiſant tous les mots à ces XVI. caractères, au moyen de leurs diverſes combinaiſons.

Par cette méthode auſſi ſimple qu'admirable, la Langue écrite ſe trouve parfaitement conforme à la Langue parlée ; on put écrire celle-ci & prononcer celle-là : & ce fut là l'Ecriture alphabétique, apellée ainſi, parce que le premier caractère de l'alphabet des XVI. lettres, étoit *A*, apellé *alpha*, ou Conducteur : & le ſecond *B*, apellé *beth*, ou habitation, demeure.

CHAPITRE XII.

Observation particuliere sur l'Ecriture Chinoise.

A la faveur du son propre attaché à chacune de nos lettres, nous lisons tous nos caractères ou tous nos mots écrits, & nous les confions sans peine à la mémoire. Il n'en est pas de même à la Chine : comme ce Peuple n'a attaché aucun son à ses caractères simples, il n'a d'autre moyen que les yeux pour aprendre sa Langue écrite ; mais comme il faut cependant pouvoir tenir note de tous ces caractères, on les distribue tous entre les mots simples ou radicaux dont la Langue est composée.

Ceci tient également au génie particulier de cette Langue ; car leur Langue parlée est encore réduite aux mots primitifs & radicaux dont ils étoient en possession lorsqu'ils se séparerent de tous les autres Peuples : ils n'ont jamais pensé à en former des composés comme nous : ils se contentent de les varier par la prononciation ; ce qui les multiplie prodigieusement. Il en est de ceci comme de leurs noms propres, qui se bornent aux cent qui composoient leur premiere Colonie.

Ils en retirent, à la vérité, cet avantage, d'avoir une Langue monosyllabique, par-là même extrêmement abrégée, ensorte qu'elle se raproche infiniment plus de la vivacité & de la rapidité de l'idée que les nôtres, où les nuances des mots sont désignées par la diversité des syllabes, au lieu qu'elles ne le sont à la Chine que par l'accent ou le ton qu'on donne aux mots radicaux.

Quant à leur Langue écrite, elle est, comme nos Langues, formée de caractères simples & de caractères composés, ensorte qu'en connoissant toutes les valeurs de leurs caractères simples, on peut connoître tous les caractères qui en sont composés : ce qui forme un Langage écrit, philosophique, & facile à aprendre, lorsqu'on ramene à leurs racines tous ces caractères composés. Ainsi, l'on pourroit les aprendre en très-peu de tems par cette méthode comparative.

Cependant les Chinois ne peuvent le faire, quoique tous ces caractères soient distribués entre les 214. clés qui forment les Elémens de leur Langue écrite ; mais cette impossibilité ne provient que des altérations arrivées à ces caractères, qui ne permettent pas toujours de reconnoître les caractères primitifs dont ils sont composés : tout comme nous ne pouvons pas toujours dans nos Langues d'Europe reconnoître l'origine des mots, ni par conséquent les raisons de leur valeur.

En effet, les Chinois ont changé leurs caractères ronds, en caractères quarrés ; & en réduisant leurs caractères en petit, ils en ont souvent changé la forme : ainsi leur écriture a éprouvé les mêmes variations que la nôtre.

Ces altérations vont au point d'avoir laissé perdre la plûpart des caractères primitifs, apellés *kou-ouen*, & de ne pas entendre plusieurs de ceux qui ont échapé aux ravages du tems.

Avant que leur célèbre Confucius parût, cette Ecriture altérée existoit déja, mais encore arrondie, encore peinture de choses.

Elle se dégrada bien davantage dans la suite, en formant les caractères apellés *li*, plus resserrés, moins parlans, moins arrondis.

Les Chinois sont actuellement à la quatriéme espéce de caractères ; elle est apellée *Hing-chou*, & on l'emploie dans les Livres imprimés : les figures en ont une forme réguliere & quarrée. Quant à l'Ecriture courante, elle est différente de celle-là, étant composée de traits liés qui s'écrivent avec beaucoup de dextérité & de vitesse, & qui different pour le moins autant de leurs caractères imprimés, que notre écriture courante differe des lettres majuscules imprimées.

On ne peut donc reconnoître les vraies origines de la Langue écrite du Chinois, qu'en retrouvant les raports de chaque caractère à travers toutes ces Ecritures, & sur-tout avec les premiers caractères ; avec ces caractères que peignent la Nature même. Les principes sur lesquels s'éléve le Monde primitif, peuvent donc être d'une très-grande ressource non-seulement pour découvrir la valeur des caractères primitifs de la Chine, mais aussi pour restituer ceux qui peuvent s'être perdus.

Ce que nous disons ici de l'Ecriture, peut se dire également de la Langue Chinoise. On peut répandre sur elle de très-grandes lumieres au moyen de nos principes & en la comparant avec les autres Langues : tout de même qu'on peut s'en servir pour éclaircir celles-ci.

On trouve, par exemple, dans la Chine, le mot Man, pour désigner un *voile* ; mais ce mot devient très-intéressant dans la comparaison des Langues ; on voit aussi-tôt qu'il est une des racines du Verbe Hébreu *taman*, qui signifie *cacher*, *voiler*, & de nos mots *manteau*, *mante*, *mantelet*, &c. qui désignent des objets faits pour couvrir, pour voiler. Que le mot Hébreu מן *man*, employé dans le Pseaume LXI, verſ. 8 (1), peut très-bien ſignifier un *voile*; & que les mots *mentir*, *menteur*, *menſonge*, en Latin *mentiri*, *mendax*, *mendacium*, dont la racine eſt inconnue, doit venir de ce mot *man*, puiſque le menſonge conſiſte à *cacher* la vérité, à la voiler, à la déguiſer; au point qu'en Grec la vérité s'apelle *la non-cachée*, *a-lêth-eia.*

Ajoutons une preuve de la clarté que peut répandre notre méthode ſur les origines Chinoiſes. Le P. du HALDE raporte dans ſa Deſcription de la Chine, que Fohi établit ſix Mandarins apellés *Long* ou Dragons, auxquels on donna des noms relatifs à leurs fonctions: & que celui qui étoit chargé de compoſer le Calendrier, étoit apellé le *Dragon qui ſe cache*: nul raport entre ſe cacher & la ſcience du Calendrier: rendons ce mot par une autre valeur adjective; *le dragon du voile*, & il ſera bien nommé: le Firmament eſt un voile qui enveloppe la Terre: c'eſt une *Courtine*, dit l'Ecriture Sainte; & nous-mêmes n'apellons-nous pas *Ciel*, les voiles qui ſont ſuſpendus ſur la tête? On avoit donc pris ici au ſens propre, un terme figuré, une métonymie.

CHAPITRE XIII.

Les Caractères Chinois peuvent ſe lire, ou ſe prononcer, & devenir alphabétiques.

DE tout ce que nous venons de dire ſur le raport des Clefs Chinoiſes avec nos lettres hiéroglyphiques, comme ces clefs, & qui en font auſſi partie, il réſulte néceſſairement qu'on pourroit très-aiſément attacher un ſon aux caractères Chinois ſemblables aux nôtres, & les prononcer de la même maniere. Ainſi nous lirions *A*, pour le caractère qui peint le Pere de famille; *O*, pour le caractère qui peint l'œil; *N*, pour le caractère qui peint tout ce qui eſt jeune, *nouveau*, *né* depuis peu, &c. En effet, ces caractères étant ſemblables à nos lettres & ayant le même ſens, on n'a plus qu'un pas à faire pour y attacher le même ſon: il ne ſeroit pas difficile enſuite d'étendre la même méthode aux autres clefs Chinoiſes, en y apliquant toutes nos voyelles, toutes nos conſonnes, tous nos ſons doubles, comme *ſt*, *bl*, *br*, *ſl*, *cr*, &c.

(1) Selon l'Hébreu.

Ceci prouveroit toujours plus que l'Ecriture Chinoise & la nôtre ne different nullement quant au fond, mais uniquement par des additions, ou par des circonstances particulieres.

J'ai eu l'avantage de me rencontrer en ceci avec un Académicien qui a trouvé les mêmes résultats par une méthode différente (1) » Il faut maintenant, » dit-il, (2) envisager les caractères Chinois, comme représentatifs d'un son » & comme formés de lettres alphabétiques, méchanisme fort singulier qu'une » foule de preuves m'autorise à proposer & à admettre, & qui s'aplique également à l'Ecriture hiéroglyphique des Egyptiens. Ainsi je prends maintenant » tous ces élémens des hiéroglyphes Egyptiens & Chinois, pour autant » de lettres simples ou syllabiques.... je veux dire que la représentation, par » exemple, d'un *Chien*, répond à une syllabe, qui, combinée avec un autre » hiéroglyphe, forme un mot entier; ensorte que l'Ecriture Chinoise ou » Egyptienne qui est toute hiéroglyphique, considerée sous ce nouveau point » de vue, est en même tems alphabétique & syllabique.... Les 214 clefs » Chinoises sont donc tout à la fois 214 caractères hiéroglyphiques & 214 » lettres alphabétiques. Les plus simples sont des lettres simples, comme *a*, *b*, » *c*; les autres sont des syllabes à deux, trois lettres, comme *kan*, *kar*, *dan*, » *dar*, &c.

Les savans Auteurs de l'Histoire Universelle (3) ont eu la même idée. « Les » caractères Chinois, disent-ils, peuvent se réduire à un Alphabet régulier; » nous en sommes persuadés par notre propre expérience »; mais ils n'en donnent aucune preuve, du moins dans la Traduction. Cette idée étoit trop naturelle, & trop conforme au fait, pour n'être pas venue à plusieurs personnes dès qu'elles se sont occupées avec un peu de soin de cet objet.

(1) M. de Guignes, Essai sur les moyens de parvenir à la lecture & à l'intelligence des Hiéroglyphes Egyptiens. *Mém. des Inscr. & Bell. Lett.* Tom. XXXIV. in-4°. pag. 1-55.

(2) Ib. p. 25-27.

(3) Tom. XX. p. 153. in-4°. de la Traduction

CHAPITRE XIV.

Avantages qui résultent de ces vues sur l'antiquité de l'Ecriture.

NOus avons vu que l'on avoit toujours soupçonné la haute antiquité de l'Ecriture, & son antériorité à la dispersion des Peuples, par conséquent son existence au 25e siécle au moins avant J. C. il y a 4300 ans; mais qu'on n'en avoit jamais donné des preuves : l'on s'étoit donc retranché dans la suite à ne dater son époque que de Cadmus pour la Grèce, de Moyse pour l'Orient; d'autant plus qu'on supposoit que l'Ecriture hyéroglyphique étoit plus ancienne, & que l'alphabétique étoit née de celle-ci.

Mais le systême que nous venons d'exposer, réunit tous les sentimens & aplanit toutes les difficultés. Il pose pour base de l'Ecriture les caractères hiéroglyphiques, par conséquent son antiquité très-supérieure à Cadmus & à Moyse; il fait voir comment elle devint alphabétique en Chaldée, & comment elle resta hiéroglyphique à la Chine; ainsi on n'a pas besoin de redescendre aussi bas pour son origine, & d'aller chercher l'Alphabet en Egypte pour le faire promener de-là par-toute la Terre.

Ceci s'accorde très-bien avec la Tradition ancienne, parfaitement représentée par ces Vers de LUCAIN (1) :

> Phœnices primi, famæ si creditur, ausi
> Mansuram rudibus vocem signare figuris.
> Nondum flumineas Memphis continere biblos
> Noverat, & saxis tantum volucresque feræque;
> Sculptaque servabant magicas animalia linguas.

» Les Phéniciens, si l'on en croit la renommée, oserent les premiers fixer » la Parole par des figures matérielles. Memphis ne savoit pas encore compo» ser des Livres avec les Plantes qui croissent sur les bords de son Fleuve; ses » Langues magiques n'étoient conservées sur le marbre que par des figures » d'oiseaux ou d'animaux.

(1) Pharsale, Liv. III. v. 220. & suiv.

Ce système satisfait les Savans qui ne pouvoient se résoudre à croire l'Ecriture inconnue 25 siécles avant J. C. tels que l'Auteur de la Lettre de Pekin que nous avons déjà citée tant de fois (p. 38.). Il s'accorde encore avec M. de Guignes, qui dit, dans le Mémoire cité ci-dessus (1) : » Aussi suis-» je persuadé que toute cette Ecriture hiéroglyphique a été celle des premiers » hommes, que les Egyptiens ont conservée avec plus de soin, de même que » leur Langage dans lequel on retrouve les origines des autres Langues Orien-» tales. » Article vrai, si l'on entend par ces *origines*, non que l'Egyptien est la racine ou la mere des autres Langues Orientales, mais qu'on retrouve dans l'Egyptien les mêmes mots d'où les autres Langues étoient nées, & que l'Egypte conserva. Car on ne démontrera jamais que l'Arabe, le Chaldéen, le Méde, &c. naquirent en Egypte.

Enfin ceci explique parfaitement la double Ecriture des Egyptiens, une écriture hiéroglyphique & une écriture alphabétique : la premiere étoit celle qu'ils avoient emportée avec eux en se transplantant en Egypte. La seconde, ils la durent à leurs Voisins, aux Chaldéens chez qui elle étoit née, & aux Phéniciens à qui elle étoit indispensable à cause de leur commerce chez toutes les Nations connues, & qui la communiquerent aux Egyptiens, tout comme à la plûpart des Peuples avec qui ils commercerent, ou chez lesquels ils formerent des Comptoirs & d'autres établissemens ; étant ainsi les Voituriers des lettres & des connoissances.

CHAPITRE XV.

De quelle maniere l'Alphabet s'augmenta.

Comme l'Alphabet servoit de chiffres, & que le Langage se multiplioit avec les connoissances, XVI caractères devinrent insuffisans pour ces deux objets ; ainsi les Orientaux, peut-être les Phéniciens grands Commerçans, eurent bientôt trois lettres de plus qui passerent également aux Grecs & qu'ils conserverent constamment, du moins comme caractères numériques, lors même qu'ils leur en eurent substitué d'autres dans l'Alphabet littéral : ces trois caractères

(1) Mém. des Inscr. T. XXXIV. p. 13. édit. in-4°.

apellés

apellés *Episémons*, sont le vau, le tsade & le koph des Orientaux, ou V, *TS*, & Q ; caractères qui donnerent insensiblement occasion à ceux-ci dans l'Alphabet littéral des Grecs, υ & φ, ψ & χ. Car le vau se prenant pour *u* & pour *f*, les Grecs en firent leur *u* & leur Ϝ ou digamma : ils changerent *ts* en *ps*, & *q* en *kh*. Et parce que ces quatre lettres étoient ainsi ajoutées aux 19 autres, ils les mirent à la suite du T qui terminoit l'Alphabet primitif.

Que les épisemons des Grecs soient le vau, le tsade & le koph des Orientaux, c'est ce que démontrent leurs noms & leurs figures. L'Episemon *Bau*, est le vau, *V* ; le *sanpi* est le tsade, *Ts*, & le *koppa* est le Qoph, *Q*. Il existe encore des Monumens sur lesquels on voit deux de ces Episemons employés comme lettres. Le vau ou digamma Eolique sous la figure de F, se voit au N°. IV. Pl. XI.

Le Qoph employé comme un q, se voit dans la Pl. VI. au bas de la seconde Colonne Grecque. On le voit sur-tout sur les Médailles de Corinthe, dont il commençoit anciennement le nom : sur les Médailles des Crotoniates, comme on le voit dans les Tables d'Heraclée de Mazocchi (1), & sur celles même de Syracuse.

Les Hébreux & les autres Orientaux porterent aussi leurs lettres jusqu'au nombre de 22, & comme il en falloit 5 de plus pour compter jusqu'à mille, comme nous l'avons vu, ils donnerent à cinq de leurs lettres une figure un peu différente ; ce qui forma leurs cinq finales, qui servirent aux calculs qui alloient jusqu'à mille.

Les Arabes trouvant également que le nombre de 22 lettres étoit insuffisant pour leurs calculs, ils en dédoublerent six qui avoient de doubles prononciations ; & les distinguant simplement par des points, ils eurent ainsi 28 lettres effectives, tout comme nous avons fait j & v en doublant *i* & *u*.

Dans nos Planches pour l'Alphabet primitif, nous avons joint trois lettres, *F*, *H* & *Q* aux XVI. primitives, à cause de leur antiquité & de leur raport étroit avec quelques-unes des XVI. premieres. Nous pourrions faire voir également que les autres sont des hiéroglyphes de la même nature que les XVI. dont nous avons rendu compte. Il ne seroit pas difficile de prouver, par exemple, que le *th* ou *teth* des Hébreux, & *thêta* des Grecs, désigne le *sein* salutaire qui fournit à l'enfance sa premiere nourriture, & que cette lettre en a la forme : que le *tsade* signifie une *plante*, & qu'il en a la forme : que le *sa-*

(1) Page 122.

mech désigne *une ceinture*, un *serpent*, tout ce qui peut se replier en cercle; & qu'il en a également la figure : mais ces détails nous meneroient trop loin ; ce qui nous importoit le plus, c'étoit l'origine de l'Alphabet primitif.

Quant à notre Alphabet, nos Ancêtres l'emprunterent des Latins avec une confiance avéugle, telle que des Barbares sans science devoient avoir pour ceux qui savoient quelque chose, & qu'ils durent écouter comme des Oracles. Dès-lors, nous avons employé constamment le même Alphabet, soit parce que nous n'avions pas de raisons assez fortes pour faire quelqu'innovation à cet égard, soit qu'aucun Homme de Lettres n'ait eu assez de crédit pour troubler la Nation entiere dans un Alphabet auquel elle étoit accoutumée depuis tant de siécles. Le peu de succès qu'eurent dans ce genre les vues de ce Roi des François, qui voulut introduire dans leur Alphabet quatre lettres en usage dans le Nord, semble avoir dégoûté à jamais de toute entreprise semblable, & avoir été une Prophétie funeste contre quiconque oseroit suivre les traces de ce Roi (1). L'Empereur CLAUDE n'en avoit pas eu un meilleur relativement à l'Alphabet Latin, auquel il avoit ajouté trois lettres (2).

Ces exemples mémorables sont une preuve plus forte que tout ce que nous pourrions dire, que l'Alphabet ne fut & ne put être en aucun tems l'effet du hazard ; & que ses changemens chez chaque Peuple n'y sont jamais arrivés subitement & par une volonté déterminée ; mais par gradations, & par un usage nécessaire & devenu insensiblement général. La puissance des Princes & des Particuliers se brisera toujours nécessairement contre tout ce qui est oposé à l'ordre : tandis que tout ce qui sera fondé sur cet ordre & sur cette nécessité à laquelle tout obéit impérieusement, triomphera de tout, de l'inconstance même des modes ; & se transmettra comme nos XVI. lettres primitives à tous les Peuples & à tous les siécles, sous quelque forme qu'on les déguise.

(1) C'est Chilperic I. On en peut voir l'Histoire fort au long dans la nouvelle Diplomatique des PP. Bénédictins, &c. T. II. p. 50-65. in-4°.

(2) On en peut voir le détail dans le même Ouvrage, *ib.* p. 47-50.

CHAPITRE XVI.

Du nom qu'on donna dans la Grèce à l'Alphabet Primitif.

ON diroit que tout ce qui a raport à l'Ecriture, doit être autant d'énigmes inexplicables. Lorsqu'on a voulu décider si, lorsque les Grecs commencerent à écrire, ils avoient l'Alphabet de XXII. lettres, ou si l'on étoit encore réduit à l'alphabet de XVI. lettres, les Hommes les plus savans se sont partagés; & ils ont soutenu le pour & le contre avec tant de force qu'on ne sait pour laquelle de ces deux opinions on doit se déterminer, d'autant plus que chaque parti s'est autorisé du témoignage des Anciens. De-là, les noms différens donnés à cet Alphabet suivant le parti qu'on embrasse. Ceux qui reconnoissent deux époques différentes dans l'Alphabet Grec, apellent le premier *Pélasgique* & le second *Cadméen.* Ceux qui n'y voient que l'Alphabet de XXII. ou de XXIV. lettres, rejettent l'Alphabet Pélasgique & ne reconnoissent que l'Alphabet de CADMUS.

M. le Président BOUHIER est à la tête de ceux-là: il admet l'Alphabet de XVI. lettres, comme étant fort antérieur à Cadmus, & comme en usage chez les *Pélasges*, nom donné aux premiers Peuples de la Grèce & d'une partie de l'Italie. Il fut combattu par M. le Clerc (1), auquel il répliqua (2). Il a été combattu plus vivement encore dans la nouvelle Diplomatique (3). Les savans Auteurs de cet Ouvrage, dont on ne peut trop admirer l'étonnante exactitude, & la patience à toute épreuve, ne peuvent se résoudre à admettre d'autre Alphabet dans la Grèce que celui de XXII. lettres; ils soutiennent que c'est celui-là même qu'y porta Cadmus, & ils rejettent tout ce qu'on dit d'un Alphabet des Pélasges. Ils s'apuient sur-tout, comme sur un apui inébranlable, du passage où Hérodote dit, que ce fut Cadmus qui, venant en Grèce avec les Géphyréens, y porta les lettres, inconnues jusques-alors dans cette Contrée (4).

(1) Biblioth. choisie, 1709.

(2) Recherches & Dissert. sur Hérodote, in-4°. Dijon, 1746. pag. 248. &c.

(3) II. Vol. p. 15-30.

(4) Liv. V. n°. 58.

Mais Hérodote n'affirme pas que les Grecs n'avoient aucun usage des lettres avant ce tems là ; il ne l'avance que comme une chose douteuse ; il croit, *il lui paroît*, ὡς ἐμοὶ δοκέει, *à ce qu'il me semble*, dit-il. On ne doit donc pas donner à cet Historien une plus grande autorité qu'il ne s'en attribue ; ni s'en servir pour contredire ceux qui croiroient avoir des preuves du contraire.

Nous pourrions encore objecter que lors même que Cadmus auroit porté en effet un Alphabet en Grèce, celui de XXII. lettres, comme le suposent les savans Auteurs de la nouvelle Diplomatique, cela n'empêchera pas que les Grecs n'eussent déja été en possession de celui de XVI. lettres ; & que cet ancien Alphabet ayant fait place au nouveau, il fût presqu'entierement oublié.

D'ailleurs la Grèce étant environnée de pays qui n'avoient que l'Alphabet de XVI. lettres, Alphabet qui subsiste encore dans les Monumens Runiques & dans l'Irlandois, elle doit avoir été dans le même cas : il est presqu'impossible que l'Italie n'ait eû qu'un Alphabet de XVI. lettres, tandis que la Grèce en auroit eu un de XXII. Un Peuple qui emprunte un Alphabet d'un autre, ne le diminue pas ; il l'augmente plutôt, afin d'y ajouter les sons qui lui sont propres.

Il est donc incontestable qu'avant l'Alphabet de XXII. lettres, il en exista un de XVI. lettres ; il dut même s'écouler un très-long intervalle entre les deux, puisque tant de Peuples ne connurent que le premier.

Il ne seroit pas même étonnant que l'Alphabet eût commencé par X. lettres, afin de pouvoir compter jusques à X. Saint Irenée parle du moins de X. lettres Sacerdotales, comme ayant existé seules & dès la plus haute antiquité chez les Hébreux (1).

Quelques Savans ont été dans l'idée que le premier Alphabet étoit de XII. lettres ; mais il leur seroit aussi difficile de le prouver par les Monumens, que d'indiquer une raison d'un nombre aussi borné, dès qu'on vouloit passer *dix*.

(1) Adversus Hæreses, Lib. II. Cap. XLI.

CHAPITRE XVII.

Explication des Planches VII & VIII, & différentes manières dont les Lettres s'altèrent.

LA Planche VI. qui contient les Alphabets qui ne sont ou qui ne furent que de XVI. lettres, est accompagnée de la Planche VII. qui présente ces mêmes lettres d'après un grand nombre d'Alphabets presque tous d'une haute antiquité, mais composés au moins de XXII. lettres. Notre dessein a été en cela de faire voir la parfaite conformité de tous ces Alphabets, lorsqu'on les compare les uns avec les autres : en effet, les raports qu'ils offrent sont aussi grands qu'ils puissent être dans un objet de cette nature. On doit être même surpris qu'il n'y ait pas entr'eux de plus grandes différences, & qu'on puisse les suivre dans leurs dégradations, malgré tout ce qui s'est perdu de monumens intermédiaires : mais comme tous les Alphabets d'Europe se raportent au Grec, & tous ceux d'Asie à l'ancien Hébreu ; & que ces deux Alphabets, l'ancien Hébreu & le Grec, ne furent qu'un dans l'origine ; il est plus aisé de les suivre dans toutes leurs altérations.

Si l'on considere, en effet, toutes les manieres dont un seul caractère peut s'altérer sans perdre sa forme, on sera surpris qu'ils ayent si peu changé pendant le cours de 40 ou 50 siécles : c'est ainsi que le même caractère peut se varier, 1°. suivant sa situation, de six manieres différentes au moins. Il peut être, 1°. sans dessus dessous; A, par exemple, en V; ou 2°. tourné de droite à gauche : E, par exemple, en Ǝ ; ou 3°. couché, ⋖, ⋗, ш, ϖ ; ou 4°. arrondis, Є ; ou 5°. rapetissés, a, e ; ou 6°. écrits en caractères courans.

La lettre E, par exemple, a subi dix ou douze grandes altérations, qui en firent autant de lettres différentes & inconnues, lorsqu'on ne saisit pas leurs raports, mais qu'on voit sensiblement venir d'une même origine, lorsqu'on analyse leur valeur commune & leur figure.

Afin que nos Lecteurs eussent la satisfaction de voir le raport qu'on trouve relativement à la même lettre dans tous les Alphabets, lorsqu'on en classe les différences suivant leur progression, nous avons réuni dans la Planche VIII.

la plus grande partie des altérations qu'a essuyées cette lettre E, & toutes puisées dans les Monumens les plus authentiques. Nous eussions pu tripler & quadrupler cette Planche, si nous eussions voulu tenir note de toutes les nuances que nous avons trouvées dans ces Monumens ; mais il suffisoit pour notre but, de présenter les différences fondamentales & tranchantes.

2°. Un même caractère peut différer par le nombre des traits, par celui des jambages, par les contours dont il est composé. Ici, il en a plus ; là, il en a moins ; outre le corps de la lettre, il reçoit des liaisons & des portées qu'on suprime ailleurs, & même dans la même Langue, comme on voit à l'égard de nos lettres écrites ; & à l'égard de nombre des lettres Arabes qui ne different des lettres Hébraïques que par des contours ou des liaisons, telles que leur *P*, leur *N*, leur *S*, à l'égard de ces mêmes lettres Hébraiques, comme on peut s'en assurer par la Planche VII.

3°. Souvent une même Langue peint differemment la même lettre, suivant qu'elle est au commencement, au milieu, ou à la fin d'un mot, & suivant qu'elle e isolée de toute autre ; ce qui formera jusques à quatre Alphabets differens, comme cela a lieu pour les Alphabets Arabe & Syriaque, & quelquefois dans la Langue Grecque, &c.

4°. Souvent un même Peuple adopte plusieurs manieres de peindre la même lettre, & il doit ces variétés tantôt à sa propre invention, tantôt à ses Voisins ; ainsi le *Th*, des Grecs pour le milieu des mots, ou ϑ, est le T Hébreu redressé (ט) ; tandis que celui dont ils se servent pour le commencement des mots & qui représente un cercle avec un serpent dans le milieu, ou Θ, est Egyptien & Etrusque.

On pourroit faire de la même maniere l'histoire de toutes les lettres de l'Alphabet ; & cette histoire auroit sur-tout le mérite de faire voir les raports de tous les Alphabets, & d'en faciliter la connoissance, par la maniere dont toutes leurs variations seroient classées : car on saisit mieux les variations d'un objet, lorsqu'on n'a que lui sous les yeux, que lorsqu'il faut le démêler entre plusieurs.

Cette maniere de comparer les alphabets & de les ramener à une même origine, fournit encore un point de comparaison aussi intéressant qu'utile entre tous les Peuples qui ont fait usage de l'Ecriture, c'est-à-dire entre tous ceux qui ont cultivé les Arts & les Sciences, & dont la connoissance seule nous importe par conséquent.

Quant à la Planche VII. elle contient XIV. Alphabets en comptant le Phétricien & l'Hébreu qui servent de point de comparaison. De ces XIV. Alphabets, sept vont de droite à gauche.

Le ZEND, ou ancien Persan, qu'on doit à M. ANQUETIL (1).

L'INDIEN, tiré de la Table alphabétique du Docteur MORTON, que ce Savant a dressée, à l'imitation du Docteur Bernard, & où il a fait entrer les nouvelles découvertes rélatives aux alphabets Orientaux. D'ailleurs les Indiens écrivent comme nous de gauche à droite.

Le SYRIAQUE ancien, & le MENDÉEN qui en est venu, tirés tous les deux de la nouvelle Diplomatique.

Le CUPHIQUE, ou ancien Arabe, l'Arabe du tems de Mahomet, qui a de très-grands raports avec le Syriaque, pour la forme de ces caractères; mais qui est, relativement à ce dernier, ce que les lettres majuscules & où l'on n'épargne pas la matiere, sont aux lettres minuscules les plus déliées.

L'ARABE, qui n'est que le Cuphique devenu minuscule & courant.

Le PALMYRENIEN, tiré des Inscriptions de Palmyre, gravées dans la Description Angloise des ruines de cette Ville (2), & comparé avec l'alphabet Palmyrénien qu'on doit à M. l'Abbé BARTHELEMI (3). Les lettres en sont les Hébraiques arrondies avec des ornemens: quelques-unes sont vraiment Phéniciennes: le ח 'h Hébreu y paroît sous la forme de notre H, l'H Grecque. L'E seul ne ressemble à aucun E de ces alphabets; mais il a beaucoup de raport au troisième E de l'alphabet Celtibérien, Pl. V. de Velazquez, & encore plus aux *Hé* de l'alphabet Phénicien Bastule du même, Pl. VII. Ainsi cet E Palmyrénien ne seroit pas une altération de la lettre E, mais une substitution d'un caractère à un autre.

Les cinq autres qui vont de gauche à droite, sont l'ARMENIEN, l'ETHIOPIEN numéral, & l'alphabétique; le GOTH d'ULPHILAS, dont cet Evêque se servit pour la traduction du Nouveau Testament en Langue Gothique.

En joignant à ces XIV. alphabets, le François, le Samaritain, l'Hébreu des médailles, l'Etrusque, les Phéniciens & les caractères Chinois contenus dans les Planches IV. & V. de même que les alphabets Grecs, Latins, Runique, Irlandois, Theuton & Tibetan, de la Pl. VI. qui en forment aussi XIV. on verra que nous avons ici XXVIII. points de comparaisons; mais à

(1) Zendavesta, T. II. & Mém. de l'Acad. des Inscr. T. LVI. édit. in-12.

(2) Cet ouvrage est intitulé: *les Ruines de Palmire*, Lond. 1753. in 4. en Anglois.

(3) Mém. de l'Acad. des Inscr. T. XLV. édit. in-12.

mesure que ces objets de comparaison deviennent plus nombreux, on doit être plus étonné du raport qu'ils continuent à offrir.

Ce seroit un beau suplément à nos Diplomatiques que la collection de tout ce qui reste des caractères alphabétiques employés par tous les Peuples anciens, & distribués par lettres & par ordre des siécles & des Peuples, en les accompagnant des Monumens les plus curieux, & auxquels on seroit redevable de la conservation de ces caractères : mais ce travail exige beaucoup de soins, de patience & de fraix.

Contentons-nous d'examiner l'origine & les raports des alphabets que nous avons fait graver dans nos Planches VI. & VII. C'est l'objet de la Section suivante.

SECTION III.

Raport des Alphabets entr'eux & le Primitif.

CHAPITRE PREMIER.

Raport des Alphabets François & Latin avec l'Alphabet Grec.

QUOIQUE nous ayons vu en général dans la Section précédente, que tous les alphabets connus, anciens & modernes, viennent d'une même source, il ne sera pas inutile d'entrer dans un plus grand détail, afin de s'assurer encore mieux d'une vérité aussi intéressante, de connoître la descendance de ces alphabets les uns par raport aux autres, & les causes des différences qu'on y aperçoit dans le rang & la forme des lettres. Commençons par ceux qui sont les plus près de nous pour le tems & pour le lieu.

L'Alphabet François composé de XXIII. lettres, non compris le J & le V consonnes, ni ∩ si on l'adopte pour *ch* ou tout autre, est exactement le même que l'alphabet Latin, duquel nous l'avons emprunté en entier; parce qu'il étoit déjà en possession des Gaules, lorsque les Francs y entrerent, & sur-tout lorsqu'ils commencerent à cultiver les lettres.

Il

Il en avoit existé un auparavant dans les Gaules, l'Alphabet Grec, dû au commerce des Gaulois avec les Grecs, soit par Marseille, soit par terre, au moyen du Danube, couvert du côté de la Thrace, de Colonies Grecques, dont les Marchands venoient surement jusques dans les Gaules & y portoient leurs Arts, leurs mots & leurs lettres. CÉSAR ne trouva-t-il pas dans le Camp des HELVETIENS, les SUISSES d'aujourd'hui, des Tablettes écrites en caractères Grecs? Mais cet alphabet n'eut pas de peine à être anéanti par le Latin, sur-tout depuis que le Schisme entre l'Eglise Latine & l'Eglise Grecque, eût fait renoncer à tout commerce avec les Grecs.

L'Alphabet Latin étoit lui-même l'alphabet Grec, à très-peu de différence près, mais sur-tout l'alphabet Grec Dorien, qui se raprochoit plus de l'Oriental, ayant été moins perfectionné que l'Ionien. Parfaitement semblables à l'égard des lettres qui composoient l'alphabet primitif, on n'y voit que quelques différences relatives aux lettres qu'on ajouta à celles-là. Ce qui n'est pas étonnant, puisqu'elles n'avoient pas la même autorité, & qu'elles ne furent pas puisées dans les mêmes sources.

Tous les deux commencent par A & B. Il est vrai que la 3me. lettre est un G en Grec & un C en Latin; mais cette différence n'existoit pas dans l'alphabet Dorien, le même que le Latin: on voit dans les Médailles Siciliennes de PARUTA, des Médailles de GELA & D'AGRIGENTE, où le G a exactement la figure du C Latin; là, c'est CΕΛΑ & CΕΛΑΣ, c'est-à-dire Gela; ici {AKRAC- / .ƸOTNA} AKRAGANTOΣ.

Et l'on voit par la célébre Inscription gravée à Rome sur la Colonne de Duillius après la guerre punique, que C avoit la valeur de G; on y voit LECIONES, pour *Legiones*; MACISTRATOS, pour *Magistratus*; PUCNANDOD, pour *pugnando*: & sur des Médailles Romaines (1), OCULNIUS, pour OGULNIUS. C'est ainsi encore que PLUTARQUE, dans ses Questions Romaines, dit que le mot Latin *Macellum*, est le Grec μαγειρων, mageirôn, en Eolien *magerrón*.

Ce même Auteur ajoute que Sp. CARVILIUS, qui le premier ouvrit une Ecole à Rome, inventa ou introduisit la lettre G pour distinguer le double son du C. C'étoit donc dans le VIme. siécle de la République, & environ 30 ans après qu'on eut élevé la Colonne à l'honneur de Duillius; puisque ce Spurius Carvilius étoit l'affranchi du Carvilius qui introduisit le divorce à

(1) Fulv. Ursin. Hist. des Famill. Romain. par les Médailles.

Rome, comme nous l'aprend Plutarque dans le même endroit, & comme l'a très-bien vu REINOLD (1).

Le *D* & l'*E* sont les mêmes dans ces Langues.

F des Latins est le digamma ℸ des Eoliens, & le bau des Grecs, qui valut constamment le nombre *6*.

G des Latins ayant été inventé pour tenir lieu du G Grec, ou pour doubler *C* en possession de la 3e. place, fut obligé d'en aller chercher une autre; il prit celle du Z, la 7me. dans l'alphabet Grec; & Z fut rejetté à la fin de l'alphabet Latin.

H est dans les trois Alphabets à la même place.

Dans l'alphabet Grec vient ensuite *Th*, dont la prononciation tient du Gé : cette lettre manque aux Latins qui n'en avoient pas la prononciation : elle se remplace naturellement par J, qui, écrit g, aproche fort du ϑ.

I, K, L, M, N, se suivent dans le même ordre, dans les trois alphabets.

L'Alphabet Grec offre ensuite la lettre Ξ qui répond exactement à X des Latins & des François. Comme cette lettre est une des dernieres qu'eurent les Latins, ils la placerent à la fin de leur alphabet, & après T qui terminoit l'alphabet primitif. N'omettons pas l'observation intéressante de SPANHEIM, qui raporte des Médailles Grecques (2) où l'on voit le Ξ Grec écrit par X, précisément comme chez les Latins.

O & P sont les mêmes des trois côtés.

Q, fut long-tems commun aux Latins & aux Grecs; mais ceux-ci ne s'en servirent dans la suite que pour leur alphabet numéral; & il se confondit pour le son & pour la forme avec leur χ.

R, *S*, *T*, sont les mêmes dans les trois alphabets, & elles étoient les trois dernieres dans l'alphabet primitif.

U est dans les trois alphabets la premiere de celles qui suivent T, comme ayant été ajoutée la premiere à cet alphabet : elle servit en effet à dédoubler la sixiéme lettre, le *vau* primitif écrit indifféremment ү & ℸ, & dont on fit les lettres *F* & *U* : *F* resta en Latin à la sixiéme place, & *U* fut rejetté à la fin de l'alphabet.

---

(1) Historia Græcarum & Latinarum Litterarum, in-4.

(2) De præstant. & usu Numism. p. 96.

Vint ensuite en Latin la lettre X, ajoutée plus tard à l'alphabet primitif & placée, par conséquent, après U.

Le Grec offre une lettre entre ces deux, c'est Φ, ou P aspiré des Orientaux, qui fut inconnu aux Latins: tout comme en Italie on ne connoit plus l'aspiration d'aucune espèce, horsmis dans quelques contrées.

L'alphabet Latin offre ensuite Y; c'est l'*u* des Grecs, lorsque ceux-ci eurent deux *u*, l'un prononcé *ou*, & qui est celui que les Latins écrivirent *U*; l'autre prononcé en *i*, & que les Latins écrivirent Y à la maniere des Grecs eux-mêmes quand ils l'écrivoient en majuscule.

Enfin Z qui vint fermer l'alphabet, lorsqu'il fit place au G, & qui fut ainsi le dernier changement fait à l'alphabet Latin.

Il n'y eut donc que sept lettres ajoutées dans l'alphabet Latin à l'alphabet primitif: de ces sept, quatre sont à la fin de l'alphabet, *U*, *X*, *Y* & *Z*. Et trois dans le corps de l'alphabet, *G*, *H* & *Q*.

Les Grecs, de leur côté, en ajouterent huit, du nombre desquelles, H, X & Z des Latins: les autres furent *Th*, *Ph*, *Kh*, *Ps* & *ó* long, ou omega; non compris les trois lettres purement numérales, ou les *Episémons*; ce qui forma en tout 27 caractères, avec lesquels ils comptoient jusqu'à 1000; comme les Hébreux avec leurs 22 lettres & leurs 5 finales.

CHAPITRE II.

Raport de l'Alphabet Grec & de l'Alphabet Hébreu.

LES lettres primitives A, B, G, D, E, F, I, K, L, M, N, O, P, R, S, T, sont communes aux Grecs & aux Hébreux. Mais les Grecs ne tarderent pas à ajouter la lettre Z, qui occupe chez eux, comme en Hébreu, la 7e. place: & comme ils firent de F la lettre U, & qu'ils eurent un P aspiré à l'Orientale ou φ, ils eurent presqu'aussitôt 18 lettres. C'est ce qui fit dire à ARISTOTE (1), que les anciennes lettres Grecques étoient au nombre de 18, parce qu'en effet ces deux nouvelles lettres Z & U avoient été ajoutées longtems avant les autres.

(1) Cité par PLINE, Liv. VII. c. 56.

On ajouta ensuite *Th*, *X* & *Ch*, ou Θ, Ξ & Χ : les uns attribuent cette addition à Palamédes, au tems de la guerre de Troye, de même que le Ph, ou Φ. Aristote, au contraire, en attribue deux, Θ & Χ, à Epicharme.

Pline attribue les 4 autres lettres qui complettent l'alphabet Grec, Z, H, Ps ou Ψ & O long ou Ω, à Simonides.

Tout ceci est très-mal vu : lorsqu'Aristote ne compte que 18 lettres anciennes, & qu'il met dans ce nombre *Z* & *Ph*, il détruit la tradition qui attribue la premiere à Simonides avec 3 autres, & la seconde à Palamedes avec 3 autres : car chacun de ceux-ci n'en auroit dès-lors inventé au plus que trois.

Ajoutons que la lettre G existoit déjà, & comme lettre & comme chiffre, chez les Grecs : & qu'elle a été remplacée par le ch ou χ Grec.

L'invention de ces lettres Grecques, n'est donc pas due aux causes & aux moyens auxquels on l'attribue : tout ce qu'on pouroit accorder à Palamédes, à Epicharme, ou à Simonides, ce seroit d'avoir ajouté quelques lettres à l'alphabet, & d'avoir donné à d'autres déjà éta blies, la forme qu'elles eurent depuis eux.

Ce qui démontre que cette invention ne vient réellement pas des Grecs, mais qu'elle se communiqua à toute la Gréce par les Ioniens ou Grecs d'Asie, grands Commerçans, tandis que la Gréce étoit peu de chose, c'est le raport de la plûpart de ces nouvelles lettres avec les Hébraïques ; raports de place, de figure & de valeur.

On voit, par exemple, dans l'alphabet Grec entre F & I, ces trois lettres, *Z*, *H*, & Θ ou Th ; mais elles correspondent exactement aux trois lettres Hebraïques *Zain*, *Heth* & *Teth*.

Entre *N* & *O*, on trouve en Hébreu la lettre ס, comme en Grec Ξ : celle-ci est notre X, & celle-là se rend souvent par [illegible], dans des mots Orientaux où elle se trouve, & qui sont passés dans d'autres Langues : c'est ainsi que le mot סיף, qui est commun aux Chaldéens & aux Arabes, se rend en Grec par *Xiph-os*, & que ces deux mots signifient également *Epée*.

Entre *P* & *R*, sont deux lettres Hébraïques *TSadé* & *Qoph*, צ & ק. Elles sont conservées toutes deux dans l'alphabet numéral des Grecs, & nous avons vu que Q leur avoit aussi servi de lettre.

Les deux alphabets finissoient à T. L'Hébreu est encore terminé par T. Les Grecs ont cinq lettres à sa suite : mais de ces 5, trois sont Hébraïques ; & si elles ont été rejettées à la fin de l'alphabet Grec, c'est qu'elles ne furent qu'un dédoublement de trois autres lettres ; U ou Y est le dédoublement du F ; Φ ou Ph, est le dédoublement du *P* Oriental : X est le dédoublement ou de Q simple, ou de Q aspiré, tout comme du K aspiré. Ψ ou *PS*, est le remplacement de la sifflante Hébraïque *TS*.

Les Grecs n'ont donc ajouté réellement à leur alphabet que l'ό long, ou l'omega, qui termine leur alphabet.

Ajoutons que l'H a eu chez eux deux valeurs: 1°. la simple fonction de marquer l'aspiration, & c'est le seul usage qu'elle ait dans les alphabets Latins & François. 2°. La fonction de l'é long, & cette valeur, elle l'a également en Hébreu. On ne peut donc pas même regarder l'H dans ce dernier sens, comme une lettre dont l'invention ne seroit dûe qu'aux Grecs, à Simonides, ou à tel autre; ils ne firent que transporter aux Grecs un usage Oriental.

Ce parfait raport de l'alphabet Grec avec l'alphabet Oriental pour les XVI. lettres primitives, & pour les autres que les Grecs ajouterent successivement à ces XVI. démontre de la maniere la plus sensible, que non-seulement l'alphabet composé de XVI. lettres leur est venu de l'Orient, mais qu'ils lui durent aussi les additions qu'ils y firent. Les Orientaux ayant perfectionné les sciences long-tems avant les Grecs, sentirent long-tems avant eux la nécessité d'un alphabet plus étendu; & l'ayant porté à 22 lettres, les Grecs liés avec eux, en emprunterent successivement en différens tems & en différens lieux, les lettres qui leur manquoient.

En jettant les yeux sur nos alphabets Phéniciens, Hébreux, Grecs & Latins Pl. VI. on y verra que ces lettres E, K, L, M, N, P, R, S, qui different actuellement si fort entr'elles, ont toutes eu, dans un tems ou dans un autre, la même figure; & que ce n'est qu'insensiblement qu'elles ont differé au point où nous les voyons actuellement. On ne peut même douter que les raports entre ces alphabets ne fussent beaucoup plus grands, si l'on avoit un plus grand nombre de Monumens d'une haute antiquité. On en a une preuve sensible dans ce que nous aprend Denis d'Halicarnasse (1), que la Colonne sur laquelle Servius Tullius avoit fait graver les Loix & qu'il avoit vu lui-même à Rome dans le Temple de Diane, offroit les anciens caractères de la Gréce.

(1) Antiq. Romain. Liv. IV.

CHAPITRE III.

De l'Alphabet Hébreu, ou de ses raports avec l'Alphabet Primitif.

NOUS l'avons déjà dit : l'alphabet Hébreu fut composé de XXII. lettres dès les tems de Moyse, & ces lettres sont les XVI. primitives ; & ces six, ז, ח, ט, ס, צ & ק ; ou *Z*, *H*, *Th*, *X*, *Ts*, & *Q* ; lettres que les Grecs emprunterent successivement des Phéniciens, & dont les deux dernieres ne firent insensiblement portion que de leur alphabet numérique, ayant fait place dans l'alphabet littéral aux lettres *ps* & *kh*, Ψ & χ.

Puisque l'alphabet Hébreu est le même que l'alphabet Grec, il en résulte qu'on peut prononcer le premier tout comme on prononce celui-là : ainsi les lettres *L*, *M*, *N*, &c. se prononceront des deux côtés de la même maniere. Il est arrivé cependant une chose étrange ; c'est que presque tous ceux qui connoissent la Langue Hébraïque, croyent qu'on a totalement perdu la vraie maniere de prononcer tous les caractères de l'alphabet Hébreu qui correspondent, pour la place, pour la figure & pour le sens, à ces lettres de nos alphabets Européens, *A*, *E*, *H*, *I*, *O*, *U* ; précisément à toutes nos voyelles. Ces Savans disent que ces lettres Hébraïques ne sont pas des voyelles, mais des consonnes : ou même que ce ne sont pas des consonnes, mais des aspirations ; & que ces aspirations s'accompagnent de toutes les voyelles, ensorte qu'elles ont chacune tous les sons possibles ; tout comme *b*, *c*, *d*, &c. s'associent successivement à toutes les voyelles.

Ils en concluent que les Hébreux n'eurent point de voyelles dans leur alphabet ; qu'il n'y en a aucune dans leur Ecriture, quoiqu'il y en eût dans leur Langue parlée ; & que lorsqu'on voulut les représenter dans l'Ecriture, on ne put le faire que par des additions apellées *points-voyelles*, parce que ce sont des points ou des traits qui tiennent lieu des voyelles non écrites dans les anciens Livres Hébreux.

Et comme ces points-voyelles deviennent ainsi le seul moyen par lequel nous puissions connoître la maniere dont les Hébreux prononçoient leur langue écrite, on y attache autant d'importance qu'aux lettres même.

Ce n'est pas tout ; comme il nous reste des anciens Hébreux, des Médailles & des Livres dont les caractères ne sont pas les mêmes, ceux qui sont sur les Médailles étant semblables aux Samaritains, & ceux qui sont dans les Livres étant Chaldéens ou Quarrés, on se dispute encore vivement pour savoir quels de ces deux sortes de caractères sont les caractères en usage dès les tems de Moyse, les vrais caractères primitifs des Hébreux.

On ne peut donc traiter de l'Alphabet Hébreu, encore moins le comparer avec les autres alphabets; bien moins encore comparer l'Hébreu avec les autres Langues, sans avoir dissipé l'obscurité qui couvre ces questions, & sans s'être assuré du vrai à leur égard. Nous ne pouvons donc nous dispenser d'entrer ici dans la discussion de ces questions, quelque difficiles & quelque compliquées qu'elles soient: un gros Volume seroit même à peine suffisant pour rendre raison de tout ce qui s'est dit & écrit à ce sujet, & des vives contestations qui en ont été la suite: mais comme cet Historique nous meneroit trop loin, nous l'éviterons autant qu'il nous sera possible, & nous nous contenterons d'exposer même avec la plus grande briéveté, ce à quoi il nous paroît qu'on doit s'en tenir sur ces objets.

ARTICLE I.

Des Voyelles contenues dans l'Alphabet Hébreu.

Nous ne craignons point de le dire: l'Alphabet Hébreu contient les voyelles Grecques, Latines & Françoises, ces voyelles ou sons que fournit l'instrument vocal, qui existent dans toutes les Langues, & qui sont le fondement du Langage: & nous ne craignons pas de dire que si l'on a soutenu le contraire, ce n'a été que faute de s'entendre, & par une simple dispute de mots.

Telles sont ces six voyelles, א, ה, ו, ח, י, ע, qui correspondent dans ce même ordre à nos voyelles, A, E, U, Ê, I, O. Ce sont de vraies voyelles, au point que dans les Grammaires même, on donne à la plûpart le nom d'*esprits*; mais ce mot *esprit* désigna toujours dans ce sens, comme nous l'avons vu (pag. 115) les voyelles, parce qu'elles sont l'effet du soufle ou de l'aspiration.

2°. Une voyelle n'en est donc pas moins voyelle, quoiqu'elle soit aspirée, comme nous l'avons vu aussi; puisque l'aspiration n'est qu'une modification des voyelles. Ceci est si vrai, qu'il est impossible de démêler deux sons différens & successifs dans la prononciation de *ha*, de *he*, de *hi*, comme on en distingue deux toutes les fois qu'une consonne précede une voyelle, comme dans *ba*, *ka*, *ma*, &c. & qu'il est également impossible de comparer l'effet de *h* avec l'effet de *b*, dans *ba*, *be*, *bi*, &c. ou avec l'effet de telle autre consonne que ce soit.

3°. Ceux même qui ne veulent pas convenir que ces caractères soient des voyelles, sont cependant obligés dans tous les cas, de rendre א toujours par une voyelle; il en est de même de ה; ces deux caractères sont donc des voyelles.

De même, ils voient très-souvent un *u* ou un *o* dans ו, un *i* dans י, &c. ו & י sont donc, au moins dans ces cas-là, de véritables voyelles.

Si quelquefois ו se rend pas *V*, & י par *J*, on n'en peut rien conclure, si ce n'est que leur prononciation a quelquefois varié, comme dans nos Langues modernes, Latine & Françoise, où *u* est devenu quelquefois *v*, & *i* quelque fois *j*, précisément comme en Hébreu.

Ainsi nous disons *Jérusalem*, *Jerome*, *Jean*, là où nous avons dit *Hiérusalem*, *Hierome*, & où les Allemands disent encore *Iohan*; & nous avons dit *Jéroglyphe*, là ou nous disons aujourd'hui *Hiéroglyphe*. Les Latins ne changerent-ils pas également *oin* des Grecs en *vin*? Et ne prononçons-nous pas en *v*, ce que les Peuples du Nord prononçent *ou*, & qu'ils écrivent *w*? Ne voit-on pas aussi que ce *W* est chez les Grammairiens du Nord, tantôt *v*, tantôt *ou*?

4°. Les Anciens eux-mêmes n'étoient-ils pas persuadés que ces lettres étoient de vraies voyelles, & ne les ont-ils pas apellées, à cause de cela, *les Meres de la Lecture*, parce que les voyelles sont l'ame de celle-ci?

5°. Puisque א & ה sont constamment des voyelles, puisque ו & י sont au moins aussi souvent voyelles que consonnes, n'en seroit-il pas de même de ח & ע qu'on regarde comme des aspirations renforcées; & que des Ecrivains modernes rendent par deux *h*, & même par trois *h*, *hhh*, comme s'ils en donnoient, par un moyen aussi bisarre, des idées plus nettes, plus exactes, plus précises?

Il est vrai que le ח est le siége d'une aspiration gutturale; que les Grecs & les Latins en firent le signe de l'aspiration *H*, & que dans ce Volume nous avons constamment rendu cette aspiration par l'esprit rude ʽ des Grecs qui désignoit l'aspiration.

Il est encore vrai que ע est aussi le siége d'une aspiration nasale en *gn*, que nous avons constamment rendue dans ce Volume, non par *h h h*, mais simplement par ce caractère ʿ, en forme de nez, ou par ʿ*h*.

Mais ces aspirations gutturale & nasale, n'étoient pas inséparables de ces caractères ח & ע; on les prononça souvent *e*, & *o*. Ainsi les LXX. rendent

ע

ע par O dans une foule de noms propres, dans *Noema*, *Booz*, *Orpha*, *Ophal*, *Ozias*, *Og*, &c. Et ח par E dans *Erma*, *Esebón*, *Enoch*, *Phineès*.

On n'y ajoutoit donc les aspirations que pour en varier la prononciation, tout comme nous avons des *a*, des *e*, des *o*, aspirés, & d'autres qui ne le sont pas. Aussi les Arabes ont-ils distingué par un point, les ח & les ע, auxquels on ajoute l'aspiration gutturale & la nazale: ce qui fait rentrer ces deux lettres dans la classe des voyelles qui sont quelquefois employées comme consonnes; mais qui n'en sont pas moins intrinséquement des voyelles.

6°. Ces caractères sont rendus par des voyelles chez les Peuples dont les Langues sont des dialectes de l'Hébreu, tels que les Arabes & les Maltois, dans une multitude de mots qui leur sont communs avec les Hébreux. Dans la Langue Maltoise, par exemple, *Deeb*, qui signifie *or*, est le זהב *Zèb* des Hébreux, & le דהב *Dèb* des Chaldéens, qui signifient également *or* (1).

Ras, Tête, est le ראש, *ras*, des Hébreux.
Omm, Mere, est le אם, *am*, des Hébreux.
Hhamria, ou, à notre maniere, '*hamria*, terre rouge, tient à l'Hébreu חמר, *hamar*, rouge.

Les Egyptiens disent de même:

Iaro, pour l'Hébreu ou Phénicien, *Iar*, יאר, fleuve.
Sphotu, pour ספותא, *sphota*, lévre (2).
L'Hébr. אל, *al*, grêle, est en Egyptien ϩⲗ, *al*.
L'Hébreu, עין, *oin*, œil, lumiere, est en Egyptien ⲟⲩⲱⲓⲛⲓ, *ou-öini*, lumiere, &c.

7°. Ceux qui prétendent que ces caractères ne sont pas des voyelles, s'appuient sur-tout de ce qu'ils semblent n'avoir aucune valeur propre, & qu'ils sont employés indistinctement pour toutes les voyelles: que א, par exemple, est tantôt *a*, tantôt *e*, tantôt *i*, &c. qu'il en est de même de ח, d'ע, &c. Et qu'ainsi ces caractères ne sont employés que comme aspirations, c'est-à-dire, comme des consonnes qui prennent à leur suite toute sorte de voyelles.

Mais outre qu'il seroit impossible à ceux qui sont dans cette idée, d'en donner des preuves sans réplique, cette prétendue confusion n'est d'aucune force, puisque nous trouvons les mêmes phénomènes dans nos Langues mo-

(1) Agius, de Soldanis, in-8°. Rome 1750. sur la Langue Maltoise.

(2) Abbé Barthelemy, Mém. des Inscrip. T. XXXII. in-4°. raport des Langues Egypt. Phénic. & Grecq.

dernes à voyelles. Ainsi dans ce mot Latin *tumidum*, chacun des *u* qu'on y voit a une prononciation différente : le premier étant notre *u*, le second répondant à notre *o* ; aussi les terminaisons semblables s'écrivoient-elles souvent par *o* ; *salvom* & *Dominom*, pour *salvum* & *Dominum*.

Ainsi en Anglois A, E, O &c. ont successivement toutes les valeurs des voyelles : d'où l'on conclut avec la même légereté que les Anglois n'ont point de voyelles réelles ; qu'ils n'ont ni *A*, ni *E*, ni *O*, &c. : au lieu d'en conclure que leur orthographe ne suit pas leur prononciation ; qu'ils écrivent souvent par *a* ce qu'ils prononcent en *e*, &c. ou par *e* ce qu'ils prononcent en *a*.

Mais ce défaut est commun à tous les Peuples ; il se rencontre sans cesse dans la Langue Françoise elle-même : le mot *injustement*, ne nous offre-t-il pas, par exemple, deux voyelles dont la prononciation n'est pas la valeur intrinséque de ces voyelles ? *In* n'est-il pas prononcé comme si l'on écrivoit *ein*, comme dans *pain*, *vin*, &c. : & dans *ment*, *E* n'est-il pas prononcé comme *a* ? Et n'est-ce pas ce qui distingue notre prononciation dans toutes ces occasions, de la prononciation des Latins & de celle des Italiens ?

En concluons-nous cependant que nous n'avons ni *a*, ni *e*, ni *i* ; que nous sommes privés de voyelles ; que nous n'en possédons que le fantôme ; que ce que nous prenons pour des voyelles, ne sont que des esprits, des aspirations, des je ne sais quoi, qui ne sont rien de ce qu'ils paroissent ? Rien ne nous sembleroit sans doute plus extravaguant que de pareilles assertions : ce sont cependant, dans la plus scrupuleuse exactitude, celles que l'on tire relativement à ces mêmes caractères en Hébreu, & les motifs sur lesquels on se fonde pour nier que les Hébreux ayent des voyelles dans le nombre des XXII. caractères de leur alphabet.

8°. Lors même que le ח prend un son guttural en *kh* ; & que le ע prend aussi le son guttural adouci & nazalé en *gh*, & qu'à la fin des mots ce même ע, *O*, prend le son nasal *on* ou *ong*, ils n'en sont pas moins des voyelles, avec cette différence que ce sont des voyelles gutturalisées ou nasalées, au lieu d'être prononcées purement & simplement. Ceci n'a pas besoin d'un plus grand détail, après tout ce que nous avons dit dans nos Livres précédens (1) sur ces voyelles & sur leurs diverses prononciations.

9°. Lorsqu'on regarde ces lettres comme des voyelles, on voit les raports les plus étendus & les plus frapans s'élever entre l'Hébreu & toutes les autres

(1) Liv. II. & III.

Langues : on y retrouve les mots primitifs communs à toutes : cette Langue n'est plus une Langue isolée, séparée de toute autre & inconnue. Nous avons déjà vu dans l'article sixiéme, qu'on retrouvoit, par ce moyen, dans la Langue Hébraïque, des mots Maltois & Egyptiens : mais cette correspondance qui régnoit autrefois entre l'Orient & l'Occident relativement au Langage, absolument anéantie par le non-usage des voyelles, renaît de la maniere la plus frapante dès qu'on les rétablit. Nous pourrions en donner un grand nombre d'exemples en toute Langue ; mais nous nous contenterons de quelques-uns : en voici, tirés de la Langue Latine, & de quelques autres Européennes.

Héb. אבה, *Avé*, désirer, *Lat.* AVE-*o* & Ave.
אב, *Ab*, Pere ; ancien *Lat.* AV-*us*, Ancêtre, Pere.
און, *Aun*, Puissance, élévation, *Lat.* HON-*os.*
חורי, *Aur*, répandre de la clarté, éclairer, briller, *Lat.* OR-*iens.*
Aura, la lumiere, la clarté, *Lat.* Aurora.
אזוף, *Azop*, *Lat.* hyssopus, l'*hysope.*
אזן, *Azn*, oreille, *Lat.* Asin-*us*, Animal à longues oreilles.
אין, *Ain*, non, *Lat.* in, non.
בוא, *Bua*, arriver, *Lat.* vado, *Franç.* va.
בוז, *Buz*, mépriser, dédaigner, *Franç.* bouze.
בוץ, *Butz*; fin lin, *Lat.* bussus & byssus.
הם; *Em*, eux, *Allem.* & *Angl.* hem.
הן, *En*, voilà, *Lat.* en.
ידע, *Idʿo*, savoir, *Grec.* eide-*o.*
לוץ, *Lutz*, jouer, *Lat.* ludo, lusus.
לחם, *Lhem*, pain, *Esclavon.* lhelb, &c.
מון, *Mun*, (racine de אמן) fortifier, *Lat.* mun-*io.*
מור, *Mur*, Grec murrha, *Lat.* myrrha, Fr. myrrhe.
נוט, *Nut*, vaciller, *Lat.* nut-o.
עבד, *ʿObed*, obéir, *Lat.* obed-io.
עבה, *ʿObé*, être gras, *Lat.* obe-*sus.*
פון, *Pun*, être en peine, punir, *Lat.* punio.
פוץ, *Phuts*, répandre, *Lat.* fus-us, fudi.

X. Ajoutons que plusieurs savans Auteurs ont déjà été dans l'idée que ces six caractères Hébreux étoient des voyelles correspondantes aux Grecques & aux Latines. On peut mettre à la tête ORIGENES : ce savant, illustre par ses travaux sur le Texte Hébreu & sur les diverses Traductions qu'on en avoit déjà faites de son tems en Grec, qu'il avoit comparées en les réunissant par colonnes, consacra une de ces colonnes, apellées *Exaples* lorsqu'il y en avoit six, au Texte Hébreu écrit en lettres Greques : travail précieux en ce qu'il nous fait voir la maniere dont on prononçoit l'Hébreu dans le troisieme siécle, & en ce que cette prononciation est souvent très-oposée à celle qui résulte des points-voyelles établis par les Massorèthes. Mettons-en ici un échantillon.

Commencement de la GENÈSE.

Lu selon ORIGENES.	*Lu selon les* MASSORETHES.
Brêsith bara Elôeim eth asamaim oueth aares.	Bereshith bara Elohim eth ashamajim veeth aaretz.
Ouaares aietha Thôou ouboou ouôsekh al' pline Theôm ouroué elôeim maraepheth al pline amaim.	Veaaretz ajetha thoou vaboou, vekhoshek gnal pené theom verouakh elohim merakhepheth gnal pené hammaïm.
Ouiômer elôeim iei ôr ouiei ôr.	Vaïomer Elohim jehi or, vajehi or.
Ouiar elôeim eth aôr khi tôb ouiabdêl elôcim bên aôr oubên aôsekh.	Vajare elohim eth aor ki tob vajabedel elohim bein aor oubein hakhoshek.

Par cette comparaison, on voit que du tems d'Origènes on prononçoit comme des voyelles, ces caractères qu'on prétend aujourd'hui n'être que des consonnes ; que ו étoit *ou*, & non *ve*, ou *va* ; que ח étoit ê, & non *kh* ; que ע étoit une voyelle, & non *gn*. Ces deux manieres de lire diffèrent encore souvent de celle des LXX. comme on peut s'en assurer en jettant les yeux sur leur Version, & en lisant ce que le P. Montfaucon a écrit sur cette matiere (1).

On voit également dans les Ouvrages de S. JERÔME, qui avoit apris l'Hébreu avec soin & sous d'habiles Maîtres, que de son tems on regardoit ces caractères comme des voyelles ; & que ces voyelles étoient prononcées différemment, suivant les tems & les lieux : ce qui lui fait dire que c'est à cause de cette diversité de prononciation qu'on écrivoit si rarement les voyelles dans le corps du texte, non les points-voyelles, mais les *lettres-voyelles*,

(1) Prævia Disquisitio quomodo veteres Interpretes Hebraïcæ legerint, pag. 394. du second Vol. des Hexaples d'Origènes, Par. 1713. in-fol.

c'est son expression : *Nec refert utrum Salem an Salim nominetur, cum vocalibus in medio litteris perrarò utuntur Ebræi & pro voluntate Lectorum atque varietate Regionum eadem verba diversis sonis atque accentibus proferantur : hæc ab Eruditissimis Gentis illius didicimus.* » Peu importe qu'on dise *Salem* ou » *Salim*, puisque les Hébreux employent très-rarement les LETTRES-VOYELLES » dans le corps de l'Ecriture ; & que le même mot se prononce à volonté, » suivant le goût des Lecteurs & la diversité des Pays ; comme nous l'avons » apris des plus Savans de cette Nation (1).

Ce fut cette diversité de prononciation qui détermina, quelques siécles après, les savans Juifs qu'on a apellés *Massoréthes* à cause de la nature de leur travail, à fixer cette prononciation par les points-voyelles dont il s'agit ici : mais la prononciation qu'ils fixerent ne fut certainement pas la prononciation primitive ; ce ne put être que celle de leur tems : prononciation nécessairement dégradée & bien différente de celle des tems primitifs ; incapable par-là même de faire retrouver les raports qui regnent entre l'Hébreu & les autres Langues ; & qui a tous les défauts que devoit avoir une invention aussi importante, dans des tems aussi peu éclairés, & où l'on ne se doutoit pas des régles de la critique. On en peut donner pour regle les précautions ridicules que prirent ces mêmes Massoréthes pour empêcher la corruption des Livres Sacrés, & qui consistoient à en compter les lettres, & à marquer le mot qui en formoit le milieu. C'étoit l'enfance de la Philologie Hébraïque : cette enfance produisit les points-voyelles : les défendre & n'y voir aucun défaut, c'est trop honorer des Guides qui firent sans doute du mieux qu'ils surent, mais qui ne connoissoient pas assez l'Antiquité pour devoir être préférés à tout. D'ailleurs, pourquoi nous en tenir uniquement à leur prononciation ? Pourquoi ne pas la comparer du moins avec l'ancienne ?

Aux preuves que fournit l'Antiquité en faveur de l'existence des voyelles dans l'alphabet Hébreu, ajoutons les noms d'une foule de Savans illustres qui ont été convaincus de cette existence. Tels furent Roger BACON, qui vivoit dans le XIIIe. siécle, & qui fut surnommé le Docteur admirable (2) : POSTEL, (3) dans le XVIe. siécle. Théodore de BEZE, son contemporain (4).

---

(1) Litt. 126.

(2) Cité par le Docteur Sharp, dans sa Gramm. Hébr.

(3) De Phœnicum Litteris. Par. 1552.

(4) De vera pronuntiatione Græcæ & Latinæ Linguæ.

Etienne MORIN, qui vivoit dans le ſiécle ſuivant (5). Le CLERC, ce célébre Critique Sacré (6). Le Docteur SHARP, mort depuis peu en Angleterre, & qui a aprofondi cette matiere dans l'Ouvrage que nous citons en note (7). Tous ont affirmé & prouvé avec plus ou moins de détail, que l'alphabet Hébreu contenoit les mêmes voyelles que les nôtres. On peut ajouter à cette liſte le ſavant DRUSIUS, qui penchoit fort à reconnoître ces lettres comme des voyelles (8). MASCLEF, Chanoine d'Amiens (9), ſi connu par ſa Méthode de lire l'Hébreu ſans points. Le P. HOUBIGANT, dans la Préface de ſes Racines Hébraïques (10), &c.

Pourrions-nous mieux terminer cette liſte que par le ſuffrage de deux ſavans Abbés, bons Juges ſur ces matieres ; M. l'Abbé BERGIER, & M. l'Abbé BARTHELEMY ? Le premier n'a point héſité à admettre des voyelles dans l'alphabet Hébreu ; il n'a pas même cru que la choſe méritât d'être mis en litige (11). Le ſecond a admis nos voyelles dans l'alphabet de Palmyre qu'il a ſi ſavamment expliqué (12). Là ה eſt *E* ; ו, *o* & *y* ; י, conſtamment *i*. Quant à א & ע, ces caractères y paroiſſent avec la fonction générale de voyelle, & y tiennent lieu de toutes, étant, ſelon l'occurrence, *a*, *e*, *i*, *o* & *u*.

ARTICLE II.

Des Points-voyelles.

Aucune Langue ne peut ſe paſſer de voyelles : on en refuſoit à l'alphabet des Hébreux ; on ſupoſa donc que ceux-ci n'écrivoient que les conſonnes, & qu'ils réſervoient les voyelles pour la prononciation, voyelles qui leur étoient connues par l'uſage : ce qui confirmoit dans cette idée, c'eſt qu'en

---

(5) Exercitationes de Lingua primæva, Pars III. de Vocalibus Ebræorum, in-4. Ultraj. 1694.

(6) Biblioth. ancienne & moderne, Tom. VII.

(7) Differt. ſur la valeur primitive des Lettres, en Anglois, Lond. 1751. in-8.

(8) Alphabet Hébreu, en Latin, Franecker, 1587. in-4.

(9) Gramm. Héb. Chald. & Syr. Paris, 1743. 2 vol. in-12.

(10) Racines Hébraïques ſans points-voyelles, en vers François, Paris, 1732. in-8.

(11) Elémens primitifs des Langues, Paris, 1764. in-8.

(12) Réflexions ſur l'Alphabet & ſur la Langue dont on ſe ſervoit à Palmyre. Mém. de l'Acad. des Inſcr. & Bel. Let. Tom. XLV. in-12.

effet nombre de mots Hébreux sont écrits sans aucune voyelle. On suposa, de plus, que lorsque l'ancien Hébreu cessa d'être en usage, & que les Livres Hébreux devenoient ainsi inintelligibles pour les Juifs, des Savans Hébreux trouverent convenable de représenter toutes les voyelles par des points placés dessus - dessous ou à côté des consonnes. Et c'est ce qu'on apelle POINTS-VOYELLES, qui sont actuellement au nombre de quatorze.

Ces points-voyelles ont donné lieu à des disputes très-vives & très-longues. Toujours attaqués & toujours défendus, l'Histoire en deviendroit trop volumineuse, si nous voulions nous y arrêter. On peut voir les motifs dont on s'apuyoit de part & d'autre, dans les Ouvrages des principaux Tenans pour & contre. Tels sont CAPPEL, ETIENNE MORIN, & MASCLEF (1), qui attaquerent vivement les points-voyelles, & firent main-basse sur eux. BUXTORF le Fils, savant Balois, qui répondit avec chaleur à Cappel; de même que Don GUARINI à Masclef. Le P. SIMON (2), PRIDEAUX (3), &c. On peut voir aussi un précis de cette dispute dans l'Ouvrage Anglois cité en note (4).

On a disputé sur l'inventeur de ces Points, sur leur antiquité, sur leurs causes, sur leur nécessité, sur leur divinité : car on est allé jusqu'à les croire inspirés: c'étoit une conséquence nécessaire de l'idée qu'on s'en formoit, comme étant les seuls moyens par lesquels on pût lire les Livres Sacrés Hébreux, & en connoître le sens.

Mais dès qu'on admet que six des caractères de l'alphabet Hébreu sont des voyelles; ces points-voyelles deviennent inutiles dans tous les mots où il se trouve déjà des voyelles.

2°. En admettant que ces voyelles manquent seulement dans les mots dérivés ou composés, ensorte qu'on peut toujours les supléer par les voyelles des mots qui ont servi à composer ceux-là, les points-voyelles sont également inutiles à cet égard.

Tels furent les motifs qui firent inventer les points-voyelles : 1°. Pour fixer la maniere dont on prononçoit les voyelles écrites dans le Texte Hébreu, & qui faisoit ainsi partie de l'Ecriture. 2°. Pour rapeller la voyelle suprimée

(1) Le premier, dans son *Secret de la Ponctuation révélée*, en latin; & les derniers dans leurs Ouvrages cités ci-dessus.

(2) Hist. critiq. du vieux Testam. in 4. Liv. I.

(3) Hist. des Juifs, in-12°. Tom. II.

(4) Antiquités Judaïques, par le Docteur David Jennings, in-8. Lond. 1766. T. II, p. 344. & suiv.

dans les mots composés, & empêcher qu'on se trompât ou qu'on hésitât dans la maniere de lire ces mots.

Dans le premier cas, les points-voyelles répondent aux accens que nous mettons sur nos voyelles pour en constater la prononciation ; & dans le second, aux voyelles par lesquelles nous supléons, à la lecture, celles qui ont été omises en écrivant par abréviation.

On a cru que dans l'un & l'autre cas, ce secours étoit si important, qu'on ne pouvoit absolument se passer de ces points, & que leur invention étoit un des plus grands services qu'on pût rendre à ceux qui sont obligés de savoir l'Hébreu. L'on a même fait remonter leur origine aussi loin qu'on a pu : les uns ont cru qu'on en avoit le secret avant la captivité : d'autres, qu'Esdras avoit établi ces points : des troisiémes, qu'ils avoient été inventés depuis Esdras, mais avant l'Ere Chrétienne. Le plus grand nombre voyant que S. Jérôme, savant en Hébreu, & qui a beaucoup discuté ce qui regarde la Lecture de cette Langue, ne dit rien qui ait le moindre raport à ces points, & apuyés d'un grand nombre d'autres motifs, en reculent l'invention jusques au 5e. & au 6me. siécle ; il en est même qui prétendent que les Juifs doivent cette invention aux Savans Arabes du 9e. & du 10e. siécle ; qui, les premiers, composerent des Grammaires Orientales, & qui inventerent trois accents pour tenir lieu de voyelles, ou pour en fixer la prononciation.

Aussi, ces points-voyelles se trouvent par-tout, & actuellement on n'aprend l'Hébreu que par leur moyen : mais comme ils rendent cette étude aussi longue qu'embarrassante à cause de la multitude de régles & d'exceptions auxquelles ils donnent lieu ; qu'il est très-inutile d'ailleurs de savoir exactement de quelle maniere on prononçoit les voyelles dans une Langue qui ne se parle plus ; que les Hébreux eux-mêmes varioient dans cette prononciation suivant les tems & les lieux, comme nous l'aprend S. Jerôme dans le passage que nous avons cité un peu plus haut, & comme la raison seule suffiroit pour nous en assurer : Que ces points sont souvent mal placés, & qu'il s'est glissé à leur égard un si grand nombre de fautes & de varietés, qu'ils deviennent inutiles dans une multitude d'occasions pour fixer le sens des mots Hébreux ; enfin qu'on peut s'en passer, en regardant comme des voyelles les VI. caractères auxquels on dispute cette qualité ; à cause, dis-je, de toutes ces raisons, nombre de Savans proposent de proscrire absolument l'usage de ces points.

Déjà Cappel l'avoit désiré ; Masclef mit la hache à la main, & leur substitua une méthode qui lui paroissoit très-commode : divers Anglois ont suivi,

ſuivi, & le Docteur SHARP a composé dans ces derniers tems une Grammaire Angloiſe pour aprendre l'Hébreu ſans le ſecours des points.

Tout ce que nous avons dit dans ce Volume ſur la comparaiſon des Langues & ſur l'Alphabet primitif, aura déjà fait connoître à nos Lecteurs que nous reſſerrons beaucoup l'uſage des points-voyelles, puiſqu'ils deviennent inutiles dans tous les mots où nous reconnoiſſons des voyelles : & qu'au lieu de prononcer ces mots, ראש, שמים, ארץ, מים, *resh*, *ſhamajim*, *eretz*, *maïm*, ſuivant la Lecture des points-voyelles qu'on y a ſubſtitués aux voyelles qui y ſont, nous les lirions, *rash*, *ſhmim*, *arts*, *mim*; prononciations qui raprochent autant ces mots des autres Langues, que les points-voyelles les en éloignent, ſur-tout parce qu'ils changent des monoſyllabes en mots de pluſieurs ſyllabes. Qui reconnoitroit, par exemple, dans *eretz*, terre, l'*ars* des Latins, l'*earth* des Anglois, l'*herta* des Allemans, &c. qui préſentent tous trois le même mot; le premier comme déſignant la culture de la terre; le ſecond, la terre même; & le troiſiéme, la Déeſſe de la terre ou des moiſſons, & qui ſont tous des monoſyllabes? Qui reconnoîtroit dans זהב, prononcé *Zaab*, le *Deeb* des Maltois qui ſignifie *or*? *Dariaveſch*, pour *Darius*? &c.

Il eſt donc conſtant qu'en une multitude d'occaſions, ces points-voyelles donnent aux mots Hébreux une très-fauſſe prononciation, très-contraire à l'ancienne, tout auſſi contraire à l'analogie, & funeſte pour la comparaiſon des Langues.

Il n'eſt pas moins évident qu'on pourroit ſimplifier prodigieuſement cette étude, réduire les points à un nombre auſſi borné que chez les Arabes; les ſuprimer par-tout où il ſe trouveroit des voyelles; hormis dans les endroits où ils ſeroient néceſſaires pour reconnoître les noms propres, & ne les placer dans les mots où il n'y a point de voyelles, qu'autant qu'ils ſerviroient à déſigner un nom ou un verbe, &c. ou à raprocher les mots de la prononciation de leur racine.

Ce ne ſont que des vues générales, dont le détail nous conduiroit trop loin & s'écarteroit trop de notre plan; nous nous propoſions ſeulement en cela, de juſtifier la méthode que nous nous ſommes tracée pour retrouver les raports de la Langue Hébraïque avec les autres Langues : & nous nous eſtimerons récompenſés de nos peines, ſi l'on n'y voit rien que de raiſonnable & dont l'exécution ne fût à déſirer.

Ces obſervations ont également lieu pour l'Arabe, & pour toutes les autres Langues Orientales, comme pour l'Hébreu. On retrouve dans toutes les mêmes caractères, & on a supofé également qu'ils étoient, dans presque tous ces Alphabets Orientaux, des consonnes, & non des voyelles ; mais là comme en Hébreu, ils sont également de vraies voyelles, du moins dans leur origine ; & en les rendant par des voyelles, on retrouve les raports de ces Langues avec toutes celles d'Europe. Il n'est donc pas surprenant, qu'en ayant changé la méthode défectueuse dont on lisoit ces Langues, on y ait pu retrouver des raports & avec nos Langues à voyelles, & avec la primitive, qui étoit également remplie de voyelles : & qu'en rétablissant ces voyelles, nous soyons allés plus loin que ceux qui n'ont pas suivi la même route, & qui désespéroient qu'on pût aller plus loin qu'eux.

Nous ne craignons pas non plus qu'on nous objecte qu'en ceci nous sommes contraires aux Juifs, aux Arabes, aux autres Orientaux ; car ces Peuples ne peuvent déposer que de leur prononciation actuelle ; or cette prononciation est une altération de l'ancienne, tout comme nous avons altéré la prononciation primitive des Latins, en changeant plusieurs de leurs voyelles en consonnes : telles qu'I & U. Il faut connoître cette prononciation moderne, afin de s'assurer que les mots ont suivi dans ces Langues les mêmes altérations que toutes les autres, & de ne pas s'égarer dans la comparaison qu'on en fera : mais il faut savoir remonter à la premiere prononciation, afin de retrouver les raports primitifs dans toutes les Langues & dans tous les tems. Peu importe ces prononciations partielles & changeantes, qui isolent les Peuples chez qui elles sont en usage, lorsqu'on ne peut leur substituer les prononciations primitives & communes à la plûpart des Langues ; & si l'on n'a en elles le moyen de retrouver le raport de toutes. Rien n'est donc moins utile que ces disputes & ces méthodes qui tendent à particulariser tout, à resserrer tout, à ne voir jamais en grand, & qui font nécessairement manquer le vrai. Le Monde primitif ne sauroit s'en accommoder : il lui faut tout ce qui ramene le plus l'unité parmi les Nations, tout ce qui donne le plus de facilité pour en saisir l'ensemble, tout ce qui peut occasionner les plus grands progrès dans leurs connoissances, tout ce qui tend à les faire servir d'interprètes les unes aux autres, & à leur faire parler la même Langue, de la même manière qu'elles sont unies par des intérêts communs de la plus grande force.

ARTICLE III.

Si le premier caractère, avec lequel ont été écrits les Livres Hébreux, est l'Hébreu quarré, ou le Samaritain.

Encore une dispute sur l'Ecriture des Hébreux; la discussion n'en sera pas longue: elle prouvera sur-tout quel penchant ont pour les combats littéraires les Philosophes & les Critiques; avec quelle légereté ils les commencent, & avec quelle persévérance ils les soutiennent.

Les Bibles Hébraïques sont écrites dans tous les Manuscrits actuellement existans, dans ce caractère qu'on apelle *Hébreu quarré*, & qui est le même que le Chaldéen: tandis que les Livres de Moyse sont écrits chez les Samaritains, dans un caractère beaucoup plus grossier & plus rude, & qui par là-même doit l'emporter de beaucoup en antiquité sur celui-là. Il existe en même tems des Médailles frapées par les Princes Maccabées ou Asmonéens, depuis les tems qui suivirent la captivité jusques au dernier de ces Princes, quarante ans avant J. C. dont les Inscriptions ne sont pas en Hébreu quarré, mais en caractères Samaritains. On demande donc si dans ces tems-là & avant J. C. les Livres Hébreux ont été également écrits en caractères quarrés, ou si l'on y employoit les caractères Samaritains?

BUXTORF, SCHIKARD, LIGHTFOOT, &c. l'un Suisse, l'autre Allemand, le troisiéme Anglois, prétendirent que le Vieux Testament avoit toujours été écrit en Hébreu avec les caractères quarrés, & que lorsque les Samaritains reçurent le Pentateuque, ils le transcrivirent avec leurs caractères Samaritains auxquels ils étoient accoutumés. Cette opinion paroissoit la plus probable; mais en matiere de faits, ce n'est pas toujours ce qui est le plus vraisemblable qui est vrai. Joseph SCALIGER, toujours prêt à rompre des lances, trouva dans S. JERÔME un passage où ce Pere dit qu'ESDRAS substitua, au retour de la captivité, l'Hébreu quarré à l'Hébreu-Samaritain: EUSEBE avance la même chose dans sa Chronique; il en est de même des deux Thalmuds. Scaliger se déclara donc pour l'opinion contraire à celle de Buxtorf & de ceux qui pensoient comme celui-ci, & il a eu les plus illustres Partisans. CASAUBON, GROTIUS, VOSSIUS, BOCHART, MORIN, BREREWOOD, WALTON, HUET, PRIDEAUX, Louis CAPPEL toujours oposé aux Buxtorfs, &c. penserent tous comme Scaliger.

Cependant, il se présentoit une objection très-forte contre ceux qui pensent qu'Esdras avoit introduit l'usage de l'Hébreu quarré. Elle se tire de ces Médailles Asmonéennes dont l'usage, qui descend jusques vers le tems de J. C. & peut-être plus loin, prouve que le caractère Samaritain se maintint plusieurs siécles après Esdras : ensorte que la suposition qu'Esdras l'avoit aboli ne peut se soutenir.

Pour se débarrasser de cette objection qui paroît sans réplique, on a eu recours aux plus chétifs subterfuges : on a suposé que dès-lors les Juifs eurent deux sortes de caractères, le sacré & le profane; que le profane se maintint sur les Médailles, tandis que le sacré, introduit par Esdras, servit à transcrire les Livres Saints : on suposoit encore que les Princes Asmonéens faisoient fraper ces Médailles par des Samaritains, & que ces Samaritains en écrivoient les inscriptions avec leurs propres caractères : on aimoit mieux se séduire soi-même par de mauvaises raisons, que de suspendre du moins son jugement.

Enfin toutes ces difficultés ont été parfaitement résolues par M. l'Abbé BARTHELEMY, dans sa Dissertation sur deux Médailles d'Antigonus, Roi de Judée, un des derniers Asmonéens (1): & ce qu'il dit à ce sujet s'accorde parfaitement avec ce que nous avons dit si souvent, que tous les changemens dans les Langues & dans l'Ecriture, n'arrivent que par des gradations insensibles, comme nos Lecteurs pourront en juger par l'extrait que nous en faisons ici.

» On n'a pas examiné avec la même attention, dit ce savant Académicien, » la maniere dont les lettres Assyriennes (l'*Hébreu quarré*) introduites parmi » les Juifs, ont fait disparoître les lettres Samaritaines. C'est ordinairement » au tems d'Esdras qu'on fixe l'époque de ce changement..... Mais ni » Josephe, ni les Livres d'Esdras ne font aucune mention de ce fait; ce » n'est qu'une tradition que S. Jérôme avoit reçue de quelque Rabbin, & » à laquelle nous pouvons oposer des monumens, qui montreront que » les Juifs se sont servis des lettres Samaritaines jusqu'aux premiers siécles » de l'ere vulgaire.

» On n'imaginera pas que cette Nation ait voulu mettre sur ses Médailles » des caractères abandonnés & inintelligibles; c'est cependant ce qui seroit » arrivé, s'il étoit vrai qu'elle eût perdu l'usage des lettres Samaritaines dans » la captivité de Babylone.

---

(1) Mém. de l'Acad. des Inscr. & Bell. Lett. Edit. in-12. T. XXXIX.

» En effet, ce sont les seules lettres que Jonathan employa sur ses Médailles » ... Simon Maccabée n'en employa pas d'autres .... Les Successeurs de » ce Prince l'imiterent en ce point.... Les Médailles d'Antigonus que je » produis, mettent ce sentiment dans la derniere évidence, & montrent » clairement que cet usage a subsisté au moins jusqu'à la 40e. année avant » J. C..... Mais on ne sauroit s'en autoriser (*des Médailles*) pour montrer » que les Juifs faisoient quelqu'usage des lettres Samaritaines du tems de » J. C.

» Aux preuves tirées des Médailles, on peut substituer deux passages, l'un » de la Mischne, ouvrage composé vers la fin du deuxiéme siécle de l'ere » vulgaire; & l'autre du Talmud de Jérusalem, postérieur à la Mischne » de soixante à soixante-dix ans, suivant le P. Morin. Ces passages... por- » tent en substance que les Textes de la Bible destinés à être lus publique- » ment, doivent être écrits sans paraphrases Chaldaïques & en lettres Assy- » riennes: mais qu'il est permis dans l'usage particulier de se servir d'un » exemplaire où l'on auroit joint la paraphrase avec le texte, & dans lequel » on auroit employé les lettres Samaritaines. Il paroît par-là que jusqu'au IIIe. » siécle au moins, les Juifs ont eu des textes de la Bible, & des paraphrases » Chaldaïques, en caractères Samaritains....

Notre Auteur en conclut encore, » que les Juifs aporterent de la capti- » vité l'Alphabet Assyrien; mais qu'il fut consacré aux Ouvrages purement » Chaldaïques: qu'on s'en servit insensiblement pour les exemplaires de la Bible, & qu'enfin il devint le seul usité.

Il confirme ceci par l'exemple des Arabes. » Elmacin, dit-il, nous aprend » que les lettres qu'ils ont aujourd'hui ont été inventées vers le commencement » du Xe. siecle de notre Ere.... Cependant les anciens caractères, ceux qu'on » apelle coufites, paroissent sur les Médailles & dans les Inscriptions jusqu'au » XIIe. siécle. Ainsi malgré leur commodité, leur utilité, leur nécessité, les » nouvelles lettres ne furent adoptées par les particuliers qu'insensiblement, » & semblerent lutter pendant près de trois siécles contre les anciennes, » avant que de les avoir fait disparoître des Monumens publics.

Il est aparent que la ruine de Jérusalem qui arriva près d'un siécle après Antigone, accélera l'abandon des caractères Samaritains; & que les Juifs, dont les Principaux se retirerent sur ces mêmes rives de l'Euphrate où leurs Ancêtres avoient été réduits en captivité, adopterent enfin généralement les caractères Chaldéens seuls en usage dans ces contrées. Comme leur Ecole de Babylone devint la plus illustre, elle donna le ton à toute la Nation, en quelque lieu qu'elle fût répandue ; aussi les Juifs n'ont jamais varié depuis ce tems-là à l'égard de l'emploi des caractères Chaldéens ou quarrés pour leurs Livres sacrés. C'est d'après eux que les Européens s'en sont servi pour imprimer ces Livres, dans un tems sur-tout où l'on n'avoit pas le moindre soupçon qu'on en eût employé d'autre dans l'origine.

ARTICLE IV.

Examen de quelques Questions relatives à ces Alphabets.

Avec quelque soin que les Hébreux ayent cherché à préserver de toute altération leur orthographe primitive, on ne peut jetter les yeux sur leurs Livres sans y remarquer de très-grandes variétés : il étoit impossible en effet que des Ouvrages comme ceux-là, composés dans un espace de dix à douze cent ans, ayent été écrits exactement avec la même orthographe : il auroit fallu pour cet effet que les mots en eussent toujours été prononcés de la même maniere ; ce qui étoit impossible dans un aussi long espace de tems. Ces altérations augmenterent bien plus, lorsqu'on eut marqué par des points voyelles la valeur des voyelles : car dès-lors ces voyelles disparurent dans un grand nombre de mots, sur-tout le *vau*. Ainsi l'on n'écrit, par exemple, ces mots לֹא & כֹּל sans vau, quoiqu'on les prononce *lo* & *col*, que parce que le point-voyelle qu'on met sur ces mots, tient lieu du vau qu'il a fait disparoître. Aussi trouve-t'on souvent לא écrit par לוא, & כל écrit par כול, tous les deux avec le vau ו. C'est encore une chose très-connue que plus les Manuscrits sont anciens, & moins l'on y trouve de voyelles suprimées, comme j'ai eu occasion de le vérifier au moyen de très-beaux Manuscrits Hébreux de la Bibliothéque du Roi.

Ceci explique parfaitement la difficulté qu'a proposé M. Michaelis dans ses Questions aux Savans que le Roi de Dannemarc envoya dans l'Arabie. Il demandoit pourquoi l'on rencontre si souvent dans le texte Hébreu des lettres qui ne se prononcent point, comme dans ces mots qu'il donne pour exemple למאול, שמאול, צאון, où le vau ו ne se prononce point, & où la lettre précédente se prononce *o*, quoique ce soit un *a*.

En vain il le demanderoit à tous les Massoréthes de l'Orient comme à ceux de l'Occident ; aucun ne pourroit lui répondre : rien de plus simple cependant par nos principes. א & ו sont des voyelles ; donnons-leur la valeur qu'elles ont essentiellement, faisons-en des *a* & des *u*, & rien ne sera plus aisé que de lire ces mots : on aura *lmaul*, *ſmaul*, & *tſaun*. Mais il eſt arrivé dans toutes les Langues que *au* & *o* ſe ſont mis ſans ceſſe l'un pour l'autre ; comme en Latin *plodo* & *plaudo*, &c. Comme la même choſe arriva en Hébreu, les Maſſoréthes voulant marquer par des points cette diphtongue *au*, ſe ſont contentés de mettre au-deſſus de l'*a* le point voyelle qui déſigne l'*o* : d'où il eſt arrivé qu'on a cru que c'étoit *a* ſeul qui valoit *o*. Ainſi *u* reſta ſans fonction ; & M. Michaelis étonné de voir cette lettre, de même que quelques autres pareilles, ſans valeur, a demandé avec raiſon quelle pouvoit être la cauſe d'une orthographe auſſi biſarre : mais la biſarrerie n'eſt que dans le ſyſtême erroné qui exclut les voyelles de l'alphabet Hébreu : au lieu que chacun conçoit très-bien que *lmaul*, *ſmaul*, *tſaun*, ont pu s'écrire également *lmol*, *ſmol*, *tſon*. Le texte Hébreu ſans points, préſente la premiere de ces orthographes : le même texte avec les points, offre la ſeconde : c'eſt-là tout le myſtère.

II. M. Michaelis demande également ſi l'ordre des lettres de l'alphabet eſt fortuit ou fondé ſur quelque raiſon ; & dans ce dernier cas, ſi elles ont été arrangées ſuivant leur *figure*, ou ſuivant leur *valeur* ou leur prononciation : quoiqu'on n'aperçoive rien de pareil. Nos Lecteurs ſentent d'eux-mêmes que cette queſtion ne peut regarder que les XVI. lettres primitives ; c'eſt donc l'arrangement de celles-ci qu'il faut conſidérer, afin de pouvoir réſoudre cette queſtion, trop analogue à nos recherches, pour ne pas jetter un coup-d'œil ſur elle.

Aucune incertitude ſur les raiſons qui déterminerent les inventeurs de l'alphabet à le commencer par *A*, & à le finir par *T*. La premiere de ces lettres déſignant l'Homme lui-même, cet Etre auquel ſe raportoit l'alphabet entier, elle dut ſe placer à la tête de l'alphabet. *T* déſignant la perfection, l'accompliſſement de tout, dut marcher la derniere.

Les autres durent ſe ranger ſuivant le raport plus ou moins étroit qu'elles avoient avec ces deux. T étoit une intonation forte, & toutes les intonations fortes ſont de ſon côté, n, p, r, ſ, &c. tandis que les intonations douces, b, g ou c, d, h, m, marchent à la ſuite de l'*a*, & avant les intonations fortes.

D'un autre côté, ces intonations foibles déſignoient de grands objets, différens de l'homme : *b*, la maiſon ; *g* ou *c*, le chameau ; *d*, la porte de la tente ; au lieu que les intonations fortes déſignoient ſeulement des portions de l'homme ; *o*, l'œil ; *p*, la bouche ; *r*, le nez ; *ſ*, les dents.

Entre ces deux ſéries étoient *m* & *n* qui apartenoient à toutes les deux :

puisqu'elles désignoient la Mere de Famille & son nourrisson.

III. Tandis que nous en sommes sur ces questions, ajoutons-y celle qui regarde les diverses manieres dont on a dirigé l'Ecriture.

Toute Ecriture s'est dirigée de droite à gauche, ou de gauche à droite. La premiere de ces directions est la primitive : née dans l'Orient avec l'Ecriture, elle y existe encore chez un grand nombre de Peuples ; chez les Arabes en particulier. Les Juifs l'ont conservée aussi par respect pour leurs Livres sacrés, quoiqu'environnés de Peuples qui ont abandonné cet usage.

Les Chinois eux-mêmes écrivent de droite à gauche, comme nous l'avons déjà dit, quoiqu'ils écrivent en lignes perpendiculaires, ou par colonnes : mais ces colonnes s'avancent de la droite à la gauche, comme nos colonnes de chiffres, pour lesquelles nous avons conservé l'ordre Oriental, quoiqu'il fût encore plus aisé de les faire cheminer de gauche à droite que l'Ecriture, puisqu'elles ne sont pas liées les unes aux autres.

Ce qui détermina à écrire de droite à gauche, c'est que l'on écrit de la main droite ; & comme l'on s'alignoit pour écrire & qu'on gravoit plutôt qu'on n'écrivoit, il étoit très-indifférent pour la régularité & la beauté de l'Ecriture qu'on allât de droite à gauche, au lieu d'aller de gauche à droite.

Il n'en fut pas de même lorsque l'Ecriture fut devenue courante & commune : on trouva dès-lors les plus grands avantages à écrire de gauche à droite.

1°. La main n'est pas arrêtée par le corps à mesure qu'elle avance ; au contraire, elle s'en éloigne beaucoup plus, & rien ne la gêne.

2° La main ne couvre pas ce qu'elle vient d'écrire, ensorte qu'elle n'est pas dans le cas de l'effacer ; & qu'on peut suivre la même ligne dans la même direction, aller droit sans jamais déranger la hauteur & l'alignement de ces lettres.

Cependant ce changement de direction dans l'Ecriture ne se fit pas à l'instant : il y eut un intermédiaire ; c'est qu'après avoir écrit une ligne de droite à gauche, on revenoit sur ses pas en écrivant la ligne suivante de gauche à droite, précisément de la même maniere que les Bœufs labourent. Il existe encore des Inscriptions Grecques qui offrent cette maniere d'écrire ; tel est ce précieux Monument des Prêtresses d'Apollon Amicléen, découvert dans la Laconie par l'Abbé Fourmont, & expliqué par M. l'Abbé Barthelemy, & que nous avons fait graver ici Pl. IX. & X. Telles, quelques autres Inscriptions qu'on peut voir Pl. XI. Monumens dont nous donnons le détail dans l'explication l'explication des Planches de ce Volume. Cette écriture est également employée sur des Monumens Etrusques.

Long-tems on a cru que les Grecs étoient les inventeurs de cette maniere de diriger l'Ecriture, & qu'ils apellerent *boustrophedon*, c'est-à-dire, Ecriture qui suit une direction semblable à celle dont les Bœufs labourent. Mais on voit dans Vossius (1), une Tradition Juive qui porte qu'avant Esdras, les Hébreux écrivoient de la même maniere dont les Bœufs labourent, allant & revenant d'un côté à l'autre.

Bianconi, en partant de ce principe que les Hébreux n'ont pas toujours écrit de droite à gauche, a plus fait : il a trouvé de la maniere la plus heureuse, l'explication d'une Médaille Samaritaine que Souciet & Maffei n'avoient jamais pu déchiffrer, & que le premier prenoit pour une Médaille frapée avant la captivité, ou dont les caractères étoient étrangers & inconnus. C'est une Médaille frapée depuis le retour de la captivité, avec les caractères Samaritains, très-connus, mais gravés de gauche à droite, comme on le voit par les E qu'elle contient. Nous donnons ici cette Médaille Pl. XIV. N°. 1. & 3. C'est un Palmier placé entre ces trois mots *Al ogr ejeb*, qui signifient *Dieu a terminé* notre *affliction*.

Monument unique, & dont l'explication fait honneur à la sagacité de Bianconi (2).

CHAPITRE IV.

Raports des principaux Alphabets avec ceux-là.

C'est une vérité reconnue, que la plupart des Alphabets Orientaux anciens ou modernes ont le plus grand raport avec l'ancien alphabet Syriaque, qu'on peut regarder comme en ayant été la source.

I. C'est cet ancien alphabet qu'on apelle *stranghelo*, mot corrompu du Grec *stronghilos*, ou l'arrondi, parce que tandis que l'alphabet primitif prenoit une forme quarrée chez les Chaldéens & les Hébreux, il en prenoit une

(1) Ars Grammat. L. I. c. XXXIV.

(2) De antiq. Litter. p. 28.-30.

arrondie chez les Syriens, & quelque fois ovale dans la direction de droite à gauche. En jettant les yeux sur cet alphabet, Pl. VII. on voit que ces lettres *b*, *c* ou *g*, *e*, *k*, *m*, *n*, *p*, *r*, *ſ*, sont exactement les mêmes que les Phéniciennes & Hébraïques: qu'il en est de même de celles-ci, *i*, *o* & *q*, à l'exception qu'elles sont plus allongées & couchées: que la lettre *d* est l'ancien *t* à croix. *A*, *H*, & le *V* sont les seules qui ayent éprouvé le plus d'altération.

II. Ces différences sont plus considérables dans l'alphabet des Mendeens ou Chrétiens de St. Jean, né de celui-là, & qui conserve cependant l'air Syriaque, au point que la Croze le crut antérieur au Syriaque, & que celui-ci n'en étoit qu'une branche (1).

III. L'alphabet Cuphique ou des anciens Arabes pendant les premiers siécles après Mahomet, offre encore de grands raports avec le Syriaque; tels sont leurs *b*, *g*, *v*, *i*, *k*, *l*, *p*, *r*, *ſ*, &c.

VI. L'Arabe moderne, né de celui-là, conserve encore néanmoins de très-grands raports avec les primitifs: on ne peut méconnoître leurs *d*, *v*, *k*, *l*, *n*, *p*, *r*, *ſ*, dans les lettres de ces alphabets correspondantes à celles-là. Leur *o* est l'*o* Hébreu couché de droite à gauche, &c.

V. L'alphabet de Palmyre n'est pas moins manifestement le même que les alphabets Hébreu & Syriaque: comme l'a très-bien vû M. l'Abbé Barthelemy, qui, en parlant des lettres Palmyréniennes, dit positivement que ce sont les anciennes lettres Syriaques (2).

VI. L'ancien alphabet Persan avoit également un très-grand raport avec le Syriaque. M. Anquetil nous en a donné deux: celui qu'il apelle Zend & qu'on peut voir dans notre Pl. VII. & celui qu'il apelle Pehlvi: ils sont si conformes l'un à l'autre, que nous avons réuni ces deux noms dans le même alphabet: il n'y a d'autre difference entr'eux, si ce n'est que le Zend est en majuscule, & le Pehlvi en minuscule; & que dans le premier on employe divers caractères dont le dernier ne fait aucun usage: mais ceux qui répondent aux XVI. lettres primitives, leur sont communs à tous deux. On ne peut méconnoître celles-ci dans leurs *b*, *g*, *d*, *e*, *v*, *k*, *n*, *o*, *p*, *r*, *ſ*, sur-tout en retournant quelques-unes de droite à gauche, en particulier *g*, *e*, *p*, &c. Ajoutons que le *m* Zend est le *m* Arabe, à l'exception que son

(1) Dissertation Philologique à la suite du Recueil des Oraisons Dominicales par Chamberlayne. Amst. 1715. p. 127.

(2) Mém. de l'Acad. des Inscr. & Bell. Lett. T. XLV. in-12. p. 107.

trait de liaison est relevé en haut : le *m* Arabe est le *m* Hébreu, avec la seule différence qu'il est triangulaire ou rond, tandis que le Palmyrénien & le Mendéen sont ouverts à leur base.

M. Anquetil trouve beaucoup de raports entre ces alphabets & ceux de Géorgie & d'Arménie; nouvelles preuves que tous ces Peuples puiserent leurs lettres dans la même source (1).

Comme l'alphabet Pehlvi n'a que XIX. caractères, il s'est très-peu éloigné de l'alphabet primitif, & il doit être d'une haute antiquité.

VII. L'alphabet INDIEN des Bramines, apellé *Samskretan*, & qui est leur alphabet le plus ancien, composé de XX. caractères seulement, du moins tel qu'il a été donné dans la belle Collection des alphabets de Bernard, publiée de nouveau avec des augmentations par M. le Docteur MORTON (2), cet alphabet, dis-je, vient certainement de la même source. Lorsqu'on suprime les liaisons & les traits qu'ils y ont ajoutés pour rendre tous ces caractères à peu près uniformes en grandeur & en quarrure, pour leur donner à tous une livrée commune, un air national, on retrouve aussi-tôt les lettres primitives. Il est aisé de s'en assurer en jettant les yeux sur les caractères Indiens, Planche VII. où nous avons désigné par des traits pointillés les additions Indiennes : on y voit le raport le plus frapant entre les *a*, *b*, *g*, *d*, *v*, *k*, *l*, *m*, *n*, *p*, *r*, *q*, Indiens & Hébreux.

On n'en doit pas être surpris ; les Indiens & les Chaldéens avoient de trop grandes liaisons & ils étoient les uns & les autres trop voisins des tems primitifs, pour n'en posséder pas également l'alphabet. Celui des Indiens doit avoir souffert moins d'altérations que le Zend ; celui-ci étant plus délié, plus arrondi, & ayant l'air d'avoir été employé par des mains plus exercées à écrire.

Il se peut aussi que cette différence provienne seulement des différentes matieres sur laquelle ces Peuples écrivoient : il est presqu'impossible que les Indiens qui, pour écrire, gravent en quelque sorte sur le bois ou sur l'écorce, ayent la même dextérité que les Perses qui écrivent sur le parchemin, & qu'ils puissent donner à leurs lettres des formes aussi agréables & aussi hardies.

VIII. De cet alphabet Indien, sont nés plusieurs autres alphabets dont on se sert aux Indes pour l'Ecriture courante, & qui varient suivant les Contrées :

(1) Tom. LVI. in-12. des Mém. de l'Acad. des Inscr. & Bell. Lett.

(2) N°. VII. de ceux qui vont de droite à gauche. Cette Collection précieuse est de l'année 1759.

tels sont l'alphabet *Dewana-garam* & l'alphabet *Balubandu* (1). On y aperçoit néanmoins encore une source commune. Dans le premier de ceux-là, la lettre E a la forme d'un triangle, précisément comme dans l'alphabet Cuphique de notre Planche VII. à l'exception que dans ce dernier il est arrondi en forme de poire, au lieu que dans l'Indien il est vraiment triangulaire. C'est la figure Egyptienne si commune sur les Monumens Egyptiens, & qui peignant la porte, l'entrée à la vie, désignoit la qualité d'E-tre, la lettre E.

IX. Les alphabets des MONGALES ou des Mogols de la grande Tartarie, vers les frontieres de la Chine, ont été publiés par le Savant BAYER (2). Il les fait naître lui-même de l'ancien alphabet Syriaque ou du *Stranghelo*, du moins leur alphabet minuscule ; le majuscule étant né du minuscule.

X. A la derniere colonne de la Pl. VI. nous avons donné plusieurs caractères de l'alphabet du TIBET. Ils sont tirés d'un Ouvrage très-intéressant sur cette Contrée, qui a paru depuis quelques années (3). L'Auteur, savant dans les Langues Orientales, donne lui-même dans cet Ouvrage une comparaison entre cet alphabet & l'Oriental dont il prétend aussi qu'il vient. L'alphabet Tibetan auroit donc la même origine que le Mongale, ou plutôt ils seroient tous venus du primitif, dès la plus haute antiquité : il n'est donc pas étonnant que M. PAUW ait cru que cet alphabet du Tibet est le primitif, & que tous les autres en sont nés, puisqu'on pourroit dire la même chose de ceux-ci. Aucune de ces assertions ne se croisent réellement ; elles démontrent au contraire l'excellence de notre systême, en prouvant combien tous les alphabets sont semblables ; puisqu'on prend chacun d'eux pour celui qui a formé les autres.

Si M. le Baron de GRANTE, Colonel-Capitaine dans le Régiment de

(1) MILL, Differt. in-4. sous le titre de *Miscellanea Orientalia*, Leyde, 1743.

On peut voir aussi un Alphabet Indien transcrit dans la Dissertation sur la Religion, &c. des Hindous ou Bramines, traduite de l'Anglois, par M B... Paris, 1769. in-12. Il est composé de 50 lettres, dont plus de la moitié sont composées : les formes en different d'ailleurs de celui que nous avons fait graver.

(2) Mém. de l'Acad. de Pétersbourg, T. III. &c.

(3) Alphabetum Tibetanum, &c. Fr. August. Anton. Georgii, Rom. 1762. in-4.

L'Ouvrage imprimé à Rome en 1773. sous le titre d'*Alphabetum Tangutanum sive Tibetanum*, n'est qu'un abrégé de la seconde Partie de celui-là.

Lally, ne s'est pas trompé dans ses vues, l'alphabet du Tibet seroit encore aujourd'hui exactement le même que l'alphabet Irlandois. Il écrivit à ce sujet à M. de Lisle une lettre qui doit avoir été inserée dans le Journal étranger ; & qui a du moins été imprimée en entier dans l'Ouvrage du Docteur PARSONS (1)

Ce qui feroit une forte présomption en faveur de cet Officier, c'est qu'il étoit Irlandois, qu'il avoit conversé avec des Savans du Tibet, & qu'il possédoit même des Ouvrages écrits dans leur Langue. Nous n'avons pu savoir ce que sont devenus ces Ouvrages: M. de GRANTE étoit déjà mort, lorsque nous vîmes sa lettre dans l'Ouvrage du Docteur Parsons.

XI. L'alphabet COPTE ou des Egyptiens modernes, a le plus grand raport avec l'alphabet Grec ; aussi les Savans n'ont vu dans celui-là qu'une copie de celui-ci, à l'exception de quelques lettres dont on ne connoit pas l'origine. De ces dernieres, WILKINS crut qu'il y en avoit quatre Arabes & deux Ethiopiennes (2) ; & SAUMAISE (3), que les huit lettres coptes qui ne sont point communes aux Grecs, formoient seules l'ancien alphabet Egyptien ; ce que Wilkins a relevé avec raison : mais celui-ci étoit lui-même dans l'erreur sur l'origine de ces lettres.

Des 32 lettres dont cet alphabet est composé, ôtez-en d'abord six, *g*, *d*, *z*, *x*, *v*, & *k h*, qui forment un double emploi dans cet alphabet, ensorte que les Coptes n'en font aucun usage, il ne restera que 26 lettres. Otant de celles-ci, celles qui sont purement Grecques, comme l'*ó* long ou omega, &c. celles qui restent sont communes à tous les alphabets anciens, & présentent un alphabet qui existoit certainement en Egypte avant les Grecs, & auquel on ne fit qu'ajouter les lettres Grecques qu'on y voit actuellement.

Ainsi le *g* & l'*e* Copte, sont de tous les anciens alphabets : leurs *v*, *f*, *t*, & *q*, ne sont point ceux de l'alphabet Grec, mais des restes précieux de l'alphabet primitif, qu'on retrouve par ce moyen en entier dans l'alphabet Copte, malgré son mêlange avec l'alphabet Grec.

XII. L'alphabet RUNIQUE, que nous donnons en entier dans la Planche

(1) The remains of Japhet, Chap. VI. Nous avons déja parlé de cet ouvrage un peu plus haut.

(2) Differt. de Lingua Copticâ, à la suite du Recueil de l'Oraison Dominicale, par Chamberlayne, Amst. 1715. in-4°.

(3) Epit. CLXVI.

VI. est tiré de l'Atlantique d'Olaus RUDBECK. M de KERALIO, Major de l'Ecole Royale Militaire, l'a rendu plus commun en le faisant entrer dans les morceaux intéressans qu'il a donnés au Public sur la Littérature Suédoise.

On ne peut douter que ce ne soit l'ancien alphabet connu sous le nom des Pélasges, & qui se conserva dans divers cantons du Nord, lorsque les Grecs s'en furent éloignés en adoptant celui de XXII. lettres.

Dès-lors se terminent toutes les disputes élevées à ce sujet. Si l'on a cru que cet alphabet étoit antérieur au Déluge, on a eu raison, en admettant une Ecriture avant le Déluge, conservée dans cet alphabet.

Ceux qui en fixent l'invention quelques siécles après le Déluge, ont raison encore, puisque cette écriture devint alors l'alphabet de XVI. lettres.

Ceux qui les attribuent à ODIN, peuvent avoir raison, en ce que la Colonie d'Odin les auroit aportées avec elle, quand elle vint en Suéde; aussi STURLESON n'en attribue pas l'invention à Odin.

On ne peut donc se dispenser de voir dans ces lettres, l'alphabet Scythique porté en Gréce par les Pélasges long-tems avant Cadmus, & qu'admet M. IHRE (1); ce qu'avoient déjà soupçonné le P. MABILLON & FRERET.

Un seul ordre de personnes perdent à cet accommodement; celles qui ont soutenu que ces lettres Runiques étoient fort postérieures à Odin, & même au commencement de notre Ere Chrétienne (2): sentiment qui a été défendu sous la Présidence de M. IHRE, trop honnête pour vouloir forcer ses Disciples à ne juger que d'après lui: mais qui dut être attaqué par des raisons auxquelles il me semble qu'il n'y a rien à répondre, en envisageant cet alphabet sous le point de vue le plus général, comme ayant existé evant l'arrivée d'Odin en Suéde, qui y vint d'une Contrée où cet alphabet s'étoit conservé depuis des tems antérieurs à l'alphabet de XXII. lettres. Il ne seroit pas même difficile d'indiquer ces Contrées: elles étoient peu éloignées de la Mer Caspienne: là dut se conserver pendant long-tems l'alphabet primitif, tandis qu'il s'augmentoit dans le Midi. Le Pehlvi qui n'a que XIX. lettres, en est une preuve sans réplique: s'il s'étoit formé de l'alphabet de XXII. lettres, elles s'y trouveroient toutes. Ajoutons que l'alphabet Runique & l'alphabet Pehlvi apartiennent à des Peuples dont les Langues ont de très-grands raports, & qui furent certainement voisins les uns des autres dans leur premiere origine.

(1) Analecta Ulphilana.

(2) Entr'autres M. UNO-VON TROIL dans des Thèses soutenues sous M. IHRE à Upsal en 1769.

Quant à la discussion, si les Suédois & les Germains avoient des lettres avant Odin, elle ne peut se résoudre que par des monumens qui n'existent peut-être nulle part : il est cependant bien difficile de croire que tandis que les Pélasges & les Scythes connoissoient l'Ecriture, les Peuples du Nord, liés avec ceux-là, n'en eussent aucune connoissance.

XIII. A tous ces Alphabets, nous en avons joint quelques-uns de Phénicie:

L'alphabet du Peuple qui a été regardé pendant si long-tems comme l'inventeur de l'Ecriture, entroit nécessairement dans un Ouvrage tel que le nôtre. Cependant, nous n'en avons l'obligation qu'à ces derniers tems ; rien de pareil n'existoit il y a trente ans : depuis long-tems on cherchoit, à la vérité, à découvrir cet alphabet ; mais on n'avoit pu en venir à bout, manque de Monumens exacts, & des connoissances nécessaires pour un travail aussi ingrat. Deux illustres Rivaux ont travaillé à l'envi à enrichir la République des Lettres de leurs découvertes à ce sujet (1) : si quelquefois ils ne sont pas d'accord sur quelques objets particuliers, cela n'ôte rien à leur gloire ; tandis que les points sur lesquels ils s'accordent, donnent la plus grande certitude aux alphabets qui en résultent. Malgré la plus grande confiance en chacun d'eux, on apréhenderoit toujours qu'un seul n'eût pu tout voir ; on ne doute plus, dès qu'on voit que ceux qui courent la même lice avec une hardiesse égale, conviennent en tant de points : & l'on ne peut que désirer qu'ils ayent assez de loisir pour dissiper avec la même sagacité & le même succès les ténèbres qui rendent inutiles un grand nombre de Monumens de la même nature ; tels que les Médailles d'Afrique, d'Espagne & des Parthes, les Inscriptions des Pagodes des Indes, &c.

N'omettons pas que leur exemple a excité l'attention de plusieurs Savans, & qu'on a vu paroître successivement des alphabets Phéniciens & des explications de Médailles Phéniciennes publiées par M. Pellerin (2), par M. l'Abbé Perez Bayer (3), & par M. Dutens (4), qui augmentèrent à l'envi nos richesses en ce genre.

---

(1) M. l'Abbé Barthelemy, dans les Mém. de l'Acad. des Inscr. & Bel. Let. dans le Journal des Sav. & dans des Dissertat. séparées. Et M. le Docteur Swinton dans les Transactions Philosophiques.

(2) Dans son beau Recueil de Médailles en 7 vol. in-4°.

(3) Dans une Dissert. à la suite du magnifique Salluste Espagnol qui vient de paroître in-fol.

(4) Dans ses Explications de quelques Médailles, in-4°. Lond. 1773, & 1774.

En jettant les yeux sur ces alphabets PHÉNICIENS de Syrie, de Créte, de Malte, de Sicile, d'Espagne, de Carthage, &c. on reconnoit toujours l'alphabet primitif, malgré les formes diverses qu'ont dû prendre nécessairement dans le cours de tant de siécles, des caractères employés en tant de lieux différens : ces différences, qui n'ôtent rien au raport commun, sont même une confirmation que tous les alphabets viennent d'une même source, puisque malgré les variétés qu'on aperçoit entr'eux, ils ne sont, lorsqu'on les raproche, que des nuances d'un même caractère. Plus on réuniroit d'alphabets anciens, & plus on les verroit se raprocher & déposer hautement cette vérité incontestable, qu'il n'exista qu'un seul alphabet primitif duquel sont venus tous les autres, & qui subsiste ainsi à travers toute l'étendue de l'ancien Continent, depuis les côtes de la Chine jusques à celles du Portugal.

EXPLICATION

DES MONUMENS ET DES PLANCHES

QUI ACCOMPAGNENT CE VOLUME.

I.

Explication du Frontispice.

MERCURE conduit par l'Amour, vient enseigner aux Hommes l'art d'exprimer leurs idées par la parole & celui de les peindre par l'Ecriture : telle fut la source des arts & de la société, selon les Anciens : jusques alors les hommes avoient été réduits à une vie errante & vagabonde, à pêcher ou à chasser ; & c'est le genre de vie dont on les voit occupés dans le lointain du Tableau.

» Osiris combla d'honneur Mercure, nous dit Diodore de Sicile (1), parce

(1) Hist. Univ. Liv. I.

qu'il

» qu'il vit en lui des talens extraordinaires pour tout ce qui peut être avan-» tageux à la société humaine. C'est Mercure qui le premier forma une Lan-» gue exacte & réguliere, au lieu des sons grossiers & informes dont on se » servoit; il inventa les premiers caractères & régla jusqu'à l'harmonie des mots » & des phrases.

Cette allégorie prouve le cas infini que les Anciens faisoient de la parole & de l'Ecriture; que feroient en effet les hommes sans ces deux véhicules de la pensée ? Mais qu'est-ce qui leur en inspira l'usage & l'exercice, si ce n'est l'amour social & le desir de se rendre mutuellement heureux ? Ce n'est que ce desir du bonheur commun qui peut enflâmer le génie & lui faire produire ces arts merveilleux qui sont la gloire de l'esprit humain, la base de la société, les ailes sur lesquelles l'homme s'éleve jusques aux cieux, & agrandit sans cesse l'empire de son intelligence.

Les Gaulois ne faisoient pas moins de cas de Mercure; ils l'adoroient, nous dit Jules César, comme l'inventeur des arts (1); ils le peignoient avec une chaîne d'or qui sortoit de sa bouche & avec laquelle il conduisoit tout le monde par les oreilles.

HORACE a composé une Hymne à son honneur, à l'imitation des Hymnes anciennes, & qui contient les actions qu'on lui attribuoit : en voici les trois premieres strophes.

Mercuri, facunde nepos Atlantis,
Qui feros cultus hominum recentum
Voce formasti catus, & decoræ
More palestræ,
Te canam, magni Jovis ac Deorum
Nuntium, curvæque lyræ parentem,
Callidum, quidquid placuit, jocoso
Condere furto.
Te, boves olim nisi reddidisses
Per dolum amotas, puerum minaci
Voce dum terret, viduus pharetrâ
Risit Apollo. (2)

» Mercure, Dieu de l'éloquence, petit-fils d'Atlas, toi qui, par les graces » de la Parole, sus adoucir la grossiereté des Hommes qui venoient de naître,

(1) Comment. Liv. VI.
(2) Ode XI. du Liv. I.

» c'est toi que je veux chanter, toi Messager du puissant Jou & des Dieux: » toi le Pere de la Lyre courbe, & qui sais cacher adroitement ce qu'il te plaît » de prendre. Tandis qu'Apollon cherchoit à t'effrayer, lorsqu'encore enfant tu » lui volas ses Bœufs, si tu ne les lui rendois, il ne put s'empêcher de rire en » voyant que son Carquois lui manquoit aussi.

Ce que dit ici Horace est conforme aux idées que tous les Anciens se formoient de Mercure; & fait voir qu'ils le regardoient comme l'inventeur de la Parole, & des moyens par lesquels cette Parole polit les humains & perfectionne la société. C'est ce qui fit dire que Mercure avoit volé à Apollon ses Bœufs & ses Flèches. Jusques-ici, on n'a vu dans ces deux traits qu'une tradition folle, & qui ne ressembloit à rien; mais c'est une très-belle vérité dans le génie allégorique, & qui s'accorde parfaitement avec les dons qu'on vient de voir que Mercure avoit faits aux hommes: il en est ici comme du vol de Promethée. Voler les Dieux, c'étoit, non un crime, non un vol physique, mais une découverte excellente, une invention céleste & divine, des connoissances ravies aux Dieux pour le bonheur du genre humain. Mercure, l'instituteur de la societé humaine, le Législateur de l'Agriculture & de l'ordre, a donc volé les flèches d'Apollon, ces rayons du Soleil qui éclairent l'Univers & qui le fécondent: il les lui vole aussi dans le sens allégorique où ces flèches représentent les maladies causées par le Soleil, en aprenant aux hommes le moyen de s'en garantir, & de se mettre à l'abri des injures de l'air, avantages des sociétés bien constituées: il en est de même des Bœufs, c'est un don de Mercure, puisque les sociétés ne purent prospérer que par l'Agriculture; & que les hommes surent multiplier ces animaux, qui jusques alors étoient uniquement sous la puissance de la Nature.

II.

Explication de la Vignette.

LE sujet qu'elle offre est une preuve frapante de ce que peut dans l'homme le desir de la Parole. C'est l'évenement dont il est parlé pag. 101. & à l'occasion duquel le Fils de Crœsus cessa d'être muet. Ce jeune Prince se jette au-devant de son Pere, qu'un Cavalier va percer: non content de le couvrir de son bouclier, il sent qu'il faut un secours plus pressant; son ame enchaînée par des organes sans souplesse, brise ses liens par l'émotion dont elle est saisie, ses organes se dégagent, & le jeune Prince fait entendre sa voix. Ainsi échape à la mort un Monarque riche & puissant à qui il ne restoit presque plus rien. Quelle satisfaction pour ce vertueux Fils! Quelle félicité pour les Nations si l'on ne faisoit jamais qu'un salutaire usage du don de la Parole!

Le fond du Tableau représente les murs de la superbe SARDES, Capitale des vastes Etats de Crœsus : on voit sur le devant des Edifices extérieurs, portion du Palais de ce Roi.

III.

PLANCHES ANATOMIQUES.

PREMIERE PLANCHE.

ELLE a pour titre, ORGANE DE LA VOIX: on y voit l'intérieur de l'homme depuis la poitrine jusques aux racines de la Langue, & elle est relative à la pag 74. & suiv. Nous la devons à CASSERIUS, un des plus grands Anatomistes du XVIe. siécle (1): Telle en est l'explication.

A, La peau relevée.
B, Muscles de la Mâchoire inférieure.
C, Portion tendineuse de ces muscles, voisine de l'os hyoïde.
D, Muscles nés de l'avance styloïde, & qui se terminent à l'os hyoïde.
E, Muscle large & mince, qui s'étend du menton jusqu'à la base de l'os hyoïde & sert à la déglutition.
F, L'os hyoïde.
G, Le LARYNX.
J, Nerfs qui vont depuis la 6e. paire jusqu'à la Langue.
H, Premiere paire des muscles communs du Larynx, qui servent à l'ouvrir en soulevant la base du scutiforme.
I, Premiere paire des muscles propres au Larynx & qui servent à le fermer.

(1) Julii Casserii Placentini de vocis auditûsque Organis Historia Anatomica, in-fol. Ferrar, 1601.

K, Muſcles communs du Larynx qui viennent de l'intérieur de la poitrine & ſe terminent à la baſe inférieure du ſcutiforme.

L, Corps glanduleux placé ſur le Larynx.

M, Veine qui vient des jugulaires.

N, TRACHÈE-ARTÈRE.

O, Muſcles qui ſervent à mouvoir la tête & le cou.

P, Muſcles de l'os hyoïde, qui viennent du haut du ſternum, & ſe terminent à la baſe de l'os hyoïde.

Q, Muſcles de l'os hyoïde qui viennent de l'épaule, & ſe terminent à l'avance de cet os.

PLANCHE II.

C'eſt une ſuite de la précédente, & nous la devons au même Anatomiſte : on y voit diverſes portions de la Trachée-artère & du larynx, préſentées ſous diverſes faces, afin de s'en former une idée plus juſte.

La FIGURE 2 eſt très-intéreſſante ; c'eſt la Trachée-artère vue de face, comme dans la Pl. II. mais dégagée de toute autre portion du Corps.

A, Mâchoire inférieure relevée.

B, Deux muſcles du larynx.

C, Deux muſcles de l'os hyoïde, marqués *E*, dans la Pl. I.

D, L'os hyoïde.

E, Portion du cartilage ſcutiforme.

F, Muſcles communs du Larynx, marqués *H*, Pl. I.

G, Muſcles marqués *I*, Pl. I.

H, Trachée-artère avec ſes cercles cartilagineux & ſa ſéparation en deux branches.

I, Muſcles tendineux du Larynx, marqués *K*, Pl. I.

La Figure 3 eſt la Trachée-artère vue de profil.

A, Racines de la Langue.

B, L'os hyoïde placé à ces racines.

C, Muſcles du larynx.

D, Portion antérieure du cartilage ſcutiforme.

E, Muſcle marqué *K* & *I* dans les Figures précédentes.

F, Muſcles marqués *I* & *G* dans les Figures précédentes.

G, Muſcle de l'Œſophage avec ſes fibres.
H, Portion de l'Œſophage.
I, La Trachée-artère.

Les Figures ſuivantes ſont relatives aux larynx & à l'os hyoïde.

FIGURE 4.

A, La langue,
B, L'os hyoïde.
C, Ligament qui attache l'os hyoïde à l'avance du cartilage ſcutiforme.
D, Corps membraneux qui l'attache à ce cartilage.
E, Faces latérales & à droite de ce cartilage.
G, Muſcle marqué *F* dans la figure 3.
H, Portion de la Trachée-artère.

FIGURE 5.

A, Lien qui attache l'os hyoïde à l'épiglotte, & qui éleve celle-ci.
B, Baſe de l'os hyoïde.
C, L'os hyoïde.
D, Ses cornes.
E, Cartilage ſcutiforme, avec les avances qui s'uniſſent à l'os hyoïde.
F, Le muſcle du larynx marqué *F* figure 3.
G, Exubérance du cartilage annulaire.
H, Portion de la Trachée-artère.

FIGURE 7.

A, Portion de l'Œſophage. *B*, deux de ſes muſcles.
C, Deux autres muſcles de l'œſophage, plus grands que ceux-là.
D, Orifice du corps membraneux marqué *D* figure 4. & qui envelope le larynx.
E, Cavité que forme ce corps membraneux, ou la GLOTTE dans laquelle ſe forme la voix.
F, Epiglotte, ou couvercle de cette cavité.
G, Cartilage arythenoïde.
H, Portion inférieure du corps membraneux qui envelope le larynx.
I, Portion de la trachée-artere.

FIG. 9.

A, L'os hyoïde avec ſes trois exubérances.

B, L'Epiglotte.

C, Le Cartilage ſcutiforme vû dans ſa partie poſtérieure concave.

D, Muſcles ailés qui ſervent à ouvrir la glotte.

E, Portion de la Trachée-artère.

PLANCHE III.

Cette Planche eſt tirée des Tranſactions Philoſophiques, année 1746. Elle repréſente les Muſcles du viſage & eſt relative à la pag. 94 & ſuiv. de ce Volume.

A, Portion antérieure de l'occiput frontal.

B, Muſcle orbiculaire qui ſert à fermer les paupieres.

C, Muſcles des Temples.

D, Le Maſſeter, muſcle des joues.

E, Muſcle qui ſert à élever l'oreille.

F, Le grand Zygomatique.

G, Le petit Zygomatique.

H, Le pyramidal, qui éleve la lévre ſupérieure.

I, Son voiſin, ou le muſcle de Santorini.

K, Le muſcle qui éleve la lévre ſupérieure, ou l'inciſeur de Cowper.

L, Le muſcle qui éleve les deux lévres.

M, Le muſcle oſculatoire ou du baiſer.

N, Faiſceau de fibres qui s'étendent de l'inciſeur à l'orbiculaire.

O, Conduit ſalivaire.

P, Glandes parotides ou ſalivaires.

Q, Le Buccinateur.

R, Le muſcle du ris.

T, Le Triangulaire.

1. Le Corrugateur du Menton.
2. L'abaiſſeur de la lévre inférieure.
3. Le nouveau muſcle tranſverſal du nez, ou de Santorini.
4. Le muſcle des narines, de Douglas.
5. Prolongement de l'Occiput-frontal, de Douglas.
6. Les Contracteurs des narines.
7. Le quarré de la joue, ou les muſcles du menton.
8. La peau abattue.

I V.

PLANCHES relatives à l'Alphabet.

Ce ſont les Planches IV. V. VI. VII. & VIII. Les deux premieres repréſentent l'alphabet hiéroglyphique & primitif de XVI. lettres. Les deux ſuivantes font voir la maniere dont ces XVI. lettres ſe ſont conſervées dans les alphabets fondamentaux ; & la derniere, les diverſes formes qu'a éprouvé la lettre E dans la plupart des alphabets, & ſur-tout dans les plus anciens.

Ces Planches ſont relatives aux pages 403 & ſuiv. de ce Volume ; ce qui fait que nous n'entrerons pas ici dans d'autres détails à ce ſujet.

V.

MONUMENS, & 1°. Monumens Grecs.

PLANCHES IX. & X.

Ces deux Planches ne forment qu'un même monument, comme M. l'Abbé Barthelemy s'en eſt aperçu avec beaucoup de ſagacité (1). Les inſcriptions qui y ſont contenues, furent copiées par M. l'Abbé Fourmont ſur des monumens qu'il découvrit dans le Temple d'Apollon Amycléen en Laconie. Ce Temple avoit été fondé à Amyclès, Ville de Laconie, au midi de Lacédémone, par Amyclès, Fils de Lacédémon & Roi de Sparte, environ deux cents ans avant la guerre de Troye, il y a trois mille ans. Et le Monument qu'on décrit ici, fut deſtiné à conſerver les noms des Prêtreſſes de ce Temple, & la durée de leur miniſtère.

Les lignes en ſont écrites en bouſtrophedon, allant de droite à gauche & revenant de gauche à droite.

En voici la traduction, d'après M. l'Abbé Barthelemy ; en commençant à droite par la Pl. X.

» Les Meres & les Filles (ou les ſecondaires) d'Apollon (2), & (*les années*) » des Meres.

---

(1) Mém. de l'Acad. des Inſc. & B. L. T. XXXIX. édit. in-12. p. 129. & ſuiv.

(2) En Grec *Kourai* : ce mot ſignifie Fille & Servante ; & *Koros*, fils & ſerviteur. Les noms de Fils & Serviteur, de Fille & de Servante, ont toujours été ſynonymes. De-là le

» Akalis, *Fille d'*Akratus, Mere, X. (*ans*).

» Aeeropa, *fille* d'Okulus, ſecondaire.

» Amymonée, *fille* de Dialkeus, mere XIII. (*ans*).

» Gnatho, *fille de* Laſius, ſecondaire.

» Laodameea, *fille du* Roi Amycla, mere IV. (*ans*).

» Gnatho, *fille de* Laſius, ſecondaire.

» L . . . Sa Adſa . . . . mere XXXII. *ans*.

» Iaſis, *fille* d'Iaſus, & P . . . oee, *fille d'*Akaſtus, ſecondaires.

» Laodameea, *fille d'*Arkalus, mere XII. *ans*.

» Kaliſto, *fille de* Theopompus, ſecondaire.

» . . . Ea, *fille d'*Archedamus, Mere V.

» Klio, *fille d'*Arionus, Secondaire.

» Kalliroee, *fille d'*Adraſtus, Mere XXX.

» Akakallis, *fille de* Theokles, Secondaire.

» Damonaſſa, *fille d'*Arterionus, Mere XLIX.

» Anato, *fille d'*Ariſtobule, Secondaire.

» Xthon . . . , *fille de* Polydore, Mere XLVII.

» Prokris, *fille de* Polymeſtorus, Secondaire.

» Aſia, *fille de* Polemarchus, Mere XXXII.

» Polydora. . . . . ,

PLANCHE IX.

» XLIX. Enalia, *fille d'*Amokel, Mere V ans,

» Kalipaks . . . , *fille de* Kalimake, Mere L.

» Pakia, *fille de* Kalimake, Mere XX.

» Karaderis, *fille de* Karaderus, Mere XXIV.

» Amomona, *fille de* Deroſes, Mere LV.

» Amomona, *fille de* . . . Cipe, Mere XL. . .

» . . . , *d'*Ariſetandre & *d'*Ariſtetomake, Mere XXXI,

» Makais, *fille d'*Ariſetmakus, Mere XXV.

» Apaia, *fille de* Kalikeratus, Secondaire LI.

» Amomona, *fille de* Kalimake, Secondaire XXX.

---

nom de *Kora*, donné à la fille de Cérès ; & le titre de NEO-KORES ou *Serviteurs*, *Miniſtres du Temple*, ſi connu dans l'Antiquité Grecque. Nous ne pouvons dire ici ni Fille, ni Vierge, ni Servante ; nous traduirons donc par *Secondaire*.

Amomona,

» Amomona, *fille de* Sekeprus, Mere XX.
» Salamis, *fille de* Sekeprus, Mere XXI.
» Sekola, (*Scylla*) *fille de* Sekilus, Mere LII.
» Sekenoma, *fille d'*Alkidokus, Mere I.
» Pesopis, *fille d'*Arkidame, Mere III.
» Peromena, *fille de* Seamebo, Mere XXIV.
» Polokso, *fille de* Pisandre, Mere XXIV.
» Poluboia, *fille d'*Aristandrus, Secondaire XX.
» Melanippe, *fille de* Mnasones, Secondaire I.
» Salamis, *fille d'*Arostomake, Secondaire XX.
» Melanippe, *fille de* Melanippe, Secondaire XX.
» Marpeza, *fille de* Pisandre, Secondaire II.
» Melanippe, *fille de* Pisandre, Secondaire IX.
» Meedesikaste, *fille de* Melanippe, Secondaire II.
» Apaia, *fille de* Lusistrate, Secondaire XXI.

Cette Planche est certainement postérieure à la précédente, puisque celle-ci offre le titre du Monument & le nom de Laodamie, fille du Roi Amycles, comme ayant été la troisieme Prêtresse du Temple. Cependant nous avons numéroté celle-ci comme si elle étoit la premiere, parce qu'elle est l'original même qui avoit été gravé à mesure qu'on élisoit une nouvelle Prêtresse; au lieu que celle qui devroit être la premiere, n'est qu'une copie faite dans des temps postérieurs, & comme pour remplacer un original qui se détruisoit. Rien n'est si aisé que de s'en assurer par la nature des caractères qui sont vraiment antiques dans la Pl. IX, & très-rajeunis dans la Pl. X. Ici les *O*, *P*, en sont arrondis, au lieu que là ils sont triangulaires, du moins jusques vers la douzieme ligne. Les *Th* ou Théta sont partagés en quatre compartimens, à l'ancienne mode, dans la Pl. IX, pendant que dans la Xe. les génitifs sont terminés en *O*; & ce n'est qu'à la dix-neuvieme ligne qu'ils commencent à l'être en *ou*; au lieu que dans la Pl. X, ils se terminent en *ou* dès la premiere ligne.

On voit dans celle-ci une écriture toujours la même, tandis que dans celle-là on apperçoit des progrès successifs, & une écriture de différentes mains.

La Pl. X offre la lettre *Kh.* ou χ, qu'on ne voit jamais dans la Pl. IX, où elle est rendue par *K*, parce qu'elle n'existoit pas encore.

On y voit même deux manieres très-différentes de marquer les années.

Dans la Pl. IX, c'eſt ſuivant la valeur numérale des lettres alphabétiques, où *A* vaut 1; *B*, 2; *K*, 10, &c.; & dans la Pl. X, c'eſt avec des caractères numériques, & même avec des unités pour les quatre premieres unités.

L'une & l'autre cependant remontent à des temps très-reculés, puiſqu'elles forment enſemble une étendue d'environ huit ſiecles; & qu'en comparant leur caractère avec celui qui étoit en uſage quatre ſiecles avant J. C. on voit qu'il lui eſt très-antérieur.

Si l'on voit dans ces Inſcriptions, tantôt des Meres & des Secondaires aſſociées, tantôt des Secondaires ſeules, & qui remplacent les Meres, c'eſt ſans doute, comme le conjecture M. l'Abbé Barth: à cauſe des diverſes révolutions qu'éprouva la Laconie, par les conquêtes des Doriens & des Héraclides, arrivées dans ces tems-là.

Le nombre XLIX, qui eſt à la tête de la Pl. IX, marque la durée du regne d'une Prêtreſſe, dont le nom a diſparu. Il eſt déſigné par *M*, qui vaut 40, & par un caractère que M. l'Abbé Barthelemy prouve fort bien être un *Theta*, & que j'avois cru, avec la nouvelle Diplomatique, être un *Heta*, ou le *heth* des Hébreux, ainſi que je l'ai marqué dans la Pl. IV, à la colonne de l'ancien Grec.

L'orthographe de la Pl. IX, offre divers phénomènes très-remarquables. On y voit deux E ou EE, au lieu d'un é long. Dans Apeia, *P* pour *Ph*, qui n'exiſtoit pas encore ſéparément; & beaucoup de *Sheva* ou d'*E* brefs, qu'on ſuprima dans la ſuite. *Sekepro* pour *Skephro*; *Sekenoma* pour *Skenoma*. La terminaiſon Dorienne en *A*. O pour U, & *Ks* au lieu de *X*, *Polokſo* au lieu de *Poluxó*.

PLANCHE XI.

Cette planche offre VII. inſcriptions Grecques qui remontent à pluſieurs ſiécles avant l'Ere Chretienne, quoiqu'elles ſoient très-poſtérieures aux deux précédentes. Comme elles ſont preſque toutes en bouſtrophedon, & qu'elles donnent lieu à des remarques intéreſſantes, nous avons cru devoir les mettre ſous les yeux du Public.

La premiere eſt due auſſi à M. l'Abbé Fourmont, & il la trouva également dans les ruines d'Amyclée. On y lit en bouſtrophedon, *Damonaka Damonako 'Iereia*, c'eſt-à-dire, » Damonaca fille de Damonax, Prêtreſſe. »

La ſeconde eſt due au Deſſinateur qui accompagnoit M. l'Abbé Fourmont:

elle est aussi en boustrophedon, & commence par deux monogrammes ou caractères composés, difficiles à lire. Les Auteurs de la nouvelle Diplomatique, ont cru que le premier pouvoit se rendre par ϒλλος, *Hyllus*; & le second, par *M'AN*; mais il vaut mieux rendre celui-ci simplement par *AN*; l'inscription entiere sera ainsi:

ϒΛΛΟΣ ΑΝΕΘΕΚΕΝ ΑΡΙΣΤΟΚΛΕΣ ΝΟΕΣΕΝ.

» Hyllus a exécuté, Aristokles a inventé. »

La troisieme a été donnée au Public par M. Bimard de la Bastie (1): l'original est en Angleterre, C'est un bas-relief en marbre, où un jeune Athlète, vainqueur aux jeux publics, & nommé *Manthée* selon l'inscription, offre un sacrifice d'actions de graces à *Iou*; ce Dieu est assis sur un trône; il porte son Aigle de la main gauche; un trépied est placé au-devant de lui, avec une coupe & un vase, d'où le jeune homme se dispose à tirer quelque chose, sans doute de l'encens. Ce monument est accompagné de cette inscription:

ΜΑΝΘΕΟΣ ΑΙΘΟϒ ΕϒΧΑΡΙΣΤΕΙ ΔΙΙ ΕΠΙ ΝΙΚΕΙ
ΠΕΝΤΑΘΛΟϒ ΠΑΙΔΟΣ.

» Manthée, fils d'Æthus, rend graces à Iou pour sa victoire remportée au
» Pentathle de la jeunesse.

Cette inscription est intéressante par la maniere dont elle fait connoître jusqu'à quel tems on fit usage dans la Grèce de l'écriture boustrophedonne. Winkelmann, dans cette *Histoire de l'Art* qui lui a fait tant d'honneur (2), dit qu'elle est certainement postérieure à la cinquantieme Olympiade, c'est-à-dire, à l'an 580 avant J. C. parce que c'est alors seulement qu'on commença à travailler en marbre, c'est-à-dire sans doute, à faire dans la Grèce des bas-reliefs & des statues de marbre; car les Egyptiens & les Asiatiques eurent des monumens en marbre long-tems avant cette époque. Mais, selon M. de la Bastie, cette inscription doit être même postérieure à cette cinquantieme Olym-

(1) Dans le nouveau Trésor des Inscriptions antiques de M. Muratori, Tom. I. in-fol. format d'Atlas, Planche II. Elle est aussi dans la nouv. Diplom. Tom. I. Planche VI. n°. V.

(2) Tom. II. p. 172.

piade, d'environ un siécle, parce que le pentathle remporté par Manthée, n'a été établi qu'après la LXX. Olympiade, ou l'an 496 avant J. C.

Dans le mot grec pentathle, la lettre L a exactement sa forme primitive, celle d'une aile qu'offre encore aujourd'hui l'Hébreu quarré. On y voit *X* pour *kh*; l'*A* y paroît aussi avec sa forme antique, de même que *D*, *R* & *S*.

L'inscription n°. IV. est due à TOURNEFORT, qui la copia dans l'Isle de Délos, d'après la base d'une statue renversée par terre. Elle a été donnée ensuite par le P. de MONTFAUCON, dans sa Paléographie Grecque (1), par les Auteurs de la nouvelle Diplomatique (2), & par SHUCKFORD (3). La voici en lettres grecques ordinaires.

Ο ΑϜΥΤΟ ΛΙΘΟ ΕΜΙ (ou ΕΙΜ) ΑΝΔΡΙΑΣ ΚΑΙ ΤΟ ΣΦΕΛΑΣ.

Ce qui peut signifier; » d'une même pierre, je suis la statue & la base. »

On y voit le digamma Eolique, ou la lettre *F*, servant à séparer les deux voyelles du mot *auto* : les *S* y sont parfaitement conformes aux latines ou aux nôtres : les *A* & les *E* y ont leur ancienne forme, &c.

Le n°. V. représente les inscriptions trouvées dans la voie Appienne sur deux colonnes, & qui sont du tems de l'Empereur Antonin le Pieux. C'est un monument élevé par Hérode l'Athénien, pour faire connoître, à ce qu'on présume, le raport des anciennes lettres Attiques avec celles des Romains.

Voici, en caractères ordinaires, les inscriptions gravées sur l'une de ces colonnes, parce qu'elles sont les mêmes sur les deux.

ΟΔΕΝΙ ΘΕΜΙΤΟΝ ΜΕΤΑΚΙΝΕΣΑΙ ΕΚ ΤΟ ΤΡΙΟΠΙΟ ΗΟ
ΕΣ ΤΙΝ ΕΠΙ ΤΟ ΤΡΙΤΟ. ΕΝ ΤΕΙ ΗΟΔΟΙ ΤΕΙ ΑΠΠΙΑ ΕΝ
ΤΟΙ ΗΕΡΟΔΟ ΑΓΡΟΙ. Ο ΓΑΡ ΛΟΙΟΝ ΤΟ ΚΙΝΕΣΑΝΤΙ
ΜΑΡΤΥΣ ΔΑΙΜΟΝ ΕΝΗΟΔΙΑ.

Et de l'autre côté :

ΚΑΙ ΗΟΙ ΚΙΟΝΕΣ ΔΕΜΕΤΡΟΣ ΚΑΙ ΚΟΡΕΣ ΑΝΑΘΕΜΑ
ΚΑΙ ΧΘΟΝΙΟΝ ΘΕΟΝ. (4)

» Défense à tous de transférer de Triopium où est (*cette colonne*) à trois

(1) Pag. 122.
(2) Tom. I. ubi suprà.
(3) Hist. sacr. & prof. Tom. I. p. 255.
(4) Paléogr. Grecq. p. 141.

» (*milles de Rome*) sur la voie Appienne dans le champ d'Hérode; car malheur à celui qui la transporteroit, dit la Déesse Enhodie (1).

Et de l'autre côté.

» Ces Colonnes sont consacrées à Cerès, à Proserpine & aux Dieux » Manes. »

S'il m'est permis de dire mon avis après les décisions des Scaliger, des Saumaise, des Montfaucon, celui qui fit graver ces inscriptions ne se proposa pas seulement de faire voir le raport des lettres grecques & latines, comme nous le verrons au sujet du n°. VII. il voulut sur-tout faire sentir la différence qu'il y avoit entre l'orthographe grecque de son siécle & celle des premiers tems. Car les lettres qu'on y voit, sont des lettres courantes & déliées, très-différentes des lettres anciennes; au lieu que l'ortographe qu'on y suit est celle des tems anciens, où l'on écrivoit *o* pour *ou*, *e* pour *h*, *ho* pour ὁ, *oi* pour ῳ, &c.

L'inscription VI. a été publiée & expliquée par M. l'Abbé BARTHELEMY (2) d'après M. l'Abbé Fourmont qui la déterra dans les ruines d'un Temple, auprès de l'ancienne Phlius : ce n'est qu'un fragment d'une inscription plus étendue, qui contenoit la liste de quelques Ministres sacrés, dont le Chef s'appelloit PERE : digne par-là de paroître avec celle des Planches IX. & X. où la premiere des Prêtresses s'apelle *Mere*, & qui a d'ailleurs cela de commun avec celle-là, d'être écrite aussi en boustrophedon. Elle est aussi en dialecte dorique, & voici comment la lit notre savant Académicien qui la juge d'une haute antiquité.

ATHAMAS O EVLAO PATEER ANAKEONTOS

TEEMENO TO PELEO KALIKERATEES (*to*) MENEMOONOS

PATEER ANAKEONTOS EYKRATO TO TEEMENO.

GEEMATERIOS (*t*)*o* LEPEREO PATEER ANAKEONTOS.

KALIKELEO TO EYSTEGANO TO EYKERATO

LAPAEES APERATO KOROS.

» ATHAMAS fils d'Eulaus, PERE, Temenus fils de Pelée étant Anaconte. » CALLICRATÈS fils de Mnemon, PERE, Eucratès fils de Temenus étant Ana-

(1) Ce nom signifie Protectrice des Chémins.

(2) Mém. de l'Acad. des Inscr. & Bel. Let. Tom. XXIII. in-4°. & XXXIX. in-12.

» conte. DEMETRIUS fils de Lepreus, PERE, Calliclès fils d'Eusteganus, petit-
» fils d'Eucratès étant Anaconte, & Laphaes fils de Peratus étant (*COROS*)
» fils, c'est-à-dire, Servant ou Assistant. »

L'on voit ici des génitifs Grecs en O & EO; deux E pour l'ê long ou heta; & deux O pour l'ó long ou o mega. G pour D, dans le nom de *Geematerios* ou Demétrius: des monogrammes assez difficiles à lire & expliqués au bas de l'inscription, d'après M. l'Abbé Barthelemy, &c. On n'y voit qu'un Theta, & il est quarré & à compartimens, précisément avec la figure de l'Héta primitif, tout comme dans la PL. IX.

Le N°. VII. n'est que le commencement d'une très-belle Inscription, dont le marbre a cinq pieds de long sur un pied & demi de large: il fut découvert en 1672. par M. Galland, dans une Eglise d'Athènes, & M. de Nointel le fit transporter à Paris. Nous en pourrons quelque jour donner la gravure entiere; en voici le commencement, tiré de la Paléographie Grecque (1). Elle est au moins de l'an 450 avant J. C. car le nom de Cimon, fils de Miltiades, qui mourut cette année là, est à la tête des personnes nommées dans cette liste, parce qu'il commandoit dans tous les combats & toutes les expéditions dont il y est parlé.

Ce Monument fut élevé par Mégare à l'honneur des Athéniens de la Tribu d'Erechtée, qui avoient péri dans ces occasions; en voici le titre.

» Ceux de la Tribu d'Erechtée, qui ont été tués dans les combats de Chy-
» pre, d'Egypte, de Phénicie, d'Halliéa, d'Egine. Megare (leur a élevé ce Mo-
» nument) cette même année. »

On voit ensuite trois Colonnes remplies de noms: la premiere porte pour titre, » Général »; & au-dessous le nom de *Cimon*. Celui de *Phanylle* est à la tête de la seconde colonne, & celui d'*Akrypte* à la tête de la troisieme.

L'orthographe de cette Inscription est semblable à celle des colonnes d'Hérode; ce qui confirme ce que nous avons dit de celles-ci.

L'aspiration y est marquée par H; les datifs par *OI*; point d'*ω* ni d'*ou*: un même *O* fait les fonctions de brève & de longue: l'oméga étoit cependant déja établi dans d'autres Contrées.

On y voit quelques lettres avec des formes remarquables. Les G y sont comme les *L* Grecques Λ; les *R* y ont la forme des nôtres, hors que le dernier jambage n'a encore que la moitié de la longueur qu'il eut chez les Latins.

(1) Par le P. de Montfaucon, p. 135. Elle est aussi dans la nouv. Diplom. Tom. I.

& c'est une forme qu'ils ont également sur des Médailles Phéniciennes, comme M. *Pellerin* l'a très-bien dit (1), & comme on le voit ici, Pl. XV. n°. 5 : la lettre *L* est comme notre L minuscule italique : point de *X* encore.

Afin qu'on juge mieux du caractère de cette Inscription, nous avons mis au bas, à l'imitation du P. de Montfaucon, l'alphabet Athénien de XXI. lettres (non compris le *XS*) qui en résulte. Il peut servir, sur-tout, à expliquer ce que nous aprend HERODOTE, que ce Peuple avoit conservé les lettres Pélasgiques, ces lettres qui leur étoient communes avec le Latium.

On y voit en effet presque toutes les lettres Latines, *A*, *B*, *D*, *E*, *H*, *I*, *K*, *l*, *M*, *N*, *O*, *R*, *T*, *Y*; il en est de même du *P*. La forme qu'il a ici, est la même qu'il présente sur les Monumens les plus anciens du Latium; sur les Médailles de Capoue en particulier. Le *TH* est le même que chez les Etrusques. Le *S* est celui des Latins, horsmis qu'il est à angles & non arrondi, comme un ל ou L Hébraïque : & cette lettre eut surement cette forme chez les premiers Romains.

Ce beau Monument est donc une preuve frapante de ce que nous avons dit, que plus on pouroit rassembler de Monumens anciens, & plus on verroit les raports entre tous les alphabets de tous les Peuples, s'augmenter & ces alphabets se réduire tous à un seul, à cet alphabet primitif dont ils dériverent nécessairement tous.

VI.

MONUMENS PHÉNICIENS.

PLANCHE XII.

Après avoir offert à nos Lecteurs des Monumens Grecs, dont l'époque est connue, nous leur présentons une suite assez nombreuse de Monumens en caractères Orientaux, très-intéressans pour donner une idée exacte des alphabets de l'Orient; mais dont il n'est pas encore possible de fixer le tems, parce que la plûpart ne portent point d'époque avec eux, & parce qu'on n'a pas suffisamment de piéces de comparaison d'un tems précis.

A la tête de ces Monumens sont des Inscriptions Phéniciennes. Elles ont d'autant plus de mérite, que long-tems on a cru qu'il étoit impossible de les

(1) Dans sa Lettre imprimée en 1768, sous le nom de Francfort, in-4. Planche III.

expliquer & de découvrir l'alphabet Phénicien : mais depuis 26 ans environ, deux Savans ont fait à cet égard les progrès les plus rapides, M. l'Abbé BARTHELEMY & M. le Docteur SWINTON ; & sur leurs traces ont marché avec succès M. PELLERIN, M l'Abbé PEREZ-BAYER & M. DUTENS. Leurs efforts soutenus ont valu à la République des lettres, non-seulement l'alphabet Phénicien, mais un grand nombre : on a eu des Alphabets Phéniciens de Tyr, de Chypre, de Malte, de Sicile, d'Afrique, &c. tous semblables par la forme générale des lettres ; tous différens par les formes particulieres de plusieurs de ces lettres.

L'inscription Phénicienne contenue Pl. XII. fut expliquée par M. l'Abbé Barthelemy en 1758 (1) ; mais d'après la copie inexacte qu'en prit le célébre Voyageur POCOCKE dans les ruines de Citium, Colonie Phénicienne de Chypre, & qui fut très-florissante. M. le Docteur SWINTON, qui avoit le marbre même sous les yeux, à Oxford, attaqua vivement cette explication dans les transactions philosophiques (2). M. l'Abbé Barthelemy en ayant acquis cependant une copie fidelle, fit regraver cette Inscription dans sa Lettre à M. le Marquis Olivieri (3), & n'eut qu'à changer très-peu de chose à sa traduction. C'est d'après cette derniere Planche que nous la donnons : & afin qu'il ne s'y glissât pas de fautes, nous l'avons fait graver d'après un dessein calqué sur le cuivre, ainsi que la Pl. XII. M. l'Abbé Barthelemy qui est possesseur de ces Planches ayant bien voulu le permettre.

Dans la copie fautive, le premier mot étoit ANM ; il ne pouvoit signifier que *je dors* : dans la seconde, ce mot est ANK ; il signifie JE, comme le prouve fort bien M. l'Abbé Barthelemy (4) ; & on peut voir dans cette même Planche XII, n°. 4, le même mot gravé d'après les Inscriptions Phéniciennes du Mont Sinaï, copiées par le P. Sicard. Mais en jettant les yeux sur plusieurs de ces Inscriptions gravées Pl. XIX. d'après un Voyageur Anglois, on en voit au moins huit qui commencent par ce même mot. Or, ceux qui écrivoient sur ces rochers n'y gravoient pas leur épitaphe : ils déclaroient leur nom ; ils le commençoient donc par ANK, *je* ou *moi*.

Cette explication nous paroît plus naturelle que celle qu'en donne M. le

(1) Mém. de l'Acad. des Inscr. & Bell. Lett. édit. in-4. T. XXX. édit. in-12. T. LHI. Planch. III. n°. I.

(2) Tom. LIV. année 1764.

(3) Paris, 1766. in-4.

(4) Ibid. p. 34.

Docteur

Docteur Swinton qui y a vu le mot *onyx*, & qui en conclut qu'il désigne ici l'*albâtre* sur lequel est gravée cette inscription, & qu'il signifie la même chose que le mot marbre. Ces deux Savans s'accordent pour les quatre mots suivans; *Abdassar fils d'Abdsissem*, *fils de Chad* ou *char*, selon M. l'Abbé B. ou *Abdasar fils d'Abdesame*, *fils de Hhur*, selon le Docteur Swinton.

Viennent ensuite quatre mots que M. l'Abbé B. a soulignés, de l'explication desquels il n'est pas sûr, & qu'il a laissés en blanc dans sa nouvelle traduction, tandis que M. Swinton y voit ceci, *Pierre Sepulchrale de Lembus* ou *de Lemeb qui a vécu 20 ans d'un siécle de douleurs.*

Mais cette explication ne tient ni à la phrase précédente, ni à la suivante; il semble que ce soient autant de monumens différens.

Tandis que le Docteur continue ainsi, *ces morts d'Amathonte descendent pour l'éternité dans la prison* (du Sépulcre); M. l'Abbé lit, je *me suis reposé sur le lit* (ou dans le tombeau) *pour la suite des siécles*; & il s'apuie de cette expression d'Esaïe (1), *les Justes reposeront dans leurs lits*, rendue dans les LXX. par celle-ci, *leur tombe sera en paix.*

Il continue ainsi; *Astarté fille de Tham fils d'Abdmelec ai posé* (ce monument;) où est le mot LAMT dont on ne peut deviner le sens.

Mais le Docteur Swinton s'en tire de cette façon: *ce monument a été élevé par la Maison de Tham fils d'Abdmelec*; & ce Tham est, selon lui, ce *Tamus*, Amiral de Cypre, qui fut au secours de Psammetique, & dont parle Diodore de Sicile (2).

Quelque parti qu'on prenne entre ces deux Savans, il résulte cependant de leur explication qu'on connoît, au moins, douze lettres de cet alphabet, A, B, D, H, K, L, M, N, O, R, S, T; ce qui est d'un avantage d'autant plus grand, qu'elles ont ici une forme différente des lettres Phéniciennes qu'on voit sur d'autres monumens, tels que celui dont nous allons parler.

PLANCHE XIII.

Cette Planche représente un monument Phénicien, conservé à Malte, négligé par ABELA dans ses Antiquités de Malte; donné au Public, mais d'une maniere peu exacte, en 1735. par M. le Commandeur de MARNE (3); atta-

(1) Chap. LVII. 2.

(2) Liv. XIV. & XV.

(3) Mém. de Trévoux, 1736.

qué comme supposé par M. le Marquis MAFFEI (1) ; mal expliqué par M. l'Abbé FOURMONT (2), & par les Auteurs de la nouv. Diplom. (3). M. l'Abbé BARTHEL. en a donné une explication dans le même Mémoire que la précédente ; & comme elle fut attaquée de même par M. le Docteur SWINTON, M. l'Abbé B. l'a défendue dans sa lettre à M. le Marquis Olivieri (4).

Telle est la traduction du savant Anglois : *Abdassar & le frere* (d'Abdassar), *Asseremor qui est* (aussi) *fils d'Asseremor, fils d'Abdassar, ont fait un vœu à Melcarth, Divinité* (tutélaire) *de Tyr, qu'il les bénisse* (ou les fasse prospérer) *dans leurs tours & retours* (ou dans leur navigation oblique).

Telle est celle du savant François :

Abdassar & mon frere Asseremor, fils d'Asseremor fils d'Abdassar, avons fait ce vœu à notre Seigneur Melcarth, Divinité (tutélaire) *de Tyr : ainsi puisse-t-il les bénir* (après les avoir égarés, ou) *dans leur route incertaine* ; & sans doute après quelque tempête qu'ils avoient essuyée.

Ces deux Savans Interprètes des Phéniciens, se raprochent beaucoup plus ici qu'à l'égard de l'Inscription précédente. Ensorte que l'alphabet Phénicien qui résulte de cette seconde Inscription, est plus sûr encore & plus complet que celui qui résulte de la premiere.

M. l'Abbé Perez-Bayer s'accorde aussi avec ces deux MM. à l'exception de la derniere phrase où il ouvre un troisieme avis : regardant comme *S* la lettre que M. l'Abbé B. regarde comme un E, & qui revient deux fois dans cette phrase ; il y voit ceci, *qu'il les bénisse*, en exauçant leur priere (ou leur *voix*).

Cette Inscription Phénicienne est accompagnée d'une Inscription Grecque beaucoup plus courte, mais qui n'est que la même chose présentée à la maniere des Grecs & avec des noms Grecs ;

Abdassar & Asseremor s'apellent ici *Denys & Serapion* : & MELCARTH est Hercule (5) : telle est l'Inscription Grecque :

Denys & Serapion, Tyriens, enfans de Serapion, à Hercule, Conducteur.

---

(1) Osserv. Letter. Tom. IV.

(2) Mém. de l'Acad. des Inscr. & Bell. Lett. Tom. IX.

(3) Tom. I. p. 656.

(4) Pag. 1-18.

(5) On peut voir dans les Allég. Orient. pag. 180. que Melcarth ou Mélicerte n'est qu'une épithète d'Hercule.

La gravure de ce Monument, donnée par M. l'Abbé BARTHELEMY, est d'ailleurs très-fidèle, étant faite d'après le moule en plâtre pris sur l'original.

Il ne seroit peut-être pas difficile de fixer par l'inspection des caractères Grecs, le siécle de cette Inscription Phénicienne : il est certain qu'elle est de beaucoup postérieure à la moins ancienne de ces Inscriptions Grecques que nous avons rapportées : & qu'ainsi la Langue Phénicienne étoit parlée & écrite peu de tems avant J. C. Il n'est donc pas étonnant que l'on eût, quelques siécles après, une grande connoissance des livres Phéniciens. Observation qui n'est pas à négliger à cet égard, & sur-tout sur les questions relatives à Sanchoniaton.

PLANCHE XIV.

On voit dans cette Planche dix-huit Médailles, dont dix Hébraïques-Samaritaines, quatre Parthes, & quatre de Malte.

Des dix Hébraïques, les trois dernieres, n°. 7. 9. 12. ont été expliquées par M. l'Abbé Barthelemy; les sept autres par nombre de Savans : & nous avons déja eu occasion de parler de la troisieme (1).

La premiere est de la même nature, ayant d'un côté un palmier avec les caractères qu'on voit dans la troisieme, & qui étoient inconnus avant Bianconi ; de l'autre une feuille de vigne avec des caractères qu'on n'a pas encore trop bien expliqués.

Le n°. 2. offre un palmier & ses fruits, avec le nom de SIMON, le premier des Princes Maccabées qui ait fait battre monnoie; il en eut la permission d'Antiochus Evergetes : & l'on voit encore dans le premier Livre des Maccabées (2) la Lettre de ce Roi de Syrie par laquelle il lui donne ce droit dont les Princes sont si jaloux actuellement.

Le n°. 4. offre une grappe de raisin avec quelques lettres, restes du nom de Simon.

Au revers, deux trompettes qu'on prendroit pour deux colonnes; & l'inscription,

LHRZT (*I*) RVSLI (*M*), *pour la délivrance de Jérusalem.*

Le n°. 5. offre d'un côté une coupe avec l'inscription, *pour la rédemption de Sion*, LGALT TSION.

(1) Ci-dessus, pag. 457.

(2) Chap. XV. 6.

Au revers, une poignée d'épis entre deux olives, & cette Inscription NST ARB'O, *année quatrième*, qu'il faut compter depuis les grandes victoires de Judas Maccabée & de ses freres, sur Antiochus & sur ses Généraux.

Le n°. 6. offre un vase avec une Inscription à moitié effacée, & la lettre *A* qui signifie *année premiere*, & qui est placée au-dessus du vase.

Au revers, une fleur que le P. FRŒLICH prend pour le lys des Vallées, le même que le muguet des bois, fleur dont il est parlé dans le Cantique des Cantiques (1); & que Pline dit réussir parfaitement dans la Phaselide, Contrée peu éloignée du Jourdain & au nord de Jericho. Cette fleur ressemble beaucoup à la primevere. M. le Docteur Paulet croit que c'est ce muguet des bois appellé en latin *vince-toxicum*, dompte-venin, qui est fort commun au bois de Boulogne, & auquel, entr'autres vertus, on attribue, comme l'indique son nom, la propriété de résister aux venins, & sur-tout de guérir les blessures faites par des flèches empoisonnées. Autour de la fleur est cette Inscription :

IRUS*h*LM QDS*h*, Jérusalem *la* Sainte.

Le n°. 8. qui est du même tems, a d'un côté une lyre, avec l'inscription, *pour la délivrance de Jérusalem.*

Au revers, une grape de raisin avec le nom de *Simon.*

Ces Médailles sont expliquées par le P. FRŒLICH, avec une vingtaine d'autres pareilles (2). Elles sont aussi pour la plûpart dans le Dictionnaire de la Bible de Don CALMET (3), & dans plusieurs autres Auteurs, comme KIRCHER, VILLALPAND, RELAND (4), SOUCIET, GAGNIER (5), ET. MORIN, &c.

Les n°. 7. 9. & 12. semblent être d'une autre Nation par la netteté & la régularité des caractères; aussi sont-ils d'un tems postérieur, & pendant lequel on avoit eu le tems de perfectionner l'Art des Monnoies. Nous devons les explications de celles-ci à M. l'Abbé BARTHELEMY (6), confirmées pour la plûpart par celles du Docteur SWINTON.

Le n°. 9. est la plus ancienne des trois : elle est de Jonathan, frere de Judas

---

(1) Chap. II. 1.

(2) Hist. des Rois de Syrie, en Lat.

(3) Tom. II. in-fol. à la fin.

(4) Dissertation sur des Médailles Samaritaines, 1702.

(5) Journal de Trévoux, Sept. 1705.

(6) Mém. de l'Acad. des Inscr. & Bel. Let. T. XXXIX. édit. in-12.

Maccabée. D'un côté sont deux cornes d'abondance avec une fleur de pavot ; & de l'autre côté, cette Inscription. INTN, EKEN, EGDL, VHBR, IEB ou IED, *Jonathan*, *Prêtre Grand* (le Grand-Prêtre) *& ses compagnons*, la seconde ou la quatriéme année, suivant la maniere de lire les dernieres lettres.

M. Swinton qui a fait graver cette même médaille (1), lit différemment un ou deux de ces caractères, & d'une maniere plus décidée : il y voit la *seconde* année très-positivement.

Le vau y a cette figure du Digamma ou *F* retournée de droite à gauche, dont nous avons déja eu occasion de parler. M. Swinton a été très-étonné de ce que personne n'avoit remarqué jusqu'à lui cette forme du vau sur les Médailles Samaritaines (2). A l'occasion d'une Médaille de Simon, sur laquelle se trouve cette forme, & dont l'inscription est exactement la même que celle qui est dans notre n°. 5. autour de la coupe, ce Savant dit : » Sed & suum » adhuc nostro nummulo est pretium quod insolitam ac plane singularem τῶ » *vau* Samaritani formam, Simone clavum Reipublicæ Judaïcæ tenente, sibi » concreditam, bis mille prope-modum annos, tantum non illæsam custodie- » rit. Quam quidem formam Æolicum *Digamma* haud parum referentem, » nullus si bene memini, hactenus evulgatus & explicatus ostentavit Samari- » tanus nummus. » *Cette Médaille acquiert un nouveau prix de la forme extraordinaire du vau, qu'elle offre depuis près de deux mille ans que Simon étoit à la tête des Juifs. Ici le vau approche du Digamma Eolique*, & si je m'en rappelle bien, *personne jusques ici ne l'avoit vu sur les Médailles Samaritaines.* M. Swinton fait ensuite l'énumération de divers Ouvrages où il n'a point trouvé cette lettre, & où elle auroit dû être ; mais comment lui ont échapé l'Histoire de Shuckford, les Dissertations de Souciet, les Annales des Rois de Syrie par Frœlich, &c. qui donnent tous à cette figure la valeur du vau ? Aussi M. l'Abbé Barthelemy, en lui donnant cette valeur dans son explication de la Médaille de Jonathan dont il s'agit ici, & sur laquelle elle se trouve, n'en parle pas comme d'une nouveauté.

Les n°s. 7. & 12. sont des Médailles d'Antigone, dernier Prince de la Maison des Maccabées, & auquel Antoine fit couper la tête aux sollicitations d'Hérode. On voit sur toutes les deux cette Inscription, en caractères Hébreux des

---

(1) Oxford, 1750. in-4. Tab. II.

(2) Ibid. p. 46. & 47.

Médailles, KEN GDL H, Grand-Prêtre. La lettre *H* commence un mot qu'on ne peut plus lire.

M. Swinton fait de cette lettre *H* le commencement du nom d'*Hyrcan* : Hyrcan le vieux ou Jean *Hyrcan*, qui mourut cent sept ans avant l'Ere Chrétienne, & qui avoit trois fils, dont le second s'apelloit Antigone. Ces Médailles se raporteroient donc à deux Princes, à Jean Hyrcan & à son fils Antigone : mais celui-ci ne fut jamais Roi, & l'Antigone de la Médaille en porte cependant le nom. On ne peut donc douter que ce ne soit le dernier Antigone, celui qui fut mis à mort l'an 40 avant J. C. qui, selon les Auteurs Anglois de l'Histoire Universelle (1), fut élevé sur le Trône de Judée par les Parthes, & qui fut également souverain Sacrificateur, après avoir fait couper les oreilles à son oncle *Hyrcan II.* afin qu'il ne pût continuer à exercer la sacrificature : celui-ci fut même emmené prisonnier par les Parthes.

Les Médailles des nos. 10. 11. 15. & 16. sont, comme nous l'avons dit, des Rois Parthes, successeurs des anciens Rois de Perse (2). On y voit d'un côté la tête du Prince qui les fit fraper; au revers, un AUTEL avec le feu sacré, & des Gardes; des deux côtés, des Inscriptions qu'on n'a pas encore déchiffrées, mais qu'on expliquera surement dès qu'on aura plusieurs de ces Médailles, dont les caractères seront mieux conservés, en les comparant avec l'ancien alphabet Persan qu'a donné M. Anquetil, & même avec les anciens caractères Syriaques; & avec les Médailles Grecques des mêmes Rois.

C'est ainsi que M. Swinton a déja expliqué heureusement une de ces Médailles, au moyen des alphabets Chaldéen & Palmyrenien (3); d'où il résulte qu'elle fut frapée par Mo[illegible]eses qui monta sur le Trône l'an 166 de notre Ere.

Les nos. 13. 14. 17. & 18. sont des Médailles de Malte, comme on le voit par les deux dernieres. ABELA les fit graver dans ses Antiquités de Malte : SPON a fait imprimer dans ses *Recherches d'antiquité*, la correspondance qu'elles occasionnerent entre lui & M. Chaillou. M. l'Abbé VENUTI a inséré dans le premier Volume des Mémoires de Cortone, une Dissertation à leur sujet. M.

---

(1) Tom. VII, p. 164. de l'Edit. Franç.

(2) FRŒLICH, Annales des Rois de Syrie, in-fol. & son Ouvrage intitulé, *Numisma-ta Anecdota*, in-4. De même que KHEVENHULLER, Reges Persici, in-4. Tab. II,

(3) Transf. Phil. Tom. L. ann. 1757. p. 175.

Pellerin (1) & le Docteur Swinton (2) se sont également exercés sur ces Médailles, de même que M. Maffei (3), &c.

Ces Médailles sont encore plus intéressantes par les figures qu'on y voit, que par les lettres Phéniciennes qu'elles offrent. Elles fourniroient ainsi matiere à une longue dissertation, mais ce n'est pas ici le lieu. Contentons-nous de dire que tout en est Egyptien : que ce personnage orné d'une mître, & tenant comme deux fouets dans la main, & qui dans le n°. 14. est couvert d'un dais, est Osiris, dépeint d'une maniere à ne pouvoir s'y méprendre ; que les personnages entre lesquels il est placé, sont également Egyptiens, & remarquables, sur-tout, par ces grandes aîles qui tombent sur leurs genoux dans le n°. 14. semblables aux aîles des deux Personnages qui sont à droite & à gauche du Trône d'Isis, dans la belle table qui porte son nom ; & que Spon à qui ces aîles égyptiennes étoient inconnues, prit pour des cuisses sans jambes ; ce qui le surprenoit beaucoup (4).

Il s'étoit également trompé à l'égard d'Osiris, qu'il prenoit, comme ensuite l'Abbé Venuti, pour le Mithras des Perses.

Quant à l'inscription, qui ne consiste qu'en trois lettres, Messieurs Pellerin & Swinton s'accordent à la lire Q L N, ou *Kaulon*, (5) nom que les Grecs donnoient, à l'imitation des Phéniciens sans doute, à la petite Isle de Gozo, peu éloignée de celle de Malte. (†)

Il est donc aparent qu'on y avoit établi le culte d'Osiris & d'Isis, de préférence à Malte, à cause de la petitesse de l'Isle ; & ceci prouveroit une conformité de culte entre les Phéniciens & les Egyptiens, qui remonteroit à une haute antiquité. Nous en avons un autre exemple dans le bas-relief Egyptien avec une inscription Phénicienne, que M. l'Abbé Barthelemy a si heureusement expliquée en 1761. (6).

(1) Recueil de Médailles, premier supplément, Planche I. n°. 7.

(2) Transact. Philos. ann. 1768. p. 235. & p. 261.

(3) Osservaz. Litterar. Tom. IV.

(4) Ib. p. 459.

(5) A l'Accusatif.

(†) M. Dutens, dans son *Explication des Médailles Phéniciennes*, y voit, avec M. l'Abbé Barth. ces lettres QNN, & ne sait quel sens on doit leur donner.

(6) Mém. de l'Acad. des Inscr. & Bel. Let. T. XXXII. in-4. & T. LIX. in-12.

PLANCHE XV[illegible]

Cette Planche offre XI MÉDAILLES PHÉNICIENNES, expliquées par M. l'Abbé Barthelemy & par M. Pellerin.

Le n°. 2 représente, d'un côté, la tête d'Antiochus IV, Roi de Syrie, (1) & au revers, la moitié d'une galère, avec la légende *Basileôs Antiokhou Tyriôn*, qui contient le nom de ce Roi & celui des Tyriens. Au-dessous de la galère, on trouve cette inscription en caractères Phéniciens, LTsR AM TsDNM, *de Tyr Mere des Sidoniens.*

Le n°. 1 représente la tête de ce même Prince, avec la figure de Neptune au revers, & une inscription composée de deux mots Grecs, qui signifient *du Roi Antiochus*; & de trois mots Phéniciens LLADKA AM BKNON, *de Laodicée Mere en Canaan.* C'étoit l'ancienne Ramitha en Syrie, sur les bords de la mer : on l'apelle aujourd'hui Ladik.

Le n°. 3 représente, d'un côté, la tête d'une Déesse tutélaire, semblable à celle des Médailles de Sidon; & derriere cette tête est une corne d'abondance. Au revers, on voit une espéce de rame ou de gouvernail, avec une inscription, dont on ne connoît, avec certitude, que la premiere ligne ; elle offre le nom de Sidon, tout comme la derniere offre celui de Tyr.

Mais les deux autres lignes sont une vraie énigme. M. l'Abbé Barthelemy a vu un *A* dans la premiere lettre de ces deux lignes; M. Pellerin a cru que c'étoit un *Q*, parce qu'en effet cette derniere lettre ressemble assez à celle qu'on prend ici pour *A* ; & il a très-fort rejetté l'idée que le premier de ces *A*, joint à la lettre suivante, formoit le mot AM ou *Mere.* (2)

L'Abbé PEREZ BAYER s'est jetté tout à travers de cette discussion ; & prenant cette lettre pour un *A*, la suivante pour un *S*, ם, la troisieme pour un *Ph*, il y a vu ASPhSB & AT-APhTh, c'est-à-dire, *des Sidoniens le grand Magasin dans le Trésor de Tyr*, Sidoniorum collectio magna in ærarium Tyri.

Le n°. 4 présente encore le nom Phénicien des Sidoniens.

La 5me & la 6me, le nom Phénicien de Tyr, avec un R fort aprochant des nôtres, mais de droite à gauche.

La 7me offre une époque en chiffres Phéniciens : chaque *N* vaut 20. Le trait transversal — vaut 10. Viennent ensuite 6 unités : en tout 76.

(1) M. l'Abbé Barth. T. LIII. in-12. p. 37. Pl. II. n°. 5.

(2) Premier Supplément, pag. 15.

Les

Les deux premiers caractères ST, indiquent le mot *année* : *Année 76me*. On doit cette découverte au Docteur Swinton ; & M. le Docteur Morton l'a ajoûtée à son beau Tableau des Alphabets anciens.

La 8me & la 9me, expliquées par M. l'Abbé Barthelemy, (1) sont de la ville de MARATH-*us*, sur les côtes de Phénicie. Le nom en est très-lisible, dès qu'on est au fait de l'Écriture Phénicienne. Sur toutes les deux sont des époques. Celle de la premiere, après le mot *ST* ou *année*, offre le nombre de 86. La seconde, après le même mot *st*, offre celui de *MAT*, qui signifie *cent* ; & cinq unités, ce qui fait 105. M. Dutens est ici d'accord avec M. l'Abbé Barth.

Les Xme & XIme offrent le même nom, selon M. l'Abbé Barth : la derniere en Latin, la premiere en Phénicien. Les lettres Phéniciennes sont QSRNN ; ce qui fait QOSURNIM, nom des habitans de l'Isle de Cossyre, entre l'Afrique & la Sicile.

PLANCHE XVI.

Ce sont XIV MÉDAILLES PHÉNICIENNES d'Espagne, de Carthage & d'Afrique, & dont les caractères sont plus ou moins différens de ceux que nous avons vus dans les quatre Planches précédentes.

La premiere est de la Bétique, ancien nom de l'Andalousie en Espagne. D'un côté est la tête de Vulcain avec ses tenailles : au revers, le Soleil. Quant à l'Inscription, elle est encore à déchiffrer. M. l'Abbé Barth. dit qu'on peut l'expliquer par le nom de la ville d'*Ilipa*, ou par celui d'*Alona*, suivant la valeur qu'on attribuera à la troisieme des lettres qui composent ce mot. (2)

Les n°s. 2 & 4 offrent un personnage en pied, une couronne sur la tête, un sceptre singulier à chaque main, & habillé d'une cotte d'armes comme un Général d'armée. Au revers, une Inscription difficile à lire, puisque la seconde ligne a été indéchiffrable pour tous ceux qui s'occupent de ces recherches, & même pour M. l'Abbé Barth : qui voit dans la premiere *Isbala*, ou *Seville*. L'Abbé Espagnol a attaqué cette explication ; il voit un *d* au lieu d'un *b* ; & il dit que ce qu'on prend pour L, ne peut l'être ; mais il ne met rien à la place.

Le n°. 3 présente un cheval & un palmier, emblêmes de Carthage, avec

(1) Lettre à MM. les Auteurs du Journ. des Sav. Août 1760.

(2) Lettre à M. le Marquis d'Olivieri, pag. 41.

cette Inscription, AM MHNT, *Peuple de Mahanoth*, ou de la Ville forte ; & cette ville doit être *Palerme*, selon M. l'Abbé Barth. En quoi il est appuyé par M. Dutens, qui, pour moyenner un accommodement entre M. l'Abbé Barth. & M. le Docteur Swint. propose de lire ici le nom de la petite ville de *Menæ*, comme ayant fait alliance avec Palerme & avec les Carthaginois. (1)

Celui-ci a une idée neuve au sujet de ces Médailles de diverses Villes, qui portent le symbole de Carthage, & qu'on prenoit mal-à-propos pour autant de Médailles de Carthage ; c'est que Palerme, la plus opulente des Villes de la Sicile, se chargeoit (2) de faire fraper la plus grande partie de la monnoie qui devoit avoir cours dans les Villes soumises à la domination des Carthaginois, sur-tout quand il s'agissoit de la monnoie d'argent d'un grand module : dans ce cas, l'Inscription désignoit la Ville pour laquelle elles étoient frapées, & tout le reste de la Médaille avoit rapport à la Capitale.

Ne pourroit-on pas dire aussi que toutes ces Villes, sur-tout Palerme, étant des Colonies de Carthage, en avoient conservé le symbole suivant l'usage de ces tems-là : tout comme Carthage elle-même avoit conservé le Palmier, symbole de son origine Phénicienne ?

Le n°. 5 est une Médaille de JUBA, Roi de Mauritanie. On voit au revers une Inscription en caractères Phéniciens d'Afrique, encore peu connus. Cependant le mot à droite paroît composé de ces lettres IVBOI, qui formeroient le nom de Juba, comme l'a supposé M. Swinton avec beaucoup de vraisemblance ; (3) mais, en comparant cette Médaille avec le n°. X de cette même Planche, on voit au revers de ce dernier, une Inscription parfaitement semblable à celle de ce no. 5, à deux lettres près, ajoutées, l'une au commencement du premier mot, qu'on prend pour Juba, & l'autre à la fin du mot suivant : sera-ce encore Juba ? On voit, dans M. Pellerin, plusieurs autres Médailles, qu'il faudra nécessairement comparer avec celles-ci, si l'on veut essayer de les déchiffrer.

Les nos. 6 & 7 appartiennent à une seule & même Ville, à ABDERE, ville d'Espagne, apellée aujourd'hui *Adra*, dans le Royaume de Grenade : son nom est écrit sur l'une en caractères Latins, & sur l'autre, en caractères Phéniciens d'Espagne, du tems de Tibère. Le raprochement de ces deux Médailles,

(1) Dissertat. de 1773. p. 55.
(2) Dissertat. de 1774. p. 22.
(3) Inscriptiones Citicæ, 1750, p. 55.

au moyen duquel on connoît la valeur de ces caractères, qu'en vain on avoit essayé d'expliquer, est dû à M. l'Abbé Barth. (1)

Les nos. 8 & 15 offrent la même Inscription, avec quelque différence dans le 2e & le 4me caractères. Quant aux symboles, on les voit sur les Médailles de Palerme. M. l'Abbé Barth. y lit le mot *Barath.* Le P. Florès dit que ces Médailles se trouvent fréquemment aux environs d'Ampurias en Espagne. Nulle fin à conjecturer, quand on nâge ainsi dans le vague.

Le no. 9 est accompagné de trois mots, deux sous la tête du revers, qu'on n'a pu déchiffrer, & le troisieme derrière la tête. M. l'Abbé Barth. rend celui-ci par *Thabracoa*, en prenant la ligne perpendiculaire pour un *A*, tout comme dans le nom d'Abdera, no. 6, & comme dans l'Alphabet Arabe, ce qui désigneroit une Ville de Numidie. Cependant M. l'Abbé Barth. préféreroit de lire *Sabrata*, & ce seroit le nom d'une Ville de la Tripolitaine en Afrique. (2)

M. Dutens cependant (3) préfere le 1er. nom, & lit *Tabracaz*: ce qui le décide, c'est que Pline, parlant de cette Ville, (4) l'apelle *Ville de citoyens Romains*, & que c'est à cela que fait allusion la tête de César qu'on voit sur cette Médaille.

Les nos. 11, 13, 14 sont relatifs, selon M. l'Abbé Barth., (5) au même objet. Le mot gravé sur la 13me, & répété au-dessus de la massue, dans la 14me, est le nom de *Bocchus*, Roi de Mauritanie, gravé dans la 11me, & précédé de l'article י, *Le*. La seconde lettre est un *B*; la 3me, *Q*. M. l'Abbé Barth. est indécis sur la dernière, si c'est *S* ou *T*. Il me paroît que c'est un Ain, *O*; ce qui donneroit *Boccho*.

M. Swinton y a vu le nom de la ville de *Lapethus*, & au-dessous celui de l'Isle de Chypre, où elle étoit située (6). M. Pellerin, (7) persuadé que cette Médaille ne pouvoit être qu'Africaine, y a vu le nom de *Leptis*. M. Dutens, qui a fait graver une Médaille, où sont les mêmes lettres, (8) entre un Paon & un Aigle, symboles de Junon & de Jupiter adorés à Leptis, s'est rangé à

(1) Lett. à MM. du Journ. des Sav. Sept. 1763.
(2) Lett. à M. Oliv. p. 45.
(3) Page 45.
(4) Hist. Nat. Liv. V. Ch. III.
(5) Lett. de Sept. 1763.
(6) Inscr. Citicæ.
(7) Tom. III. p. 146.
(8) Ubi suprà, Pl. I. no. 7. & Pl. II. no. 4.

cet avis, & lit *Lebedis*, aujourd'hui *Lebeda*: il est vrai que dans cette Médaille, la derniere lettre a une forme différente de celle qu'elle a ici. Ajoûtons que sur la Médaille qu'offre la Planche II, avec les mêmes caractères que notre n°. 13. est une tête couronnée de tours ; ce qui prouveroit que c'est une Médaille de Ville.

Enfin le n°. 12 offre les symboles de Carthage, & la première lettre de son nom, *Q* ou *Qoph*, comme l'ont bien vu M. le Docteur Swinton (1) & M. Pellerin. C'est à-peu-près le seul reste de cette fière Rivale de Rome, qui la fit trembler jusques dans ses murs.

Nous ne pouvions mieux terminer, que par Carthage, cet échantillon de Médailles en caractères Orientaux, & qui commence par Jérusalem. On a ainsi une idée des changemens que l'Alphabet primitif éprouva dans l'enceinte de ces Villes célèbres, Jérusalem, Tyr, Sidon, Carthage, Palerme, *&c.*: ce qui forme une espèce de Diplomatique intéressante. Nous aurions pu y ajoûter des Médailles d'une autre Ville Phénicienne non moins célebre, de Cadix, & d'une multitude d'autres, ainsi que nombre d'autres Inscriptions curieuses ; mais ceci seroit devenu un gros Livre. Peut-être quelque jour pourrons-nous réunir en un corps tous les monumens pareils de la plus haute antiquité, pour les préserver, s'il se peut, d'une perte totale, en les rendant plus communs & plus utiles.

VII.

INSCRIPTIONS DE PALMYRE.

PLANCHE XVII.

Palmyre, ou l'ancienne Thadmor, située dans le Désert du côté de l'Euphrate, & Capitale de la célèbre Zénobie, a conservé plus de traces de son ancienne splendeur, qu'un grand nombre de Villes plus considérables. On y a trouvé, entr'autres monumens, plusieurs Inscriptions en Grec & en Palmyrénien, dialecte de l'Hébreu & du Syriaque. » Il ne faut pas s'attendre, dit » M. l'Abbé Barthelemy, (2) qu'elles répandent un grand jour sur l'Histoire de » Palmyre ; elles ne nous ont transmis que des faits particuliers & dénués de

(1) Inscr. Citicæ, p. 86.

(2) *Réflexions sur l'Alphabet & sur la Langue dont on se servoit autrefois à Palmyre.* Mém. de l'Acad. des Inscr. & Bel. Let. Tom. XLV. in-12. p. 200.

» circonstances; mais ces faits sont intéressans: c'est le récit abrégé des honneurs
» qu'une Nation puissante & guerrière accordoit à ceux qui favorisoient son
» commerce : c'est l'esquisse légère de la forme qu'elle avoit donnée à son
» Gouvernement : c'est en un mot tout ce qui nous reste de l'esprit intérieur de
» Palmyre. .... Rassemblons avec soin les monumens qui nous laissent entre-
» voir des objets... dignes de notre admiration. « Et plus loin, il ajoute, avec la même solidité :

» Au milieu de ces ténèbres répandues sur l'ancienne Littérature Orien-
» tale, n'avons-nous pas un rayon de lumière de plus, & un mystère de
» moins? C'est se tromper également, que de mettre un trop grand prix, ou
» de n'en mettre pas assez à des découvertes isolées en apparence. Ce grand
» tout historique, objet de nos travaux, ne sera jamais que le résultat d'une
» infinité de recherches & d'observations particulières. «

Nous citons ces réflexions avec d'autant plus de plaisir, qu'elles justifient le recueil que nous faisons ici d'une partie de ces monumens; & que c'est à des recherches & à des observations de cette nature, que nous devons l'assurance avec laquelle nous marchons. Si tant de monumens n'avoient pas échapé aux ravages du tems; si tant d'habiles gens ne les avoient pas recueillis & expliqués, nous serions réduits à des conjectures; & nos propres recherches ne pourroient acquérir cette évidence sans laquelle nulle vérité ne peut s'établir.

En attendant que, dans notre Bibliothèque étymologique, nous rendions compte des essais que l'on a faits en divers tems pour expliquer les Inscriptions Palmyréniennes que des Voyageurs curieux, mais peu exacts, avoient fait publier, & tout ce que nous devons à M M. Dawkins & Wood, qui ont recueilli avec soin nombre de ces Inscriptions, (1) recherches dont on trouve un précis dans le Mémoire de M. l'Abbé Barthelemy, que nous venons de citer, & dont M. Seguier, de la même Académie, nous a donné une notice très-précieuse, nous allons joindre ici les explications de trois Inscriptions Palmyréniennes, tirées, les deux premières, de l'Ouvrage de M M. Dawkins & Wood; & la troisieme, des Transactions Philosophiques. On en trouvera d'autres expliquées par M. l'Abbé Barth. dans ses Recherches sur l'Alphabet & sur la Langue de Palmyre, & par le Docteur Swinton dans les Transactions Philosophiques.

Des trois que nous mettons ici sous les yeux du Public, celles de la

(1) Dans la Relation de leur voyage, intitulée: *Ruines de Palmyre*. Lond. 1753.

Planche XVII nous ont paru le mériter par la forme élégante de leurs lettres : forme à laquelle on n'est point accoutumé, quand on n'a vu que du Phénicien *cursif* ou courant, & de l'Hébreu quarré ; & celle de la Pl. XVIII, parce qu'elle n'est pas de Palmyre même, mais d'une Ville voisine, & dont l'alphabet n'étoit pas précisément le même, comme l'a très-bien vu M. le Docteur Swinton, auquel on en doit l'explication.

La premiere de ces Inscriptions est mutilée ; il n'est donc pas étonnant qu'on n'ait pu l'entendre parfaitement. A cette cause d'obscurité s'en joint une seconde, l'embarras de savoir si quelques mots doivent être pris comme noms propres : aussi les traductions qu'on en a données dans les Ruines de Palmyre, & celles de M. le Docteur Swinton, (1) different à divers égards.

Elles s'accordent pour la 1ere ligne de la 1ere Inscript. c'est cette date, *Au mois d'Elul l'an 360.* On voit par la 2e, qu'il s'agit d'un don & d'un autel. La 4me contient les noms, ou plûtôt la généalogie de ceux qui font ce don ; ils sont enfans *de Malchus, fils de Jaribolus, fils de Nasa :* le mot *enfans* est désigné par le mot *bni* ; & celui de *fils*, par le mot *bar.* Dans les trois lignes suivantes, nul accord entre les deux traductions, qui redeviennent semblables pour les deux dernieres lignes : c'est, *pour leur salut, & pour celui de leur frere & de leurs enfans.*

Voici la premiere ligne en caractères Latins : IRH ALVL SNT ; ensuite trois unités, une figure qui vaut Cent, & trois fois le nombre XX, tel à peu près que sur les Médailles Phéniciennes.

Le premier de ces mots signifie *Lune* & *Mois* : le second désigne le mois *Elul* ; & le troisieme, le mot *Année.*

La seconde de ces Inscriptions est d'un caractère plus élégant que celui de la précédente ; elle lui est aussi postérieure de près de 200 ans : en voici la traduction, ligne pour ligne.

L-BRIK ShME L-'OLMA TBA V-RHMN

Au nom béni dans tous les siécles, bon & miséricordieux,

MVRA MR IVL BR ZBDBVL BR MLKV 'O (L)

Honneur. MaRcus JVLius Fils de Zabdibol Fils de Malchus pour

HIVEI V-HIA A-HVHI B-IRH ThShR (I)

Son salut & le salut de son Frere. Au mois Tisri.

---

(1) Transact. Phil. T. XLVIII. 1754. p. 698-717.

La quatrieme ligne indique l'année 533, comme date de cette Inscription.

PLANCHE XVIII.

Cette Inscription fut copiée par Pedro della Valle à TEIVE, à deux ou trois journées de Palmyre, mais d'une maniere trop imparfaite pour qu'on pût l'expliquer. Mais le Comte de Besborough étant devenu possesseur de ce marbre, M. SWINTON en a pu prendre une copie exacte, & en donner l'explication; ainsi, c'est à lui qu'on doit l'une & l'autre. (1)

L-B'OL ShMTz MRA 'OLMA QRB
KSThA V-'ODShA AGThGLS.

» A Bel le Tonnant (†), honneur à jamais, offre
» ce couvert & ce lit, AGATHAGELOS. (2)

Cette Inscription est accompagnée d'une autre en Grec, qui en est la répétition ou le dévelopement: en voici la traduction:

» A IOU Très-grand & Foudroyant, pour le salut de Trajan Adrien » Auguste & Seigneur, AGATHANGELOS d'Abila dans la Décapole, a » fondé ce couvert & ce lit; & de son propre fonds a élevé (*ce mo-* » *nument*), l'année 445. au mois de Lôus. «

On voit par ces Inscriptions, que le célèbre BEL des Chaldéens & le BAAL des Phéniciens sont la même Divinité qu'IOU, le Dieu suprême.

Quant à ces époques Palmyréniennes, elles datent du regne de Seleucus, premier Roi de Syrie après la mort d'Alexandre le Grand.

Cette derniere Inscription est d'un Grec Syrien, le mois Lous étant du Calendrier des Syro-Macédoniens; il répond aux mois de Juillet & Août.

Les deux autres furent élevées par des Orientaux d'origine; les mois d'*Elul* & de *Thisri* dont datent leurs Auteurs, faisant partie du Calendrier Chaldéen. Le premier répond aux mois d'Août & Septembre, & le second aux mois de Septembre & d'Octobre.

La seconde de ces Inscriptions, consacrée au *Nom béni* ou au Saint-Nom, c'est-à-dire, à *Dieu* même, paroît être Juive ou Chrétienne.

---

(1) Transact. Philos. ann. 1766. pag. 4.

(†) Ou plutôt, *Au Seigneur Soleil.*

(2) Ce nom signifie le bon Ange, le bon Génie.

PLANCHE XIX.

Les Inscriptions informes qu'on voit ici, sont gravées sur le Mont de Sinaï, & nous les avons tirées des Transactions Philosophiques. (1) Elles consistent dans les noms de divers curieux, qui, visitant ces Montagnes, ont voulu y laisser ce monument de leur passage dans ces lieux célèbres. Nous l'avons déjà dit, elles commencent par le mot *ANK*, qui signifie *je* : ce mot est écrit à la fin de la septieme ligne en caractères remarquables par leur grandeur ; il est deux fois dans la dixieme. Le troisieme mot de la premiere & de la seconde ligne paroît être BR, qui signifie *fils*. Mais ces caractères sont si mal faits & si variés, qu'il est impossible d'en rien tirer : les figures même d'homme & d'animaux qu'on y a voulu représenter, sont de vrais barbouillages, & donnent une idée peu avantageuse de l'habileté de ceux qui se sont amusés à ces Inscriptions.

Elles sont différentes de celles qu'a donné au Public Pococke (2) au nombre de plus de 80. Celles-ci paroissent d'un caractère plus régulier. On y voit également les deux mots que nous rendons par *je* & par *fils*.

VIII.

MONUMENS D'ITALIE.

PLANCHE XX.

I. La Médaille qu'offre cette Planche, est remarquable par son antiquité & par les caractères qui y sont inscrits. D'un côté est une tête de Mercure avec son caducée. Au revers est un Cavalier qui porte une palme, & un mot en caractères anciens allant de droite à gauche, composé de ces lettres HRXVL, & qu'on rend par HERCVL*anum*, nom de cette Ville célèbre ensevelie sous les laves du Vésuve, & dont la découverte a été si utile pour la connoissance de l'Antiquité : l'article suivant en seroit seul une preuve sensible.

II. On voit ensuite une Table à trois pieds, trouvée dans les mêmes ruines d'Herculanum. Cette Table est du nombre de celles qui servoient aux libations

(1) Tom. LVI. Pl. III.

(2) Tom. I. de ses Voyag. Pl. LIV. & LV.

dans les Assemblées publiques : on y remarque un bord élevé pour contenir la liqueur ; & dans un des angles, un petit canal par où elle s'écouloit dans un réservoir sacré. Ces libations se faisoient par chaque Sénateur, à l'honneur de la Divinité dans le Temple de laquelle on s'assembloit, & après que chacun avoit fait sa priere. Dans le milieu de cette Table, on lit de droite à gauche,

HERENTATEIS SVM,

Ce qui signifie, selon PASSERI, si versé dans les Antiquités d'Italie,

» Je suis consacré à Junon, « ou à HERA, nom de cette Divinité en Grec.

Sur un des bords de la Table, on lit cette Inscription, également de droite à gauche:

L. SLABII. L. AVKIL. MERRISS, TUCTIKS, HERENTATE.
.. PRVKINAI, PRVFFER.

Ce que le même Savant rend ainsi :

L. Slabius, & L. Aukilius, Chefs de la Ville, Junoniens,
Gardiens (*ou Conservateurs*) ont offert (*ce monument.*)

Passeri conjecture que *Merriss* est le mot dont les Latins ont fait *Méddix*, & par lequel, selon FESTUS, les Campaniens désignoient leur premier Magistrat. *Tuticus* seroit l'adjectif d'*Asty*, Ville. Les Grecs apelloient *Asty-medôn*, des Magistrats auxquels étoit confié le soin des Villes.

Prukinai doit être le *Pro-Koinos*, ou l'Edile des Grecs.

L'Inscription offre ces anciens caractères communs aux Latins, aux Etrusques, aux Grecs, aux Pélasges, & qu'on a apellés OSQUES, parce que ce Peuple est un des premiers qui ait habité le Latium : les Romains en hériterent nombre de mots.

La lettre L est semblable aux L que nous avons vu sur des Monumens Phéniciens ; il en est de même des lettres E, H, R. On y voit d'autres *R* pareils à ceux du plus ancien alphabet Grec. Les *T, K, P, S, B, M, N,* &c. sont des lettres communes aux Osques & aux Grecs.

IX.

INSCRIPTIONS ROMAINES.

PLANCHE XXI.

ROME, cette Ville dont la gloire a surpassé celle des Villes les plus célèbres, fourniroit des Monumens très-précieux, si l'on avoit eu soin de conserver les Vers Saliens de ses premiers siecles, & les premiers Monumens qu'elle éleva à ses grands Hommes.

Dans cette disette de Monumens Romains, nous offrons ici à nos Lecteurs ce que nous avons pu trouver de plus ancien en fait d'Inscriptions Romaines.

I. La premiere est d'un tems inconnu; mais en comparant la forme de ses lettres, & l'orthographe qu'on y a employée, elle paroît antérieure à celles qui la suivent, & dont le tems est connu. Nous devons celle-ci à WINCKELMAN : (1) elle est sur une urne. On lit d'un côté :

DINDIA MACOLNIA FELIA, DEDIT. » *Don de Dindia Macolnia Fille.* «

Et de l'autre côté :

NOVIOS D. LAUTIOS. MED. ROMAI FECID. » *Nevius D. Lautius m'a » fait à Rome.* «

Cette orthographe est remarquable ; l'*A* est comme celui des Grecs, mais arrondi. Les *L* sont couchés; *T* y est en forme de Croix, suivant sa forme primitive. *Æ* y est écrit *AI* à la grecque. *Med* est pour *Me*, moi, & non l'abréviation de *Medicus*, Médecin : ce *med* est resté dans *egomet*, &c.

Les deux autres Inscriptions sont du VIme Siécle de la République. Elles concernent deux illustres Romains, contemporains entr'eux ainsi que de DUILIUS, ce Duilius auquel on éleva ce Monument célèbre connu sous le nom de *Colonne Rostrale*, parce qu'il remporta le premier une victoire navale sur les Carthaginois. Nous aurions fait paroître ici ce Monument, s'il n'étoit déjà très-connu & répandu dans nombre de Livres. Il n'en est pas de même des Inscriptions qui suivent celle de Macolnia.

II. L'Inscription qui suit immédiatement est celle de L. Cornelius Sci-

(1) Dans son Histoire de l'Art.

PION, fils de celui qu'on apella Barbatus, & qui fut, comme il est dit ici, Consul, Censeur, Edile, Vainqueur de Corse & d'Alerie, & Fondateur du Temple de la Tempête.

Il fut Consul l'an 259 avant J. C., ou l'an 494 de Rome, selon la Chronologie de Varron, l'année après celle où Duilius remporta la victoire dont nous venons de parler: c'est pendant son Consulat que Scipion fit la conquête de Corse; & l'année suivante il fut Censeur avec Duilius, auquel il céda le pas, parce qu'il n'avoit été Consul qu'après lui. MORERI a confondu notre Scipion avec Cn. Scipion Asina, qui avoit été Consul immédiatement avant celui-ci, & Collègue de Duilius, & qui le fut quelques années après, l'an 500, avec Attilius Calatinus.

Cette Inscription fut trouvée en 1615 à Rome, dans les fouilles qu'on faisoit près de la Porte Capene, où étoit le Tombeau des Scipions. (1) Jér. ALEANDER le jeune la donna deux ans après au Public, en l'accompagnant de savantes remarques. (2)

L'orthographe n'en est pas moins singuliere que celle de la précédente. On y voit *honc* pour hunc, *oino* pour uno, *duono* pour bono, *fuise* pour fuisse, *fuet* pour fuit, *urbe* pour urbem.

Sur une copie de cette Inscription prise à Rome par M. l'Abbé Barthelemy, d'après le Monument même, on voit 1°. VIR Q, au lieu de VIRO. Au commencement de la cinquieme ligne, C au lieu de HEC; & dans la sixieme, AEDE au lieu d'AIDE. La largeur de ce Monument, telle que nous l'a donnée ce Savant, est de trois pieds dix pouces: sa hauteur, d'un pied onze pouces. Les lettres ont un pouce & huit lignes de hauteur.

III. ATTILIUS CALATINUS à l'honneur de qui fut élevée la troisieme Inscription, étoit de la même famille que Regulus, & vivoit en même tems: nous venons de voir qu'il fut Consul l'an 500. avec Scipion Asina, il l'avoit déja été l'année après celle où le fut le Scipion de l'inscription précédente, & dans le tems même que celui-ci étoit Censeur avec Duilius.

Cette Inscription est si honorable, que Ciceron en a enrichi son Traité intitulé *Caton*; elle porte » que la plûpart des Nations le regarderent comme » le premier de son siécle. » C'est à peu de chose près la même formule que celle qui commence l'Inscription de Scipion. Avouons cependant que le texte est équivoque: il offre le mot *Gentes*, qui peut désigner les Familles Patri-

(1) Tuscul. L. 5.

(2) Avec la Table Héliaque & d'autres monumens, Paris, 1617. in-4.

ciennes de Rome. Le sens seroit que les plus illustres Familles Romaines le regarderent comme l'ornement le plus précieux & comme la gloire du nom Romain.

Qu'étoit donc un Romain au-dessus des Duilius & des Regulus ? Est-ce jactance & vanité d'Eloge funèbre ? La pauvreté & une vie barbare & guerriere, ne mettroient donc pas à l'abri de l'hyperbole, de la vanité & de la flatterie.

L'orthographe de ce Monument est cependant déja différente de celle qu'offre l'épitaphe de Scipion ; sans doute, parce qu'Atilius étoit mort assez longtems après Scipion. *Unus* y commence par *U*, & non par *oi* ; *fuisse* y est écrit par deux S. L'adverbe *hic* est *heic* : l'*i* des génitifs y est également la diphtongue *ei*, & par-là, ce cas se raproche davantage de celui des Grecs : les lettres sont mieux rangées : on diroit qu'un siécle au moins s'est écoulé entre ces deux monumens.

IV. Les urnes qui sont au bas de cette Planche sont du nombre de celles qu'on trouva en très-grande quantité l'an 1732. sur la voie Appienne à St. Cezaire, dans des débris de Cimetiere. On y lit :

Sur la premiere. *Demetrius, P. K. Jun* : c'est-à-dire, la veille des Calendes de Juin, ou le dernier de Mai.

Sur la seconde. *P. Ligurius*. Au-dessous sont des lettres dont on ne peut tirer aucun sens, avec un *A* à l'antique.

Sur la troisieme. *Dercina Ivanalaria*, où *IV* est peut-être pour *Julia*.

Telle étoit l'orthographe, telles les lettres des Romains, cinq siécles après le commencement de leur République, deux siécles & demi avant notre Ere, tandis que les Sciences fleurissoient depuis si long-tems à leur porte, non-seulement chez les Etrusques, mais sur-tout chez les Grecs ; que les Rois de Syracuse avoient fait fraper plus de 200 ans auparavant des Médailles qu'on admire encore, par la beauté de leurs caractères ; & que Tarente en faisoit fraper de très-belles il y avoit au moins 400. ans, leur Inscription allant de droite à gauche. A cette époque cependant, Rome n'avoit encore eu aucun Historien, aucun Poëte ; Fabius & Nævius naissoient à peine ; & combien ne s'écoula-t-il pas de tems, de ceux-ci jusqu'aux beaux tems de la Langue Latine ! En effet, les Arts & les Sciences durent fuir long-tems un Peuple qui ne connoissoit que l'épée & la charrue ; & qui, livré au-dedans à des dissensions cruelles, ne pouvoit prévenir le feu qui le consumoit, qu'en se jettant sur ses voisins, & en se distraisant par des victoires & par les malheurs dont il accabloit l'Univers. D'ailleurs, si dans nos tems actuels, les connoissances ne se propagent qu'avec une lenteur extrême, combien ne devoit pas être encore plus lente, leur marche, dans ces siécles où l'on avoit infint ment moins de secours, où l'on étoit privé de l'Imprimerie, & où chaque Peuple formoit un corps absolument séparé de tous les autres, & leur Ennemi par essence, comme si chacun d'eux avoit eu un privilége d'existence exclusive.

V. Les Médailles Romaines nous auroient aussi fourni divers éclaircissemens sur les formes primitives des lettres Latines, si nous ne préférions de les réserver pour le Volume où il sera question des Médailles anciennes & des connoissances qui en résultent. Ajoutons que des Romains célébres, le Poete Lucile, Varron, Valerius-Corvinus, Messala, Nigidius-Figulus, tous antérieurs à l'Ere Chrétienne, s'occuperent des objets relatifs aux lettres, à l'orthographe & à l'étymologie. Ils sentoient déja les avantages qu'on pouvoit retirer de ces recherches.

X.

MONUMENS RUNIQUES.

PLANCHE XXII.

Les Monumens Runiques ou des Pays du Nord, composés avec cet alphabet de XVI lettres, que nous avons dit être le primitif, & commun à tous les Pélasges, avant que celui de XXII lettres ou des Phéniciens eût passé dans la Gréce; ces Monumens, dis-je, sont en si grand nombre, d'une telle simplicité & si bruts, qu'on ne peut douter qu'ils ne remontent à une haute antiquité, & qu'on pourroit mettre en question si nous n'avons pas trop accordé aux Savans du Nord, en supposant avec quelques-uns d'eux, que les lettres ne furent connues en Suéde qu'à l'arrivée d'Odin; quoique nous différions d'eux, en soutenant que si ce Prince aporta l'alphabet en Suéde, il n'en fut pas l'inventeur, mais qu'il venoit d'une Contrée où cet alphabet étoit en usage dès avant l'époque où les Grecs adopterent les XXII lettres Orientales.

Freret n'eût pas été éloigné de cette idée, lui qui croyoit que l'alphabet Grec de XVI lettres étoit fort différent de l'alphabet Phénicien (1); qu'Hérodote avoit reconnu des lettres Pélasgiennes, plus anciennes que les caractères Ioniens ou Cadméens; & que Rudbeck pourroit avoir raison au sujet de l'antiquité des lettres Runiques.

Il est assez surprenant que le savant Freret, après avoir aperçu la vérité sur cet objet, n'ait pu la saisir & la déveloper: mais il isoloit tout; cet alphabet Pelasgique & Runique n'étoit à ses yeux qu'une invention particuliere qui n'a-

(1) Mém. des Inscr. & Bell. Lettr. Tom. VI. in-4. ou IX. in-12. pag. 338.

voit nul raport avec l'Orient; cette idée devenoit donc stérile à son égard, & il la laissa de côté comme une question dont un plus profond examen étoit absolument inutile.

Ce sont sur-tout les Rochers de la Suéde qui offrent par-tout des traces d'un Peuple qui avoit la connoissance des lettres : ils sont chargés d'Inscriptions, dont un très-grand nombre à la vérité sont postérieures au Christianisme ; mais il en est certainement qui remontent à des tems de Paganisme très-reculés, comme l'ont vu divers Savans du Nord.

On voit même par les termes employés dans ces Inscriptions, que la Langüe du Nord a déja extrêmement changé depuis lors, & qu'ainsi elles doivent remonter la plûpart à des tems reculés. On le voit encore plus par les altérations prodigieuses qu'ont essuyé ces caractères; altérations qui n'ont pu être l'effet que d'un grand nombre de siécles. Nous en indiquerons plus bas une autre preuve à laquelle personne n'avoit pu penser.

Plusieurs Savans se sont exercés sur ce sujet, & ont donné des Recueils plus ou moins complets de ces Inscriptions : mais WORMIUS est celui qui en a rassemblé le plus dans un Ouvrage qu'il consacra à cet objet (1).

Notre Planche Runique offre quatre Monumens, chacun d'un genre différent : le premier est tiré d'un Ouvrage composé il y a huit à neuf cents ans : le second est une Inscription gravée sur un rocher : le troisieme est dans le même cas; mais les lettres n'y sont présentées qu'en extrait : le quatrieme est un Instrument antique, avec l'Inscription qu'on y grava.

I. Nous donnons ici les cinq premieres lignes de l'Histoire d'Hialmar, Roi de Thulé & de Biarm, Provinces de Norwége, à ce qu'on conjecture, parce qu'on voit encore dans ce Pays les Contrées de *Telle* & de *Verm*, ou le *Tellemarck* & le *Verm-land*. Les voici en caractères François avec leur traduction:

Einr kongr hit Hialmar svo er firir ollum.
Kongrum af siaum ufereiis ithrottum.
Aug sabarum afreks verk var agiestatar.
Auk hirthen guther thiagn. Han haf thi rikis.
Stiornr a Biarmlanthi, er fir knatum vier.

» La gloire du Roi Hialmar éclatoit alors au-dessus de celle de tous les au-
» tres Rois. Son excellent naturel ne le rendoit pas moins aimable à sa Cour,

(1) Danica Litteratura, Hafniæ, 1636, in-fol.

» que ses vertus héroïques redoutable à ses Ennemis. Il s'empara, comme on » l'a dit plus haut, du puissant Royaume de Biarmland. »

On ajoute que ce Royaume étoit situé entre la Thulemarchie, *Thule-markn*, & la Gandvikie, au-delà des montagnes de l'Orient, *firi austan Kioln* (1).

Plusieurs de ces mots existent encore dans diverses Langues.

Kongr, Roi, est le *king* & le *konig* des dialectes Theutons.

Ollum est le *oll*, tout, & *all* de plusieurs autres Peuples.

Riki, Royaume, apartient à la même racine que *Rex* & *Regnum*.

Stiornr est le *stoor* Islandois, de *tor*, racine orientale, qui signifie *grand*, *puissant*, &c.

Markn pour Contrée, & *Lanthi* pour Royaume, Pays, sont très-connus dans la plûpart des Langues de l'Europe.

Kuathum, qui signifie *dit*, apartient à l'Islandois *kuœde*, chanson; *kued*, chanter.

Aust-an, l'est, } apartiennent à nombre de Langues.
kioln, les collines, }

II. Le Monument suivant est une Inscription gravée sur un rocher : elle est repliée comme un serpent : symbole de l'éternité acquise par la mort à celui dont cette Inscription est l'épitaphe.

Tel étoit l'usage ancien de ces Contrées : & de-là l'origine de la métamorphose de Cadmus & de sa femme après leur mort, en un serpent qui paroissoit sur leur tombeau : sans doute un serpent étoit sur leur tombe, & ce serpent les représentoit, puisqu'il contenoit leur nom, seule chose qui restât d'eux.

Pour lire celle-ci, il faut commencer par le mot écrit sous le pied qui est à la droite du Lecteur : & l'on finit par le mot qui est seul sous le pied qui est à la gauche : la voici en caractères François.

THORSTIN *lit gere merki stir suin fathur sin, uk stir.* (Au bas vis-à-vis soi :) *Thori brothur sin*, *thir huaru.* (En remontant à droite :), *hut til G . . ika . . .* (En revenant par en haut de droite à gauche :), *ug istir* (2) *Ingithuru mothur sin. Ubir risti.*

» Thorsti a fait graver ces caractères en mémoire de Suin son pere, & en

(1) On doit le Fragment dont ceci est tiré, au célèbre HICKES, dans son Trésor des Langues du Nord. MM. les Bénéd. de la nouv. Diplomat. en ont fait aussi usage. Tom. I. 715.

(2) Il y a sur le monument *Istir*.

» mémoire de Thori son frere, qui sont allés en Gréce, & en mémoire d'In-
» githuru sa mere. Ubir les a gravés.

Le caractère de celle-ci est à peu près le même que celui de l'Histoire d'Hialmar : la plus grande différence consiste dans la lettre U, dont le sommet, quarré dans cette Histoire, est pointu ici ; en sorte que cette lettre ressemble parfaitement à un V renversé, Λ (1).

III. Il n'en est pas de même de l'Inscription suivante : on diroit que ce ne sont que des points ou des traits informes : aussi a-t-elle paru indéchiffrable à la plûpart des Savans du Nord. En vain *Jean* Buræus & *Olaus* Verelius qui avoient rétabli l'intelligence des Monumens Runiques, s'occuperent de ceux-ci : ils furent indéchiffrables pour eux. *Magnus* Celsius, Professeur d'Astronomie à Upsal, & qui étoit de cette Province, se mit également sur les rangs : il fit le voyage d'Helsing, copia ces Monumens, mit son esprit à la torture, & ne trouva rien. Dans son chagrin il s'adresse au célébre Kircher, & lui envoie ces Inscriptions, espérant qu'il sera plus heureux que lui. Kircher accoutumé aux caractères gigantesques de l'Egypte, ne vit dans ceux-ci que des points indignes qu'il s'en occupât ; il déclara que c'étoit se tourmenter par plaisir, que de chercher à expliquer ce qui n'avoit jamais été une écriture. Celsius persuadé que Kircher avoit tort, & qu'on n'avoit pu charger les rochers de ces Contrées, de caractères dénués de toute valeur, se livra de nouveau à leur examen ; & réfléchissant que la Province de Helsing, environnée de Pays où l'on faisoit usage des Runes, devoit avoir nécessairement la même écriture ; il compara ces caractères inconnus avec les Runes, & il s'apperçut, à sa grande satisfaction, qu'ils étoient les mêmes, & qu'il n'y manquoit que cette ligne perpendiculaire qui est commune à toutes les lettres Runiques ; dès ce moment, ces Inscriptions ne furent plus une énigme. C'étoit en 1674.

Il existoit encore alors cinq Inscriptions pareilles dans le Helsingland. La troisieme Inscription de la Planche XXII est une de ces cinq : nous l'avons fait graver d'après Heinselius, mais qui n'en donne pas l'explication. Depuis lors nous l'avons trouvée dans les Transactions Philosophiques (2) ; elle fait partie d'une courte Dissertation d'*André* Celsius, petit-fils du précédent, &,

(1) Cette Inscription a été publiée par Hickes, *ubi suprà*, Gramm. Island. pag. 8. Et par les PP. Bénéd. dans la nouv. Diplomat. Pl. VI, n°. XIV. L'un d'eux y a même trouvé son nom p. 637.

(2) N°. 445. ann. 1737.

comme

comme lui, Professeur d'Astronomie à Upsal. En comparant la copie avec l'original, nous avons trouvé que, dans la copie, on avoit négligé une portion de l'Inscription qui se trouve sur le côté de l'obélisque, ou de la pierre en forme d'obélisque, sur laquelle est gravée l'Inscription dont il s'agit ici.

Telle est la lecture & l'explication des caractères tracés sur le serpent extérieur, en commençant par la tête :

FRUMUNT FST STAINA DINA FTIR FISIULFA, BRISA SUN ; IN BRISI VAS LINA SUN ; IN LINI VAS UNAR SUN ; IN UN VAS FAH SUN ; IN FAHA DURI SUN.

» FRUMUNT a élevé cette pierre à FISIULFI, fils de Brisi. Mais Brisi étoit » fils de Lini ; mais Lini étoit fils d'Un ; mais Un étoit fils de Fah ; mais Fah » étoit fils de Duri. «

L'Inscription continue sur les côtés, de cette manière :

» Mais celui-ci (étoit fils) de Barlaf ; mais celui-ci (étoit fils) de Sudrun ; » mais celui-ci (étoit fils) de Fidrasir. «

Elle revient alors sur le devant, & forme l'Inscription du second serpent, ou le cercle intérieur, en commençant par le haut à droite, & revenant par la gauche :

FRUMUNT FISIULFA SUN FADI RUNARDISAR ;
VIRSUTUM STIN DINA NURI, BALA STIN.

» FRUMUNT, fils de Fisiulfi, a gravé ces Runes.
» Nous avons placé cette pierre au nord de Bala-Stein. «

Et elle se termine ainsi sur le côté :

» ARVA étoit mere de Fisiulfi. Fisiulfi étoit Gouverneur de cette Province. » Il faisoit son séjour à RIMBIUM. «

Mais dans quel tems vivoit Fisiulfi ? C'est ce que ne dit pas l'Inscription. Il devoit être d'une famille distinguée, puisqu'on lui compte huit ayeux, & qu'il étoit Gouverneur de la Province.

Celsius croit que cette Inscription est postérieure à l'établissement du Christianisme dans la Suède, parce qu'on voit une Croix sur ce Monument. Il ajoûte, que la copie qu'on trouve de cette même Inscription dans les Voyages de LA MOTRAYE, n'est pas exacte.

Il pense encore que les seuls caractères auxquels on peut comparer ceux dont il s'agit ici, sont ces caractères singuliers en forme de cloux qu'on voit sur les ruines de Persépolis; mais ceux-ci auroient plus de raport aux anciens caractères Irlandois apellés OGHAM, qui ne consistent que dans l'unité répetée jusqu'à cinq fois, & dont la valeur change suivant la manière dont elle est placée, relativement à une ligne imaginaire. Ainsi, lorsque l'unité est au-dessous de la ligne, elle vaut B; II, *L*; III, *F*; IIII, *S*; IIIII, *N*. Les unités sont-elles au-dessus, elles valent *H*, *D*, *T*, *C*, *Q*. Sont-elles coupées par la ligne même, & posées sur elle obliquement, elles valent *M*, *G*, *Ng*, *Y* (†), *R*. Perpendiculaires & coupées également en deux par la ligne, ce sont les cinq voyelles A, O, U, E, I. Ce mot, par exemple,

II·*IIIII*·III·IIIII·II. forme le nom des DRUID-*es*.

On voit dans la Grammaire Irlandoise de M. le Major VALLANCEY (1), qui vient de s'illustrer par ses découvertes sur cette Langue (2), le nom d'un homme de Lettres, *Sir James* WARE, qui possédoit d'anciens parchemins écrits de cette manière, & qui probablement n'existent plus.

Les caractères de Persépolis ne vont pas non plus au-delà de cinq, & l'on voit qu'ils different également par la manière dont ils sont combinés, & par celle dont ils sont placés. Il ne seroit pas étonnant que les Druides & les Mages eussent eu, dans l'origine, une écriture différente de l'alphabet ordinaire, & apliquée à d'autres objets.

Il est même à présumer que dans une Contrée aussi adonnée à l'Astrologie, que la Perse, les Inscriptions à cloux de Persépolis, étoient destinées à fixer le salut de l'Empire par les charmes qui devoient résulter de ces Inscriptions. Nous verrons en effet à l'instant que ce fut-là un des plus grands usages des lettres dans le Nord, & qu'il subsiste encore dans quelques Contrées.

IV. Le dernier Monument que contient cette Planche, a été décrit par M. le Marquis MAFFEI dans les Observations Littéraires (3), & il l'attribuoit aux Etrusques. Les lettres qu'on y voit, ont en effet un très-grand raport aux Lettres Grecques & Etrusques, & vont aussi de droite à gauche; on y reconnoît celles-ci, *A*, *E*, *H*, *I*, *K*, *M*, *N*, *S*.

(†) Ce doit être P.

(1) Grammar of the Iberno-Celtic, Dublin, 1773. in-4°.

(2) An essay of the antiquity of the irish language being a collation of the Irish with the Punic language, &c. Dublin, 1772. in-8°.

(3) Osservazioni Letterarie, Tom. V.

Cependant un Savant du Nord (1) a cru y reconnoître un Monument Runique, porté ou composé en Italie par quelqu'un de ces Essaims du Nord qui inonderent le Midi de l'Europe, & qui y porterent ce qu'ils avoient de mœurs & de connoissances.

Mais, à ne juger de ce Monument que par la forme des caractères, il apartient bien plus au Midi qu'au Nord; à moins qu'on ne veuille qu'il ait été écrit en Runique avec des caractères Etrusques.

Ajoûtons, que l'on trouve aussi des Inscriptions Runiques qui vont de droite à gauche, & qu'on apelle *Wende Runer*: celles-ci doivent être les plus anciennes; ainsi les lettres auront eu, dans le Nord, la même destinée que dans la Grèce, soit que les Peuples du Nord ayent imité les Nations Grecques, soit que des causes semblables ayent produit de part & d'autre les mêmes effets.

§ I.

Des Runes Magiques.

N'omettons pas un usage particulier que les anciens Habitans du Nord faisoient de leurs caractères Runiques. A l'imitation de presque tous les Peuples qui s'imaginerent que certains mots avoient le pouvoir de produire des effets étonnans, & qui les employerent comme des charmes & un art magique, les Peuples du Nord attribuerent une pareille vertu aux mots tracés en caractères Runiques. C'est cet usage des Runes qui a égaré ceux qui ont cherché l'étymologie de leur nom dans un mot qui signifie *Sortilège*, *Magie*. Thomas Bartholin (2) raporte plusieurs exemples des prétendues merveilles produites par ce moyen, sur-tout pour rendre ou pour ôter la santé. Ainsi la fille de Thorfin fut tour-à-tour attaquée & guérie d'une dangereuse maladie par des Runes. Il y en avoit ainsi de bonnes & de funestes: on en avoit pour la victoire, pour se rendre les belles favorables, pour faciliter les accouchemens, pour se garantir des naufrages, &c. Mais malheur à ceux auxquels tomboient en partage des caractères fautifs; loin de produire d'heureux effets, ils avoient les suites les plus funestes, jusqu'à ce qu'un Enchanteur plus adroit eût fourni des Runes faites avec plus d'exactitude. C'est ainsi

(1) M. Ihre, à ce que je crois.

(2) Antiquités Danoises, Coppenh. 1689. in-4. p. 630. & suiv.

que la superstition, semblable aux mauvaises plantes, prend racine dans tous les esprits que les connoissances utiles, les sciences, l'ordre & la justice n'ont pas mis à même de produire de bons fruits : quand celles-ci n'auroient servi qu'à détruire au milieu de nous ces égaremens déplorables qui n'étoient propres qu'à faire des hommes autant d'imbéciles ou de méchans, on leur auroit les plus grandes obligations.

Pourrions-nous mieux finir ce Volume, destiné à faire voir l'origine du Langage & de l'Écriture, que par une Observation aussi propre à faire sentir les avantages des connoissances humaines, dont l'édifice entier repose sur ces deux grandes bases ?

X I.

Explication de l'Inscription qui est à la tête du Discours Préliminaire.

Comme nous en étions ici, & que nous terminions ce Volume, M. l'Abbé Barthelemy, dont l'absence nous avoit long-tems privé du plaisir de le voir & de le consulter, nous met à même d'enrichir notre Ouvrage, d'un Monument aussi précieux par son antiquité, que par l'alphabet singulier qui en résulte, & qui offre un de ces intermédiaires peu connus qui existerent entre l'alphabet Oriental & l'alphabet Grec tel qu'on nous l'a transmis. C'est celui qu'on voit à la tête de notre Discours Préliminaire.

Ce Monument consiste dans une Colonne de Marbre de Paros, trouvée dans l'Isle de Melos par Bernard Nani, Sénateur Vénitien, & transportée à Venise environ l'an 1755. Elle a 4 pieds 7 pouces de haut, 2 pieds 9 pouces de circonférence à sa base, & 2 pieds 4 pouces de circonférence dans sa portion supérieure.

M. Zanetti, savant Vénitien, se hâta de l'expliquer; mais n'ayant pu reconnoître la valeur réelle de quelques lettres, il n'en donna qu'une traduction très-imparfaite (1). Aussi fut-il relevé avec succès par le célèbre Corsini (2).

Telle en est l'orthographe & la Lecture, selon ce dernier :

ΠΑΙ ΔΙΟΣ ΕΚΠΗΑΝΤΟΙ ΔΕΚΣΑΙ ΤΟΔ'ΑΜΕΜΠΗΕΣ ΑΓΑΛΜΑ
ΣΟΙ ΓΑΡ ΕΠΕΥΚΗΟΜΕΝΟΣ ΤΟΝΤΕ ΤΕΛΕΣΣΕ ΤΡΟΠΗΟΝ.

(1) Due Antichissime Greche Inscrizioni spiegate, &c. da G. E. Zanetti, in Venezia, 1755. in-4.

(2) Spiegazione di due antichissime Inscrizoni Greche, &c. da Odoardo Corsini, in Roma, 1756. in-4.

Ce qu'il rend ainsi en Italien :

» O Figlio di Giove, ricevi da Ecfanto questo irreprensibile monumento ;
» Giacche *egli* facendo *voto*, *o* preghiera a te ha compito questo *tuo*
» Nutritore. «

Mais M. l'Abbé Barthelemy lit à la seconde ligne, Toute au lieu de Tonte, & Γροφων au lieu de Τροφον : ensorte que l'Inscription entière offre ce sens :

Fils d'Iou, reçois d'Ecphante ce monument pur *& sacré*.

Grophôn qui t'adresse ses vœux, l'a exécuté.

L'orthographe en est digne de remarque & dénote une haute antiquité.

On n'y voit point de lettres doubles; mais comme, en François, ces caractères *ph*, *ks*, *kh*, au lieu de φ, ξ, χ. On n'y voit point d'ω non-plus, ou d'o long ; ils sont confondus avec l'o, & celui-ci n'y est qu'en caractère minuscule, & au haut des mots. Le datif y est terminé en οι, terminaison qui se changea ensuite en un omega souscrit d'un point.

Mais ce n'est pas en cela que consiste la difficulté d'entendre ce monument ; ce n'est pas ce qui empêcha Zanetti d'en trouver l'explication, & qui arrêteroit également tous les savans Grecs qui ne sont pas accoutumés à déchiffrer ces vieux monumens ; c'est que plusieurs lettres y présentent une forme extraordinaire.

Ainsi la 3me lettre, qui est un *I*, offre la figure d'un *L* Hébreu, ל : c'est le même *I* qu'on trouve quelquefois sur les monumens Phéniciens, & qui subsiste encore chez les Ethiopiens.

La 7me lettre, qui ressemble à un M, est un *S* Grec, Σ, renversé.

Le dernier mot de la premiere ligne, ΑΓΑΛΜΑ, n'offre que trois consonnes, & toutes trois sont tirées d'un alphabet différent du Grec ordinaire. La premiere des trois est le G Hébreu, que les Grecs retournerent de droite à gauche. La seconde consonne, ou la quatrieme lettre, est un L renversé de bas en haut, Γ, ainsi qu'on le voit sur d'autres monumens. La lettre suivante est un M antique tourné de gauche à droite, & distingué par une cinquieme branche, du M qui répond à la lettre S, ou Σ.

Nous desirerions être souvent en état d'enrichir le Public de monumens aussi précieux & aussi propres à confirmer notre thèse, que tout se tient dans les Langues comme dans la Nature, & qu'elles ne se sont écartées qu'insensiblement d'une masse commune.

C'est ainsi que nos principes & les monumens les plus rares de tous les Peuples, s'apuient réciproquement : ceux-là lient ceux-ci les uns aux autres, & ceux-ci sont la confirmation pleine & entière de ceux-là.

Puissent les Voyageurs qui vont, souvent au péril de leur vie, visiter ces lieux célèbres par la sagesse de leurs anciens Habitans, en revenir avec des découvertes aussi importantes, trop négligées quelquefois ; mais dont le prix deviendra de plus en plus sensible, à mesure qu'on reconnoîtra combien ils sont nécessaires pour donner de justes idées, non-seulement de l'Antiquité, mais sur-tout de l'origine de nos connoissances ; & que le Monde Moderne ne peut cesser d'être une énigme à cet égard, qu'autant que le Monde Primitif se dévoilera lui-même à nos yeux !

FAMILLES PRIMITIVES.

A, *avoir*, 290
AD, ID, *main*, 171. 227. 228
Al, Hal, *haut*, 188
B, *dans*, 170
Band, 161
Bar, *parole*, 49. 156. 188. 242
Beth, *demeure*, 168
Bor, *puits*, 178
C *ou* K, 346
Kal, *léger*, 157. 175
Cap, *tête*, 347
Cœur, 186
Kol, *voix*, 172
Dar, *porte*, 163
Dent, 212
E, *existence*, 306
Ed & Hod, *tems*, 164. 175. 185.
Fer, *porter*, 157
Gao, *vache*, 162
Hal, hel, *salut*, 181. 188
Ham, *habitation*, 163
Hard, *horde*, 163
Harm, *désert*, 168
He, khe, *vie*, 300
HG, *grandeur*, 175
Hod, *bois*, 181
Hod, *voy.* Ed, 201
Hol, Kol, *ouverture*, 185
I, aide, main, (*voy.* Ad,) 312
Lap, *dormir*, 225
Lat, *blesser*, *graver*, 160
Lhem, *pain*, 46. 244
Med, *mesure*, 197
Namps, *prendre*, 159
Nar, *force*, 157. 239
Noch, *nuit*, 177
Nom, 172
O, *œil*, 313
Offa, 162. 202
Oph, *four*, 202
OR, 174
Os, *maison*, 177
Ou, *ouie*, 321
Pa, *pere*, 203. 206
Peau, 203
Por, *enfant*, 176
R, 341
Rave, 225
Ro, *rouge*, 250
Rob, *prendre*, 176
Rov, *souffle*, 177
Sang, 212
St, 353
Tet, *sein*, 233
Tor, *Taureau*, 213
Tour, 178
U, *eau*, *humer*, 318
Ver, *vrai*, 191
Zab, *or*, 236

ÉTYMOLOGIES.

ORGANES DE LA VOIX.

J. B. Devisse Sculp.

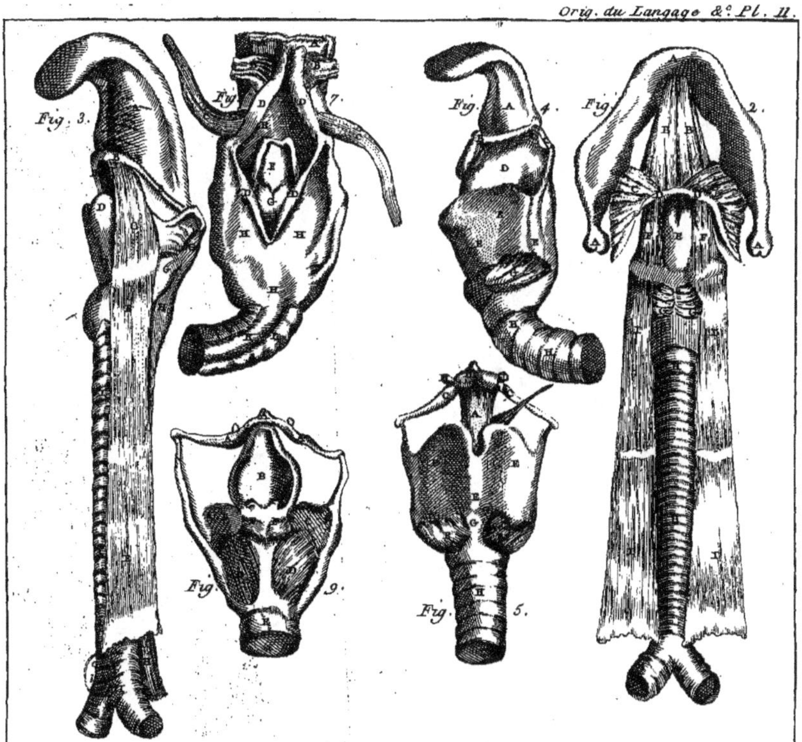
Fig. 3.
Fig. 7.
Fig. 4.
Fig. 2.
Fig. 9.
Fig. 5.

MUSCLES DU VISAGE.

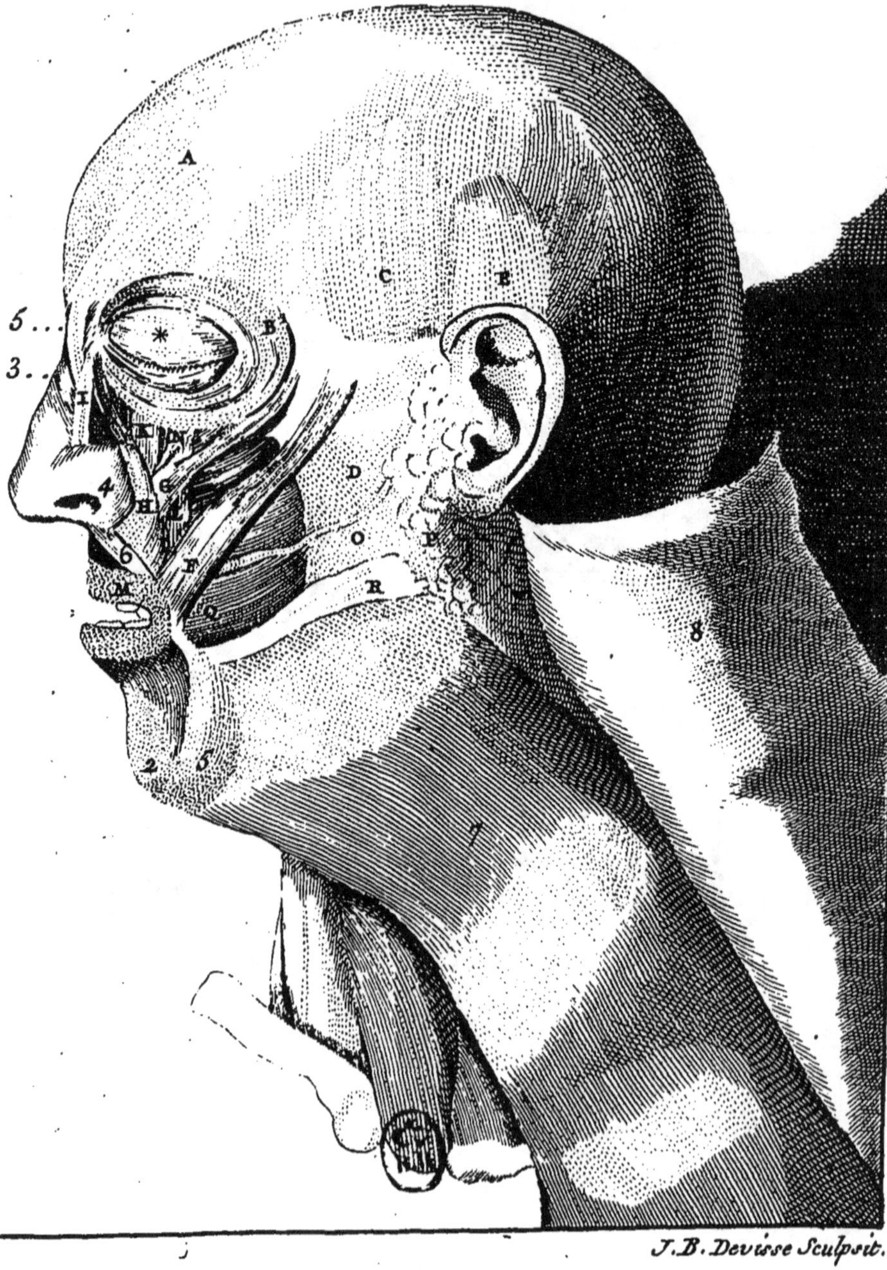

J.B. Devisse Sculpsit.

Alphabet Hiéroglyphique et Primitif de XVI. Lettres

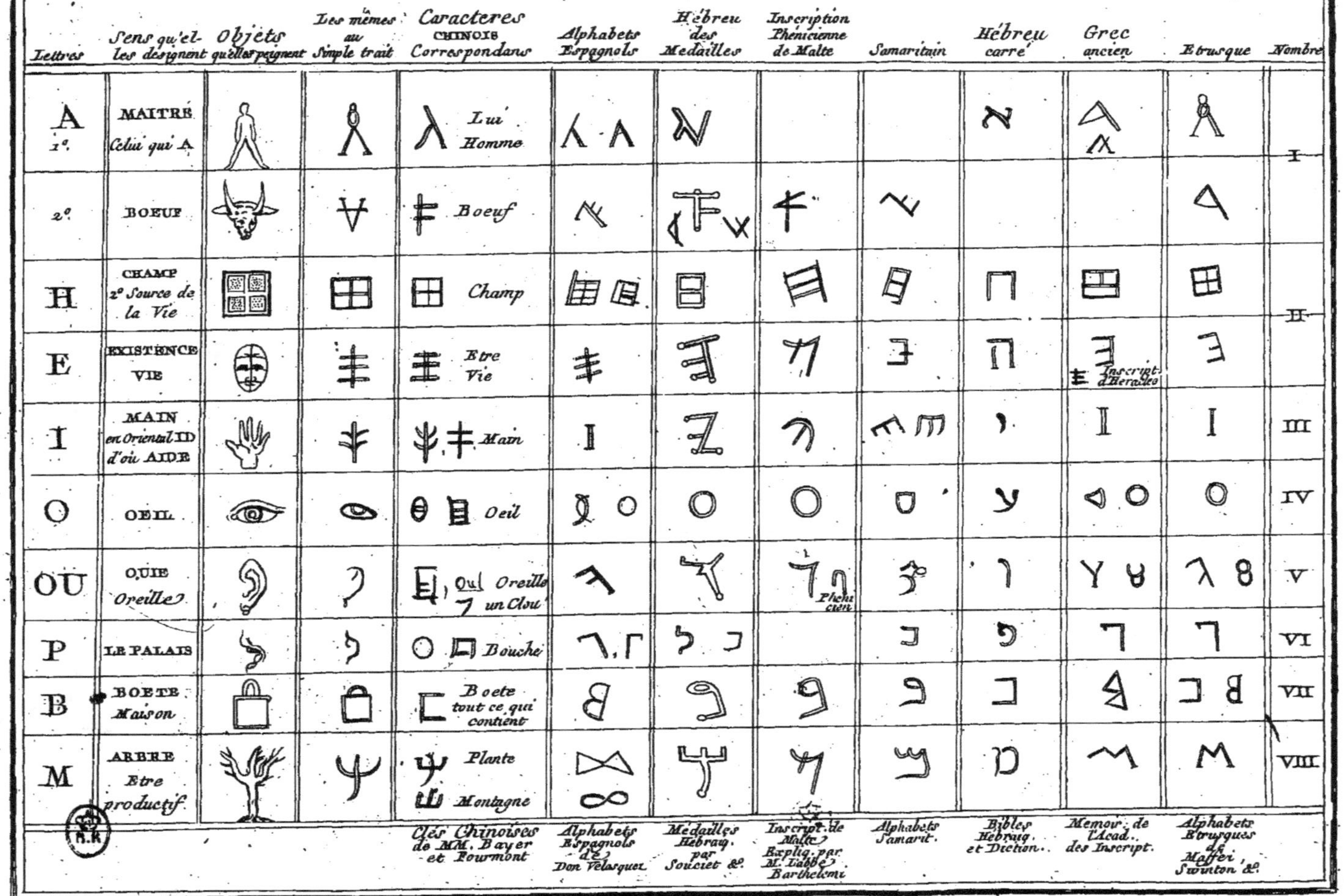

Lettres
Sens qu'el-les désignent
Objets qu'elles peignent
Les mêmes au Simple trait
Caracteres Chinois Correspondans
Alphabets Espagnols
Hébreu des Medailles
Inscription Phénicienne de Malte
Samaritain
Hébreu carré
Grec ancien
Etrusque
Nombre
A 1°.
MAITRE Celui qui A
Lui Homme
2°.
BOEUF
Boeuf
H
CHAMP 2° Source de la Vie
Champ
E
EXISTENCE VIE
Etre Vie
Inscript. d'Heraclée
I
MAIN en Oriental ID d'où AIDE
Main
O
OEIL
Oeil
OU
OUIE Oreille
Oui Oreille un Clou
Phénicien
P
LE PALAIS
Bouche
B
BOETE Maison
Boete tout ce qui contient
M
ARBRE Etre productif
Plante
Montagne
I
II
III
IV
V
VI
VII
VIII
Clés Chinoises de MM. Bayer et Fourmont
Alphabets Espagnols de Don Velasquez
Medailles Hebraiq. par Souciet &c.
Inscript. de Malte Expliq. par M. l'abbé Barthelemi
Alphabets Samarit.
Bibles Hebraiq. et Diction.
Memoir. de l'Acad. des Inscript.
Alphabets Etrusques de Maffei, Swinton &c.

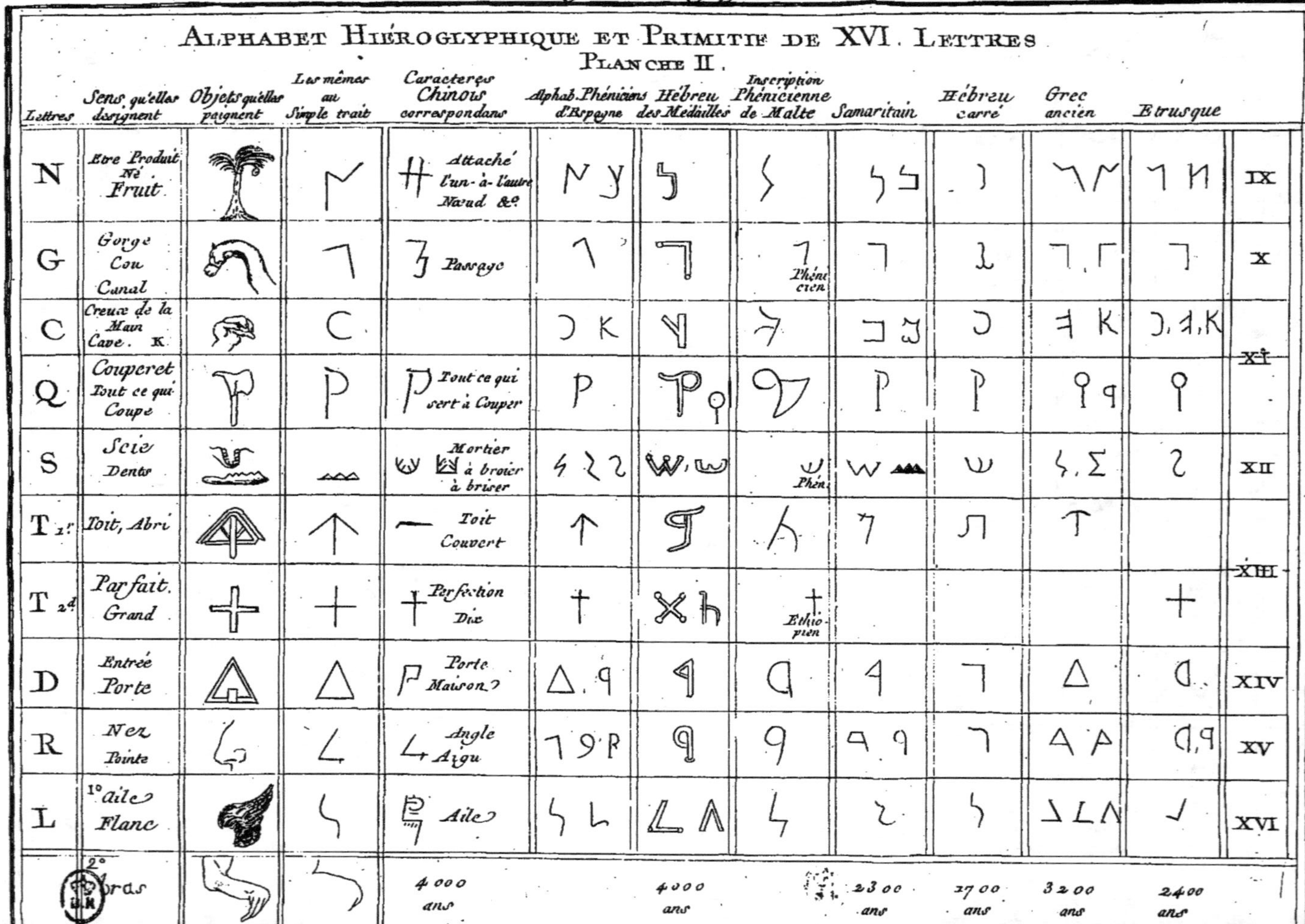
Alphabet Hiéroglyphique et Primitif de XVI. Lettres
Planche II.
Lettres
Sens qu'elles désignent
Objets qu'elles peignent
Les mêmes au Simple trait
Caracteres Chinois correspondans
Alphab. Phéniciens d'Espagne
Hébreu des Médailles
Inscription Phénicienne de Malte
Samaritain
Hébreu carré
Grec ancien
Etrusque
N
Etre Produit Né Fruit
Attaché l'un-à-l'autre Nœud &c.
IX
G
Gorge Cou Canal
Passage
Phénicien
X
C
Creux de la Main Cave. K
XI
Q
Couperet Tout ce qui Coupe
Tout ce qui sert à Couper
S
Scie Dents
Mortier à broier à briser
Phén.
XII
T 1.r
Toit, Abri
Toit Couvert
T 2.d
Parfait. Grand
Perfection Dix
Ethiopien
XIII
D
Entrée Porte
Porte Maison?
XIV
R
Nez Pointe
Angle Aigu
XV
L
1° aile Flanc
Aile
XVI
2° Bras
4000 ans
4000 ans
2300 ans
1700 ans
3200 ans
2400 ans

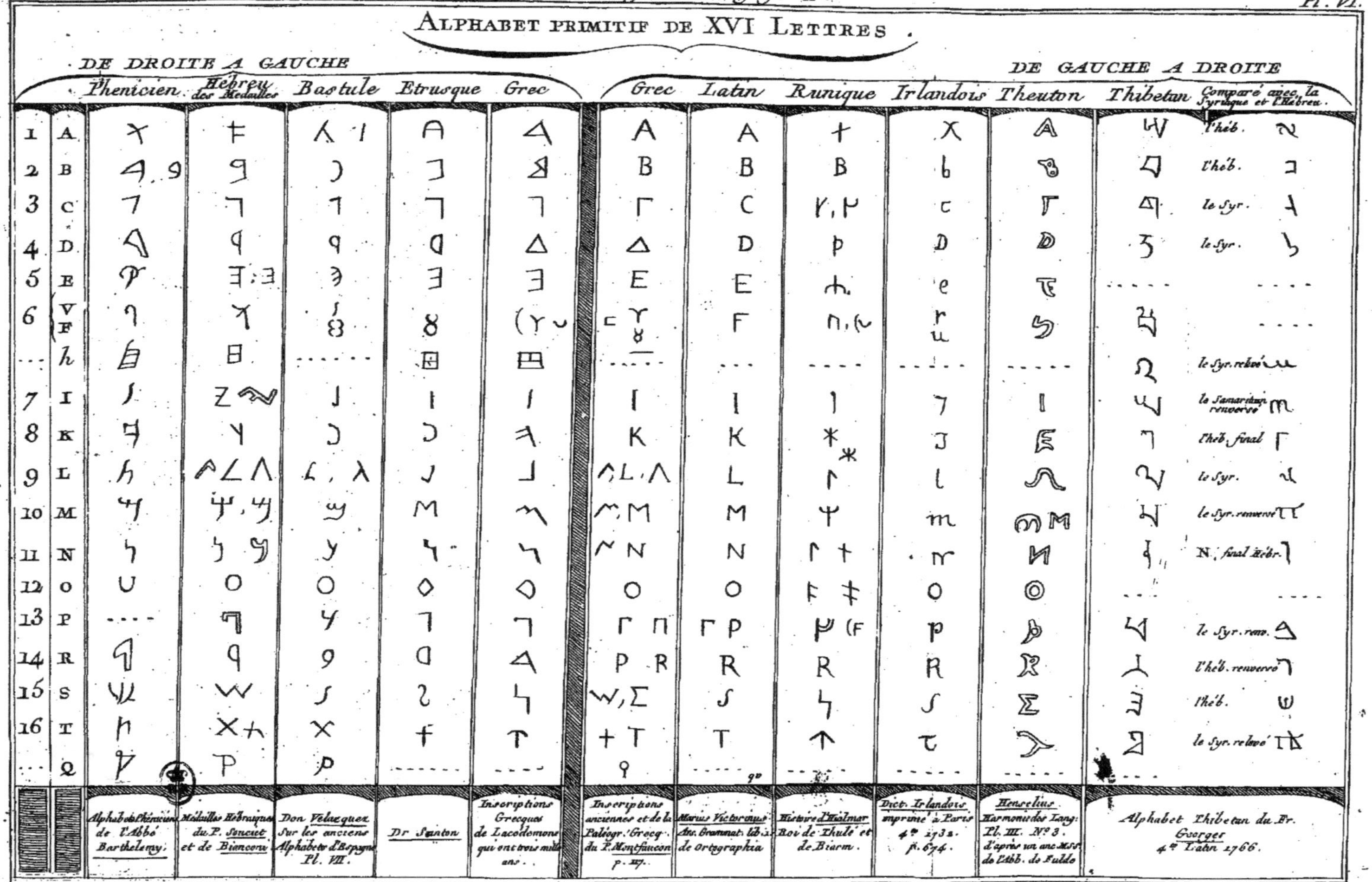
Alphabet primitif de XVI Lettres.
De droite a gauche
De gauche a droite
Phenicien
Hébreu des Medailles
Bastule
Etrusque
Grec
Grec
Latin
Runique
Irlandois
Theuton
Thibetan
Comparé avec la Syriaque et l'Hébreu.
A B C D E V F h I K L M N O P R S T Q
l'héb.
le Syr.
le Syr. relevé
le Samaritain renversé
l'héb. final
le Syr. renversé
N. final Hébr.
le Syr. renv.
l'héb. renversé
le Syr. relevé
Alphabet Phénicien de l'Abbé Barthelemy.
Médailles Hébraiques du P. Souciet et de Bianconi
Don Velazquez sur les anciens Alphabets d'Espagne Pl. VII.
Dr Swinton
Inscriptions Grecques de Lacedemone qui ont trois mille ans.
Inscriptions anciennes et de la Paléogr. Grecq. du P. Montfaucon p. 117.
Marius Victorinus Ars Grammat. lib. 1. de Ortographia
Histoire d'Halmar Roi de Thulé et de Biarm.
Dict. Irlandois imprimé à Paris 4° 1732. p. 674.
Henselius Harmonie des Lang. Pl. III. N° 3. d'après un anc. MSS. de l'Abb. de Fulde
Alphabet Thibetan du Fr. Georger 4° Latin 1766.

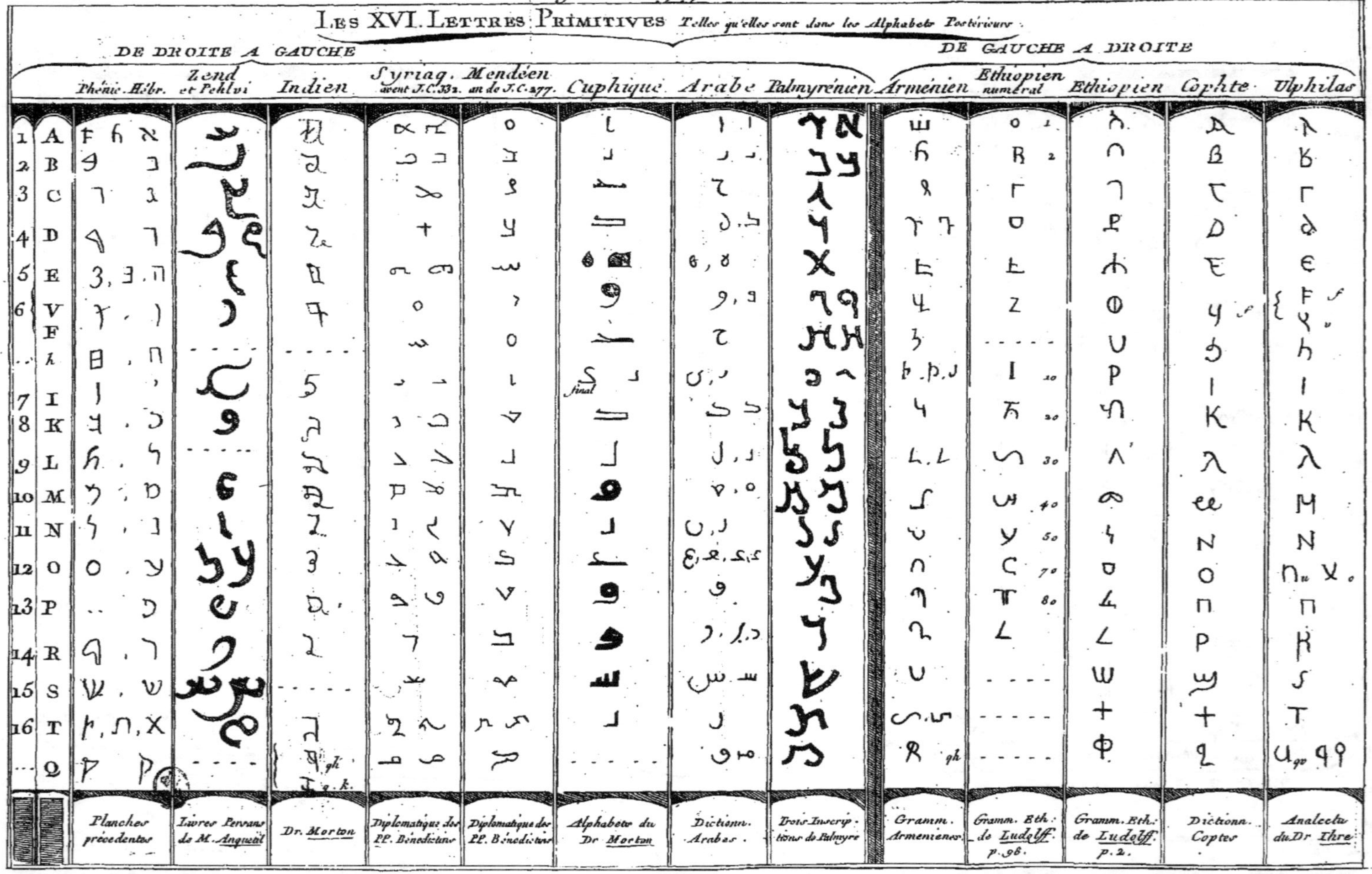
LES XVI. LETTRES PRIMITIVES Telles qu'elles sont dans les Alphabets Postérieurs.
DE DROITE A GAUCHE
DE GAUCHE A DROITE
Phénic. Hébr.
Zend et Pehlvi
Indien
Syriaq. avant J.C. 332.
Mendéen an de J.C. 277.
Cuphique
Arabe
Palmyrénien
Arménien
Ethiopien numéral
Ethiopien
Cophte
Ulphilas
1 A
2 B
3 C
4 D
5 E
6 V F
h
7 I
8 K
9 L
10 M
11 N
12 O
13 P
14 R
15 S
16 T
Q
final
1 2 10 20 30 40 50 70 80
Planches précédentes
Livres Persans de M. Anquetil
Dr. Morton
Diplomatique des PP. Bénédictins
Diplomatique des PP. Bénédictins
Alphabets du Dr Morton
Dictionn. Arabes.
Trois Inscriptions de Palmyre
Gramm. Armeniennes.
Gramm. Eth. de Ludolff. p. 96.
Gramm. Eth. de Ludolff. p. 2.
Dictionn. Coptes
Analecta du Dr Ihre

Formes successives de la Lettre E.

Iº. *Elle fut d'abord peinture du Visage ⊕ et ayant ete' reduite au trait elle prit ces formes différentes.*

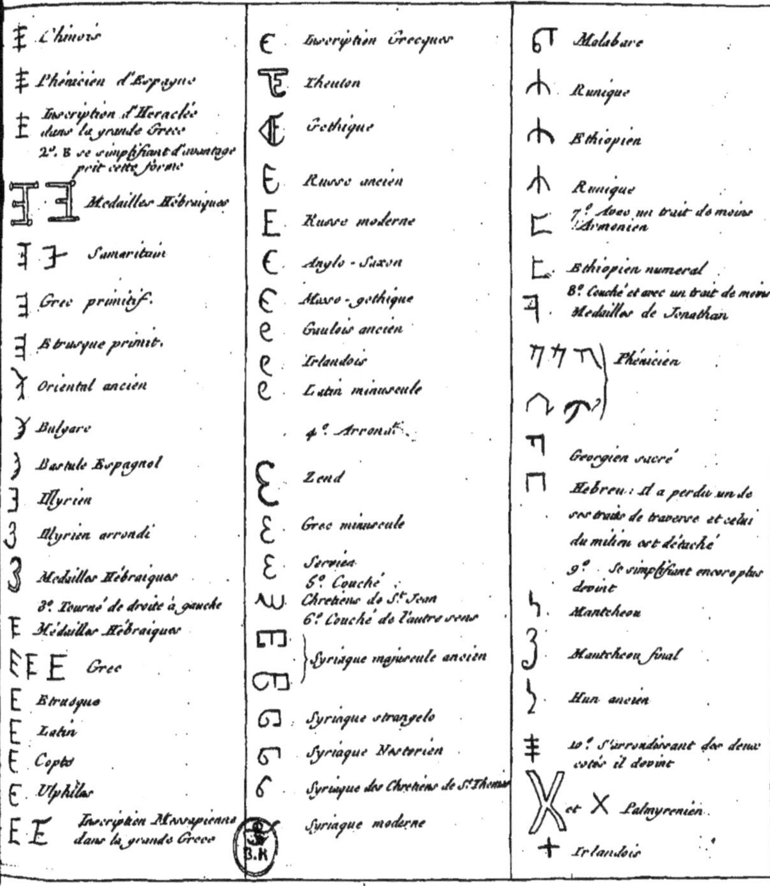

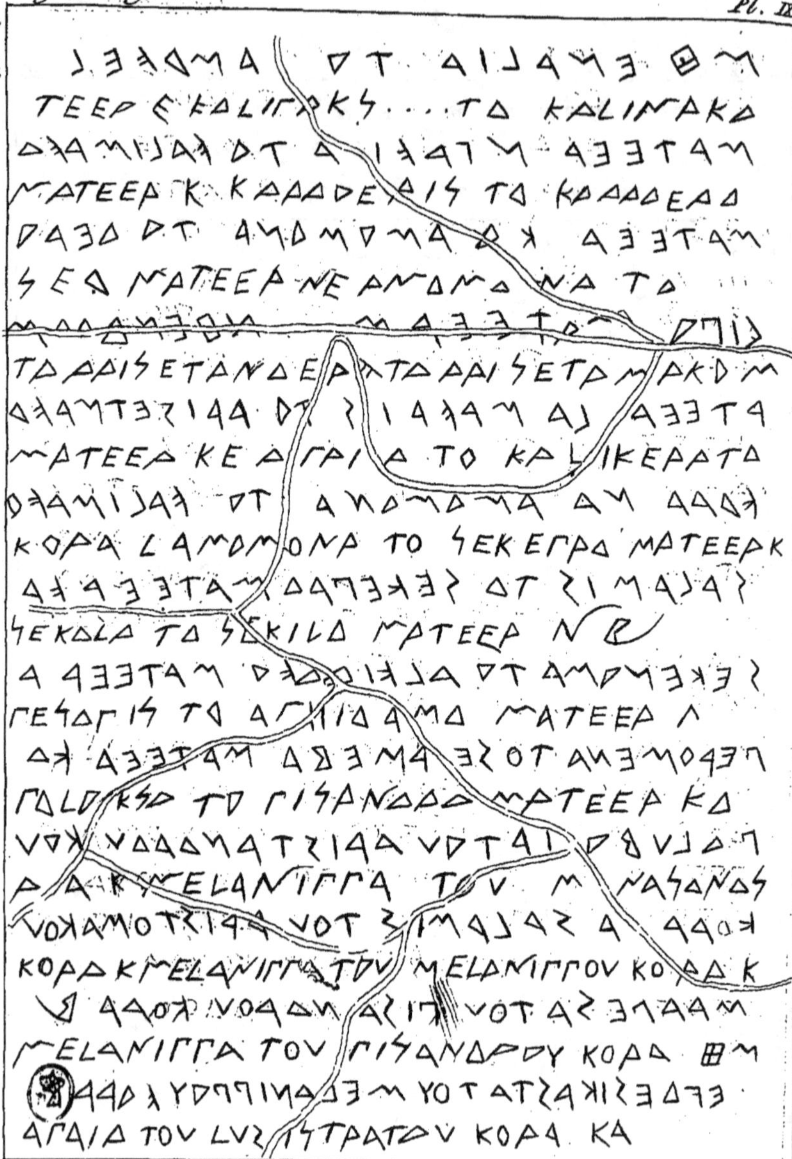

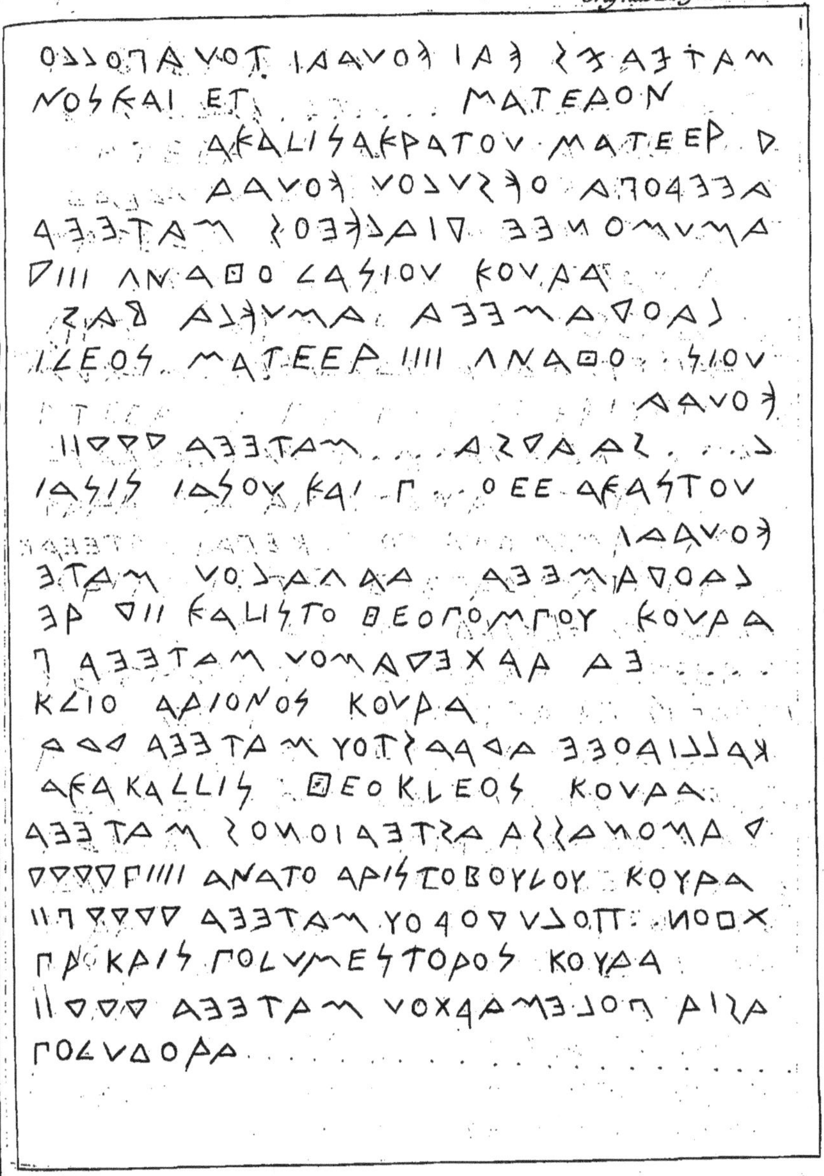

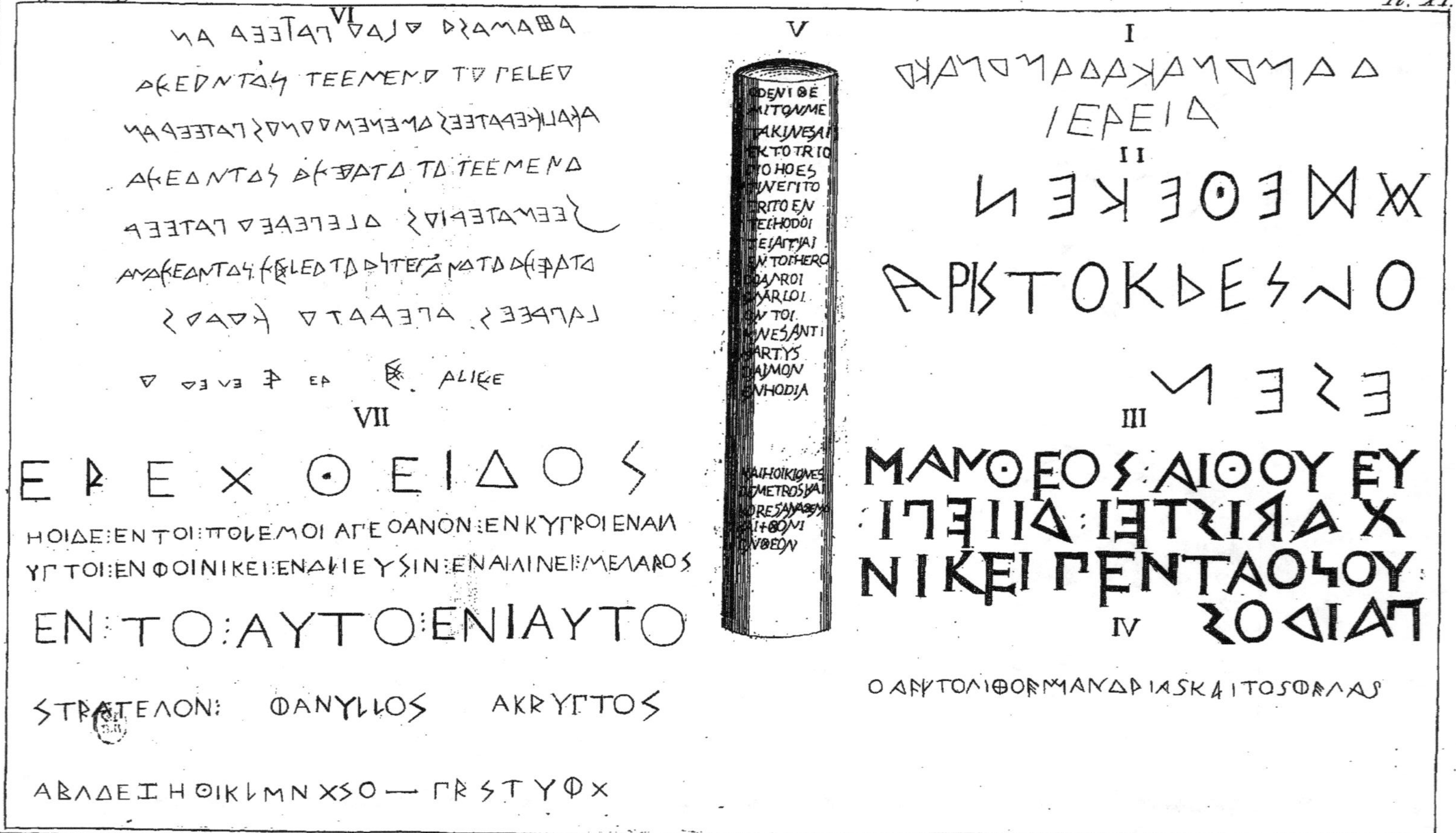
I
II
III
IV
V
VI
VII

N.° 1. *Inscription Phénicienne trouvée dans les ruines de Citium et Conservée à Oxford*

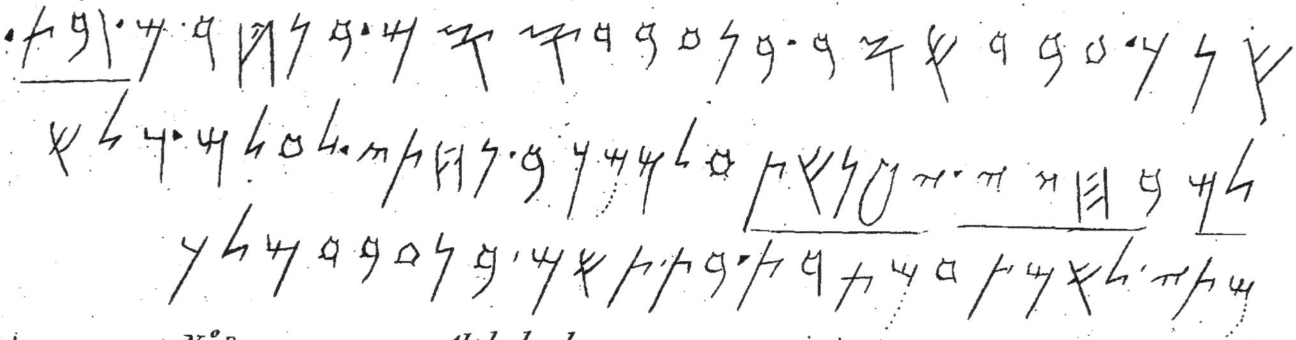

N.° 2 *Alphabeth pour cette Inscription*

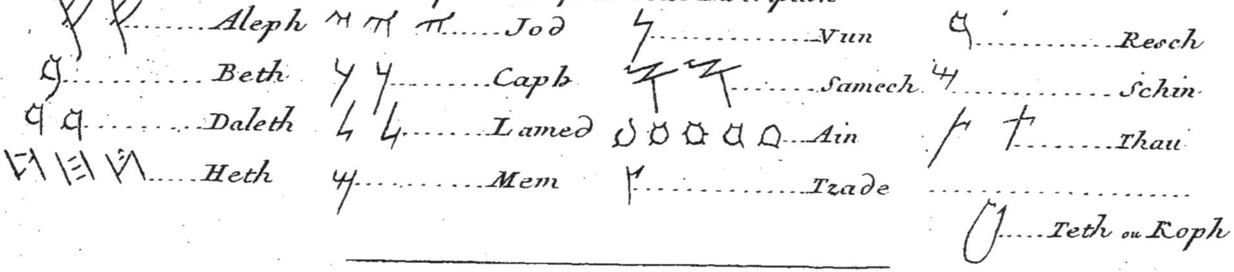

N.° 3 *La même Inscription en caracteres Hebreux*

אנך עבדאסר בן עבדססם בן חר מצבת
לם בחיי יקנאת.על משכב נחתי לעלם כלא
שתי לאמת עשתרת כת תאם בן עבדסלך

N.° 4 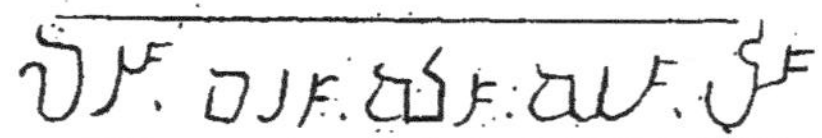

N.° 5 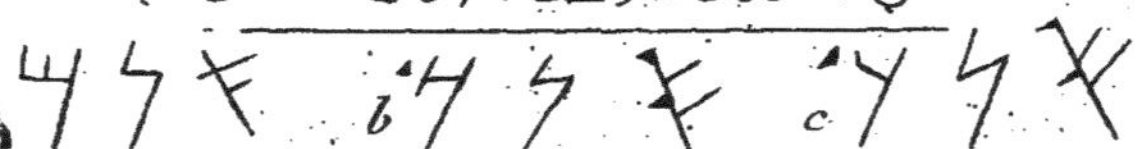

Inscription Phenicienne et Grecque gravée sur un marbre que l'on conserve à Malthe ..

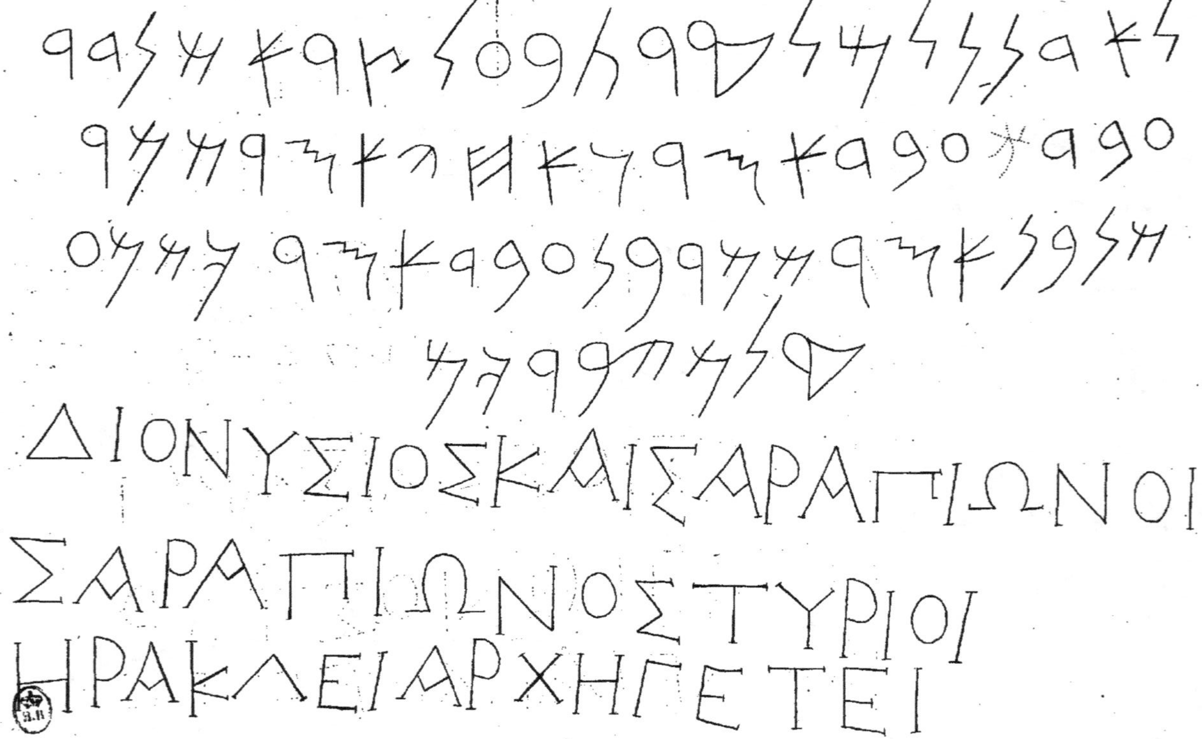
ΔΙΟΝΥΣΙΟΣΚΑΙΣΑΡΑΠΙΩΝΟΙ
ΣΑΡΑΠΙΩΝΟΣΤΥΡΙΟΙ
ΗΡΑΚΛΕΙΑΡΧΗΓΕΤΕΙ

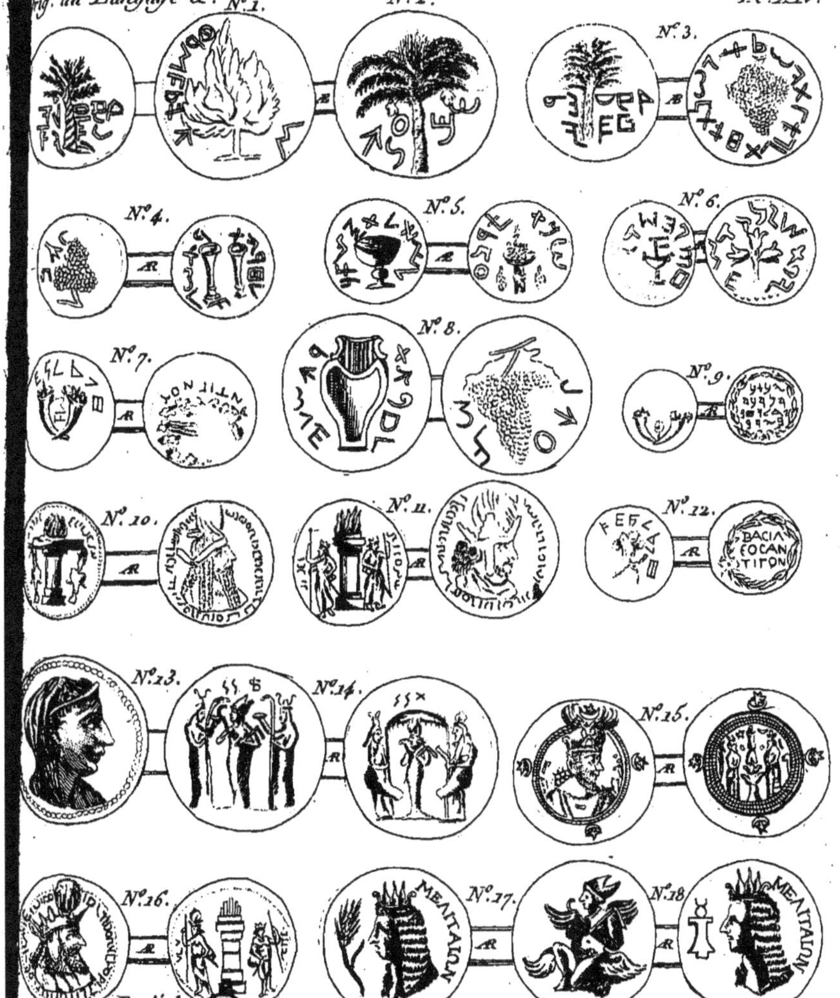
N.° 1.
N.° 2.
N.° 3.
N.° 4.
N.° 5.
N.° 6.
N.° 7.
N.° 8.
N.° 9.
N.° 10.
N.° 11.
N.° 12.
ΒΑCΙΛ ΕΟCΑΝ ΤΙΓΟΝ
N.° 13.
N.° 14.
N.° 15.
N.° 16.
N.° 17.
N.° 18.
ΜΕΛΙΤΑΙΩΝ
ΜΕΛΙΤΑΙΩΝ
Frælich

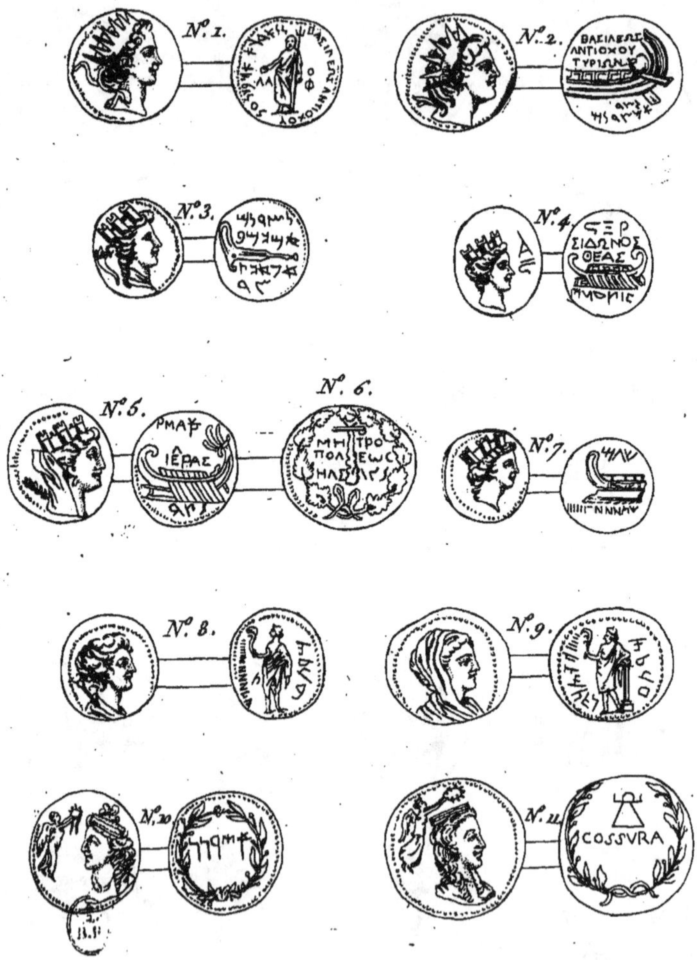
N°. 1.
N°. 2.
N°. 3.
N°. 4.
ΣΙΔΩΝΟΣ
ΘΕΑΣ
N°. 5.
N°. 6.
N°. 7.
N°. 8.
N°. 9.
N°. 10
N°. 11
COSSURA

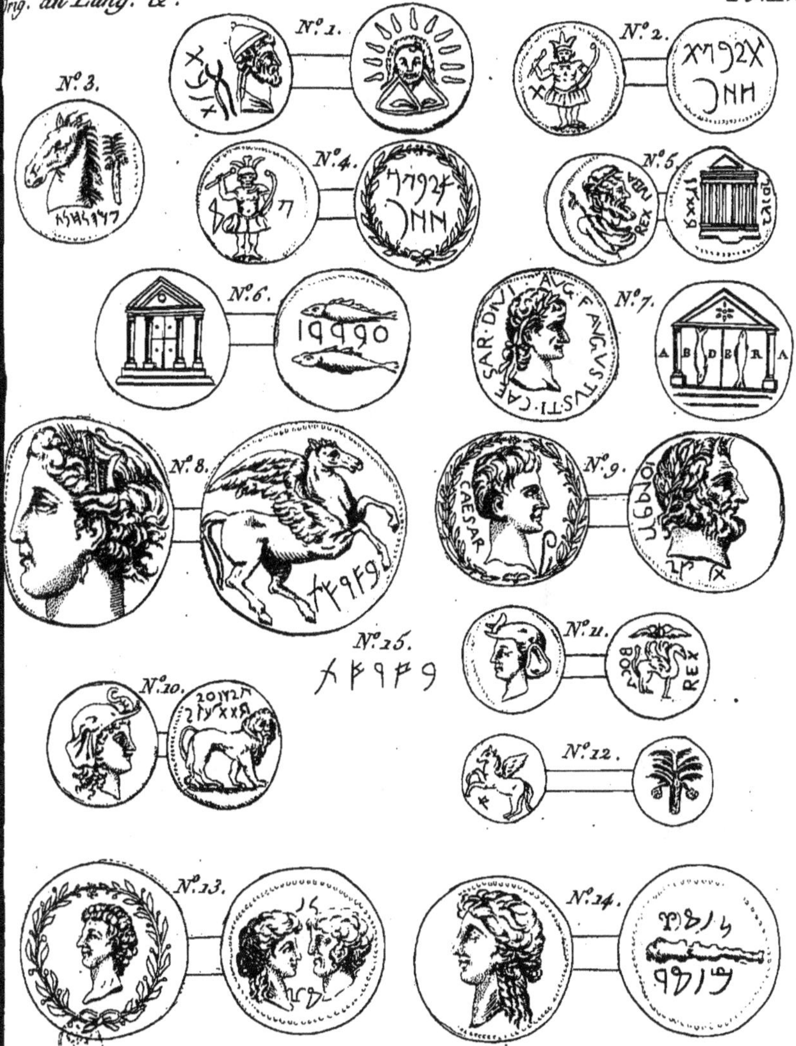
N°. 1.
N°. 2.
N°. 3.
N°. 4.
N°. 5.
REX
N°. 6.
N°. 7.
CAESAR · DIVI · AVG · F · AVGVSTVS · TI · CAE
A B D E R A
N°. 8.
N°. 9.
CAESAR
N°. 15.
N°. 11.
REX
N°. 10.
N°. 12.
N°. 13.
N°. 14.

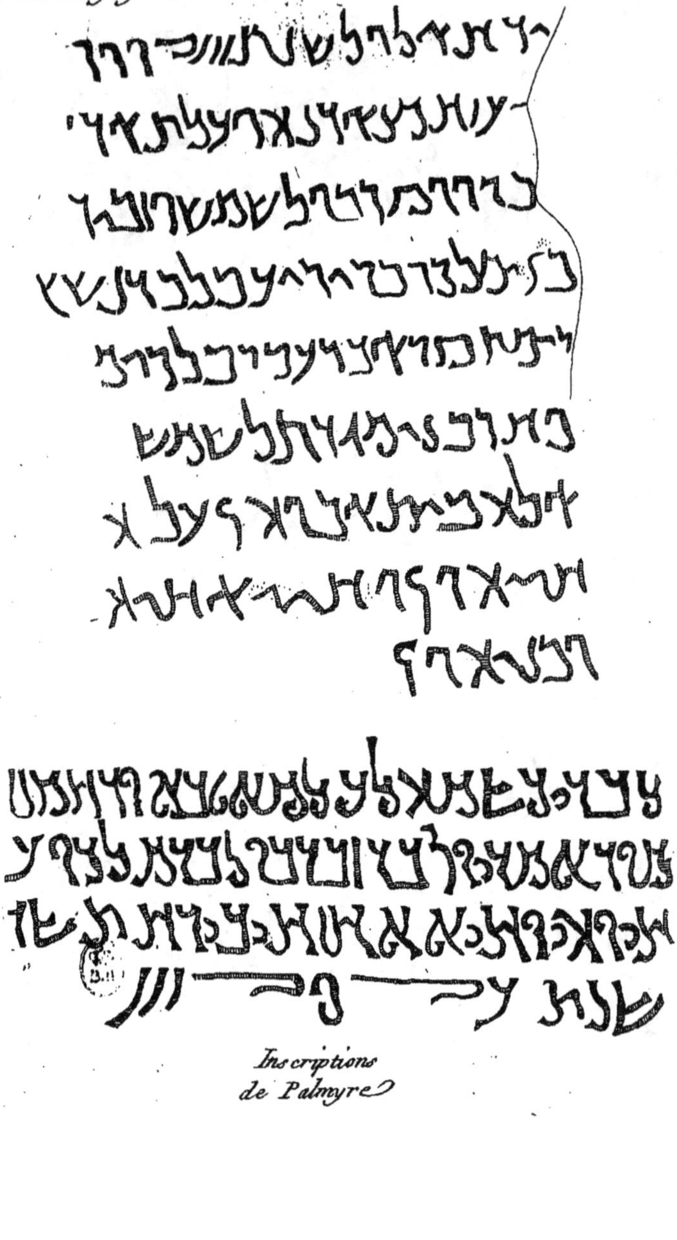

Inscriptions de Palmyre

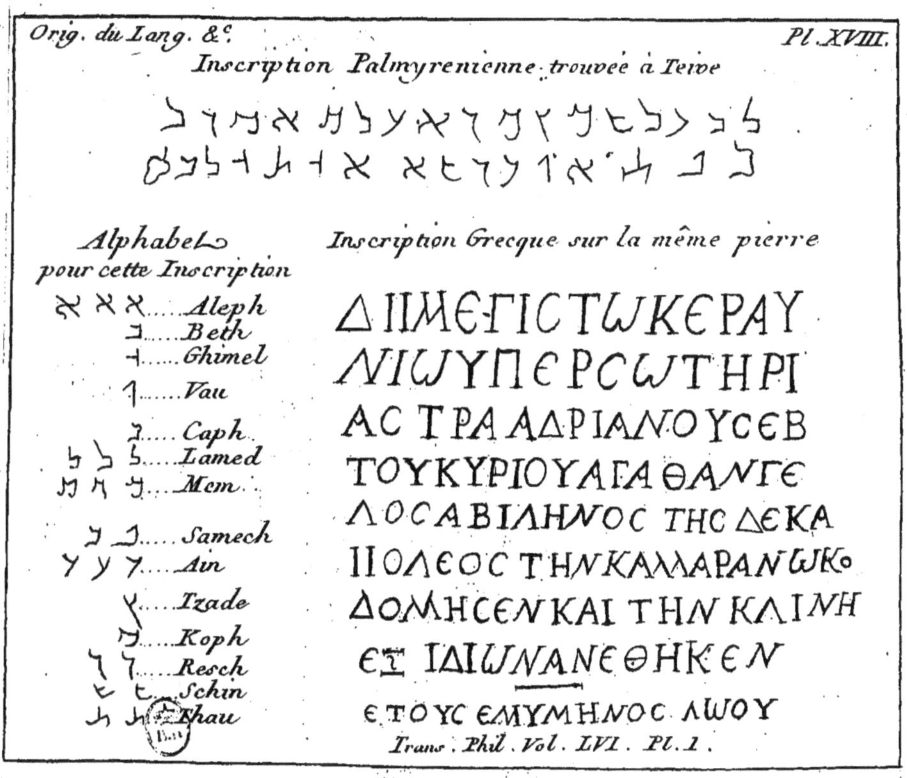
Orig. du Lang. &c.
Pl. XVIII.
Inscription Palmyrenienne trouvée à Teive
Alphabet pour cette Inscription
Aleph
Beth
Ghimel
Vau
Caph
Lamed
Mem
Samech
Ain
Tzade
Koph
Resch
Schin
Thau
Inscription Grecque sur la même pierre
ΔΙΙΜΕΓΙϹΤΩΚΕΡΑΥ
ΝΙΩΥΠΕΡϹΩΤΗΡΙ
ΑϹ ΤΡΑ ΑΔΡΙΑΝΟΥϹΕΒ
ΤΟΥΚΥΡΙΟΥΑΓΑΘΑΝΓΕ
ΛΟϹΑΒΙΛΗΝΟϹ ΤΗϹ ΔΕΚΑ
ΠΟΛΕΟϹ ΤΗΝΚΑΛΛΑΡΑΝΩΚΟ
ΔΟΜΗϹΕΝ ΚΑΙ ΤΗΝ ΚΛΙΝΗ
ΕΞ ΙΔΙΩΝ ΑΝΕΘΗΚΕΝ
ΕΤΟΥϹ ΕΜΥ ΜΗΝΟϹ ΛΩΟΥ
Trans. Phil. Vol. LVI. Pl. 1.

Inscriptions Phéniciennes du Desert de Sinai

Pl. XIX.

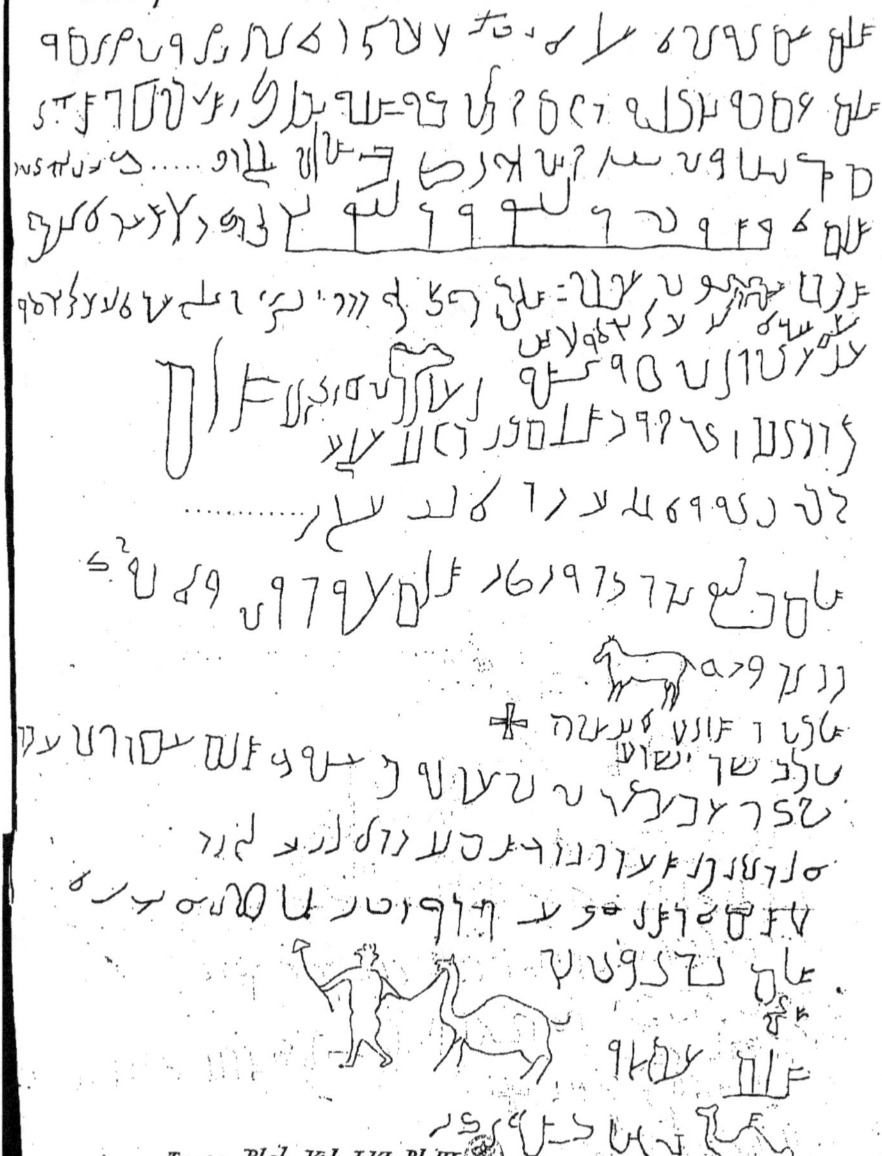

Trans. Phil. Vol. LVI. Pl. III.

Inscriptions Romaines.

1° Sur une Urne d'un coté

DINDIA · MACOLNIA · FILEA · DEDIT

De l'autre coté

NOVIOS · PLAVTIOS · MED

ROMAI · FECID

Tombeau de Scipion fils de Barbatus.

HONCOINO · PLOIRVME · COSENTIONT · R

DVONORO · OPTVMO · FVISE · VIRO

LVCIOM · SCIPIONE · FILIOS · BARBATI

CONSOL · CENSOR · AIDILIS · HIC · FVET · A

HEC · CEPIT · CORSICA · ALERIAQVE · VRBE

DEDET · TEMPESTATEBVS · AIDE · MERETO

Tombeau d'Atilius Calatinus Consulaire illustre à Rome

Ferreti. p. 270.

HEIC · SITVS · VNEI · QVOI · PLVRIME · CONSENTIVNT

GENTES · FVISSE · VIROM · POPVLEI · PRIMARIOM

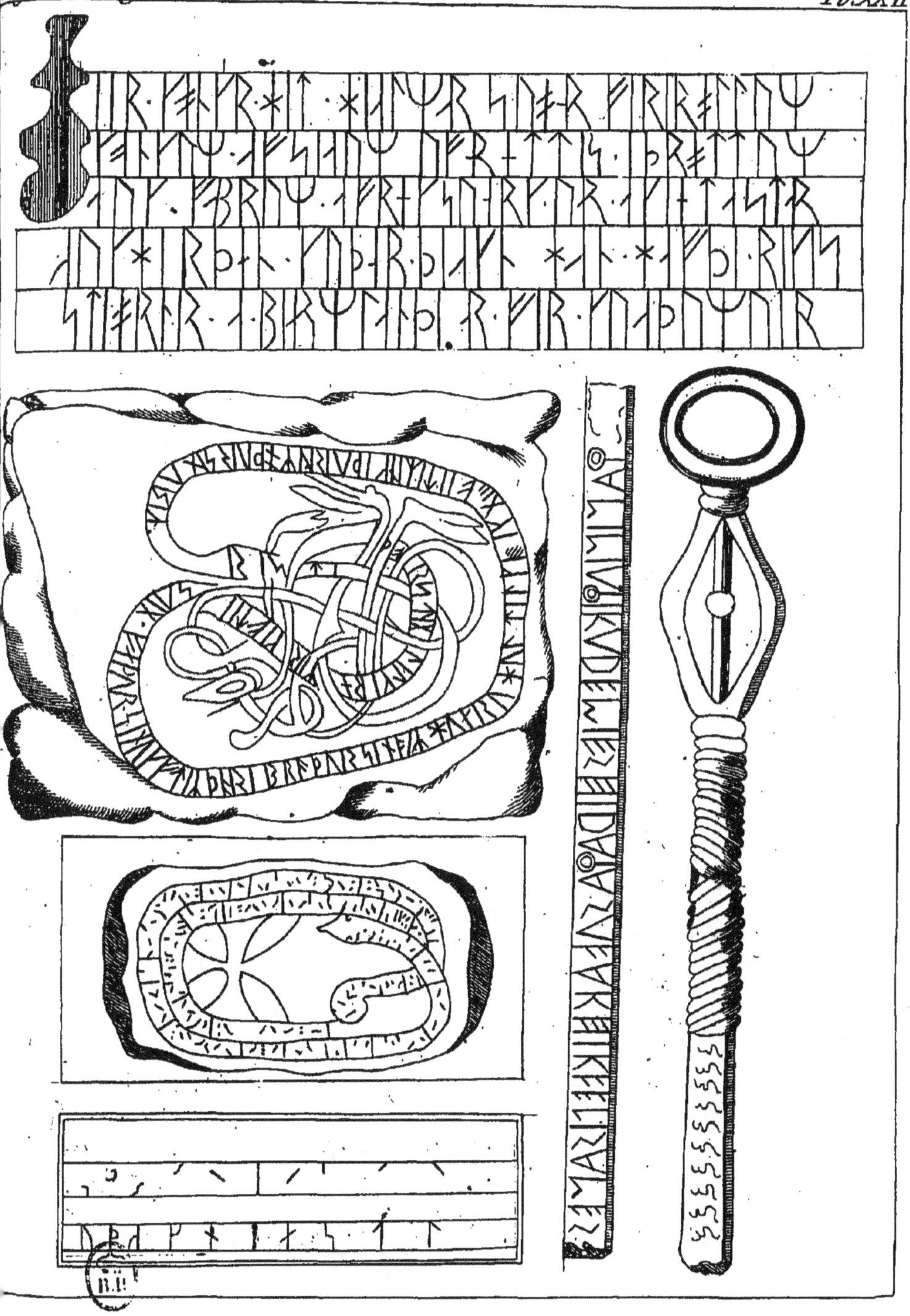

TABLE DES MATIERES.

Fin de la Table des Matières.

TROISIEME

TROISIÉME LISTE
DE MM. LES SOUSCRIPTEURS,
PAR ORDRE ALPHABÉTIQUE.

FAMILLE ROYALE.

MONSEIGNEUR LE PRINCE DE CONDÉ.

SA MAJESTÉ LE ROI DE POLOGNE.

SON EMINENCE MONSEIGNEUR LE CARDINAL DE BERNIS.

A

M. d'AERSSEN de SOMMELSDYCK, Général Major au service des États-Généraux, à la Haye.

M. ALBARET, Orfévre, à Anduse.

M. AMPLEMAN, Chevalier de la Cressonniére, Citoyen de Calais, à Loches.

M. d'ARBOULIN, Administrateur Général des Postes.

M. le Marquis d'ESLACS d'ARCAMBAL, Brigádier des Armées du Roi, Colonel de la Légion Corse.

M. d'AULBONNE, Officier Général, en Hollande.

B.

M. BANAU, Docteur en Médecine.

M. BARRE, à Anduse.

M. l'Abbé BATTEUX, de plusieurs Académies, Professeur Royal, &c

M. le Marquis de BEAUCOURS.

M. de BEAUREGARD.

M. l'Abbé BERTIN, Conseiller d'Etat.

La BIBLIOTHEQUE des RR. PP. DOMINICAINS de Casenatte, à Rome.

La BIBLIOTHEQUE de l'Université de LOUVAIN.

M. BLANCHARD de Pegon, Receveur des Tailles, à Angers.

M. Jean-Louis BOISSIER, Anglois, à Genève.

M. de BONS, Pasteur à Rolle, sur les bords du Lac Leman, Pays de Vaud en Suisse.

M. BORROT.

M. BOULLAY, Négociant à Marseille.

M. BOURBON, à Saint André de Valborgne, dans les Hautes Cevennes.

M. de BOURBONNE, Président à Mortier du Parlement de Dijon.

M. BOUSQUET, Avocat à Saint-André de Valborgne.

M. BRET.

M. Paul BERTHON, ancien Médecin du Roi, Inspecteur Général des Hôpitaux de l'Isle St. Domingue, à Tonneins en Agenois.

C.

M. CARTIER-ROSE, Fabricant en Soie, à Tours.

M. Alexandre CARVALHO.

M. CASSIN, à Tours.

M. de CASTILLON, de plusieurs Académies, à Berlin.

M. le Duc de CHAROST.

M. CHAVANES, Professeur en Théologie, à Lausanne, Pays de Vaud en Suisse.

M. CLEDAT de la BORIE, ancien Chanoine de Lautrec, à Uzerche en Limousin.

Le COLLEGE d'AUCH.

Le COLLEGE de VENDOME, ou le R. P. de BALAGNY de l'Oratoire qui en est le Supérieur.

M. COURET de VILLENEUVE, Imprimeur-Libraire, à Orléans, *pour quatre Exemplaires.*

D.

M. DARAGON, Professeur au Collége de Montaigu, à Paris.

M. DAVIDTS, Directeur & Inspecteur de la Librairie de l'Université de Louvain,

M. DELEYRE.

M. le Chevalier de DIEFFENTALER, Capitaine au Régiment Suisse de Castellas.

M. DRAPIER, Lieutenant Général, à Chateauneuf en Thimerais.
M. DUHIL.
M. le Marquis DUPLAA, en Béarn.
M. l'Abbé DUPRAT.
M. DUPUY, ancien Greffier en Chef, à Blois.
M. DUPERREY, à Caën.

F.

M. FERRIER fils, Négociant à Ganges.
M. FOURNIER, Libraire, à Versailles.
M. le Marquis de FRANCLIEU.
M. FRANTIN, Imprimeur-Libraire, à Dijon.

G.

M. l'Abbé GAUZY, Doyen du Chapitre de Castelnaudary.
M de GENOUILLY, Ecuyer Cavalcadour du Roi.
M. GISIDORFFER, Citoyen de Bale & Receveur de l'Ordre de Malte.
M. l'Abbé de GOYON, Aumonier de Madame Adélaïde.

H.

Madame d'HACQUEVILLE.
M. HENNIN, Résident pour le Roi auprès de la République de Genève.
M. HIMLY, ancien Pasteur de Charlestowne, à la Neuville en Suisse.

I.

M. JOANNOT, Curé de Versoy, Pays de Gex.

L.

M. de LACOMBE, Président à la Cour des Aides, à Montauban.
M. le Comte de LANNOY, Brigadier d'Infanterie.
M. de LASUS.
M. Gratian LATANÉ de CARREAU, à Clairac en Agenois.
M. de LAUNAY, Maître des Requêtes.
Le R. P. LECLERC, Prêtre de l'Oratoire, grand Prefet de l'Académie Royale

de Juilly.

M. le Baron de LEYDEN, à Breda.

M. l'Abbé de LEYRIS.

M. LE PETIT, Professeur de l'Université de Caën.

M. LE ROYER de BOUCONVILLIERS, Officier de MONSIEUR.

M LE SEURRE, premier Commis de M. Bertin, Ministre & Secretaire d'Etat.

M. LE TROSNE, Secrétaire du Roi, &c. à Orléans.

M. LEUCHSENRING.

M. LOISEAU, Avocat.

M.

M. de MALEVILLE, Seigneur de Condat, Ecuyer, Officier de la Maison du Roi, à Caussade en Quercy.

M. MARQUANT, Lieutenant des Chasses de S. A. S. Monseigneur le Comte d'Eu.

M. MARTINOT, Hérault de l'Ordre Royal & Militaire de St. Louis.

M. MASSOT, Négociant, à Villeneuve de Berg, en Vivarais.

M. MASSUAU l'aîné, à Orléans.

M. MASSUAU de LA BORDE, Secrétaire du Roi, Membre de l'Académie d'Agriculture d'Orléans, &c.

M. de MAUROY.

M. MAZAURIC, à St. Germain, Hautes Cevennes.

M. de MEAUX, Lieutenant Général, à Montbrison.

M. MEJANELLE du CAMBON, à Saumane, Hautes Cevennes.

M. MEJEAN aîné, Négociant à Ganges.

M. le Comte de MELLET, Lieutenant des Gardes du Corps du Roi.

M. PARIS de MEZIEUX.

M. METHIVIER, Principal du Collége Royal, à Orléans.

M. MINGARD, Pasteur dans le Pays de Vaud, en Suisse.

M MOLINES, à Carnac, dans les Hautes Cevennes.

Madame la Marquise de MONTMORT.

M. Jacques MULLER, Négociant, à Bâle.

N.

M. NORTH, Gentilhomme Anglois, à Genève.

Mgr. le Prince de NASSAU WEILBOURG.

O.

M. Pierre OCHS, fils, Citoyen de Bale.
M. ODILE, Maître particulier des Eaux & Forêts, à Dourdan.
M. OSMONT, à Caën.

P.

M. PELLOUTIER, Négociant, à Nantes.
M. PERRENOT de CUYLENBORCH, à la Haye.
M. PEYRELLOU, Avocat en Parlement, à Villeneuve de Berg.
M. PLANTIER de SABATIER, à Chambourigaud, Hautes Cevennes.
M. POISSONNIER, Conseiller d'Etat, Médecin Consultant du Roi.
M. PRIVAT, à Mandajors, Hautes Cevennes.

Q.

M. QUINCY.

R.

M. ROCHE, à Alais.
M. RODIER, Seigneur de la Burguiere, & Avocat à Anduse.
M. ROSLIN d'IVRY, Maître des Requêtes.
M. ROUSSEAU, Auteur du Journal Encyclopédique.

S.

M. SABATIER, Juge, à Anduse.
M. le Marquis de SAINT-EXUPERY, Exempt des Gardes du Corps.
M. SALOMON, Conseiller au Conseil de Colmar.
M. SAMUEL, à Meyrueis, Hautes Cevennes.
M. SEGUIER, de l'Académie Royale des Inscriptions & Belles-Lettres & Secrétaire de l'Académie Royale de Nimes.
M. SEIGNETTE, Maire de la Rochelle & Secrétaire de l'Acad. Roy. de la même Ville.
M. SERIERE de MABRETON, au Mas Aribal, Hautes Cevennes.
M. SIGNARD d'OUFFIERE, à Caën.

M. SIMPKINSON, Maître ès Arts.

M. de SINNEDORFF, Doct. en Médec. premier Médecin des Armées du Roi de Prusse.

Milord STANHOPE.

T.

M. TEISSIER, Bourgeois, à Anduse.

V.

M. de VARENNES, Receveur Général des Finances de Bretagne.

M. le Marquis de VASSAN.

M. Jacques VATAR, Libraire, à Rennes.

Mad. veuve VATAR, Libraire, à Nantes.

M. VENDWELDEN, Procureur & Bibliothécaire de l'Université de Louvain.

M. VERNET, Pasteur & Professeur, à Genève.

M. de VERNON, Ecuyer de la Reine.

M. de VERTMONT, ci-devant chargé des affaires du Roi, en Suisse.

M. le Duc de VILLEQUIER.

M. le Baron de WIMPFFEN, Maréchal des Camps & Armées du Roi.

M. VOLPELIERE, Négociant, à Marseille.

ERRATA ET CORRECTIONS.

PAGE 48. lig. 18. sous, *lis.* sont.
50. 17. *effacez ces mots* & munir ou donner de la force, fortifier.
55. 17. placés la virgule avant *stere.*
62. 3. terna, *lis.* terne.
119. 4. *en remontant*, ch, *lis.* 'h.
123. 22. æquus, *lis.* equus : & *un peu plus loin*, equa *pour* æqua.
157. 20. fll, *lis.* fall.
158. 4. *en remontant*, ARRZ, *lis.* ARTZ.
161. *col.* 2. *lig.* 4. *en remontant*, peigné, *lis.* peigne.
172. 8. De, *lis.* Le.
175. *col.* 2. *lig.* 19. pierre, *lis.* priere.
181. *lig.* 4. 6. 10. 'h, *lis.* 'h.
191. *col.* 2. *lig.* 16. *transportez ces mots* en Chinois *à la ligne suivante après ceux-ci* de même.
200. *col.* 2. *lig.* 16. U, *lis.* V.
213. *lig.* 15. Isl, *lis.* Irl.
232. 5. X, *lis.* X.
10. Clad. *lis.* Chald.
251. *col.* 2. *lig.* 13. nart, *lis.* nar.
289. *lig.* 16. sons, *lis.* sens.
292. 20. Io, *lis.* To.
310. 1. A au, *lis.* Au.
313. 3. avoir, *lis.* ajouter.
329. 17. éviter, *lis.* exister.
331. mettre cette utilité au, *lis.* les mettre au, &c.
341. 16. & 17. labiale, *lis.* linguale.
350. 2. intonation, *lis.* imitation.
365. *not.* 3) *ajoutez à la fin*, Londr. 1669. in 8o.
378. 24. en, *lis.* ou.
3 1. *titre de la sect. sec.* HIEROGLYPHIQUE, *lis.* ALPHABETIQUE.
410. *lig.* 21. Ouris, *lis.* Osiris.
lig. dern. G, *lis.* Q.
321. *lig.* 2. *du Chap. XIII.* mettez la virgule avant le mot hiéroglyphique.
424. 13. J, qui, écrit g, *lis.* J qui, écrit en caractère courant majuscule.
437. 10. G, *lis.* Q.
437. 29. les Loix, *lis.* ses Loix.
447. 5. dessus-dessous, *lis.* dessus, dessous.
476. 3. en remontant RAI, *lis.* KAI.
490. 6. celui-ci a, *lis.* M. Dutens a lui même.

APPROBATION.

J'AI lu par ordre de Monſeigneur le Garde des Sceaux le troiſiéme Volume du *Monde Primitif, analyſé & comparé au Monde Moderne* ; je n'y ai rien trouvé qui puiſſe en empêcher l'impreſſion. A Paris le 26 Avril 1775.

RIBALLIER, *Cenſeur Royal.*

De l'Imprimerie de VALLEYRE l'aîné, rue de la vieille Bouclerie, à l'Arbre de Jeſſé.

www.ingramcontent.com/pod-product-compliance
Lightning Source LLC
Chambersburg PA
CBHW060505230426
43665CB00013B/1398